PRACTICE OF ENTERPRISE
INTELLECTUAL PROPERTY MANAGEMENT

企业知识产权管理实务

案例与实践

（修订版）

CASES AND PRACTICES

琚存旭◎主编

法律出版社 | LAW PRESS
北京

图书在版编目(CIP)数据

企业知识产权管理实务：案例与实践／琚存旭主编
. --2版(修订版). --北京：法律出版社，2024
ISBN 978-7-5197-8765-3

Ⅰ. ①企… Ⅱ. ①琚… Ⅲ. ①企业-知识产权-管理
-中国 Ⅳ. ①D923.4

中国国家版本馆CIP数据核字(2024)第016956号

企业知识产权管理实务:案例与实践(修订版)
QIYE ZHISHI CHANQUAN GUANLI SHIWU:
ANLI YU SHIJIAN(XIUDINGBAN)

琚存旭 主编

策划编辑 肖 越
责任编辑 肖 越
装帧设计 汪奇峰

出版发行 法律出版社
编辑统筹 法商出版分社
责任校对 王 丰
责任印制 胡晓雅
经　　销 新华书店

开本 710毫米×1000毫米 1/16
印张 32.25 **字数** 496千
版本 2024年1月第2版
印次 2024年1月第1次印刷
印刷 北京盛通印刷股份有限公司

地址:北京市丰台区莲花池西里7号(100073)
网址:www.lawpress.com.cn
投稿邮箱:info@lawpress.com.cn
举报盗版邮箱:jbwq@lawpress.com.cn
销售电话:010-83938349
客服电话:010-83938350
咨询电话:010-63939796

书号:ISBN 978-7-5197-8765-3
定价:138.00元
凡购买本社图书,如有印装错误,我社负责退换。电话:010-83938349

编　委　会

主　编　琚存旭

副主编　刘国文　臧克兰　王　韵

编　委　王　兴　贺祎蕾　刘雨佳

杨军辉　王卫泽

前　言

1993年,在北京市乾坤律师事务所成立的同时,一套专业化分工协作的业务运作管理制度随之建立。从那时起知识产权法律事务部就是乾坤律师事务所重要的业务部门之一。十几年来,知识产权部的全体同仁勇于探索、善于总结、勤勉尽责,不仅开拓出广阔的业务领域,解决了诸多疑难问题,还积累了丰富的知识产权管理和保护的经验。律师们冷静地观察企业发展过程中发生的形形色色的知识产权问题,深入地剖析知识产权问题发生、发展的规律,在知识产权的各个领域都归纳出企业高发的知识产权风险,并在实践中总结出行之有效的解决方案。律师们出于社会责任感和职业精神,精心编写了本书,概括了乾坤律师事务所十余年来关于解决知识产权法律问题的心得体会,希望读者能从中获益。

本书的特色之一是理论与实践相结合,从实践中发现问题,在理论中探寻答案,又在实践中加以检验和完善,同时对现行法律法规做出清晰的诠释。本书每个章节都充分揭示实践中高发的法律问题,深入地加以剖析,并以律师提示的方式点破解决方案或提醒读者注意。律师提示可能仅是寥寥数语,但却是律师箴言。如果企业的法务人员认真领会其实质,在工作中将大幅降低企业的运营风险。

在长期的法律实践中,我们看到企业每每发生知识产权法律争议,特别是应当胜诉但结果却败诉的争议中,企业的根本症结是内功修为不足,没有相应的知识产权管理体系,具体表现为制度缺失,机构不整,责权不明。可以说企业内功修为着眼于防患于未然,解决争议只是亡羊补牢。企业往往抱怨侵权现象严重,诉讼成本高昂,但却很少踏踏实实地把知识产权的管理列为重要工作,因为知识产权管理需要投入,而且不能立竿见影地产生经济效益,这样的误解导致许多企业官司缠身,人员无序流动,核心技术流失,甚至倒闭歇业。

本书的另一特色就是在为读者提供如何保护知识产权的建议同时,也把读者的视野引申到知识产权管理的层面。值得关注的是,书中关于知识产权管理与保护的内容是乾坤律师事务所历时两年经过对众多的高新技术企业开展广泛的专项调研形成的宝贵经验,这套管理与保护制度已经在中关村科技园区许多知名企业中推广应用,效果显著。目前,北京市海淀区科学技术委员会已经把知识产权管理与保护制度作为政府支持企业发展的重要举措在高新技术企业中引导实施。当然企业自身的状况是千差万别的,不可能在本书中给出所有的解决方案,我们愿意倾听朋友们的个案,也愿意帮助朋友们解决困难。

本书的另外两位主要作者王韵律师和臧克兰律师都是具有丰富实践经验的资深律师,本书引用的大量案例中有许多就是他们代理的,其中不乏近几年的社会热点和难点问题。王韵律师为保护张爱玲作品著作权等所提起的数十件诉讼在国内外引起广泛影响。臧克兰律师是知识产权管理保护制度主要推广人之一。作为前国家专利局官员,她熟谙国家法律法规和政策,又从事法律实践近二十年,对各类企业发展状况有深刻了解,所以,在推广知识产权管理保护制度过程中,臧克兰律师以其务实的风格赢得企业欢迎。为保证本书质量,在撰写本书过程中,我们组成写作小组,在完成繁重的日常工作的同时,研讨、撰写、完善,终于完成本书。

创新是当今世界发展的动力,创新将不断冲击固有的制度体系,同时,因为任何创新都与知识产权有不解之缘,所以知识产权法律制度体系必将随着创新的发生而变革,这既是知识产权律师的苦恼,也是知识产权律师的生命力所在。企业是创新的主体,律师为创新守护,企业与律师的结合,将为企业创新助力。谨希望本书对企业有所裨益。

2009 年 3 月

再版说明

《企业知识产权管理实务：案例与实践》一书于2009年出版，受到知识产权理论界和实务界好评。对于我们乾坤律师所有着重要的意义，作为1993年成立的律师事务所，成立伊始就有一套专业化分工协作的业务运作管理制度，那时的知识产权法律事务部就是乾坤律师事务所重要的业务部门之一。至2009年，知识产权部的全体同仁勇于探索、善于总结、勤勉尽责，不仅开拓出广阔的业务领域，解决了诸多疑难问题，还积累了丰富的知识产权管理和保护的经验。我们知识产权部律师们冷静地观察企业发展过程中发生的形形色色的知识产权问题，深入地剖析知识产权问题发生、发展的规律，在知识产权的各个领域都归纳出企业高发的知识产权风险，并在实践中总结出行之有效的解决方案。律师们出于社会责任感和职业精神，精心编写了本书，概括了乾坤律师事务所十余年来关于解决知识产权法律问题的心得体会，对企业知识产权管理有极大的帮助。

《企业知识产权管理实务：案例与实践》出版后的十多年来，一方面，科技进步日益加速，知识产权管理与保护途径和手段面临更强劲的挑战，另一方面，我国知识产权法律制度的日臻完善，许多制度发生了巨大变化，以《著作权法》《专利法》《商标法》为代表的知识产权法律保护体系，经过了多次修订，应对了知识产权领域出现的大量新问题。

《企业知识产权管理实务：案例与实践》出版后，乾坤律师所作为一线资深的知识产权团队，做了大量知识产权实务工作，其中不乏成功代理屠呦呦先生青蒿素知识产权案件，确立了屠呦呦先生青蒿素新药技术发明人的地位。我们在做好每一项知识产权业务的同时，创设了新的服务产品。由于《企业知识产权管理实务:案例与实践》没有再版,网络上原书的二手交易频繁发生。作为本书作者,我既为读者对本书认可而感到欣慰,也为书中一些过时的内容可能引起的误导而焦虑。于是,时隔十三年为了回应社会对知识产权保护的呼唤,满足企业对知识产权管理及合规日趋旺盛的需求,自 2021 开始着手《企业知识产权管理实务:案例与实践》的修订工作。乾坤律师事务所知识产权部对《企业知识产权管理实务:案例与实践》一书升级编撰。知识产权部的同事花了大量的心血,全面梳理了知识产权领域发生的变革,充实了前沿理论研究在实践中的成果,增补了新的法律法规规定和新的理念,特别是一些新的有代表性的典型案例,让这本书焕发出了新的活力。在此感谢团队成员辛勤付出。

正如2009 年所言:创新是当今世界发展的动力,创新将不断冲击固有的制度体系,同时,因为任何创新都与知识产权有不解之缘,所以知识产权法律制度体系必将随着创新的发生而变革,这既是知识产权律师的苦恼,也是知识产权律师的生命力所在。企业是创新的主体,律师为创新守护,企业与律师的结合,将为企业创新助力。谨希望本书对企业有所裨益。

2023 年 12 月

目 录

第一章　知识产权的归属

知识产权概念的核心是权利对象，权利对象是权利分类的基本依据。对何种财产享有权利决定了利用该财产的行为方式，这是最有法律意义的因素。本章介绍知识产权的归属原则以及确定权利归属的依据，确定了权利的归属即明确了权利的享有者，是知识产权利用、管理和维权所产生的前提。解决了归属问题，很多问题将迎刃而解。

一、著作权中相关归属问题

根据著作权自动产生的原则,一个作品自创作完成之日起,其自动形成著作权,而创作作品的作者就当然地享有相应的著作权。著作权属于作者,是著作权归属的一般原则。

(一)作者及其认定

一般来说,创作作品的人称为作者。创作的行为应当是一种人为的行为,不可能是动物或者机器,因为理论上认为“创作,是为思想和情感寻求形式的过程,是设计并完成文学艺术形式的行为,是从构思到表达完成的过程”①,而构思是一种内心活动,是人类所独特拥有的能力。机器没有情感,其行为产生的结果只能称为运算。动物虽然有情感,有些高智力的动物能和人类简单交流甚至绘画(例如,美国动物园里的某只猩猩),但是限于主体资格的问题无法称之为法律上的作者,这里也不过多探讨。总之,法律规定了自然人作为作者,是符合客观事实和尊重客观规律的。所以,我国《著作权法》第11条规定“创作作品的自然人是作者”。

同时,我国《著作权法》第11条还规定:“由法人或者非法人组织主持,代表法人或者非法人组织意志创作,并由法人或者非法人组织承担责任的作品,法人或者非法人组织视为作者。”这一规定与前述条款并不冲突,因为实际创作作品的仍然是某个或者某几个自然人,而不可能是法人或者其他组织。这是在特定情形下为了平衡利益需求,在法律上给予自然人之外的民事主体以作者的资格,进而享有作者的权利,所以在法律上被严格地称为“视为作者”。例如,《中国的人权状况》白皮书就属于这种情况。

需要说明的是,在我国修改前的《著作权法》有关条文中曾出现“非法人单位”这一概念,相应地,1991年《著作权法实施条例》的解释是“不具备法人

① 刘春田主编:《知识产权法》(第2版),高等教育出版社、北京大学出版社2003年版,第80页。

条件，经核准登记的社会团体、经济组织或者组成法人的各个相对独立的部门，为非法人单位”。在实践中，还存在一些未经核准登记的团体组织或者临时为进行创作而组成的团队等，如何判断其著作权的归属，在实际中未经有关部门核准登记的团体组织、临时为创作组成的编委会属于一类组织，不是非法人单位，这些团体组织、编委会创作的作品，由这些组织中参加创作的成员作为合作作者享有著作权。

毋庸置疑，只有实际上进行了创作行为的人才能成为作者。什么是创作行为？《著作权法实施条例》第3条明确规定：“著作权法所称创作，是指直接产生文学、艺术和科学作品的智力活动。为他人创作进行组织工作，提供咨询意见、物质条件，或者进行其他辅助工作，均不视为创作。”可见，法律规定创作是一种直接的智力行为，凡是没有参与这种直接智力行为进而形成表达的均不能成为创作。在实务中，有些作品虽然是在几个人的共同构思、讨论下完成的，但是作者只能是最终构成创作、形成表达的人。

关于如何认定作者，通常是以署名为准。我国《著作权法》规定，在作品上署名的自然人、法人或者非法人组织为作者，但是前提是“如无相反证明”。最高人民法院《关于审理著作权民事纠纷案件适用法律若干问题的解释》（以下简称《著作权司法解释》）第7条规定：“当事人提供的涉及著作权的底稿、原件、合法出版物、著作权登记证书、认证机构出具的证明、取得权利的合同等，可以作为证据。”

（二）合作作品

两个人以上合作创作的作品称为合作作品。合作创作的作品，著作权由合作作者共同享有。合作创作成为确定合作作者的前提，通说确认合作创作应当具备两个基本条件。

1. 合作创作者之间应当具备合作创作的合意，即各方具有创作合作作品的一致意思表示。例如，两个人协商共同创作一部文字作品，一个人写一半，两个人之间形成必要的协调，这就构成合意创作。《黄河》就是冼星海和光未然共同合意创作完成的，属于合作创作的典型事例。但是，同样是谱曲填词，后人为岳飞的《满江红》谱曲并没有与岳飞达成合意，就不能构成合作作品。

2. 合作创作者各自实施了实际的创作行为。这就意味着，对创作提供事实、提供咨询或者理论指导的行为不属于实际创作，提供人不能成为合作作者。

出版社专为出版需要对文字作品进行技术性编辑加工的行为同样没有改变作品的实质内容,也不属于合作创作的行为。例如,有些串联歌曲,把不同的歌曲的部分串联在一起,串联人的行为并没有对每一部分歌曲进行实质性的创作,其行为可以属于汇编,不能与其他歌曲构成合作创作。

既然合作作品的著作权由合作作者共同享有,各个合作作者在著作权上的地位就是平等的,不论每个人的创作量是多还是少,创作的难易程度如何不同,只要是合作作者,都有权决定如何行使著作权。如果合作作品可以分割开来单独使用,又被称为结合作品,比如,一首歌的词和曲可以各自分开独立为一个作品,作者对各自创作的部分可以单独享有著作权,但是行使著作权时不得侵犯合作作品整体的著作权。如果合作作品不能分割使用,又被称为整体作品,著作权由各合作作者协商一致行使,不能协商一致又没有正当理由的,任何一个合作作者不能阻止其他合作作者行使除转让、许可使用、出质以外的其他权利,但是所得收益应当合理分配给所有合作作者。

【要点提示】

并非只有具体撰写人才能成为合作作者,合作创作的成果不仅仅表现为不同作者的思想表达固定在有形载体上,也包括不同作者的思想融合成为整体后的表达固定在有形载体上。在整体作品中,合作作者之前共同合作创作的意向非常重要,固定这方面的证据可能成为判定合作作者身份的重要前提。有知名知识产权法官将其比喻为"这就如同两个人同时纺织一张渔网一样",①创造性的智力劳动成果融合在一起后,缺一不可。

典型案例 1

《寻找储安平》合作作品纠纷案

王某与邓某合作创作了《储安平你在哪里》一文,并发表。后邓某出版了自己的个人文集《寻找储安平》一书,收录了与王某合作的《储安平你在哪里》一

① 李东涛:《一个知识产权法官的办案手记:东涛谈法》,知识产权出版社 2003 年版,第 15 页。

文，并将文章名称改为《寻找储安平》，文章末尾标明本文系其与王某合写。该书中与储安平相关的文章仅此一篇。该书出版后，王某诉称，邓某未得到他的同意擅自将合作作品收入其个人文集，侵犯其合作作者的著作权。邓某辩称，将与他人合作的作品收入个人专著是惯常发生的，对于合作作品著作权的行使不能达成一致的，不能损害合作作者的权利，自己在正当行使自己的作者权利。

法院经过终审认为：对于不可分割的合作作品，任何一方的单独使用应与其他方商量。邓某不能举证证明已经与王某进行过协商，故其将双方的合作作品收入个人专集的行为侵犯了王某对作品享有的署名权和获得报酬权，擅自修改文章名称侵犯了王某的修改权。[①]

【要点提示】

根据现行《著作权法》（2020 年修正）第 14 条第 2 款规定，合作作品的作者即便不能协议一致，“任何一方不得阻止他方行使除转让、许可他人专有使用、出质以外的其他权利，但是所得收益应当合理分配给所有合作作者”。邓某在个人文集中收录了与王某合作的《储安平你在哪里》，将文章名称改为《寻找储安平》，文章末尾标明本文系与王某合写，并不违反该条规定，但邓某应将个人文集所得收益合理分配给王某。

典型案例 2

《牡丹之歌》侵害作品改编权纠纷案

《五环之歌》是电影《煎饼侠》的插曲，改编自《牡丹之歌》，由岳某鹏参与创作并演唱。据悉，歌曲《牡丹之歌》是由乔某甲作词，吕某、唐某作曲，蒋某为演唱的。2018 年，乔某甲出具授权书，将音乐作品《牡丹之歌》的著作权之改编权、信息网络传播权、表演权、复制权以独占排他方式授权给乔某乙。2018 年 10 月 20 日，乔某乙出具授权书，被授权人为众得公司，授权人将全部歌词文字作品的著作权之改编权、信息网络传播权、表演权、复制权以独占排他的方

① 参见李永明主编：《知识产权法案例研究》，浙江大学出版社 2002 年版，第 166 页。

式不可撤销地授予被授权人，被授权人有权进行转授权，亦有权对侵权进行维权并获得经济赔偿，被授权人有权就本授权书签订前的侵权行为进行维权，并获得相应的经济赔偿。众得公司认为《五环之歌》涉嫌侵犯《牡丹之歌》的改编权，将电影出品方万达公司、新丽公司、金狐公司及歌曲演唱者岳某鹏诉至人民法院，请求(1)判令万达公司、新丽公司、金狐公司、岳某刚停止使用电影《煎饼侠》第46～51分钟有关《五环之歌》的背景音乐，停止《五环之歌》宣传MV的互联网传播；(2)判令万达公司、新丽公司、金狐公司、岳某刚共同承担损失赔偿费用的100万元及合理支出费用100,250元；(3)判令万达公司、新丽公司、金狐公司、岳某刚共同承担本案的全部诉讼费用。

万达公司辩称：(1)词作者乔某甲授权乔某乙著作权的真实性无法确认，故上诉人不享有案涉音乐作品《牡丹之歌》的诉权；(2)案涉音乐作品《牡丹之歌》不属于合作作品，上诉人无权主张曲或整体音乐作品的著作权；(3)音乐作品《牡丹之歌》属于可分割使用的合作作品，上诉人无权主张音乐作品《牡丹之歌》曲的著作权，也不能在整体著作权未受侵害的情况下主张音乐作品《牡丹之歌》的著作权。

法院认为：

1. 众得公司是否对音乐作品《牡丹之歌》享有改编权

首先，应当界定音乐作品《牡丹之歌》是否属于合作作品。案涉《牡丹之歌》属于带词的音乐作品，且词和曲分别由不同的作者创作完成。认定是否为合作作品，应当看词作者与曲作者是否是基于合意而创作的音乐作品。该音乐作品的创作过程是，电影《红牡丹》的导演先邀请乔某甲为电影主题曲创作歌词，之后导演又邀请吕某、唐某为电影《红牡丹》主题曲进行谱曲，形成了音乐作品《牡丹之歌》。虽然乔某甲与吕某、唐某在形式上分别创作完成了《牡丹之歌》的词和曲，但他们基于共同的创作意图进行了创作，即词作者和曲作者的创作目的是相同的，词和曲表达的主题也是一致的。因此，应认定音乐作品《牡丹之歌》是具有共同合意而创作的合作作品。

在本案中，众得公司作为被授权人，对于音乐作品《牡丹之歌》著作权属于合作作者共有，词作者乔某甲仅为著作权共有人之一应属明知。众得公司在未获得其他共有人即曲作者一方授权的情况下，仅凭共有人之一乔某甲的授权就主张获得了音乐作品《牡丹之歌》的改编权，缺乏事实和法律依据。

2. 众得公司是否有权提起本案诉讼

《牡丹之歌》的歌词作为可分割使用的部分,其著作权归属作者乔某甲单独享有。众得公司作为《牡丹之歌》词作者的被授权人,享有《牡丹之歌》歌词文字作品授权范围内的相关权利,包括改编权。因此,众得公司虽不享有音乐作品《牡丹之歌》的改编权,但其经词作者一方授权,有权就其享有的词作品改编权提起民事诉讼。

3. 关于众得公司提出的被告侵害《牡丹之歌》改编权的主张是否成立

因众得公司未取得音乐作品《牡丹之歌》包括改编权在内的相关权利,故该主张不能成立。但众得公司经词作者一方的授权取得了《牡丹之歌》歌词的改编权。改编权是指改变作品,创作出具有独创性的新作品的权利。改编虽是一种再创作,但通常应当是利用原有作品包括主题、独创性表达等在内的基本内容,创作空间受到限制。因此,《五环之歌》是否构成对《牡丹之歌》歌词的改编,应当取决于其是否利用了原有作品主题、独创性表达等基本内容。将上述两首歌的歌词进行比较,首先,两首歌歌词的立意不同:作为电影《红牡丹》的主题曲,《牡丹之歌》的歌词通过赞美牡丹的美丽、顽强,借花喻人,歌颂电影主人公;而《五环之歌》作为电影《煎饼侠》的插曲,延续了电影的喜剧风格,以戏谑的方式反映了北京的城市道路和交通状况。其次,两首歌的歌词内容除了语气词“啊”字相同外,其余文字表述完全不同。由此可见,《五环之歌》与《牡丹之歌》的歌词作品从立意到内容均不相同,《五环之歌》歌词构成了全新的作品。因此,《五环之歌》没有利用《牡丹之歌》歌词的主题、独创性表达等基本内容,不构成对《牡丹之歌》歌词的改编。①

(三)职务作品

自然人为完成法人或者非法人组织工作任务所创作的作品是职务作品。根据一般理论,认定是否构成职务作品应当符合两个基本条件:一是作者与法人或者其他组织之间应具有劳动关系;二是创作的作品应当属于作者的职责范围。职务作品与委托作品之间的主要区别就在于,职务作品的确认前提是存在劳动关系,而委托作品的当事人之间只存在委托创作关系。

---

① 参见天津市第三中级人民法院民事判决书,(2019)津03知民终6号。

以英、美为代表的版权法体系国家将职务作品多称为“雇佣作品”，是指作者在受雇期间在其职务范围内创作的作品。《美国版权法》规定，雇佣作品的版权由雇主享有，除非雇主和作者之间有相反的约定。而在以法、德为代表的作者权体系国家一般规定，除非有相反的约定，职务作品的著作权属于作者。国际作者作曲者协会联合会制定的《著作权宪章》很直接地表达了这种立场：“认为某一企业雇佣者的作品如同其他任何产品一样理所当然的归企业所有，这种想法是不可接受的。”

我国法律由于兼收作者权体系和版权体系的内容，在职务作品归属的问题上规定得相对复杂。

1. 在一般情况下，职务作品的著作权由作者享有，但是法人或者非法人组织有权在其业务范围内优先使用。在作品完成两年内，未经单位同意，作者不得许可第三人以与单位使用的相同方式使用该职务作品；职务作品完成两年内，经单位同意，作者许可第三人以与单位使用的相同方式使用作品所获报酬，由作者与单位按约定的比例分配。作品完成两年的期限，自作者向单位交付作品之日起计算。

2. 属于下列两种情形下的职务作品，除署名权外的著作权的其他权利由法人或者非法人组织享有，作者享有署名权，单位可以给予作者奖励：

(1)主要是利用法人或者非法人组织的物质技术条件创作，并由法人或者非法人组织承担责任的工程设计图、产品设计图、地图、示意图、计算机软件等职务作品；

(2)报社、期刊社、通讯社、广播电台、电视台的工作人员创作的职务作品；

(3)法律、行政法规规定或者合同约定著作权由法人或者非法人组织享有的职务作品。

根据《著作权法实施条例》的规定，物质技术条件是指用人单位为作者完成创作专门提供的资金、设备或者资料。工作任务是指作者在该法人或者该组织中应当履行的职责，如果不属于工作任务范畴之内的作品，即便约定了归属也不能按照职务作品来对待，可能属于委托作品或者其他作品。

【要 点 提 示】

企业在处理职务作品归属的时候要注意通常存在的误区，职务作品的著作权并非必然属于企业，并非所有利用单位提供的物质技术条件而进行的创作就能属于职务作品,企业可以而非必须给予作者奖励。为了防止事后发生不必要的纠纷,建议事先约定清晰权利分配事宜。

典型案例3

雪绒花公司职务作品确权纠纷案

申某曾是雪绒花公司的员工,从事清洗、销售和开车等工作。2002年9月20日,雪绒花公司派申某等5位员工到人民大会堂湖南厅清洗挂毯。其间,申某拍摄了一位员工清洗"全国人民大团结"挂毯的照片。2003年10月至今,雪绒花公司将该照片用于其宣传册正反两面,在与客户洽谈业务时使用。雪绒花公司使用该照片未取得申某许可,未付酬,也未署名。申某为此诉至法院,要求雪绒花公司停止侵权。

法院认为:自然人为完成法人工作任务所创作的作品是职务作品。虽然雪绒花公司提出涉案照片系申某为完成单位工作任务而拍摄,但并未举证证明曾安排申某完成拍摄工作,且该拍摄工作本身与雪绒花公司的工作性质无关,故涉案照片不符合职务作品的构成要件。申某作为实际拍摄者,对该作品享有著作权,系该作品的著作权人。①

典型案例4

"阿凡提"职务作品确权纠纷案

涉案作品"阿凡提"系20世纪80年代前后由曲某方在上海美术电影制片厂工作期间创作,在此后30年的时间里,曲某方一直通过投稿发表、许可他人拍摄动画片或者用作产品宣传等方式使用涉案作品,并于1996年取得著作权登记证书。上海美术电影制片厂认为涉案作品由其组织人力创作并提供经费,最终造型亦由其确定,故该作品属于职务作品。在曲某方绘制、电子出版社出版的《阿凡提经典漫画》和《阿凡提故事精选》两册图书中,擅自使用其享有著作权的人物

① 参见北京市朝阳区人民法院民事判决书,(2004)朝民初字第10028号。

形象用于盈利,故提起诉讼,请求法院判令两被告停止侵权、赔偿损失。

(一)裁判结果

上海市徐汇区人民法院一审认为,在本案涉讼前,上海美术电影制片厂和曲某方均存在行使涉案作品著作权的行为,双方彼此知悉且没有异议。双方长期以来以实际行为达成了"涉案作品双方均有权支配"的默契,故认定涉案角色造型美术作品的著作财产权由上海美术电影制片厂和曲某方共同享有。上海知识产权法院二审认为,根据本案情况,如果将著作财产权归属于一方享有显然会导致利益失衡,并有违公平原则,从诚实信用原则出发,确认由上海美术电影制片厂和曲某方共同享有著作财产权,维持一审判决。

(二)典型意义

在特殊历史时期职务作品著作权的归属,且"阿凡提"的经典漫画和故事精选具有一定的社会影响。上海知识产权法院综合考量作品完成时系计划经济年代的社会背景,结合双方明知在各自使用涉案作品长达30年的期间内均未表示异议也未启动救济程序这一事实来探究当事人的真实意思表示,通过衡量当事人对推广角色造型美术作品所做出的贡献,运用公平、诚实信用原则判决由上海美术电影制片厂与曲某方共同享有作品的著作财产权。该案判决综合衡量了历史、现状等因素,根据"历史、公平和现实"的处理原则,公平合理地解决纠纷,实现个人与集体利益的平衡,系法院在判定特殊历史时期创作的动画角色权利归属问题的有力探索。[①]

(四)委托作品

委托作品是指受托人按照委托人的特定要求创作的作品,又被称为定作作品,虽然名为"委托",但是实际上却并非合同法意义上的"委托合同"关系,而应当属于承揽合同关系。委托合同是委托人和受托人约定,由受托人处理委托人事务的合同,以完成一定事务的行为作为合同标的。承揽合同是承揽人按照定作人的要求完成工作,交付工作成果,定作人给付报酬的合同,以工作成果为合同标的。委托作品就是委托创作合同关系中的标的,按照委托人的特定要求

① 参见上海知识产权法院民事判决书,(2015)沪知民终字第200号。

进行创作是委托作品的一个重要特征。

《著作权法》第19条规定:“受委托创作的作品,著作权的归属由委托人和受托人通过合同约定。合同未作明确约定或者没有订立合同的,著作权属于受托人。”在著作权属于受托人的情况下,《著作权司法解释》第12条规定“委托人在约定的使用范围内享有使用作品的权利;双方没有约定使用作品范围的,委托人可以在委托创作的特定目的范围内免费使用该作品”。

在司法实践中,经常发生争议的主要是关于委托作品中作者的署名权能否约定归属的问题根据合同自由原则,当事人有权约定委托作品的权利归属。有观点认为,《著作权法》第19条中“著作权的归属由委托人和受托人通过合同约定”的规定当然包括著作权的人身权和财产权,否则应有除外规定。在严某生诉中国唱片总公司《悲喜人间》署名权纠纷一案中,作者与委托人约定放弃自己的署名,后来又反悔,重新主张署名权,法院判决认为既然已经约定严某生不再享有编剧署名权,而《著作权法》第19条(2010年《著作权法》第17条)又并没有限定可依合同约定的著作权的范围,因此,严某生主张人身权利不可转让没有法律依据。[①] 但是,在胡某海诉刘某旋侵犯著作权案件中,原告与被告签订了一份论文著作权“买断”的协议书,经审理认为,原告胡某海和被告刘某旋签定的论文转让协议系双方真实意思的表示,协议中一切权利全部转让(买断)依法应理解为著作权中人身权和财产权的买断。依照我国有关法律法规的规定,人身权是不能转让的,著作权中的财产权例外,故转让协议中关于财产权的部分有效,关于人身权的部分无效,人身权仍应归作者即原告所有,所以论文的署名权归原告,被告不得在论文上署名。[②] 有学者认为,按照我国《著作权法》第10条的规定,著作权人有权转让该条第5项至第17项规定的著作财产权,并没有规定可以转让第1项至第4项的著作人身权。作品必定是作者用一定方式表达其主题思想,作品是作者智慧和劳动的结晶,与作者有天然的“血缘关系”。

第一章知识产权的归属如果允许非作者在作品上署名,势必使作品的受众(如读者)误认为作品来源于署名的非作者,这显然是对公众的欺骗。故我国法

① 参见北京市高级人民法院民事判决书,(1999)高知终字第69号。

② 资料来源:国法网,http://www.law.com.cn/lcs/program/html/jingdiananli_contentphp? ItemID = 173794693&ID = 302。

律不允许著作人身权的买卖，后一个判决是符合著作权法规定的。①

【要 点 提 示】

虽然有不同的判决结果，但是分析问题仍然要从立法的本意出发。在实践中，许多文化公司都是采取“买断”著作权的方式来运作，但实际上存在著作人身权不得转让的风险。

（五）演绎作品

改编、翻译、注释、整理、编辑已有作品产生的作品称为演绎作品。演绎作品是在已有作品的基础之上，利用已有作品的表达创作出来的新作品。在判断一部作品是否构成演绎作品的问题上，其与原作品的关系至关重要。首先，产生的演绎作品必须是具备独创性的新作品；其次，创作的过程是利用原作品的表达而非再现原作品的表达；最后，如果新的创作行为仅仅是借鉴了他人作品的思想，那么这种创作仍然属于原创，不属于演绎。

我国《著作权法》第 13 条规定：“改编、翻译、注释、整理已有作品而产生的作品，其著作权由改编、翻译、注释、整理人享有，但行使著作权时不得侵犯原作品的著作权。”可见，演绎作品的著作权对演绎作品享有完整的著作权。但是由于演绎作品是以原作品为基础的，原作品著作权人对原作品的使用有控制权，所以演绎作品的著作权人所享有的著作权在原作品享有著作权期间不能完全独立地被行使，演绎作品的著作权人必须在取得原作品著作权人许可的情况下，才有权许可他人使用演绎作品。对此，我国《著作权法》第 16 条明确规定：出版演绎作品或者使用演绎作品进行演出或者使用演绎作品制作录音录像，应当取得演绎作品的著作权人和原作品的著作权人许可，并支付报酬。如果原作品著作权人已授予演绎作品的著作权人某些权利，则在授予权利范围内的使用或许可使用无须再取得原作品著作权人的授权。

通常认为，汇编也是一种演绎创作行为，是将作品或者作品的片段通过选择或者编排，汇编成新的作品。法律认为汇编的过程应当体现汇编人独特的选择、设计、编排，汇编的结果应当具有独创性，所以汇编作品的著作权由汇编人

① 参见刘春田主编：《新版以案说法：知识产权法篇》，中国人民大学出版社 2006 年版，第 40 页。

享有。如果汇编的对象是作品,如体例编排有独创性的文选,则该汇编作品属于演绎作品,按照演绎作品著作权的行使规则行使;如果汇编的对象是不构成作品的数据或材料,如数据库,则该汇编作品属于原创作品,著作权人可按照原创作品完整行使著作权。

【风险提示】

关于未经原作品作者许可而演绎的作品即“非法演绎作品”是否享有著作权的问题一直存在争论。第一种观点承认非法演绎作品具有著作权,理由是演绎作品具有独创性,而且如果不赋予其著作权,则被第三人擅自使用非法演绎作品时没有救济手段,显失公平。第二种观点不承认非法演绎作品的著作权,其理由是一项建立在非法使用基础上的作品不能享有合法的权利,而且“侵权者不能从侵权中获益”是一条公认的公平原则。第三种观点认为具体问题具体分析,主张非法演绎者享有部分著作权,即无权许可他人使用但是有权制止他人擅自使用。这种观点在审判实践中比较受欢迎,有利于解决个案问题。①

北京市高级人民法院《关于审理著作权纠纷案件若干问题的解答》属于第三种观点,“未经许可演绎他人作品产生的演绎作品尽管对原作作者来说是侵权作品,但它不是对已有作品的抄袭或复制,它本身是创作活动的产物,它的作者也付出了创造性劳动,它本身是有著作权的,演绎作品作者有权禁止他人使用演绎作品。但由于这类作品毕竟未经授权演绎产生的,故使用时应经原作者的许可,未经许可进行使用是侵权的”。但是相关司法判例并没有解决非法演绎作品是否能够获得赔偿以及赔偿计算标准的问题。

典型案例5

《猫人》侵害其他著作权财产纠纷案

上诉人新疆青少年出版社与被上诉人孙某成及原审被告河南省新华书店发行集团有限公司(以下简称“河南新华书店公司”)侵害其他著作权财产纠纷

① 参见马秀荣:《非法演绎作品之著作权辩》,知识产权出版社2003年版,第259页。

一案,孙某成于2014年8月25日向河南省郑州市中级人民法院(以下简称“原审法院”)提起诉讼,请求判令:1.新疆出版社停止出版、发行侵权书籍,河南新华书店公司停止销售侵权书籍;2.新疆青少年出版社、河南新华书店公司赔偿孙某成各项费用及损失共计9900元。其中,稿费、侵权赔偿费、为制止侵权合理支出[包括但不限于:调查费(含律师费)、交通费、住宿费、书本购置费复印费、通信费]暂时算至一审阶段,如需二审和执行,费用另计。

孙某成将美国作者罗杰·迪安·基瑟的文章《猫人》翻译成为中文作品。新疆出版社出版发行的《金考卷.河南中考45套汇编.语文》(第5年第5版,2013年8月第2次印刷),书号:ISBN9787551519397,未经孙某成授权在第301~302页使用了《猫人》中文作品,并在该文章尾部注明“选自《文苑.经典美文》2013年第3期,孙某成译”。2014年5月,孙某成发现并购买河南新华书店公司销售涉案图书1份。此外,孙某成购买侵权图书支付23.8元,邮寄涉案资料费8元,支付律师代理费3000元。

一审法院认为:孙某成翻译他人作品所形成的演绎作品,有权许可或者禁止他人使用。在本案中,孙某成未提交其在再创作过程中取得原作品著作权人授权的证据,应属于著作权法理论上的“非法演绎作品”,但非法演绎作品是新作品,除原作品的独创性外,还包括再创作过程中形成的独创性作品。当非法演绎作品遭受侵权时,应当允许非法演绎作品的著作权人提起侵权之诉并获得赔偿,以保护其独创性劳动。2001年修订的《著作权法》第4条规定:“依法禁止出版、传播的作品,不受本法保护。著作权人行使著作权,不得违反宪法和法律,不得损害公共利益。”①国家版权局认为,《著作权法》该条所称“禁止出版、传播的作品”所指内容非法的作品。如果内容不违法,仅仅是出版、传播方式非法或不符合有关出版规定,则不属2001年《著作权法》第4条所称“禁止出版、传播的作品”。2020年修订的《著作权法》第4条规定:“著作权人和与著作权有关的权利人行使权利,不得违反宪法和法律,不得损害公共利益。国家对作品的出版、传播依法进行监督管理。”从以上法律修改过程来看,对于非法演绎作品应区分其创作过程中的违法行为和创作过程中的独创性劳动,非法演绎作

① 为保持案例的客观性,本书在评述案例时,均援引诉讼发生时适用的法律规范,如该规范与现行规范有对应的,则在注释中说明对应的现行法律法规,此处为现行《著作权法》第4条,有改动。

品的著作权人制裁下游侵权行为并不为法律所禁止,该制裁行为也不会侵犯原作品的著作权。因此,新疆青少年出版社援引2001年《著作权法》第4条、第12条以免责的抗辩理由不能成立,不予采纳。孙某成主张新疆青少年出版社停止出版、发行侵权图书并赔偿损失,河南新华书店公司停止销售侵权图书的诉讼请求,有事实和法律依据,予以支持。

二审法院认为:关于孙某成是否享有《猫人》翻译作品著作权的问题。首先,2001年《著作权法》第12条规定:"改编、翻译、注释、整理已有作品而产生的作品,其著作权由改编、翻译、注释、整理人享有,但行使著作权时不得侵犯原作品的著作权。"[①]孙某成翻译了《猫人》作品,具有一定的独创性,已经形成演绎作品,孙某成应当享有著作权。其次,依照2020年《著作权法》第4条的规定:"著作权人行使著作权,不得违反宪法和法律,不得损害公共利益……"在本案中,孙某成的翻译作品没有违反宪法和法律,也没有损害公共利益,且具有一定的独创性,依法应该受到该法的保护,孙某成对于对该演绎作品仍依法享有著作权。[②]

(六)视听作品

我国法律规定中没有"视听作品"的概念,按照1989年4月18日于日内瓦通过的《视听作品国际注册条约》("影片注册条约")的规定,"视听作品"意指由一系列相关的固定图像组成,带有或不带伴音,能够被看到的,并且带有伴音时,能够被听到的任何作品。《著作权法》第17条规定:"视听作品中的电影作品、电视剧作品的著作权由制作者享有,但编剧、导演、摄影、作词、作曲等作者享有署名权,并有权按照与制作者签订的合同获得报酬。"这说明电影作品是包含在视听作品内的,且我国《著作权法实施条例》(2013年修订)第4条第11项规定"电影作品和以类似摄制电影的方法创作的作品,是指摄制在一定介质上,由一系列有伴音或者无伴音的画面组成,并且借助适当装置放映或者以其他方式传播的作品";"类似摄制电影的方法创作的作品"与"电影作品"在定义上是相同的,说明"类似摄制电影的方法创作的作品"亦在"视听作品"范围内。

① 现行《著作权法》第13条。

② 参见河南省高级人民法院民事判决书,(2015)豫法知民终字第274号。

视听作品的创作过程非常复杂,通常是以一个文学剧本为基础,创作出电影剧本,然后经过拍摄、表演、录音、配乐、美术、后期制作等一系列复杂的程序,由很多人在统一指挥(导演)之下,相互配合共同创作完成。所以基于这种创作过程,视听作品的性质本应当属于合作作品,但是其两个特殊性决定了不同的权利归属原则:

1. 创作人员庞大,有的视听作品甚至多达上千人,并且他们的创作是基于合意共同完成的,但是如果都赋予合作作品作者的身份,则在行使著作权的角度上并不现实,在著作权行使后的收益分配上也很难操作;

2. 视听作品的制作通常需要投入巨额资金、承担极大的市场风险,但是提供这些资金的人却往往并不实际参与创作,如果将其排除在著作权人之外,则将彻底扼杀视听作品的存在。

基于上述特点,各国都采取特别规定的方式赋予视听作品不同于合作作品的权属判定规则——把著作权集中于某一个主体上,而这个主体一般就是投资与风险的承担者,即制片者。我国《著作权法》第 17 条规定,视听作品的著作权"由制作者享有,但编剧、导演、摄影、作词、作曲等作者享有署名权,并有权按照与制片者订签的合同获得报酬"。可见,视听作品中参与创作的作者们只保留了署名权这一项人身权利,其他发表权、修改权、保护作品完整权和著作财产权利都属于制片者,获得报酬的依据也限于合同的约定。另外,为了平衡利益关系、鼓励创作,《著作权法》同时也规定视听作品中的"剧本、音乐等可以单独使用的作品的作者有权单独行使其著作权"。

严格来说,制片者的概念实际上不同于制片人,民间在表述时通常混用。制片者是投资并承担风险享有权利的制片单位或者个人。制片人是指电影或电视剧的总负责人,从融资、摄制计划及摄制预算的制定与实施、导演及演员等主创人员的选聘到发行等一系列相关事项。制片人一般由制片者的代表担任,或者由制片者聘请具有丰富制片经验的个人担任。我国对电视剧制片人实行持证上岗制度,对电影制片人没有相关规定。

【风险提示】

近年来,随着影视作品经济效益的飞跃性发展,各种著作权纠纷也纷至沓来,值得相关企业引起重视。特别是由于制片者和创作者的权利地位不平等,造成侵犯编剧、导演权益进而影响电影、电视剧拍摄、发行的纠纷时有发生。值得注意的是,这种电影作品著作权是完整的,与其他演绎作品不一样,在电影作品形成后,它在电影作品范围内的使用不再受原著作者的制约,也不必再向原著作者支付费用。

典型案例6

《铁血昆仑》著作权确权纠纷案

广西电影制片厂(以下简称"广影厂")与陈某签订《关于独立制作故事片〈铁血昆仑〉的协议书》,约定由陈某以《铁血昆仑》制片人资格组建筹备组,负责和开展有关资金与器材筹集、人员物色及剧本修改等工作,影片完成并经电影局终审通过后,广影厂将此片的两年发行权交给制片人,拷贝由制片人自行发行、盈亏自负。陈某以摄制组名义与国内七家法人单位签订了《关于股份集资摄制影片〈铁血昆仑关〉合同书》,约定由七家法人单位共同投资摄制。影片拍摄完成后,陈某、七家法人单位与我国香港特别行政区某公司签订合同,将该片的发行权、影片副产品及相关的全部权益转让给我国香港特别行政区某公司。后我国香港特别行政区某公司认为陈某不是著作权人,无权签署合同,双方就该合同的效力发生争议。

最高人民法院在终审判决中认定了如下两个问题。

1. 电影作品的"制片人",在著作权法意义上是指著作权人,本案电影作品的制片人为广影厂。广影厂与陈某在该协议书中约定陈某为"独立制片人"的概念,不是著作权法意义上的制片人概念,而是在国内电影制片投资方式向综合性多元化发展的改革过程中出现的俗称概念,意指影片投资与具体摄制组织者。这一俗称,不具有法律上的含义,故原审判决认定陈某为独立制片人,于适用法律并无意义。

2. 七家出资单位是该片的实际投资人。根据陈某与该七家单位签订的《关于股份集资摄制影片〈铁血昆仑关〉合同书》的约定,各方共同享有该片的发行权及相关权益。陈某及该七家出资单位作为一方通过与我国香港特别行政区某公司签订该合同书将所享有的该片的有关权利及权益一次卖断给我国香港特别行政区某公司，双务均具备签订该合同书的主体资格。至于陈某是否享有该片的著作权或代理发行权，并不影响其签订该合同书的主体资格。七家出资单位基于投资及与陈某的约定而享有该片的相关财产权利，并不必须以与广影厂存在法律关系为前提。

最后，法院判决认定我国香港特别行政区某公司主张合同无效的理由不能成立。①

典型案例 7

叶某修与董某举著作权权属、侵权纠纷案

原告称于 2013 年 10 月发现被告未经著作权人许可，擅自以经营为目的，在未缴纳版权使用费的情况下，将原告享有著作权的词曲音乐作品《赤足走在田埂上》《再爱我一次》《踏着夕阳归去》《爸爸的草鞋》《外婆的澎湖湾》等多首以卡拉 OK 点歌的形式向公众进行商业利用。

被告答辩称：(1) 音乐电视作品的著作权人是制片人，本案中被答辩人并不适格的诉讼主体。首先，答辩人使用的音乐电视作品的制作包含导演、编辑、布景、演绎、摄影、录音、剪辑等一系列的创作活动，应属于《著作权法》第 3 条第 6 款规定的“电影作品及类似摄制电影的方法创作的作品”而不是《著作权法》第 3 条第 3 款规定的单纯的音乐作品。其次，据《著作权法》第 15 条规定“电影作品及类似摄制电影的方法创作的作品的著作权由制片人享有，但编辑、导演、摄影、作词、作曲等作者享有署名权，并有权按照与制片者签订的合同获取报酬”，故被答辩人对答辩人使用的音乐电视作品并不享有著作权。

一审法院认为：关于被告是否侵犯著作权的问题。应当首先确认原告播放的是何种性质的作品。原告所播放的音乐作品，是由有一定情节、有人物和自然风光背景、一系列有伴音或无伴音的画面组成，是摄制在一定介质上借助适当装置放映或者以其他方式传播的作品，有导演、摄制者等相关人员的艺术性创造，并非原告创作的词曲作品本身，这些作品属于《著作权法》第

① 参见中华人民共和国最高人民法院民事判决书，(1999) 知终字第 12 号。

3条第6项和《著作权法实施条例》第4条第11项规定的以类似摄制电影的方法创作的作品,属于音乐电视作品。2010年《著作权法》第15条第1款规定,电影作品和以类似摄制电影的方法创作的作品的著作权由制片者享有,但编剧、导演、摄影、作词、作曲等作者享有署名权,并有权按照与制片者签订的合同获得报酬。[①] 当音乐词曲与导演、摄影等结合在一起形成一个以类似摄制电影的方法创作的作品时,该类似电影的作品的著作权由制片人享有,因此,涉案音乐电视作品的著作权应由制片人享有,原告作为词曲作者,可以向涉案音乐电视作品的制片人主张词曲作者的著作权,但无权就案涉音乐电视作品行使复制、发行、放映等著作权,向KTV经营者就其放映音乐电视作品的行为主张词曲作者的著作权。

二审法院认为:之所以将音乐电视作品归类于电影或类似摄制电影的方法创作的作品,是因为音乐电视作品的创作,涉及编剧、导演、演员、摄影、作词、作曲等,法律规定其著作权由制片人享有,既符合实际情况,又方便处理问题。如果依照上诉人的诉讼请求,将词曲作者的权利从音乐电视作品中分割出来,由词曲作者来行使,那么,当侵权行为发生时,本来依法只应由制片人行使的权利,就可以由词曲作者、编剧、导演、演员、摄影等具有著作权的人来分别行使其权利,并且需向相同或不同的侵权人主张各自不同的权利,这样做既不符合法律的规定,更不方便纠纷的处理。因此,上诉人主张本案被上诉人的行为系对涉案32首词曲音乐作品的单独使用,是人为地将词曲作者的权利从音乐电视作品中分割出来,其主张既无法律依据,亦不合情理,上诉人提出的被上诉人的行为系对涉案32首词曲音乐作品的单独使用没有事实和法律依据,不予支持。

涉案32首词曲音乐作品的著作权依法应由制片者享有,应当由制片者来行使相关的权利,本案上诉人提交的证据不足以证明其有权行使相关的著作权,故对其提出的被上诉人的行为侵犯了其署名权、表演权、复制权的诉讼主张不予支持。[②]

---

① 现行《著作权法》第17条第1款。

② 参见湖南省高级人民法院民事判决书,(2016)湘民终114号。

（七）传记作品

《中国大百科全书·中国文学卷》中“传记文学”条对“传记”与“传记文学”的解释为：“记载人物经历的作品称传记，其中文学性较强的作品即是传记文学。”传记文学的基本特征应当是，以历史上或现实生活中的人物为描写对象，所写的主要人物和事件应当符合史实，在局部细节和次要人物上则可以虚构，作一定的艺术加工。按照叙述对象的不同，传记作品可以分为他传和自传。他传的情况比较简单，即以他人的事迹或人生经历为描写对象而创作的作品，被传记人与创作人通常不是同一人，创作人借助史料或者自己搜集的素材直接创作作品，按照著作权归属的一般规则即可确定作者为著作权人。自传是指以第一人称叙述的，记载被传记人自己特定经历、情感，一般由被传记人自己撰写并署名的文学作品。但在仅仅如此并不足以产生特殊性，在现实生活中，被传记人往往由于各种原因，更主要的是文字能力的局限，不能独立创作完成对自己经历的撰写，通常是由自己口述经历、他人执笔记录整理撰写，共同完成自传作品的创作。在这种特殊情形下，究竟是被传记人本人，还是执笔人或整理人作为著作权人享有自传体作品的著作权，是一个比较复杂的问题，在司法实践中也多发生纠纷。

《著作权司法解释》（2020 年修正）第 14 条作出如下规定：“当事人合意以特定人物经历为题材完成的自传体作品，当事人对著作权权属有约定的，依其约定；没有约定的，著作权归该特定人物享有，执笔人或整理人对作品完成付出劳动的，著作权人可以向其支付适当的报酬。”这个规定综合考虑了自传体传主本人和实际撰稿人双方的利益。传主本身的特定经历是自传体作品得以创作的前提，口述或者保存的文字素材都限定了作品的创作应当以传主特定的经历为范围，最后形成的内容将成为公众了解和评价传主的主要途径，传主将对作品承担社会责任，根据权利与义务相一致的原则，除非有特别约定，应当认为传主享有自传的著作权。对于撰写人来说，毕竟付出了实际的智力性劳动，同样的素材由不同的人撰写出来的结果也不尽相同，为了鼓励创作，确定了约定优先的规则，并规定了执笔人或者整理人付出劳动的，著作权人可以向其支付适当报酬。

需要注意的是，该条文中的“合意”，是指传主与执笔人或整理人之间就创作自传体作品达成意思一致,这是确定自传体作品权属纠纷的前提条件。那些未经传主许可假冒传主名义撰写所谓“自传”的行为,应当按照《著作权法》第53条第8项规定的“制作、出售假冒他人署名的作品”来追究法律责任。该条文中“完成”的含义,泛指一部作品的完成,不同于著作权法中“创作”的含义。也就是说,参与完成自传体作品的人员中既包括了付出创作性劳动的,也包括付出辅助性劳动的;当事人完成作品的合意,以及执笔人或者整理人对作品完成付出的劳动,也涵盖了创作性和辅助性劳动的两种含义。规定该司法解释条文的目的,在于规范一种秩序,“捉刀代笔者”如欲独占或者分享著作权,就应当通过事先约定的方式解决,否则一旦发生纠纷就要按照本条规定的“著作权归该特定人物享有”。①

典型案例8

《我的前半生》著作权纠纷案

在李某贤(溥仪遗孀)诉李某达侵犯《我的前半生》著作权纠纷案件中,二审法院认为:《我的前半生》一书从修改到出版的整个过程都是在有关部门的组织下进行的,李某达是由组织指派帮助溥仪修改出书,故李某达与溥仪不存在合作创作的事实。《我的前半生》一书既是由溥仪署名,又是溥仪以第一人称叙述亲身经历为内容的自传体文学作品;该书的形式及内容均与溥仪个人身份联系在一起,它反映了溥仪思想改造的过程和成果,体现了溥仪的个人意志;该书的舆论评价和社会责任也由其个人承担;因此,根据该书写作的具体背景和有关情况,溥仪应是《我的前半生》一书的唯一作者。②

另一起相关的案件是李某贤、王某祥诉贾某华侵犯著作权案。贾某华曾帮助李某贤整理溥仪的日记及其他遗留文字,并整理李某贤的一些口述资料。1980年6月,李某贤改变了与贾某华合作创作溥仪后半生传记作品的初衷,同意由王某祥与其合作。王某祥于1988年11月出版了《溥仪的后半生》一书,版

① 参见蒋志培:《如何理解和适用〈关于审理著作权民事纠纷案件适用法律若干问题的解释〉》,载《人民司法》2002年第12期。

② 参见北京市高级人民法院民事判决书,(1995)高知终字第18号。

权约定李某贤、王某祥共有。贾某华曾要求参与创作《溥仪后半生》一书,但被拒绝。于是,贾某华决心独自创作。他自费采访了三百余人,查阅了大量档案资料,包括有关的新闻报道等,其收集、笔录的文字已超千万。1984 年,贾某华撰写的《末代皇帝的后半生》一书初稿完成,1989 年 6 月正式出版。

1990 年 11 月,李某贤与王某祥向北京市西城区人民法院起诉,称《末代皇帝的后半生》抄袭《溥仪的后半生》的内容达 70% 以上,侵犯了二人的著作权。法院经过审理作出判决:贾某华在创作《末代皇帝的后半生》一书过程中,通过长期搜集、整理,获得了对溥仪生平的广泛了解,以此构成了其书主要内容,这些内容不是抄自原告作品。创作历史人物传记作品,当需要表现特定历史人物活动的客观真实时,都不可能凭空杜撰,由此造成原、被告所著之书在记述人物、时间、事件等内容时所反映的客观史事和所利用的史料部分相同,不能作为抄袭的依据。被告所著之书在创作风格、文学处理等表达形式上亦体现了自己的特点,表明了其作品的独创性。原告并不能证明这些表现形式属其独自所有。故原告认为被告抄袭的指控不能成立。①

典型案例 9

《地狱归来》侵犯著作权纠纷案

原告赵某建诉称:1987 年 10 月,原告所著《地狱归来》一书由明天出版社公开出版发行。《地狱归来》是原告在被告王某烈革命回忆录基础上,经再创作而完成的纪实文学作品,原告对此书享有完整的著作权。2007 年,原告发现由知识产权出版社出版的一本以王某烈为作者的《沧海一粟》,抄袭、剽窃了原告的作品,该书前十五章有部分段落与原告所著《地狱归来》内容、文字相似或相同,且书中未予任何说明。无论是王某烈抄袭、剽窃原告作品,还是知识产权出版社出版该书的行为都侵犯了原告的著作权,应依法承担法律责任。

被告王某烈辩称:《地狱归来》是原告应其的要求,在组织安排下,以其的革命生平事迹为题材,在其几十万字回忆录的基础上,整理完成的关于其的自传

① 参见北京市西城区人民法院民事判决书,(1990)西民字第 2213 号。

体作品，书中的主人公就是自己。原告在被告完成该书过程中担任的是辅助人角色，仅起辅助作用。按照有关规定，在组织上及原告与被告就涉案作品《地狱归来》的著作权权属没有约定的情况下，《地狱归来》的著作权属于自己。既然涉案作品的著作权属于己方，《沧海一粟》也就不存在因使用《地狱归来》中的内容而侵犯原告所谓著作权的问题了。王某烈出版该作品不构成对原告的侵犯，请求法院驳回原告的诉讼请求。

被告知识产权出版社辩称：《地狱归来》是原告根据组织安排，以王某烈同志革命生平事迹为题材，在王某烈回忆录的基础上完成的关于王某烈的自传体作品，书中的主人公即王某烈。按照有关规定，在组织上及王某烈与原告就涉案作品的著作权归属没有约定的情况下，该书的著作权属于王某烈。因此，《沧海一粟》也就不存在因使用《地狱归来》中的内容而侵犯原告著作权的问题。出版社方在出版涉案作品前，与著作权人王某烈订立了出版合同，获得了合法的授权，出版该作品不构成侵权，故请求法院驳回原告的诉讼请求。

法院认为，从王某烈的革命事迹、年龄、职务所形成的自然人信誉等情况看，其关于赵某建是其秘书的辩称具有可信性。另外，空军司令部办公室是赵某建原所属单位，其出具的证明包含两个重要内容：一是证明赵某建的秘书任务即是协助王某烈整理回忆录等；二是证明赵某建是应王某烈要求从空军第六研究所调到办公室秘书处，与通常办公室直派秘书存在区别。空军司令部办公室是国家的部队机关，其证明文件具有国家机关证明文件的可信度，和证人出具的书面证言可以相互印证，在赵某建不能提供相反证据否认的情况下，法院根据优势证据规则，确认赵某建的身份为王某烈的秘书，其调任秘书的工作内容之一就是协助王某烈整理《地狱归来》的书稿。

赵某建之所以能够成为王某烈的秘书，是因为其有良好的文笔，能够帮助王某烈完成《地狱归来》的书稿成书工作。赵某建对《地狱归来》一书的能动工作以及独有智慧的发挥是本案中不可否认的事实。但本案的特殊性在于，这类作品的完成具有特定的背景，是在特定的安排下进行的，写作过程和作品的最终完成都需要满足一定的条件。

首先，赵某建不是根据自己的意愿走近王某烈的，其是应王某烈的要求和组织的安排，完成《地狱归来》一书的编写任务的。其次，《地狱归来》一书中，如何选择事件和描写均体现了王某烈的本人意志，素材也主要是王某烈提供的。最后，在此基础上，赵某建进一步从事的采访、核实相关情况的工作，需要王某烈的事先安排，否则不符合部队的工作惯例，会导致无法顺利进行。根据部队的管理制度和王某烈的身份，采访、核实之后，还要取得王某烈的确认，才能在书中进行合适的表达。

以上情况意味着，《地狱归来》一书的写作过程是在王某烈的意志指导下，根据王某烈的确认和陈述不断整理、加工的过程，赵某建不起决定和主导作用。否则，该书的内容会因违背王某烈的意愿而被否决。

在2002年最高人民法院《关于审理著作权民事纠纷案件适用法律若干问题的解释》中，考虑到当事人合意以特定人物经历为题材完成的自传体作品的特殊性，特别是考虑无论该特定人物通过口述或者提供自己书面的文字素材，其对作品的完成都起到实质性作用：口述，本身就是作品的形式；书面的文字素材，如特定人物自己保留的日记、其他记录等也是作品的表现形式；在最后作品的形成过程中，难以把这样的口述内容或书面材料与作品截然分开，且该特定人物的自传涉及特定人物经历与生活，与他们人身权密切相关，对此作出特别规定："当事人合意以特定人物经历为题材完成的自传体作品，当事人对著作权权属有约定的，依其约定；没有约定的，著作权归该特定人物享有。著作权人可以支付执笔人适当的报酬。"在本案中，虽然不可否认，完成《地狱归来》一书需要专业的写作才能和技巧，需要赵某建付出大量的智力劳动和心血，其需要通过有序化的创造性工作，将王某烈原先撰写的回忆录等原始素材和资料进行加工筛选整理，并结合采访的情况加工创作，进而使该书达到较好的水平。但是，根据最高人民法院的前述解释，在此种情况下，进行了创作性劳动的人，仍然不应确定为著作权人，而是处于辅助人的地位。鉴于本院认为《地狱归来》一书的著作权应归王某烈所有，赵某建并已获得适当的报酬，故王某烈与知识产权出版社出版《沧海一粟》一书的行为并不构成侵权，不应承担侵权责任。[①]

---

① 参见北京市海淀区人民法院民事判决书，(2008)海民初字第15901号。

二、专利权中相关归属问题

确定专利权的归属就是确定谁是专利申请权人,进而谁成为专利权人的过程。一般来说,非职务发明创造申请专利的权利属于发明人或者设计人;申请被批准后,该发明人或者设计人就成为专利权人,专利权即归属于专利权人。同时,法律允许依照约定获得专利权。

(一)发明人或设计人

专利法所称的发明人或者设计人,是指对发明的实质性特点做出创造性贡献的人。发明人一般是指发明或实用新型的发明者,设计人一般是指外观设计的设计者。许多专利法理论文章中通常使用广义上的发明人概念,是包含设计人概念在内的。发明是一种事实行为,只要行为的结果符合赋予专利的条件,其行为即可称为发明,该行为人即可称为发明人或者设计人,并没有民事权利能力或民事行为能力的限制,即便是精神病人亦有可能完成发明创造,而且在许多见诸文字的记载中,许多伟大的发明创造者被当时的舆论称为“疯子”。

发明人或设计人必须是对发明的实质性特点作出创造性贡献的人,判断创造性贡献时,应当分解技术成果的实质性技术构成,提出实质性技术构成和由此实现技术方案的人是作出创造性贡献的人。所以在完成发明创造的过程中,仅仅是负责组织工作的人、为物质技术条件的利用提供方便的人或者从事其他辅助工作的人,不是发明人或者设计人。

发明人或设计人不一定是专利申请权人,更不一定是专利权人。根据《专利法》的相关规定,明确由发明人或者设计人享有三项权利。

1. 署名权。发明人或者设计人有在专利文件中写明自己是发明人或者设计人的权利。这种署名权不同于著作权意义上的署名权,不带有人格权的性质,仅仅是一种信息情报的标示。在实践中,确有因发明人或设计人署名发生的纠纷，最高人民法院《关于审理专利纠纷案件适用法律问题的若干规定》(以下简称《专利法司法解释》)第1条列举的案件类型中包括“职务发明创造发明人、设计人奖励、报酬纠纷案件”，此类纠纷可以据此请求司法救济。

2.申请专利权。非职务发明创造，申请专利的权利属于发明人或者设计人，并据此成为专利申请权人。

3.获得报酬权。《专利法实施细则》第六章明确规定了被授予专利权的企业、事业单位应当对职务发明创造的发明人或者设计人的奖励和报酬。

(1)自专利权公告之日起3个月内发给发明人或者设计人奖金。一项发明专利的奖金最低不少于3000元；一项实用新型专利或者外观设计专利的奖金最低不少于1000元。

(2)在专利权有效期限内，实施发明创造专利后，每年应当从实施该项发明或者实用新型专利的营业利润中提取不低于2%或者从实施该项外观设计专利的营业利润中提取不低于0.2%，作为报酬支付发明人或者设计人；或者参照上述比例，发给发明人或者设计人一次性报酬。

(3)如果许可其他单位或者个人实施其专利的，应当从收取的使用费中提取不低于10%，作为报酬支付发明人或者设计人。

(二)专利申请人和专利申请权人

严格来说，专利申请与专利申请权是两个不同的概念。专利申请是指就一项发明创造向专利局提出申请、请求获得专利权利的一种资格，也就是我国《专利法》第6条规定的“申请专利的权利”。专利申请人就是具备这种权利的主体。在通常情况下，各国专利法都承认发明人有权对其完成的发明创造申请专利。《美国专利法》第115条规定：“申请人应当宣誓深信自己是某方法、机器、制造品或物品的组合、或其改进等请求取得专利的原始和最早的发明人。”[①]专利申请权是指专利申请人在向专利局提出申请以后，对该项“专利申请”所享有的一种权利。这个概念并不仅仅是专利申请程序上的一个过渡性称谓，其之所以重要是由于一旦专利获得批准，专利申请权人即成为专利权人，取得专利权。我国《专利法》规定，专利申请权可以依法转让，转让专利申请权的应当订立书

① 刘春田主编：《知识产权法》(第2版)，高等教育出版社、北京大学出版社2003年版，第167页。

面合同并向国务院专利行政部门登记、公告，转让自登记之日起生效；向外国人转让专利申请权的还必须经国务院有关主管部门批准。但是前述“申请专利的权利”的转让仅仅属于普通民事权益的转让，不需要履行相关行政手续。我国《专利法》在表述上并没有明确区分这两个概念，有些地方存在混同，为了与法律规定在字面上一致，后文除非特别说明，统一采用“专利申请人”的称谓。

在专利法上，专利申请人包括资格上和权利上两层含义。

1. 在资格上，即明确哪些人可以作为专利申请人向专利局申请专利。

(1)发明人或设计人，在一般情况下发明人或设计人自然具备专利申请人的资格，从基本民事权益角度来看，作为发明者或者设计者当然有权决定对自己的发明创造是否申请专利。

(2)专利申请权的受让人，《专利法》规定专利申请权可以转让，发明人或设计人可以将申请权转让给他人，受让者成为新的专利申请人。专利申请提出前的转让不需要履行行政登记手续，但是专利申请提出后的转让需要履行法律规定的行政程序。

(3)专利申请权的继承人，根据民法原理和《继承法》(已失效)的相关规定，专利申请权作为一种民事权利可以被继承，在原专利申请人死亡之后，其继承人有权继承专利申请权中的财产性权利，并应当向专利局进行专利申请权的变更登记。

(4)职务发明的单位主体依法取得专利申请权，详细论述见“职务发明”一节。

2. 在权利上，专利申请人的权利主要包括以下内容。

(1)修改专利文件的权利。发明专利申请人在发明进入实质审查阶段起3个月内、实用新型或者外观设计专利申请人在申请日起2个月内，可以对专利申请主动提出修改。

(2)转让专利申请权的权利。《专利法》规定，转让专利申请权应当订立书面合同，并向专利局登记，由专利局予以公告，专利申请权的转让自登记之日起生效。未经登记的转让不具备对抗第三人的效力。向外国人转让专利申请权的还应当由国务院对外经济贸易主管部门会同国务院科学技术行政部门批准。

(3)主张临时保护期使用费的权利。所谓临时保护期，是指一项发明专利在申请公告之后，到授予专利权之前这一期间，由于该发明专利的内容已经被公开,一方面,鉴于尚未被授予专利权,法律不能制止第三人在该发明申请公告后就禁止实施;另一方面,鉴于可能被授予专利权,如果允许第三人任意实施则对专利申请人明显不公,则给予这一期间临时性的保护,《专利法》第 13 条规定:“发明专利申请公布后,申请人可以要求实施其发明的单位或者个人支付适当的费用。”如果实施者拒绝支付使用费,专利申请人不能起诉,只能在专利权被授予后以专利权的身份来提起诉讼。如果这项发明专利申请最终未获得批准,则实施者不必支付使用费。

(三)专利权人

专利制度的核心是专利法,专利法的核心是专利权,专利权人就是享有专利权的人,自然成为这一系列法律关系的焦点。专利权人未必都曾经是专利申请人,专利申请人未必都会成为专利权人。

1. 专利权人的权利主要包括如下内容:

(1)专利权人享有实施其专利技术的独占性权利。专利技术的价值是通过实施得以实现的,即实施专利技术可以给实施人带来相应的财产权益。专利权人申请专利的直接目的就是垄断该项技术的实施权,以获取独占利益。

(2)专利权人有禁止他人实施其专利技术的权利。

(3)专利权人有处分其专利的权利。利权的处分包含专利权人可以将其专利权转让给他人或者放弃其专利权等。

(4)在产品或包装上注明专利标记的权利。这一权利的行使有两个条件:一是只有采用了专利技术的产品才可以标注专利标记,否则就构成对公众的欺骗;二是该专利技术的采用必须是专利权人本人或者经过专利权人许可而采用的,否则就是侵权产品。

2. 专利权人的主要义务包括以下几项:

(1)实施专利的义务。实施专利不仅是专利权人的权利,同时也是专利权人的义务。专利权人可以通过两个途径履行这一义务:一是实施专利;二是许可他人实施专利。

(2)缴纳专利年费的义务。专利权人应当自被授予专利的当年开始缴纳年费。专利权人若不按规定缴纳年费,其专利权自未缴年费的次一年终止。

(3)给发明人以奖励或报酬的义务。专利权人是单位的,应当对职务发明创造的发明人或设计人给予奖励等。

(四)职务发明创造

一般来说,科技成果可以分为职务发明创造和非职务发明创造两大类,“职务发明是发明人在受雇期间为完成本职工作而做出的发明。由于发明人与雇佣方之间订立了劳动合同,雇佣方对于劳动合同义务范围内的发明享有一种合理的期待,因此法律不能简单地像对待非职务作品一样,将发明的原始权划归发明人”。[①] 而受聘于单位的科技人员的职责通常就是承担单位的发明创造开发任务,单位为此付出大量人力、物力、财力,由此产生的发明创造成果理应由单位享有权利,并据此获得收益,进一步推动经济发展,科技人员也应当获得相适应的报酬。这样设置规则平衡了单位与科技人员之间的利益分配,才有利于鼓励发明创造、促进科技发展。

《专利法》第6条规定:“执行本单位的任务或者主要是利用本单位的物质技术条件所完成的发明创造为职务发明创造。职务发明创造申请专利的权利属于该单位,申请被批准后,该单位为专利权人。”可见,判定是否属于职务发明创造即明确了专利权的归属。

1. 执行本单位的任务,包括下列三种情况。

(1)在本职工作中作出的发明创造。本职工作即本单位岗位职责,是指根据单位的规定或者劳动合同的约定,确定的职工所在岗位的工作和责任范围。

(2)履行本单位交付的本职工作之外的任务所作出的发明创造,是指虽然不属于本职工作,但是属于执行本单位专门分配的工作任务。

(3)退职、退休或者调动工作后1年内作出的,与其在原单位承担的本职工作或者原单位分配的任务有关的发明创造。发明创造通常不是在短时间内就可以完成的,需要长时间工作经验的积累和实践,离职、退休的职工在原单位积累的技术经验和知识主要来源于在原单位的职务工作,离开原单位后的一段时间内作出的发明创造必然和原单位的职务工作具有密切联系,为了平衡各方权益、避免出现职工把离职或退休前完成的发明创造留到离职或退休后再以个人名义申请专利,各国专利法都设置有类似的规定。

---

① 李琛:《知识产权法关键词》,法律出版社2006年版,第92页。

所谓“本单位”，也包括临时工作单位。这个概念不宜作狭义的解释，例如，被借调或聘请到其他单位的工作人员，虽然编制和劳动关系在原单位，但是对于借调单位和聘用单位来说是把他们纳入本单位的工作计划的，所以在完成该单位所分配的任务的情况下，也应视为“本单位”。

2. 主要利用本单位的物质技术条件完成，要注意以下两个问题。

（1）所谓“本单位物质技术条件”，是指本单位的资金、设备、零部件、器材、原材料或未公开的技术信息和技术资料等。在我国《专利法》的第二次修改中，将“主要利用本单位的物质条件”改为“主要利用本单位的物质技术条件”，加入“技术”两字更加明确了所利用的条件范围，在司法实践中倾向于对技术条件的利用，而非仅仅考虑单纯的物质条件。

（2）所谓“主要利用”，是指职工在完成发明创造的过程中，全部或者大部分利用了单位的物质技术条件，并且，这些物质技术条件对形成该发明创造具有实质性影响；或者该发明创造的实质性内容是在单位尚未公开的技术信息和资料的基础上完成的。这种对本单位物质技术条件的利用应当是完成发明创造必不可缺的，那种少量的利用或者对发明创造的完成没有实质性作用的利用应不属于这个范围。但是，对于利用单位提供的物质技术条件，双方约定返还资金或者交纳使用费的应除外。

（3）利用本单位的物质技术条件所完成的发明创造，单位与发明人或者设计人订有合同，对申请专利的权利和专利权的归属作出约定的，从其约定。这里并没有突出表述“主要利用”，但是从字面上分析，“主要利用”应当包含在“利用”内，所以可以推断出两种结果：主要利用本单位的物质技术条件所完成的发明创造，如果有约定则从其约定，如果没有约定则应判断为职务发明创造；非主要利用本单位的物质技术条件所完成的发明创造，如果有约定从其约定，如果没有约定则依判定规则来判断是否属于职务发明创造。

（4）职务技术成果与非职务技术成果的归属和上述情况类似，区别仅是技术是否申请专利权。

《民法典》第847条规定：“职务技术成果是执行法人或者非法人组织的工作任务，或者主要是利用法人或者非法人组织的物质技术条件所完成的技术成果。”“职务技术成果的使用权、转让权属于法人或者非法人组织的，法人或者非法人组织可以就该项职务技术成果订立技术合同。”

《民法典》第 848 条规定:“非职务技术成果的使用权、转让权属于完成技术成果的个人,完成技术成果的个人可以就该项非职务技术成果订立技术合同。”

《民法典》第 861 条规定:“委托开发或者合作开发完成的技术秘密成果的使用权、转让权以及利益的分配办法,由当事人约定;没有约定或者约定不明确,依照本法第五百一十条的规定仍不能确定的,在没有相同技术方案被授予专利前,当事人均有使用和转让的权利。但是委托开发的研究开发人不得在向委托人交付研究开发成果之前,将研究开发成果转让给第三人。”

【要 点 提 示】

职务发明创造与职务作品的归属原则完全不同。职务作品的著作权在一般情况下由作者享有,在特殊情况下由单位享有;职务发明创造的性质一旦被明确,则专利权即由单位享有。员工在本单位的职责,不以存在劳动关系为构成职务发明创造的必要条件,有些情况是单位的股东实际参与技术开发,但是却并不签订劳动合同,也可以依据其工作目的或一贯职责范围来认定是否属于履行本单位的任务。值得注意的是,有观点认为,严格根据《专利法》第 6 条的规定,似乎只有“利用本单位的物质技术条件所完成的发明创造”才能约定权利归属,而前两种“执行本单位的任务”和“主要是利用本单位的物质技术条件”时不得约定权属。笔者认为这种理解是不符合合同自由原则的,在实践中也不可能禁止当事人这样约定。

典型案例 10

“双腔回转颚式破碎机”实用新型专利权权属纠纷案

王某、徐某是“双腔回转颚式破碎机”实用新型专利权的共同专利权人。1993 年,王某、徐某与侨星公司签订《协议书》,决定实施该项专利技术。侨星公司按约定于 1994 年成立了京海鹰公司,主要经营“双腔回转颚式破碎机”系列产品的生产、销售。王某、徐某于 1994 年到京海鹰公司工作。孙某于 1996 年到京海鹰公司工作。王某和徐某负责指导基于“双腔回转颚式破碎机”专利技术的系列产品的生产工作;孙某负责该系列产品的销售工作。三人均在京海鹰公司按月领取固定工资及福利,但未与京海鹰设备公司签订劳务合同。1999年,王某、徐某开始研制“旋摆式破碎机”技术,它属于“双腔回转颚式破碎机”后续改进技术,该设计工作于同年内完成。2000年5月,王某、徐某、孙某三人就“旋摆式破碎机”技术向国家知识产权局申请实用新型专利,并于2001年3月7日获得授权。2000年6月王某、徐某、孙某三人先后离开了京海鹰公司。京海鹰公司认为该项专利应属于该公司的职务发明,专利权应归公司所有,遂提起诉讼。

一审法院认为:京海鹰公司基于实施王某、徐某的“双腔回转颚式破碎机”专利技术而成立。王某、徐某在与侨星公司签订的合同中,并未对今后在京海鹰公司实施“双腔回转颚式破碎机”所要产生的后续改进技术的权利归属作出明确约定,因此,该合同对涉案专利的归属不产生影响。京海鹰公司无法证明向王某等三人下达过研制“旋摆式破碎机”的任务。在京海鹰公司未能证明已向王某等三人分配了研制“双腔回转颚式破碎机”后续改进技术任务的前提下,三人从事的研制行为不属于其本职工作。此外,由于诉讼双方对“双腔回转颚式破碎机”后续改进技术的归属事先未能作出特别约定,因此,涉案专利技术应归属发明设计人,即王某等三人。王某等三人对该技术方案所从事的发明设计工作,不具有执行京海鹰公司任务的性质。因此,京海鹰公司主张王某等三人在发明创造过程中利用了其物质技术条件,证据不足,不予支持,驳回京海鹰公司的诉讼请求。

二审法院认为:根据《专利法》的规定,构成职务发明的条件,首先做出发明创造的发明人或设计人应是申请专利的单位的职工,其次必须是发明人或者设计人是执行本单位的任务或者利用了本单位的物质条件。王某、徐某作为“双腔回转颚式破碎机”的专利权人,与侨星公司签订了专利实施许可合同,并以技术入股的形式,在侨星公司基于实施王某、徐某的“双腔回转颚式破碎机”专利技术而成立的京海鹰公司中占有15%的股份,所以王某、徐某是以股东身份参与京海鹰公司的经营管理。同时,因为王某、徐某不承认是以由公司支付工资、福利的形式取得其股东利益,所以,王某、徐某除股东身份外,与京海鹰公司还存在事实上的劳务关系,孙某亦与京海鹰公司存在事实上的劳务关系。王某等三人是京海鹰设备公司的职员。根据双方当事人的陈述可以确认,王某、徐某二人在京海鹰设备公司主要是负责技术工作,为实施专利技术提供技术服务和保障,并负责新产品的开发,“旋摆式破碎机”与“双腔回转颚式破碎机”属于同类产品。“旋摆式破碎机”技术是王某、徐某二人在京海鹰公司工作期间研制完成的,也是在“双腔回转颚式破碎机”实施实用新型专利技术的过程和基础上完成的。因此,它是在本职工作中完成的发明创造。由于王某、徐某在与侨星公司签订的合同中,并未对今后在京海鹰公司实施“双腔回转颚式破碎机”所要产生的后续改进技术的权利归属作出明确约定,故王某、徐某在京海鹰公司工作期间对公司实施的专利技术进行研制、改进,完成的技术成果,应当属于职务发明。孙某虽未实际参与本案专利的研制开发,但京海鹰公司、王某、徐某均未对其发明人身份提出异议。

综上,京海鹰公司称王某等三人所有的“旋摆式破碎机”专利技术属于该公司的职务发明的上诉请求及理由证据充分,本院予以支持。原审法院认定事实有误,适用法律不当,应改判“旋摆式破碎机”实用新型专利权归京海鹰公司所有。①

典型案例 11

锌合金及其的热处理方法专利共有纠纷案

原告屈某奇向法院提出诉讼请求:(1)判决正在审核的专利申请号为CN201610870994.1的一种锌合金及其的热处理方法、植入材料技术专利申请权由西安爱德万思医疗科技有限公司与屈某奇共同享有,且任一方可单独使用或处置此项知识产权中的各自共有部分;(2)判令被告承担本案全部诉讼费用。

事实及理由:周某耀发明的三项生物可降解体内植入材料技术的知识产权由其单独享有,2012年12月,周某耀授权由原告及案外人张某伟作为其代表人与陕西工业技术研究院出资成立被告公司。后周某耀将三项全部相关知识产权赠与原告,2015年5月18日,原告、长春高新技术产业(集团)股份有限公司、陕西工业技术研究院、张某伟、吉林省国家生物产业创业投资有限责任公司、北京银河吉星创业投资有限责任公司共同签订《西安爱德万思医疗科技有限公司

① 北京市高级人民法院民事判决书,(2003)高民终字第61号。

股权转让及增资协议》,约定对被告公司进行增资,原告将上述三项全部相关知识产权评估作价3344.07万元,作为对被告公司增资后的出资。上述协议签订后,原告将作为出资的3项全部相关知识产权转入被告公司,由被告申请了专利。被告公司在上述知识产权的基础上继续申请获得了9项专利权或专利申请。

被告西安爱得万思辩称:首先,涉案专利是由被告工作团队完成,被告有权自行申报专利,这与原告无关;其次,退一步讲,即使原告参与了部分专利研发工作,其也无权主张专利申请权。根据涉案股权转让及增资协议第5条各方的声明、承诺与保证第5.2款第7项约定,乙方(原告屈某奇)及周某耀为爱德万思对生物可降解体内植入材料技术进行后续研发,申报专利,进行产业化生产提供技术支持,乙方及周某耀对生物可降解体内植入材料技术的后续研发产生的技术,以及研发的与生物可降解体内植入材料技术相关的其他技术的知识产权属于爱德万思拥有,并且不再允许其他单位或个人使用。综上,涉案专利申请权为被告所有,原告主张返还专利申请权没有事实依据和法律依据,其诉讼请求理应予以驳回。

法院认为:屈某奇将其拥有的一种医用生物可降解锌合金毛细管材的制备方法、一种人体可吸收的耐蚀高强韧锌合金植入材料、一种人体可吸收的耐蚀高强韧锌镁合金植入材料三项生物可降解体内植入材料专有技术,作价入股爱德万思,取得了爱德万思的股权。虽然屈某奇认为,正在审核的专利申请号为CN201610870994.1的知识产权是在上述三项生物可降解体内植入材料专有技术知识产权的基础上获得的专利申请权,但2015年5月18日,屈某奇、张某伟、长春高新技术产业(集团)股份有限公司等公司签订的《西安爱德万思医疗科技有限公司股权转让及增资协议》第5条5.2第7项约定,屈某奇为爱德万思对生物可降解体内植入材料技术进行后续研发、申报专利、进行产业化生产提供技术支持,屈某奇对生物可降解体内植入材料技术的手续研发产生的技术,以及研发的与生物可降解体内植入材料技术相关的其他技术的知识产权属于爱德万思拥有。根据约定,本案所涉专利申请权明确属爱德万思。即使屈某奇认为其已发函终止解除了《西安爱德万思医疗科技有限公司股权转让及增资协议》,但也不能直接产生屈某奇与爱德万思共同享有该项专利申请权的结果。故屈某奇认为,其已解除了股权转让及增资协议,该专利是因依托已方用来入股的三项技术开发而来，其与公司共同享有专利申请权，且任一方可单独使用或处置该知识产权中的各自共有部分的诉讼请求，缺乏事实与法律依据，依法不予支持。①

（五）共同发明创造的专利权归属

共同发明是两个或两个以上的民事主体合作完成的发明创造。一项发明创造的完成常常涉及几个人甚至许多人，但不能说所有参加该项目的工作人员都是共同发明人，共同发明人应当具备共同构思并都作出过创造性贡献的人。共同发明人的认定具有重要法律意义，同时也是正确确定专利权归属的前提。

《专利法》第8条确认：两个以上单位或者个人合作完成的发明创造，一个单位或者个人接受其他单位或者个人委托所完成的发明创造，除另有协议的以外，申请专利的权利属于完成或者共同完成的单位或者个人；申请被批准后，申请的单位或者个人为专利权人。

在司法实践中，共同发明创造的构成要件主要包括两点。

1. 要有共同创造的合意，一般从选题到方案的提出，到创造性思想的提出，再到具体实施方案完成的全过程，应当贯穿共同发明人的共同意思表示。

2. 要有共同的创造行为，以是否有创造性贡献为标准，来衡量参加发明创造的所有成员的贡献，从而确定对解决实质性问题作出创造性贡献的人为发明人，如果有两个或两个以上的人都有创造性贡献，则他们就是共同发明人。

《民法典》第860条关于合作开发的相关规定也同样适用于共同发明：合作开发完成的发明创造，除当事人另有约定的以外，申请专利的权利属于合作开发的当事人共有。当事人一方转让其共有的专利申请权的，其他各方享有以同等条件优先受让的权利。合作开发的当事人一方声明放弃其共有的专利申请权的，除当事人另有约定外，可以由另一方单独申请或者由其他各方共同申请。申请人取得专利权的，放弃专利申请权的一方可以免费实施该专利。合作开发的当事人一方不同意申请专利的，另一方或者其他各方不得申请专利。

① 参见陕西省西安市中级人民法院民事判决书，（2019）陕01知民初1385号。

【要点提示】

《民法典》中的“合作开发”比“共同发明”的含义更广，所以合作开发人员可能并不参与实际的发明创造，可能仅仅提供了资金、设备或者其他辅助条件，其虽然不能成为共同发明人，但并不意味着不能申请专利权，如果合作开发人与发明人对专利申请另有约定或者二者之间具备合作开发的合同关系，其也就可以成为专利申请权的共有人。

典型案例 12

“研制汽车防盗定位系统”共同发明专利归属纠纷案

20 世纪 90 年代初，受“GPS”技术（人造地球卫星定位系统）的启发，欧阳某明、徐某太、陈某鸣及张某德等人在没有组织的情况下，对研制适合中国市场的定位系统产生兴趣，并进行过多次自由讨论，其间，欧阳某等人也经常参加讨论，后逐步统一到“研制汽车防盗定位系统”的思路上。此间，还有其他人员参加过讨论。

此后，深圳永华公司聘请张某德为该公司专利技术开发研究高级顾问，聘期 3 年。此间，深圳永华公司和南京金科公司投入资金，组织有关人员进行研究开发。1997 年 5 月 28 日，深圳永华公司、南京金科公司取得“机动车联网监测方法及系统”发明专利权。发明人为欧阳某明、欧阳某、徐某太、陈某鸣、朱某东。其中，张某德设计制作的“车载发射机电原理图（雏型图）”经标注有关数据后，在申请专利说明书中作为附图 2。

张某德向法院提起诉讼，要求确认自己为上述专利的发明人和共同专利权人。

法院经审理认为：（1）在技术方案构思过程中参与过讨论，不能推断出对技术方案作出创造性贡献的结论；（2）本案讼争的专利是单位提供物质条件的职务发明创造，与原告并无合作开发的事实，故原告提出因其智力及成果投入，应是共同专利权人的主张，既无事实根据也无法律依据；（3）原告虽然是深圳永华公司聘请的技术顾问，也参与讨论及做了有关具体工作，但没有提供证据证明其参与属于协作研究开发，因此，原告主张不成立；（4）原告提交其所著有关书籍、论文，据以说明其对发明所作贡献，但该文论述的系统与发明技术方案并不相同;(5)关于“车载发射机电原理图(雏型图)”,讼争专利保护的是一种方法和一种机动车联网监测系统,该方法和系统中需要车载发射机,但专利保护的是一个完整的方法和系统,不保护技术方案中的具体部件或组成部分。因此,发明方案中使用了原告制作的一个部件图,仍不能认定其对整个发明的技术方案做出创造性贡献。故判决:驳回原告的诉讼请求。①

典型案例 13

“合作开发产品内增高脚后跟套”实用新型专利权归属纠纷案

2015 年 11 月 16 日,原告魏某与被告陈某签订合作开发协议,约定合作开发产品内增高脚后跟套,双方各投资 1 万元,被告主要负责产品的设计、研发和专利申报,原告负责联系合适的加工厂作为供应商,落实产品生产制造,以及后期投放市场,在履行本合同中完成的合作开发成果即内增高脚后跟套产品的专利权人归原告与被告共同所有,任何一方不得单独申请,等等。协议签订后,原告及时投资,并积极联系加工厂,多处联系厂家与经销商,为后期产品的生产和销售做准备工作。直到产品进行销售后,原告才知晓被告早在 2016 年 7 月 27 日取得了内增高脚后跟套的实用新型专利权证书,专利权人仅为陈某。原告多次找到被告要求对专利权人进行变更,然而被告却一直推诿。原告认为,为内增高脚后跟套专利的开发、生产与销售,原告耗费了大量的人力、物力,而被告却违反合作开发协议的约定,擅自单独申请专利,已经违反了合作开发协议的约定。向本院提出诉讼请求:(1)确认专利号为 ZL20162011 × × × ×.3 名称为“内增高脚后跟套”的实用新型专利权为原告与被告共同所有;(2)本案诉讼费由被告承担。

被告陈某辩称,涉案专利应为自己独有,虽然签订了合作协议,但原告未按约定联系工厂进行生产销售,所有工作都是被告一人完成,合同应属无效。

一审法院认为,《合作开发协议》是双方真实意思表示,不违反法律相关规

① 参见《如何确定职务发明的发明人——评张培德诉深圳市永华电子系统股份有限公司专利权属案》,载国家知识产权局网站,http://www. sipo. gov. cn/sipo2008/albd/2006/200804/120080402 „ 366753. . html。

定，合法有效，双方均应恪守合同义务，被告关于合同无效的主张本院不予以认可。根据原《合同法》（已失效）第 340 条[①]、《专利法》第 8 条之规定，合作发明的，合作各方可通过协议约定申请专利的权利及申请被批准后专利权的归属，以及各方的其他权利、义务，涉案协议明确约定了合作开发成果归原被告共同所有，且被告也明确涉案专利即双方协议指向的合作开发成果，因此，涉案专利应当属于双方共有。至于被告辩称的原告未协议约定联系工厂进行生产销售，经审查，从合同约定的主要义务看，并未对成效进行明确要求或作为权利归属的前提，即便被告所述属实，涉及的也仅是原告是否存在违约以及是否需要继续履行联系市场义务的问题，但在原告已经依约投资的情形下，结合合同对违约责任的约定，并不影响涉案专利的权利归属，被告的抗辩事由本院不予认可，二审维持原判。[②]

（六）委托发明创造

委托发明创造一般是指，委托方提供技术数据、资料、资金、报酬等物质条件或者承担辅助协作事项，受托方接受委托方的委托，按照委托方提供的技术数据和资料在资金允许的范围内进行发明创造。

《专利法》第 8 条规定：一个单位或者个人接受其他单位或者个人委托所完成的发明创造，除另有协议的以外，申请专利的权利属于完成或者共同完成的单位或者个人；申请被批准后，申请的单位或者个人为专利权人。根据这一法律规定，受委托完成的发明创造，如果在委托合同中没有约定或者约定不明确的，申请专利的权利就属于完成专利的单位或者个人；如果双方在委托合同中明确约定了申请专利的权利归属，则依约定履行。

值得委托方特别注意的是，本条规定与委托发明成果一般属于委托方的国际惯例不一致，如果未明确约定权属的，申请专利权将属于受托人。结合《民法典》第 859 条的规定，委托开发完成的发明创造，除法律另有规定或者当事人另有约定的以外，申请专利的权利属于研究开发人。研究开发人取得专利权的，委托人可以依法实施该专利。研究开发人转让专利申请权的，委托人享有以同

---

① 现为《民法典》第 860 条。

② 参见最高人民法院民事判决书，(2019) 最高法知民终 58 号。

等条件优先受让的权利。

在委托开发合同中,委托方的主要义务为:(1)按照合同约定支付研究开发经费和报酬;(2)按照合同约定提供技术资料、原始数据并完成协作事项;(3)按期接受研究开发成果。

研究开发方的主要义务为:(1)制定和实施研究开发计划;(2)合理使用研究开发经费;(3)按期完成研究开发工作,交付研究开发成果,提供有关的技术资料和必要的技术指导,帮助委托方掌握研究开发成果。

【要 点 提 示】

在实践中,应当注意区别委托开发与合作开发的不同。前者采取的是一方进行物质投资,不参与合同标的新技术成果的实质性研究开发工作,只参与研究开发的协助性或辅助性工作,另一方从事研究开发工作的方式;后者采取的是当事人共同参加并进行实质性研究开发的工作方式。所以,最高人民法院《关于审理技术合同纠纷案件适用法律若干问题的解释》第19条规定:"技术开发合同当事人一方仅提供资金、设备、材料等物质条件或者承担辅助协作事项,另一方进行研究开发工作的,属于委托开发合同。"

三、商标权中相关归属问题

统观世界各国立法规定,对商标权的归属一般采取"使用原则"、"注册原则"和"混合原则"。"使用原则"是指根据商标使用的先后确定商标权的归属,在先使用商标的人成为该商标的商标权人,商标权的获得必须通过也只能通过在先使用才能获得,即谁先确实使用人是商标权人。"注册原则"是指根据申请注册的先后来确定商标权的归属,申请日期在先的人成为商标权人,商标权必须通过法定注册程序才能够获得。"混合原则"就是指使用与注册相结合的原则,通过在先使用和在先注册都可以获得商标权。对已经注册的商标允许在先使用人在一定期限内提出异议,如果在一定期限内没有人提出异议或者异议不能成立的，该商标的注册人才能稳定地获得商标权。我国对商标权的获得采取的是注册原则，《商标法》第3条规定："经商标局核准注册的商标为注册商标，包括商品商标、服务商标和集体商标、证明商标；商标注册人享有商标专用权，受法律保护。"第4条规定："自然人、法人或者其他组织在生产经营活动中，对其商品或者服务需要取得商标专用权的，应当向商标局申请商标注册。不以使用为目的的恶意商标注册申请，应当予以驳回"。

（一）商标权的注册取得

1. 自愿注册原则

自愿注册是相对强制注册而言的，即商标使用人有权自主决定是否将其使用的商标申请注册，既可以通过申请注册获取注册商标来使用，也可以不注册就作为商标来直接使用。当然，未注册的商标并不意味着不受法律保护，根据商标的性质有可能会得到《著作权法》或者《反不正当竞争法》的保护，但是未注册的商标肯定不能获得《商标法》的保护，而且由于未经过注册审查程序，未注册的商标还有可能侵犯他人的合法权益。强制注册是指使用的商标必须经过注册，否则不得使用。我国《商标法》第6条规定，法律、行政法规规定必须使用注册商标的商品，必须申请商标注册。未经核准注册的，不得在市场销售。所以我国实际上实行的是自愿注册原则和强制注册原则相结合的原则。根据我国《商标法》的规定，除了烟草制品必须使用注册商标外，其他商标都是实行自愿注册的原则，即这些商品的商标即使不申请注册，在生产、销售等经营活动中也可以使用。

2. 申请在先原则

《商标法》第31条规定，两个或者两个以上的商标注册申请人，在同一种商品或者类似商品上，以相同或者近似的商标申请注册的，初步审定并公告申请在先的商标；同一天申请的，初步审定并公告使用在先的商标，驳回其他人的申请，不予公告。

【要点提示】

需要注意的是，虽然注册了商标，但是连续3年停止使用的将被商标局责令限期改正或者撤销。注册商标权利人需要向商标局提供注册商标确实被使用的相关证据,比如,使用商标的商品外包装、交易销售记录、公开的广告宣传文件,等等。同样,如果注册商标并未实际投入使用也有可能给商标维权造成阻碍。从这个角度来说,对于抢注但是并不实际使用商标的行径,法律规定了完善的救济途径。

典型案例 14

"酷孩"文字商标侵权案

亚庆工贸公司在申请注册"酷孩"文字商标,核定使用范围是第 32 类,包括可乐、茶饮料(水)、水果饮料(不含酒精)、柠檬水、汽水、水(饮料)、无酒精果汁饮料、矿泉水(饮料)、果汁、无酒精水果混合饮料,于 2001 年 12 月 14 日获准。在此期间,该公司进行了试生产。2002 年年初,当该公司制订大批量生产计划时,发现市场上已有同类的酷儿果汁饮料,其商标持有人是可口可乐公司,且"酷儿"商标并未注册,而"酷孩"和"酷儿"的含义近似,容易误导公众消费,就此要求两被告立即停止对"酷孩"文字商标的侵害,销毁"酷儿"商标标识并登报道歉。可口可乐公司和申美公司表示,"酷儿"商标是和"QOO"商标及卡通造型一起整体使用的,与"酷孩"整体对比不构成近似,不存在与其混淆的事实和可能。

法院终审认为,对于两个文字商标而言,是否构成近似,应结合音、形、义三个方面来综合考察。在本案中,上诉人的"酷孩"文字注册商标,与二被上诉人使用的"酷儿"文字商标,以饮料产品之相关公众的一般注意力为依据相比较,主要存在以下不同。第一,从读音方面比较,"儿"的拼音"er"和"孩"的拼音"hai"完全不同,故不构成近似。第二,从字形方面比较,"酷孩"为简体行楷,"酷儿"为繁体卡通字体,且"孩"和"儿"两字的文字完全不同,故两商标文字的字形也不构成近似。第三,从含义方面比较,虽然在中文中"儿"字和"孩"字都具有幼童、子女之解释,但"儿"字还具有年轻人、男孩子、词尾音等解释。因此,"酷孩"和"酷儿"的文字含义具有一定区别。即使此时的"儿"字作"幼童"解释,由于"酷儿"商标的字形、读音与"酷孩"注册商标不同,故两者仍有明显区别,不易导致相关公众对商品的来源产生误认或者认为二被上诉人商品的来源与上诉人注册商标的商品有特定联系。第四,商标的保护程度取决于其显著性和知名度,而显著性和知名度则受到商标的独创性、商标使用及其广告促销的规模和长短、商标的声誉等因素影响。商标的显著性和知名度并非固定不变,而是一个随着商标权人的具体使用行为而不断发生变化的过程。上诉人的"酷孩"注册商标,经国家商标局核准注册,具有一定的显著性。但由于上诉人未能提供证据证明该商标在注册后曾进行使用,因此,他人在同一种或类似商品上使用其他文字商标,与其引起混淆或借用其知名度的可能性较低。而二被上诉人使用的"酷儿"商标,虽未经注册,但随着大量的使用行为,已经在市场上积累一定的知名度,能够标识其产品的来源并使相关公众将其产品与同类产品区别开来。因此,从商标的显著性和知名度角度看,二被上诉人使用的"酷儿"商标与上诉人的"酷孩"注册商标不构成近似商标。①

典型案例 15

"SFC"商标侵权案

春回大地公司于2014年4月14日申请注册"SFC"商标,核定使用服务项目为第41类录像带发行、娱乐、配音等,有效期至2025年7月20日。

上影公司成立于1994年10月,注册资本2.8亿元,经营范围为电影发行、放映管理、票务服务等。"SFC"是其英文名称"Shanghai Film Corporation Ltd."的首字母,并在经营中对应使用。

相关证据显示,上影公司于2012年7月注册"sh-sfc.com"网站域名,其与子公司或关联公司自2012年12月起在影院开业庆典、影片结尾、同期的电影票或兑换券上均使用有"SFC"标识;《环球时报》、《广州日报》、"ShanghaiDaily"和大众点评网、美团网上也陆续载有含"SFC上影"字样的广告标题或点评内容。另据上影公司发布的招股说明书记载,其2013~2015年票房均位列城市院线前列。

春回大地公司认为,上影公司在其主办并实际运营的"www.sh-sfc.com"网站相关页面标注有标识,在网站关于春回大地和影院投资栏目相关文字介绍

① 参见上海市高级人民法院民事判决书,(2005)沪高民三(知)终字第43号。

中提及“SFC”上影影城“SFC-EP”，办公场所前台墙面上方亦标有“SFC”标识等行为，均侵犯了其对“SFC”注册商标专用权，故诉至法院请求判令立即停止侵权并赔偿合理开支。

【裁判结果】

上海市徐汇区人民法院一审认为，在案证据可以证实上影公司在涉案商标申请日前，已经在经营活动中大量使用“SFC”商标，并具有较高知名度，其主观上无攀附意图，亦不会与春回大地公司产生混淆。故驳回春回大地公司的诉讼请求。一审判决后，春回大地公司提起上诉。

上海知识产权法院二审认为，上影公司提供的大量证据能够证明其及关联公司在涉案商标申请日前在经营和对外宣传中长期、广泛和持续地使用含有“SFC”的标识，“SFC”已经在影院服务市场与上影公司建立起直接的对应关系，并成为该领域具有一定影响的标识。上影公司将其企业名称英语翻译各单词首字母的组合作为商标使用具有合理性；相反，春回大地公司对于选择“SFC”注册为商标的确定过程陈述过于牵强，难以采信。因此，“SFC”是上影公司在先使用并有一定影响的商标，春回大地公司无权禁止上影公司在原使用范围内继续使用该标识。二审法院遂判决驳回上诉，维持原判。[①]

3. 优先权原则

根据《保护工业产权巴黎公约》(以下简称《巴黎公约》)的规定，优先权是指任何一个公约成员国国民向任何一个公约成员国就工业产权保护第一次提出正式申请后的一定期间内(专利和实用新型为12个月，商标与外观设计为6个月)，再向其他成员国提出申请时，该成员国应当将该申请人的第一次申请日视为在该国提出申请的日期，即优先权。[②] 我国已分别于1985年和1989年加入了《巴黎公约》和《商标国际注册马德里协定》，成为该公约和该协定的成员国，对于该公约和该协定中所规定的优先权的条款，是有义务执行的。根据我国《商标法》的相关规定，商标注册申请人在两种情况下可以享有优先权。

① 参见上海知识产权法院民事判决书，(2017)沪73民终174号。

② 参见刘春田主编：《知识产权法》(第2版)，高等教育出版社、北京大学出版社2003年版，第281页。

（1）国际优先权：商标注册申请人自其商标在外国第一次提出商标注册申请之日起6个月内，又在中国就相同商品以同一商标提出商标注册申请的，依照该外国同中国签订的协议或者共同参加的国际条约，或者按照相互承认优先权的原则，可以享有优先权。以一个法国企业为例，如果该企业于2007年7月1日在本国提出注册某一商标的申请后，又于2007年12月30日之前在中国就相同商品提出相同的商标注册申请，并要求优先权，则中国商标局就应当以2007年7月1日作为其商标注册申请日，而不是实际提出申请的日期。这时，如果恰有一个中国企业在2007年9月1日向中国商标局提出在相同商品上相同的商标注册申请，那么由于法国企业的商标注册申请日优先在前，中国企业的商标申请将被驳回。

当然，依照以上规定要求优先权的，应当在提出商标注册申请的时候提出书面声明，并且在3个月内提交第一次提出的商标注册申请文件的副本，该副本应当经受理应申请的商标主管机关证明，并注明申请日期和申请号。未提出书面声明或者逾期未提交商标注册申请文件副本的，视为未要求优先权。

（2）本国优先权：我国《商标法》第26条规定，商标在中国政府主办的或者承认的国际展览会展出的商品上首次使用的，自该商品展出之日起6个月内，该商标的注册申请人可以享有优先权。依照以上规定要求优先权的，应当在提出商标注册申请的时候提出书面声明，并且在3个月内提交展出其商品的展览会名称、在展出商品上使用该商标的证据、展出日期等证明文件，这些证明文件应当经过原国家工商行政管理总局规定的机构认证，但展出其商品的国际展览会是在中国境内举办的除外。未提出书面声明或者逾期未提交证明文件的，视为未要求优先权。

值得注意的是，在《巴黎公约》中所规定的优先权适用于商品商标，并不适用于服务商标，但是成员国可以自由决定是否给予服务商标优先权。从我国法律规定来看，其也是适用于服务商标的。

4. 不得损害在先权利

任何权利都是在一定边界内的自由。如果权利的设定与行使触及了他人的领地，就会造成与他人权利的冲突，这就是所谓的“权利冲突”。在商标法领域,权利冲突尤为明显。[①]《商标法》第9条规定:“申请注册的商标,应当有显著特征,便于识别,并不得与他人在先取得的合法权利相冲突。”第32条规定:“申请商标注册不得损害他人现有的在先权利,也不得以不正当手段抢先注册他人已经使用并有一定影响的商标。”在先权利的范围通常比较广泛,可以是商标权、著作权或外观设计专利权等知识产权,也可以是姓名权、肖像权等其他一般民事权利,还可以是商号权以及经过他人长期使用已经建立起商标信誉的未注册商标,尤其是驰名商标所享有的权利。如果申请注册的商标与他人在先权利相冲突时,商标局将不予核准注册,已经核准注册的可予以撤销。可见,在先权利将具备对抗注册商标权的足够力量,使注册商标失去商标法的保护。针对不同的在先权利类型,应根据具体情况、具体案例来判断注册商标是否构成侵权。

典型案例16

“中信”商标侵权案

原告中国中信集团公司诉称:“中信”商标于1996年获准注册,并于1999年被原国家工商行政管理总局认定为中国驰名商标,并多次被人民法院认定为中国驰名商标。“中信”作为原告的字号和注册商标,在国内外享有很高的声誉和广泛的知名度。被告顺德中信家具公司成立于1999年,从事生产、销售家具业务,该公司在其产品外包装上突出使用“中信”字样,在店面装饰、企业网站、产品宣传彩页、产品使用说明书、销售合同中大量使用“中信”“中信家具”“香港中信家具”等字样,且以“中信家具”为产品品牌名称多次在中央电视台做广告。原告认为,被告未经原告许可从事生产、销售“中信”家具活动,并在产品及宣传中突出使用“中信”字样,违反了《商标法》及相关法规,构成共同商标侵权,依法应当承担连带赔偿责任。顺德中信家具公司和香港中信家具公司将原告的字号及“中信”驰名商标作为其企业字号登记,并假冒原告的注册商标进行“中信家具”的生产、销售活动,其行为侵犯了原告的在先权利,侵犯了原告的注

① 参见本书编写组编:《中国商标注册与保护》,知识产权出版社2004年版,第233页。

册商标专用权。

被告辩称,其公司的“中信”字号源于公司的创始人陈中信先生的名字,自改革开放以来,陈中信先生一直使用“中信”字号致力于商业经营活动,已形成密不可分的人身依附关系。

法院经过审理认为,原告于1979年注册“中国国际信托投资公司”时并未使用“中信”字号,直至2002年变更其企业名称时,才将“中信”注册为企业字号。被告顺德中信家具公司使用“中信”作为企业字号始于1999年7月,早于原告将“中信”作为其企业名称中字号的时间。被告顺德中信家具公司自登记注册后虽经多次更名,但企业名称中均使用了“中信”字号,该字号源自该公司家族股东陈某唐、陈某水的父亲陈中信的名字。由于被告顺德中信家具公司注册使用“中信”字号的时间早于原告在企业名称中使用该字号的时间,同时,被告注册使用其字号有合理的来源,因此,从保护在先权利的原则出发,被告注册使用“中信”字号不具有违反诚实信用原则的主观恶意。

北京市高级人民法院于2008年9月23日作出(2007)高民终字第1809号民事判决认为:在案证据可以证明,中信集团公司早在1986年就使用“中信”作为其企业名称的简称,并得到国务院办公厅的批准。结合本案其他证据可以认定,中信集团公司早在20世纪80年代便开始使用“中信”作为其字号的一部分,并一直注意保护“中信”字号的权益。其“中信”字号经过长时间的使用、宣传已经具有了较高的知名度,原审判决关于中信集团“中信”字号的使用时间是2002年才开始属于认定错误,本院予以纠正。

1999年12月,第847936号“中信”商标被原国家工商行政管理总局认定为驰名商标。各方当事人对此不持异议。驰名商标的认定是事实认定和确认,商标是否驰名需要一个持续发展的过程,并非在某一个时间点突然发生,因此,在“中信”商标被认定为驰名商标的半年前左右,即顺德中信家具公司成立之时,该商标也应当属于驰名的事实状态。原审法院关于中信集团公司主张中信为驰名商标跨类保护缺乏事实依据和法律依据属于认定错误,本院予以纠正。

中信集团公司中信字号在顺德中信家具公司成立之时已具有了较高的知名度,其“中信”商标也已经达到驰名商标状态。中信集团公司投资、经营多个不同领域。因此,顺德中信家具公司在企业名称中注册和使用“中信”容易使人误解其生产销售的产品来源于中信集团公司,构成擅自使用他人企业名称的不正当竞争行为。

据此判决:撤销北京市第一中级人民法院(2006)一中民初字第11341号民事判决书;顺德中信家具公司于判决生效之日起立即停止在其企业名称中使用含"中信"字样的不正当竞争行为;顺德中信家具公司于判决生效之日起立即停止突出使用"中信"等标识的侵犯中信集团公司商标专用权行为等。①

典型案例 17

"霸者大陆"商标专有权纠纷案

原告歌言公司享有第36560560号、第36552498号"霸者大陆"商标的专有权,并有权以自己的名义进行维权。上述商标专有使用权处于有效期内。被告戴胜鸟公司擅自将原告注册商标"霸者大陆"作为被告所运营游戏的名称,进行推广并提供下载,严重侵犯了原告的权益。被告戴胜鸟公司所运营的手机游戏《霸者大陆》,系通过被告百度公司的搜索平台进行推广、宣传,并由被告爱九游公司提供下载、账户充值等服务。涉案侵权游戏《霸者大陆》名称等使用了"霸者大陆"字样,与原告的"霸者大陆"商标构成相同,擅自将"霸者大陆"这一原告享有权益的注册商标作为游戏名称,导致原告无法在该平台正常上架正版《霸者大陆》游戏,给原告造成重大的经济损失。被告的行为亦混淆了游戏用户群体视听,使游戏用户群体误认为被告经营的"霸者大陆"游戏与原告之间存在特定联系,分流了原告的大量用户,被告因此获得巨大的不当利益,严重损害原告对"霸者大陆"注册商标所享有的权益,同时还扰乱市场竞争秩序,损害了游戏用户的合法权益。原告歌言公司提出诉讼:(1)判令三被告立即停止侵犯"霸者大陆"商标专用权的行为,停止在其开发、营运的游戏界面、游戏名称及游戏宣传中使用"霸者大陆"文字;(2)判令三被告共同赔偿原告经济损失以及为制止侵权行为所支出的合理费用共计人民币15万元;(3)本案诉讼费由三被告共同承担。事实与理由如下。

被告戴胜鸟公司辩称,(1)被告于2017年6月2日开发完成,并首次发表

① 参见北京市第一中级人民法院民事判决书,(2006)一中民初字第11341号。

《霸者大陆》游戏软件，权利取得方式为原始取得，范围为全部权利。2018 年 12 月 19 日，国家新闻出版署做出同意出版运营国产移动网络游戏《霸者大陆》的批复。被告拥有自己的合法权利来源，依法享有《计算机软件保护条例》第 8 条规定的软件著作权人享有的各项权利，包括发表权、署名权、修改权、复制权、发行权，出租权、信息网络传播权等。(2)原告的商标权在 2019 年 10 月 14 日取得，被告对"霸者大陆"游戏名称使用在先，原告在被告使用在先的情况下，不仅恶意抢注"霸者大陆"商标，而且原告也并未实际使用该商标标识。(3)原告公证取证内容是被告以"霸者大陆"作为游戏名称和搜索关键词进行宣传推广，并提供下载等服务，但被告实际上提供的是手机游戏"霸者大陆"软件产品，而非服务，并且被告对该游戏软件拥有软件著作权，因此被告不存在侵权情形。综上，请求法庭驳回原告的全部诉讼请求。

被告爱九游公司辩称，(1)被告作为移动应用商店平台服务提供者，已经尽了平台责任且无主观过错，无须承担侵权责任。①被控侵权游戏应用程序《霸者大陆》App 是由案外人北京赫德时代科技有限公司（以下简称"赫德时代公司"）通过实名注册"阿里应用分发开放平台"上传分发，包括游戏名称、宣传文案等均系赫德时代公司自助上传，被告只提供"移动应用商店"网络技术服务，不是该游戏 App 程序研发者和提供者，无直接实施案涉侵权行为，被告在前台已经公示了被控侵权游戏运营商赫德时代公司名称，符合移动应用商店的公示义务。②被告作为网络服务技术提供者，已经尽了相应的义务，并无过错。③如果要求被告对平台上每一个 App 程序的内容和功能进行审核，将超过平台的审核义务。在收到诉讼材料前或被侵权人向被告进行投诉前，被告无法获知被控侵权游戏 App 存在涉嫌侵害商标权的行为。④赫德时代公司于爱九游平台上传被控侵权游戏前，已经上传了软件著作权登记证、ISBN 核发单以及获得游戏运营授权的授权文件扫描件，上述信息与行政机关公开查询的信息内容一致，被告已尽游戏上架前的形式审查义务，并无过错。(2)被控侵权游戏《霸者大陆》并未侵害原告商标专用权。①被控侵权游戏使用"霸者大陆"作为游戏名称，并非作为区别商品服务来源的商标使用，"霸者大陆"只是软件名称，是对游戏类型和玩法功能的描述。②原告在 2019 年 12 月 14 日取得第 36560560 号"霸者大陆"在第 9 类商品的商标登记证书，晚于被控侵权游戏的软件登记时间和 ISBN 核发单取得时间，依据《商标法》第 59 条第 3 款的规定，原告无权阻止被控侵权游戏继续使用“霸者大陆”的名称。③原告并未使用“霸者大陆”作为第9类商品商标,原告未取得与其软件著作权同名的《霸者大陆》ISBN核发单,不具备将其自己主张的《霸者大陆》游戏上线运营或者发行的合规条件,故此原告只是注册了该商标,但并未将该商标进行实际使用。④原告作为游戏研发企业,将其他运营商已经上线的游戏名称注册为自己的商标,具有不正当竞争和恶意维权之嫌。原告在对所研发的游戏命名前应该进行提前检索,应当知道同名游戏《霸者大陆》已经在2018年取得版号可以上线运营。但原告仍将自己研发的游戏命名为相同名称并注册为商标,具有明显恶意抢注商标的不正当竞争行为,对于该维权行为,法院不应当支持。(3)“腾牛网”并非被告运营的网站,其备案运营商为武汉机游科技有限公司,“腾牛网”从网络抓取被控游戏App包进行分发,原告从该网站下载被控侵权游戏,由此可能产生的侵权责任,与被告无关。(4)原告主张的赔偿金额缺乏具体计算依据,即使原告注册商标是有效的,也无权阻止被控侵权游戏继续使用该游戏名称,只需要加以区别标识,无须经济赔偿。综上,请求法院驳回原告的全部诉讼请求。

被告百度公司辩称,(1)涉案商标的知名度较低,不会造成用户的混淆;(2)被告作为网络服务提供者,已经尽到了法律规定的事前告知、警示义务和事后监督义务,原告未按照规定进行侵权删除通知,被告不应承担任何法律责任。

另,经本院在中国商标网上查询,歌言公司以其名义注册了各类涉及游戏名称商标74个,均在第9类、第35类或第41类,申请日期集中在2019年,经本院询问,歌言公司未就上述商标使用情况、所涉游戏权利人及运营情况进行说明。

法院认为,关于本案歌言公司的主张能否得到支持,本院评析如下:(1)歌言公司提交的公证书、取证视频显示被控侵权游戏的著作权人为戴胜鸟公司、爱九游公司在其官方网站对被控侵权游戏进行图文宣传,结合戴胜鸟公司提交的软著登记证书、《关于同意出版运营国产移动网络游戏的批复》、《网络游戏出版物号(ISBN)核发单》及爱九游公司的陈述,可以认定戴胜鸟公司为被控侵权游戏《霸者大陆》的著作权人及运营方,爱九游公司为本案被控侵权游戏所涉渠道收款方及网页宣传主体。(2)《商标法》第32条规定,申请商标注册不得损害他人现有的在先权利,也不得以不正当手段抢先注册他人已经使用并有一定影响的商标。判断是否损害在先权利的时间点一般为诉争商标申请日。这意味着，申请商标注册不应损害他人现有的在先权利，即不得将他人已获得的权利作为商标申请注册。戴胜鸟公司的在先权利状况：戴胜鸟公司于2017年9月20日取得《霸者大陆》游戏软件的《计算机软件著作权登记证书》、于2018年12月19日取得《关于同意出版运营国产移动网络游戏的批复》、于2018年12月19日取得该游戏《网络游戏出版物号（ISBN）核发单》，上述时间均早于歌言公司涉案商标申请日即2019年2月27日/28日，戴胜鸟公司对于“霸者大陆”游戏名称享有在先权利，具有合法的在先权利基础。而与之相反的是，歌言公司未能提供证据证明其已将涉案商标实际使用于相关产品，其《计算机软件著作权登记证书》登记时间为2021年1月18日，也远远晚于戴胜鸟公司《霸者大陆》游戏软著登记时间，可以认定戴胜鸟公司使用“霸者大陆”标识并不具有攀附涉案商标的故意。歌言公司注册涉案商标的相关情况：歌言公司和戴胜鸟公司均为相同行业的经营者，戴胜鸟公司相关游戏申请信息通过公开渠道均可查询，歌言公司在其注册商标申请日前即可以通过公开渠道了解戴胜鸟公司及其在先享有的“霸者大陆”游戏名称。另经本院在中国商标网上查询，歌言公司以其名义还注册了各类涉及游戏名称的商标72个，均在第9类、第35类或第41类，申请日期大部分在2019年，歌言公司未就上述商标实际使用情况及申请情况作出合理说明。

综上所述，法院综合考虑戴胜鸟公司的在先权利状况、具体使用方式以及歌言公司取得和行使权利的情况等因素，对歌言公司所提戴胜鸟公司、爱九游公司、百度公司侵害其涉案商标权的诉讼主张，不予支持。[①]

另外，根据我国《商标法》第44条第1款的规定，经注册的商标系以欺骗手段或者其他不正当手段取得注册的，由商标局宣告该注册商标无效，其他单位或者个人也可以请求商标评审委员会宣告该注册商标无效。由此产生的问题是，当以欺骗手段或者其他不正当手段取得注册的商标核定使用范围与在先商标的使用范围并不完全相同时，该注册商标在该不同核定使用范围上的注册可否被认定为恶意，是否亦应被撤销？从商标实践来看，商标行政机关及司法机关对此并未形成一致意见和做法。

① 参见广东省广州市天河区人民法院民事判决书，（2021）粤0106民初8567号。

典型案例 18

"好想你"商标注册纠纷案

在河南省新郑奥星实业有限公司(以下简称"新郑奥星公司")与商标评审委员会及第三人郑州市帅龙红枣食品有限公司(以下简称"郑州帅龙公司")商标撤销行政纠纷一案中,新郑奥星公司成立于1997年,其住所地位于郑州市新郑国际机场工业区,经营范围为干鲜果品加工,生产销售蜂蜜、花粉、红枣酒等。2000年4月,新郑奥星公司生产的"好想你"牌枣片获得了郑州市商业贸易委员会颁发的"一九九九年郑州市市场畅销品牌"证书。郑州帅龙公司成立于2000年,其住所地位于郑州市中牟县芦医庙工业区,经营范围包括枣制品、果蔬汁等。郑州帅龙公司的争议商标"真的好想你"于2001年8月20日申请,并于2002年10月7日取得注册,核定使用商品为第29类干枣、山楂片、果冻、酱菜、腌制蔬菜、精制坚果仁、牛奶制品、食用油、水果罐头、鱼制食品。2003年1月23日,新郑奥星公司以郑州帅龙公司注册争议商标的行为违反了2001年《商标法》(已被修改)第31条①、第41条第1款②的规定为由,申请商标评审委员会撤销争议商标的注册。2006年9月15日,商标评审委员会作出第3112号裁定。该裁定认定:郑州帅龙公司在第29类干枣、山楂片产品上注册"真的好想你"商标的行为已构成了2001年《商标法》第31条的"抢先注册他人已经使用并有一定影响的商标"之情形,在上述类别上的注册依法应予以撤销。鉴于争议商标指定使用商品中腌制蔬菜、食用油等其他商品与干枣商品不属于类似商品,在上述商品上的注册予以维持。一审法院认为,鉴于新郑奥星公司在先使用的商品与争议商标核定使用的商品具有基本相同的功能、用途、销售渠道等,并考虑新郑奥星公司与郑州帅龙公司实际的生产经营状况所可能使消费者产生的混淆和误认,争议商标在核定使用的所有商品类别上的注册均应当予以撤销。

北京市高级人民法院认为,在1999年新郑奥星公司的"好想你"牌枣片已

① 现行《商标法》第32条。

② 现行《商标法》第45条第1款。

经成为当地市场畅销品牌，在当地消费者中“好想你”已经不是一个常用词汇，而成为表明新郑奥星公司枣片商品的标志。作为与新郑奥星公司同处一地、同样从事红枣加工生产业务的企业，郑州帅龙公司在理应知晓“好想你”是新郑奥星公司在先使用的商标的情况下，仍在第29类商品上恶意注册与“好想你”近似的争议商标，其行为违反诚实信用原则、损害了新郑奥星公司的合法权益、损害了公平竞争的市场秩序，属于2001年《商标法》(已被修改)第41条第1款规定的“以欺骗手段或者其他不正当手段取得注册的”行为，故争议商标应予以全部撤销。①

典型案例19

“YEEZY”商标无效宣告纠纷案

第11161428号“YEEZY”商标(以下简称“诉争商标”)由温州一诺信息科技有限公司(以下简称“一诺公司”)于2012年7月4日申请注册，于2015年9月14日核准注册，核定使用在第25类的“服装、鞋(脚上的穿着物)、婴儿全套衣、游泳衣、内裤、帽、袜、内衣、围巾、皮带(服饰用)”商品上，后该商标转让于厦门椰智贸易有限公司(以下简称“椰智公司”)。2015年12月22日，马斯寇特控股公司(以下简称“马斯寇特公司”)向原国家工商行政管理总局商标评审委员会(以下简称“商标评审委员会”)提起商标权无效宣告申请，主要理由是坎耶－韦斯特(KanyeWest)先生已授权马斯寇特公司处理与“YEEZY”艺名有关的全部知识产权事宜。“YEEZY”系坎耶－韦斯特的艺名/昵称/外号，是美国著名歌手、唱片制作人、歌曲创作人、设计师及2020年美国总统竞选人。“YEEZY”亦作为商标进行商业使用，在全球娱乐、鞋、服装、包及相关产品和服务上享有极高的知名度。坎耶－韦斯特先生对“YEEZY”享有姓名权。诉争商标的注册构成对马斯寇特公司在鞋、服装、包、袜等商品上在先使用并有一定影响商标的恶意抢注。商标评审委员会作出被诉裁定认定：在案证据难以认定诉争商标的注册构成2014年《商标法》(已被修改)第32条规定所指“以不正当手

① 参见北京市高级人民法院行政判决书，(2007)高行终字第81号。

段抢先注册他人已经使用并有一定影响商标”之情形,裁定:诉争商标的注册予以维持。

马斯寇特公司不服,向一审法院提起诉讼,一审法院判决驳回马斯寇特公司的诉讼请求。马斯寇特公司不服一审判决,提起上诉。二审法院认为,根据在案大量的宣传、报道证据,可以认定“NikeAirYeezy”运动鞋作为坎耶－韦斯特先生与耐克公司合作的联名款商品,在诉争商标申请日之前在中国具有较高的知名度。“YEEZY”标志能够起到区分商品来源的作用,亦可以认定“YEEZY”标志经过在鞋商品上持续的联名合作,已经具有一定的影响。坎耶－韦斯特先生结束与耐克公司合作后,又与其他品牌合作推出了“YEEZY”系列运动鞋,足见“YEEZY”可以独立发挥识别商品来源的作用,而不依赖于其他品牌合作方。故“YEEZY”标志在诉争商标申请日之前,已经构成在鞋商品上在先使用并有一定影响的商标,诉争商标的注册构成以不正当手段抢先注册他人已经在先使用并有一定影响的商标之情形。同时,诉争商标的注册损害了坎耶－韦斯特先生的姓名权。据此,二审法院判决:撤销一审判决和被诉裁定,由国家知识产权局重新作出裁定。①

(二)商标权的继受取得

所谓继受取得,就是通过继承或者受让取得商标专用权。

1. 注册商标的继承是指根据《民法典》的规定,按法定继承或者遗嘱继承方式将被继承人的注册商标专用权转移给继承人的行为。继承人应将继承事实报告商标局,由商标局核准,并予以公告。完成注册商标的继承程序分为两步。第一步是继承人继承商标专用权。商标专用权作为一种知识产权可以依法被继承。根据《民法典》的规定,财产继承分法定继承和遗嘱继承两种方式。法定继承人为配偶、子女、父母(第 1 顺序)以及兄弟姐妹、祖父母、外祖父母(第 2 顺序)。同时,自然人可以依照《民法典》的规定立遗嘱来特定处分个人财产(包括商标专用权)。第二步即商标转让,继承人应在商标注册人死亡后 1 年内向商标局提出转让申请,将继承事实报告商标局并向商标局寄送《转让注册商标

① 参见北京知识产权法院民事判决书,(2017)京 73 行初 9208 号;北京市高级人民法院民事判决书,(2019)京行终 3273 号。

申请书》,交回原《商标注册证》。经商标局核准后,将原《商标注册证》加注发给继承人,并予以公告。至此,继承取得商标专用权才完成。

2. 注册商标权的受让取得是指通过接受转让的注册商标来获得商标专用权,即注册商标所有人依法定程序根据一定的条件将其注册商标转让给受让人的一种法律行为。依照法律程序受让取得商标权需要分为三步:第一步是签订商标转让协议;第二步是共同向商标局提出转让申请;第三步是商标局核准并公告。受让人自公告之日起才享有受让商标的专用权。需要注意的是,商标转让人如果在同一种或者类似商品上注册有数个相同或近似的商标,必须全部转让给同一受让人,不能分别转让给几个受让人,也不能只转让其中的一部分给受让人。

(三)商标权的使用取得

尽管我国《商标法》第11条有禁止予以商标注册的规定,但仍然设定有例外情形,如"前款所列标志经过使用取得显著特征,并便于识别的,可以作为商标注册"。这意味着,某些叙述性词汇由于长期广泛地使用,因而产生了识别该经营者产品的性质,在这种情况下,这个叙述性商标就会被认为获得了第二含义,具备了商标应有的功能,因此,可以考虑准许其注册,获得商标权的保护。"第二含义"(Sec-ondaiyMeaning)或者"通过使用获得显著性"原是美国商标法的一项重要理论,不仅为许多国家的商标立法所采纳,而且也得到一些国际性条约的承认。我国《商标法》并未明确规定"第二含义"原则,但在商标管理中运用"第二含义"原则对某些叙述性商标尤其是地名商标给予注册保护的实例并不少见。例如,酒类商品中的"五粮液"等注册商标都是因长期使用获得了显著性而给予注册保护的。

(四)商标权的共有

商标权的共有是指两个或两个以上民事主体就同一商标共同享有商标权。我国《商标法》第5条规定:"两个以上的自然人、法人或者其他组织可以共同向商标局申请注册同一商标,共同享有和行使该商标专用权。"发生共有的原因还可能包括共同受让、共同继承、夫妻共有、企业分立等。根据《商标法实施条例》第19条的规定,两个或者两个以上的申请人,在同一种商品或者类似商品上,分别以相同或者近似的商标在同一天申请注册的，各申请人应当自收到商标局通知之日起30日内提交其申请注册前在先使用该商标的证据。同日使用或者均未使用的，各申请人可以自收到商标局通知之日起30日内自行协商，并将书面协议报送商标局；不愿协商或者协商不成的，商标局通知各申请人以抽签的方式确定一个申请人，驳回其他人的注册申请。

（五）驰名商标的特殊法律问题

驰名商标是指在市场上享有较高声誉并为相关公众所熟知的具有较强市场竞争力的商标。[①] 与普通商标相比，驰名商标有以下两个特点。（1）具有较强的认知功能。识别和区分不同来源的商品，是商标的基本功能。驰名商标与其商品或服务之间的联系非常紧密，它所产生的“认牌购物”“顾客吸引力”的功能能够转化为巨大的经济效益。（2）市场竞争力较强。驰名商标商品或服务的质量尽管有高、中、低不同档次，但其质量水平与普通商品或服务比较都能保持一定的稳定性、可靠性。商品或服务的良好信誉凝结为商标的知名度，对消费者来说，驰名商标即意味着可靠的商品质量和良好的企业声誉；对企业来说，驰名商标就意味着市场竞争力和良好的经济效益。

1. 驰名商标认定的标准

《商标法》第14条确立了驰名商标认定的五项基本因素：（1）相关公众对该商标的知晓程度；（2）该商标使用的持续时间；（3）该商标的任何宣传工作的持续时间、程度和地理范围；（4）该商标作为驰名商标受保护的记录；（5）该商标驰名的其他因素。

这里的相关公众是指，凡与商标所标识的某类商品或者服务有关的消费者和与前述商品或者服务的营销有密切关系的其他经营者，包括进出口商、批发商、零售商、特许经营人、许可使用人等。在申请认定驰名商标时，申请人首先要确定相关公众的范围，然后在该范围内证明商标的知名程度。知名度标明相关公众对商标的认知水平，美誉度标明相关公众对商标的评价，驰名商标应该同时拥有高知名度和高美誉度。

《驰名商标认定和保护规定》（2014年修正）第9条规定：以下材料可以作

① 刘春田主编：《知识产权法》（第2版），高等教育出版社、北京大学出版社2003年版，第320页。

为证明商标驰名的证据材料:(1)证明相关公众对该商标知晓程度的有关材料;(2)证明该商标使用持续时间的有关材料,包括该商标使用、注册的历史和范围的有关材料;(3)证明该商标的任何宣传工作的持续时间、程度和地理范围的有关材料,如近三年广告宣传和促销活动的方式、地域范围、宣传媒体的种类以及广告投放量等有关材料;(4)证明该商标曾在中国或者其他国家和地区作为驰名商标受保护的有关材料;(5)证明该商标驰名的其他证据材料,包括使用该商标的主要商品在近三年的销售收入、市场占有率、净利润、纳税额、销售区域等有关材料。

2. 驰名商标的保护范围

驰名商标分为未注册驰名商标和已注册驰名商标两种。未注册驰名商标保护范围限于相同类似的商品或服务,对商标的保护扩大到近似商标上;已注册驰名商标保护的范围扩大到非类似商品或服务上,《商标法》第 13 条规定:"就相同或者类似商品申请注册的商标是复制、摹仿或者翻译他人未在中国注册的驰名商标,容易导致混淆的,不予注册并禁止使用。就不相同或者不相类似商品申请注册的商标是复制、摹仿或者翻译他人已经在中国注册的驰名商标,误导公众,致使该驰名商标注册人的利益可能受到损害的,不予注册并禁止使用。"

3. 驰名商标的特殊保护

在企业名称和驰名商标产生的冲突中,如果驰名商标权利人认为他人在后以其驰名商标作为企业名称登记,可能欺骗相关公众或者对相关公众造成误解的,可以向企业名称登记机关申请撤销该企业名称。

域名:英语"DomainName",又称网域,是由一串用点分隔的名字组成的因特网上某一台计算机或计算机组的名称,用于在数据传输时对计算机的定位标识(有时也指地理位置)。域名作为 IP 地址的助记符,一开始的作用确实如此,便于用户记忆,快速访问网站。然而,随着互联网的快速发展,越来越多的企业都开始注册属于自己的网站和域名,此时,域名不仅仅是公司的一个线上入口,更是一项无形的资产。

大部分公司的域名往往都基于一定的规律,简洁明了可以让用户快速记忆;同时与公司或产品名称相关,加强品牌关联度。正因如此,各种域名争议案件层出不穷,域名抢注、域名侵权等域名纠纷已成为企业越来越重视的问题。

我国《反不正当竞争法》第 6 条规定:“经营者不得实施下列混淆行为,引人误认为是他人商品或者与他人存在特定联系:……(三)擅自使用他人有一定影响的域名主体部分、网站名称、网页等;”最高人民法院《关于审理涉及计算机网络域名民事纠纷案件适用法律若干问题的解释》(2020 年修正)第 4 条规定:“人民法院审理域名纠纷案件,对符合以下各项条件的,应当认定被告注册、使用域名等行为构成侵权或者不正当竞争:(一)原告请求保护的民事权益合法有效;(二)被告域名或其主要部分构成对原告驰名商标的复制、模仿、翻译或音译;或者与原告的注册商标、域名等相同或近似,足以造成相关公众的误认;(三)被告对该域名或其主要部分不享有权益,也无注册、使用该域名的正当理由;(四)被告对该域名的注册、使用具有恶意。”第 5 条规定:“被告的行为被证明具有下列情形之一的,人民法院应当认定其具有恶意:(一)为商业目的将他人驰名商标注册为域名的;(二)为商业目的注册、使用与原告的注册商标、域名等相同或近似的域名,故意造成与原告提供的产品、服务或者原告网站的混淆,误导网络用户访问其网站或其他在线站点的;(三)曾要约高价出售、出租或者以其他方式转让该域名获取不正当利益的;(四)注册域名后自己并不使用也未准备使用,而有意阻止权利人注册该域名的;(五)具有其他恶意情形的。被告举证证明在纠纷发生前其所持有的域名已经获得一定的知名度,且能与原告的注册商标、域名等相区别,或者具有其他情形足以证明其不具有恶意的,人民法院可以不认定被告具有恶意。”

同时,商标的相互区别性与排他性是以商品或服务的相同或相似为基础的,不同的商品或服务通常不会产生这种要求(驰名商标除外);因此,同一国家或不同国家的不同法律主体就相同商标分别享有相互独立的权利是常见的现象。而域名则具有全球范围内的绝对唯一性,不因法律主体、商品或服务种类、国家或地区的不同而有任何区别。此种唯一性是其绝对的排他性的基础,并由因特网上域名系统的技术性特征所决定。所以域名并不等同于商标。

在域名和驰名商标产生的冲突中,如果被告域名或其主要部分构成对原告驰名商标的复制、模仿、翻译或者音译,足以造成相关公的误认的,且被告对该域名或其主要部分不享有权益,也无注册、使用该域名的正当理由的,应当认定被告注册、使用域名等行为构成侵权。

典型案例 20

“中美史克”商标纠纷案

史密斯克兰公司于1998年7月28日经中华人民共和国原国家工商行政管理总局商标局核准在第5类医药制剂、人用药品上注册了“中美史克”商标。为了开拓中国市场,史密斯克兰公司特别授权中美天津史克公司生产以“中美史克”为商标的产品。从此往后,“中美史克”商标就作为两原告的主打商标被广泛地推广宣传并被广泛使用于中美天津史克公司的产品上,产品销量位于同类药品前茅,大量媒体对“中美史克”商标进行长期、大范围的报道,使“中美史克”商标早已成为家喻户晓的品牌,并陆续获得多个奖项以及荣誉称号,在相关公众中具有极高的知名度。

被告南虹印刷厂通过域名注册服务机构于2003年7月29日注册了域名“中美史克.中国/CN”,该域名的主要部分与史密斯克兰公司享有权利的“中美史克”商标完全相同。

法院经审理认为,根据查明的事实可知,原告“康泰克”“新康泰克”“芬必得”等多种产品多年来在市场上销售量较大,有较高的市场占有率,同时,原告还对该些产品进行了大量的宣传推广,使得上述产品具有较高的知名度。伴随上述产品的销售,注册商标“中美史克”使用的持续时间较长、使用范围较广,加上原告对注册商标“中美史克”本身的宣传推广和大量媒体的报道,使得相关公众对注册商标“中美史克”的知晓程度较高,“中美史克”已经成为在医药药品行业具有较高的知名度的注册商标。

而南虹印刷厂注册的“中美史克.中国/CN”域名,主要部分为“中美史克”,与原告的注册商标完全相同,在原告商标具有较高知名度的情况下,客观上容易造成相关公众误认为争议域名是原告的网站,或认为该域名与原告之间存在某种关联。由于“中美史克”商标具有较高的知名度,被告理应知晓该注册商标的存在,在注册域名时尽到应有的避让义务。但被告在没有注册的正当理由的情况下,却将显著性较强的“中美史克”注册为域名,其主观上具有利用该商标知名度获取不正当利益的目的,且从查明的事实看,被告在注册争议域名后长达5年的时间内并没有进行使用，也没有相关证据证明其准备使用。因此，法院认为，被告在没有正当理由的情况下，为了获取不正当利益，将原告具有较高知名度的注册商标注册为域名，其行为违反诚实信用原则，构成对原告的不正当竞争。①

典型案例21

"M+蒙娜丽莎+MONALISA"商标纠纷案

蒙娜丽莎公司系核定使用商品为第19类的"M+蒙娜丽莎+MONALISA"图文组合商标、"蒙娜丽莎头像"图形商标、"蒙娜丽莎"文字商标的注册人。其中，图文组合商标曾被国家商标局认定为中国驰名商标，该三项商标也曾被佛山市中级人民法院、广东省高级人民法院个案认定为驰名商标，"蒙娜丽莎牌地砖产品"还多次被评为"广东省名牌产品"，2010～2013年广告费用达到9600余万元。蒙娜丽莎公司从民材公司淘宝店购得的"蒙娜丽莎填缝剂"系由夏宇公司生产、销售，被控侵权商品包装上印有与上述三项商标相同或者近似的标识。蒙娜丽莎公司请求在本案中认定三项注册商标为驰名商标，并请求法院判令夏宇公司和民材公司停止侵权、登报消除影响、共同赔偿经济损失50万元及合理费用6.5万元。

上海市知识产权法院审理后认为，瓷砖与瓷砖填缝剂属于搭配使用的装修用主料和辅料，两者关联程度极为紧密，在使用场所、销售渠道、消费对象等方面存在重合之处，故应认定为类似商品，为此，在本案中不具有认定驰名商标的必要性。夏宇公司的行为属于在类似商品上使用与注册商标相同或者近似商标且易导致混淆的商标侵权行为，民材公司的行为属于销售侵犯注册商标专用权商品行为，故判令夏宇公司与民材公司停止侵权，夏宇公司登报消除影响，夏宇公司赔偿蒙娜丽莎公司包括合理费用在内的经济损失18万元，民材公司对其中5000元承担连带赔偿责任。②

---

① 参见郭京霞：《"中美史克"打赢域名官司》，载北京法院网2008年8月12日，http://bjgy.chinacourt.org/pubHc/detaiLphp? id=69894&k_w=中美史克。

② 参见上海知识产权法院民事判决书，(2015)沪知民初字第167号。

四、商业秘密的权利归属

“专利制度与商业秘密的保护都具有鼓励创新的功能,当窃取他人商业秘密的行为被法律禁止时,希望在竞争中取胜者只能独立奋斗。”①商业秘密就是指不为公众所知悉、能为权利人带来经济利益、具有实用性并由权利人采取保密措施的信息。

(一)权利人

《刑法》第219条第3款规定的侵犯商业秘密罪对商业秘密的权利人的定义是,“本条所称权利人,是指商业秘密的所有人和经商业秘密的所有人许可的商业秘密使用人”。可见,商业秘密的权利人分为所有人和许可使用人,所有人又分为原始权利人和继受权利人。原始权利人即通过自行开发获取技术信息或者通过自行收集形成经营信息从而构成商业秘密的主体。继受权利人即通过受让获取商业秘密的主体。凡《反不正当竞争法》规定的法律主体都可以成为商业秘密的土体,这就涉及经营者界定的问题。

我国《反不正当竞争法》第2条对经营者的定义是,“从事商品生产、经营或者提供服务(以下所称商品包括服务)的自然人、法人和非法人组织”。这个概念通常从两个角度去解释:一是必须具备经营性主体资格的才能成为经营者;二是只要实施经营行为即被认为属于经营者。

1. 根据第一种解释,反不正当竞争法意义上的“经营者”包括:

(1)主要是企业法人和具有经营资格的事业单位法人和社会团体法人,包括有限责任公司、股份有限公司、全民所有制企业、联营企业、其他企业法人。事业单位法人和社会团体法人规定如《民法典》第88条规定“具备法人条件,为适应经济社会发展需要,提供公益服务设立的事业单位,经依法登记成立,取得

① 李琛:《知识产权法关键词》,法律出版社2006年版,第52页。

事业单位法人资格;依法不需要办理法人登记的,从成立之日起,具有事业单位法人资格”。第 90 条规定:“具备法人条件,基于会员共同意愿,为公益目的或者会员共同利益等非营利目的设立的社会团体,经依法登记成立,取得社会团体法人资格;依法不需要办理法人登记的,从成立之日起,具有社会团体法人资格。”

(2)其他经济组织,是指具有经营资格而没有法人资格的经济组织,只能限于经工商登记、领取营业执照而能够从事经营活动的不具有法人资格的经济组织。《民法典》第 102 条规定:“非法人组织是不具有法人资格,但是能够依法以自己的名义从事民事活动的组织。非法人组织包括个人独资企业、合伙企业、不具有法人资格的专业服务机构等。”如农民专业合作社、农民专业合作社联合社、集体所有制企业、外国公司分支机构。

(3)个人是指具有经营资格的个人,如领取营业执照的个体工商户,不包括普通的自然人。

这种解释在理论上极为常见,并且在实践中被一些行政执法机关和法院所坚持,但是在解决企业职工侵犯商业秘密、商业贿赂和农村承包经营户等经营活动中的不正当竞争问题上存在瓶颈。所以,从行为角度给经营者定性更为合理,即只要参与或者从事市场活动,不论其是否具有法定的经营主体资格,都应当被认为属于《反不正当竞争法》中的经营者。

2. 根据第二种解释,从行为角度来界定经营者,可以分为三种类型。

(1)具有合法经营资格的经营者,也就是按照第一种解释得出的具备经营主体资格的人。

(2)没有营业执照而从事经营活动的事实经营者,比如,无照经营者、营业执照被吊销或者过期的经营者,以及不具备经营资格但是实际上从事经营行为的个人,只要实际上从事的经营活动构成不正当竞争行为,也同样受到《反不正当竞争法》的规制。

(3)虽然不是经营关系中的权利义务承担者,但是实施了妨害竞争行为的人。例如,《反不正当竞争法》第 7 条规定的经营者不得采用财物或者其他手段进行贿赂以销售或者购买商品。在账外暗中给予对方单位或者个人回扣的,以行贿论处;对方单位或者个人在账外暗中收受回扣的,以受贿论处。其中的“个人”一般指业务具体经办的个人,虽然不是经营法律关系上承担权利义务的经营者，但是在其代表或者代理单位主体实施经营行为的时候，为了自己的私利实施不正当竞争行为时，同样要受到《反不正当竞争法》的规制。一些国家的竞争法也明确将代表人或者代理人作为一种竞争关系的辅助人而将其视为经营者。又如，在实施侵犯商业秘密不正当竞争行为中的企业员工，也可以被纳入经营者范围。

（二）构成要件

根据我国《反不正当竞争法》第 9 条的规定，商业秘密是指不为公众所知悉、具有商业价值并经权利人采取相应保密措施的技术信息、经营信息等商业信息。世界知识产权组织（World Intellectual Property Organization，WIPO）《反不正当竞争示范法》列举的商业秘密包括：生产方法、化学配方、图样、模型、营销方法、分配方法、合同格式、商业计划表、价格协议细节、消费者情况介绍、广告策略、供应商或者顾客名单、计算机软件和数据库等。最高人民法院《关于审理侵犯商业秘密民事案件适用法律若干问题的规定》规定：与技术有关的结构、原料、组分、配方、材料、样品、样式、植物新品种繁殖材料、工艺、方法或其步骤、算法、数据、计算机程序及其有关文档等信息，人民法院可以认定构成《反不正当竞争法》第 9 条第 4 款所称的技术信息；与经营活动有关的创意、管理、销售、财务、计划、样本、招投标材料、客户信息、数据等信息，人民法院可以认定构成《反不正当竞争法》第 9 条第 4 款所称的经营信息；前款所称的客户信息，包括客户的名称、地址、联系方式以及交易习惯、意向、内容等信息。原国家工商行政管理总局《关于禁止侵犯商业秘密行为的若干规定》（以下简称《商业秘密若干规定》）第 2 条规定："本规定所称商业秘密，是指不为公众所知悉、能为权利人带来经济利益、具有实用性并经权利人采取保密措施的技术信息和经营信息。"该法规所定义的技术信息和经营信息，包括设计、程序、产品配方、制作工艺、制作方法、管理诀窍、客户名单、货源情报、产销策略、招投标中的标底及标书内容等信息。

从我国法律法规的规定来看，构成商业秘密的要件通常被总结为三点，就是不为公众所知悉、能为权利人带来经济利益并经权利人采取保密措施。

1. 具有不为公众所知悉的秘密性

商业秘密主要以秘密状态维持其经济价值，是不为公众所知悉的，也即不能从公开渠道直接获取的。这使商业秘密区别于专利、商标、版权等知识产权,后者须通过公开,牺牲其秘密性以换取法律的直接硬性保护。这里的从公开渠道,一般是指从公开出版物或者通过一些公开平台如网络等,使公众可以得知并掌握其内容。对于“公众”的要求并不扩大到所有人,只要在本行业内部不是众所周知的,就可以认为“不为公众所知悉”。而“知悉”也并非指除权利人外一个经营者都不知道,不同的经营者可能通过各自的努力收集到相同客户的相同信息,只要这个信息不是公开的,就有可能同时成为各自的商业秘密。《美国统一商业秘密法》认为,商业秘密所产生的竞争优势并不需要具备排他性,不同的开发者对同样的商业秘密可以取得相同的权利。在诉讼中,确定某一个客户名单属于权利人的商业秘密,是为了排除侵权方的利用,而不是为了使权利人对这个客户拥有“垄断权”。

2. 采取必要的保密措施

权利人对商业秘密是否采取了保密措施是确认是否构成商业秘密的关键因素之一。未经保密的、在社会公众中广为传播的信息,就不具有秘密性,不再是商业秘密。对于保密措施,《商业秘密若干规定》定义包括订立保密协议,建立保密制度以及其他合理的措施。在审判实践中,原告需要举证证明其拥有的商业秘密的内容、范围是否采取了保密措施,以及其保密的内容和措施是为员工所知悉。用人单位与其员工在签订的劳动合同中一般都会约定有保密条款,但是不能仅简单地约定员工应当保守商业秘密,还应当明确商业秘密的范围和内容,如技术资料、商业策略、客户情报、产品定价、财务状况、人事变动,等等,越为详尽越好。也可以把上述内容制定在单位的保密制度中,当然,该保密制度应当是为员工所知悉的,也就是说,只有让员工确切了解哪些属于企业的商业秘密,才有权要求其予以保守。另外,用人单位采取的保密措施应当是适当的、合理的,比如,在保密资料上加印“机密”“保密”等字样,限制资料的发放范围和数量,派专人对资料进行管理,对保密数据进行加密,等等。保密措施并不要求万无一失,只要用人单位提出保密要求并为员工所知悉或者应当知悉,员工就应当承担保密义务。

最高人民法院《关于审理侵犯商业秘密民事案件适用法律若干问题的规定》第5条:“权利人为防止商业秘密泄露,在被诉侵权行为发生以前所采取的合理保密措施，人民法院应当认定为反不正当竞争法第九条第四款所称的相应保密措施。

人民法院应当根据商业秘密及其载体的性质、商业秘密的商业价值、保密措施的可识别程度、保密措施与商业秘密的对应程度以及权利人的保密意愿等因素，认定权利人是否采取了相应保密措施。”

第6条规定：具有下列情形之一，在正常情况下足以防止商业秘密泄露的，人民法院应当认定权利人采取了相应保密措施：(1)签订保密协议或者在合同中约定保密义务的；(2)通过章程、培训、规章制度、书面告知等方式，对能够接触、获取商业秘密的员工、前员工、供应商、客户、来访者等提出保密要求的；(3)对涉密的厂房、车间等生产经营场所限制来访者或者进行区分管理的；(4)以标记、分类、隔离、加密、封存、限制能够接触或者获取的人员范围等方式，对商业秘密及其载体进行区分和管理的；(5)对能够接触、获取商业秘密的计算机设备、电子设备、网络设备、存储设备、软件等，采取禁止或者限制使用、访问、存储、复制等措施的；(6)要求离职员工登记、返还、清除、销毁其接触或者获取的商业秘密及其载体，继续承担保密义务的；(7)采取其他合理保密措施的。

3. 具有实用性能够带来经济利益

根据《商业秘密若干规定》，商业秘密具有商业价值和使用价值，能为权利人带来经济利益、具有实用性，是指该信息具有确定的可应用性，能为权利人带来现实的或者潜在的经济利益或者竞争优势，它是一种无形财产。商业秘密着眼于经济利益，这是其与政治秘密、个人隐私的根本区别。因为法律不保护单纯的构想、大概的原理和抽象的概念，所以必须举出切实存在的实施方案、数据、计划等固定下来的证据，才能够证明其实用性。

4. 新颖性

这是商业秘密在质量上的特征，即法律保护的商业秘密必须达到一定水平的新颖性和非显而易见性，在较长的时期内不易被他人总结、研究而被知。商业秘密的新颖性在法律上只是一个“不为公众所知悉”的否定性要件。不同信息的新颖性程度的差别非常大，有的信息可能只是公开的海量信息的选择汇编，只要付出劳动进行收集整理就有可能获得近似的结果，但是权利人进行了这样的劳动从而形成不同于公开的海量信息的新颖性信息，而他人未进行这样的劳动,就不能获取这种信息。有的信息所具备的新颖性可能完全足以达到申请专利所要求的创造性条件,但是出于种种考虑不予公开而是作为商业秘密来进行保护。在法律面前,这两种商业秘密无论新颖性的程度如何是受到同等保护的。

5. 合法性

商业秘密必须通过合法的方式原始取得与继受取得,如自己总结研究、合法许可、继承、转让等。通过不正当手段获得的商业秘密,不仅不能得到法律的保护,反而要承担一定的法律责任。美国对商业秘密的保护就有“手脚不干净者不得受保护”这样的原则。有的商业秘密的获得虽然是通过合法途径,但是却因为负有保密义务而被禁止使用或者披露的,例如,雇员或者员工在其职权范围内知悉商业秘密。在商业秘密保护的诉讼中,商业秘密的权利人首先要准备的证据就是对其商业秘密的合法所有权或使用权,要证明自己作为此商业秘密权利人的合法性,即通过何种手段了解并掌握了这一商业秘密。

6. 风险性

风险性,也叫无绝对排他性。权利人不能以商业秘密为由对抗正当的竞争,即不能阻止他人独立研究开发出不谋而合的技术,或者他人通过反向工程破解的商业秘密;也不能追回从自己手中逸出的商业秘密,更不能追究善意第三人的责任。

最高人民法院《关于审理侵犯商业秘密民事案件适用法律若干问题的规定》第 14 条规定:通过自行开发研制或者反向工程获得被诉侵权信息的,人民法院应当认定不属于《反不正当竞争法》第 9 条规定的侵犯商业秘密行为。

前款所称的反向工程,是指通过技术手段对从公开渠道取得的产品进行拆卸、测绘、分析等而获得该产品的有关技术信息。

被诉侵权人以不正当手段获取权利人的商业秘密后,又以反向工程为由主张未侵犯商业秘密的,人民法院不予支持。

【风险提示】

任何在市场中的竞争者都希望在竞争中获胜,而知识产权就成为竞争者保护自己竞争优势的重要武器。对于技术信息而言,专利制度的保护最为严厉,但是为了鼓励技术的发展,这种保护是以公开为前提条件的,而且被授予专利权的条件还相对苛刻,权利人面临不能被授予专利而技术信息又被公开的风险。相对而言,商业秘密的保护可能更加安全,并且可以延及客户信息等单纯的数据,当然一旦被泄密或者公开,商业秘密将失去价值。与专利制度相比,商业秘密的保护是不受期限限制的。所以,企业应当根据实际情况来选择专利制度或者商业秘密的保护,或者将两者有效地结合起来。有些企业的做法是将产品申请专利保护,而相应的配方或者制备方法通过商业秘密来保护,这样结合可以更有效地保护企业的核心竞争力。

(三)客户名单的特殊保护

从审判实践来看,侵犯商业秘密案件较多发生的一大类是前雇员或员工离开原雇用单位后,利用原雇用单位的客户信息与原雇用单位的客户进行业务联系并形成竞争而引发的纠纷。

法律所保护的客户名单,并不是简单的客户名称、地址、电话等,首先应当符合商业秘密的一般构成要件,其次还要具备一定的特殊条件。最高人民法院《关于审理不正当竞争民事案件应用法律若干问题的解释》(已废止)第13条规定:商业秘密中的客户名单,一般是指客户的名称、地址、联系方式以及交易的习惯、意向、内容等构成的区别于相关公知信息的特殊客户信息,包括汇集众多客户的客户名册,以及保持长期稳定交易关系的特定客户。客户基于对职工个人的信赖而与职工所在单位进行市场交易,该职工离职后,能够证明客户自愿选择与自己或者其新单位进行市场交易的,应当认定没有采用不正当手段,但职工与原单位另有约定的除外。最高人民法院《关于审理侵犯商业秘密民事案件适用法律若干问题的规定》第1条规定:与经营活动有关的创意、管理、销售、财务、计划、样本、招投标材料、客户信息、数据等信息,人民法院可以认定构成《反不正当竞争法》第9条第4款所称的经营信息。前款所称的客户信息,包括客户的名称、地址、联系方式以及交易习惯、意向、内容等信息。

北京市高级人民法院在《关于审理知识产权纠纷案件若干问题的解答》中规定:"在侵犯商业秘密案件中要特别注意审查客户名单是否是特有的或者是否具有特殊性;客户名单是否由权利人通过劳动、金钱等投入获得的。"也就是说,在满足了商业秘密构成的一般要件以后,客户名单还应当具有其特殊性才能作为商业秘密受法律保护。特殊性包括两个方面:一是客户名单的形成是权利人通过花费劳金钱和努力等所获得的;二是客户名单内容是经过加工的特殊信息。

在同样的两个侵犯商业秘密案件中,前一个原告仅提供了客户名单的清单和公司内部的保密制度,后一个原告还提供了开发、维护其客户的其他证据。在法庭审理中,前一个原告因其提供的证据不足以证明其客户名单构成商业秘密而被驳回诉讼请求,后一个原告则获得法院的支持而胜诉。可见,客户名单是否为权利人花费劳动、金钱和努力所得,是判定客户名单能否成为商业秘密的重要标准。一份客户名单中可能包括客户负责人的姓名、职务、联系电话,还有客户的经济实力、对市场的需求等,权利人只有证明自己为得到这些信息付出了资金和时间,才能把这个客户特定化,使其具备符合商业秘密的特殊性。最终所形成的客户名单,不是单一信息的堆积,而应当是权利人经过加工的具有商业价值的信息。有些信息虽然可以从公共领域得来,但是经过权利人付出的劳动而与特定目的结合后,也可以成为商业秘密。

在一个美国的案例中,一清洁公司通过电话簿打了二三百个电话,才了解到有 12 家需要清洁服务。法院认为,该客户名单并不是简单的电话簿信息综合,而是权利人通过努力得到了“需要清洁服务”的商业信息与客户基本信息的结合,已经特定化为清洁公司潜在的交易对象,应当属于商业秘密。在另一个案件中,权利人花费了 3 年时间,耗资 80 万美元的广告费及邮寄大量宣传品,才确定了 200 多个客户,这份客户名单也应当受到法律保护。①

典型案例 22

青旅诉中旅侵犯商业秘密案

中国青年旅行社总社(以下简称“青旅”)诉中国旅行总社(以下简称“中旅”)利用其原工作人员擅自带走的客户档案进行经营活动侵犯商业秘密纠纷案。1994 年 7 月,原告青旅欧美部 10 余名员工未办理调动手续,携带着青旅的客户档案受聘于中旅,中旅将这些人员组建成中旅欧美二部,沿用青旅的客户

① 参见孔祥俊、刘泽宇等编著:《反不正当竞争法》,清华大学出版社 2006 年版,第 235 页。

档案进行经营。青旅遂向法院提起反不正当竞争诉讼,原告认为:其客户档案是不为公众所知悉的,能为青旅带来巨大经济利益,并经青旅采取保密措施的经营信息,属于青旅的商业秘密;中旅以不正当手段获取了青旅的商业秘密,并以优厚条件聘用了掌握和了解青旅商业秘密的骨干人员,并延用这些人员接待原青旅旅游团队,直接使用了青旅的商业秘密,给青旅造成了巨大经济损失,构成不正当竞争。

被告中旅答辩称:在旅游业中,改变旅游团体计划是常见的;外方客户业务资料系国外旅游机构的地址、电话、传真资料等,国外报纸和广告上随处可见,无秘密可言;原告员工来被告处工作,属于合理的人才流动;否认使用青旅客户档案接待了青旅旅游团队。

法院经审理查明下列事实。

1. 原青旅的10余名业务骨干均以出国留学、探亲、陪读等虚假事实为理由,擅自离社,中旅对此辩称的人才流动的理由不能成立。

2. 青旅多年来已经与北欧5家旅行社建立了良好的业务关系,且与这5家旅行社商定由青旅接待这5家旅行社的151个来华旅游团队,对方已对来华时间、旅游景点、住宿标准、价格等具体内容多次传真询价及确认,属于青旅正在进行的业务,其中有的外国旅游团队已经来华旅游,其余的也即将来华,青旅在这些业务往来中已付出了劳动和代价。这些资料是不为公众所知的,可为青旅带来商业利润,属于《反不正当竞争法》规范的商业秘密范畴。中旅辩称是公开获得这些外国客户资料的,不符合事实。

3. 青旅原业务人员将客户档案、传真资料携往中旅后,以中旅名义向国外客户发函,继续经营原属青旅的业务,已经实际接待了20余个国外来华旅游团队,这与中旅所称的没有使用青旅客户档案接待旅游团队相悖。

基于上述事实,法院指出,中旅以人才流动为名侵犯他人商业秘密的做法是错误的,其行为应依法予以处理。最终,双方在国家旅游协会的主持下,达成和解协议:中旅向青旅致歉并支付人民币100万元作为青旅的损失赔偿,青旅向法院申请撤诉。

在该案中,被告辩称"客户业务资料系国外旅游机构的地址、电话、传真资料等,国外报纸和广告上随处可见,无秘密可言",可以说是事实,任何旅行社都可以发现和联系。但是,发现和联系的过程是一个需要付出人力、物力和努力的过程,最终从这些客户中找到可以形成交易机会的客户,就是把一般不特定的客户特定化了,从而固定下来成为权利人的客户。只要满足商业秘密的一般构成要件,特定化的客户名单就可以成为商业秘密,并依法受到保护。最高人民法院的有关人士在评述此案时指出:“本案原告拥有的客户档案并不仅仅是国外旅行社的地址、电话等一般资料的记载,同时还包括双方对旅游团体的来华时间、旅游景点、住宿标准、价格等具体事项的协商和确认,为其独占和正在进行的旅游业务,具有《反不正当竞争法》规定的不为公众所知悉,能为权利人带来经济利益,具有实用性并经权利人采取保密措施的技术信息和经营信息类商业秘密的性质。”所以,信息的来源是否公开,并不能妨碍经过整理加工的特定信息成为商业秘密,权利人只要能够证明为其客户名单付出了一定的劳动、金钱,并最终形成了具有价值性的特定化信息,就可以将这些信息作为商业秘密来进行保护。①

典型案例23

石脉公司诉创民公司等侵犯商业秘密案

石脉公司向原审法院提起诉讼,原审法院于2020年3月25日立案受理,石脉公司起诉请求:(1)判令创民公司、朱某六停止侵害石脉公司经营秘密的行为;(2)判令创民公司、朱某六赔偿石脉公司损失30万元;(3)诉讼费由创民公司、朱某六承担。事实和理由:朱某六为石脉公司的董事,郭某惠为石脉公司的监事,郭某良、郭某贤是朱某六和郭某惠的家人,均知悉朱某六为石脉公司董事,郭某惠为石脉公司监事。郭某惠、郭某良、郭某贤、朱某六于2018年1月23日成立创民公司,该公司与石脉公司均是主营阀门的生产、维修和销售。创民公司的注册地址和石脉公司在同一院内,朱某六为实际控制人。2018年6月至10月,朱某六、郭某惠披露石脉公司商业秘密为创民公司使用,创民公司使用“石脉阀门”字号,向商标局申请注册商标,且注册申请类别与石脉公司经营范围相同。朱某六与创民公司使用石脉公司的作废公章串通投标。郭某良、郭某

---

① 参见孔祥俊、刘泽宇等编著:《反不正当竞争法》,清华大学出版社2006年版,第238页。

贤明知郭某惠、朱某六成立创民公司的目的而与其创立创民公司,属于不正当竞争行为。

创民公司辩称:创民公司的客户不一定就是石脉公司的经营秘密,石脉公司所指的两家公司不是石脉公司的经营秘密。石脉公司所指明的客户云南铭超科技有限公司和铜陵市富鑫钢铁有限公司在阀门业内都是可以查到的,生意往来是创民公司自主开拓的,没有侵犯石脉公司的经营秘密。创民公司作为阀门的生产销售企业,开拓销售市场属于正常的企业行为,没有使用石脉公司的经营秘密。依据石脉公司四个原始股东签订的企业成立事宜,企业达到2000万元产值,各股东市场应纳入企业行为,归企业所有,在石脉公司达到2000万元产值前,各股东的市场不属于企业行为。因此,石脉公司在起诉状中列明的两家企业,虽然和石脉公司形成了合同关系,但不是石脉公司的经营秘密。请求驳回石脉公司的全部诉讼请求。

朱某六辩称:石脉公司与其他公司在经营管理方式上存在很大差异,具有特殊性,即全体股东在企业成立事宜中明确约定,同意各股东以兼职形式开展对外经营活动,企业成立事宜的具体约定不再重复,股东王某平、雷某均存在对外兼职的事实。朱某六没有向创民公司披露石脉公司的两个客户即云南铭超科技有限公司和铜陵市富鑫钢铁有限公司。石脉公司提供的上述两个公司的客户信息,不属于石脉公司的经营秘密,不符合商业秘密的法定构成要件,不属于商业秘密中的客户名单。因此石脉公司的诉讼请求没有事实依据和法律依据,应予驳回。

原审法院认定事实:石脉公司成立于2011年11月3日。法定代表人王某平,股东为李某、雷某、王某平、朱某六,2014年3月8日,股东变更为雷某、王某平、朱某六。经营范围:冶金能源设备、环保设备、化工机械设备、阀门、泵的设计生产加工与销售、机电产品、机电设备、电子产品的销售。

创民公司成立于2018年1月23日,法定代表人郭某惠,股东为郭某惠、郭某良、郭某贤。2019年9月29日,法定代表人变更为马某,股东变更为马某、朱某六。经营范围:软件的研发、技术咨询、技术服务、技术转让;通讯设备安装工程、建筑工程设计、施工;泵及阀门的生产、销售等。

2011年8月10日,李某、雷某、王某平、朱某六签订一份《保密协议》,内容如下。(1)公司所有产品图纸,工艺工装等技术资料属于公司机密。未经董事会批准不得带出公司或者转送非本公司人员。(2)本公司的销售业务信息,比如顾客名单及需求,产品技术要求,价格等属于公司机密,未经董事会批准,不得对外泄密。(3)公司技术人员及其他职工不得利用工厂技术资料以及有关设施为其他单位或者个人设计图纸,工艺工装等技术资料。(4)公司内部董事会研究决定的一些重大事宜,不得对外宣传。(5)如有违反,视其违反程度,承担以下经济及法律责任:①违反人缴纳违约金5000~30,000元人民币;②为公司造成损失的,违约人承担损失费的50%。

2017年4月11日,石脉公司给云南铭超科技有限公司开具NO03522518号增值税发票,金额为11,600元,货物名称入口插板阀智能执行机构,规格PGNJ-26000JZ和PGNJ-36000JZ,收款人朱某六,开票人王某平。

2018年1月25日,石脉公司给云南铭超科技有限公司开具NO2521484号增值税发票,金额为98,000元,货物名称阀门龙头某电动扇形插板阀,规格SFM9E43X-2.5DN1000,收款人朱某六,开票人王某平。

2018年1月25日,石脉公司给云南铭超科技有限公司开具NO2521485号增值税发票,金额为79,000元,货物名称阀门龙头某电动扇形插板阀和阀门龙头某快开伺服阀门动作器,规格SFM9E43X-2.5DN1000和YSFKQ-18000CGQ,收款人朱某六,开票人王某平。

2018年1月26日,石脉公司给云南铭超科技有限公司开具NO2607446号增值税发票,金额为39,740元,货物名称阀门龙头某金属缠绕垫,规格分别为DM2000压力≥250kPa、DM800压力≥250kPa、DM3000压力≥50kPa、DM250压力≥250kPa,收款人朱某六,开票人王某平。

2017年5月28日,石脉公司给铜陵市富鑫钢铁有限公司开具NO03585685号增值税发票,金额为41,000元,服务名称快速切断阀维修,规格型号DN1400,收款人朱某六,开票人王某平。

2018年3月21日,石脉公司给铜陵市富鑫钢铁有限公司开具NO02750044号增值税发票,金额为37,600元,货物名称某炉顶下密封阀膨胀节及衬套,收款人朱某六,开票人王某平。

本案起诉时有5个被告,原审庭审结束后,石脉公司申请撤回对原审被告郭某惠、郭某良、郭某贤的起诉,原审法院于2020年6月3日出具(2020)冀01知民初169号民事裁定书,准许石脉公司撤回对原审被告郭某惠、郭某良、郭某贤的起诉。

郭某惠、郭某贤向原审法院提交的答辩状称，知道朱某六成立创民公司并使用本人的身份信息和银行账户，朱某六为该公司实际控制人，一切事物由朱某六管理，其未参与管理，不知道朱某六用石脉公司的名义与创民公司串标，创民公司与朱某六侵犯商业秘密与其无关。

原审法院认为，商业秘密是指不为公众知悉，能为权利人带来利益、具有实用性并经权利人采取保密措施的技术信息和经营信息。当事人指称他人侵犯其商业秘密的，应当对其拥有的商业秘密符合法定条件、对方当事人的信息与其商业秘密相同或实质相同以及对方当事人采取不正当手段的事实负举证责任。其中，商业秘密符合法定条件的证据，包括法定条件的证据，商业秘密的载体、具体内容、商业价值和对该项商业秘密所采取的具体保密措施等。

本案为侵犯经营秘密纠纷案件，石脉公司认为创民公司、朱某六侵犯了其经营信息，提交的有效证据为其给云南铭超科技有限公司开具的四张增值税发票以及其给铜陵市富鑫钢铁有限公司开具的两张增值税发票，该增值税发票只能证明石脉公司与云南铭超科技有限公司、铜陵市富鑫钢铁有限公司有业务往来，该业务往来能为其带来一定的经济效益。虽然石脉公司四股东在公司成立前的2011年8月10日签订了《保密协议书》，但本案中的石脉公司没有提供证据证明商业秘密的载体及具体内容，以及其对其经营秘密所采取的具体保护措施，亦未提供有效证据证明创民公司、朱某六采取了不正当手段获取其商业秘密相同或实质相同的经营信息。虽然郭某惠、郭某贤在答辩状中称，朱某六为创民公司的实际控制人，但没有提供相应证据支持其主张；石脉公司也没有提供有效证据证明朱某六为创民公司的实际控制人，且实施侵犯经营秘密的行为。石脉公司的诉讼请求不成立，原审法院不予支持。原审法院依照《民事诉讼法》(2017年)第64条第1款、①《反不正当竞争法》第10条②、最高人民法院《关于审理不正当竞争民事案件应用法律若干问题的解释》(2007年)第14条③的规定判决：驳回石脉公司的诉讼请求。案件受理费5800元，由石脉公司

① 现行《民事诉讼法》第67条第1款。

② 现行《反不正当竞争法》第10条。

③ 现行《关于审理不正当竞争民事案件应用法律若干问题的解释》(2020年)第14条。

负担。

二审法院二审期间，各方当事人均没有提交新证据。

二审审理查明，2019 年 9 月 29 日，创民公司法定代表人变更为马某，股东变更为马某、朱某亮。

原审查明的其他事实基本属实，本院予以确认。

二审法院认为，本案的争议焦点问题在于原审法院驳回石脉公司的诉讼请求是否存在事实认定和法律适用错误。

本案所涉争议在于朱某六和创民公司是否存在侵害石脉公司客户名单的行为，应当首先分析石脉公司主张的客户名单是否属于《反不正当竞争法》所保护的商业秘密。本案石脉公司提起诉讼的时间为 2020 年 3 月 25 日，石脉公司起诉主张创民公司和朱某六在 2018 年 6 月至 10 月有侵害其经营秘密的行为，因此，应当适用 2017 年修正的《反不正当竞争法》。原审判决引用了 1993 年施行的《反不正当竞争法》第 10 条，属于适用法律错误，本院对此予以纠正。

石脉公司上诉主张其已就公司客户名单采取了保密措施，且所涉客户是与其保持长期稳定交易关系的特定客户，属于石脉公司的经营秘密。石脉公司认为朱某六泄露公司客户信息给创民公司，创民公司的客户与石脉公司客户相同，朱某六通过抬高石脉公司标价，低价竞标的方式进行谋利，构成对石脉公司经营秘密的侵害。本院认为，商业秘密是指不为公众所知悉、具有商业价值并经权利人采取相应保密措施的技术信息、经营信息等商业信息。不为公众所知悉是指有关信息不为其所属领域的相关人员普遍悉和容易获得。根据最高人民法院《关于审理不正当竞争民事案件应用法律若干问题的解释》（2007 年）第 13 条第 1 款①的规定，商业秘密中的客户名单，一般是指客户的名称、地址、联系方式以及交易的习惯、意向、内容等构成的区别于相关公知信息的特殊客户信息，包括汇集众多客户的客户名册，以及保持长期稳定交易关系的特定客户。在本案中，石脉公司主张其与云南铭超科技有限公司、铜陵市富鑫钢铁有限公司签定的合同及 25 份《工矿产品订货（买卖）合同》证明从 2011 年起石脉公司具有一定数量的公司为固定客户，主张因石脉公司客户数量较少，未形成固定客户名册。根据审理查明的事实，石脉公司在原审法院提交的其与云南铭超科

① 现行该司法解释第 13 条第 1 款。

技有限公司签订的4份合同，时间为2017年4月1日至2017年12月12日。其与铜陵市富鑫钢铁有限公司签订的2份合同时间分别为2017年4月14日、2017年11月10日。交易时间难谓长期稳定，且所属合同为格式合同，内容为产品名称、交易价格等一般性条款，并未形成区别于相关公知信息的特殊客户信息。石脉公司在原审法院提交的25份《工矿产品订货（买卖）合同》亦为格式合同，其在原审中未提交上述证据的原件。即使上述合同真实性可以认定，前述25份合同也仅能证明石脉公司曾经与上述公司具有合同关系。因此，石脉公司并未提交证据证明其与所涉客户在长期交易过程中形成了特定的交易需求、价格范围、交易习惯等与从公知领域获取的一般交易内容相区别的特殊信息。因石脉公司未能举证证明其所主张的客户名单符合商业秘密不为公众所知悉的构成要件，故其上诉主张创民公司的客户与石脉公司客户相同，朱某六泄露公司客户信息给创民公司并非法获利，构成对石脉公司经营秘密的侵害的主张已无审查之必要，原审法院驳回其诉讼请求，并无不当。①

五、竞业限制的相关法律问题

雇员通常会因为在原雇佣单位所从事的工作而了解或者得到原雇佣单位的相关信息。随着社会分工越来越细化，在雇佣关系终止后，雇员所受雇的下一个雇主多数都会与原雇佣单位或多或少地具有竞争关系。雇员在新的雇主处工作将有意或者无意或者不可避免地使用到原雇佣单位的信息，如果这些信息涉及原雇佣单位的商业秘密，则可能使原雇佣单位的商业秘密遭到侵犯，进而使新的雇主不正当地获益。由此，原雇佣单位就会要求雇员在任职期间及离职之后附有竞业限制的义务。这种对离职雇员在一定期间、一定地域范围内科以禁止从事竞争性行为之义务，在客观上限制了离职雇员自主选择职业、参与市场竞争的劳动权利和自由；而在现代市场经济社会实行的按劳分配制度之

① 参见中华人民共和国最高人民法院民事判决书，（2020）最高法知民终1695号。

下，劳动权直接关系劳动者的生存权能否得到保障。且单位与劳动者在经济地位、掌握信息的能力等方面一般并非处于平等地位，故竞业限制合同对劳动者科以的义务和对《宪法》赋予自然人的劳动权等基本权利的限制，必须在具有合理前提的条件下才可以产生法律效力。

(一)竞业限制的要件

1. 竞业限制的定义

所谓竞业限制，又称为竞业禁止、竞业回避或竞业避让，是指企业员工在其任职期间不得在竞争企业兼职或兼营竞争性业务，在其离职后的特定时期和地区内也不得在竞争企业从业或者进行竞争性营业活动。竞业限制主要是为了保护企业的商业秘密不会随着雇员的流动流向竞争性企业，保持企业在市场竞争中的优势地位。

2. 竞业限制的对象

竞业限制所限制的是个人的择业权或劳动权。对用人单位承担竞业限制义务的个人，首先必须与用人单位具备聘用关系。正是基于聘用关系，个人才有可能接触到用人单位的商业秘密、进而使用商业秘密。对于这种聘用关系，并不严格地要求为劳动关系，一般的劳务关系、临时的雇佣关系或者参谋顾问关系均可以满足竞业限制的前提。其次，该个人应当是接触、知悉、掌握商业秘密的员工(通常是企业高层员工)，而不是普通员工，更不能是全体员工。如果仅仅是文案打字员，虽然可能接触到商业秘密，但是用保密协议已经足以对其形成规制，保护企业商业秘密，而不必要动用竞业限制制度。竞业限制的对象范围过宽，反而会降低企业竞业限制的必要性，也会在无形中加大企业的成本。我国《劳动合同法》第24条明确规定：竞业限制的人员限于用人单位的高级管理人员、高级技术人员和其他负有保密义务的人员。这里的“高级管理人员”一般是指《公司法》规定的公司经理、副经理、财务负责人、上市公司董事会秘书和公司章程规定的其他人员。

3. 竞业限制的标的

必须有可保护的利益，是竞业限制的标的。企业花费大量人力、物力所形成的商业秘密属于企业的重要财产，理应获得保护。但是员工在其工作期间所掌握的一般知识技能、劳动经验等属于其主观财产，可以自由利用，不能受到限制。

4. 竞业限制的种类

理论上讲分为法定和约定，其实两者并不冲突，完善的约定的竞业限制条款能够很好地补充法定的限制。如我国《公司法》在“公司董事、监事、高级管理人员的资格和义务”一章中，明确规定对于公司高管人员的法定禁止性条款：董事、高级管理人员不得违反公司章程的规定或者未经股东会、股东大会同意，与本公司订立合同或者进行交易；或者未经股东会或者股东大会同意，利用职务便利为自己或者他人谋取属于公司的商业机会，自营或者为他人经营与所任职公司同类的业务，且规定董事、高级管理人员违反前款规定所得的收入应当归公司所有。在此基础之上仍然可以签订竞业限制协议，约定离职之后的竞业限制义务。竞业限制协议的约定应当注意以下几个问题。

（二）竞业限制的范围

竞业限制不是无止境的，必须要有一定的合理性。只有合理性的竞业限制才能够得到法律的保护，否则，即便约定了也可能因为无效而丧失制约力。

1. 时间限制应当合理，即在职期间加上离职后的一定期间。通常认为，在职期间承担竞业限制义务是受雇者的应有义务，离职之后的竞业限制义务应有一个合理的时间限制。我国《劳动合同法》第 24 条规定，在解除或者终止劳动合同后，前款规定的人员到与本单位生产或者经营同类产品、从事同类业务的有竞争关系的其他用人单位，或者自己开业生产或者经营同类产品、从事同类业务的竞业限制期限，不得超过 2 年。

2. 地域限制应当合理，一般认为应当根据用人单位经营业务的区域范围确定，应当以可能与用人单位产生实质性的竞争业务区域为竞业限制的限制地域，不能扩大到用人单位将来可能开展的地域。按照目前的一般情况来看，即便是国际化的企业也不应当把竞业限制的范围约定为全球。

3. 职业种类限制应当合理，应当是员工在企业从事的或接触到的特殊的、专门的业务范围，而不应无限扩大到整个企业甚至整个行业。例如，在某些综合性集团企业中，员工可能只接触分公司某一方面的商业秘密，就不能够要求其对整个集团企业所经营范围内的职业都竞业限制。对范围的约定还应当明确和清晰，对于那些技能比较单一的特殊职业和行业的人员而言，竞业限制直接关系他们的谋生问题。因此，当劳动者的劳动权与用人单位的经营优势相冲突时，劳动者的劳动权利高于用人单位的竞争优势保护，用人单位不可以通过竞业禁止协议来限制劳动者的自由就业权利。

4. 这里还要注意的一个问题是竞争关系的问题。从大多数国家立法来看，竞争关系概念一般都体现在适用反不正当竞争法之中，对不正当竞争行为是以是否违反诚实信用原则进行判断，而不局限于是否存在竞争关系。即使从我国《反不正当竞争法》对不正当竞争的定义来看——指经营者违反本法规定，损害其他经营者的合法权益，扰乱社会经济秩序的行为——竞争关系也不局限于提供同类商品的经营者之间，只要相关经营者之间存在交易机会上的冲突即可存在竞争关系。[①] 但是，在竞业限制中关于职业种类的限制是一个非常严厉的限制，在当今专业化的时代，此种限制将极大地威胁到劳动者的生存权，所以其限制必须是小心谨慎的。在竞业限制中的竞争关系不能理解为反不正当竞争法意义上的广义的竞争关系，反而应当以狭义为准。一种典型的狭义理解就是指商品之间具有替代关系（相同或者近似的商品）的经营者之间的相互争夺交易机会的关系，商品互不相同、不具有替代关系的经营者之间不存在竞争关系。

（三）竞业限制的合理补偿

竞业限制协议中最重要的就是有关合理补偿的内容。用人单位与劳动者之所以可以设立竞业限制条款是为了平衡劳动者和用人单位之间的权利和义务关系，既要保护劳动者的自由择业权和劳动报酬权，又要保护用人单位的合法经济利益。根据权利与义务对等原则，应当由原用人单位以适当的形式给予劳动者适当的经济补偿，以保证劳动者不因履行约定的竞业限制义务而影响生活质量。司法实践中的观点认为，支付合理的竞业限制补偿金是用人单位要求劳动者履行竞业限制义务的前提条件，如单位未履行支付竞业限制补偿金的先行义务，劳动者可相应地拒绝履行竞业限制义务。我国《劳动合同法》第 23 条第 2 款规定："对负有保密义务的劳动者，用人单位可以在劳动合同或者保密协议中与劳动者约定竞业限制条款，并约定在解除或者终止劳动合同后，在竞业限制期限内按月给予劳者经济补偿。"但是法律并没有明确规定具体的补偿金额或者标准，合理的补偿应当与员工的收入情况相一致，还应综合考虑这一商

① 参见孔祥俊、刘泽宇等编著：《反不正当竞争法》，清华大学出版社 2006 年版，第 38 页。

业秘密带给用人单位的利益、竞业禁止的时间长短、区域范围的大小等情况。

全国人民代表大会常务委员会2020年12月29日发布的最高人民法院《关于审理劳动争议案件适用法律问题的解释(一)》第36条规定:“当事人在劳动合同或者保密协议中约定了竞业限制,但未约定解除或者终止劳动合同后给予劳动者经济补偿,劳动者履行了竞业限制义务,要求用人单位按照劳动者在劳动合同解除或者终止前十二个月平均工资的30%按月支付经济补偿的,人民法院应予支持。前款规定的月平均工资的30%低于劳动合同履行地最低工资标准的,按照劳动合同履行地最低工资标准支付。”另外,“竞业限制”的范围应严格限于用人单位的关键员工,且跳槽后的行业是有直接竞争的同类行业。只有制定较高的补偿标准,才有利于企业衡量相关员工是否真正值得竞业限制,以促使企业慎重使用竞业限制条款,把竞业限制的补偿作为必要的商业秘密保护或者竞争优势维护的成本,而对于个人又不会因竞业限制而使生活水平明显下降。这样,对双方都设定了一种有效的平衡。

典型案例24

南京天杰公司诉朱某竞业禁止纠纷案

2004年4月,南京天杰公司(以下简称“天杰公司”)制订了《关于预发竞业限制补贴解释》,其中规定:公司所有销售人员都是公司规定的竞业限制岗位,每一位销售人员必须遵守公司竞业限制的规定,每位员工在从2002年4月18日起工资收入中都含有公司加入的保密补贴,公司设有竞业岗位的员工,从2002年4月18日起都享有竞业限制补贴;其中,工资总收入中含有20%和所有奖金中含有80%以上的竞业限制补贴。朱某是天杰公司的销售人员,于2003年跳槽到其他有竞争关系的公司。南京天杰公司将朱某诉至法院。

经法院审理查明,就补偿费而言,天杰公司主张应按企业规章中的规定来计算,但根据天杰公司提交的工资表,朱某在每月工资中取得的“保密费”共计仅565元,而在双方签订的聘用合同中,已明确了奖金和提成均是按朱某完成的业务量来计算的,与竞业禁止并无联系,同时在实际操作中,天杰公司也是按业务量来发放奖金和提成的。法院认为,本案中与竞业禁止补偿相关的费用只能确定为565元，而不能按企业规章中的规定来计算，否则就对劳动者明显不公。根据《江苏省劳动合同条例》（2003年）第17条[①]规定，天杰公司已支付的费用远低于竞业禁止补偿款最低标准的规定，故即使双方之间存在竞业禁止约定且约定成立，但因天杰公司支付的补偿款低于法定的最低标准，竞业禁止约定对朱某也不具有约束力。[②]

典型案例25

东方公司诉梁某不正当竞争纠纷案

梁某与东方公司签订的劳动合同第36条约定，梁某在离开东方公司后的24个月内，不得从事与东方公司有竞争关系的行业。双方在此并未约定竞业禁止补偿金。后梁某离职并受雇于长峰公司，东方公司和长峰公司均从事医疗器械的生产活动，双方具有同业竞争关系。东方公司主张已在梁某离职后向其支付了4万元竞业禁止补偿金，梁某表示收到了4万元，但认为该笔费用是奖金而非竞业禁止补偿金。法院经过审理，对这4万元是否属于竞业禁止补偿金，做出如下分析。

首先，东方公司与梁某之间的劳动合同并未约定竞业禁止补偿金问题，也并未提供曾与梁某商定该笔费用是竞业禁止补偿金或者梁某明知该笔费用性质的证据。

相关的董事会决议上虽有给予梁某4万元补偿金的记载，但该会议纪要是东方公司单方制作的，并未表明梁某对此是否知晓和认同。而对于4万元补偿金性质和数额的约定，除了东方公司的意志外，还应有梁某表示认同的意思表示，故难以认定该4万元的性质是竞业禁止补偿金。

其次，考察东方公司给予梁某的薪酬和奖金待遇，梁某的薪酬为9300元/月；在梁某没有重大工作失误的情况下，东方公司支付梁某年奖金最低额为梁某的3个月工资。东方公司的证人也表示，对于企业而言，虽然一般情况下工作半年就离开是没有年终奖金的，但并不排除出于各种考虑仍然支付奖金的

① 现行《江苏省劳动合同条例》第28条。

② 参见江苏省南京市中级人民法院民事判决书，（2005）宁民四终字第1319号。

情况,故不能排除4万元是奖金的可能。

最后,就竞业禁止补偿金的合理支付标准而言,人才应企业的要求签订竞业禁止合同自愿限制择业,人才的生活质量不应由此受到影响,这应当作为确定补偿费给付标准的基本原则。具体的补偿金额,应结合人才的专业水准、竞业禁止的限制范围、限制地域和特定人才之前的生活水平等因素来综合考虑。人才的专业技能水准越高,其在限制之外就业的代价和损失就越大,企业给付的补偿费就应该较高;竞业禁止的限制范围和限制区域越广,人才的就业选择就越少,补偿费也应相应提高。就本案而言,按照东方公司给梁某的工资和奖金待遇计算,梁某的年收入约为20万元,而企业支付竞业禁止补偿金的金额,按年度计算一般不应少于该雇员离开企业前最后一年从该企业获得的报酬总额的1/2,否则就可能影响人才的生活质量。此即对于梁某这样的人而言,其每年的竞业禁止补偿金应在10万元左右,这才不至于使得梁某因履行竞业禁止义务而严重影响其生活质量。东方公司要求梁某在两年内承担竞业禁止义务,应支付合乎竞业禁止补偿金通常计算标准的款项,而4万元是远远低于通常支付标准的,故难以认定4万元是竞业禁止补偿金。

最终判决认定,在东方公司不能提供充分的证据证明该4万元是竞业禁止补偿金、竞业禁止补偿数额合理充分,且梁某对此知情并同意的情况下,法院不能认定该4万元是竞业禁止补偿金。最终,法院认定梁某拒绝履行竞业禁止义务的抗辩理由成立。[①]

典型案例26

彩悦公司诉张某华保密义务违约案

2018年3月22日,张某华入职彩悦公司担任舞蹈教师并与其签订《劳动合同》,约定双方建立劳动关系,期限为2018年3月22日至2020年3月22日。同日,双方签订《保密及竞业禁止合同》,约定“甲方(公司)对乙方(张某华)的劳动支付了工资等报酬(含保密费及竞业限制补偿金)。在劳动合同期间及解

① 参见北京市海淀区人民法院民事判决书,(2007)海民初字第17465号。

除终止后两年内,张某华不得以自己或他人名义直接或间接进行投资经营与公司有竞争关系的商业行为,不得到与公司有竞争关系的其他用人单位工作。乙方认可公司在支付工资报酬时已支付竞业禁止补偿金,故无须在离职后另外支付竞业禁止补偿金";"乙方对在甲方工作期间获得的商业秘密负有保密义务,乙方不得泄露";"乙方违约应向甲方支付违约金10万元;给甲方造成损失的应赔偿,未造成损失或损失无法计算的乙方支付违约金10万元"。同日,双方签订《培训协议书》,约定新员工入职培训相关费用为15,000元,由甲方垫付,乙方应至少工作至2020年3月21日,并约定违约责任。双方劳动关系于2018年10月解除。另查明,淄博白天鹅艺术培训学校有限公司(以下简称"白天鹅公司")成立于2020年9月8日,法定代表人、股东均为张某华,经营范围为艺术培训交流、教育咨询、文艺创作、艺术考级等。上述事实,有《劳动合同》、《保密及竞业禁止合同》、《培训协议书》、企业信息、证人证言及当事人陈述证实。

彩悦公司向本院提出诉讼请求:(1)张某华履行竞业限制义务,不得以自己或他人名义从事有竞争关系的商业行为直至2022年7月31日,退出白天鹅公司;(2)支付违反竞业限制义务违约金100,000元;(3)违反保密义务违约金100,000元;(4)侵犯彩悦公司商业秘密造成的损失300,000元;(5)培训费损失20,000元。

张某华向本院提出诉讼请求:(1)确认双方自2018年10月起不存在劳动关系;(2)无须向彩悦公司支付竞业限制违约金91,680元;(3)无须向彩悦公司履行竞业限制义务。事实和理由:2018年10月彩悦公司要求张某华递交书面离职确认书,张某华递交,故双方劳动关系已于该月解除。张某华系普通员工非高级管理人员,不掌握商业秘密,不属于竞业限制主体。彩悦公司未发放过经济补偿,故无竞业限制义务。

一审法院认为:关于劳动关系。双方对2018年3月22日建立劳动关系均无异议,本院予以认定。关于竞业限制约定。双方对《保密及竞业禁止合同》的真实性均无异议,但张某华辩解系被迫签署。本院认为,张某华未提交被胁迫证据,故本院认定双方约定了竞业限制条款。合同中约定张某华有竞业限制义务,系双方真实意思表示,本院予以认定。张某华主张单位未支付经济补偿,本院认为,根据《劳动合同法》第23条的规定,经济补偿的支付时间应在解除或者终止劳动合同后、在竞业限制期限内;根据最高人民法院《关于审理劳动争议案件适用法律问题的解释(一)》第36条的规定,经济补偿的数额应不低于劳动合同解除或者终止前12个月月平均工资的30%且不低于劳动合同履行地最低工资标准。在本案中,双方协议约定经济补偿包含在提供劳动期间的劳动报酬中、竞业限制期间无须支付经济补偿,违反上述规定,且单位未举证证明已发放劳动报酬中包含经济补偿,故合同中该约定部分因违反强制性规定无效,但不影响竞业限制条款或协议的效力。若劳动者履行了竞业限制义务,根据法律规定其亦可以要求用人单位按照劳动者在劳动合同解除或者终止前12个月平均工资的30%按月支付经济补偿,故双方权利义务平等,双方在劳动合同中约定的保密条款和竞业限制条款合法有效,双方均应当按照劳动合同条款约定履行自己义务。

关于张某华是否应承担违约责任。关于保密义务违约金,《劳动合同法》第25条规定,除服务期约定与竞业限制约定外,用人单位不得与劳动者约定由劳动者承担违约金。彩悦公司以张某华违反保密义务为由主张违约金100,000元的诉求,违反法律规定,本院不予支持。关于竞业限制期,彩悦公司主张应自2020年8月开始计算两年,本院认为,应从双方劳动关系解除时即2018年10月开始计算两年,至2020年9月30日结束。张某华在竞业限制期内于2020年9月8日设立了白天鹅公司,该公司的经营范围包括舞蹈培训,与彩悦公司经营的范围属同类业务,张某华违反了劳动合同约定的竞业限制义务,故彩悦公司主张要求被告按合同约定支付违反竞业限制违约金100,000元的诉讼请求,本院予以支持。本案法庭辩论终结时,已超过竞业限制期限,张某华在客观上已无须履行竞业限制义务,故彩悦公司主张要求张某华履行竞业限制义务的诉讼请求,本院不再予以支持。

关于培训费损失。本院认为,彩悦公司未提交双方有培训费损失约定的证据及因培训造成损失的证据,本院不予支持。关于侵犯商业秘密造成损失的诉求,未经仲裁,且与其他请求并不具有不可分性,本院不予受理。

二审法院认为:(1)关于双方于2018年3月22日所订立劳动关系的解除时间,根据2018年10月后张某华未提供劳动、彩悦公司未为其发放工资的事实及证人陈某、徐某证言,一审认定双方劳动关系于2018年10月解除,并无不当。彩悦公司主张2018年10月之后双方劳动关系持续存在,但并未提供持续存在的相关证据证明。双方劳动关系解除后,基于该次劳动关系的竞业限制约定对双方其后再次形成的法律关系无约束力。(2)《劳动合同法》第23条第2款规定:“对负有保密义务的劳动者,用人单位可以在劳动合同或者保密协议中与劳动者约定竞业限制条款,并约定在解除或者终止劳动合同后,在竞业限制期限内按月给予劳动者经济补偿。劳动者违反竞业限制约定的,应当按照约定向用人单位支付违约金。”根据该规定,解除或者终止劳动合同后,在竞业限制期限内用人单位需按月给予劳动者经济补偿,用人单位支付竞业限制经济补偿是劳动者履行竞业限制义务的前提。竞业限制约定,本质上是对劳动者就业权利的限制,用人单位应支付劳动者经济补偿,否则,免除劳动者的竞业限制义务。在本案中,双方2018年3月22日所订立的劳动关系于2018年10月解除后,彩悦公司一直未支付张某华竞业限制经济补偿,彩悦公司亦未举证证明已发放劳动报酬中包含经济补偿,因此,彩悦公司无法仅以其与张某华之间的竞业限制约定约束张某华自由择业的劳动权;此即在彩悦公司一直未支付竞业限制经济补偿的情形下,竞业限制约定对张某华不具有约束力。①

典型案例27

科菱贝尔公司诉曹某保密协议、竞业限制纠纷案

2019年4月1日,科菱贝尔公司与曹某签订《劳动合同》,双方建立劳动关系,曹某的职务为车间主任;2019年4月2日,科菱贝尔公司与曹某签订《产品研发保密协议》,该协议第3条第4项规定:“服务关系结束后,公司保密义务人应……5年内不得从事空调、冷冻制造类工作,不得在有和公司研发产品相关的企业合伙或或者工作。”第4条第3项规定:“乙方认可,甲方在支付乙方的工资报酬时,已考虑了乙方在职和离职后需要承担的保密义务,故乙方无须在离职时另行支付甲方保密费。”第4条第4项规定:“乙方是否在职、劳动合同是否履行完毕,甲方是否支付保密费,均不影响其保密义务的承担。”第5条第1项规定:“乙方违反协议中的保密义务,应向甲方支付违约金,违约金的数额为在一

① 参见山东省淄博市中级人民法院民事判决书,(2021)鲁03民终4095号。

百万起步罚款的基础上甲方实际损失和间接损失总和的130%，其中间接损失包括可得利益（利润）损失和为维护权利所支付的合理费用如律师费、公证费、保全费等；当甲方的损失无法实际测算时，乙方应按照人民币壹仟万元支付违约金。”曹某于2019年12月30日从科菱贝尔公司离职；曹某在科菱贝尔公司任职期间月平均工资为7939.39元，工资构成为基本工资、岗位工资、绩效工资、电话交通补助、全勤奖、工作考核。

另查，科菱贝尔公司作为申请人以曹某为被申请人，江来节能公司作为第三人向兰州市七里河区劳动人事争议仲裁委员会提出仲裁请求，请求：(1)裁决被申请人继续履行保密协议；(2)依法终止被申请人与第三人之间的劳动关系；(3)依法裁决被申请人向申请人支付违反竞业限制的违约金1000万元；(4)依法裁决被申请人向申请人支付律师费5万元，公证费5000元；(5)依法裁决被申请人承担本案全部相关费用。兰州市七里河区劳动人事争议仲裁委员会于2020年9月9日作出七劳人仲裁字〔2020〕第135号裁决书，裁决：“驳回申请人全部仲裁请求。”

科菱贝尔公司向本院提出诉讼请求：(1)判令被告继续履行《产品研发保密协议》；(2)判令终止被告与第三人之间的劳动关系；(3)判令被告向原告支付违反竞业限制的违约金10,000,000元；(4)判令被告向原告支付律师费10,000元、公证费1000元；(5)判令被告承担本案诉讼费等全部相关费用。

一审法院认为，本案的争议焦点为：原告主张被告支付违反竞业限制的违约金是否有事实及法律依据。

竞业限制，是指负有特定义务的员工在任职期间或者离开岗位后一定期间内不得自营或为他人经营与其所任职的企业同类的业务。法律允许用人单位与劳动者订立竞业限制协议的目的是防止知悉企业重要信息的人员在离职后给用人单位造成损失。但竞业限制在保护用人单位利益的同时，必然对劳动者的自主择业权构成影响，因此，通过用人单位与劳动者的事先约定来确定各自的权利义务，有利于劳动者和用人单位权益的平衡。在本案中，科菱贝尔公司与曹某在《劳动合同》之外另行签订了《产品研发保密协议》，该保密协议的主要内容涉及劳动者的保密义务及竞业限制，应当认为该保密协议属于双方对劳动合同的补充。双方签订的《产品研发保密协议》中第4条第3项规定：“乙方认可，甲方在支付乙方的工资报酬时，已考虑了乙方在职和离职后需要承担的保密义务,故乙方无须在离职时另行支付甲方保密费”的约定与《劳动合同法》第23条规定“对负有保密义务的劳动者,用人单位可以在劳动合同或者保密协议中与劳动者约定竞业限制条款,并约定在解除或者终止劳动合同后,在竞业限制期限内按月给予劳动者经济补偿”相悖,根据竞业限制补偿费的性质,该笔费用不应在劳动者在职期间支付。《产品研发保密协议》第3条第4项规定:“服务关系结束后,公司保密义务人应……5年内不得从事空调、冷冻制造类工作,不得在有和公司研发产品相关的企业合伙或或者工作”与《劳动合同法》第24条第2款:“在解除或者终止劳动合同后,前款规定的人员到与本单位生产或者经营同类产品、从事同类业务的有竞争关系的其他用人单位,或者自己开业生产或者经营同类产品、从事同类业务的竞业限制期限,不得超过二年”相悖。《产品研发保密协议》第5条第1项规定:“乙方违反协议中的保密义务,应向甲方支付违约金,违约金的数额为在一百万起步罚款的基础上甲方实际损失和间接损失总和的130%,其中间接损失包括可得利益(利润)损失和为维护权利所支付的合理费用如律师费、公证费、保全费等;当甲方的损失无法实际测算时,乙方应按照人民币壹仟万元支付违约金。”科菱贝尔公司依据此条约定主张被告应当支付1000万元的竞业限制违约金。竞业限制违约金则具有“惩罚性”,即通过对劳动者的再就业自主权作出限制,进行事先预防以达到保护用人单位商业秘密的目的。但是,约定的竞业限制违约金过高或者过低,都不利于双方权利义务的平衡,更不利于竞业限制制度的有效发挥。在本案中,科菱贝尔公司并未依法向曹某支付竞业限制的经济补偿,曹某在职期间的月平均工资为7939.39元,与科菱贝尔公司要求其承担的1000万元违约金的数额对比过于悬殊,显失公平。同时,科菱贝尔公司未就曹某违反保密义务及竞业限制对其造成的实际经济损失举证证明。综上,本院认为科菱贝尔公司与曹某签订的《产品研发保密协议》系科菱贝尔公司提供的制式合同文本,其中关于竞业禁止相关的条款并非双方平等协商后形成,条款中约定权利义务不对等,同时,相关条款违反法律的强制性规定,双方协议中关于竞业禁止的约定对劳动者不发生法律效力。故对科菱贝尔公司要求曹某继续履行协议及支付赔偿金的诉讼请求,本院不予支持。法律保证劳动者的劳动权利,《劳动法》第3条规定:“劳动者享有平等就业和选择职业的权利、取得劳动报酬的权利、休息休假的权利、获得劳动安全卫生保护的权利、接受职业技能培训的权利、享受社会保险和福利的权利、提请劳动争议处理的权利以及法律规定的其他劳动权利。”在本案中，曹某与科菱贝尔公司解除劳动关系后与第三人江来科技建立劳动关系，是其自主择业的体现，科菱贝尔公司要求解除曹某与第三人江来科技之间劳动关系的诉讼请求没有法律依据，本院不予支持。

二审法院认为，劳动者的合法权益受法律保护。本案的争议焦点是科菱贝尔公司与曹某签订的《产品研发保密协议》涉及竞业限制条款的效力。《劳动合同法》第23条第2款规定，对负有保密义务的劳动者，用人单位可以在劳动合同或者保密协议中与劳动者约定竞业限制条款，并约定在解除或者终止劳动合同后，在竞业限制期限内按月给予劳动者经济补偿。劳动者违反竞业限制约定的，应当按照约定向用人单位支付违约金。第24条规定，竞业限制的人员限于用人单位的高级管理人员、高级技术人员和其他负有保密义务的人员。竞业限制的范围、地域、期限由用人单位与劳动者约定，竞业限制的约定不得违反法律、法规的规定。在解除或者终止劳动合同后，前款规定的人员到与本单位生产或者经营同类产品、从事同类业务的有竞争关系的其他用人单位，或者自己开业生产或者经营同类产品、从事同类业务的竞业限制期限，不得超过2年。《产品研发保密协议》第3条第4款约定，服务关系结束后，公司保密义务人……5年内不得向他人泄露有关公司的任何性质商业秘密。5年内不得从事空调、冷冻制造类工作，不得在有和公司研发产品相关的企业合伙或者工作。第4条第3款约定，乙方认可，甲方在支付乙方的工资报酬时，已考虑了乙方在职和离职后需要承担的保密义务，故乙方无须在离职时另行支付甲方保密费。经审查，科菱贝尔公司违反法律规定体现在两个方面：一是约定曹某离职后竞业限制时间超过法律规定的2年；二是未约定在竞业限制期内向曹某按月给予经济补偿。《劳动合同法》第26条规定，下列劳动合同无效或者部分无效……(2)用人单位免除自己的法定责任、排除劳动者权利的；(3)违反法律、行政法规强制性规定的。本院认为，双方签订的《产品研发保密协议》涉及竞业限制条款的前述内容，存在免除科菱贝尔公司支付曹某在竞业限制期内经济补偿的法定责任，存在超过法定限制时间的内容，依照前述法律的规定，应当认定无效，对曹某没有约束力。另外，科菱贝尔公司提交的公证书内容不能充分证明曹某与江来节能公司建立了劳动关系，故其请求终止曹某与江来节能公司劳动关系无事实依据,亦不当支持。[①]

【风险提示】

在实践中,很多用人单位与劳动者签订的竞业限制协议中约定每月支付给劳动者的工资福利待遇中已经包含竞业限制补偿金,如果作出这样的约定,很有可能使竞业限制协议成为一纸空文,劳动者再无须遵守竞业限制的义务。劳动者的工资及福利待遇属于劳动报酬的范畴,是劳动者参加劳动的分配所得;竞业限制补偿是对劳动者在劳动合同终止或解除以后不能就业或限制从业期间的补偿,系员工离职后产生的补偿费用,属于补偿金性质,其与劳动报酬性质完全不同,支付依据也不同,劳动报酬中显然不能包含一个离职后方产生的费用。所以,用人单位应当注意不要在竞业限制协议中约定工资福利待遇中已经包含竞业限制补偿金,正确的做法是约定劳动合同解除或终止后,按月支付竞业限制补偿金,补偿金数额应由用人单位根据实际情况与劳动者协商确定。

(四)违反竞业限制的法律责任

企业违反竞业限制约定的,该协议自动终止,员工不再受其约束。但是依据“先履行抗辩权原则”,如果离职员工违反竞业限制的约定,则可以免除企业支付经济补偿金的义务,并有权要求离职员工继续履行竞业限制协议直至协议终止。同时,企业可以要求该员工承担违约责任或侵权的民事责任。根据《劳动合同法》第90条规定:“劳动者违反本法规定解除劳动合同,或者违反劳动合同中约定的保密义务或者竞业限制,给用人单位造成损失的,应当承担赔偿责任。”

(五)竞业限制的终止

1.竞业限制期限届满的。我国《劳动合同法》第24条规定,在解除或者终止劳动合同后,承担竞业限制义务的人员到与本单位生产或者经营同类产品、从事同类业务的有竞争关系的其他用人单位,或者自己开业生产或者经营同类

① 参见甘肃省兰州市中级人民法院民事判决书,(2021)甘01民终5171号。

产品、从事同类业务的竞业限制期限,不得超过2年。

2. 被要求保护的商业秘密已经公开的。目前,已有的一些部门规章及地方性法规均表明,竞业限制设定的目的是保护用人单位的商业秘密,故单位与职工约定竞业限制,首先必须具备一个条件:该劳动者掌握单位的商业秘密,保护商业秘密是竞业限制产生及设定的根本原因。我国审判实践也认为,公司具有可保护的商业秘密等合法利益是竞业限制成立的合理前提。

《关于加强科技人员流动中技术秘密管理的若干意见》(已作废)规定,竞业限制条款一般应当包括竞业限制的具体范围、竞业限制的期限、补偿费的数额及支付方法、违约责任等内容。但与竞业限制内容相关的技术秘密已为公众所知悉,或者已不能为本单位带来经济利益或竞争优势,不具有实用性或负有竞业限制义务的人员有足够证据证明该单位未执行国家有关科技人员的政策,受到显失公平待遇以及本单位违反竞业限制条款,不支付或者无正当理由拖欠补偿费的,竞业限制条款自行终止。

3. 因用人单位违约而导致的终止。竞业限制协议是对劳动者劳动权和自由择业权的限制,其对劳动者的约束力始于劳动合同正常解除或终止后。如果由于用人单位的违法行为导致劳动合同被提前解除,其过错责任不在劳动者,劳动者无须承担竞业限制义务。用人单位违法解除劳动合同是指用人单位违反劳动合同法规定的可解除劳动合同的条件、程序,单方面解除与劳动者的劳动合同。劳动者被迫解除劳动合同是指因用人单位存在违法行为损害劳动者的合法权益,迫使劳动者提出解除劳动合同,根据《劳动合同法》的规定,用人单位有以下违法情形的,劳动者可以解除劳动合同:(1)用人单位未按照劳动合同约定提供劳动保护或者劳动条件的;(2)用人单位未及时足额支付劳动报酬的;(3)用人单位未依法为劳动者缴纳社会保险费的;(4)用人单位的规章制度违反法律、法规的规定,损害劳动者权益的;(5)用人单位因本法第26条第1款规定的情形致使劳动合同无效的;(6)用人单位以暴力、威胁或者非法限制人身自由的手段强迫劳动者劳动的,或者用人单位违章指挥、强令冒险作业危及劳动者人身安全的;(7)法律、行政法规规定劳动者可以解除劳动合同的其他情形。

4. 约定的其他情形,如协议双方可以约定,权利人违反协议约定不支付或者无正当理由拖欠补偿费,或者权利人违法、违约解除与相关人员合同的,竞业限制协议自行终止。

典型案例 28

简某《保密协议》纠纷案

简某从开发公司辞职后,到与原公司有同业竞争关系的公司工作。为此,开发公司与简某形成诉讼,要求其返还 9.5 万余元保密工资。法院经审理查明:

2001 年 7 月 30 日,简某到开发公司工作,后双方经几次续签合同,将劳动合同期限延续至 2006 年 7 月 31 日。简某与开发公司两次签订《保密协议》约定双方劳动合同结束后连续 3 年内简某不得到与开发公司生产同类产品或经营同类业务且有竞争关系的其他用人单位任职,也不得自己生产与开发公司有竞争关系的同类产品或经营同类业务。2005 年 10 月 9 日,简某提出辞职申请,离开开发公司。

法院审理后认为,根据相关规定,用人单位可以与劳动者协商约定竞业限制条款,约定劳动者在离开单位后一定期限内不得在生产同类产品或经营同类业务且有竞争关系或者其他利害关系的其他单位内任职,或者自己生产、经营与原单位有竞争关系的同类产品或业务。凡有这种约定的,用人单位应当向劳动者支付一定数额的补偿费。开发公司与简某约定了竞业限制条款,其应当向简某支付补偿费。开发公司主张其以"保密工资"的形式向简某支付了补偿费,但其提交的工资明细表显示支付"保密工资"之后的"工资总额"并无增加,开发公司称简某"工资总额"增加系因降低了简某的工资,简某不予认可,现有证据亦不能证明开发公司已向简某释明并经简某同意降低简某工资,故对开发公司上述陈述不能采信;且在通常情况下,工资总额应是用人单位支付劳动者的全部劳动报酬,不应包括竞业限制的补偿金,故开发公司所谓的"保密工资"并非简某履行竞业限制条款的补偿费。开发公司主张简某返还"保密工资"缺乏依据,不予支持。①

① 参见王丰伦:《单位未支付补偿金劳动者不承担竞业限制义务》,载中国法院网 2008 年 8 月 2 日,http://www.chinacourt.org/html/article/200808/01/314968.shtmi。

典型案例 29

易某入职银河传感公司保密协议案

2017 年 12 月 8 日，易某入职银河传感公司，并填写《湖南湘银河传感科技有限公司员工入职登记表》，约定易某担任销售岗位，初定薪酬 3600 元，试用期为 2880 元。2018 年 6 月 1 日，银河传感公司和易某之间签订《劳动合同》，约定劳动合同期限为 2018 年 6 月 1 日至 2021 年 5 月 31 日；工作岗位为市场专员，底薪 1750 元/月 + 综合工资，加班费按国家标准执行。同日，银河传感公司和易某之间签订《湖南湘银河传感科技有限公司员工保密合同》，约定易某离职后承担保密义务的期限为 2 年，保密期限自离职之日起算，银河传感公司同意就易某离职后承担的保密义务，向其支付保密费，保密费的支付方式为每月随工资发放。依据易某提交的招商银行户口历史交易明细表可知，自易某入职银河传感公司至离职 8 个月期间的月平均工资为 3182 元。2018 年 7 月，易某由销售岗位调整为市场专员。2018 年 8 月 10 日，易某向银河传感公司提交离职申请表，辞职原因系不满银河传感公司调岗调薪。此后，易某再未到银河传感公司处上班。另查明，银河传感公司和易某之间因经济补偿等问题发生争议，易某向长沙市劳动人事争议仲裁委员会（以下简称“仲裁委”）提起了仲裁申请。2019 年 3 月 1 日，仲裁委作出长劳人仲案字〔2018〕第 2525 号仲裁裁决书，裁决：(1) 银河传感公司支付易某 2 倍工资 8448.28 元；(2) 银河传感公司支付易某竞业限制经济补偿 7845.52 元；(3) 银河传感公司支付易某经济补偿 3600 元；(4) 银河传感公司支付易某工资差额 4320 元；(5) 对易某的其他请求不予支持。后银河传感公司不服该仲裁裁决书，于 2019 年 5 月 9 日诉至一审法院。银河传感公司在仲裁庭审中明确自 2019 年 1 月 8 日起，不再需要易某遵守竞业限制的义务，在本案庭审中，银河传感公司和易某对此亦无异议。

一审法院认为：劳动者和用人单位的合法权益均应受法律保护。在本案中，易某于 2017 年 12 月 8 日入职银河传感公司，并于 2018 年 6 月 1 日与银河传感公司签订了《湖南湘银河传感科技有限公司员工保密合同》。该合同约定易某离职后承担保密义务的期限为 2 年，保密期限自离职之日起算，银河传感公司同意就易某离职后承担的保密义务，向其支付保密费，保密费的支付方式为每月随工资发放。易某于2018年8月10日离职，银河传感公司明确自2019年1月8日起，不再需要易某遵守竞业限制的义务。银河传感公司银河传感有限公司主张已向易某支付了竞业限制经济补偿，并向一审法院提交《工资标准制定》，表明基本工资中已经包含了保密工资，但银河传感公司未提交相关证据证明该份《工资标准制定》系公司依据法定程序制定并对易某完成公示，故一审法院对于银河传感公司的该项主张不予认可。除此之外，银河传感公司未向一审法院提交证据证明已向易某发放了竞业限制经济补偿，因此，银河传感公司需按易某平均工资3182元/月的30%，即954.6元/月，向易某支付竞业限制经济补偿，但因该金额低于长沙市最低工资标准，故银河传感公司应按2017年度长沙市最低工资1580元/月为标准支付易某2018年8月11日至2019年1月8日的竞业限制经济补偿7845.52元(1580元/月×4个月+1580元/月÷21.75天×21天=7845.52元)。关于银河传感公司主张无须向易某支付经济补偿3600元。一审法院认为，易某因银河传感公司对其进行调岗降薪而提出辞职，而银河传感公司未对易某调岗降薪行为的合理合法性进行举证说明。一审法院结合易某的入职时间和离职前的月平均工资水平认定，银河传感公司应支付易某经济补偿3182元。关于银河传感公司主张无须支付易某2倍工资差额。前已述及，易某入职银河传感公司的时间为2017年12月8日，而银河传感公司与易某签订劳动合同的时间为2018年6月1日，故银河传感公司应向易某支付自2018年1月8日至2018年5月31日因未签订劳动合同的2倍工资差额15,361.38元(3182元/月×4个月+3182元/月÷21.75天×18天=15,361.38元)，但易某在领取长劳人仲案字〔2018〕第2525号仲裁裁决书后未在法定期限内向一审法院提起诉讼，应视为对长劳人仲案字〔2018〕第2525号仲裁裁决书中裁决的8448.28元2倍工资差额予以认可。一审法院认定，银河传感公司需向易某支付未签订劳动合同的2倍工资差额8448.28元。关于银河传感公司主张无须支付易某2017年12月至2018年5月工资差额4320元。易某入职时填写的《入职申请表》中约定初定薪酬3600元，试用期为2880元，此后，银河传感公司按照2880元/月向易某发放了2017年12月至2018年5月的工资。后银河传感公司和易某于2018年6月1日签订的劳动合同中约定了合同期限为3年。一审法院认为，银河传感公司和易某之间虽未就试用期进行明确规定，但入职申请表中约定了试用期工资为2880元/月，银河传感公司并按此标准向易某发放了2017年12月至2018年5月的工资，而此试用期的期限并未违反《劳动合同法》的相关法律规定，因此，一审法院认定2017年12月至2018年5月为易某在银河传感公司的试用期，银河传感公司无须支付易某2017年12月至2018年5月的工资差额4320元。关于银河传感公司主张无须支付易某2018年7月1日至2018年8月10日未结算的工资及相关福利待遇3457元。一审法院认为，易某在银河传感公司的工作时间为2017年12月8日至2018年8月10日，在劳动关系存续期间，银河传感公司作为用人单位，应该向劳动者即易某支付相应的劳动报酬及相关福利待遇，故对于银河传感公司的该项诉请，一审法院不予支持。一审法院据此依照《劳动法》第50条，《劳动合同法》第38条、第46条、第47条、第82条，最高人民法院《关于审理劳动争议案件适用法律若干问题的解释（四）》（已废止）第6条①，《民事诉讼法》第64条之规定，判决：(1)银河传感公司于判决生效起10日内向易某支付竞业限制经济补偿7845.52元；(2)银河传感公司于判决生效起10日内向易某支付经济补偿3182元；(3)银河传感公司于判决生效起10日内向易某支付未签订劳动合同的2倍工资差额8448.28元；(4)银河传感公司无须向易某支付2017年12月至2018年5月工资差额4320元；(5)驳回银河传感公司的其他诉讼请求。案件受理费10元，由银河传感公司负担。

银河传感公司上诉请求：(1)撤销一审判决第一、二、三、五项，依法改判支持银河传感公司的一审全部诉讼请求；(2)一、二审全部诉讼费用由易某承担。事实与理由：(1)一审法院认定事实错误。①银河传感公司已向易某支付保密费，一审判决认定银河传感公司应向易某发放竞业限制经济补偿，系对事实的错误认定。②本案系易某单方解除劳动合同，一审判决认定银河传感公司应向易某支付经济补偿，系对事实的错误认定。双方签订的《劳动合同》中明确约定，易某的工作岗位为市场专员，且约定了易某的工作岗位、工作内容发生变动时，易某的工资待遇将按银河传感公司的工资制度予以调整。银河传感公司作为用人单位，因易某在试用期内的销售业绩为0，银河传感公司对易某的岗位调动符合公司管理制度。而且，易某在《劳动合同》上签名确认就表明易某接受了

① 现行最高人民法院《关于审理劳动争议案件适用法律若干问题的解释（一）》第36条。

岗位变动和工资调整。因此,银河传感公司对调岗降薪行为的合理合法性已进行了充分的举证说明,事实上也得到了易某的同意。易某系主动提出离职,在银河传感公司尚未审批同意的情况下便未再到银河传感公司处上班。易某提出离职申请的时间为2018年8月10日,预定离职日期也是当天,由此也可证明易某系即辞即走,银河传感公司系因易某擅自离开工作岗位,直至2018年8月22日才迫于无奈在其离职申请表上签字并办理交接。因此,本案中的《劳动合同》并非银河传感公司违法解除,亦非双方协商解除,而系易某单方解除。在本案中,易某提出解除劳动合同,不符合《劳动合同法》规定的劳动者有权取得经济补偿金的六种情形中的任意一种。综上,银河传感公司无须向易某支付经济补偿。③银河传感公司无须向易某支付2018年1月8日至2018年5月31日的2倍工资差额。易某入职时填写了入职登记表,明确约定了易某在银河传感公司处的工作岗位、薪资待遇、试用期,且有公司领导及法定代表人的签名,可视为试用期的劳动合同。因此,银河传感公司无须向易某支付2018年1月8日至2018年5月31日的2倍工资差额。④银河传感公司无须向易某支付2018年7月1日至2018年8月10日的未结算工资及相关福利待遇。依据双方签订的《劳动合同》约定,银河传感公司应于每月15日以货币形式支付易某上个月工资;易某解除劳动合同,应当提前30日以书面形式通知银河传感公司,如未提前通知甲方,视同自动放弃未结工资及其他相关福利待遇。在本案中,易某于2018年8月10日填写完离职申请书,在银河传感公司未同意离职的情况下便离开了工作岗位。易某违法单方解除劳动合同,且未提前30日以书面形式通知银河传感公司,根据合同约定,银河传感公司无须向易某支付其离职时尚未结算的2018年7月1日至2018年8月10日的工资及相关福利待遇。(2)一审判决适用法律错误。①一审判决根据《劳动合同法》第38条、第46条、第47条的规定,认定银河传感公司需向易某支付经济补偿,系适用法律错误。《劳动合同法》第38条规定的劳动者可单方解除劳动合同的有六种情形,而在本案中,易某系违法单方解除劳动合同,不符合《劳动合同法》规定的劳动者有权取得经济补偿金的6种情形中的任意一种。因此,一审判决适用上述法律判决银河传感公司向易某支付经济补偿,明显错误。②一审判决根据《劳动合同法》第82条的规定,认定银河传感公司需向易某支付未签订劳动合同的2倍工资差额,系适用法律错误。易某在入职时填写了入职登记表,可视为试用期内的劳动合同。因此,银河传感公司无须支付2倍工资差额。③判决根据最高人民法院《关于审理劳动争议案件适用法律若干问题的解释(四)》(已废止)第6条的规定,认定银河传感公司应向易某支付竞业限制经济补偿,系适用法律错误。银河传感公司与易某签订保密协议,应支付给易某的保密费已每月随工资发放。因此,银河传感公司无须再向易某支付竞业限制经济补偿。④一审判决根据《劳动法》第50条的规定,认定银河传感公司应向易某支付2018年7月1日至2018年8月10日的工资及相关福利待遇,判决驳回银河传感公司关于无须支付前述款项的诉讼请求,系适用法律错误。依据双方签订的《劳动合同》的约定,易某违法单方解除劳动合同,且未提前30日以书面形式通知银河传感公司,银河传感公司无须向易某支付其离职时尚未结算的2018年7月1日至2018年8月10日的工资及相关福利待遇,银河传感公司提出此一诉求并非克扣易某的工资,而是双方意思自治的结果。

针对银河传感公司的上诉,易某答辩称:(1)银河传感公司从2017年12月8日到2018年5月31日没有与易某签订合同。(2)公司于2018年6月1日才与易某签订合同,并签订了竞业限制协议,易某一直履行该协议,直至2019年1月8日,银河传感公司向易某发通知解除了竞业禁止协议。离职表不能表明系易某主动提出离职,易某在公司工作了8个多月。(3)劳动合同上没有注明试用期,且员工入职登记表后面的薪酬部分是劳动者填完之后公司填写的。

易某上诉请求:(1)改判银河传感公司向易某支付经济补偿3182元。(2)改判银河传感公司无须向易某支付2017年12月至2018年5月工资差额4320元。(3)判决银河传感公司承担本案全部诉讼费用。事实与理由:(1)一审判决要求银河传感公司向易某支付经济补偿3182元缺乏依据。劳动合同已确定工资为每月3600元,易某在公司工作超过6个月,应该有一个月3600元的经济补偿。(2)一审判决银河传感公司无须向易某支付2017年12月至2018年5月工资差额4320元缺乏依据。劳动合同没有约定试用期,属于无试用期。入职表里的试用期工资是公司后来加上去的,易某并不知情。

针对易某的上诉,银河传感公司答辩称:关于经济补偿金的问题以银河传感公司的上诉意见为准;对于工资差额的问题,易某入职时双方已约定试用期工资为每月2880元,银河传感公司已按该工资标准按时发放了工资,无须再支付2017年12月至2018年5月的工资差额4320元。

银河传感公司向一审法院提出诉讼请求:(1)银河传感公司无须向易某支付竞业限制补偿金7845.52元;(2)银河传感公司无须向易某支付经济补偿金3600元;(3)银河传感公司无须向易某支付2倍工资差额及2017年12月至2018年5月的工资差额4320元;(4)银河传感公司无须向易某支付2018年7月1日至2018年8月10日未结算的工资及相关福利待遇,合计3457元。

二审期间,当事人围绕上诉请求依法提交了证据。本院组织当事人进行了证据交换和质证。银河传感公司向本院提交证据:《员工转正申请表》,拟证明2018年5月31日易某向公司提起转正申请,试用期是到其提交申请的时间。易某对银河传感公司提交的上述证据的真实性、合法性无异议,对其关联性有异议,不能达到其证明目的。本院对银河传感公司提交的上述证据的三性予以认定,且与本案事实相关,予以采纳。

二审法院院认为,根据双方当事人发表的诉辩意见,本案争议焦点为:(1)银河传感公司应否向易某支付竞业限制补偿金。(2)银河传感公司应否向易某支付经济补偿金。(3)银河传感公司应否向易某支付2018年1月8日至2018年5月31日的2倍工资差额。(4)银河传感公司应否向易某支付2018年7月1日至2018年8月10日的未结算工资及相关福利待遇。(5)银河传感公司应否向易某支付2017年12月至2018年5月工资差额4320元。

关于焦点一,银河传感公司应否向易某支付竞业限制补偿金的问题。《劳动合同法》第23条规定:“用人单位与劳动者可以在劳动合同中约定保守用人单位的商业秘密和与知识产权相关的保密事项。对负有保密义务的劳动者,用人单位可以在劳动合同或者保密协议中与劳动者约定竞业限制条款,并约定在解除或者终止劳动合同后,在竞业限制期限内按月给予劳动者经济补偿。劳动者违反竞业限制约定的,应当按照约定向用人单位支付违约金。”在本案中,银河传感公司与易某在《保密协议》中约定了竞业限制的内容,易某于2018年8月10日离职,银河传感公司明确自2019年1月8日起不再需要易某遵守竞业限制的义务。银河传感公司依法应向易某支付上述期间的竞业限制补偿金,但其未提交有效证据证明竞业限制补偿金已经发放的事实,应承担举证不能的不利后果。一审判决银河传感公司向易某支付竞业限制补偿金并无不当。

关于焦点二,银河传感公司应否向易某支付经济补偿金的问题。易某系因不满银河传感公司对其进行调岗降薪而提出辞职,但银河传感公司对于针对易某的调岗降薪行为并未作出合理合法性的举证说明。一审结合易某的入职时间和离职前月平均工资，认定银河传感公司应支付易某经济补偿3182元，于理于法有据。银河传感公司上诉主张易某系主动离职，不应向其支付经济补偿金的上诉理由不能成立。而易某上诉主张应按劳动合同约定的工资标准来计算经济补偿金，亦无法律依据，本院亦不予支持。[①]

【风险提示】

在实践中，用人单位与劳动者往往在一份协议中同时约定保守商业秘密和竞业限制义务，比如，订立《保密及竞业限制协议》，常常导致人们产生一种错误的认识，认为保密协议和竞业限制协议是一回事。实际上，保密协议和竞业限制协议是两个不同的法律概念。设立竞业限制条款是一种保密的手段，保守原用人单位的商业秘密是订立竞业限制条款的目的，订立竞业限制协议最终的目的是保护用人单位的合法权益。一般来说，保密协议和竞业限制协议有如下几点区别：(1)保密义务一般是法律规定或劳动合同的附随义务，不管用人单位与劳动者是否签订保密协议，对于依法构成用人单位商业秘密的信息，劳动者均有义务保守。而竞业限制是基于用人单位与劳动者之间的约定产生，不是法定义务，没有约定的，劳动者无须承担竞业限制义务。(2)保密义务要求保密者不得泄露商业秘密，竞业限制义务要求劳动者不能到竞争单位任职或自营竞争业务。美国也曾有判例认为，公司高管人员违反竞业限制条款，到竞争企业工作将无法避免的泄露原单位的商业秘密。(3)劳动者承担的保密义务仅限于保密，不一定必须有所谓的"保密补偿金"作为保守秘密的对价，而竞业限制义务不仅仅限制劳动者的泄密行为，还限制劳动者的择业就业，用人单位应当支付竞业限制补偿金作为劳动者损失的对价，否则权利义务就不平衡，竞业限制条款可能因此而无效。(4)保密义务一般期限较长，只要用人单位仍然把相关信息作为商业秘密来保护，除非主动或者被动的披露出来，劳动者的保密义务就一直存在；而竞业限制期限较短，各国的规定不同，但是一般最长不超过2年。

---

① 参见湖南省长沙市中级人民法院民事判决书，(2019)湘01民终13623号。

第二章　知识产权的限制

任何民事权利都不是绝对的，禁止权利滥用是民法的基本原则之一。权利的限制分为内部限制和外部限制。权利的内部限制指权利本身负有义务，权利应为社会目的而行使，目的在于实践公益优先原则，必要时，牺牲个人利益以维护社会公益。权利之外部限制是在承认权利之不可侵性、权利行使之自由性的前提下，以公法的措施适当限制权利之不可侵性，以民法上的诚实信用原则、权利滥用之禁止原则及公序良俗原则限制权利的自由性。[①] 知识产权的产生是以一种事实行为为前提的，但任何人的智力成果都是在前人创造的文化成果基础上，利用社会公共的科技文化资源，借鉴他人已有的智力成果创造出来的。智力成果可以满足人们的物质和精神需求，需要广泛的传播和推广应用，以促进知识的进一步创新，促进全社会科技文化水平的提高。所以，法律在赋予智力成果创造者专有权的同时，又允许社会公众在一定条件下，自由、无偿地使用创造者的智力成果，"避免知识产权成为知识创新的障碍"。[②] 对智力成果权进行限制的必要性较早地为人们所认识，因而在许多国家的立法中，都作出了有关权利限制的规定。所以说，知识产权的限制从公众角度出发，是公众对知识产权对象的自由利用，从所有者角度出发，是权利人做出的一种权利让渡，目的在于维持私权与公益的平衡，使知识产权制度能够推进社会和文化的发展。

---

① 参见梁慧星：《民法总论》，法律出版社 1996 年版，第 286 ~ 287 页。

② 参见陶鑫良、袁真富：《知识产权法总论》，知识产权出版社 2005 年版，第 226 页。

一、著作权的限制

著作权法以维护作者权益作为其核心的立法原则,是以权利本位为基点的权利与义务的有机统一。而现代意义的著作权制度更着重在保护作者的著作权与限制作者的著作权中寻求均衡。因此,在为作者提供必要的创作条件和动力的同时,也要保证传播者充分合理地传播作品、使用者充分合理的使用作品,从而推动整个社会创作繁荣与文化进步。为了实现这一平衡社会利益的法律功能,各国著作权相关法律都设置了对著作权的相应限制。

在法律规定的特定情况下,使用受著作权保护的作品的财产性权利,可以不受著作权法的某些规定所规制,我国《著作权法》中的“权利的限制”一节也是就此而设的。

根据我国《著作权法》的相关规定,对著作权的限制主要体现在以下几点。

(一)期限限制

此即设置著作权保护的有效期限法律规定一段相对的保护期,超过该著作权保护期的作品的著作财产权即进入公有领域,任何人都可以自由使用,但是著作人身权不受此限,如署名权是维系作者与作品之间客观联系的真实表现,不因时间的变迁而发生改变。我国《著作权法》第 22 条规定:“作者的署名权、修改权、保护作品完整权的保护期不受限制。”《著作权法实施条例》第 15 条规定:“作者死亡后,其著作权中的署名权、修改权和保护作品完整权由作者的继承人或者受遗赠人保护。著作权无人继承又无人受遗赠的,其署名权、修改权和保护作品完整权由著作权行政管理部门保护。”

《著作权法》在第 23 条规定了对于著作财产权的期限限制:“自然人的作品,其发表权、本法第十条第一款第五项至第十七项规定的权利的保护期为作者终生及其死亡后五十年,截止于作者死亡后第五十年的 12 月 31 日;如果是合作作品,截止于最后死亡的作者死亡后第五十年的 12 月 31 日。法人或者非法人组织的作品、著作权(署名权除外)由法人或者非法人组织享有的职务作品,其发表权的保护期为五十年,截止于作品创作完成后第五十年的12月31日;本法第十条第一款第五项至第十七项规定的权利的保护期为五十年,截止于作品首次发表后第五十年的12月31日,但作品自创作完成后五十年内未发表的,本法不再保护。视听作品,其发表权的保护期为五十年,截止于作品创作完成后第五十年的12月31日;本法第十条第一款第五项至第十七项规定的权利的保护期为五十年,截止于作品首次发表后第五十年的12月31日,但作品自创作完成后五十年内未发表的,本法不再保护。"

(二)地域限制

某项著作权原则上只能在该国领域内发生法律效力,在其他国家不发生法律效力。例如,根据《著作权法》第2条的规定,外国人、无国籍人的作品根据其作者所属国或者经常居住地国同中国签订的协议或者共同参加的国际条约享有的著作权,受本法保护。未与中国签订协议或者共同参加国际条约的国家的作者以及无国籍人的作品首次在中国参加的国际条约的成员国出版的,或者在成员国和非成员国同时出版的,受本法保护。这样,就可以得出相反的结论——未与中国签订协议或者共同参加国际条约的国家的作者以及无国籍人的作品未在中国参加的国际条约的成员国出版的,就不受本法保护。

例如,著作权保护方面最重要的《保护文学艺术作品伯尔尼公约》,于1886年9月最终通过,第2年经由8个国家批准才生效。但是在很长一段时间内,由于公约采取自动保护原则,保护的范围包括著作人身权和财产权两方面,与美国当时的国内法相冲突,一直到1989年3月1日,美国才正式加入该公约。

(三)合理使用制度

各国的著作权法都设定在一定条件下,可以不经著作权人的同意,也不必向其支付报酬而自由使用受著作权法保护的作品。严格来说,这种行为已经构成了对著作权的侵犯,只是因为考虑社会公众利益以及技术发展水平的限制,而在法律上不认为该行为属于侵权,理论上称这种使用为"合理使用"。对此,美国版权学家 PaulGoldstein 认为,"合理使用的目的与版权法的基本宗旨并不矛盾,即充分发挥版权作品的使用效益以协调公众使用作品要求与作者权利主张的关系”。“法律一方面为保证作者个人利益的实现,规定了作者有权许可他人使用而收取转让费用;另一方面为保证公众利益的实现,在一定的范围内,允许其不经作者同意,不需支付报酬而使用版权作品。”美国法院在 1978 年衣阿华大学研究中心诉 ABC 公司一案中,精辟地描述了作者专有权利与公众使用权利的关系:“合理使用制度的目的在确保公众对于社会信息的知悉权,公众自由获得信息的利益为法律采取版权限制手段所承认,但是合理使用不是传播媒介随意剽窃作品的许可证。”①

我国《著作权法》第 24 条规定了合理使用的范围和具体方式,并强调在合理使用的情况下使用作品,可以不经著作权人许可,不向其支付报酬,但应当指明作者姓名、作品名称,并且不得侵犯著作权人依照本法享有的其他权利。同时,鉴于计算机软件保护和信息网络传播权保护的特殊性,本书也对比相关条款列出。

1. 为个人学习、研究或者欣赏,使用他人已经发表的作品。值得注意的是,使用的应当是已经发表的作品,未发表的作品不在此“合理使用”之列。又如,《计算机软件保护条例》第 17 条规定:“为了学习和研究软件内含的设计思想和原理,通过安装、显示、传输或者存储软件等方式使用软件的,可以不经软件著作权人许可,不向其支付报酬。”第 16 条规定,软件的合法复制品所有人对合法复制品的使用享有三种权利。(1)根据使用的需要把该软件装入计算机等具有信息处理能力的装置内。(2)为了防止复制品损坏而制作备份复制品。这些备份复制品不得通过任何方式提供给他人使用,并在所有人丧失该合法复制品的所有权时,负责将备份复制品销毁。(3)为了把该软件用于实际的计算机应用环境或者改进其功能、性能而进行必要的修改;但是,除合同另有约定外,未经该软件著作权人许可,不得向任何第三方提供修改后的软件。上述三种权利理论上应当限于个人使用的范畴。

2. 为介绍、评论某一作品或者说明某一问题,在作品中适当引用他人已经发表的作品。值得注意的是,引用的比例应当适当,应当少量,“全文引用”一般就不属于合理范畴之内。而且,引用他人的作品,应当说明作品的出处和标明作者。《信息网络传播权保护条例》则规定,“为介绍、评论某一作品或者说明某

---

① 吴汉东:《论合理使用》,载《法学研究》1995 年第 4 期。

一问题，在向公众提供的作品中适当引用已经发表的作品”。

3. 为报道时事新闻，在报纸、期刊、广播电台、电视台等媒体中不可避免地再现或者引用已经发表的作品。值得注意的是，通过大众传播媒介传播的单纯事实消息属于此项规定的时事新闻。传播报道他人采编的时事新闻，应当注明出处。而且，该条适用时也要符合合理“引用”的相关要求。

4. 报纸、期刊、广播电台、电视台等媒体刊登或者播放其他报纸、期刊、广播电台、电视台等媒体已经发表的关于政治、经济、宗教问题的时事性文章，但作者声明不许刊登、播放的除外。值得注意的是，为了有利于方针政策迅速地传播，推动社会经济发展和信息化进程，法律规定了这种传播媒介之间的相互使用行为属于合理使用，但是随着经济文化的进一步发展，对此可能会产生不同的认识和要求。对比《信息网络传播权保护条例》的规定是，“向公众提供在信息网络上已经发表的关于政治、经济问题的时事性文章”。《著作权法实施条例》规定时事新闻，是指通过报纸、期刊、广播电台、电视台等媒体报道的单纯事实消息。新闻照片和其他有创作性独特编写的文字消息，符合作品构成要件的应当受《著作权法》保护。对传播报道他人采编的时事新闻，应当注明出处，不注明出处者，应当承担消除影响、赔礼道歉等民事责任。

5. 报纸、期刊、广播电台、电视台等媒体刊登或者播放在公众集会上发表的讲话，但作者声明不许刊登、播放的除外。值得注意的是，著作权人关于不许使用的声明必须同时具备以下条件：必须是在作品发表的同时作出，但在国家版权局著作权公告上刊登声明的除外；必须采取使公众知晓的方式；必须是著作权人作出。

6. 为学校课堂教学或者科学研究，翻译或者少量复制已经发表的作品，供教学或者科研人员使用，但不得出版发行。值得注意的是，理解这条规定要从我国的国情出发。所谓“学校课堂教学”，专指面授教学，不包括函授、广播、电视或网络教学。有的业余大学未经许可把教员的讲义大批复制发行卖给学生，即使不营利，也不属于合理使用。对比《信息网络传播权保护条例》的规定是，“为学校课堂教学或者科学研究，向少数教学、科研人员提供少量已经发表的作品”。

7. 国家机关为执行公务在合理范围内使用已经发表的作品。值得注意的是，为学校课堂教学、科学研究或者国家机关为执行公务使用他人已经发表的作品,不得损害作品的正常利用,不得无故损害著作权人的合法权益。大量复制他人作品或者对作品复制品进行销售,无疑会冲击他人作品在市场上的正常销售,损害著作权人的合法权益,因此,使用者即使是为教学,科研目的或者执行公务,也不属于合理使用。

8. 图书馆、档案馆、纪念馆、博物馆、美术馆等为陈列或者保存版本的需要,复制本馆收藏的作品。值得注意的是,这种馆藏的使用是非常严格的,复制的对象应属于本馆的馆藏,复制的目的仅限于陈列或者保存版本的需要,但是没有是否发表的限制。又如,《信息网络传播权保护条例》第 7 条规定了网络环境下的合理使用范畴:图书馆、档案馆、纪念馆、博物馆、美术馆等可以不经著作权人许可,通过信息网络向本馆馆舍内服务对象提供本馆收藏的合法出版的数字作品和依法为陈列或者保存版本的需要以数字化形式复制的作品,不向其支付报酬,但不得直接或者间接获得经济利益;当事人另有约定的除外。前款规定的为陈列或者保存版本需要以数字化形式复制的作品,应当是已经损毁或者濒临损毁、丢失或者失窃,或者其存储格式已经过时,并且在市场上无法购买或者只能以明显高于标定的价格购买的作品。

9. 免费表演已经发表的作品,该表演未向公众收取费用,也未向表演者支付报酬。值得注意的是,我国《著作权法》关于免费表演的规定有两层含义:(1)表演是指演奏乐曲、上演剧本、朗诵诗词等直接或者借助技术设备以声音、表情、动作公开再现作品;(2)免费是指上述表演既不对表演者付酬,也不对公众收费。社会上出现的一些所谓“义演”活动,虽然有将收入捐赠公益机构等情况,但是并不属于“免费表演”,不应纳入“合理使用”。

10. 对设置或者陈列在室外公共场所的艺术作品进行临摹、绘画、摄影、录像。这是一种在原有公开陈列的艺术作品基础上再创作的行为,各国惯例将此列入合理使用。值得注意的是,由此产生新的作品,创作者享有完整的著作权。

11. 将中国自然人、法人或者其他组织已经发表的以汉语言文字创作的作品翻译成少数民族语言文字作品在国内出版发行。我国很多少数民族的经济文化还不很发达,为了促进少数民族的教育、文化和科学技术的进步,设置了该种“合理使用”。值得注意的是,这种翻译的范围仅限于我国境内,而且翻译作者对翻译作品是享有完整的著作权的。同时,这种翻译仅限于对我国作者的情形,并局限于汉语言文字。《实施国际著作权条约的规定》第 10 条规定:“将外国人已经发表的以汉族文字创作的作品,翻译成少数民族文字出版发行的,应当事先取得著作权人的授权。”对比《信息网络传播权保护条例》的规定是,“将中国公民、法人或者其他组织已经发表的、以汉语言文字创作的作品翻译成的少数民族语言文字作品,向中国境内少数民族提供”。

12. 将已经发表的作品改成盲文出版。出于保护社会残疾人群体的需要,《著作权法》对此有明确的规定,而且这种使用并不区分国内作品或者国外作品,仅要求是已经发表的。对比《信息网络传播权保护条例》的规定是,“不以营利为目的,以盲人能够感知的独特方式向盲人提供已经发表的文字作品”。

根据我国法律的规定,上述规定均适用于对出版者、表演者、录音录像制作者、广播电台、电视台的权利的限制。

(四)法定许可使用

法定许可使用指法律直接许可以法定的方式使用他人已经发表的作品可以不经过著作权人的许可,但使用后应向著作权人支付使用费,并不得损害著作权人的人身权利和不得妨碍著作权人正常行使其他财产性权利。目前,几乎所有建立了著作权制度的国家都实行了这种制度。我国《著作权法》关于法定许可使用的制度具体规定在如下条文中。

1.《著作权法》第 25 条规定:“为实施义务教育和国家教育规划而编写出版教科书,可以不经著作权人许可,在教科书中汇编已经发表的作品片段或者短小的文字作品、音乐作品或者单幅的美术作品、摄影作品、图形作品,但应当按照规定向著作权人支付报酬,指明作者姓名、作品名称,并且不得侵犯著作权人依照本法享有的其他权利。前款规定适用于对与著作权有关的权利的限制。”《信息网络传播权保护条例》第 8 条规定:“为通过信息网络实施九年制义务教育或者国家教育规划,可以不经著作权人许可,使用其已经发表作品的片断或者短小的文字作品、音乐作品或者单幅的美术作品、摄影作品制作课件,由制作课件或者依法取得课件的远程教育机构通过信息网络向注册学生提供,但应当向著作权人支付报酬。”

2.《著作权法》第 35 条第 2 款规定:“作品刊登后,除著作权人声明不得转载、摘编的外,其他报刊可以转载或者作为文摘、资料刊登,但应当按照规定向著作权人支付报酬。”最高人民法院《著作权司法解释》进一步规定,所谓转载,是指报纸、期刊登载其他报刊已发表作品的行为。转载未注明被转载作品的作者和最初登载的报刊出处的,应当承担消除影响、赔礼道歉等民事责任。对于确实不属于剽窃他人作品行为的,仅为转载不按本条规定注明出处的,一般承担消除影响、赔礼道歉等较轻的民事责任。对于实践中可能出现其他严重情节的,也可以承担其他民事责任。

3.《著作权法》第42条第2款规定:"录音制作者使用他人已经合法录制为录音制品的音乐作品制作录音制品,可以不经著作权人许可,但应当按照规定支付报酬;著作权人声明不许使用的不得使用。"

4.《著作权法》第46条第2款规定:"广播电台、电视台播放他人已发表的作品,可以不经著作权人许可,但应当按照规定支付报酬。"

同时,结合《著作权法》第31条的规定:"出版者、表演者、录音录像制作者、广播电台、电视台等依照本法有关规定使用他人作品的,不得侵犯作者的署名权、修改权、保护作品完整权和获得报酬的权利",可以得出对法定许可的限制。

(五)强制许可使用

强制许可使用是指基于某种正当理由必须使用作者已发表的作品,经使用者向著作权主管机关提出申请,被批准并向著作权人支付一定报酬或使用费后,即有权对该作品予以使用的一种制度。这又称为"强制许可证制度"。强制许可与法定许可不同在于,法定许可是基于法律直接规定的法定情形,强制许可是基于正当理由有必要使用时,经申请并由主管机关批准而特许获得对该作品的使用权,并且使用人应向作者支付报酬。在强制许可制度下,使用人应当首先向著作权人请求许可使用,在遭到著作权人的拒绝后,才能向主管部门申请。这种制度的设定旨在防止著作权人滥用自己的专有权,一般基于保护公共利益。《保护文学艺术作品伯尔尼公约》和《世界版权公约》对强制许可制度都给予了承认,同时,还规定了特别的强制许可制度,即发展中国家在遵守一定条件的前提下,为了教学、学术活动和研究,允许用本国通用语文出版外国印刷作品的译本,或者在系统教学活动中使用此种外国印刷作品的复制本。强制许可系一种非独占的使用许可,被许可方在获得许可后,不得进行转让。我国《著作权法》没有规定强制许可制度,但是由于我国已经加入了上述两个国际公约,故也适用其中的强制许可制度。我国有关著作权理论认为,强制许可仅适用于下列情况:作品发表一定期限后,如果著作权人无正当理由拒绝授权他人出版或者以其他方式传播,为了教育或者科学研究的目的,经国家著作权行政管理机关批准,可以强制出版或者以其他方式传播,但必须按照国家的有关规定向著作权人支付著作权使用费。

典型案例 30

《受戒》小说著作权的使用权纠纷案

原告北京北影录音录像有限责任公司诉称:1992 年 3 月,作家汪曾祺将其小说《受戒》的电影、电视剧改编权、拍摄权转让给原告。根据合同,原告是小说《受戒》改编权及拍摄权的唯一合法享有者。北京电影学院未经权利人许可,擅自将小说《受戒》改编、摄制成电影,并组团携该影片参加法国朗格鲁瓦国际学生电影节,使该片入围法国克雷芒电影节。北京电影学院公然侵犯原告依法享有的作品改编专有使用权,并将其侵权行为由校内扩展到校外,由国内扩展到国外,给原告带来无法弥补的精神及财产损失,故要求法院判令北京电影学院停止侵权,销毁侵权影片拷贝,公开赔礼道歉,赔偿经济损失。

被告北京电影学院辩称:被告八九级学生改编拍摄的《受戒》一片是学生毕业作业。被告拍摄该片的行为,属对汪曾祺先生已发表作品《受戒》的合理使用,直接目的是制作学生毕业作业,没有侵犯原告的作品专有使用权。被告携带《受戒》等学生电影作品参加法国朗格鲁瓦学生电影节,该电影节的主题是“向北京电影学院致敬”。《受戒》是全长仅为 30 分钟的短片,除被告在小剧场放映一次用作观摩教学外,在朗格鲁瓦学生电影节上也只放映了一次。朗格鲁瓦电影节并非法国克雷芒电影节的预选电影节。总之,被告拍摄《受戒》主观上无恶意,事实上更未参加克雷芒电影节。请求法院驳回原告的诉讼。

法院终审判决认为:原告北影录音录像公司依合同取得了以拍摄影视的方式改编小说《受戒》的专有使用权。根据《著作权法实施条例》(1991 年,2002 年废止)第 35 条①关于“取得某项专有使用权的使用者,有权排除著作权人在内

① 现行《著作权法》第 29 条。

的一切他人以同样方式使用作品，如果许可第三人行使同一权利，必须取得著作权人的许可，合同另有约定的除外”的规定，原告有权排除他人以拍摄影视的同样方式使用小说《受戒》。1990年《著作权法》第22条第1款[①]第6项的规定，目的在于许可学校为课堂教学在一定范围内无偿使用他人作品，以保障教学活动得以顺利进行。被告系培养电影人才的艺术院校，其教学方式具有相对的特殊性，练习拍摄电影应属于该校进行课堂教学活动必不可少的一部分。被告组织应届毕业生改编小说《受戒》拍摄电影，其目的是促使学生完成毕业作业及锻炼学生的实践能力，在校内放映该片也是为了教学观摩及评定，均为课堂教学必要的组成部分。所以，被告在上述范围内的行为系对小说《受戒》的合理使用，不构成对原告专有使用权的侵犯。

被告携《受戒》一片参加朗格鲁瓦国际电影节，且电影节上放映《受戒》时的观众除参加电影节的各国学生、教师外，也有当地自然人，电影节组委会还对外公开销售了少量门票。被告携影片《受戒》参加电影节，使之进入公知领域，超出了为本校课堂教学而使用的范围，不属于《著作权法》规定的合理使用，侵犯了原告所享有的对小说《受戒》的专有使用权，给权利人以同样方式使用该作品的潜在市场造成不利影响，构成侵权。对此，被告应承担责任。原审判决认定被告为课堂教学使用小说《受戒》拍摄电影属合理使用，认定被告持此片参加国际电影节构成侵权是正确的。[②]

二、商标权的限制

商标权的限制是指在一定情况下当商标权人的权利与其他人的正当利益发生冲突时，为平衡及公正地保护各方的利益而对商标权作出的必要限制。分为期限上的限制和权利用尽、先用权、合理使用限制，等等。注册商标合理使用

① 现行《著作权法》第24条。

② 参见北京市海淀区人民法院民事判决书，(1995)海民初字第963号。

限制又有广义与狭义之分。广义的注册商标合理使用,是指他人未经商标所有人许可,基于正当目的使用权利人的商标,而不必支付对价的合法的事实行为。狭义的注册商标合理使用,仅指商业性的合理使用,它是指在综合考虑商标权人和其他经营者公共利益的前提下,允许其他经营者在生产、经营活动中善意地正当地使用其注册商标,这种使用不构成对商标权的侵犯。①

(一)期限限制

此即有效期及续展,我国《商标法》第39条规定:“注册商标的有效期为十年,自核准注册之日起计算。”第40条规定:注册商标有效期满,需要继续使用的,应当在期满前12个月内按照规定办理续展手续;在此期间未能办理的,可以给予6个月的宽展期。宽展期满仍未办理续展手续的,注销其注册商标。每次续展注册的有效期为10年,自该商标上一届有效期满次日起计算。商标局应当对续展注册的商标予以公告。

(二)商业性合理使用

合理使用,是指在某些情况下,他人善意使用与注册商标相同或类似的标记,不引起混淆或误认,就不构成对商标权的侵犯,商标权人不能以商标专用权排除他人的这种使用。合理使用是商标权限制的核心内容,各国关于商标权限制的立法都不相同,但只要有商标权限制立法的国家均有关于合理使用的规定。我国《商标法》第59条规定:“注册商标中含有的本商品的通用名称、图形、型号,或者直接表示商品的质量、主要原料、功能、用途、重量、数量及其他特点,或者含有地名,注册商标专用权人无权禁止他人正当使用。”

1. 叙述性合理使用

叙述性合理使用保护的是生产经营者对自己生产经营的商品进行描述的自由,实质上是赋予竞争者对自身产品进行描述的权利。这具体体现在为提供商品或服务的基本信息而善意地使用商品通用名称、图形、型号等,不构成侵犯他人商标权。

---

① 参见杨淑霞、李彬:《论注册商标的合理使用》,载《贵州警官职业学院学报》2004年第3期。

2. 说明性合理使用

说明性合理使用是为了客观地说明商品或者服务的特点、用途等,或直接表示商品的质量、主要原料、功能、用途、重量、数量及其他特点,而在生产经营活动中使用他人注册商标的行为。说明性合理使用应具备的条件通常如下:第一,如果不使用某商标,那么就无法描述特定的商品或服务;第二,使用商标对于特定的产品或者服务的作出是合理的、必需的;第三,使用该商标不得使消费者误认为该使用由商标权人发起获得并得到其支持。

典型案例 31

“ETS”将“TOEFL”(文字)商标注册纠纷案

美国教育考试服务中心(Educational Testing Service,ETS)主持开发了作为美国大学和研究生院入学考试,包括英语作为外语的考试(The Test of English as a Foreign Language,TOEFL)的试题。ETS 对所有 TOEFL 考试题在美国版权局进行了著作权登记,并将 TOEFL 文字作为商标在相关类别予以注册。美国研究生入学管理委员会(Graduate Management Admission Council,GMAC)是研究生入学考试(Graduate Management Admission Test ,GMAT)试题的著作权人,对所有 GMAT 考试题在美国版权局进行了著作登记,并将 GMAT 文字作为商标在相关类别予以注册。自 20 世纪 90 年代中期以来,北京海淀区私立新东方学校(以下简称“新东方学校”)未经 ETS、GMAC 的同意,大量复制、出版和发行 ETS 和 GMAC 分别享有著作权和商标权的 TOEFL、GMAT 考试试题。2001 年 1 月,ETS 和 GMAC 以新东方学校侵犯著作权和商标专用权为由诉至法院。

一审法院认为:“ETS”将“TOEFL”(文字)作为商标核准注册,且其注册商标均在有效期内,故依据我国《商标法》,“ETS”对“TOEFL”(文字)在第 9 类、第 41 类和第 68 类上享有商标专用权,其合法权利受法律的保护。根据现有证据,新东方学校在由其发行的 TOEFL 考试试题出版物封面上以醒目的字体标明“TOEFL”字样,并在听力磁带上使用“TOEFL”,其使用“TOEFL”的商品类别与“ETS”注册的第 9 类、第 41 类和第 68 类的商品类别相同,其标明的

“TOEFL”字样也与“ETS”的注册商标完全一致。故新东方学校在与“ETS”核定使用商品类别相同的商品上使用了“ETS”的注册商标,构成对“ETS”注册商标专用权的侵犯。新东方学校关于其对“TOEFL”的使用属于“为说明和叙述有关资料而作的使用”,从而不构成侵权的抗辩理由不能成立,本院不予支持。一审判决认定新东方学校侵犯ETS和GMAC的著作权和商标权,并判令赔偿一千余万元。

新东方学校不服此判决,上诉至北京市高级人民法院。二审法院终审判决认为:虽然ETS在出版物、录音磁带上合法注册了TOEFL商标,新东方学校在“TOEFL系列教材”“TOEFL听力臧带”上突出使用了“TOEFL”字样,但新东方学校对“TOEFL”是在进行描述性或者叙述性的使用。其目的是说明和强调出版物的内容与TOEFL考试有关,是为了便于读者知道出版物的内容,而不是表明出版物的来源,并不会造成读者对商品来源的误认和混淆。一审判决认定新东方学校的相关行为侵犯了ETS的商标专用权应属不当,本院予以纠正。维持新东方学校复制且对外公开销售TOEFL试题的行为侵犯ETS著作权的认定,撤销新东方学校侵犯ETS注册商标专用权的认定,判决新东方学校赔偿ETS经济损失374万元。①

典型案例32

庆丰品牌诉庆丰餐饮公司商标侵权案

1986年6月3日,原北京市工商行政管理局颁发给北京市西城区饮食公司庆丰包子铺的营业执照载明,经营地址西长安街122号,经济性质全民,核算形式独立核算,开业日期1956年,经营方式零售,经营范围面食。

2000年5月15日,北京市工商行政管理局西城分局颁发给北京市西城区庆丰包子铺的企业法人营业执照载明,经营地址:西安门大街85号,经济性质:全民所有制,成立时间:1982年1月5日,经营范围:面食(含流质食品、冷荤、凉菜)、零售酒、饮料。2007年7月24日,北京市西城区庆丰包子铺经核准变更名

① 参见北京市高级人民法院民事判决书,(2003)高民终字第1393号。

称为庆丰包子铺。北京华天饮食集团公司为庆丰包子铺的企业管理部门。

1998 年 1 月 28 日，北京华天饮食集团公司经核准注册取得慶豐商标，商标注册证第 1171838 号，核定服务项目第 42 类（现为第 43 类）：餐馆、临时餐室、自助餐室、快餐馆和咖啡馆。2008 年 8 月 14 日，上述商标经核准变更注册人名义为庆丰包子铺，经续展注册有效期自 2008 年 4 月 28 日至 2018 年 4 月 27 日。

2003 年 7 月 21 日，北京市西城区庆丰包子铺经核准注册取得“老庆丰 + laoqigfeg”商标，商标注册证第 3201612 号，核定使用商品第 30 类：方便面、糕点、面包、饺子、大饼、馒头、元宵、豆沙、包子、肉泡馍。2008 年 11 月 13 日，上述商标经核准变更注册人名义为庆丰包子铺，经续展注册有效期自 2013 年 7 月 21 日至 2023 年 7 月 20 日。

庆丰包子铺月坛店于 2007 年被北京市商务局认定为中国风味特色餐厅。2007 年，庆丰包子铺在北京广播电台、北京电视台投入广告费用 1，316，604 元。2008 年至 2009 年 6 月 20 日，庆丰包子铺在上述媒体投入广告费用 3，222，500 元。2006 年 7 月 7 日，《新京报》欢娱 · 饭局版曾对庆丰包子铺作过介绍。2009 年 2 月 4 日，庆丰包子铺与王某签订特许经营合同，经营地点北京市朝阳区管庄西里 1 楼 1 层，经营店铺名称北京管庄庆丰包子铺，一次性加盟费 10 万元，庆丰品牌使用费每年 6 万元。2009 年 12 月 22 日，庆丰包子铺与杨某签订特许经营合同，经营地点北京市海淀区车道沟甲 8 号 1 层，经营店铺名称北京军乐庆丰包子铺，一次性加盟费 10 万元，庆丰品牌使用费每年 6 万元。

2009 年 6 月 24 日，庆丰餐饮公司经核准登记成立，法定代表人徐某丰，注册资本 50 万元，公司类型为有限责任公司（自然人投资或控股），经营范围为餐饮管理及咨询，公司股东为 3 名自然人，其中徐某丰出资 35 万元，占 70%。2013 年 7 月 23 日，北京市中信公证处应庆丰包子铺申请，登录庆丰餐饮公司的网站“www. qig-fegcayi. com”进行证据保全，出具了（2013）京中信内经证字 18419 号公证书。上述公证书记载，庆丰餐饮公司网站设有走进庆丰、庆丰文化、庆丰精彩、庆丰新闻等栏目，自 2009 年 7 月 15 日至 2012 年 8 月 26 日，庆丰餐饮公司开办了吉利餐厅等 8 家企业内设餐厅。2010 年 6 月 4 日，济南吉利汽车有限公司餐厅开业，庆丰餐饮公司打出“庆丰餐饮全体员工欢迎您”横幅。

一审法院认为：在中国传统商业文化中，商家喜欢选择使用带有喜庆祥和含义的词汇作为企业的字号或者商标。而从字号或商标的商业标识性权利属性来看,这类字号或者商标的自有显著性并不明显,有赖于商家后天的使用和维护,以赋予其特定的含义,并与商家建立特定的联系。

本案庆丰包子铺起诉庆丰餐饮公司的侵权行为包括两类:(1)庆丰餐饮公司注册并使用济南庆丰餐饮管理有限公司企业名称侵害庆丰包子铺的注册商标专用权;(2)庆丰餐饮公司在其网站设立走进庆丰等栏目,在经营场所打出庆丰餐饮全体员工欢迎您横幅侵害庆丰包子铺的注册商标专用权。

对于庆丰包子铺起诉的第二类侵权行为,因庆丰餐饮公司使用庆丰二字时与其使用环境一致,并未从字体、大小和颜色等方面突出使用,是对企业名称简称或字号的合理使用。故本案的焦点在于庆丰包子铺起诉的第一类侵权行为是否成立,即庆丰餐饮公司注册并使用济南庆丰餐饮管理有限公司企业名称是否侵害庆丰包子铺的注册商标专用权。商标是区分商品或服务来源的商业标识,由文字、图形等组成要素构成,注册商标由国家工商行政管理总局商标局核准,注册商标专用权的效力及于全国。

企业名称是区别市场主体的标志,依次由企业所在地的行政区划、字号、行业或者经营特点、组织形式等四部分组成。其中,字号是区别不同企业的主要标志。企业对其企业名称和字号的专用权受限于其企业名称核准的行政区划和行业或者经营特点。基于注册商标与企业名称核准主体和核准程序的不同,注册商标中的文字与企业名称中的字号产生冲突在所难免,这种冲突是否合法,须依法具体判断。

就本案而言,庆丰餐饮公司注册并使用济南庆丰餐饮管理有限公司企业名称始于2009年6月24日,其经营地域为济南。两涉案商标分别核准于1998年1月28日和2003年7月21日,庆丰包子铺受让两涉案商标的时间分别为2008年8月14日和2008年11月13日,庆丰包子铺无证据证明在庆丰餐饮公司注册并使用被诉企业名称时,其经营地域和商誉已经涉及或影响济南和山东,亦无证据证明庆丰餐饮公司注册并使用被诉企业名称有假借庆丰包子铺商标商誉的可能。同时,庆丰包子铺提供的现有证据也不能证明相关公众有将庆丰包子铺与庆丰餐饮公司误认或存在误认的可能,故庆丰餐饮公司注册并使用济南庆丰餐饮管理有限公司企业名称具有合理性,并未侵害庆丰包子铺的注册商标专用权。

二审法院认为:庆丰餐饮公司的被诉侵权行为是否侵害庆丰包子铺涉案商

标权;庆丰餐饮公司的被诉侵权行为是否构成不正当竞争。

关于庆丰餐饮公司的被诉侵权行为是否侵害庆丰包子铺涉案商标权的问题。

庆丰包子铺主张庆丰餐饮公司的被诉侵权行为是:在网站宣传上使用"庆丰餐饮、走进庆丰、庆丰文化"等字样、在经营场所使用"庆丰餐饮全体员工欢迎您"字样、在员工服装及名片上使用"庆丰餐饮"字样等行为,庆丰包子铺认为庆丰餐饮公司的上述行为侵害其涉案商标权。《商标法》(2001 年)第 52 条[①]第 1 项规定,未经商标注册人的许可,在同一种商品或者类似商品上使用与其注册商标相同或者近似的商标的属于侵犯注册商标专用权的行为。

最高人民法院《关于审理商标民事纠纷案件适用法律若干问题的解释》(2002 年)第 9 条第 2 款[②]规定,商标近似,是指被控侵权的商标与原告的注册商标相比较,其文字的字形、读音、含义或者图形的构图及颜色,或者其各要素组合后的整体结构等相似,易使相关公众对商品的来源产生误认或者认为其来源与原告注册商标的商品有特定的联系。该解释第 10 条规定,判断商标是否近似应当考虑请求保护注册商标的显著性和知名度。

在本案中,庆丰包子铺主张保护的商标有两个,即繁体庆丰文字商标和简体老庆丰文字拼音商标。二审法院认为,首先,庆丰餐饮公司使用庆丰二字时并未从字体、大小和颜色等方面突出使用,是对企业名称简称或字号的合理使用。其次,将被诉侵权标识庆丰与繁体庆丰文字商标比对来看,二者差别较大,不构成相同商标;将被诉侵权标识庆丰与简体老庆丰文字拼音商标比对来看,被诉侵权标识仅与涉案商标文字部分的庆丰二字相同,与其他的文字拼音部分也不相同。最后,从庆丰包子铺提交的证据来看,涉案商标知名度主要限于北京地区,其未能证明涉案商标在被诉侵权行为发生时在山东及济南地区具有较高的知名度。

综上,被诉侵权标识与涉案商标不构成相同或近似,不会使相关公众对商品的来源产生误认或者认为其来源与涉案注册商标的商品有特定的联系,庆丰餐饮公司的被诉侵权行为不侵害庆丰包子铺的涉案商标权。

---

① 现行《商标法》第 57 条。

② 现行《关于审理商标民事纠纷案件适用法律若干问题的解释》第 9 条第 2 款。

关于庆丰餐饮公司的被诉侵权行为是否构成不正当竞争的问题。《反不正当竞争法》（1992年）第2条第1款①规定，经营者在市场交易中，应当遵循自愿、平等、公平、诚实信用的原则，遵守公认的商业道德。

二审法院认为，首先，涉案商标为繁体庆丰文字商标及简体老庆丰文字拼音商标，庆丰餐饮公司的企业字号庆丰与涉案商标并不相同。其次，庆丰包子铺未能提供证据证明其涉案商标在庆丰餐饮公司使用庆丰作为企业字号时在山东及济南具有较高的知名度。所以，庆丰餐饮公司在主观上没有攀附庆丰包子铺商标商誉的意图，在客观上不会造成相关公众的混淆误认，不违反诚实信用等原则，不构成不正当竞争。

再审法院认为，双方当事人的主要争议焦点为：（1）庆丰餐饮公司在其网站、经营场所使用庆丰文字的行为是否侵害庆丰包子铺的涉案注册商标专用权；（2）庆丰餐饮公司将庆丰文字作为其企业字号注册并使用的行为，是否构成不正当竞争；（3）庆丰餐饮公司应如何承担民事责任的问题。

一、关于庆丰餐饮公司在其网站、经营场所使用庆丰文字的行为是否侵害庆丰包子铺涉案注册商标专用权的问题

《商标法》（2001年）第52条②第1项规定：未经商标注册人许可，在同一种商品或者类似商品上使用与其注册商标相同或者近似的商标，属于侵犯注册商标专用权的行为。最高人民法院《关于审理商标民事纠纷案件适用法律若干问题的解释》（2002年）第1条第1款③规定：将与他人注册商标相同或者相近似的文字作为企业的字号在相同或者类似商品上突出使用，容易使相关公众产生误认的，属于《商标法》（2001年）第52条④第5项规定的给他人注册商标专用权造成其他损害的行为。

首先，关于庆丰餐饮公司对庆丰文字的使用状况。庆丰餐饮公司在其公司网站上开设走进庆丰、庆丰文化、庆丰精彩庆丰新闻等栏目，在经营场所挂出庆丰餐饮全体员工欢迎您的横幅，相关公众会将庆丰文字作为区别商品或者服务来源的标识，庆丰餐饮公司的使用行为属于对庆丰商标标识的突出使用，其行

① 现行《反不正当竞争法》第2条。

② 现行《商标法》第57条。

③ 现行《关于审理商标民事纠纷案件适用法律若干问题的解释》第1条第1款。

④ 现行《商标法》第57条。

为构成商标性使用。

其次,关于庆丰包子铺涉案注册商标的知名度情况。根据一审、二审法院查明的事实,庆丰包子铺的慶豐商标自1998年1月28日核准注册至庆丰餐饮公司2009年6月24日成立,已经有十多年的时间;庆丰包子铺的"老庆丰+laoqigfeg"商标的核准注册时间也比庆丰餐饮公司成立时间早近6年。庆丰包子铺的连锁店于2007年被北京市商务局认定为中国风味特色餐厅。庆丰包子铺于2007年在北京广播电台、电视台投入的广告费用为131万余元,2008年至庆丰餐饮公司成立之前,其在上述媒体上投入的广告费用为322万余元。庆丰包子铺采用全国性连锁经营的模式,经过多年诚信经营和广告宣传,取得了较高的显著性和知名度。

再次,关于庆丰餐饮公司使用的庆丰文字与涉案注册商标的近似性判断。庆丰包子铺在餐馆服务上注册的慶豐商标及在方便面、糕点、包子等商品上注册的"老庆丰+laoqigfeg"商标,在全国具有较高的知名度和影响力。慶豐与庆丰是汉字繁体与简体的对应关系,其呼叫相同;"老庆丰+laoqigfeg"完全包含了庆丰文字。庆丰餐饮公司将庆丰文字商标性使用在与庆丰包子铺的上述两注册商标核定使用的商品或服务构成类似的餐馆服务上,容易使相关公众对商品或服务的来源产生误认或者认为其来源庆丰餐饮公司与庆丰包子铺之间存在某种特定的联系,可能导致相关公众的混淆和误认。

最后,关于庆丰餐饮公司使用庆丰文字的合理性判断。庆丰餐饮公司主张其对庆丰文字的使用属于合理使用其企业字号,且系对其公司法定代表人徐庆丰名字的合理使用。对此,本院认为,庆丰餐饮公司的法定代表人为徐庆丰,其姓名中含有庆丰二字,徐庆丰享有合法的姓名权,当然可以合理使用自己的姓名。但是,徐庆丰将其姓名作为商标或企业字号进行商业使用时,不得违反诚实信用原则,不得侵害他人的在先权利。徐庆丰曾在北京餐饮行业工作,应当知道庆丰包子铺商标的知名度和影响力,却仍在其网站、经营场所突出使用与庆丰包子铺注册商标相同或相近似的商标,明显具有攀附庆丰包子铺注册商标知名度的恶意,容易使相关公众产生误认,属于前述司法解释规定的给他人注册商标专用权造成其他损害的行为,其行为不属于对该公司法定代表人姓名的合理使用。因此,庆丰餐饮公司的被诉侵权行为构成对庆丰包子铺涉案注册商标专用权的侵犯,一审、二审法院关于庆丰餐饮公司的被诉行为属于合理使用、不构成侵权的认定错误，本院予以纠正。

需要指出的是，我国《商标法》鼓励生产、经营者通过诚实经营保证商品和服务质量，建立与其自身商业信誉相符的知名度，不断提升商标的品牌价值，同时保障消费者和生产、经营者的利益。庆丰餐饮公司可以注册其独有的具有识别性的商标，通过其自身的生产经营和广告宣传，创建和强化自己的品牌，建立与其品牌相符的商业信誉，提升企业竞争力，促进企业的长远发展。

二、关于庆丰餐饮公司将庆丰文字作为其企业字号注册并使用的行为是否构成不正当竞争的问题

《反不正当竞争法》(1992 年) 第 5 条第 3 项①规定：擅自使用他人的企业名称或者姓名，引人误以为是他人的商品的行为属于不正当竞争行为。最高人民法院《关于审理不正当竞争民事案件应用法律若干问题的解释》(2007 年) 第 6 条②规定：具有一定的市场知名度、为相关公众所知悉的企业名称中的字号，可以认定为《反不正当竞争法》第 5 条第 3 项规定的企业名称。

根据一审、二审法院查明的事实，庆丰包子铺自 1956 年开业，1982 年 1 月 5 日起开始使用庆丰企业字号，至庆丰餐饮公司注册之日止已逾二十七年，属于具有较高的市场知名度、为相关公众所知悉的企业名称中的字号，庆丰餐饮公司擅自将庆丰包子铺的字号作为其字号注册使用，经营相同的商品或服务，具有攀附庆丰包子铺企业名称知名度的恶意，其行为构成不正当竞争。二审法院认定庆丰餐饮公司的行为不构成不正当竞争错误，本院予以纠正。

三、关于庆丰餐饮公司民事责任的承担问题

庆丰餐饮公司的被诉侵权行为构成侵害庆丰包子铺注册商标专用权的行为和不正当竞争，应当承担停止上述行为并赔偿损失的民事责任。因庆丰包子铺未提供因庆丰餐饮公司上述侵权行为所遭受的损失或庆丰餐饮公司所获利润的证据，故本院结合侵权行为的性质、程度及庆丰餐饮公司上述侵权行为的主观心理状态等因素，酌定庆丰餐饮公司赔偿庆丰包子铺经济损失及合理费用人民币 5 万元。因庆丰包子铺未举证证明其商标商誉及企业信誉因庆丰餐饮公司的侵权和不正当竞争行为受到的损害，本院对其要求庆丰餐饮公司在《济

① 现行《反不正当竞争法》第 6 条第 2 项。
② 现行《关于审理不正当竞争民事案件应用法律若干问题的解释》第 6 条。

南日报》上发表声明消除影响的诉讼请求不予支持。

2016年9月29日，最高人民法院撤销一审、二审判决，判令庆丰餐饮公司停止侵犯“庆丰”注册商标专用权的行为及不正当竞争行为，同时判令庆丰餐饮公司赔偿北京庆丰包子铺经济损失及其他合理费用5万元。①

3. 地名商标的合理使用

地名商标，是指将行政区划的地理名称或其他地理区域的名称、历史地名作为文字商标的内容或主要内容进行使用或予以注册的商标。如果该地名不是县级以上行政区划或公众知晓的外国地名，可以作为商标注册。否则，只有当该地名具有其他含义或作为集体商标和证明商标组成部分时，才可能获准作为商标注册。例如，“景德镇”是我国县级以上行政区划，本不能作为商标注册，但是作为证明商标“景德镇瓷器”的组成部分，可以被核准注册。

地名注册商标一般受到严格限制：商品或服务的产地名称应该留给同一产地的其他厂商自由使用，使用并非其产地的地名作为商标一般又可能误导消费者，因此，只有与商品或服务的产地毫无关系而又不会误导消费者的地名才可以作为商标受到保护。《与贸易有关的知识产权协定》(Agreement on Trade-Related Aspects of Intellectual Property Rights，TRIPS)严格禁止葡萄酒及烈性酒的地理名称作为商标注册。但原则上，产地名称可以作为证明商标注册保护。

地名本身是一种十分重要的公共资源和信息，它在被作为商标时显著性程度比一般商标要差。这使得地名商标权人在行使商标权时不应限制他人在非商标意义上使用，否则会损害公众使用地名的公共利益，造成商标权人和社会公众利益的不平衡。以下介绍的我国两个司法判例具有代表性。

典型案例33

“白市驿”商标纠纷案

在重庆市白市驿板鸭厂诉重庆市渝中区某食品厂一案中，原告“白市驿”商标是以“白市驿”三个变形字组合成类似板鸭的鸭状图形，该商标核准注册后经

① 参见最高人民法院民事判决书，(2016)最高法民再238号。

续展一直延续至今,并在1998年被重庆市工商行政管理局认定为重庆市著名商标。被告自1997年3月成立后,在其板鸭产品包装上以醒目位置注明"正宗白市驿风味",突出了"白市驿"三个字,但同时也注明了长江商标、厂名与厂址。原告控告被告侵犯商标权。在该案中,法院认为,白市驿板鸭是有一定历史的地方特产,原告享有白市驿商标的专用权,但不能对白市驿风味享有独占权。被告在其产品的外包装上标明"白市驿风味"只是标明食品的风味特征。并且,被告标明了自己的商标、厂名与厂址,不会对消费者造成误认。因此,被告不构成对原告商标权的侵犯。当然,在本案中,被告的使用行为也不是没有限制的,即被告不能对白市驿作商标意义上的使用,因而突出"白市驿"字样的做法不可取。①

典型案例34

中粮山东粮油进出口公司商标权纠纷案

原告中粮山东粮油进出口公司(以下简称"中粮公司")享有三项商标权,其中,第382121号注册商标是小篆体的"龙"字(以下简称"龙"字商标),第692151号注册商标是由两条龙及英文字母"LUNGKOW"组成的组合商标(以下简称"双龙商标"),第1178983号注册商标是由英文字母"LUNGKOW"组成的文字商标。中粮公司在获得上述注册商标专用权后,在其销售的粉丝产品的包装装潢中将上述三个商标长期组合使用。

2002年3月,青岛海关扣留了烟台金华粉丝有限公司(以下简称"金华公司")、烟台市招远龙口粉丝加工总厂(以下简称"龙口加工厂")向马来西亚出口的包装上带有双龙图形的粉丝11,700千克。中粮公司认为金华公司、龙口加工厂的行为侵犯了其注册商标专用权,向法院提起诉讼。

一审法院认为:金华公司、龙口加工厂在其商品包装装潢中使用的篆体"龙"与中粮公司的注册商标基本相同,"LUNGKUW"与中粮公司的注册商标"LUNGKOW"只有一个非主要位置的字母不同,而这种不同是极易被忽略的,

① 参见程晓东:《"白市驿风味"五字是否侵犯了"白市驿"注册商标专用权——重庆白市驿板鸭厂诉重庆凌峰食品有限公司商标侵权纠纷案》,载《电子知识产权》2001年第8期。

构成相近似。将金华公司、龙口加工厂在其商品包装装潢中使用的双龙图形与中粮公司的注册商标比对可以看出,除龙身形态和色彩的差别外,二者构图的其他构成部分基本相同。考虑中粮公司将篆体“龙”字、“LUNGKOW”和双龙图形商标经组合,在其销售的粉丝包装装潢中长期使用、宣传,从而使上述三个商标作为整体在相关消费者中具有了较强的显著性。因此,在进行是否构成侵权的判断时,法院采用以普通消费者的眼光,注重整体判断,而不过分强调局部差异的判断标准。在本案中,金华公司、龙口加工厂将与中粮公司注册商标基本相同或相近似的篆体“龙”字、“LUNGKUW”及双龙图形同时在其产品的包装装潢中使用,并采用与中粮公司基本相同的使用方式。对此,应认定其主观上具有借助中粮公司商标经长期使用宣传在相关消费者中形成的影响力销售自己的产品的故意,该行为足以导致相关消费者对其产品的真实来源、质量水平等产生误认,因此,金华公司、龙口加工厂的行为侵犯了中粮公司的注册商标专用权。

本案中粮公司在其注册商标中使用的篆体“龙”字有其特殊性。中粮公司的另一注册商标“LUNGKOW”的发音与中国城市地名“龙口”的发音相似,但是在表现形式上与汉语拼音“longkou”有明显的区别。中粮公司的上述两项注册商标在其具有知名度的粉丝包装上长期使用,已经为消费者所接受。且注册商标专用权为法定权利,一经授权,即应依法予以保护。因此,两被告在其粉丝包装上使用与中粮公司“龙”字、“LUNGKOW”注册商标基本相同或相似的“龙”字、“LUNGKUW”的行为,不属于合理使用,侵犯了原告的注册商标专用权。判决两被告立即停止侵权,赔偿损失,并赔礼道歉。在本案二审审理中,当事人自行达成和解协议,二审法院裁定准予上诉人撤诉。①

对此,专家有不同的看法,本案中法院判定被告使用“LUNGKUW”不属于合理使用、侵犯了原告的注册商标权是正确的,但是对篆体“龙”字的使用也判定为不合理是错误的。这是因为,首先,被告金华公司、龙口加工厂对“龙”字的使用在于与其他文字组合成为“龙口粉丝”的词组,用以标志产品原产地,并非商标意义上的使用。“龙口”作为地区名称,属于公共词汇,应列为公用范畴。

① 参见《涉及多个商标的商标侵权诉讼中商标对比的原则及商标合理使用抗辩》,载中国商标网2007年10月18日,http://www.yike2000.com/al/1789.html。

篆体“龙”字虽然注册为商标,但是篆体并非商标权利人独创,不能排除他人叙述性使用该篆体“龙”在产品包装上使用了篆体“龙口粉丝”竟在烟台地区范围内使用“龙口粉丝”四个字而混淆商品的具体来源。所以,本案被告对篆体“龙”字的使用应当构成合理使用,不侵犯原告的注册商标权。①

典型案例35

“祁门红茶”商标纠纷案

2004年9月28日,祁门红茶协会向国家工商行政管理总局商标局(以下简称“商标局”)提出第4292071号“祁门红茶及图”(指定颜色)商标(以下简称“争议商标”)的注册申请,后经核准,核定使用在第30类“茶、茶叶代用品”等商品上,专用期限自2008年11月7日至2018年11月6日。2011年12月27日,国润公司针对争议商标向商标评审委员会提出争议申请,认为“祁门红茶”的产区不仅包括祁门县,而且还包括临近的贵池、东至、祁门、石台、黟县等地。

国润公司地处祁红茶区,拥有近60年的祁红生产经营历史,其优质的产品和服务广受消费者好评。国润公司目前已成为中国最大的祁红茶生产商以及安徽省人民政府重点扶持的茶叶产业化龙头企业。国润公司请求:第一,将“祁门红茶”产区的覆盖范围由祁门县所辖行政区划内调整为贵池、东至、祁门、石台、黟县境内;第二,依照《商标法》的规定,撤销争议商标注册。

北京知识产权法院认为:首先,《商标法实施条例》第4条规定,《商标法》第16条规定的地理标志,可以依照《商标法》和本条例的规定,作为证明商标或者集体商标申请注册。本案争议商标即为依法申请注册的证明商标。参照《集体商标、证明商标注册和管理办法》的相关规定,申请以地理标志作为集体商标、证明商标注册的,应当附送管辖该地理标志所标示地区的人民政府或者行业主管部门的批准文件;以地理标志作为集体商标、证明商标注册的,应当在申请书件中说明该地理标志所标示的地区的范围。在本案中,根据祁门红茶协会在申请争议商标时向商标行政机关提交的由安徽省农业委员会于2004年7月1日

① 参见刘春田主编:《新版以案说法:知识产权编》,中国人民大学出版社2006年版,第229页。

出具的皖农农(经作)〔2004〕2 号《关于祁门红茶协会申请办理“祁门红茶”证明商标的证明》可知,其申请注册争议商标系经该地理标志所标示地区的人民政府或行业主管部门批准的,且上述证明所附的《关于“祁门红茶”生产地域的有关说明》中也载明了该地理标志所标示的地区范围。因此,祁门红茶协会将争议商标作为证明商标予以注册时,其提交的相关材料符合相关法律法规对申请注册证明商标的形式要求。

其次,地理标志作为一种标示某产品来源于某特定地区的标志,该商品的特定质量、信誉或者其他特征,主要由该地区的自然因素或者人文因素所决定。而在现实中,某一地理标志产品所来源的特定地区范围,与该特定地区的行政区划范围往往不一致。作为商标行政主管机关,其在受理当事人提交的地理标志证明商标申请时,不可能像农业行政部门或质量监督行政部门一样具备依法查实每一件地理标志产品的产源地域范围,只能按照商标申请人所提交的申请文件、相关地区人民政府或者行业主管部门的批准文件等材料综合判断。

关于本案中当事人的主要争议事实,即“祁门红茶”的产区究竟仅限于安徽省祁门县境内,还是除祁门县外还包括安徽省石台、贵池、东至、黟县等地区。综合全部在案证据,可知该事实正如安徽省农委农业局于 2006 年 1 月 9 日出具的对池州市农业委员会《关于申报“祁门红茶”证明商标涵盖茶区请示的答复》所阐明的:“关于‘祁门红茶’产区历史范围历来有两种看法,即大、小祁门红茶产区之说。小祁门红茶产区,不言而喻,仅指祁门县境内除安凌区外的所有产茶区,所产红茶叫‘祁门红茶’无可争议;大祁门红茶产区,除祁门县外,还包括周边的黟县(渔亭以北)、石台、东至、贵池以及江西省的浮梁县等地,所产红茶除祁门县所产外,长期以来叫过‘祁红’,也叫过‘池红’、‘浮红’等名称,有争议的就在于此。”而且,根据各方当事人的诉辩主张,祁门红茶协会与国润公司在“祁门红茶”的产区这一事实上并无实质分歧,国润公司的主要争议理由为祁门红茶协会申请争议商标时所限定的地域范围与“祁门红茶”的客观产区不符;祁门红茶协会则主张其在申请注册商标时并未向商标行政机关隐瞒“祁门红茶”在历史上产区扩大的事实。

判断争议商标之申请是否属于 2001 年《商标法》(已被修改)第 41 条第 1 款规定中所指的“以欺骗手段或者其他不正当手段取得注册的”情形,并不在于确定“祁门红茶”的产区范围客观如何,而在于祁门红茶协会在申请该证明商标时主观上是否有欺瞒商标行政机关之故意,客观上实施了伪造申请材料等欺骗行为。根据本案在案证据,并无证据显示祁门红茶协会在申请该证明商标时实施了伪造申请材料等欺骗行为,且商标评审委员会亦未举证证明祁门红茶协会申请注册争议商标时所标示地区违背了客观历史的行为系出于欺瞒商标行政机关之故意。因此,争议商标的申请不构成2001年《商标法》(已被修改)第41条第1款规定中所指的"以欺骗手段或者其他不正当手段取得注册的"情形,被诉裁定中相关认定属于适用法律错误。

最高人民法院认为:诉争商标"祁门红茶"系以地理标志申请证明商标,该类商标所标识的商品往往具有特定的质量、信誉或者其他特征,这种质量、信誉或者其他特征通常是由地理标志所标示的地区的自然因素或者人文因素所决定的,因此,地区范围的标示对于地理标志证明商标有着重要意义。

按照原国家工商行政管理总局《集体商标、证明商标注册和管理办法》的相关规定,申请以地理标志作为证明商标注册的,应当附送管辖该地理标志所标示地区的人民政府或者行业主管部门的批准文件,在申请书中说明该地理标志所标示的地区的范围,所称地区无须与该地区的现行行政区划名称、范围完全一致。这些规定是针对地理标志证明商标的特殊性所作的法律制度上的要求,申请证明商标注册的机构应当予以遵守。

安徽省行业主管部门安徽省农业委员会针对祁门红茶的生产地域范围所引起的相关主体的争议多次主持协调处理,最后对地域范围明确以"大产区"范围为准,并在本案诉讼期间再次提交了与"大产区"内容一致的说明。祁门红茶协会和国润公司在商标注册争议期间均参加了由安徽省工商行政管理局主持的协调会,会后形成的会议纪要亦载明诉争商标应以"大产区"范围进行标示。据此,足以认定祁门红茶协会对诉争商标标示的地区范围和行业主管部门的意见有了明确的知悉,在此情况下,祁门红茶协会既未撤回先前提交的失效的安徽省农业委员会先前关于诉争商标产区范围的说明,亦未主动向商标注册机关如实披露上述争议协调处理的情况和安徽省农业委员会作为主管部门关于证明商标标示"大产区"的最终说明,违反了地理标志商标申请人应负有的义务,被诉裁定和二审判决据此认定其构成2001年《商标法》第41条[①]第1款中规定

① 现行《商标法》第45条。

的"不正当手段"行为,诉争商标应予以无效,是正确的。①

4. 商业性合理使用之限制

在衡量是否构成商标权的合理使用时,也同时应当对合理使用进行必要的限制,即这种合理使用应当是商品宣传中必然使用到的,是按照商业惯例使用的,是以合理的方式使用的。

(1)使用目的具有正当性,是为了说明商品的性质、质量、用途、主要原料、型号、数量等商品本身方面的特点,而不是作为商标来使用,也不是作为识别商品的标示意义上使用。在实践中,衡量的具体标准是看主观上有无用作商标使用的意图,以及客观上是否存在足以造成消费者混淆的后果。

(2)使用行为应出于善意、具有正当性,即要衡量使用人是否存在与商标权人进行不正当的商业竞争目的。这要求使用者限于为说明产品或服务而必然地使用被他人注册为商标的词语,而不能在使用中突出他人注册商标,或者暗示自己商品与商标权人存在某种关系,从而产生足以误导消费者的后果。在实践中,至少下述使用方式是不能被判定为合理的:①把标注用颜色、字体、文字的大小等方式突出实用;②该使用容易使消费者认为属于商标形式的使用;③同商标注册人使用注册商标的方式完全相同;④同商标注册人的商标使用位置完全相同。

总的来说,商标的合理使用是基于诚实信用和善意的使用,是一种非基于商标性质的对商标的正当使用,也是一种对商品或服务进行描述、提示或者说明性质的使用,它既不应使消费者产生混淆的后果,也不应构成对商标的淡化。

典型案例 36

"洁水"商标纠纷案

原告开德阜公司诉称:被告阔盛公司、欧苏公司使用的原德国洁水、现德国阔盛、德国阔盛(原德国洁水)不变的品质等类似的宣传用语中含有洁水商标,

① 北京市高级人民法院行政判决书,(2017)京行终 3288 号;最高人民法院行政裁定书,(2018)最高法行申 4767 号。

构成对原告的商标侵权,同时,上述宣传用语会使消费者产生误解,构成虚假宣传。故诉至法院,要求判令:(1)阔盛公司在对外宣传推广及销售过程中停止使用与原德国洁水、德国洁水已更名为德国阔盛意思相同、相似的广告语的虚假宣传不正当竞争行为,销毁、撤回、消除含有上述广告语的宣传单、广告牌等宣传物品,停止在相应网站、网页、报纸、通告等发布上述广告;欧苏公司在对外宣传推广及销售过程中停止使用与原德国洁水、老德国洁水、德国洁水已更名为德国阔盛意思相同、相似广告语的虚假宣传不正当竞争行为,销毁、撤回、消除含有上述广告语的施工联系单、宣传单、广告牌等宣传物品。(2)阔盛公司、欧苏公司停止侵害开德阜公司享有的第1720019号洁水注册商标专用权。(3)判令阔盛公司在《扬子晚报》《新闻晨报》显著位置以及南太湖网、新浪网、58同城网、和讯网、上海市建筑材料行业协会网网站首页的显著位置刊登声明,向开德阜公司赔礼道歉,内容由法院审核,费用阔盛公司承担。(4)阔盛公司在《扬子晚报》《新闻晨报》显著位置以及在南太湖网、新浪网、58同城网、和讯网、上海市建筑材料行业协会网网站首页上对洁水注册商标作正面宣传,消除其商标侵权及不正当竞争行为对开德阜公司造成的影响,内容由法院审核,费用由阔盛公司承担。(5)阔盛公司、欧苏公司连带赔偿开德阜公司经济损失及合理费用共计人民币(以下币种同)500万元(其中,律师代理费413,000元、公证费14,000元)。(6)案件受理费、保全申请费由阔盛公司、欧苏公司共同承担。

被告阔盛公司辩称:(1)原告开德阜公司洁水商标的知名度建立在代理销售的阿垮瑟姆公司产品上,自2013年7月1日起,开德阜公司丧失了代理资格,洁水商标与阿垮瑟姆公司的产品不再关联,开德阜公司也不能继续使用德国洁水进行宣传推广;(2)网站与媒体为防止相关消费者混淆而进行的客观报道,并非阔盛公司所为;(3)虚假宣传针对商品本身,即使法院认定阔盛公司使用过开德阜公司诉称的广告词,也不构成虚假宣传;(4)阔盛公司、欧苏公司既无共同侵权故意,也未共同实施侵权行为,要求法院驳回开德阜公司全部的诉讼请求。

被告欧苏公司辩称:2013年7月1日起,原告开德阜公司丧失代理资格后,销售产品的生产厂家及产地均发生了变化,但被告开德阜公司未向相关市场、消费者做出说明。欧苏公司作为阔盛公司的上海区域总代理,继续销售阿垮瑟姆公司产品,在经营活动中向下属经销商发放的内部宣传资料,只是客观表明阿垮瑟姆公司产品的代理厂商发生了变化,主观上没有过错,客观上也未造成消费者的混淆,不存在虚假宣传的行为,要求法院驳回开德阜公司全部的诉讼请求。

一审法院认为:本案一审的争议焦点如下:(1)原告开德阜公司诉称的涉案侵权行为,是否均与被告阔盛公司、欧苏公司存在关联;(2)阔盛公司、欧苏公司是否侵害开德阜公司享有的洁水注册商标专用权;(3)开德阜公司主张阔盛公司、欧苏公司虚假宣传是否成立。

关于焦点一。被告阔盛公司认为,其虽在运营的网站中设置了其他网站存储文章的链接,但上述文章均系他人发表,其不应承担责任。一审法院认为,即使上述文章非阔盛公司发表,但其在运营网站中设置了链接,既指引浏览其网站的用户进行阅看,客观上利用上述文章进行宣传,也向相关公众表明其认可文章观点,故一审法院认为上述文章与阔盛公司存在关联。

被告欧苏公司认为有关的宣传资料系内部资料,并非针对消费者,不应承担相应责任。法院认为,根据相关公证书记载的事实,上述资料并未印制内部资料不得泄露等信息,且原告开德阜公司委托代理人在购买相关产品时,以普通消费者身份就能获取上述资料,故欧苏公司陈述与客观事实相悖,法院不予采信。

而对于原告开德阜公司主张的其余被控侵权行为,在被告阔盛公司、欧苏公司否认系其实施的前提下,应由开德阜公司承担相应的举证责任,而开德阜公司在一审审理期间对此未能充分举证,一审法院对此不予支持。

关于焦点二。法院认为,涉案的文章、宣传资料中确实含有洁水文字,但对上述使用洁水文字的具体情况予以分析,例如,原在华使用的中文标识“洁水”系原代理商所持有、原代理商曾以德国“洁水”在华推广等,对于相关公众而言,明确地知晓洁水商标指向于开德阜公司,不会对此产生混淆误认,上述各处使用洁水应认定为合理使用,故原告开德阜公司主张被告阔盛公司、欧苏公司侵害其洁水注册商标专用权的诉讼请求,法院不予支持。

关于焦点三。法院认为,涉案的文章及宣传册的内容虽含有原德国洁水、老德国洁水、原德国“洁水”,现德国“阔盛”等文字,但对于是否构成虚假宣传,应根据日常生活经验、相关公众一般注意力、发生误解的事实和被宣传对象的实际情况等因素,对引人误解的虚假宣传行为进行认定。

首先,原告开德阜公司在2013年7月1日前仅将洁水商标用于推广、销售阿垮瑟姆公司产品,洁水商标与阿垮瑟姆公司的产品及商标建立起极为密切的联系,对于相关公众而言,洁水商标即指向阿垮瑟姆公司产品,故有关原德国洁水、老德国洁水的表述与事实相符,未作虚假陈述。

其次,涉案文章及宣传材料中的文字,不能孤立地进行解读,而应从整体进行解读。有关的宣传内容均将代理关系变化的背景作了说明,相关公众施以一般注意力阅读上述内容后,不会对原德国洁水、老德国洁水、原德国"洁水",现德国"阔盛"用语产生歧义,亦不会对两者关系产生误解。

最后,鉴于原告开德阜公司在担任阿垮瑟姆公司中国区域总代理时,将洁水商标与阿垮瑟姆公司产品建立起极为密切的联系,因此,在发生新旧代理商更替、原代理商用于推广产品的商标不再使用等重要事项时,为确保相关公众的知情权,阿垮瑟姆公司以及开德阜公司、阔盛公司应对上述重要事项予以准确、及时的披露。

鉴于原告开德阜公司未能证明被告阔盛公司、欧苏公司侵害其享有的洁水注册商标专用权以及构成虚假宣传,故其要求阔盛公司、欧苏公司停止侵权、赔礼道歉、消除影响以及赔偿经济损失的诉讼请求,一审法院亦不予支持。

据此,上海市徐汇区人民法院依照《商标法》(2013 年)第 48 条①、《反不正当竞争法》(1993 年)第 9 条第 1 款②、最高人民法院《关于审理不正当竞争民事案件应用法律若干问题的解释》(2007 年)第 8 条③、最高人民法院《关于商标法修改决定施行后商标案件管辖和法律适用问题的解释》第 9 条,最高人民法院《关于适用〈中华人民共和国民事诉讼法〉的解释》(2015 年)第 90 条④的规定,于 2015 年 3 月 13 日判决:驳回原告开德阜公司的诉讼请求。

二审法院认为:本案的争议焦点主要有两个方面:(1)被上诉人阔盛公司、欧苏公司的行为是否构成商标侵权;(2)阔盛公司、欧苏公司的行为是否构成虚假宣传。

一、被上诉人阔盛公司、欧苏公司的行为是否构成商标侵权

商标的基本功能在于区别商品或服务来源,对于经营者在商业活动中使用他人商标是否构成商标侵权的判断,应当考虑具体使用行为是否破坏了商标与

① 现行《商标法》第 52 条。
② 现行《反不正当竞争法》第 8 条第 1 款。
③ 现行《关于审理不正当竞争民事案件应用法律若干问题的解释》第 8 条。
④ 现行该司法解释第 90 条。

商品或服务之间的联系功能，即是否会导致相关公众就商品或服务的来源产生混淆。如果在商业活动中使用他人商标只是为了描述或说明某种客观情况，且并不会导致相关公众就商品或服务的来源产生混淆，则该行为并非商标法意义上的商标使用行为，而是一种商标正当使用行为，商标权人无权对此予以禁止。在本案中，两被上诉人在宣传活动中使用了德国阔盛（原德国洁水）不变的品质、原德国洁水、现德国阔盛等类似的宣传用语，并不构成商标侵权，主要理由如下。

首先，两被上诉人使用洁水商标主观上是善意的。2013 年 7 月 1 日之前，上诉人将洁水商标仅用于推广销售阿垮瑟姆公司的产品，该商标与阿垮瑟姆公司的产品建立了稳定、唯一的联系，在相关消费者的认知当中，洁水商标指向的即是阿垮瑟姆公司的产品。在 2013 年 7 月 1 日之后，阿垮瑟姆公司产品在华的经销商已由上诉人开德阜公司变更为被上诉人阔盛公司，基于洁水商标已经与阿垮瑟姆公司产品建立了稳定联系的事实，两被上诉人在宣传活动中有必要向消费者告知洁水商标所指向的产品已经发生变化这一事实。因此，两被上诉人在宣传用语中使用到洁水商标，其主观上并非攀附上诉人的商誉，而是描述客观事实的必要。

其次，两被上诉人使用洁水商标的方式合理，不会导致相关消费者产生混淆。两被上诉人在宣传时已详细告知了消费者产品代理商和品牌变化的背景，消费者在阅读两被上诉人的宣传用语时，通常会理解为阔盛公司所销售的产品是原洁水商标所指向的产品，即阿垮瑟姆公司的产品，而并不会就商品的来源产生混淆。

综上，两被上诉人在宣传活动中使用洁水商标是正当使用行为，不构成商标侵权。

二、被上诉人阔盛公司、欧苏公司的行为是否构成虚假宣传

《反不正当竞争法》所规制的虚假宣传是引人误解的虚假宣传，只有宣传内容产生了引人误解的效果，才会损害公平竞争的市场秩序和消费者的合法权益。对于引人误解的虚假宣传行为的认定，应当根据日常生活经验、相关公众的一般注意力、发生误解的事实和被宣传对象的实际情况等因素进行综合判断。

在本案中，首先，对于两被上诉人使用的宣传用语应在整体上进行解读。

消费者在接受商业宣传时通常是整体接受的,在就宣传内容是否会产生引人误解效果的判断上,应当以宣传内容在整体上是否可能给相关公众造成误解为准,不应将可能产生误解的某一词语或某几句话断章取义。因为即使部分宣传内容在隔离分析时会产生歧义,但消费者在整体接受后可以消弭有关的歧义内容,则实质上并没有产生引人误解的效果。如前所述,两被上诉人在使用被控侵权宣传用语的同时,还详细陈述了产品代理商和品牌变化的背景等情况。因此,对于上诉人开德阜公司所主张的上述构成虚假宣传的用语的认定,不能脱离具体的语境进行孤立的判断,而应放置在整体的宣传内容中进行合理解读。

其次,根据相关公众的一般注意力、已有的认知经验,以及被宣传对象的实际情况进行判断。宣传内容是否会误导受众的交易决定,与受众自身已有的知识、经验具有密切关系。由于两被上诉人在使用被控侵权宣传用语时,已经详细陈述了产品代理商和品牌变化的背景等情况,加之消费者对该品牌产品具有一定的认知经验,故相关公众施加一般的注意力即应知晓宣传内容的真实含义,并不会对洁水商标本身是否发生了变更、阔盛公司所销售商品的来源等产生误解。

裁判摘要:经营者为说明品牌代理销售商的变化,在善意、合理的限度内使用他人注册商标,属于商标正当使用,不构成商标侵权。在如实、详细告知消费者商品销售代理商及品牌变化的情况下,新代理商在宣传中使用原代理商注册商标不会导致相关公众产生误解,不构成虚假宣传。①

(三)非商业性合理使用

商标的合理使用也普遍存在于非商业领域之中。由于这种使用一般不及商业利益,更不易造成商品混淆,所以产生侵权的机会并不大。

1. 在正常评论、研究中使用该商标,只要这种使用并非频繁为之,也没有搭便车的嫌疑,当属合理使用。在实践中,常见的是在新闻媒体中出于新闻报道或客观评论的目的而使用他人的注册商标。使用目的的正当性是这类使用构成合理使用的重要条件,如使用人应当是出于批评与评论、时事新闻采写、研究

① 参见《开德阜国际贸易(上海)有限公司与阔盛管道系统(上海)有限公司等侵害商标权、虚假宣传纠纷案》,载《最高人民法院公报》2019 年第 3 期。

与教育等目的,而不能具有任何商业性目的。但是,在新闻报道或新闻评论中,应注意不得对商标权人的商品声誉和商业信誉有任何诋毁、恶意减损,否则会引起其他相关的法律责任。

2. 在滑稽模仿中合理使用。滑稽模仿导源于古希腊,是用幽默、讽刺方式反映社会生活的文学艺术形式。它在其他知识产权如著作权中也存在,旨在通过讽刺、调侃、嘲弄等形式反映社会生活,达到幽默或者讽刺的效果。在著作权法领域,滑稽模仿有的被认为是演绎作品创作的一种形式,有的则被认为是合理使用的形式。就商标法领域而言,滑稽模仿在一定的情况下也存在。例如,驰名商标不但对企业具有重要经济价值,它往往也是社会文化生活的一部分。有些驰名商标无不代表了一定的社会时尚和观念。模仿者为了达到喜剧性效果,往往对驰名商标通过演绎的方式进行滑稽模仿。比如,《大腕》就借助许多知名品牌对社会现象进行讽刺,观众熟悉的"报丧鸟""硕士伦"等。这种艺术化的使用只要不对商家的名誉造成损害就属于合理使用的范畴。①

3. 在字典中使用,此种使用应当尽到必要的注意义务,说明来源,不应使公众误认为该商标是通用名称,从而淡化该商标。如有此种情形发生,法律应赋予商标权人字典订正权,在下一次修订字典时予以更改说明,以求亡羊补牢之功效只要不造成淡化,该使用一般不会造成侵权,当属合理使用。

(四)权利用尽

商标权穷竭又称为商标权用尽或权利穷竭,是指注册商标所有人或许可使用人将该商标加以利用,使用于商品并将商品销售或已经在服务上使用的,则注册商标所有人无权再禁止或阻碍他人使用原商品上附有的注册商标。换言之,当附载商标的商品进入市场流通后,商标权人对该商品商标权意义上的控制权即告穷竭,商标权人不能禁止该商品在市场上进一步流通,也不能禁止其他任何人使用该商品。

与专利首次销售权利穷竭的学说一样,商标权穷竭学说对于排除侵权行为的认定具有重要意义,为各国立法例所接受。商标权穷竭的合理性在于均衡商标权人和附载商标的商品物权所有人的利益,保障商品在市场上的正常流通,促

---

① 参见冯晓青:《商标权的限制研究》,载《学海》2006 年第 4 期。

进经济贸易活动的正常进行。在商标权人或者其授权的人已经将附载商标的商品投放场后，其他任何人的使用或者销售行为一般不会对商标权产生实质性损害。如果此时商标权人的权利不予穷竭，商标权人就可以利用商标权控制附载其商标的商品的整个流通，这就难以避免市场垄断、抬高价格行为的发生。为了保障其他生产经营者和消费者的合法权利，需要对商标权给予权利穷竭的限制。

但是，为了平衡商标权人和其他主体之间的利益关系，保障商标权穷竭不至于构成对商标权的损害，商标权穷竭须符合一定的条件。例如，在转售包含注册商标的商品时，第三者有义务以显著方式告知消费者商品来源；第三者转售时不能改变商品原样，不能与其他商品混合，甚至不能重新包装。如果出现这样的情况，商标权人即可禁止商品的进一步流通。

（五）先用权

商标先用权是不同于商标在先权的一个概念。商标在先权主要是为防范和协调注册商标专用权和在先产生的其他权利冲突所提出的一个概念。相较而言，商标先用权的权利主体范围、权利内容以及权利的行使方式与商标在先权都有很大的不同。商标先用权是指在商标注册申请提出之前，他人已经在该注册商标申请指定的商品或者服务，或者类似的商品或者服务上使用了与申请注册的商标相同或者近似的商标，在权利人获得商标注册后仍然享有继续使用该商标的权利，商标权人不得禁止该先用权人的使用。

在商标法领域，先用权是指某人在他人申请商标注册前已经在相同或者类似商品上使用与注册商标相同或近似商标，当他人申请注册的商标被核准注册后，该在先使用人享有在原有的范围内继续使用其商标的权利。与上述商标的合理使用不同，先用权人的使用是实实在在地对注册商标的使用。在商标依注册原则产生的情况下，使用并不能产生商标专用权。在没有先用权制度保障时，他人完全可以将在先使用一定年限且具有相当市场声誉的未注册商标抢先注册，然后反过来禁止在先使用人使用自己的商标。这样，在先使用人多年培植的商标信誉可能会因为这种抢注行为而丧失殆尽，抢注者则可以轻而易举地利用他人已经建立起来的商品信誉和市场声誉占领市场。这种行为实质上是一种不正当竞争行为。

同时，在先使用人获得的先用权也应具备一定的限制性条件。

1. 具有在先使用的事实。此即先用权人在他人申请商标注册之前确实已在生产经营活动中在相同或者类似的商品上使用与注册商标相同或近似商标，而非仅仅是做好准备。

2. 在先使用的商标在商标权人使用前已经产生了一定的影响，并为相关消费者所熟悉。

3. 先用权人的使用范围应当限制在他人注册商标被核准注册前所使用的商品范围，而不能任意扩大。这种范围通常是限于原有的商品品种或服务范围，不能任意扩大到其他的商品或服务上。

4. 在他人申请注册的商标核准注册后，先用权人对该商标的使用应以不使消费者混淆为原则，不能借商标权人的影响销售自己的商品。也就是说，先用权人不得出于不正当竞争目的继续使用其商标。在具体做法上，先用权人可以在自己的商品上通过附加一定的标记的形式与商标权人的产品相区别，如标明自己的厂名或厂址。

《商标法》第32条规定，申请商标注册不得损害他人现有的在先权利，也不得以不正当手段抢先注册他人已经使用并有一定影响的商标。

典型案例37

奇异鸟图形商业标识纠纷案

在汕头市龙湖区金禾食品工业有限公司与商标评审委员会及第三人菲仕兰产品有限公司商标撤销行政纠纷案中，奇异有限公司于1991年设计了新款商业标志“奇异鸟图形+Kievit美术字”，随后其编辑出版的画册中多处标有“奇异鸟图形+Kievit美术字”，并公开展出了“奇异鸟图形+Kievit美术字”标志及产品。金禾公司成立于1996年1月22日，其于1996年8月28日向国家商标局申请注册第1102480号“奇异鸟Kievit及奇异鸟图形”组合商标，并于1997年9月14日被核准注册，使用商品为第30类咖啡、糖果等。奇异有限公司请求商标评审委员会撤销第1102480号注册商标，2002年6月28日，奇异有限公司被菲仕兰公司兼并。商标评审委员会经审查认为，注册争议帝标的注册行为侵犯了奇异有限公司的在先著作权，裁定撤销金禾公司的第1102480号注册商标。一审法院维持了商标评审委员会的裁定。

北京市高级人民法院认为,奇异鸟图形是对自然界鸟类的描述,“Kievit”也是奇异鸟的通俗名称。奇异鸟图形的表现手法虽然简单,但已具备了作品的独创性;“Kievit”是一种鸟的俗称,但同时也是奇异有限公司创始人的姓氏及奇异有限公司的商号。“奇异鸟图形 + Kievit 美术字”组合起来构成了完整作品,理应受到法律保护。菲仕兰公司对该作品享有在先的著作权。金禾公司将他人享有著作权的作品申请注册为商标,侵害了他人在先合法权利,违背了《商标法》第 31 条之规定,其申请的第 1102480 号商标应予撤销。[①]

典型案例 38

“小肥羊”商标纠纷案

内蒙古小肥羊餐饮连锁有限公司(以下简称“小肥羊公司”)成立于 1999 年 9 月 13 日,其拥有第 3043421、3092512、3420327、3878260、4098504 号小肥羊文字或图文组合商标,均核定使用于第 43 类的饭店、餐厅(馆)等服务上,第 3043421 号商标曾于 2004 年 11 月 12 日被认定为餐厅、饭店服务上的驰名商标。深圳市周一品小肥羊餐饮连锁管理有限公司(以下简称“周一品公司”)在门店招牌、服务员的胸牌及点菜单上使用了一品小肥羊标识;在门店指示牌使用了周一品小肥羊等标识;在餐具和火锅电磁炉上使用含有小肥羊的商业标识;同时,在域名为“www. zypxfy. com”的网站上,除使用上述标识外,还注明版权所有为深圳市一品小肥羊餐饮连锁集团,一品小肥羊官方网站。该网站提供一品小肥羊餐饮连锁加盟登记表,并介绍一品小肥羊特许连锁店加盟程序。小肥羊公司以周一品公司的上述行为构成侵害商标权及不正当竞争为由,向广东省深圳市中级人民法院提起诉讼。一审法院认定,周一品公司的先用权主张不能成立,其使用的商业标识及企业名称侵犯了小肥羊公司的注册商标专用权及企业名称权,故判决周一品公司立即停止侵权行为并赔偿小肥羊公司经济损失 90 万元及合理支出 10 万元。周一品公司不服,提起上诉。

① 参见北京市高级人民法院民事判决书,(2007)高行终字第 179 号。

二审法院认为,依照《反不正当竞争法》(1993 年)的规定,经营者在市场交易中,应当遵循诚实信用的原则,遵守公认的商业道德;经营者不得利用广告或者其他方法,对商品的质量、制作成分、性能、用途、生产者、有效期限、产地等作引人误解的虚假宣传。在本案中,原告主张两被告存在虚假宣传的不正当竞争行为,依法应就以下事实承担举证责任:(1)原告与两被告之间具有竞争关系;(2)涉案宣传内容足以造成相关公众误解;(3)原告因涉案宣传内容遭受直接损害。

关于原告与两被告之间是否具有竞争关系的问题。涉案工商登记信息显示,原告与两被告经营范围均涉及餐饮服务行业,可以认定双方之间具有直接竞争关系,原告有权提起本案诉讼。

关于涉案宣传内容是否足以造成相关公众误解的问题。根据二审法院查明事实,被告小肥羊公司在其官方网站(www. littlesheep. com)资讯中心栏目下的公司新闻、媒体报道分栏目刊载了 25 项信息。对上述信息内容是否足以造成相关公众误解,二审法院分析如下。首先,就第 24 项《小肥羊喜获“首次公开发行最佳投资者关系奖”》之外的其他信息内容,被告小肥羊公司均向原审法院提交了有关媒体报道、奖牌等证据,并非其虚构而来。根据被告小肥羊公司提交的证据,结合火锅餐饮消费者的日常生活经验,可以确认被告小肥羊公司提供的火锅餐饮服务在国内同行业中属于规模较大、经营状况较好的一家。涉案信息内容中使用的“最具影响力”“最具成长性”“最具价值”“最受欢迎”“最佳”等用语,具有媒体报道、奖牌等使用依据,可以理解为被告小肥羊公司对自己所获荣誉、奖项及其在同行业地位的客观描述,并不存在不适当提高自己服务状况的同时贬低其他同业经营者服务的情形。其次,被告小肥羊公司仅将涉案信息内容发布于自己官方网站上,并未将其作为普通商业广告进行宣传,普通消费者只有登录上述官方网站并阅读其信息内容才可能受到影响。上述信息内容对普通消费者决定其消费行为而言影响有限。退一步考虑,即使被告小肥羊公司在涉案信息内容中使用“最具影响力”“最具成长性”“最具价值”“最受欢迎”“最佳”等用语违反管理规定,亦应由有关行政主管部门处理,并不影响二审法院对涉案信息内容是否造成相关公众误解进行认定。最后,被告小肥羊公司虽未就第 24 项信息《小肥羊喜获“首次公开发行最佳投资者关系奖”》提供证据,但该信息内容仅涉及被告小肥羊公司上市的相关信息,与是否会导致相关公众误解缺乏必要的关联性。综合考虑上述理由,可以认定被告小肥羊公司在其官方网站发布的涉案信息内容不足以造成相关公众误解。

关于原告是否因涉案宣传内容遭受实际损失的问题,原告并未举证证明其因被告小肥羊公司在其官方网站发布的涉案信息遭受直接损害,应依法承担举证不能的法律后果。

综上,原告指控被告小肥羊公司存在引人误解的虚假宣传行为,依据不足,理由不充分,二审法院不予支持。被控侵权信息内容系被告小肥羊公司在其官方网站发布,本案并无证据证明被告梅林分公司参与实施原告所指控的引人误解的虚假宣传行为,原告诉请被告梅林分公司承担法律责任,缺乏事实和法律依据,二审法院亦不予支持,故维持原判。

评析:2013 年《商标法》第 59 条①第 3 款增加了关于商标先用权的规定,这在一定程度上确认了在先使用的未注册商标的法律地位及相应的权益,也较好地平衡了注册商标权利人和在先使用未注册商标权利人之间的利益。本案在《商标法》修改的立法背景下,探讨了关于商标先用权的规则适用,特别是在理论和司法实践中都尚无定论的商标先用权抗辩中原有范围的界定问题,并在此基础上较为深入地阐释了先用权制度与注册商标制度之间的位次关系和利益平衡,为新《商标法》实施后涉及先用权抗辩案件的审理进行了积极而有益的探索。②

三、专利权的限制

由于专利权的对世性及权利人对专利权的独占权,专利权的每一次扩张,也必然增加社会公众的一项义务,即不得侵犯这种权利,否则将承担法律责任。所以在专利权扩张的过程中,社会公众所能行使权利的范围便在逐步缩小,这

① 现行《商标法》第 59 条。

② 参见广东省高级人民法院民事判决书,(2014)粤高法民三终字第 27 号。

是一种对弈的过程。[①] 同其他知识产权一样,基于公共利益与个人利益的平衡,法律设置了对专利权行使的限制。专利权的限制是指专利法允许第三人在某些特殊情况下,可以不经专利权人许可而实施其专利,且其实施行为法定不构成侵权的一种制度,主要表现为先行使用、善意侵权、强制实施等。

(一)期限限制

此即专利权的保护期。我国《专利法》从本国科学技术发展水平以及经济建设的实际情况出发,根据不同的专利类型,规定了不同的保护期限。《专利法》第42条规定:"发明专利权的期限为二十年,实用新型专利权的期限为十年,外观设计专利权的期限为十五年,均自申请日起计算。"第44条规定:"有下列情形之一的,专利权在期限届满前终止:(一)没有按照规定缴纳年费的;(二)专利权人以书面声明放弃其专利权的。专利权在期限届满前终止的,由国务院专利行政部门登记和公告。"专利权保护期期限届满后,专利权即归于消灭,该专利便成为社会和人类的公共财富,任何人都可以不受限制的无偿利用。

(二)先用权

根据《专利法》第75条第2款的规定,"在专利申请日前已经制造相同产品、使用相同方法或者已经作好制造、使用的必要准备,并且仅在原有范围内继续制造、使用的"不视为侵犯专利权。此即在申请人提出专利申请以前,任何人已经制造相同产品、使用相同方法或者已经作好制造、使用的必要准备,在该专利被授予专利权后,仍有继续在原有范围内制造或者使用的权利,即使后来专利申请获得了专利权,具有先用权的单位或个人的制造或者使用行为也不视为侵权。这是因为,专利权是一种强势的垄断权利,这种垄断常常会剥夺他人对自己劳动成果的权利,如果两人各自独立完成了相同的发明,仅仅因为其中一人现行提出了专利申请,从而导致付出了同样甚至可能更多劳动的他人无法对劳动成果享有权利,则有悖于公平原则,也不利于社会科技的发展。但是专利制度本身不允许存在两个相同的专利权。所以,为了弥补这种制度和现实之间

---

① 参见崔衍超:《专利权的限制研究》,载华东政法大学知识产权研究中心网站2004年11月3日,http://www.cniplaw.net/infoview,asp? infosid=146。

固有的缺陷，有必要承认在先创造者的在先权，允许其在适当范围内继续实施其劳动成果。

典型案例 39

“温度表(WTY－210B)”外观设计专利权纠纷案

上海中雁公司诉称：陈某于2005年3月22日向国家知识产权局申请了名称为“温度表(WTY－210B)”的外观设计专利，该专利于2005年11月30日获得批准，至今合法有效。上海中雁公司与陈某签订了专利独占实施许可合同。上海中雁公司生产的涉案产品是专供于无锡默洛尼卫生洁具(中国)有限公司(以下简称“默洛尼公司”)生产阿里斯顿热水器使用。但被告艾维公司未经专利权人许可，生产侵权产品，致使上海中雁公司日益增长的市场销路突然停止，自2006年4月以来，默洛尼公司全部使用艾维公司产品，致使我方遭受巨大经济损失，请求判令艾维公司停止侵权行为、赔偿经济损失。

被告艾维公司辩称：涉案专利的外观设计实际上是由默洛尼公司研发部研发设计人员在2004年12月初为该公司AM系列电热水器产品配套温度表研发设计。2004年12月10日，默洛尼公司把该温度表的外观设计技术要求图及效果图交给艾维公司，委托艾维公司生产与其配套的AM系列产品专用毛细管温度计。同时，默洛尼公司也将该外观设计的技术要求和效果图提供给浙江中雁温控器有限公司总经理陈某，陈某却将该外观设计申请了外观设计专利。

法院经审理查明：被告艾维公司提供的温度计图纸、模具加工及购买温度计塑料件协议、交付样品的收条均形成于涉案专利申请日前，故被告提供的证据足以证明其在涉案专利申请日前已作好制造的必要准备。而被告生产的涉案产品是专门用于默洛尼公司的热水器上使用，故其在专利申请日后仍然为默洛尼公司生产涉案产品，不构成专利侵权。原告关于被告不享有先用权，构成专利侵权的主张缺乏事实和法律依据，本院不予支持。法院判决认定艾维公司先用权抗辩成立。①

① 参见江苏省无锡市中级人民法院民事判决书，(2006)锡民三初字第0098号。

典型案例 40

"饮水杯(0506－2)"外观设计专利权纠纷案

盛纪公司系涉案饮水杯(0506－2)外观设计专利权人,该专利申请日为2014年5月26日,授权公告日为2014年10月1日。2015年6月29日,盛纪公司在星巴克咖啡店公证购买了12oz橙光不锈钢随行杯一个。该产品标识的经销商为星巴克公司,制造商为增豪公司,产品品号435180,与涉案专利相比对,两者外观相近似。盛纪公司认为上述产品落入其涉案专利权保护范围,遂将星巴克公司、增豪公司诉至法院,请求判令两被告停止侵权、赔偿经济损失及合理费用共计212,200元。

裁判分析过程:上海知识产权法院认为,被控侵权产品采用的设计与授权外观设计构成近似设计,被控侵权产品落入涉案外观设计专利权保护范围。但在案证据可以认定增豪公司在涉案专利申请日前已经制造相同产品,并且仅在原有范围内继续制造,享有先用权,其主张的先用权抗辩成立。先用权人在原有范围内继续制造相同产品不视为侵权,其制造相同产品的后续销售行为亦不构成侵权。星巴克公司系被控侵权产品的销售商,提供证据证明其销售的产品来源于享有先用权的增豪公司,其销售产品的行为也不构成侵权。

典型意义:本案系侵害外观设计专利权纠纷案,争议焦点及审理难点在于两被告主张的先用权抗辩能否成立。本判决围绕先用权人是否在专利申请日前已经制造出相关产品、相关产品是否属于相同产品、先用设计是否系先用权人自行设计或者以其他合法手段获得、先用权人是否在原有范围内继续制造等四个先用权抗辩能否成立的要件,充分评析了在案证据足以证明两被告主张的先用权抗辩理由能够成立,虽然被控侵权产品落入原告涉案专利保护范围,但两被告的行为依法不构成专利侵权,并据此驳回原告的侵权指控。该案对于先用权抗辩构成要件的评析对类似案件的审理具有一定的借鉴意义。①

---

① 参见原告盛纪(上海)家居用品有限公司诉被告上海统一星巴克咖啡有限公司、增城市增豪不锈钢制品有限公司侵害外观设计专利权纠纷案,上海法院十大知识产权案件之五(2016年)。

（三）合理使用

《专利法》第75条第4项规定“专为科学研究和实验而使用有关专利的”不构成侵犯专利权。这也被称作非营利性实施专利技术，如课堂教学、科学研究和实验过程中使用到专利技术，均不构成侵权。专利法的宗旨是促进技术进步，而专利的后续改进往往以实施基础专利为前提，法律应当允许在专利技术的基础上予以改进，从而提高社会生产力。

（四）临时过境权

《专利法》第75条第3项规定“临时通过中国领陆、领水、领空的外国运输工具，依照其所属国同中国签订的协议或者共同参加的国际条约，或者依照互惠原则，为运输工具自身需要而在其装置和设备中使用有关专利的”不构成侵犯专利权。有关交通工具临时过境的规定源自《巴黎公约》。《巴黎公约》第5条之三对船舶、飞机以及路上车辆等交通工具偶然性地进入一国领域时，该交通工具本身所用的有关专利技术不被认为是侵权。实际上，任何一个参与国际生活的国家对这一规范均予以认可，如果依据专利权对外国运输工具进行扣押或其他法律行动，必将损害国际的正常交往。因此，将“临时过境”作为专利权的例外已经成为国际惯例。①

（五）专利权用尽

《专利法》第75条第1项规定“专利产品或者依照专利方法直接获得的产品，由专利权人或者经其许可的单位、个人售出后，使用、许诺销售、销售、进口该产品的”，不再需要得到专利权人的许可或者授权，不构成侵权。这一原则也就是所谓的“首次销售”原则，是指当专利权人自己制造或者许可他人制造的专利产品上市经过首次销售之后，专利权人对这些特定产品不再享有任何意义上的支配权，即购买者对这些产品的再转让或者使用都与专利权人无关，也有人称之为“权利耗尽”或“权利穷竭”。

---

① 参见李琛：《知识产权法关键词》，法律出版社2006年版，第211页。

(六)强制许可

强制许可也称非自愿许可,是指国务院专利行政部门依照法律规定,不经专利权人的同意,直接许可具备实施条件的申请者实施发明或实用新型专利的一种行政措施。我国《专利法》专门在第六章规定了专利实施的特别许可,分述如下。

1. 防止权利滥用的强制许可

第十三届全国人民代表大会常务委员会第六次会议于2020年10月17日通过了《关于修改〈中华人民共和国专利法〉的决定》,将该条修改为《专利法》第53条:“有下列情形之一的,国务院专利行政部门根据具备实施条件的单位或者个人的申请,可以给予实施发明专利或者实用新型专利的强制许可:(一)专利权人自专利权被授予之日起满三年,且自提出专利申请之日起满四年,无正当理由未实施或者未充分实施其专利的;(二)专利权人行使专利权的行为被依法认定为垄断行为,为消除或者减少该行为对竞争产生的不利影响的。”该修改内容于2021年6月1日施行。值得注意的是,理解该条款应把握好几个问题。

(1)修改前的申请强制许可的主体是单位,而不能是个人,而修改后的申请强制许可的主体不仅是单位,也包括了个人在内。所谓单位,是指法律所规定的具有民事权利能力和民事行为能力,依法独立享有民事权利并承担民事义务的组织。

(2)提出专利实施强制许可申请的单位或个人应当具备相应的实施能力。这一般要求申请强制许可的单位或个人提供在资金上和技术上确实具有实施专利技术能力的证明资料,否则批准后无能力实施,专利局给予强制许可就没有实际意义。

(3)申请强制许可的单位应证明曾主动与专利权人就取得实施其专利的许可进行过协商,但却未能在合理长的时间内以合理的条件与专利权人达成协议,故未取得对其专利实施的许可。之所以要求强制许可的申请人在申请强制许可前应先主动与专利权人就实施其专利的许可问题自行协商,是因为强制许可毕竟属于一种限制专利权人合法利益的行为,不能在未经协商的情况下就根据一方的申请做出决定。如果强制许可的申请人在提出强制许可前能主动与专利权人联系,就很有可能通过自行协商得到专利实施的许可,从而也就没必要再去强制许可了。关于“合理长的期限”,根据我国《专利法实施细则》的规定,自专利权被授予之日起满3年后,任何单位可以依照本条,请求国家知识产权局给予实施专利的强制许可。所以,可以认为,从专利权被授予之日起满3年后,双方未能通过自行协商以合理的条件对实施该专利的许可达成协议的,申请人可以申请强制许可。关于“合理的条件”,没有一个固定的标准,应当根据所涉及的专利的具体情况来确定,例如,技术领域、市场前景、同类技术的使用费、开发该专利技术的实际投入等因素来综合考虑。

2. 为公共利益的强制许可

《专利法》第54条规定:“在国家出现紧急状态或者非常情况时,或者为了公共利益的目的,国务院专利行政部门可以给予实施发明专利或者实用新型专利的强制许可。”这种强制许可主要应是针对出现了战争、严重的社会动荡、自然灾害、大规模瘟疫流行等极端情况时,对特定专利不得已而采取的必要的强制许可措施。可见,强制许可制度不仅仅是限制专利权人滥用权利的一种措施,更重要的是作为一种为国家和公共利益的保障措施。所以,不得为商业性目的而引用本条法律规定对专利权人的专利采取强制许可。

3. 从属专利的强制许可

《专利法》第56条规定:“一项取得专利权的发明或者实用新型比前已经取得专利权的发明或者实用新型具有显著经济意义的重大技术进步,其实施又有赖于前一发明或者实用新型的实施的,国务院专利行政部门根据后一专利权人的申请,可以给予实施前一发明或者实用新型的强制许可。在依照前款规定给予实施强制许可的情形下,国务院专利行政部门根据前一专利权人的申请,也可以给予实施后一发明或者实用新型的强制许可。”这里应注意的是,适用该条法律规定给予专利实施的强制许可的基本前提,是存在两个均已取得专利的专利技术,并且应当具备两个基本条件:一是后一项专利技术的实施有赖于前一项专利技术的施;二是后一项专利技术比前一项专利技术具有显著经济意义的重大技术进步。

这是因为后一项专利技术作为从属专利,其实施必须获得前一项专利技术权利人的许可,而后一项专利技术由于比前一项专利技术具有重大技术进步,所以实施前一项专利技术不如实施后一项专利技术更加经济、先进。在这种情况下,两方专利权人都希望能够获得对方的专利实施许可,如果他们相互之间不能以合理的条件通过自行协商得到实施对方专利的许可时,就有必要通过专利局得到实施对方专利的强制许可。否则,两个专利权人将都无法实施自己的专利或者虽能实施但无法达到最理想的经济和技术效果。该制度的设置是为了推动科学技术的发展、防止阻碍先进技术的推广,并且保持先后专利权人的利益平衡。

4. 对强制许可的限制

我国《专利法》第 60 条第 2 款规定:“给予实施强制许可的决定,应当根据强制许可的理由规定实施的范围和时间。强制许可的理由消除并不再发生时,国务院专利行政部门应当根据专利权人的请求,经审查后作出终止实施强制许可的决定。”第 61 条规定:“取得实施强制许可的单位或者个人不享有独占的实施权,并且无权允许他人实施。”第 62 条规定:“取得实施强制许可的单位或者个人应当付给专利权人合理的使用费,……其数额由双方协商;双方不能达成协议的,由国务院专利行政部门裁决。”

(七)政府征用许可

根据《专利法》第 49 条的规定,国有企业事业单位的发明专利,对国家利益或者公共利益具有重大意义的,国务院有关主管部门和省、自治区、直辖市人民政府报经国务院批准,可以决定在批准的范围内推广应用,允许指定的单位实施,由实施单位按照国家规定向专利权人支付使用费。

这条规定是针对我国国有企业事业单位、集体所有制单位和个人获得的发明专利予以推广应用的一种特殊措施。值得注意的是,按照该规定的含义,被征用许可的应当仅限于发明专利,而不包括实用新型和外观设计。本条没有规定允许何类单位来实施,也没有规定具体的推广范围和推广时间,所以应当认为对该种征用许可的限制应当是比较严格的,而且做出机关是国家的最高行政机构国务院。

第三章　知识产权的管理

现代企业管理是一门高深学科，其内容之广博是前所未有的。而作为其组成部分的企业知识产权管理，更具有广泛性和特殊性。随着国际知识产权环境日趋严峻，我国企业面临国外的知识产权压力越来越大。一方面是国外的大企业在中国的重要技术领域跑马圈地，如在通讯、生物、微电子、医药等领域建立了强大的技术壁垒；另一方面是对我国的龙头企业提出侵权指控，其目的无非是要永远把持其垄断地位。同时，国内企业之间由技术竞争而导致的市场竞争也异常激烈，企业已经意识到自主创新、知识产权管理和保护对企业生存的重大意义。目前，我国企业的知识产权行为（包括知识产权的获取、管理、保护、利用等）还不能成为一种常规行为和自觉行为，而是在某一特定情形下为某一目的所为，因此，大多数企业对该等行为不能实施有效的管理，企业的知识产权管理还处于初级阶段。

通过无数案例，我们可以看到，凡是利用知识产权创造了巨大财富的公司，无一不是将公司的知识产权战略规划、管理工作、保护工作发挥到了最佳状态。对于一个现代企业来说，最大的优势来源于不断的技术创新，它提高了商品及服务的竞争力。而建立一套科学的、完整的、易于操作的知识产权管理体系对技术创新的不断涌现起到了推动作用，使创新成果利用知识产权得以固化，并在此基础上充分利用知识产权效能获取更大收益，以投入更高层次的技术创新。知识产权管理体系保证了该过程的良性循环。本部分内容将对此进行阐述。

一、知识产权管理的含义和特征

企业知识产权管理，是指企业通过一系列的规章制度、办法、措施，形成对知识产权的开发、形成、保护、利用、运行的规范运作，以推动企业自主创新，提升市场竞争力的行为。知识产权管理是企业管理的重要组成部分，是一个综合性的合规管理体系，该体系具有以下特点。

（一）超前性

由于企业知识产权管理是实现企业知识产权战略的手段，而企业知识产权战略又是企业总体发展战略的组成部分，所以在制定本企业的总体发展战略和知识产权战略时，企业是站在今后 5 年或 10 年发展的高度进行规划，具有很强的指导性。而知识产权管理的原则和手段必须以跟踪企业及其竞争行业的最新产品信息、市场信息、技术信息为基础，及时分析，提出技术创新和管理、品牌维持与更新、知识产权权利申请放弃实施等的具体方法，它必须对产品市场发展、行业技术发展具有前瞻性的认识和理解。因此，企业知识产权管理具有很强的前瞻性。

（二）综合性

知识产权管理是一项复杂的系统工程，涉及内容众多。首先，它是多项法律的综合体现。企业知识产权的管理过程，不仅体现了知识产权法的内容，还包含了对《民法典》《刑法》等内容的运用，而这种应用不是简单地依照部门法的分割运用和独立运用，而是将其有机结合、融会贯通，构成现有法律体制下知识产权管理的有效操作方案。其次，它是多种形式的综合体现。知识产权管理的实施手段涉及企业内部的相关规章制度、企业与员工的各种协议、企业与客户的协议等，还涉及企业具体的操作方法、手段和步骤等。最后，知识产权管理涉及多领域交叉问题，它是集科技、法律、经济、社会、网络等多领域内容的综合利用，只有上述内容相互协调、相互制约，才可使企业的知识产权管理真正上升到现代企业管理的行列,逐步实现企业知识产权战略目标。因此,我们称企业知识产权管理是一种系统集成式的综合管理体系,是以企业内的知识资产为基础,以创新机制为动力,兼容各种管理手段,协同推进,实现企业的可持续发展的管理方式。因此,综合性是其最大的特征。

(三)独特性

虽然企业的知识产权管理从原则、内容和目的来看是大致相同的,但各企业知识产权管理的体系架构、具体实施方案、目的却是大不相同的,每个企业都有自己的特征和烙印。一是企业的知识产权管理与企业所在的行业紧密相连,其中的各项措施都凸显了行业特点。二是企业的发展规模决定了其知识产权管理的模式。不同发展阶段的企业所面临的知识产权问题是不同的。一般来说,处于起步阶段、规模较小的企业尚不具有创新能力的科技人员,除商标权外,企业很少有明确需要保护的知识产权对象,知识产权还不能上升到企业管理层面,此时的知识产权管理是相对简单的模式。当企业具有了一定规模后,就会进入知识产权问题的多发期,如技术骨干、销售骨干的非正常流动、技术成果权属的纠纷、技术合同的纠纷、市场上的假冒产品等诸多问题都会出现。相应地,知识产权管理会进入系统、全面的管理模式阶段。三是企业的知识产权管理模式的不同还取决于自身企业文化的不同。企业文化是企业从小到大的发展过程中所秉持的理念,凝聚了企业思想、文化、理想、风格的精华,对企业的影响是深刻的。这在知识产权管理环节也不例外。因此,独特性是企业知识产权管理的又一特征。

二、知识产权管理体系的拟定

企业知识产权管理的体系、方法有很多不同的方式,每一企业都从最优化的原则出发拟订本企业的管理体系和框架。但无论何种模式,其中不可缺少的因素是企业知识产权管理组织和人员、管理内容及具体操作程序,这些最终体现为不同层级的制度及配套措施。因此,企业在规划知识产权管理体系时,便围绕这些内容,选择最为便捷、合理、有效的方式。

(一)拟定的原则

企业知识产权管理体系的拟定应遵循以下原则。

1. 便捷高效。知识产权组织机构应简洁,分工合理,管理职责明确,切忌相互推诿。

2. 易于操作。企业内部规章制度及操作规程应具有很强的可操作性,切忌纸上谈兵。

3. 符合本企业实际情况。知识产权管理体系的拟定应从本企业实际出发,切忌模仿已成功企业的管理模式。

(二)拟定的程序

拟定知识产权管理体系首先应遵循以下步骤。

1. 应对企业的知识产权状况进行调查摸底,包括以下几个大类:(1)知识产权的获取情况,如已获授权的专利、商标的数量和相关情况,已登记的软件著作权的数量和相关情况,已经提出申请但尚未授的情况,已经拥有的非专利技术成果的情况、秘密信息的情况等;(2)管理措施的情况,如有无对专利或商标申请前的查新、评估,企业实行了哪些对商业秘密的保密措施等;(3)规章制度的建立和实施状况,如企业目前已经建立了哪些管理制度,尚缺少哪些制度,制度的内容是否有与现行法律相违背之处,各项制度之间是否相互矛盾,已有制度在实施过程中存在的问题,等等;(4)知识产权的利用情况,如企业的专利、商标的转让及许可使用的情况,进行投资、融资的情况,等等;(5)有关知识产权的纠纷情况,如有无被诉侵权或他方侵权情况,有无侵权纠纷隐患,市场有无假冒产品,有无搭企业便车的不正当竞争现象,等等;(6)企业的知识产权管理机构及管理人员的问题,如企业有无专门的管理机构及专职的管理人员、机构的设置是否合理、职权是否到位、管理人员是否具有专业素养等。

上述问题只是前期摸底调查的主要内容,规模较大的企业或知识产权成果较多的企业还可对知识产权价值评估、知识产权预警、知识产权信息管理、档案管理的有关情况进行摸底调查(见表 3-1)。

表3-1 调查清单

企业知识产权问题调查清单		有（是）/无（否）
基本情况	1. 集团公司所属子公司家，其中全资家、控股家、参股家	
	2. 企业员工总人数：人	
	3. 本科以上学历的技术人员人数：人	
	4. 本科以上学历的管理人员人数：人	
	5. 技术人员和管理人员占企业员工总人数的比例：%	
知识产权管理机构及人员	1. 是否成立了知识产权管理专门机构	
	2. 是否明确了知识产权管理机构的工作职责	
	3. 是否有分管知识产权工作的高层负责人	
	4. 是否有知识产权专职（或兼职）工作人员	
	5. 知识产权工作人员是否经常参加专业培训	
	6. 是否有负责知识产权的知识产权代理人或律师	
知识产权拥有情况（截止到目前）	1. 已获得的发明专利权项	
	2. 已获得的实用新型专利权项	
	3. 已获得的外观设计专利权项	
	4. 已申请但尚未获权的专利项	
	5. 已获登记的集成电路布图设计专有权项	
	6. 已申请登记尚未获权的集成电路布图设计项	
	7. 已获得植物品种权项	
	8. 已申请登记尚未获权的植物品种权项	
	9. 已获得软件著作权登记的计算机软件项	
	10. 已进行著作权登记的作品项	
	11. 已申请注册的商标项	
	12. 已申请注册的公司域名项	
	13. 拥有技术秘密项	
	14. 已在国外获得的专利、商标等共项	
	15. 公司的产品及服务有无特定的包装、装潢或标示	
	16. 公司产品是否获得过"优质产品""名牌产品""信得过产品"等称号	
	17. 公司商标是否被认定为"驰名商标"或"著名商标"	
	18. 是否获得过科技奖项（包括政府的或行业的）	

续表

企业知识产权问题调查清单		有(是)/无(否)
知识产权战略制定	1. 企业发展总战略中是否包含知识产权战略	
	2. 是否曾开展或将开展企业知识产权战略规划的研究和部署	
	3. 是否参与国家标准、行业标准制定	
	4. 是否就每个开发项目制定专利申请计划	
	5. 是否就新产品开展过商标规划设计	
知识产权开发	1. 是否建立了网络化的知识产权信息管理体系	
	2. 在开发新技术之前,是否进行现有技术检索	
	3. 在新技术申请专利前,是否调查该领域的专利权状况	
	4. 在销售新产品之前是否做市场侵权调查、以避免被诉侵害他人权利	
	5. 对是否应该提出专利申请,有无公司内部审核程序	
	6. 对是否维持或放弃专利权,有无公司内部审核程序	
	7. 对是否申请注册商标及计算机软件著作权登记,有无公司内部审核程序	
	8. 在新技术开发计划书中有无制定对其他公司相关技术的对策	
	9. 对竞争企业的知识产权是否进行跟踪分析	
	10. 对设备、技术、产品进出口中涉及的知识产权相关问题是否先行检索	
	11. 中外合资合作中是否对合作方进行知识产权检索、核实工作	
	12. 有无明确具体的知识产权工作计划	
	13. 在实施上述计划时遇到的最大障碍是什么	
	14. 是否对新员工进行知识产权普及培训	
	15. 是否对技术人员进行知识产权专业培训	
	16. 是否对管理人员进行知识产权专业培训	
	17. 是否对本公司的无形资产特别是知识产权进行过核查、清理	
知识产权相关规章制度	1. 有无新技术、新产品开发中检索专利文献的相关规定	
	2. 有无申请专利、商标、软件著作权、集成电路布图设计专用权等报批程序的相关规定	
	3. 有无职务技术成果和非职务技术成果权利归属制度	
	4. 有无商业秘密管理制度	

续表

企业知识产权问题调查清单		有(是)/无(否)
知识产权相关规章制度	5. 有无竞业限制制度	
	6. 有无企业名称、企业标识使用管理制度	
	7. 有无产品或服务特定包装、装潢或标示的使用管理制度	
	8. 有无企业档案管理制度	
	9. 有无企业会议管理制度	
	10. 有无技术合同管理制度	
	11. 有无技术成果奖励制度	
	12. 是否分别建立了专利、商标、软件著作权、集成电路布图设计专用权等权利的使用、管理制度	
	13. 有无知识产权工作的检查、评比制度	
知识产权保护	1. 对外签订的合同中是否有知识产权保护的条款	
	2. 是否对竞争对手的纠纷进展及解决等进行分析	
	3. 是否请知识产权专家或律师参与企业知识产权保护的分析与判断工作	
	4. 是否建立了市场监督机制	
	5. 是否开展产品打假活动	
	6. 是否发生过员工跳槽带走公司商业秘密的情形	
	7. 是否发生过产品被他人假冒的情形	
	8. 是否发生过知识产权侵权纠纷诉讼案件,以何种方式结案	
	9. 是否发生过知识产权合同纠纷诉讼案件,以何种方式结案	
	10. 是否委托知识产权中介机构或律师事务所参与诉讼	
知识产权投入和利用	1. 是否建立知识产权工作专项基金	
	2. 在作价入股、资产重组过程中是否进行无形资产评估	
	3. 是否进行过许可他人实施公司的知识产权或被许可实施他人的知识产权工作	
	4. 是否进行过知识产权转让或受让他人的知识产权工作	
	5. 是否以知识产权进行投资及投资收益情况	
	6. 上一年度知识产权宣传培训费用	
	7. 上一年度知识产权信息利用费用	

续表

<table>
<tr><td colspan="2">企业知识产权问题调查清单</td><td>有(是)/无(否)</td></tr>
<tr><td rowspan="6">知识产权投入和利用</td><td>8. 上一年度权利申请及维持费用</td><td></td></tr>
<tr><td>9. 上一年度与知识产权保护相关的费用</td><td></td></tr>
<tr><td>10. 上一年度发放的与知识产权相关的奖励与奖酬费用</td><td></td></tr>
<tr><td>11. 新技术研发投入占公司总收入的比例</td><td></td></tr>
<tr><td>12. 知识产权运营收入占总收入的比例</td><td></td></tr>
<tr><td>13. 技术转让与许可在知识产权运营收入中的比例</td><td></td></tr>
</table>

2. 对上述调查摸底的情况进行全面的分析总结,形成调查报告。

调查报告目的在于分析企业在知识产权管理中存在的亮点及漏洞,阐明其形成原因和对企业的影响,并提出解决方案。该方案应以调查摸底的情况为基础,深入浅出,提出的解决方案可以是一个,也可以是多个,供企业领导者和专业人士讨论酌定。

3. 对调查报告进行讨论,确定企业的知识产权管理体系结构和内容。

企业主管领导应广泛听取企业各相关部门的意见和建议,对调查报告的内容充分讨论,在此过程中还应参考成功企业的管理模式,听取专家意见,最后确定本企业采取的管理模式和具体内容。

由于知识产权管理体系的专业性,在拟定过程中,企业应聘请律师事务所、知识产权中介服务机构等专业人员为其提供相关业务支持,保证该体系的高质量,以形成企业的长效机制。

(三)涉及的内容

对于处于发展阶段的企业来说,知识产权管理体系一般涉及以下几类内容。

1. 企业的知识产权管理机构和人员。这是保证该管理体系正常运行的基础,是企业的骨骼和脉络,该机构设置得是否合理,是否可以有效地运行该管理体系,是可否达到知识产权管理既定目标的关键。而知识产权管理人员则是体系中的血液,他们专业素质的高低、工作是否到位、培训教育的好坏都决定了该体系的实施效果和推进的深度和广度。

2. 完备的知识产权管理的规章制度。依照管理制度的层级可以将知识产权管理的规章制度分为企业知识产权保护及管理的总体制度和各项分制度，总体制度相当于企业知识产权管理的宪法级制度，而各分项制度均是依据总体制度设定的原则来制定；依据被管理对象的不同，各分项制度可以分为以下管理制度：企业专利管理办法；企业商标管理办法；企业著作权管理办法；企业计算机软件管理办法；企业商业秘密管理办法；企业竞业限制管理办法；企业名称、标志、产品包装装潢的使用管理办法；企业知识产权权利归属管理办法；企业员工发明创造、合理化建议奖励办法；企业技术档案管理制度；企业技术会议管理制度；企业知识产权合同管理办法；企业知识产权培训管理办法。

上述制度只是知识产权管理体系中管理制度分类的方法之一，企业可以根据自己的需要进行详尽的分类。例如，有的企业按照知识产权的创造、获取、维护、放弃、保护的阶段进行分类。但无论管理制度的形式如何，被管理的对象都是相同的。每项管理制度均应明确管理目的、管理对象、管理原则、管理人员、管理程序、奖励与处罚、制度的修订与解释权的归属等内容，做到规范化管理。

3. 为落实上述各项制度采取的具体措施及手段。如为落实《企业商业秘密管理办法》，要配套以企业员工的保密承诺书、商业秘密确认表、解密表、离职声明等；为落实《企业竞业限制管理办法》，要配套以新员工入职声明、竞业限制承诺书，等等。各项制度的落实均依靠具体的手段和措施，只有这些手段和措施完备了，才有可能激活该体系。

三、知识产权管理体系的具体内容

（一）企业知识产权管理机构

企业的知识产权管理机构是为本企业的知识产权事务的规范管理而设立的专门机构。从目前我国企业的现状来看，建立了专门机构的企业少之又少，绝大多数企业在遇到知识产权纠纷时，临时组织相关部门的人员进行工作，由主管领导进行决策。这种临时性的工作小组经常因为权限范围、协调能力、专业知识、工作程序等问题致使工作效率低下，甚至延误战机或商机。而知识产权战略的拟定、知识产权日常管理、信息管理等还不能提到日程之上。对这些企业来说，建立知识产权专门机构是实现上述事务管理规范化的基本步骤之一，具有非凡意义。

1. 企业知识产权管理机构的任务及职责

无论管理机构的组织形式及人员的多少，其任务和职责均应包括以下内容：(1)根据本企业的总体规划制定知识产权战略规划，可以是三年规划，也可以是五年规划，但应与企业总体规划相适应，起到辅助企业总体规划实现的作用。该规划每一年都可根据实施情况进行修正，其他的管理工作是实施规划的具体步骤，均应围绕该规划进行；(2)制定和完善企业内部知识产权管理保护的各项制度，制定各项辅助制度实施的措施；(3)负责各类知识产权的申请、注册、维护等工作；(4)负责知识产权的许可、转让、质押、对外投资等经营工作；(5)负责企业知识产权纠纷处理工作；(6)负责企业对外合同中知识产权条款的谈判、拟定并监督履行；(7)负责企业知识产权的宣传和员工的培训工作；(8)负责企业知识产权信息的收集、分析及管理；(9)负责提出对与知识产权相关的奖励或处罚建议，并协助相关部门执行。

2. 知识产权管理机构的组织形式

企业知识产权管理机构的形式是多样的，一般应根据企业规模的大小、知识产权事务的多少及企业的管理模式来设置，并没有绝对的好或不好之分。在现实中，企业的知识产权管理组织形式也是五花八门的。有的规模较小的企业的知识产权管理机构并不是常设机构，而是在有知识产权事务时，临时开会讨论和决议；有的企业的知识产权管理机构中也没有专职管理人员，只是在相关的部门临时调集人员处理知识产权事务。这对小企业来说是一个过渡的办法，但最终应建立常设机构，配备专职人员。

最常见的组织机构形式有两种：(1)集中型的纵向管理模式；(2)分散型的纵向管理模式。

集中型的纵向管理模式是指自上而下的一种金字塔式的、管理权利绝对集中的管理形式，自上而下分为最高管理层、二级管理层、三级管理层，等等。最高管理层一般由企业总经理、技术部门主管、法务主管组成，该层一般为非常设机构，主要负责对重大知识产权事务的决策，而真正实施管理的部门为其下设

部门，根据企业的规模来决定下设部门的多小。该模式适用于规模较大的企业，如拥有众多下属企业的集团化公司。（见图3－1）

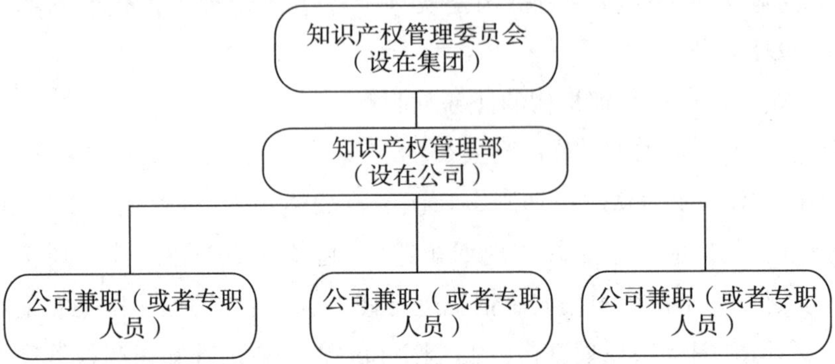

图3－1　集中型的纵向管理模式

这种管理机构模式具有权责分明、命令统一、决策迅速、管理高效等优点，有利于集团对下属公司知识产权进行系统的管理。这种依级别划分管理层的方式使每一层均同时涉及专利、集成电路布图设计专用权、商业秘密、商标、著作权等业务，对管理人员的业务素质要求较高。因此，专业人才的培养是这类企业的重要任务。

分散型的纵向管理模式是指由最高层、按专业或职能划分的中间层和第三层构成的，也是自上而下的，只不过管理层是以职能部门来划分的。最高层为决策机构，中间层根据企业内部业务分布，可分为商业秘密主管部门、专利主管部门、商标主管部门、软件著作权部门等，第三层为各部门下的办事机构和人员。该种模式适用于知识产权事务众多的企业。（见图3－2）

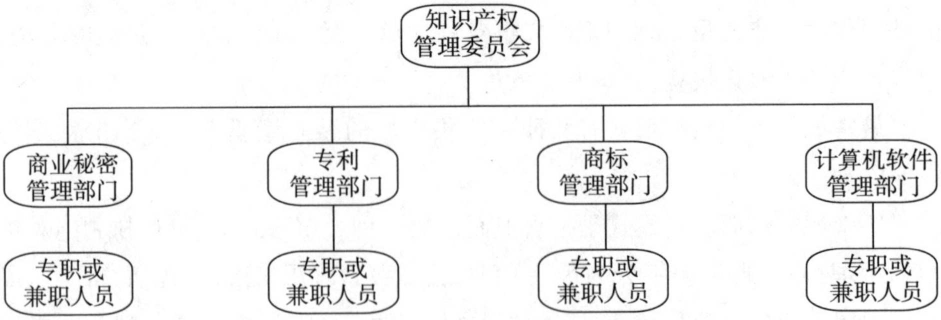

图3－2　分散型的纵向管理模式

这种模式分工细致、专业化强,可将具体工作做得更到位。知识产权的日常管理、纠纷处理等均可在具体职能部门完成,在涉及其他部门的相关问题时,由最高层协调完成。国外的拥有大量知识产权的公司多数都采用此种模式。

在我国企业中,多数采用的都是上述两种模式的变形。企业根据自身需要,或对部门设置有所删减,或对部门职能有所调整。有的将知识产权管理部门设置在公司法律部门,还有的设置在公司综合部,有的则专门建立了知识产权管理部。近年来,我国也涌现出了一些知识产权管理的优秀企业,凭借出色的管理机制,这些企业的知识产权管理工作有声有色,取得了很好的社会效益和经济效益。

(二)企业知识产权管理人员

知识产权管理人员的业务水平、管理能力及勤勉精神是决定企业知识产权管理成败的关键因素。不难看到,在知名企业里聚集了许多高水平的知识产权管理人才。这些人员无论是高级管理人员或从事某一项具体管理工作的人员,无一不是为企业作出了重要贡献的优秀人才。

从目前来看,在我国只有极少数企业的知识产权管理机构可以完全依靠自身能力完成知识产权管理中的各项工作,而绝大多数的管理机构在专业性问题上还要依靠知识产权律师或其他知识产权服务机构。据统计,在我国企业中从事知识产权管理工作的人员主要由两部分人员组成:一类是法务人员,另一类是技术人员。他们在实践中积累了一些管理经验,对一些简单的知识产权问题可以进行判断。而知识产权管理的最高层领导一般由一名公司副总担任,负责重大事务的决策。

由于企业对知识产权管理人才的需求旺盛,很多高校都开设了旨在培养复合型人才的知识产权双学士专业,一些民间组织也经常开办知识产权管理的培训课程,在很大程度上提高了这部分人员的综合素质。但应当注意的是,知识产权管理人才培养是一个长期的过程,首先,取决于国内知识产权保护和管理大环境的改善;其次,取决于企业对管理人才培养的重视程度。目前,我国正处于技术、信息飞速发展的时代,知识产权领域不断涌现新的热点、难点问题,只有不断加大对管理人才的培养,才可以跟上时代发展的步伐。

(三)企业知识产权管理制度

该制度是企业知识产权管理的第一级制度,相当于企业知识产权管理“宪法”。该制度是根据企业总体规划和知识产权规划来制定的,其宗旨是最终实现企业规划目标。该制度具有原则性、指导性,是各分项管理制度的依据。

该制度应包括如下主要内容。

1.本企业所涉知识产权的范围

不同企业产生的知识产权可能是不同的,有的企业在经营中可能涉及知识产权的所有类型,有的企业则不会。该制度调整的范围应首先予以确定。从目前我国相关知识产权法律来看,知识产权的范围是明确的。企业在确定范围时应从宽考虑。目前没有的知识产权类型,也许不久的将来会出现。

2.企业知识产权管理机构

该制度应明确知识产权管理机构,包括机构如何设置、组织形式、主管领导等,最重要的内容是管理机构的职能及每层机构的具体职能划分,这既决定了管理机构将来的工作范围,也是对管理机构和管理人员进行考核评定的依据。

3.企业知识产权管理经费

很多企业的知识产权管理工作不能有效推进,与管理经费问题有很大关系。没有建立经费使用办法,知识产权的管理便是空中楼阁。企业应重视建立知识产权管理专项经费使用制度问题,将其规定在管理制度之内,以便在具体工作中有法可依。有关管理经费的内容主要包括费用额度、费用使用范围及费用的使用管理等。有的企业以公司上一年度营业额为基数确定一定比例作为该费用额度;有的企业确定为一具体数额。而该费用可以根据知识产权管理机构的工作内容明确具体使用范围,如用于权属申请、权利维持、知识产权培训、诉讼仲裁等费用开支。企业对该费用应建立独立会计账簿,由知识产权管理机构和财务部门共同管理、监督使用。

4.知识产权管理的具体工作内容

管理机构的工作内容应具体明确,如在研发过程中的具体工作、在权利申请过程中的具体工作、在知识产权利用方面的具体工作、在职务与非职务成果管理方面的工作、在商业秘密管理方面的具体工作等,该制度的规定应尽可能明确、具体。

(四)企业专利管理办法

企业的专利管理办法是依据企业知识产权战略规划和企业知识产权管理制度来制定的,是主要针对在研发过程中产生的可申请专利的技术方案进行的,其重要的环节在于企业对于已产生的技术是否申请专利、专利申请过程、授权后使用全过程的监控。这主要应包括如下内容。

1. 研发阶段的管理工作

如对企业确定的研发技术进行跟踪,分析本领域的技术发展状况等,防止企业重复开发、资源浪费;对项目研发中的文件进行有效管理,如封存研发、设计计划、进程记录、实验记录等。

2. 成果阶段的管理工作

(1)小组及所在技术部门向知识产权管理机构提出申请并附技术说明。

(2)应建立评估机制。知识产权管理机构在收到申请后应组织相关部门对此进行评估,评估内容如下。

①对该技术的专利性的评估,即对其《专利法》上所要求的新颖性、创造性、实用性进行初步判断,该判断应依据对相关技术的权威检索做出。

②申请专利的必要性和可能性。一项技术方案研发成功后,是否要申请专利应进行综合判断,如是否可以有效阻止竞争对手,申请专利及保护专利的成本估算、因申请专利公开技术导致被仿制的风险等。一项技术并非只有获得了专利权才是最好的,不能只为得到专利权而去申请专利。对于计划将该技术转让或许可使用、投资入股的应申请专利。

③作为技术秘密保护的可能性和必要性。一项有价值的技术在获得专利保护之外,也可以作为商业秘密得到保护。如不属于《专利法》保护范围的技术、不容易被他人仿制的技术、更新较快的技术,都适于从商业秘密的角度进行保护。

④公开该技术的可能性。对于自己不想申请专利也不希望其他企业获得专利权的技术,可以考虑用公开技术的方式使该技术丧失新颖性。

⑤该技术的市场前景和风险。如专利产品的开发周期、开发费用、专利产品的寿命等应予以考虑。

⑥如申请专利的,对专利类型选择的评判。由于发明专利、实用新型专利

和外观设计专利的审批时间、文件要求、保护期限、三性的要求均不同,企业应根据需求选择申请类型。

⑦申请专利的时机选择。对决定申请专利的,应尽快申请,抢得在先申请日;减少丧失新颖性的可能。管理机构应就上述分析作出评估结论,报决策领导审批。

3. 申请阶段的管理:技术资料的准备、与专利代理公司的交流及委托等。

4. 授权后的使用管理:维持费的缴付、专利权放弃的审查批准程序、许可、转让、质押、投资等审查批准程序。

5. 发生纠纷时的处理:发生被侵犯专利权事件或被诉侵权的,应首先进行调查、咨询与判断,由管理机构会同技术部门和法律部门提出解决方案,报决策领导审批。

6. 对违反该办法的部门及人员的惩处。

(五)企业商标管理办法

企业商标管理办法与上述专利管理办法相同,都是依据企业知识产权战略规划和企业知识产权管理制度来制定的,是针对企业商标权和域名持有权的申请和管理。其主要内容如下。

1. 由知识产权管理机构立项,提出商标或域名设计要求,交由设计部门完成。

2. 对设计部门完成的商标或域名设计,由知识产权管理机构进行评估,评估内容如下。

(1)申请商标专用权或域名持有权的必要性。在申请商标时,应考虑与本企业的其他商标是否可以构成联合商标或防御商标,从多角度和多层次上利用商标。

(2)查新检索情况。应委托专门机构进行查询。

(3)商标或域名的合法性、原创性、显著性。申请的商标不能侵犯他人的在先权利,这些权利包括他人在先已经享有的商标权、商号权、外观设计专利权、著作权、姓名权、肖像权等,域名设计不得侵犯他人在先的商标权、商号权。

(4)商标的艺术性。商标文字、图样或其组合应具有美感。

(5)商标所用商品或服务类别的确定。

管理机构应作出评估结论,报决策领导审批。

3. 对确定申请权利的,与代理机构确立委托。

4. 对已核准的商标专用权或域名持有权的维护、续展等日常管理。

5. 对已核准商标的规范使用的管理。如使用范围的规范,包括在产品上的使用、在企业办公用品上的使用、在宣传资料上的使用、在办公场所或服务处所的使用等。在使用时,应按照商标注册证核准注册的商标图样和核准使用的商品或服务使用商标、不得擅自更改原商标图样、正确使用商标标记、商标标示的印制应委托有资质的印制单位等。

6. 对商标的经营管理,如对商标的许可使用、转让、质押、投资入股的管理,主要是规范上述经营行为的合同。

7. 对商标争议案件的管理,包括具体工作部门和处理程序。

8. 对商标纠纷案件的处理,包括企业商标被诉侵权或发生他人对本企业商标侵权的情形。

9. 对违反该办法的部门及人员的惩处。

(六)企业著作权(计算机软件)管理办法

该办法与上述专利管理办法相同之处在于企业要建立内部申报制度和审查制度,对计算机软件的日常管理、使用管理及纠纷处理与上述两办法相差不大,其主要区别是知识产权管理机构对开发部门申报的计算机软件应评估如下内容:一是软件登记的必要性;二是该软件的市场前景预测;三是该软件的独创性及先进性;四是该软件与近似软件的优劣分析;五是该软件的技术保护措施的分析;等等。

(七)企业商业秘密保护办法

商业秘密是一种无形财产,是每一个企业都涉及的问题,它关乎企业生存的基础,是体现企业在市场竞争优势的武器,掌握这些商业秘密的员工对企业具有极高的价值,但同时具有故意或过失泄密的风险。根据我国相关法律法规的规定,制定本企业的商业秘密管理制度,从企业和员工两方面进行规范,使保守企业商业秘密的行为纳入知识产权管理的轨道。该办法应主要包含如下内容。

1.商业秘密的定义及范围

目前，我国《反不正当竞争法》已明确了商业秘密的定义，即商业秘密是指不为公众所知悉、具有商业价值并经权利人采取相应保密措施的技术信息、经营信息等商业信息。应首先使用该定义确定本企业商业秘密，然后依据该定义确定本企业商业秘密的具体范围。每个企业均有与其他企业不同的商业秘密。在本书中，建议按照经营信息和技术信息将应保密的商业秘密的具体事项列入。

(1)经营信息

一般来说，企业的经营信息是指与企业经营运转有关的信息，主要指与企业的管理诀窍、财务状况、市场策划、客户状况等有关的信息，包含以下内容：①公司尚未实施的经营战略、经营方向、经营规划、经营项目及其他相关的经营性决策；②公司财务预算决算报告及各类财务报表、统计报告等各类财务性报告；③公司已经或准备实施的营销策略、进销渠道、购销合同、购销价格、价格浮动计划和标准；④公司领导会议的决定、公司的年度规划、总体经营状况报告；⑤尚未公开的机构调整及负责人变动信息；⑥公司的重大对外合同协议；⑦公司项目意见书、可行性研究报告；⑧重要的董事会、经理会、技术研发论证会会议记录；⑨公司客户资料、往来记录、合作内容等信息；⑩公司员工人事档案内容、工资收入等；⑪招投标中的标底和标书。

(2)技术信息

企业的技术信息是指与技术相关的数据、设计、计算机程序、产品配方、工艺、方法等，可以包含以下内容：①技术研发策略和方案；②已申请专利但尚未公开的技术内容；③各类研发成果及实验数据；④产品配方、专用设备、生产工艺和生产方法；⑤新产品模型、样品、试用结果。

企业应尽可能将需要保密的内容详细列入，技术信息应写名技术的具体名称。一般认为，以下信息不属于保密信息，如无须对外保密的公司规章制度、通知、公司产品宣传样本、调试手册、一般技术资料、产品鉴定报告、运行报告等，不应列在企业商业秘密范围内。

2.对企业商业秘密需承担保密义务的人员

对一个企业来说，确定员工是否承担保密义务是以其是否可以接触到企业的商业秘密作为判断依据的，因此，该范围是很大的，不仅高层管理人员和技术人员可以接触到,文秘、文件管理人员也有可能接触到,只是接触的范围有所不同而已。该类人员均应归入需承担保密义务的人员范畴而在本制度中加以明确,一般包括如下人员:(1)公司的董事、总经理;(2)高层管理人员,包括副总经理、总经理助理、四大中心主任和副主任;(3)高级技术研发人员;(4)般技术研发人员;(5)技术工人;(6)市场策划人员;(7)财务人员;(8)统计人员;(9)销售人员;(10)秘书和从事保密文件管理的档案人员。

保密人员应和企业签订保密协议,不同人员约定不同的保密范围。

3. 保密义务的内容

保密义务是禁止性条款,应该予以明确,承担保密义务的员工均应遵照执行。保密义务主要指以下内容:(1)不得将保密信息披露给任何第三人,包括公司内部人员、家庭成员;(2)不得将保密信息用于本职工作之外的任何其他用途,包括但不限于将保密信息的全部或部分进行演绎、汇编等;(3)未经公司许可,不得将保密信息进行复印、复制、另行储存于任何数据存储器或检索系统;(4)未经公司许可,不得将含有保密信息的书面文件、磁盘、光盘、样品、视听文件等擅自带出公司;因工作原因需带出公司的,应得到公司主管部门领导的书面许可,在此情况下,携带保密文件的员工应尽妥善保管之义务;(5)公司员工在对外谈判、起草、签订合同时,必须对合同中的保密事项进行约定,保密条款需经公司合同主管部门审核同意;(6)生产岗位员工不得将原材料带出厂外;(7)公司员工拟发表论文内的,其论文内容须经公司审核,公司经审核后书面同意的,才可公开发表;(8)公司员工代表公司参加记者会、招待会、新闻发布会等公开会议的,其发言的具体内容须经公司事先审核同意;(9)公司员工无论何种原因离职的,应将含有保密信息的所有记录和资料(包括任何形式的)交还公司,不得存留任何复制品,并且向公司书面保证"已将上述记录和资料全部归还,且未留任何复印件及复制品",否则,公司不予办理离职手续;(10)公司员工在公司工作期间及离开公司后,不得利用公司的保密信息自己或与他人合作开展业务,也不得许可任何第三人利用公司的保密信息开展业务;(11)公司员工若发现泄密事件发生或将要发生,有义务及时报告公司,以便公司采取补救措施。

4. 保密措施

根据我国法律对商业秘密的定义,保密措施是构成商业秘密的必要条件之一,对于一个保密信息而言,必须有相应的保密措施。在司法实践中,保密措施已成为案件成败的关键因素。广义的保密措施包括物理措施、企业的保密制度及企业与员工之间签订的保密协议,本部分所述的是保密制度中的物理保密措施,保密措施的疏或严是企业对自己的商业秘密重视程度的体现。一般来说,保密措施应包含以下方面:(1)公司对保密资料设专人保管,责任到人。(2)公司对应予保密的书面文件盖“绝密”、“机密”或“秘密”印章;对公司电脑中储存的保密资料在进入之前应有保密提示;对应保密的样品、模型等应制作保密标示。(3)公司的商业秘密依其对公司的重要程度划分为“绝密”、“机密”和“秘密”三级,除公司董事长有权知晓全部保密信息外,绝密级保密信息只限于董事长指定的人知晓,机密级保密信息只限于负责该项工作的主管人员知晓,秘密级保密信息只限于相关工作人员知晓。(4)绝密级保密信息的使用需经董事长批准,机密级保密信息的使用需经董事长指定的负责人批准,秘密级保密信息的使用需经所属部门负责人批准。(5)公司在向员工交付保密材料时,应制作交接单,经手人员共同在交接单上签字。(6)保密资料管理人员对保密资料的使用人、使用目的、使用时间、使用方式、工作内容、归还情况等应做完整记录。(7)定期向员工发放保密资料通知单,由员工签字认可,该认可视为员工已明确知晓该资料为公司的保密信息。(8)无关人员不得进入研究、实验场所。(9)在生产区域划定保密区,无关人员不得进入。

负有保密义务的员工应与企业签订保密协议,一般来说,保密协议是劳动合同的组成部分,或作为劳动合同附件。由于负有保密义务的员工离职会对正在研发的技术或正在实施的经营行为产生很大的影响,这种影响的一个重要方面即可能出现泄密的后果,所以企业可在劳动合同或保密协议中约定脱密期。原劳动部在《关于企业职工流动若干问题的通知》中规定:“用人单位与掌握商业秘密的职工在劳动合同中约定保守商业秘密的有关事项时,可以约定在劳动合同终止前或该职工提出解除劳动合同后的一定时间内(不超过6个月),调整其工作岗位,变更劳动合同相关内容。”依上述规定,企业可以与负有保密义务的员工就该员工要求解除劳动合同的提前通知期作出约定,在合同解除前的一段时间内,该员工脱离原工作岗位或变更其工作内容,同时,企业可采取适当措施,让企业的商业秘密得到更好的保护。

5. 保密期限

很多公司的保密制度中都规定了保密期限，一般为3～5年。实际上，员工的保密义务的产生是基于他有机会接触公司的保密信息。只要该信息处于保密状态，员工的保密义务就存在，而不论时间长短及员工是否还在本企业工作。保密信息一旦解密，保密义务也就不复存在。可以设想，如果将保密期限规定为3年，在保密信息还未解密的情况下，员工在第4年的第一天就可以将该秘密信息广而告之了吗？答案当然是否定的。因此，建议企业在保密期限条款中规定：公司员工对保密信息承担的保密义务不受时间限制，即保密义务是无限期的，无论其是否还在公司工作，直到保密信息解密为止。

6. 解密程序

对于已经没有保密意义的信息，企业应该予以解密，并告之全体员工。没有保密意义的信息包括以下信息：一是已经没有保密价值的信息；二是在国内外已经公开的信息；三是在一定范围内公开、采取措施已难以弥补的信息；等等。对于上述信息，应由公司相关部门提出解密建议，由知识产权管理部门审核。公司同意解密的，应以书面形式告之全体员工。

7. 违规处罚

作为一项制度，罚则是必不可少的，有警示才能见到效果。对于违反本规定的员工，公司应依据相关法律予以处罚。值得注意的是，处罚的形式及内容应该符合我国《劳动法》的相关规定。对于侵犯公司商业秘密的员工，企业可以采取以下方式追究其法律责任。

(1)向工商行政管理部门提出申请，请求对责任人进行查处，由工商行政管理部门对侵权事实予以认定，责令停止违法行为，并作出行政处罚。根据原国家工商行政管理局《关于禁止侵犯商业秘密行为的若干规定》，可根据情节处以1万元以上20万元以下的罚款。

(2)向公安、检察机关举报，请求对责任人予以立案侦查。由司法机关依法追究责任人的刑事责任。根据《刑法》第219条规定："有下列侵犯商业秘密行为之一，情节严重的，处三年以下有期徒刑或者拘役，并处或者单处罚金；情节特别严重的，处三年以上十年以下有期徒刑，并处罚金"；①以盗窃、贿赂、欺诈、胁迫、电子侵入或者其他不正当手段获取权利人的商业秘密的；②披露、使用或者允许他人使用以前项手段获取的权利人的商业秘密的；③违反保密义务或者违反权利人有关保守商业秘密的要求,披露、使用或者允许他人使用其所掌握的商业秘密的。明知前款所列行为,获取、披露、使用或者允许他人使用该商业秘密的,以侵犯商业秘密论。本条所称权利人,是指商业秘密的所有人和经商业秘密所有人许可的商业秘密使用人。

(3)向人民法院提起诉讼,根据《反不正当竞争法》的规定要求责任人赔偿因其侵权行为给公司造成的经济损失。届时,公司可依据《民事诉讼法》第106条规定请求法院依法查封、扣押、冻结责任人的相关财产。

(4)根据侵权事实及情节,给予责任人扣发奖金、其他劳务收入、工资等经济处罚。

(5)解除劳动合同。

(八)企业竞业限制管理办法

竞业限制的概念最早出现在原国家科学技术委员会《关于加强科技人员流动中技术秘密管理的若干意见》中,该意见第7条规定:“单位可以在劳动聘用合同、知识产权权利归属协议或者技术保密协议中,与对本单位技术权益和经济利益有重要影响的有关行政管理人员、科技人员和其他相关人员协商,约定竞业限制条款,约定有关人员在离开单位后一定期限内不得在生产同类产品或经营同类业务且有竞争关系或者其他利害关系的其他单位内任职,或者自己生产、经营与原单位有竞争关系的同类产品或业务。凡有这种约定的,单位应向有关人员支付一定数额的补偿费。竞业限制的期限最长不得超过三年。”之后,一些地方性法规中出现了竞业限制的规定。我国新出台的2012年《劳动合同法》第23条第2款规定:“对负有保密义务的劳动者,用人单位可以在劳动合同或者保密协议中与劳动者约定竞业限制条款,并约定在解除或者终止劳动合同后,在竞业限制期限内按月给予劳动者经济补偿。劳动者违反竞业限制约定的,应当按照约定向用人单位支付违约金。”

从上述的规定来看,企业对竞业限制实施管理,其目的是防止企业的商业秘密被披露和被他人利用而遭受损失,竞业限制只是一种手段,而非结果。企业通过内部规章制度规范竞业限制的各个方面来平衡企业与员工的利益。企业竞业限制管理办法应包含如下内容。

1. 竞业限制的定义

竞业限制是指员工在职期间及离职后的一段时间内，不得利用在职期间掌握的公司的商业秘密，自己生产、经营与公司有竞争关系的同类或近似的产品或服务，不得在生产同类或近似产品或经营同类或近似业务并具有竞争关系或其他利害关系的企业任职。可以看出，竞业限制分为在职期间的竞业限制和离职后的竞业限制两个阶段，而在行为上也分为两种：一种是自己进行生产经营；另一种是到有竞争关系的企业任职。

2. 竞业限制义务人的范围

如上所述，竞业限制的目的在于保护企业的商业秘密，竞业限制是一种非常严格的手段，从某种意义来说，它限制了员工的就业权和劳动权的行使，因此，竞业限制人员的范围应当严格控制在高级管理人员和技术骨干范围内，不可能对大多数人适用。《劳动合同法》第24条规定："竞业限制的人员限于用人单位的高级管理人员、高级技术人员和其他负有保密义务的人员。"在本管理办法中，应将竞业限制义务人列明。根据上述规定，一般来说，竞业限制义务人包括以下几类：(1)公司的董事、经理；(2)高层管理人员，包括财务主管人员、技术主管人员、营销主管人员、行政主管人员；(3)下属各职能部门的正、副经理；(4)骨干技术人员。

3. 具有竞争关系或其他利害关系的企业范围

企业可以根据本行业的特点和实际情况，拟定该范围。如果可以确定具体企业，也可将企业名称列入。根据市场发展情况，该范围有可能是变化的，企业有权对此进行修改。

4. 竞业限制义务的内容

竞业限制义务与保密义务一样，均属禁止性条款，应该予以明确，承担竞业限制义务的员工均应遵照执行。竞业限制义务主要包括以下内容：(1)在职期间不得在与公司有竞争关系的企业任职或兼职；(2)在职期间不得担任与公司有竞争关系的企业的顾问；(3)在职期间不得直接或间接向与公司有竞争关系的企业投资；(4)在职期间及离职后的竞业限制期限内不得自行组建或与他人共同组建经济实体与公司进行竞争；(5)离职前、后均不得抢夺公司的客户；(6)在离职后竞业限制期限内，不得到与公司有竞争关系的企业任职或任顾问；(7)在离职后，不得引诱公司其他员工离职。

5. 竞业限制期限

该期限是指在职期间及离职后的一段时间。《劳动合同法》规定,竞业限制义务人在解除或终止劳动合同后的竞业限制期限最长为2年。企业可根据本行业特点及本企业商业秘密的具体情况确定离职后的竞业限制期限,但不得超过2年。

6. 竞业限制补偿

竞业限制义务人在职期间履行竞业限制义务是当然的,并不需要企业支付补偿金,而对于离职后履行竞业限制义务,企业必须支付经济补偿金。如果不支付的,员工则免除了竞业限制责任。目前,我国法律未规定经济补偿金的标准,企业可以根据员工在职时的岗位、工资收入、承担竞业限制的期限、范围等因素确定补偿金标准。但是最高人民法院《关于审理劳动争议案件适用法律问题的解释(一)》第36条规定:"当事人在劳动合同或者保密协议中约定了竞业限制,但未约定解除或者终止劳动合同后给予劳动者经济补偿,劳动者履行了竞业限制义务,要求用人单位按照劳动者在劳动合同解除或者终止前十二个月平均工资的30%按月支付经济补偿的,人民法院应予支持。前款规定的月平均工资的30%低于劳动合同履行地最低工资标准的,按照劳动合同履行地最低工资标准支付。""员工应企业的要求签订竞业限制合同,自愿限制择业,员工的生活质量不应因此受到影响,这应当作为确定补偿费给付标准的基本原则。员工的专业技能水准越高,其在限制之外就业能力越低,企业给付的补偿费就应该较高;竞业限制的范围和限制区域越广,人才的就业选择就越少,补偿费也应相应提高。"①补偿金条款可以规定如下:(1)竞业限制义务人离职的,公司应就其在离职后约定时间内(不得超过2年)的竞业限制义务支付补偿费。(2)该补偿费的标准为:企业与员工约定。(3)竞业限制义务人在离职时,不得以放弃竞业限制补偿费为代价,换取其竞业限制义务的终止。如果竞业限制义务人在离职时不领取竞业限制补偿费的,视为其放弃补偿费,但公司与其就竞业限制义务的约定依然有效。

7. 违规处罚

如果竞业限制义务人违反本规定造成侵犯商业秘密后果的,企业完全可以

① 参见北京市海淀区人民法院民事判决书,(2007)海民初字第17465号。

依照前述的商业秘密管理办法中的处罚方式给予处罚,如果没有造成侵犯商业秘密的后果的,企业也可以规定给予扣发奖金、其他劳务收入、工资等经济处罚,情节严重的,可以解除劳动合同。

(九)企业名称、标示、产品包装装潢的使用管理办法

企业的名称、商标、标示、产品的包装装潢都与企业形象紧密相联,为维护和提升企业的良好形象和商业信誉,打击假冒产品及不良企业的搭便车行为,对其规范使用是非常必要的,本管理办法应包含如下内容。

1. 企业名称的定义

企业名称是指经工商部门核准登记注册的、享有专用权的名称。商号是企业名称的法定构成要素。在本办法中,应将公司已经工商部门核准登记注册的名称及商号列明。企业有简称的,应列明简称。

2. 企业商标、标志的定义

企业商标是指公司已申请并经商标部门核准的商标;企业标志是指公司使用的,由文字、图形及色彩组成的名称及缩写等标志。在本办法中,商标、标志具体式样应明列,并附图形。

3. 产品包装装潢的定义

产品包装装潢是指产品外包装上使用的由文字、图形及色彩组成的名称、图形的总汇。产品包装装潢应达到渲染和美化商品的作用,应具有一定的显著性和独特性。在本办法中,公司确定的产品包装装潢式样应明列,并附图形。

4. 公司名称、商号的使用规范

企业在生产经营活动中对于名称的使用应严格、规范,具体应做如下规定:(1)公司的对外合同、文件应严格依照工商部门登记核准的名称,且应使用公司全称;(2)公司在内部公示的各项规章制度、决定、通知亦应使用工商部门登记核准的名称,且应使用全称;(3)公司内部各部门转递的文件、各部门的业务文件可以使用公司的简称;(4)公司的信笺、办公用品、办公室日常用品等可以使用公司的商号、简称;(5)在公司的宣传活动中,可以使用商号、简称。

5. 公司商标、标志的规范使用

企业在生产经营活动中对公司商标、标志的使用,具体应做如下规定:(1)在公司产品、产品的包装、产品交易文书、宣传广告及展览活动等业务中如

需使用公司商标、标志的，相关部门应向公司书面申请，获得准许后方可使用；(2)公司的商标、标志只能使用在公司业务中，不得用于其他目的；(3)对公司商标的使用应严格遵守商标部门核准的商标式样，不得自行改变商标的形状、字体、图案、数字、颜色及其组合；(4)使用公司商标的，不得自行改变注册人的名称、住址和其他注册事项；(5)在公司的产品包装、产品说明书或其他附着物上使用商标的，应标明“注册商标”或者“R”注册标记；(6)对公司标志的使用应严格遵守公司确定的式样，不得自行改变标志的形状、字体、图案、数字、颜色及其组合。

6. 产品包装装潢的规范使用

企业在生产经营活动中，对产品包装装潢的使用，具体应做如下规定：(1)对公司产品包装装潢的使用应严格遵守公司确定的式样，不得自行改变其文字、图形、色彩及其组合；(2)公司确定的产品包装装潢只能使用在公司产品上，不能用于其他场合；(3)在包装用品的委托加工合同中，应向加工企业明确包装用品的具体要求，并提供式样；(4)在包装用品的委托加工合同中，应向加工企业明确其不得向其他企业提供公司的包装用品；(5)对加工企业交付的包装产品应严格验收，如发现不符合要求的产品，应予退货，不得使用，并要求加工企业将不合格的包装产品予以销毁。

同时，本办法还应规定各部门及员工如发现其他企业有使用与公司的名称、商标、标志、产品的包装装潢相同或相近似的名称、标志、包装的情形的，应及时报告公司，以便公司采取对策，减少损失。

(十)企业知识产权权利归属管理办法

知识产权及其相关权利都是智力劳动的成果，都是由人的大脑完成的，但根据相关法律规定，成果并不一定归完成者所有，在一些情况下，虽然是员工完成的发明创造，但专利申请权及专利权却归企业所有。一个智力劳动成果在何种情况下归员工所有，在何种情况下归企业所有，及如何管理这类问题，应在企业的规章制度中予以明确。我国《专利法》中关于职务发明创造的相关规定、《著作权法》中关于职务作品的相关规定是本管理办法的主要法律依据。

本管理办法应包括如下内容。

1. 知识产权及与之相关的智力活动成果的范围

本办法应结合企业实际规定适用成果的范围，一般来说应包含以下权利：(1)技术成果，包括专利、专利申请、技术秘密、计算机软件、集成电路布图设计(作品，发明、实用新型、外观设计，商标，地理标志，商业秘密，集成电路布图设计，植物新品种)等；(2)商标、域名；(3)著作权及其邻接权；(4)企业标志、服务标记、产品的包装装潢；(5)其他需要保护的来自智力活动产生的权利。

在本办法中，企业应尽量列明适用本办法管理的权利种类。

2. 技术成果的归属

技术类的成果的归属原则是相同的，可以规定在以下情形下完成的技术成果属职务技术成果，由此产生的权利归公司所有：(1)履行公司的岗位职责和在本职工作中作出的；(2)承担公司交付的工作任务中作出的；(3)主要利用公司的物质、技术条件作出的，包括公司的资金、设备、器材、原材料、未公开的技术信息和资料等；(4)员工无论任何原因离职的，在离职后的若干年内完成的与其在公司工作期间的本职工作或承担的任务有关的技术成果。

3. 职务技术成果的使用权限

技术成果归公司所有的，如该技术成果申请专利的，专利申请人为公司，专利授权后，公司为专利权人；如申请软件著作权登记的，公司为该软件的著作权人；若上述技术成果未申请专利的，该技术成果的使用权和转让权归公司所有。

4. 公司商标、域名、企业标志、服务标记、产品的包装装潢的归属

该类权利属标示类的权利，归属原则应相同，在以下情形下完成的公司商标、域名、企业标志、服务标记、产品的包装装潢设计归公司所有：(1)员工在职期间，在本职工作中完成的设计；(2)员工在职期间，接受公司委托完成的设计；(3)员工在非本职工作、非接受公司委托情况下完成的设计，被公司采用且员工同意的；(4)上述设计无论是员工独自完成的还是与他人共同完成的，该设计均属公司所有。

5. 公司商标、域名、企业标志、服务标记、产品的包装装潢的使用权限

上述设计如申请商标注册的，公司为商标申请人，申请被核准的，公司为商标权人；上述设计申请注册公司域名的，公司为申请人，注册完成后，公司为该域名的持有人和管理人；其他未注册商标的公司标志、服务标记、产品的包装装潢的使用权归公司所有，设计完成人只有在在职期间为公司业务的目的才可

使用。

6. 著作权及其邻接权的归属

在本管理办法中,规定在以下情形下完成的作品的著作权及其邻接权归公司所有:(1)主要利用公司的物质条件创作。(2)由公司主持、代表公司意志创作并由公司承担责任的。(3)为完成公司工作任务创作的。(4)同时可以将上述作品范围及形式做如下解释:①作品包括但不限于工程设计、产品设计图纸,各种财务报告、统计报告,各种计划书、报告、工作总结,价格表、销售图表,产品说明书、投标文件,项目意向书,可行性研究报告,合同协议文本等;②上述作品包括文字作品、美术作品、图形作品、建筑作品、影像作品等;③上述作品包括纸件形式,也包括其数字化形式。

7. 著作权及其邻接权的使用权限

上述作品自其创作完成之日起,著作权及其邻接权归公司所有,著作权中的人身权利和财产权利均由公司行使。人身权利包括:作品的署名权、发表权、修改权和保护作品完整的权利;财产权包括复制权、发行权、出租权、展览权、表演权、放映权、广播权、信息网络传播权、摄制权、改编权、翻译权、汇编权、等我国《著作权法》赋予著作权人的财产权利。

8. 权利应归公司的其他情形

企业应根据自身情况制定一些更为实际的规定,如规定在以下情形下,知识产权归公司所有:(1)受公司派遣常驻其他企业的员工,在派出后完成的与原在公司的本职工作或工作任务有关的发明创造;(2)员工出国访问、进修、留学、委托高校培养期间完成的与原在公司的本职工作或工作任务有关的发明创造;(3)在公司学习、进修或开展合作项目研究的学生、研究人员参与公司课题或承担公司任务所完成的发明创造。

9. 权利归员工所有的情形

在本办法中,也要明确规定权利归员工所有的情形,如员工在职期间完成的与其本职工作无关且与公司派给的工作任务无关的技术成果及各类设计、作品等,其知识产权属员工所有。

10. 违规处罚

对于违反本管理办法的员工,应明确处罚措施,对于将应属公司的知识产权以个人名义申请专利、商标、域名、计算机软件著作权登记的,或将公司非专利技术擅自使用、转让的,公司有权采取如下措施:(1)如果已完成注册的,必须将权利人变更为公司;如果尚在申请过程中,必须如实向公司陈述情况,听从公司的安排;(2)如员工拒不变更的,公司有权向人民法院提起权属诉讼,如给公司造成经济损失的,公司可依据《民事诉讼法》第106条规定请求法院依法查封、扣押、冻结该员工相关财产;(3)使用、转让公司的非专利技术获利的,应将其获利无条件上缴公司;(4)根据事实及情节,给予该员工扣发奖金、其他劳务收入、工资等经济处罚;(5)解除劳动合同。

(十一)企业员工发明创造、技术改进及合理化建议奖励办法

该奖励办法是企业激励机制的一个组成部分,是鼓励员工开展发明创造、技术改进、合理化建议活动的长效措施,对提高企业劳动生产率和经济效益、自主创新均有显著作用。本办法应主要包括如下内容。

1. 发明创造、技术改进和合理化建议的定义

本办法应首先将发明创造、技术改进和合理化建议的定义明确:(1)发明创造是指对一项产品、方法或其改进作出的新的技术方案;对产品的形状、构造或其结合作出的新的技术方案;对产品的形状、图案、色彩或其结合作出的新设计,该新技术方案和新设计是可以申请专利的。(2)技术改进是指对机器设备、工具、工艺技术等方面所作的改进和革新。(3)合理化建议是指有关改进和完善公司经营管理方面的办法和措施。经营管理包括质量、标准、计划、物资、设备、财务、销售、人力资源、信息等方面的管理。在公司组织、制度、方法和手段等方面提出带有改进、创新因素的办法和措施,经实施后对提高公司素质、管理效能、经济效益或社会效益有明显的作用和成效的,也视为合理化建议。

2. 奖励的范围

企业根据自身实际情况确定奖励范围,在一般情况下,企业对以下范围内的发明创造、技术改进和合理化建议应予以奖励:(1)申请专利并获授权的;(2)获得国家、市级和区级科技奖及行业科技奖的;(3)公司确定的项目完成后,经评审通过的;(4)其他虽未在公司立项,但实施后确对公司产生积极效益的,且经公司评审后同意给予奖励的。

3. 受奖励的人员

本办法规定的受奖励人员应是对发明创造、技术改进和合理化建议作出实

质性贡献的员工个人，一般具体指以下人员：（1）专利证书上载明的发明人、设计人；（2）国家、市级和区级科技奖、行业科技奖的奖励证书上载明的项目参加人；（3）经公司评审通过的项目的参加人；（4）其他经公司评审同意给予奖励的技术改进和合理化建议的参加人。

4. 奖励类型

企业的奖励分为以下类型：

（1）一次性奖金。下列人员可获得一次性奖金：①专利证书上载明的发明人、设计人以及国家、市级和区级科技奖的奖励证书上载明的项目参加人；②在经营管理方面、公司组织、制度、方法和手段等方面合理化建议的参加人。

（2）效益性奖金。员工作出的发明创造、进行的技术改进，在经过公司的实施并由此获得利润的情况下，方能获得效益性奖金，该奖金不适用于经营管理方面、公司组织、制度、方法和手段等方面合理化建议的参加人，该类参加人只享受一次性奖金。

5. 奖金具体额度

奖金额度根据企业状况确定，但应符合相关法律规定，如《专利法实施细则》中关于对职务发明创造的发明人或设计人的奖励和报酬的规定，该规定有以下三项：

（1）一项发明专利的奖金最低不少于3000元，实用新型专利和外观设计专利的奖金最低不少于1000元。

（2）企业在专利权有效期内实施发明创造专利后，每年应当从实施该项发明或者实用新型专利所得利润纳税后提取不低于2%或从实施该项外观设计专利所得利润纳税后提取不低于0.2%，作为报酬支付发明人或设计人；或者参照上述比例，发给发明人或设计人一次性报酬。

（3）单位许可他人实施专利的，应当从许可实施该项专利收取的使用费纳税后提取不低于10%作为报酬支付发明人或设计人。

上述规定虽然是针对国有企业的，但对其他性质的企业均有参考意义。

在本办法中，奖金额度可以具体规定如下。

①一次性奖金

企业可以在本办法中具体规定奖金数额，如根据专利权的类型不同、获奖的类型不同，奖金具体数额为：

发明专利：____元；

实用新型专利：____元；

外观设计专利：____元；

国家级科技奖：____元；

市级科技奖：____元；

区级科技奖：____元；

行业科技奖：____元；

经公司评审通过的技术改进奖：____元；

经公司评审通过的合理化建议奖：____元；

上述奖金也可规定一个数额区间。

②效益性奖金

公司在实施专利、技术改进或合理化建议后，每年应当从实施该项成果所得利润纳税后提取不低于____%作为效益性奖金；

如果公司不实施而许可其他单位或者个人实施的，应当从许可实施该项成果收取的使用费纳税后提取不低于____%作为效益性奖金。

效益性奖金支付期为年。

6. 奖金发放时间

(1)一次性奖金。①对专利发明人或者设计人：自专利权公告之日起3个月内；②对国家、市级和区级科技奖及行业科技奖参加人：自颁发奖励证书起3个月内；③对经公司评审通过的技术改进和合理化建议参加人：自公司评审通过后3个月内。

(2)效益性奖金。应分别不同情况进行规定，如：①对实施1年后才见效的，自实际获得利润之日起的3个月内发给奖金；②可以预先计算出年获利数额的，应从决定采纳该技术或建议之日起3个月内发给奖金；③必须实施若干年后才能一次性见效的项目，应从估算出所获利润之日起3个月内发给部分奖金，待全部利润实现后，补发差额部分。

(十二)企业知识产权合同管理办法

知识产权合同是企业合同的一个类型，很多其他类型的合同都会涉及知识产权条款，很多企业将所有合同统一管理，也有的企业将知识产权合同单独管理。无论何种管理方式,本办法都应包含如下内容。

1. 知识产权合同管理的内容和管理部门

知识产权合同管理内容包括知识产权合同立项、意向接触、资信调查、知识产权权属调查、商务谈判、合同条款拟定、审查会签、签字、备案审核、履行、变更、终止、解除、纠纷处理、立卷归档等全过程。

知识产权合同管理由知识产权管理部门和法务部门共同负责。

公司知识产权合同统一编号。

2. 管理职责

知识产权管理部门全面负责合同的管理和监督工作,配备专职人员,主要工作是制定公司知识产权合同编号规则,监督各业务部门的执行情况;制定、管理和推行知识产权合同的统一或规范文本;对所有知识产权合同予以分类存档。

法务部门参与各类重大知识产权合同的论证、谈判、起草、签订及合同纠纷的处理;检查合同签订、履行情况,协助主管领导处理合同履行中出现的问题和纠纷。

3. 知识产权合同的签订

(1)谈判阶段

首先应收集有关情报、资料及相关政策法规,对对方进行资信调查,进行项目可行性分析,设计合作方案,商定合同的基本条款,使合同基本成型;然后与对方就合同主要条款或争议条款进行反复协商,形成正式合同文本。合同谈判若涉及重大财务、法律内容,应组成由公司财务、法律等专业人员参加的谈判组进行谈判。合同谈判过程应有谈判记录或会议纪要。

合同谈判组应对对方的主体、资信、知识产权权属等情况尽审慎审查义务,进行详细了解、调查,防止恶意磋商、合同诈骗、自始履行不能等情况发生。

(2)签署阶段

知识产权合同应报知识产权管理部门和法务部门审批;

在签订合同前要求对方提供营业执照副本、资质证明、知识产权权属证明及代理人证明等文件资料的原件进行核对,并留存复印件;

法务部门应参与重大合同的谈判、起草、审查、签订等程序,如标的额较大的合同、涉外合同、法律关系极为复杂的合同等。

4. 合同的履行、变更、解除

知识产权管理部门合同管理员应定期检查监督合同的履行情况,若发现问题应及时向主管领导汇报。

因公司或对方原因需要变更、解除合同时,对解除或变更的部分应重新签订合同;如因对方原因解除合同致使公司造成经济损失的,应要求对方赔偿损失。

公司向对方发出的终止合同、解除合同、质量数量异议书、解决方案建议书等,应书面送达对方,由对方签收后应将收条归案保存;对方拒不签收的,应视情况采用公证形式送达。

当对方发生违约行为时,公司应及时采取适当措施防止损失的扩大,核算对方违约给公司造成的损失,并保存好相应的物证、书证、证人证言等证据资料。

合同管理人员应将合同履行、变更、解除、中止及终止情况的一切资料归档。

5. 合同纠纷的处理

当合同发生纠纷时,承办人应及时报告知识产权管理部门和法务部门处理。首先应采用协商、调解方式解决;协商或调解能够达成一致时,就协商结果应依合同签订程序签订书面协议。协商或调解不能达成协议时,可依合同约定选择仲裁或诉讼方式解决纠纷。

法务部门是公司诉讼案件的处理部门,对于重大疑难案件经知识产权管理部门决定后,由法务部门委托律师代理诉讼。

合同履行中发生纠纷的,合同管理员应报法务部门备案,同时应收集下列有关证据:(1)合同文本,包括附件、变更或解除的协议、与合同有关的传真、电子邮件、信函、谈判记录、视听材料等;(2)有关的票据、票证;(3)实物、样品、鉴定报告、检测结果等;(4)证人证言等。企业应根据自身需要,将上述各项细化。

(十三)企业保密档案管理办法

企业保密档案是企业商业秘密的载体。本管理办法目的还在于保护企业的商业秘密不被披露及非法使用,这是企业商业秘密管理中的一个环节,同时制定本办法还可以加强对保密档案的收集、整理工作,有效地保护和利用保密档案,为企业各项工作提供服务。本办法中应包括如下内容。

1. 保密档案的定义和形式

保密档案即公司保密信息的载体,也可以称为商业秘密的载体,关于商业秘密的定义和范围在上述的企业商业秘密管理办法中即有明确规定,企业应注意在这两个制度中对商业秘密的定义应一致。保密信息包括技术信息和经营信息,那么保密档案也可以分为技术档案和经营档案。

在过去若干年中,保密档案只包含纸质资料及产品样品,但目前保密档案的载体极为丰富,包括机打或手写书面文件、草稿、绘图、图表及其数字化形式,还包括模型、样品、磁盘、光盘、网盘、录音文件、视频文件等。企业应将已有及将来可能拥有的载体形式一一列明。

2. 保密档案管理机构及职责

一般来说,企业的保密档案工作由知识产权管理部门主管,由办公室或综合部门负责具体工作,设置档案室并配备专职档案管理人员。

(1)知识产权管理机构的主要职责如下:①贯彻执行有关法律、法规和国家有关方针政策,建立、健全公司的档案工作规章制度;②指导公司文件、资料的形成、积累和归档工作。

(2)具体负责部门的主要职责如下:①收集和接收保密档案;②按规定保管保密档案;③为公司利用保密档案提供服务。

(3)保密档案管理人员应符合如下条件:①与公司签订保密协议,承诺保守公司商业秘密;②遵守公司有关保密的规章制度;③具备档案管理专业知识。

3. 保密档案管理流程

保密档案管理流程是档案的收集、整理、立卷、借阅、归档的全过程,企业对此应有详细的规定。一般应采用下列步骤。(1)对符合公司商业秘密管理办法中关于商业秘密定义的档案资料,及时收集,确定密级,采取保密措施安全保管。(2)按照公司商业秘密管理办法中规定的保密措施,严格履行保密信息流转的审批权限和交接程序。(3)借阅标志有密级的档案,须经有知悉权的人员书面批准,在档案室内指定的地点阅览。保密范围的书面数据资料不得脱离档案保管场所。(4)复制、摘抄保密信息应填写保密档案复制、摘抄审批表,并经负责人书面批准,仅限复制摘抄人使用,并承诺对所复制摘抄的内容承担保密责任。

4. 档案密级的确定标准

档案密级的确定标准，一般有如下区分：(1)绝密级：是指公司最重要的商业秘密，如泄露会使公司的经营、交易安全和利益遭受特别严重的损害。(2)机密级：是指公司重要的商业秘密，如泄露会使公司的经营、交易安全和利益遭受严重的损害。(3)秘密级：是指公司一般的商业秘密，如泄露会使公司的经营、交易安全和利益遭受损害。

上述三个密级的档案由公司知识产权管理部门确定。

5. 解密程序

对于符合公司商业秘密管理办法中解密条件的保密档案，由保密档案具体负责部门制作保密档案解密报告，经知识产权管理部门报公司主管领导书面批准后解密。

6. 销毁程序

对于已经解密且不具有使用价值的档案，由保密档案具体负责部门制作档案销毁报告，经知识产权管理部门报公司主管领导书面批准后，由二人以上在场予以销毁。

7. 违规处罚

有下列行为之一的，对直接负责的主管人员或者其他直接责任人员给予扣发奖金、工资的处罚；造成严重后果的，公司有权解除劳动合同。构成犯罪的，依法追究刑事责任：(1)涂改、伪造档案的；(2)擅自出卖或者转让、赠送保密档案的；(3)以任何明示或者暗示的方式向任何第三方披露、泄露保密信息；(4)擅自许可他人使用保密档案；(5)使用保密档案从事与公司经营行为无关的活动；(6)损毁、丢失保密档案的。

(十四)企业技术会议管理办法

本办法是从保护公司商业秘密的角度出发的，其中的措施达到了保密措施的效果，但其意义远不止保密。这也是很容易被企业忽视的环节。技术会议主要指技术研发会、技术讨论论证会、业务专题会议，不仅包含了公司的研发方向、方案，有时还包含了具体的数据、解决路径，因此，技术会议管理具有以下意义。

1. 执行公司商业秘密管理办法的重要措施。会议纪要的记录内容及参会人员签字足以证明员工接触并知晓该技术秘密,有义务进行保密。

2. 技术秘密权属证据之一。在商业秘密权属争议案件中,这些技术会议记录可以证明争议的技术是企业独立开发出来的,来源合法,企业有权对其行使使用、转让及许可等权利。

3. 企业技术在先的证明,可以作为不视为侵犯专利权的抗辩理由。会议纪要的记录不仅记录了技术本身的研发过程,还体现了研发的时间。根据《专利法》第 75 条的规定,在专利申请日之前已经制造相同产品、使用相同方法或者已经作好制造、使用的必要准备,并且仅在原有范围内继续制造使用的,不视为侵犯专利权。该会议纪要对此起到很好的作用。

4. 职务发明的有利证据。会议纪要的内容证明了该技术是在单位立项、组织下进行的,属单位的工作任务,也可以证明该技术利用了单位的技术资源和物质资料、资金等,成为判断职务成果和非职务成果的重要依据。

本办法主要内容有两个:一是严格限制参加人员;二是制作会议纪要,所有参会人员必须在会议纪要上签字。

技术会议的参加人员应限定在直接参与技术研发、实验、制作过程的技术人员和公司技术主管领导,辅助人员应有选择地派人参加,无关人员应禁止参会。

技术会议必须制作会议纪要,内容包括会议时间、地点;出席人员姓名、应到人数、实到人数、未出席人员缺席原因;会议议题、议程;表决事项及结果;出席会议人员应在纪要上签名。

会议纪要应交由保密档案管理部门依照程序进行管理。

(十五)企业知识产权培训管理办法

为使企业员工深入、细致地理解公司的各项知识产权制度,在工作中将其融会贯通、落实到位,企业应有计划地开展知识产权培训活动,将培训工作纳入知识产权日常管理中。知识产权培训管理办法应包含以下主要内容。

1. 培训工作主管部门

一般来说,企业的知识产权培训工作由知识产权管理部门主管,负责拟定培训计划,确定培训方式、培训人员、培训时间、地点及培训内容,进行培训总结等。

2. 培训方式

企业知识产权培训采取脱产培训和在职培训相结合的培训方式,多以在职培训为主、脱产培训为辅。(1)脱产培训是指员工在参加培训期间脱离工作岗位,无须承担具体工作。(2)在职培训是指在日常工作中对员工的培训,即通过讲课、研讨、听报告、操作等方式实现的培训,在培训过程中,员工不脱离工作岗位。

3. 培训种类

企业培训种类一般可作出以下规定:(1)内部培训:指企业内部举办的各种培训活动。(2)外部培训:为开拓思路,触发灵感,进一步提高知识产权管理水平和业务能力,公司可将表现突出的员工选送到外部专业培训机构参加短期培训课程,包括各种外部教育机构、培训中心所办的短期培训课程、交流会等培训活动。(3)个人进修:公司鼓励员工到大专院校或专业培训机构进修学习,包括攻读知识产权学位及其他资格证书考试、培训等。(4)外地考察:为拓宽视野、丰富经验,公司将组织表现突出的员工到外地优秀企业考察。

4. 培训内容

知识产权管理部门根据公司业务需要拟定计划,确定每次培训的具体内容。知识产权培训的主要包括以下内容:(1)知识产权的基本原理;(2)知识产权申请相关知识;(3)知识产权管理及运营的相关内容;(4)知识产权管理的相关内容;(5)知识产权信息利用相关内容;(6)知识产权保护的相关知识;(7)本公司与知识产权相关的各项制度的内容及实施状况。

5. 知识产权培训工作的管理

公司知识产权培训工作管理内容包括:(1)受培训的员工必须在指定时间、地点参加培训,若因工作原因或其他特殊情况无法参加培训,须由所在部门出具证明,否则按旷工处理;(2)公司员工应参加每年不少于一定时间的知识产权培训,培训情况作为考核员工的依据之一;(3)培训结束后,知识产权管理部门应对培训效果进行评估,以调整培训计划和内容。

6. 培训费用

培训费用一般包括以下两类:(1)公司为自身发展的需要组织的员工培训,培训费用由公司承担。(2)员工个人自行进行的学位进修等培训,费用首先由本人承担。公司将根据员工的工作年限、进修内容与其在公司从事的具体业务的关联性等决定是否予以报销,具体内容由双方签订的培训协议予以约定。

应当注意的是,企业与员工就培训签订的协议应符合《劳动合同法》的规定,如企业为员工提供培训费用的,员工违反服务期约定时,企业与员工约定的违约金数额不得超过企业提供的培训费用,而且不得超过服务期尚未履行部分所应分摊的培训费用。

(十六)为落实上述各项制度采取的具体措施及手段

上述制度是一个企业知识产权管理体系中内部规章制度的主要内容,在每一制度下,都应有相应的执行措施。

如为顺利执行专利、商标、计算机软件管理制度,应制作专利、商标、计算机软件内部申报表、制定评估标准、出台专利、商标、计算机软件的转让及许可的审批表等,这些配套措施都有利地支持了已有制度的实施。

为落实《企业商业秘密管理办法》,要配套以企业员工的保密承诺书、离职声明等,员工在入职时就要签订保密承诺书,在离职时,应在离职声明中承诺已将保密资料交还公司。同时,还要配合以商业秘密确认表、解密表等。

为落实《企业竞业限制管理办法》,要配套以新员工入职声明、竞业限制承诺书,等等。在入职声明中要承诺与原单位不存在竞业限制义务、未带走原单位的保密资料、在工作中不会使用原单位的商业秘密等。

企业应根据自身已有制度制定相应的配套措施和手段,依靠这些手段和措施落实制度。

四、公司解散时知识产权的处理

公司的终止、解散、注销等,都是公司主体资格的消失,其法律概念是公司解散。公司解散是指已经成立的公司,因为公司章程规定或法定事由的出现而停止公司的经营活动,并开始公司的清算,使公司的企业法人资格最终消亡的法律行为。该行为实际上是由一系列的法定程序构成的,包括依法进行清算、清理债权债务、清理未结业务、向股东分配剩余财产、进行注销登记等，完成这些程序还需要一定的时间。在公司解散程序办理的这段时间内，公司的法人资格并未消灭，但其行为能力是受到严格限制的，公司只能从事与清算有关的活动，不得开展与清算无关的经营活动。实际上，公司解散最大的实体问题是公司财产处置问题，如债务清偿、清算费用的支付、财产变卖或拍卖、剩余财产的分配等。知识产权作为公司资产，处置原则与公司其他财产是相同的，但由于其财产的无形性，在处理的细节上会有别于有形资产及货币资产。我国《公司法》对公司解散时财产处理的相关问题做了规定。

(一)公司解散的事由

根据《公司法》的相关规定，在出现以下情形时，公司解散。

1. 公司章程规定的营业期限届满的

在发生该情形时，如果公司股东不愿解散公司，股东可以通过修改公司章程的方式，如延长营业期限，来达到不解散公司的目的。这是因为在公司章程中，公司的营业期限是明确规定的。

2. 公司章程规定的其他解散事由出现的

除期限营业届满外，公司章程中还有可能规定了其他公司解散的情况，当这种情况出现时，公司解散，如果股东不愿解散的，只有通过修改公司章程的方法达到目的。修改公司章程应遵守法定的程序，召开股东会或股东大会，对修改章程作出决议。有限责任公司要经持有 2/3 以上表决权的股东同意，公司章程的修改才为有效。对于股份有限公司来说，同意的股东必须达到或超过出席股东大会会议的股东所持表决权的 2/3，章程的修改才为有效。

3. 股东会或股东大会决议解散的

公司在经营过程中，由有限责任公司股东会经代表 2/3 以上表决权的股东通过，或者股份有限公司股东大会经出席会议的股东所持表决权的 2/3 以上通过，可以解散公司。

4. 因公司合并或者分立需要解散的

公司进行吸收合并时，被吸收公司解散。公司进行新设合并时，合并的各方解散。如果公司将财产分割，设立两个或两个以上的新公司时，原公司解散。

5. 依法被吊销营业执照、责令关闭或者被撤销的

在这种情况下，公司已无法存在，只能解散。这种解散称为强制解散。

6. 人民法院解散公司

公司经营发生严重困难，继续存续会使股东利益受到重大损失，通过其他途径不能解决的，持有公司全部股东表决权10%以上的股东，可以请求人民法院解散公司。这种情况主要包括两种：一是公司经营存在严重困难，财务恶化，虽然没有达到破产的境地，但继续维持会使股东利益受到更大损失；二是股东之间分歧严重，股东会或股东大会不能正常召开，处于僵局状态。

（二）知识产权财产的处置原则和程序

公司解散的财产处置是有一定时间性和程序性的，对知识产权财产的处置也要遵循相同的原则。

1. 处置财产的主体

根据《公司法》的相关规定，清算组是处置公司财产的法定机构。清算组是公司解散过程中依法产生的、专门负责公司清算事务的机构。由于公司在进行合并或分立时，被解散的公司的资产及其债权债务应当依照合并、分立程序，由合并或分立后存续或新设立的公司承继，无须通过清算程序来处理和清理，不需要成立清算组。除此之外，公司因其他事由解散的，都要经过清算程序处理财产问题和债权债务问题。因此，清算组是处置公司知识产权唯一合法的机构。

2. 处置财产的时间

公司解散的事由一旦出现，就应该尽快进行清算，以及时终结公司的各种法律关系。根据《公司法》的相关规定，应当在解散事由出现之日起15日内成立清算组，开始清算。如果逾期不成立清算组进行清算的，债权人可以向人民法院提出申请，请求人民法院指定有关人员组成清算组进行清算。

3. 处置财产的程序

（1）清算组首先应清理公司财产，编制资产负债表和财产清单。清算组应对公司所有的知识产权项目进行清理，凡是在有效期内的专利权、商标权、著作权、集成电路布图设计专用权、植物新品种权等，都应逐一列入无形资产栏目中，同时，技术秘密也应该列入。这样使公司现存的知识产权一目了然，便于后

期的操作。

(2)在编制了财产清单后,清算组应制定清算方案。清算方案必须经股东会、股东大会通过,如果是人民法院组织清算的,清算方案应经人民法院确认,才可执行。在清算方案中,对公司的知识产权一般采用的是拍卖或变卖变现的方式进行处置。

(3)委托评估机构进行评估,委托拍卖机构拍卖或经过技术市场进行交易。在技术市场进行交易完全依靠双方的协商定价。知识产权的拍卖是指以公开竞价的形式,将知识产权转让给最高应价者的市场交易方式。知识产权的拍卖活动必须符合我国《拍卖法》的相关规定。为企业解散而进行的知识产权拍卖与人民法院为民事执行而委托的拍卖不同,其应采取无底价拍卖的形式,即指在拍卖前,清算组与拍卖机构不确定拍卖的底价,在拍卖时只要产生最高应价,拍卖即可成交。如果采用有底价拍卖的方式,在拍卖时不能达到清算组与拍卖机构先行确定的底价的,拍卖则不能成交。这样不利于知识产权财产尽快变现,影响清算工作的顺利进行。竞买人的最高应价经确认后,拍卖成交。

(4)拍卖成交后,清算组和买受人应当持拍卖人出具的成交证明及相关材料,办理知识产权转让手续。经过技术市场交易的,应按照知识产权行政管理部门的要求,办理知识产权转让手续。

【风险提示】

公司解散时的知识产权处置问题在实践中存在很大漏洞,有的公司已经进行了注销登记,却还没有对知识产权进行任何处理,有的知识产权在评估及拍卖程序中极不规范,侵害了公司股东及债权人的利益。我们发现,公司解散时,知识产权评估价格过低、成交价格过低是一个普遍现象,有的知识产权被作为零资产处理,这种现象导致了公司财产的隐性流失,真正受到损害的还是股东及公司的债权人。这主要是由于相关人员对知识产权是公司资产的重要组成部分认识不够、急于变现清结造成的。公司在解散程序中处理知识产权时应注意以下问题。

(1)评估程序应当规范,原则应当合理。知识产权的特性决定了其评估方法不同于有形资产,不能简单套用有形商品的价值评估方法,应充分考虑该知识产权的研发成本及其将在今后一定时期内带来的效益。应尽量以合理的价格进行转让，一方面，可以继续发挥知识产权的作用；另一方面，也可以最大限度地实现其经济价值，维护公司股东及债权人的利益。因此，建议清算组应当委托专业的无形资产评估机构进行评估。

(2)公司在正常经营中，拍卖知识产权时，可以对知识产权的所有权进行拍卖，也可对其使用权进行拍卖，这完全是公司知识产权运营过程中的选择。而在公司解散过程中，拍卖的只能是所有权。此时，公司保留所有权已经无任何意义。

(3)根据我国《拍卖法》的规定，拍卖人应当在拍卖前展示拍卖标的，并提供查看拍卖标的的条件和资料。拍卖标的的展示时间不得少于两日。拍卖程序是公开的，拍卖标的的各细节应明确，以便竞买人充分了解拍卖标的，在此基础上进行判断，参与竞价。对于商业秘密来说，是要依靠秘密性来维持其价值的，只要公开了，其价值即全部丧失。因此，商业秘密不适宜用拍卖的形式变现。

第四章　知识产权的利用

企业不论获得何种形式的知识产权，只代表企业拥有了创造财富的基础，而将知识产权的权利变成企业财富，还需要一个过程，有时这个过程很漫长，这就是知识产权利用的过程。企业在获得了知识产权之后，该如何行使这些权利，行使的方式、时间、效果等都是企业应综合考虑的因素，目的只有一个，即最大限度地创造财富，取得行业垄断地位。目前，大多数国内企业对知识产权的运用仍处在刚刚起步阶段，操作手段还显稚嫩，还有很多权利闲置一旁，企业没有去主动运用。在综合利用知识产权方面与国外企业，尤其是与国外大企业相比还有一段距离。本部分内容将介绍知识产权利用的主要方式及应注意的问题。

一、知识产权的转让

转让是知识产权利用的主要方式之一，也是在实践中最常遇到的民事行为，以下将按照权利的类型予以说明。

（一）专利权转让

专利权是一种财产权，是可以转让的。专利权转让是权利主体的变更，这种变更可以因为法律事件的发生而依照法律规定直接产生，如在专利权人死亡（自然人）、组织分立、合并等情况下，专利权依法转移至继承人，或转移至有权继受其权利的单位或组织；但更多的转让是专利权人的主动行为。在企业认为其没有能力实施自己拥有的专利技术、企业自己实施的成本比不上转让的效益或在企业没有实施计划的情况下，转让专利权是一种很好的调整专利部署的途径，对于那些以研发为主的企业来说，转让专利权更是收回成本、进行融资、增加效益的重要渠道。对于专利购买方来说，是短时间内增加专利储备最直接的方法，也是全面垄断市场、阻止竞争对手、突破技术壁垒的方法。

根据我国《专利法》的规定，不仅专利权可以转让，专利申请权也是可以转让的。专利申请权是指专利申请人在向专利局提出专利申请之后，对该"专利申请"享有的权利，主要指一项专利在申请后授权前这段时间内享有的权利，如对申请进行修改的权利、陈述意见的权利、提出分案申请的权利、撤回申请的权利等。专利申请权转让的直接后果就是在该专利授权后，受让的专利申请人成为专利权人。

在专利申请权和专利权转让过程中，企业应充分重视以下环节。

1. 签订书面合同，转让行为经专利局登记生效

根据我国《专利法》的规定，无论是专利申请权还是专利权的转让，双方必须签订书面的转让合同，这是由于专利权和专利申请权属无形财产的性质而决定的，对其转让无法像有形财产那样交付、转移占有，其归属只能以专利局登记

簿为准。合同双方订立了转让合同后,应到专利局进行登记,由专利局进行公告。这一程序主要考虑专利权是一种垄断权,涉及广大公众的利益和专利局的审批程序。根据《专利法》的规定,专利申请权和专利权的转让自专利局登记之日起生效。可以确认的是,转让登记是专利权或专利申请权转让生效的必要条件,登记和公告产生了对抗第三人的效力。但值得注意的是,登记并不是转让合同的生效要件,未经登记的转让合同仅对双方当事人产生法律约束力,但不得对抗第三人。

2. 国内企业向外国人或外国企业组织转让的问题

国内企业向外国人或外国企业组织转让专利权或专利申请权是受到限制的,这类转让应经过国务院外经贸部门主管部门会同国务院科技管理部门批准。在实际执行中,根据技术的不同,专利局办理转让分为以下三种情形:

①若待转让的专利申请权或专利权涉及禁止类技术,根据我国《技术进出口合同登记管理办法》(2009 年修订)、《技术进出口管理条例》(2020 年修订)的规定予以禁止,不得转让;

②若待转让的专利申请权或专利权涉及限制类技术,合同双方应当按照《技术进出口管理条例》(2020 年修订)的规定办理技术出口审批手续,获得批准后,凭《技术出口许可证》到专利局办理转让登记手续;

③若待转让的专利申请权或专利权涉及自由类技术,合同双方应当按照《技术进出口管理条例》(2020 年修订)和《技术进出口合同登记管理办法》(2009 年修订)的规定,办理技术出口登记手续,经登记的,双方凭国务院商务部门出具的《技术出口合同登记证书》到专利局办理转让登记手续。

有意出口技术的企业应多关注商务部公布的禁止或限制出口的技术目录。

3. 专利权共有情况下的转让

当专利权人或专利申请权人为 2 人或 2 人以上的,其为共有的权利人,这种共有为共同共有,在这种情况下转让的,转让人应为全体共有人。部分权利人的转让是无效的。在专利局办理登记手续时,应提交有全体共有人签字或盖章的转让合同。

4. 专利权出资视为转让

我国《公司法》《外商投资法》《合伙企业法》中都规定了专利权可以投资入股。专利权人将专利权作为财产进行了投资,必然引起该财产所有权的转移,即专利权转移到了所投资的企业，这是符合我国《民法典》及《公司法》相关规定的。因此，以专利权出资的，应到专利局办理专利权转让登记，办理完毕才可认为出资到位。而该规定在实践中具体执行得比较混乱，存在很多以专利权出资但并没有办理转让手续的情况。企业对此应充分注意。

根据最高人民法院《关于审理技术合同纠纷案件适用法律若干问题的解释》（2020 年修正）的相关规定，权利人以技术入股的方式订立联营合同，但入股人不参与联营体的经营管理，并且以保底条款形式约定联营体或联营对方支付其技术价款或者使用费的，视为技术转让合同。以专利技术投资入股订立联营合同的，在符合上述条件时，应视为技术转让合同。

【风 险 提 示】

购买专利申请权存在一定风险，企业应谨慎为之。风险主要有三个：一是该专利技术尚在申请阶段，是否被授权还是未知数；二是受让的技术有可能侵犯他人权利或存在其他权利上的瑕疵；三是受让技术的可靠性较难确定。根据最高人民法院《关于审理技术合同纠纷案件适用法律若干问题的解释》（2020 年修正）的相关规定，专利申请权的受让人以专利申请被驳回或被视为撤回为由要求解除转让合同的，如果该转让已经专利局登记，法院是不支持解除的。如果专利申请是因为专利申请权转让合同成立时即存在尚未公开的同样的发明创造的在先申请被驳回的，受让人要求变更或撤销合同的，法院予以支持。因此，企业欲购买专利申请权的，应事前做充分的准备工作，包括认真查阅现有技术专利文献、对申请专利的技术的三性做初步判断，选择成熟、稳定、可靠的技术，谨慎选择实验室阶段的技术；在专利申请权转让合同中明确侵权处理条款和在专利申请被驳回时的处理条款，最大限度地降低风险。

（二）商标权转让

和专利权一样，商标专用权也是财产权，是可以转让的。商标专用权人对其拥有的商标进行转让是其使用商标的一种形式，是行使处分权的表现。商标专用权的转让是指商标权主体的变化。这种变化可以通过签订转让合同、发生法定事由而产生。根据我国现行有关商标法律法规的规定，商标转让根据发生的事由不同分为两种，即商标专用权的转让和转移。

商标专用权转让，是指商标专用权人与受让人签订转让合同而导致的商标权主体的变化，是当事人双方合意的结果。《商标法》(2019 年修正)第 42 条第 1 款规定："转让注册商标的，转让人和受让人应当签订转让协议，并共同向商标局提出申请。受让人应当保证使用该注册商标的商品质量。"从中可以看出，商标权转让双方必须签订转让合同，有关商标的法律法规虽然没有强调是书面合同，但从实践操作来看，该转让合同应是书面合同。

商标专用权转移是指由于存在发生转移的法定事由或法院判决、裁决等而直接发生的权利主体的变化，是基于法律的规定或者生效的法律文书而产生的后果。法定事由主要指作为商标专用权人的自然人死亡、单位终止，由继承其权利义务的自然人、法人或者其他组织继受其商标专用权。这主要有以下情形：一是因自然人死亡继承注册商标的；二是企事业单位因分立、合并或改制等原因消亡后，分立、合并或改制后的单位承继商标的；三是企业破产后由清算组对其商标进行处置的。根据生效的法律文书而转移是指根据法院的生效判决或仲裁机构的裁决对注册商标转让过户的情形。《商标法实施条例》第 32 条第 1 款规定："注册商标专用权因转让以外的继承等其他事由发生移转的，接受该注册商标专用权的当事人应当凭有关证明文件或者法律文书到商标局办理注册商标专用权移转手续。"商标转移的法律后果与转让相同。

在注册商标的申请阶段也可以转让，即商标申请的转让，类似于专利申请权的转让。《商标法实施条例》第 17 条第 2 款规定："申请人转让其商标注册申请的，应当向商标局办理转让手续。"

企业在进行注册商标转让行为时，应当注意以下问题。

1. 一并转让的原则

商标具有最强的功能即是区别不同的商品和服务，在竞争激烈的市场中表明不同商品或服务的来源。在实践中，一个企业特别是规模较大的企业往往在相同、相似商品或服务上注册了多个相同或近似的商标。这些商标之所以能够获得注册，是因为商标注册人是同一人。如果在将一个或一部分商标转让给他人的同时自己又保留部分商标，将造成相同、类似商品或服务上的相同或近似的商标归不同的商标权人所有，就会使公众对商品或服务的来源产生混淆，这不符合商标法的立法目的。《商标法实施条例》第 31 条第 2 款规定："转让注册商标，商标注册人对其在同一种或者类似商品上注册的相同或者近似的商标未一并转让的,由商标局通知其限期改正;期满未改正的,视为放弃转让该注册商标的申请,商标局应当书面通知申请人。"《商标法实施条例》第32条第2款规定了注册商标的转移同样要遵循一并转让的原则。

2. 转让生效的时间

《商标法》第42条第4款规定:"转让注册商标经核准后,予以公告。受让人自公告之日起享有商标专用权。"从中可以看出,转让双方当事人签订转让合同后,只在双方当事人之间产生了约束力,对受让方而言,该转让行为并没有完成,必须到商标局办理转让手续,经核准后予以公告。公告日对受让人来说非常重要,从该日起,受让人正式成为商标权人,可以行使商标权人的一切权利,同时承担相应的义务。以上是因双方签订转让合同而发生的转让生效的时间。对于商标转移来说,何时生效呢?例如,经法院判决而发生的商标权的转移,是否自判决生效之日即产生转移的效力?根据《商标法实施条例》第32条的规定,当事人仍应持生效判决到商标局办理转移手续,此时的生效判决只是一份认定商标权转移事实的证据,转移申请经商标局核准公告,商标权转移才正式生效。

3. 商标投资入股视为转让

根据我国《公司法》的相关规定,商标权人可以将商标专用权投资入股,成为公司的股东,此时该商标权即不再属商标权人所有,而成为公司的财产,在这种情况下,公司成为新的商标专用权人,但前提是要到商标局办理商标权转让手续。以商标专用权投资入股的法律性质是商标专用权转让。如果商标权人不办理商标转让手续的,应视为商标权人没有履行股东的出资义务,应当按照《公司法》的相关规定向其他股东承担违约责任。

典型案例41

"时尚园丁"商标纠纷案

原告南京金宝园艺公司向人民法院诉称:2002年3月15日,原告系从南京金宝花卉公司名称变更而来,南京金宝花卉公司申请注册了"时尚园丁"文字及图形商标,国家商标局于2003年核准了该商标注册申请,并颁发了商标注册证。由于未及时办理申请人的名称变更手续,国家商标局在核准原告的商标注册申请时,商标注册人仍为南京金宝花卉公司。2004 年 5 月 12 日,第三人陶某萍(原为原告监事),未经原告授权,擅自携带已作废的原南京金宝花卉公司的公章,与被告南京尚诚公司签订商标权转让合同并办理了商标权转让手续,将原告的商标无偿转让给被告。而且,第三人为了掩盖其非法行为,在 5 月 19 日卸任后向原告移交公司文件时刻意隐瞒了上述事实。原告认为,"时尚园丁"注册商标为原告的无形资产,第三人在未经公司授权的情况下无权处分公司资产。被告明知第三人所持公章已经作废,但为了谋取不正当利益,与第三人共同作假,骗取了原告拥有的注册商标。被告与第三人恶意串通的行为严重损害了原告的合法权益,给原告的生产经营带来了重大损失,请求法院判决原被告之间的商标权转让行为及商标权转让合同无效。

法院经审理查明:

2000 年 11 月 2 日金宝花卉公司召开首次股东会,并作出书面会议纪要,选举陶某萍为监事,任期 3 年。2004 年 12 月 10 日,原告作出股东会会议决议一份,决定陶某萍作为公司监事任期已满,不再委派。

2002 年 3 月 15 日,金宝花卉公司申请注册"时尚园丁"图文组合商标,于 2003 年 6 月 14 日获得国家商标局授权,注册号为 3114221,核准使用商品为第 6 类,商标权人为金宝花卉公司。原告在其企业名称变更后未到商标局办理涉案商标的商标权人变更手续。

2004 年 5 月 21 日,原告金宝园艺公司监事、主办会计陶某萍以金宝花卉公司和被告尚诚公司联系人的身份向国家商标局提交转让注册商标申请书二份和商标代理委托书一份,申请书上载明转让人为金宝花卉公司,受让人为尚诚公司,代理机构为南京华夏商标事务所有限公司,并分别加盖金宝花卉公司公章和被告单位公章,转让商标为第 3114221 号"时尚园丁"注册商标,联系人为陶某萍。委托书载明委托人为尚诚公司,其联系人为陶某萍,被委托人为华夏公司,代理事项为:"时尚园丁"商标的转让申请事宜。2004 年 6 月 18 日,国家商标局作出"转让申请受理通知书"。被告认可上述"时尚园丁"商标系无偿转让。

法院认为,商标专用权属于民事权利,可以依法转让。根据《商标法》(2001

年)第39条[①]和《商标法实施条例》(2002年)第25条[②]的规定,商标专用权转让的本质在于商标专用权主体的变更,即在不改变商标专用权的客体和内容的情况下,实现商标专用权人的更替,因此,商标专用权转让应当遵循商标专用权人和受让人的真实意思表示,任何未经商标专用权人许可擅自转让其注册商标的行为,都是对原商标专用权人合法财产的侵犯,原商标专用权人有权提出确认商标专用权转让行为无效的民事诉讼。涉案注册商标"时尚园丁"在转让前金宝花卉公司已经变更企业名称为金宝园艺公司,因此,尽管该商标的原注册人名义仍是金宝花卉公司,金宝园艺公司应当视为该商标权益的原实际所有人,有权对其认为的不当转让行为主张权利。

从涉案事实看,注册商标"时尚园丁"已经国家商标局核准,从原名义注册人金宝花卉公司转移至被告尚诚公司。本案的焦点在于这一商标专用权转让的事实是否出于金宝园艺公司的真实意思表示?第三人陶某萍是否有权代表金宝园艺公司实施商标专用权转让行为?鉴于被告尚诚公司放弃包括商标转让协议在内的所有证据,并在本院释明的情况下拒绝提交商标转让协议原件,法院推定在涉案商标转让过程中原、被告之间并未依照商标法规定签订转让协议。结合原告提交的证据和全案情况,法院对上述焦点问题分析如下。

第三人陶某萍经办涉案商标转让事宜既不是职务行为,也不是代理原告的行为,其以原告名义与被告办理涉案商标转让的行为对原告不发生法律效力。主要理由:(1)陶某萍在经办涉案商标转让事宜时担任原告监事及主办会计,该职务并不具有决定公司财产转移的法定职权;(2)商标权转让系公司重大经营事项,陶某萍不能提供公司的研究决策依据;(3)陶某萍虽称受公司委派办理商标转让事宜,但不能提供授权证明,更不能指认具体委派其经办此事的公司领导,这与情理不合;(4)陶某萍的商标权转让行为事后一直未得到原告追认,对原告不发生法律效力;(5)陶某萍向原告移交相关企业资料时,未披露商标权转让事实。

被告尚诚公司认为其是善意受让人的抗辩主张不能成立。主要理由如下:(1)涉案商标转让时,金宝花卉公司已经变更名称为金宝园艺公司,对此被告应

① 现行《商标法》第42条。

② 现行《商标法实施条例》第31条。

当明知。陶某萍在商标转让申请书上加盖已经作废的金宝花卉公司公章，在法律形式上存在重大瑕疵，被告对第三人是否享有代理权以及转让行为是否原告真实意思表示没有尽到充分的注意和谨慎义务。(2)在涉案商标转让过程中，尚诚公司委托陶某萍同时代理原、被告双方的行为，违反公司高级管理人员对于本公司的忠实义务，也不符合转让注册商标申请手续由受让人办理的规定。(3)被告尚诚公司受让"时尚园丁"商标，没有支付任何对价。对于转让行为发生的原因，被告与第三人则答辩称应根据被告及其法定代表人与原告签订的两份协议，但在庭审中被告不仅撤回所有已举证证据，而且对于转让行为发生的原因也改称"不知道"，陶某萍也改变书面答辩意见称本案诉讼之前从未见过以上两份协议。在原告申请法院对被告提供的二份转让协议进行司法鉴定后，被告拒绝提供相关证据原件。因此，本院有理由相信尚诚公司受让涉案商标并无正当理由。

综上，法院认定，第三人陶某萍利用其在原告金宝园艺公司担任管理工作的便利条件，在原告金宝园艺公司不知情的情况下，非法将原告金宝园艺公司所有的注册商标"时尚园丁"无偿转移至被告尚诚公司名下，割裂了商标专用权人金宝园艺公司与其注册商标"时尚园丁"的所有关系，侵犯了原告金宝园艺公司的财产权利。法院判决南京金箔集团金宝花卉有限公司与南京尚诚家庭用品有限公司关于"时尚园丁"注册商标的转让行为无效。[①]

典型案例 42

龙天翔科技有限公司商标入股纠纷案

2015 年 5 月深圳市龙天翔科技有限公司(以下简称"龙天翔公司")注册成立，注册资本 100 万元，郑某荣、刘某辉、谢某枢分别认缴出资 18 万元、30 万元和 52 万元。同年 8 月，三人签订股权协议约定，谢某枢以商标权出资，郑某荣、刘某辉以现金出资。2015 年 6 月，龙天翔公司与广州市白云区科利达电热电器厂(以下简称"科利达厂")签订《商标使用许可合同书》和《商标使用授权合

① 参见江苏省高级人民法院民事判决书，(2006)苏民三终字第 0055 号。

同》,约定科利达厂将其所有的怡海商标许可龙天翔公司使用期限和费用。因履行过程中龙天翔公司未按约支付许可使用费,对方诉至法院。法院查明龙天翔公司已向科利达厂支付商标许可使用费7万元,判决确认双方解除合同,龙天翔公司支付所欠许可使用费23.3万元及违约金6.99万元,该判决于2019年9月22日生效。

在审理过程中,谢某枢称其以怡海商标入股并在龙天翔公司成立时转入公司使用,不存在没有出资的事实。郑某荣、刘某辉和龙天翔公司称是应科利达厂要求以公司作为主体,龙天翔公司与科利达厂签订了《商标使用许可合同书》和《商标使用授权合同》,上述已支付的商标许可使用费7万元系由谢某枢支付。

一审法院认为:龙天翔公司成立后从科利达厂取得商标权使用许可,并承担支付许可费义务下,三人签订股权协议约定谢某枢以商标权入股,应视为郑某荣、刘某辉与谢某枢约定该商标许可使用费由谢某枢支付。由于谢某枢未依约支付商标许可使用费,构成未出资的事实,谢某枢应履行出资的义务;因谢某枢未足额支付商标许可使用费给龙天翔公司造成损失应由谢某枢承担。一审法院判决谢某枢履行出资义务及赔偿损失共计33万元。

谢某枢不服一审判决提起上诉,请求驳回令其向龙天翔公司履行出资义务及赔偿龙天翔公司另外两股东郑某荣、刘某辉及龙天翔公司损失暂计33万元的诉讼请求。

本案二审期间,法院还查明:龙天翔公司与科利达厂签订合同约定,龙天翔公司如在2019年5月31日之前支付科利达厂55万元,科利达将该商标权转让给龙天翔公司;如果能够提前支付则可降价至52万元。

二审法院认为:依照《公司法》(2013年修正)第27条,可以用货币估价并可以依法转让的非货币财产作价出资规定。鉴于商标权是以权利证书表彰的特殊民事权利,故其出资不仅要求商标的实际转移,还需办理相应的申请核准、变更登记与公告手续。在本案中,郑某荣、刘某辉、谢某枢在三人签订的《股权协议书》中约定谢某枢以商标权入股,但谢某枢并非涉案商标权的权利人,实际上无法以商标权作价出入股。郑某荣、刘某辉与谢某枢在二审时均认可谢某枢系以商标的使用权出资,在龙天翔公司已取得涉案怡海商标使用权的情形下,足以认定该商标许可使用费实际应当由谢某枢支付,谢某枢应当以其认缴的出资额52万元为限支付费用。由于谢某枢未依约支付商标许可使用费,导致龙天翔公司按生效判决承担商标许可使用费23.3万元和违约金6.99万元,给龙天翔公司造成损失应由谢某枢承担。扣除谢某枢已支付7万元商标权使用费,谢某枢应支付龙天翔公司股东出资额45万元,加上违约金6.99万元,共计51.99万元。二审法院判定,原审法院处理正确,本院予以维持。①

【风险提示】

最高人民法院《关于审理商标民事纠纷案件适用法律若干问题的解释》(2020年修正)(法释〔2020〕19号)规定:注册商标的转让不影响转让前已经生效的商标使用许可合同的效力,但商标使用许可合同另有约定的除外。值得注意的是,商标权的受让方在签订转让合同之前应认真了解该商标的实施许可情况,在符合企业产品的市场规划前提下受让商标。当然,转让方亦有义务将已发生的商标实施许可情况告知受让方,且双方可以在转让合同中对在先发生的实施许可进行约定,并对转让合同签订后到商标局办理手续之前这段时间内,对转让方的许可行为进行约束。同时,转让双方签订的商标专用权转让合同不仅要符合《民法典》的规定,还要满足《商标法》的特殊要求,尤其在细节上应多探究。鉴于该类合同专业性较强,建议企业委托知识产权专门服务机构办理。

(三)著作权转让

现行《著作权法》(2020年修正)有关著作权转让的内容是在2001年修订《著作权法》时新增加的内容。实际上,自1979年以来,我国的著作权转让行为大量出现,并由此催生了相关产业,如影视、广播、演出、广告、出版、实用艺术品生产、包装等部门的蓬勃发展。由于没有相关法律规定,出现纠纷时导致了认识混乱的现象。新的《著作权法》明确规定了著作权转让的相关事宜。目前,著作权转让已经成为著作权贸易的主要形式。著作权转让是指著作权人将一项著作权中的财产权转让给他人,受让人由此成为新的著作权人,行使对著作权财产权的占有、使用、处分和收益的权利,而原著作权人对此不再享有此项权利。《著作权法》第27条规定:"转让本法第十条第一款第五项至第十七项规定

① 参见广东省高级人民法院民事判决书,(2020)粤13民终3884号。

的权利,应当订立书面合同。”“第十条第一款第五项至第十七项规定的权利”专指复制权、发行权、出租权、展览权、表演权、放映权、信息网络转播权、改编权、翻译权等财产权,而著作权人享有的人身权,即发表权、署名权、修改权、保护作品完整权被法律排除在可转让范围之外,人身权不能作为转让标的。

由于著作权的权利内容、种类与专利权、商标权有很大区别,情况千差万别,著作权使用人的行业也是相当广泛,因此个性化的情况很多,本部分内容是介绍著作权转让的共性问题。企业在转让合同谈判、签订时,应多多听取专业人员的建议,避免产生纠纷,或在有纠纷时,将损失降到最低。以下问题尤其值得企业关注。

1. 明确转让的权利内容

著作权财产权的种类很多,著作权人可以转让这些权利中的一项、几项或其全部。一般而言,一部作品的所有财产权均可以发挥价值作用的情况非常少见,根据作品形式的不同,其中的几项权利是最重要的,其他的几项可能次之,有的权利也许是没用的。转让合同当事人双方对自己的需求最为了解,应在合同中对转让的权利种类即财产权的内容明确约定。例如,对一部小说来说,转让的是改编权、摄制权还是信息网络传播权,要有明确约定。如果是全部财产权都转让的,也应在转让合同条款中明确约定。如果在合同中未约定转让的权利或约定不明确的,受让人未经著作权人的同意,不得行使。对于未转让的权利,著作权人可以将其转让或许可第二人使用。

2. 转让的地域范围和期限

合同双方可以约定转让权利的地域范围,在该范围之外,受让人无权行使。我国《著作权法》第 27 条规定了转让的地域范围是转让合同的主要内容之一。如果在合同中未约定地域范围的,则视为无地域限制,受让人可在任何地区行使权利。

有人认为,转让合同是可以约定期限的,即著作权在保护期内转让若干年后又回归原著作权人。但大多数人认为,有期限的转让不符合我国传统民法理论,实质上是权利许可的性质。在司法实践中,如果在合同中约定了转让期限的,法院一般都认定合同的性质为著作权权利许可使用,双方的权利义务依照许可合同来处理。因此,在签订转让合同时,应谨慎对待此问题。

3. 著作权的转让与著作权载体的转让

著作权载体是指作品的载体，例如，一本书、一幅美术作品，该作品的著作权的转让与该著作权载体即物品本身的转让不同，两者是相互独立的，但有时又相互影响和制约。“由于无形著作权的转让和作品有形载体的转让相互独立，很有可能出现无形著作权和有形载体分归两家的局面，两种所有权有时会发生冲突。”①例如，画家在创作了一幅油画后将其卖出，该油画的所有权归买家所有，但该油画的著作权归画家所有。由于画作本身已归他人所有，画家在行使著作权时必然受到影响，最为明显的为展览权，画家对画作的展览权根本无法行使。我国《著作权法》第 20 条第 1 款规定：“作品原件所有权的转移，不改变作品著作权的归属，但美术、摄影作品原件的展览权由原件所有人享有。”该规定对摄影作品、雕塑作品、造型艺术作品、建筑作品都是适用的。

4. 著作权转让备案

专利权、商标权的产生是经过申请、批准的过程，其相关的垄断权是国家法律赋予的，并有专利局或商标局的公告广而告之，昭示天下。而著作权的产生与之大不相同。我国《著作权法实施条例》第 6 条规定：“著作权自作品创作完成之日起产生。”由此可以看出，著作权是自动产生的，不必经过国家授权的程序。因此，《著作权法》对著作权的转让也不做强制要求。《著作权法实施条例》第 25 条规定：“与著作权人订立专有许可使用合同、转让合同的，可以向著作权行政管理部门备案。”法律规定备案不是必须程序，与转让合同的效力无关。需要提醒注意的是，为明确著作权权利归属，减少不必要的纷争，著作权人应将完成的作品向中国版权保护中心进行登记，在转让时，再向该中心备案。

【风险提示】

受让人在行使权利时，应注意不能侵犯原始著作权人的权利。

受让人在行使著作权的财产权时，有时会与著作权人的人身权产生冲突。例如，受让人受让了一部小说的发行权。而该小说尚未发表。受让人发行该小说应是以发表为前提的，或者说发行的同时即发表了该小说。在实践中出现过类似案例，著作权人称发行人侵犯了其发表权。对于该类纷争，应以公平合理、

① 参见单体禹：《著作权转让和许可使用相关问题研究》，载中国法律信息网 2019 年 5 月 14 日，https://WWW.law-star.com。

便于履行的原则处理,具体就是著作权人转让未发表作品的发行权的,视为其发表权在发行时已经行使,实际上,著作权人同意转让未发表作品的发行权,就已经行使了发表权。但在具体签订转让合同时,双方应对可能发生的类似问题进行具体约定,包括作品的署名顺序、修改的具体范围等,避免行使财产权时侵害著作权人的人身权,同时,也要保障受让人可以顺利行使权利。

二、知识产权的许可

知识产权许可也是知识产权利用的常见方式之一,在了解了知识产权转让之后,对知识产权的许可问题将会理解得更加清晰。

(一)专利权的使用许可

有些人认为专利权实施许可是专利权转让的形式之一,其实两者有诸多不同。专利权实施许可是指专利权人将实施专利的权利授予被许可人,但专利权的所有人是不发生变化的。专利权人可以通过被许可企业的商业渠道迅速进入原来企业并不占优势的地区或领域,从而扩大企业的影响,并且专利权人可以在一定程度上控制技术或产品的发展变化,最重要的是,通过许可和交叉许可,企业可以组成产业联盟,实现市场垄断。而对于被许可企业来说,通过实施他人专利,特别是在独占实施许可情形下,被许可人实际上获得了市场的绝对控制权;对研发能力不足的企业来说许可使用他人专利是产品进入市场的捷径。

实施许可是专利权人允许被许可人在专利权有效期限内,从事各种实施专利的行为,包括制造、使用、许诺使用、销售、进口,专利权人从而获取收益,被许可人因此也获得了使用专利的权利。双方可以在实施许可合同中约定详细的实施内容和限制条款。

企业在实施专利实施许可行为中应注意以下问题。

1. 实施许可的类型

按照被许可人取得的实施许可的范围,专利实施许可分为独占实施许可、排他实施许可和普通实施许可三类,许可类型的不同不仅决定了实施权的范围大小,还决定了行使诉讼权利的不同。

(1)独占实施许可。这是指在一定时间内、一定的地域范围内,专利权人只授权许可被许可人实施其专利技术,不再授权第二家企业实施,且专利权人自己也不得实施。实际上,被许可人在合同约定的时间和范围内取得了垄断权,因此,在这种情况下,被许可人通常要支付较高的许可费。

(2)排他实施许可。这是指是指在一定时间内、一定的地域范围内,专利权人授权被许可人实施其专利技术,专利权人仍保留实施专利的权利,但专利权人不得再许可第三家实施。

(3)普通许可。该许可方式是最常见的。这是指在一定时间内、一定的地域范围内,专利权人授权被许可人实施其专利,专利权人也保留实施专利的权利,并可以许可第三人或更多的人实施该专利。这种许可会形成在市场上有多个竞争对手的局面,因此,相对独占许可来说,普通许可的许可费要低得多。

由于许可的类型不同,在诉讼权利的行使上有很大差别。根据我国相关的司法解释,在发生专利侵权的情况下,独占许可合同的被许可人可以单独向人民法院提起诉讼。排他许可合同的被许可人在权利人不起诉的情况下,可以提起侵权诉讼。所谓权利人不起诉包括权利人明确表示其不起诉,也包括在被许可人要求或通知权利人单独或共同提起诉讼的情况下,权利人未在合理期限内予以答复或者拒绝提起诉讼。而普通许可合同的被许可人只有在专利人的授权下,才可向法院提起侵权诉讼。

企业应在专利实施许可合同中明确许可的类型,根据最高人民法院《关于审理技术合同纠纷案件适用法律问题的解释》(2020年修正)的规定,如果双方没有约定或约定不明确的,则认定为普通实施许可。同时,企业在许可合同中也要明确约定被许可人是否有再许可的权利,如果合同中约定被许可人可以再许可他人实施的,这种再许可通常认定为普通许可,除非双方另有约定。

2. 许可合同的期限

我国《民法典》第865条规定:专利实施许可合同仅在该专利权的存续期限内有效。专利权有效期限届满或者专利权被宣告无效的,专利权人不得就该专利与他人订立专利实施许可合同。由于专利权是一种垄断权,在专利权期限届满或被宣告无效的情形下该专利技术已进入公有领域,任何人都可以无偿使用,因此,以收取使用费为目的施许可合同必然不能继续存在。因此,企业在签订许可合同时,应注意合同期限,同时充分考虑专利权剩余期限。一般来讲,所剩期限越短的,许可使用费越低;反之,则越高。

3. 维持专利权有效义务

由于在专利实施许可的情形下,并不发生专利权主体的变更,那么,维持专利权有效的义务由哪一方来承担?例如,由哪一方交纳专利年费,如果被他人提出无效请求的话,由哪一方进行答辩,等等,这些都关系专利权能否继续存在。企业在签订许可合同时应明确约定,如果没有约定的,根据最高人民法院《关于审理技术合同纠纷案件适用法律若干问题的解释》(2020 年修正)的规定,这些义务应当由专利实施许可合同的许可人承担。

4. 专利实施许可合同的备案

根据《专利法实施细则》(2010 年修订)第 14 条第 2 款的规定,专利权人与他人订立的专利实施许可合同,应当自合同生效之日起 3 个月内向国务院专利行政部门备案。从上述规定中可以看出,备案是合同生效后的行为,因此,备案并不是合同生效的条件。但是,《专利法实施细则》和国家知识产权局颁布的《专利实施许可合同备案办法》对于没有按照规定备案的,也没有规定任何法律后果。在专利局备案的过程实际上更像是对合同内容进行检查的一个过程,如果发生专利局不予备案的情形,那么可以肯定的是,在合同内容中有不符合法律规定之处,合同双方应予以修改。由于备案的有关内容由知识产权局在专利登记簿上登记,并在专利公报上予以公告,因此,笔者认为,备案与否,对于第三人是有意义的,如果没有依照上述规定备案的,虽然合同是有效的,但不得对抗第三人。

5. 被许可使用的专利技术实施效果及验收标准

被许可使用的专利技术应是一种成熟技术,具有先进性、稳定性和实用性。但在实践中,经常发生这样的情况,受让方实施专利技术后并未达到理想效果而认定许可方的技术不真实、不实用、存在瑕疵。这类纠纷在技术合同纠纷中占很大比例。一项技术转化为产品,中间存在很多细节,任何一个细节发生错误都会导致生产出不合格产品。从这个角度说,受让方自身问题导致技术实施的失败的可能性是存在的。但在该类合同中,“转让方首先应保证技术的真实可行,技术的真实可行是将其正确实施、转化为产品的基础,如果技术本身不真实,不可行,那么首先就可以肯定转让方违反了合同的承诺,违背了诚实信用原则”。[①] 技术的真实可行是许可方的责任。在司法实践中,法院也将技术先进性和实用性的举证责任分配给了许可方。为避免纠纷的产生,在许可合同中应对技术本身的先进性和实用性进行明确约定,并约定检验标准。由于我国目前处于市场经济活跃时期,各种新技术新产品不断涌现,很多国家标准、行业标准、企业惯例尚未形成,如果无法找到检验标准的,应在合同中约定由双方共同委托的鉴定机构进行鉴定,实际上就是对合同技术是否符合合同约定的一种验收。专利技术不符合合同约定、实施达不到约定效果的,应视为许可方违约。本部分内容同样适用于上述专利权转让合同。

6. 在许可使用合同中避免无效条款

我国《民法典》第 850 条规定“非法垄断技术或者侵害他人技术成果的技术合同无效”,最高人民法院《关于审理技术合同纠纷案件适用法律若干问题的解释》(2020 年修正)第 10 条列举了以下情形属于《民法典》第 850 条所称的“非法垄断技术”,在订立合同时应予以避免:(1)限制当事人一方在合同标的技术基础上进行新的研究开发或者限制其使用所改进的技术,或者双方交换改进技术的条件不对等,包括要求一方将其自行改进的技术无偿提供给对方、非互惠性转让给对方、无偿独占或者共享该改进技术的知识产权;(2)限制当事人一方从其他来源获得与技术提供方类似技术或者与其竞争的技术;(3)阻碍当事人一方根据市场需求,按照合理方式充分实施合同标的技术,包括明显不合理地限制技术接受方实施合同标的技术生产产品或者提供服务的数量、品种、价格、销售渠道和出口市场;(4)要求技术接受方接受并非实施技术必不可少的附带条件,包括购买非必需的技术、原材料、产品、设备、服务以及接收非必需的人员等;(5)不合理地限制技术接受方购买原材料、零部件、产品或者设备等的渠道或者来源;(6)禁止技术接受方对合同标的技术知识产权的有效性提出异议或者对提出异议附加条件。

---

① 参见北京市高级人民法院民三庭编:《知识产权审判规范》,知识产权出版社 2003 年版,第 254 页。

本部分内容同样适用于专利权转让合同。

典型案例 43

星星公司技术设备转让及专利权纠纷案

原告星星集团有限公司(以下简称“星星公司”)向人民法院起诉称:1998年11月27日,星星公司与被告河南郑州国玺包装科技有限责任公司(以下简称“国玺公司”)签订了一份技术设备转让合同书,是由国玺公司提供的格式合同。合同约定国玺公司向星星公司转让国玺公司拥有的预应力网布增强复合材料及生产设备专利,专利技术载体为ZXJ—1000C7型预应力复合制袋自动生产线,实施方式为普通实施许可,转让费总计人民币315万元。国玺公司隐瞒了该专利事实上早在1995年3月1日因未交纳专利费已被国家专利局宣告终止的真实情况,欺骗星星公司,并仍称自己拥有该专利的所有权,进而诱使星星公司在产生错误判断的情况下与国玺公司签订合同,以高价转让了国玺公司的专利技术设备。截至目前,星星公司已经付给国玺公司专利设备转让费2,285,000元人民币,并因为设备至今不能正常运行而造成了严重的经济损失。据此,星星公司诉请法院:(1)依法确认技术设备转让合同书为无效合同;(2)判令国玺公司归还星星公司已付的转让费2,285,000元及利息12,700元,共计2,297,700元;(3)判令国玺公司赔偿星星公司直接经济损失25万元;(4)本案的诉讼费由国玺公司负担。

被告国玺公司答辩称:1998年11月27日,双方当事人签订的技术设备转让合同是设备购销合同。从合同名称看是设备转让;合同第9条约定星星公司支付的是设备总价款,而非技术转让款;星星公司传真给国玺公司称要购买国玺公司的设备,并愿意支付设备款;国玺公司交货后,星星公司出具设备验收书;等等。故本案是设备买卖纠纷,而非专利实施许可合同纠纷。星星公司所说的国玺公司故意隐瞒真情,欺诈星星公司,与事实不符。关于国玺公司的专利已到期这一点,国玺公司已经告诉星星公司,因国玺公司在合同中明确告诉星星公司专利号、专利申请日等,申请专利的时间是1987年,而实用新型的保护期限为10年,此时期限已过,对此,星星公司应是知道的。星星公司派人多次与国玺公司磋商,才订下的合同。合同到现在无法继续履行,责任应由星星公司承担。被告国玺公司提出反诉请求:(1)依法确认合同合法有效;(2)判令星星公司继续履行合同,按合同约定付清欠款83万元人民币,并承担自1999年6月1日起的利息56,748元;(3)由星星公司承担本案的反诉费用。

针对国玺公司提出的反诉,星星公司答辩称:合同明显是专利实施许可合同,而非设备购销合同。由于国玺公司在整个合同的签订、履行过程中严重违背了诚实信用原则,在签订合同时采用了欺诈手段,把宣告终止的专利当作有效专利与原告签订该专利的转让合同,并以欺诈手段高价转让该专利技术设备,同时,在履行合同过程中,国玺公司多次重大违约,导致合同终止履行,给星星公司造成重大经济损失。为此,星星公司请求法院驳回国玺公司的反诉请求。

一审法院审理查明:名称为"预应力网布增强复合材料及其生产设备"的实用新型专利系由国玺司张某钧发明,并于1987年12月30日向国家专利局申请专利,1989年12月5日获得实用新型专利,专利号为87216812.3,专利有效期限10年,至1997年12月30日止。1995年3月1日,因国玺公司未缴纳专利年费被国家专利局宣告终止,该专利技术进入公有领域。国玺公司在明知其专利已失效的情况下,仍在向星星公司及公众发行的企业及设备简介中声称自己拥有该设备的专利权。1998年11月27日,国玺公司与星星公司签订了一份技术设备转让合同书,是由国玺公司提供的格式合同。该合同名为设备转让合同,实质为专利普通实施许可合同。合同明确约定国玺公司许可星星公司实施其拥有的预应力网布增强复合材料及其生产设备专利,专利技术载体为ZXL—1000C7型预应力复合制袋自动生产线及其安装调试,实施方式为普通实施许可,设备转让费总计315万元。在合同第3条"专利技术发明创造名称、性质和内容(包括专利申请日、申请号、专利号、专利权的有效期间、实施许可的范围)"一栏中国玺公司未注明该专利权的有效期限。除合同外,国玺公司在向星星公司随机提供的使用说明书、产品合格证中亦再次说明其拥有该设备的专利权,仿冒必纠,等等。该专利实施许可合同签订后,国玺公司向星星公司交付了一条ZXJ—1000C型预应力复合制袋自动生产线及其附件,并派人进行了安装调试。星星公司分三次支付给国玺公司设备款总计2,285,000元,余款未付。星星公司组织人员、资金对该设备进行了试产,在试产过程中由于设备不能正常运行及双方人员在生活琐事上发生矛盾,国玺公司人员全部撤回,星星公司设备停产闲置至今。

一审法院审理认为:依据原国家专利局1994年《专利管理机关查处冒充专利行为暂行规定》(已废止),印制或者使用明知已经被终止的专利证书、专利号或者其他专利标记、制造或销售明知有上述标记的产品的,应属冒充专利行为。国玺公司原拥有的"预应力网布增强复合材料及其生产设备"实用新型专利,因国玺公司未依法缴纳专利年费而进入公有领域,国玺公司已不再拥有该专利的所有权。1998年11月27日,国玺公司与星星公司签订了专利实施许可合同,在国玺公司提供的合同中,国玺公司故意隐瞒了其专利已失效的真实情况,在合同第3条中使用了已被终止的专利号,但故意不注明专利权的有效期限,进而诱使星星公司在产生错误判断的情况下与国玺公司签订了专利实施许可合同,以高价购买了国玺公司的专利设备,实施了国玺公司的专利技术。因此,国玺公司的上述行为不但触犯了国家专利管理法规,而且违背了诚实信用原则,属欺诈的民事行为,应确认该专利实施许可合同为无效合同。对该合同的无效,国玺公司负有不可推卸的主要责任,除应收回已售设备外,国玺公司应立即返还星星公司已支付的所有设备转让款,并赔偿星星公司相应的经济损失。国玺公司辩称及反诉称本案系设备买卖纠纷而非专利实施许可纠纷的理由,因为合同内容很明确是专利普通实施许可合同,且在本案一审、二审管辖权异议裁定中已明确了合同的性质,故对国玺公司这一理由不予采纳。国玺公司辩称其已在合同中注明了专利号及专利申请日期,已履行了向星星公司告知专利已到期的义务,因国玺公司在这一条款中故意不注明专利权的有效期限,且在其向星星公司提供的设备简介及使用说明书等资料中仍告知星星公司其拥有该设备的专利权,故国玺公司这一辩称理由不能成立。星星公司作为该专利合同的许可实施方,在签订合同前未对专利情况进行进一步了解,对合同的无效仍负有一定的过错责任,应承担一定的民事责任,其要求国玺公司赔偿材料费、运费及管理费等直接经济损失的诉请,一审法院不予支持。星星公司起诉合理部分,应予支持,不合理部分,不予采纳。一审法院判决如下:(1)国玺公司、星星公司于1998年11月27日签订的专利实施许可合同无效;(2)国玺公司在本判决生效之日起10日内返还星星公司已支付的设备款人民币2,285,000元,并赔偿星星公司经济损失按银行同期逾期贷款利率计算自1998年11月27日起算至付清之日止;(3)星星公司在本判决生效之日起1个月内退还国玺公司全部设备;(4)驳回星星公司的其他诉讼请求及上诉人的反诉请求。

宣判后,国玺公司不服,提起上诉。

二审法院审理查明以下事实。(1)1998年11月27日,国玺公司与星星公司签订的《技术设备转让合同书》第1条"项目的内容与形式"约定:预应力网布增强复合材料及其制品专利普通实施许可,专利技术载体(ZXJ—1000C7型预应力复合制袋自动生产线)及安装调试。第3条明确专利名称为预应力网布增强复合材料及其生产设备,专利号为87216812.3,专利申请日期为1987年12月30日,实施许可范围为普通实施许可,预应力复合袋生产销售。(2)国玺公司在二审庭审中提供了一份星星公司的副总经理姚某雄给国玺公司的传真件,用以说明星星公司的意思表示是买设备。星星公司对该传真件的真实性提出异议。二审法院认为,本案双方当事人间的法律关系应以双方当事人签订的合同为准,该传真件不能说明本案当事人间存在买卖合同关系,故不予认定。(3)对于原判认定的其他事实,国玺公司未提出异议的,予以认定。

二审法院审理认为:国玺公司与星星公司签订的《技术设备转让合同书》明确约定项目的内容为专利普通实施许可,尽管合同书中也约定了国玺公司向星星公司销售实施该专利技术的相关设备,但这类条款应视为专利普通实施许可合同的组成部分。因此,本案双方当事人签订的合同的性质应为专利普通实施许可合同。由于本案专利普通实施许可合同所约定的国玺公司的预应力网布增强复合材料及其生产设备实用新型专利,早在1995年3月1日已被国家专利局宣告终止,因此,国玺公司在1998年11月27日仍就该项专利与星星公司订立的专利普通实施许可合同应确认为无效。国玺公司对此存在过错,应返还星星公司已支付的款项并赔偿星星公司相应的经济损失,星星公司应退还国玺公司已交付的全部设备。国玺公司提出"实际上本案亦为设备买卖合同。本案设备买卖合同是双方真实意思表示,合法有效。合同第三条详尽地列出了专利名称、专利号、申请日期等,所涉及的专利内容没有任何虚假,不构成欺诈。合同没有单就技术部分约定价款,说明技术是附属于设备买卖,是技术服务性质,不能以此确定合同的性质,更不能凭此判定合同的效力"的上诉理由不能成立,二审法院不予支持。二审法院判决驳回上诉,维持原判。①

① 参见童兆洪主编:《知识产权判案评述》,人民法院出版社2003年版,第230~321页。

典型案例 44

中荷炒菜机公司《锅体旋转多功能自动烹饪锅合作协议》纠纷案

原告中荷炒菜机公司(以下简称“荷兰 CNL”)向人民法院诉称:其与金易厨公司签订《锅体旋转多功能自动烹饪锅合作协议》约定,荷兰 CNL 提供专利技术并指导开发,金易厨公司负责设计生产,样品确认后批量生产。金易厨公司违反约定,未对产品质量问题有效解决,提供虚假生产数量,产品未设序列号。诉讼请求:(1)金易厨公司支付荷兰 CNL 违约金 10 万欧元;(2)金易厨公司支付荷兰 CNL 专利使用费 839 欧元及产品开发费用回报 2517 元人民币;(3)解除双方的《锅体旋转多功能自动烹饪锅合作协议》;(4)律师费 2 万元人民币及诉讼费由金易厨公司负担。

一审法院查明:2013 年 4 月,在荷兰王国成立的企业荷兰 CNL 代表人黄某诚于 2012 年 11 月 26 日向国家知识产权局申请了名称为“锅体旋转多功能自动烹饪锅”的实用新型专利,并于 2013 年 7 月 3 日获得授权,专利号为 ZL20122063××××.4。2013 年 6 月 6 日,荷兰 CNL 与案外人佛山华研力合公司签订《锅体旋转多功能自动烹饪锅合作协议》,约定荷兰 CNL 提供涉案专利技术,华研力合公司提供开发前述专利技术的设备、检测设备及工具,双方各出资 27.5 万元人民币用于产品开发;华研力合公司负责工业设计、产品结构设计、模具制作,荷兰 CNL 根据需要派出技术人员到华研力合公司处进行专利技术交底并指导开发、评审。华研力合公司在收到对方款项后 7 个月内研制出样品。该协议还约定,华研力合公司的样品经荷兰 CNL 验收后方可批量生产;每台设产品序列号输入数据库并附注详细资料以便跟踪管理,数据库的查询权限双方共享;华研力合公司按其销售总量从其销售利润中按每台 1 欧元提取并支付给荷兰 CNL 作为专利使用费,每 6 个月结算一次,9 年后取消专利使用费;华研力合公司按其销售总量(生产总量减样品减赠品减报废样品)从经营利润中提取每台 6 元人民币,双方各得 3 元人民币作为开发费用的回报,6 个月结算一次;在生产、销售和使用过程中发现质量问题,华研力合公司在 60 天内未能有效解决,或提供成本核算、利润核算、供货情况和生产数量等虚假数据,产品未设序列号未记入数据库流出生产场所等均视为华研力合违约，荷兰 CNL 有权中止协议条款，收回专利使用权并要求违约赔偿 10 万欧元。

2015 年 6 月 26 日，荷兰 CNL 收到《业务联络书》，出具人称华研力合公司于 2014 年 6 月停业，华研力合公司的出资方之一的华南家电研究院决定将开发内锅旋转自动烹饪锅的项目转给金易厨公司，合作条件不变。2015 年 9 月 13 日，荷兰 CNL 与金易厨公司签订《〈锅体旋转多功能自动烹饪锅合作协议〉变更主体协议》，约定《锅体旋转多功能自动烹饪锅合作协议》中的华研力合公司主体变更为金易厨公司。

2013 年 7 月 15 日，在主体变更前，华研力合公司收取荷兰 CNL 支付的合作款 27.64 万元人民币；2013 年 7 月 30 日，黄某诚与华研力合公司签订《专利许可使用授权书》，约定黄某诚将涉案的实用新型专利权授权华研力合公司实施生产。

在合同主体变更后的履约过程中，荷兰 CNL 与金易厨公司通过邮件往来对合作事项进行沟通。2016 年 5 月 9 日，荷兰 CNL 向金易厨公司发送邮件《关于炒菜机样机试用意见致金易厨》提到多个问题，包括"倒菜时内锅松落。要有方案防止这一问题。另设一安全扣。可在机身转轮略上内锅锅口内处设 U 形卡扣按钮"。2016 年 7 月 15 日至 2016 年 9 月 1 日，金易厨公司就样品确认、序列号贴于产品和包装箱上等事宜向荷兰 CNL 发邮件沟通。2017 年 1 月 21 日至 2 月 24 日，双方就产品内锅脱落问题通过邮件进行讨论。2017 年 4 月 7 日，金易厨公司向荷兰 CNL 发送邮件，提出是否贴序列号根据客户要求决定。2017 年 4 月 19 日，荷兰 CNL 发送邮件给金易厨公司，表示上级公司认为金易厨公司违约，问题无法协商解决，决定通过法律程序处理。金易厨公司 2017 年 4 月 25 日回复荷兰 CNL 称开发新款炒菜机项目暂停。2017 年 6 ~ 7 月，双方就销售统计表部分产品无序列号邮件沟通。荷兰 CNL 曾先后购买了两台金易厨公司生产的炒菜机产品，显示产品上无序列号。

在本案一审诉讼过程中，2018 年 3 月 1 日，国家知识产权局作出第 35031 号无效宣告请求审查决定书，决定宣告专利号为 ZL20122063 × × × × .4 的专利权全部无效。黄某诚就无效宣告决定提出行政诉讼，二审时行政诉讼仍在进行。

一审法院认为：荷兰 CNL 原与案外人华研力合公司签约，之后金易厨公司承接了华研力合公司原合同权利义务;涉案合作协议内容没有违反国家法律规定,合法有效;当事人在一审中一致同意解除涉案合作协议,原审法院予以确认。案件争议:金易厨公司生产的合作产品是否有质量缺陷且没有在指定期限内有效解决;金易厨公司是否应当向荷兰 CNL 支付违约金、专利使用费、产品开发费用回报以及赔偿荷兰 CNL 律师费用损失。法院认为,金易厨公司生产的试用样品不属于"在生产、销售和使用过程中"的产品,即使存在质量问题,亦不属于合同约定违约情形。合同约定双方在量产前应封存样品,但双方并没有按此执行;且荷兰 CNL 进行的是单方测试,没有证据表明其测试的对象来源,也未提供证据表明测试方式是否恰当有效。荷兰 CNL 主张金易厨公司生产的产品存在质量缺陷且未有效解决的事实依据不足,不予支持。合同约定了按生产量每台设序列号输入数据库,在合作过程中并没有建立产品数据库,金易厨公司以适当的形式记录生产情况是应有之义;金易厨公司通过邮件表示落实产品序列号表明其对于设序列号一事并无异议。金易厨公司通过销售统计表这一汇总形式向荷兰 CNL 提供生产数据应当显示产品序列号,金易厨公司因工作人员原因漏记产品序列号且无法查实补充的抗辩意见不成立,不予采纳。法院认定,金易厨公司在合作过程中没有对每台生产的产品上设序列号,应对过失导致的后果承担责任。金易厨公司违反每台合作产品设序列号的约定,对方有权中止协议并要求违约赔偿,赔偿额为 10 万欧元。当事人主张约定的违约金过高请求予以适当减少的,人民法院应当以实际损失为基础,兼顾合同的履行情况、当事人的过错程度以及预期利益等综合因素,根据公平原则和诚实信用原则予以衡量并作出裁决。考虑双方合作时间不长,荷兰 CNL 主张金易厨公司的三项违约行为仅一项成立,且荷兰 CNL 首先提出中止合作表明其对预期利益已作出充分考量。一审法院酌定金易厨公司向荷兰 CNL 支付违约金 10 万元人民币;鉴于荷兰 CNL 的黄某诚许可金易厨公司使用的涉案专利被宣告无效,荷兰 CNL 要求金易厨公司支付专利使用费缺乏依据。对荷兰 CNL 该项请求不予支持;开发回报费用按荷兰 CNL 主张的数量和合同约定价格计;涉案合作协议没有就律师费作出约定,荷兰 CNL 行使的是违约请求权,没有证据表明该项费用的发生与合同的履行或解除有必要的关联,其要求支付该项费用损失缺乏依据,不予支持。

一审法院判决,荷兰 CNL 与金易厨公司签署的涉案《锅体旋转多功能自动烹饪锅合作协议》于 2019 年 2 月 20 日解除,金易厨公司于判决生效之日起 10 日内向荷兰 CNL 支付违约金 10 万元人民币,产品开发费用回报 2517 元人民币;驳回荷兰 CNL 其他诉讼请求。金易厨公司提起上诉。

二审法院另查明,双方合作协议第 2 条第 2.1 项为:甲方保证本专利的真实性和合法性。二审法院认为:本案争议焦点是涉案专利被宣告无效的事实对涉案合作协议效力的影响;金易厨公司是否构成了违约。合同约定甲方(荷兰 CNL)有义务保证涉案专利的真实性和合法性,但并未约定荷兰 CNL 有义务保证涉案专利的有效性;涉案专利是真实存在的,且该专利于 2013 年 7 月 3 日获得国家知识产权局的授权为合法授权。因此,荷兰 CNL 并未违反其保证涉案专利真实性和合法性的协议义务。在本案一审过程中,2018 年 3 月 1 日国家知识产权局作出宣告涉案专利全部无效决定。可见,在双方当事人合作过程中涉案专利一直处于有效状态,即使后来涉案专利被宣告无效,但在双方合作期间,金易厨公司已根据协议由该专利获得了利益,其后专利被宣告无效并未影响金易厨公司在合作期间的利益。涉案合作协议是双方真实意思表示,不存在合同无效情形,合法有效;荷兰 CNL 并未违反其保证涉案专利真实性和合法性的合同义务,金易厨公司提出的涉案专利无效则涉案合作协议为无效协议,以及据此荷兰 CNL 构成违约等主张不能成立。在金易厨公司与荷兰 CNL 的合作中,荷兰 CNL 不直接掌握产品生产的相关数据,只能通过在对每台产品设立序列号方式了解生产数据,保证其在双方合作中的权益;金易厨公司仅通过销售统计表方式向荷兰 CNL 汇报生产数据的情况下,销售统计表中应当包括产品序列号,但却未提供。金易厨公司单方面对部分产品不设置双方约定的序列号,与双方协议约定不符,应承担相应的违约责任,其上诉主张不能成立。金易厨公司作为产品制造方,应当依照双方协议的约定,向荷兰 CNL 提供准确的生产、销售数据,不应擅自以己方习惯、意愿等原因对协议中已有明确约定的事项在实际履约过程中做修改或变更。原审法院认定金易厨公司部分数据不完整构成违约无误,金易厨公司的上诉理由不能成立。

二审法院判决,驳回上诉,维持原判。①

① 参见最高人民法院民事判决书,(2019)最高法知民终 808 号。

【风险提示】

“一揽子专利许可”是当前最主要的知识产权贸易方式，尤其是在与国外专利权人进行许可交易时，国外一些强势公司往往将多项专利打包许可，强买强卖，统一收取许可费。但这些专利中，有的专利并不是被许可人必需的，还有的可能是期限即将届满的，也会有专利技术性不高或属淘汰技术的情形，被许可企业应据实对这些专利进行甄别，对不需要的专利予以拒绝，有的专利技术可以找到替代技术的尽量使用替代技术，对期限即将届满的专利应要求专利权人降低许可费用，最大限度维护企业利益。

（二）商标权的使用许可

商标权使用许可是指商标权人通过签订商标使用许可合同，许可他人使用其注册商标的行为。商标权使用许可是商标权人使用商标的主要方式之一，尤其在目前经济活动日趋多样复杂，技术、产品贸易相互交织的形势下，商标权的使用许可已成为一种常见的民事法律行为。在一般情况下，企业就商标使用许可事项签订一份独立的合同，但在很多情况下，商标权使用许可内容是与投资、技术许可、设备供应等内容组成一体，成为一个综合性的合同。无论是独立的合同还是作为综合合同的一部分内容，商标使用许可的内容都要遵循我国《民法典》、《商标法》及其相关法律法规的规定。

企业在进行商标专用权许可工作时，应关注以下问题。

1. 商标权使用许可的种类

与专利实施许可相似的是，根据商标权使用许可中使用人的范围大小，商标权使用许可分为普通使用许可、排他实用许可和独占使用许可三类。三种类别的使用许可涉及合同双方权利义务的大小、许可使用费的高低、诉讼权利的行使、市场份额的多寡等多方面的内容和后果。

(1)独占使用许可

商标权独占使用许可是指商标权人在约定的时间、地域和以约定的方式，将注册商标仅许可一个被许可人使用，商标权人不得再向任何第三人提供许可，自己也不得使用该注册商标。这是一种最严格的使用许可，被许可人在约定范围内享有了垄断地位，但其为此要付出高额的使用费。被许可人权利范围应严格按合同约定，这种约定要包含时间范围、地域范围、使用商品的类别、使用方式等内容,在合同约定范围外,商标权人有权自己使用或许可他人使用。被许可人的独占许可使用权是可以对抗任何人的,包括商标权人本身。

(2)排他使用许可

商标权排他使用许可是指商标权人在约定的时间、地域和以约定的方式,将该商标仅许可一个被许可人使用,商标权人不得再向任何第三人提供许可,但依约商标权人自己可以使用该注册商标。被许可人的排他许可使用权可以对抗除商标权人之外的任何第三人,排他使用许可的被许可人的权利范围介于独占使用许可和普通使用许可之间,相应的使用费用要低于独占使用许可,高于普通使用许可,这是最常见的一种使用许可方式。

(3)普通使用许可

商标权普通使用许可是指商标权人在约定的时间、地域和约定的方式,许可他人使用其注册商标,并可以自己使用该注册商标,也可以再许可第三人使用。这种使用许可方式使得多个企业同时使用该商标,便于商标知名度的迅速提升。这种许可方式的许可使用费相对较低。

以上三种使用许可合同双方的权利义务是不同的,在被许可人的诉讼权利方面表现尤其突出。根据最高人民法院《关于审理商标民事纠纷案件适用法律若干问题的解释》(2020 年修正)的规定,如果在合同约定的时间、地域发生商标侵权的,独占使用合同的被许可人可以单独向法院提起诉讼;排他使用合同的被许可人可以和商标权人共同起诉,也可以在商标权人不起诉的情况下,自行提起侵权之诉;普通使用合同的被许可人经商标权人的明确授权,可以向法院提起诉讼。

2. 商标使用许可合同的备案

《商标法》(2019 年修正)第 43 条第 3 款规定,商标使用许可合同应当报商标局备案,而《商标法实施条例》(2014 年修订)第 69 条规定,许可他人使用其注册商标的,许可人应当在许可合同有效期内向商标局备案并报送备案材料。备案材料应当说明注册商标使用许可人、被许可人、许可期限、许可使用的商品或者服务范围等事项。根据上述规定中“应当”的表述,备案是法定义务,是必须进行的。但《商标法》及其相关法规却没有规定不备案应当受到的处罚。因此,许可使用合同当事人对是否要备案的认识是混乱的,做法不一。最高人民法院《关于审理商标民事纠纷案件适用法律若干问题的解释》(2020 年修正)第

19 条对此做了如下规定:商标使用许可合同未经备案的,不影响该许可合同的效力,但当事人另有约定的除外。商标使用许可合同未在商标局备案的,不得对抗善意第三人。从中可以看出,备案不是商标使用许可合同生效的前提。商标使用许可合同经双方当事人签字盖章后即产生法律效力。在没有备案的前提下,如果有另一个被许可人善意使用该商标的,被许可人不得要求善意使用人停止侵权、赔偿损失。由于商标使用许可合同备案后是要公告的,不仅有利于公众了解商品来源,更有利于政府部门对商标的规范使用进行管理和监督,因此,备案应该成为常态做法。

3. 保证商品质量的义务

无论商标使用许可合同是否备案,合同双方均应遵守我国商标法律中有关商标使用的强制性规定,特别是使用商标的商品质量,这不仅关系合同双方当事人的利益,更与广大消费者的利益相关。《商标法》(2019 年修正)第 43 条第 1 款中规定:许可人应当监督被许可人使用其注册商标的商品质量。被许可人应当保证使用该注册商标的商品质量。可以看出,监督使用商标的商品质量既是许可方的权利,又是义务。而保证使用商标的商品质量是被许可人的义务。由于商品的声誉与其商标密切相关,消费者之所以选择该商标的商品,是以信任该商品的品质为前提的。如果在许可使用的情况下不能保证商品的质量,无疑是欺骗消费者。因此,在商标权使用许可的情况下,保证商品的质量尤为重要。同时,《商标法》还规定,经许可使用他人注册商标的,必须在使用该注册商标的商品上标明被许可人的名称和商品产地。

4. 商标使用权投资入股问题

根据我国《公司法》的规定,可以用货币估价并可以依法转让的非货币财产可以作价出资,知识产权即包含在内。商标专用权出资问题毋庸赘叙。但商标的许可使用权可否作价出资一直是有争论的问题。从公司法的角度分析,出资是需要转移该财产的所有权的,即该财产需从所有人处转移到所投资的公司,而商标的使用权是经许可而得到的,使用权本身并不能转让,其不符合公司法对"可依法转让的非货币财产"的要求,此外,以该使用权出资也无法履行出资人的出资手续。有人认为以商标使用权投资应视为以商标许可使用费投资入股,是现金入股。实际上,其并不符合货币出资的要求。从目前的法律法规来看,尚不可以商标使用权投资入股。

5. 贴牌生产中的商标许可使用问题

贴牌生产即代工生产方式(Original Equipment Manufacture,OEM),是一种现代流行生产方式,是指由委托或采购方提供品牌和授权,允许制造方生产贴有该品牌的产品。最常见的是在来料加工或来样加工业务中,由委托方提供商标,生产方按其要求生产产品并在产品上标明委托方的商标。贴牌生产的产品全部返还委托方,由委托方销售,生产方获取的只是加工费。消费者在购买该产品时通常并不知道产品真正的制造者,只知道法律意义上的制造者,即委托方。在这种生产方式下,并不存在商标许可使用的问题。生产方应按合同约定,将产品全部返还,不得擅自多生产并自行销售。否则,委托方可追究生产方的违约责任。

【风 险 提 示】

上述各种问题都是针对注册商标而言的,但在现实生活中,存在大量未注册商标活跃在生产、流通、消费等各领域。未注册商标是针对注册商标而言的,分为两类。一类是已提出申请尚未核准的商标,另一类是未提出注册申请的商标。根据我国目前有关商标的法律法规的规定,除烟草类商品必须申请注册商标外,在其他商品和服务上均可以使用非注册商标。由此,也发生了许多未注册商标的许可使用情况,但我国有关商标的法律法规中均未对未注册商标的许可使用作出任何规定。非注册商标的许可合同的效力、使用商标应遵守的规则等是值得关注的问题。未注册商标使用许可合同的效力应遵循我国《民法典》的相关规定来认定,符合合同生效条件的非注册商标使用许可合同是有效合同,理应受到法律的保护。这不仅保护了自愿、平等交易的当事人,而且对商标价值的快速实现有积极意义。未注册商标在许可使用过程中应遵守相关的规定,如不得冒充注册商标、保证商品质量、不得违反禁用条款使用未注册商标等。企业在签订未注册商标使用许可合同时,应充分重视在申请过程中的商标被驳回的风险,在拟定条款时,应考虑有可能出现的后果,具体约定如出现被驳回或被撤销等情形该如何处理的条款。

(三)著作权的许可使用

著作权许可使用与转让不同,许可使用并不发生著作权人变更的后果,在许可使用合同期满后,该权利仍由著作权人行使或进行其他处置。著作权许可使用,是指著作权人授予他人在一定时间内、一定地域范围内以一定的方式使用其财产权,并由此获得收益。当前,著作权许可使用是著作权贸易的最主要方式,也称著作权许可证贸易。尤其是近年来,中国与其他国家和地区的著作权许可贸易尽显上升趋势。从目前发生的著作权许可使用纠纷来看,很多源于合同不严密、操作不规范,很多做法是依据行业内惯例和不成文的行规,与《著作权法》的要求相距较远。

企业在进行著作权许可使用业务时,应考虑以下问题。

1. 著作权许可使用的性质

著作权许可使用依照著作权人许可的权利大小,分为专有使用权和非专有使用权,两者有相当大区别。双方当事人应该在合同中予以明确。

(1)专有许可使用权

专有许可使用权,是指著作权人将其著作权中的某一或某些财产权授予他人在一定时期内、一定地域范围以特定的方式使用该财产权的权利,在合同有效期内,著作权人不得再将上述权利许可第三人以同样的方式使用,而著作权人自己也不得以同样的方式使用上述权利。专有许可使用权是一种独占的权利,被许可人要为此付出高额的使用费。根据《著作权法实施条例》(2013 年修订)第 23 条的规定,著作权人授予的是专有许可使用权的,应当签订书面合同,只有报社和期刊社刊登作品除外。企业应该注意该合同形式问题。

(2)非专有使用权

非专有使用权是相对专有许可使用权而言的,指著作权人将其著作权中的某一或某些财产权授予他人在一定时期内、一定地域范围以特定的方式使用该财产权的权利,在合同有效期内,著作权人可以再将上述权利许可第三人以同样的方式使用,而著作权人自己也可以同样的方式使用上述权利。相对专有许可使用权来说,非专有的许可使用费较低。

许可使用合同的性质方面,还有几个要特别关注的问题:

(1)专有许可使用权的内容由合同双方商定,如果合同没有约定或约定不明的,《著作权法实施条例》(2013 年修订)第 24 条规定,视为被许可人有权排除包括著作权人在内的任何人以同样的方式使用作品,即在没有约定或约定不明情况下,视为专有许可使用合同。

(2)无论是专有许可使用权,还是非专有许可使用权,除合同另有约定,被许可人均不得将其使用权另行许可他人使用。

(3)图书出版合同中约定图书出版者享有专有出版权,但没有明确专有出版权的具体内容的,视为图书出版者享有在合同有效期内和在合同约定的地域范围内以同种文字的原版、修订版出版图书的专有权利。

在许可使用情况下发生的侵权案件,被许可人是否有权提起诉讼?不同于专利和商标的许可使用,法律和相关的法规都未对著作权的被许可人行使诉权作出规定。因此,在实践中相关做法是混乱的。例如,在专有许可使用权被侵害时,被许可人可以作为原告向法院提起侵权之诉,著作权人也可以。而在非专有许可使用权遭受侵权时,著作权人可以起诉,被许可人该如何行使诉权?这一问题有待于司法解释的进一步规定。

2. 著作权许可使用的种类

由于作品的形式繁多,财产权利的形式也很多,著作权人可以许可使用一项权利,也可以许可几项或全部权利,即使同一种权利也可以许可不同的使用方式,由此衍生的著作权许可使用合同的种类也很多。在许可使用合同中,首先要明确的是许可使用的是何种权利,是图书出版权、改编权、表演权、信息网络传播权还是翻译权,等等,并明确约定以何种方式来使用。在许可使用合同中没有明确许可的权利,依照《著作权法》(2020 年修正)第 29 条的规定,被许可人不得使用,除非著作权人同意。总之,在该类合同中约定得越详细就越对双方有利。

3. 著作权许可使用的地域和期限

许可使用的地域和期限是合同的重要内容,尤其是邻接权的许可使用的地域问题更显重要。例如,行使图书发行权是在国内,还是全球范围内的发行,应在合同中明确。当然,地域范围不同,使用权的费用也是不同的。要注意的是,许可使用的期限应在著作权或邻接权的保护期内,超出保护期的部分是不受保护的。

4. 备案

根据《著作权法实施条例》(2013 年修订)第 25 条的规定,著作权专有许可使用合同的备案不是必须程序,完全由双方来约定是否备案,而非专有许可使用合同不进行备案。对于计算机软件著作权的许可使用,根据《计算机软件保护条例》(2013 年修订)第 21 条的规定,订立专有行使软件著作权的许可合同,或者转让软件著作权合同可以向国务院著作权行政管理部门认定的软件登记机构登记。这里的“登记”即备案,不是合同的生效条件。

典型案例 45

《与皇帝离婚的女人》著作权纠纷案

原告中国文采声像出版公司(以下简称“文采公司”)向法院诉称:2006 年 7 月 31 日,该公司与二被告王某放、王某滨签订合同,委托二被告创作电视剧本《与皇帝离婚的女人》,二被告将剧本的著作权使用权授予该公司。二被告创作的剧本在原告方全部认可并经主管部门审查通过,则为定稿,二被告必须按该公司提出的具体修改意见继续修改直至定稿;双方共同确认 2006 年 8 月向国家广电总局提交电视剧开机报备,如若因未能按期交稿或完成定稿,致使电视剧在报备公示有效期内无法正常开机,须退还原告方已付的全部稿酬,并赔偿由此给原告方造成的全部经济损失。合同签订后,原告方分批支付了剧本稿酬共计 60 万元,并依约向广电总局报批立项,决定于 2006 年 11 月份在报备公示有效期内开机,并筹备开机事宜。但被告稿件没有执行修改要求。原告公司多次提出修改意见要求被告修改剧本,均遭到拒绝。被告的这种行为已经严重违反了合同的约定,直接导致该剧无法如期拍摄,使得该剧拍摄计划被迫长期停滞拖延,电视剧投资方退出与原告公司的合作。根据电视剧题材报备相关规定,已经报备公示的电视剧项目没有在规定时间内拍摄,一旦发现将被永久取消拍摄资格。为预防给国有资产造成更大的损失,原告公司依据已购买取得的 2009 年 11 月 1 日之前该题材电视剧创作权和相关历史资料独家使用权,委托职业编剧胡某新另行组织重新创作了同一题材的剧本《历史的背后》,并通过了定稿审查进入拍摄制作,该剧本并非二被告创作。依据合同约定,二被告应当返还已支付的稿酬并赔偿原告公司因此遭受的损失。请求法院判令:(1)解除双方于 2006 年 7 月 31 日签订的著作权使用合同;(2)二被告返还已支付的稿酬 60 万元;(3)二被告支付违约金 18 万元。

被告王某放、王某滨辩称:2006 年 7 月 31 日,其与原告订立合同,将经 3 年艰苦努力、六易其稿创作完成的电视剧本《与皇帝离婚的女人》的著作权使用权授权文采公司用以拍摄电视剧及用以音像、VCD、DVD、信息网络等电视剧所有衍生产品的传播发行使用权。2006 年 8 月 31 日,被告交付剧本第二稿,2006 年 11 月 28 日,根据有关部门及导演的意见,修改剧本并交付第三稿。在被告吏付第三稿剧本后,原告却立即将该剧本交给其另行委托的案外人胡某新,违反了合同约定。原告还一直隐瞒其另行委托他人的事实,2007 年 4 月 14 日,由胡某新署名的电视剧《历史的背后》开机,原告在已经开机拍摄后还给其发出进剧组修改的函。现被告已完全适当地履行了合同义务,而文采公司仍欠 30 万元至今未付。文采公司无权解除合同,却实际上擅自撕毁合同。因此,被告不同意原告的诉讼请求。

法院经审理查明:2006 年 7 月 31 日,王某滨、王某放(甲方)与文采公司(乙方)签订了《电视剧本〈与皇帝离婚的女人〉著作权使用合同书》,约定如下:在合同有效期内,甲方授权乙方以拍摄电视剧的形式在中国大陆及境外地区发行播放的专有使用权;以音像、VCD、DVD 信息网络等电视剧所有衍生产品在中国大陆及境外地区传播发行使用权;授权期限自合同签字之日起至剧本定稿后 2 年内有效;若该有效期内乙方仍未拍摄此剧本,剧本版权自动归回甲方所有,无须进一步说明,甲方无须退还乙方已付使用费;甲方将创作剧本前期深入生活采访的文字、图片、影像等资料的使用权授权乙方,由此产生的全部费用由乙方承担,但需乙方审定;甲方因创作剧本采访原型人物并签署版权使用协议书(附件一、附件二)的全部内容乙方予以认同,就此产生的新的法律关系另具合同确认并作为本合同不可或缺的重要补充部分(附件三);甲方保证该剧本征得剧中人物原型(李玉琴、溥仪)家属的书面肯定意见,并于电视剧开拍之前交于乙方作为本合约不可或缺的补充附件。

甲方于 2006 年 5 月 20 日交付剧本第一稿,2006 年 8 月 31 日交付剧本第二稿;甲方创作的剧本在乙方全部认可并经主管部门审查通过,则为定稿,甲方必须按乙方提出的具体修改意见继续修改直至定稿。投入拍摄后若乙方进一步提出剧本修改意见,甲方仍负责修改完成。甲方承诺按上述约定交付并修改剧本,如未能按期按量交稿或完成定稿,乙方有权扣除甲方稿酬 20% 作为违约罚金(此处原合同文本有笔误,误将乙方有权扣除违约条款写成了甲方有权扣除)。甲、乙双方共同确认 2006 年 8 月由乙方向国家广电总局提交电视剧开机报备。如若因甲方未能按期交稿或完成定稿，致使电视剧在报备公示有效期内无法正常开机，甲方须退还乙方已付的全部稿酬，并赔偿由此给乙方造成的全部经济损失。

乙方应在收到甲方交付的定稿剧本后2年内拍摄，因故不能按时拍摄，应在拍摄期限届满前1个月通知甲方。乙方到期不能拍摄此剧本，甲方有权终止合同。

依据《著作权法》第10条第4项，著作权人有权保护作品的完整权不受伤害。甲方同意乙方在拍摄中依据剧情范围内有限度修改剧本，但是乙方必须应保证在符合国家有关法律法规及行业规范的前提下认真如实操作。乙方若要另请作者，需经甲方书面认可。涉及变更重大情节内容、调整人物关系等，需得到甲方的认可。使用剧本拍摄完成的电视剧的版权归乙方及合作投资方所有，甲方享有编剧在电视剧播出时的单独署名权，同时确保原型人物的署名权。

付酬方式约定：剧本总稿酬为人民币90万元，不含税款，电视剧本每集为人民币3万元；合同签署生效两周内支付30万元；甲方按期交付乙方剧本第二稿一周之内，支付30万元；剧本最终改定电视剧开机前一周之内，支付人民币30万元。第11条约定：甲方依据为电视剧的筹备拍摄提供了大量历史资料，主创人员及演员备选方案，并已为该剧取得剧中重要拍摄景地使用许可之理由，在承诺保证上述工作内容在拍摄阶段的执行真实有效的前提下，双方约定，在电视剧发行收入扣除发行费用之后所获利润中提取10%归甲方所有。

合同订立后，文采公司分二次支付了稿酬共计60万元。2006年8月，电视剧在主管部门备案公示。

2006年12月3日，文采公司将其收到的剧本第三稿交给案外人胡某新。2007年1月23日，文采公司另行委托胡某新编写剧本。

2007年4月14日，电视剧《历史的背后》开机拍摄，宣传显示编剧为胡某新。文采公司提供了《历史的背后》剧本，王某滨、王某放未主张亦未提供证据证明该剧本与《与皇帝离婚的女人》剧本系同一剧本。2007年4月16日，文采公司向王某放、王某滨发出催促编剧进组修改剧本的函，称将于4月18日开机。

法院认为：双方就《与皇帝离婚的女人》剧本订立的合同包含两方面内容，一是甲方交付剧本并将剧本拍摄电视剧的权利授予乙方，乙方支付稿酬；二是甲方按乙方要求进行修改、完成定稿,乙方支付稿酬。就合同性质而言,属于著作权许可使用合同与委托创作合同的混合合同,故应适用《著作权法》有关著作权许可使用合同、委托创作合同的规定,不明确之处可以适用或类推适用合同法有关买卖合同和承揽合同的规定。文采公司要求解除合同以及要求王某放、王某滨返还稿酬、支付违约金,本院将结合合同条款、履行情况和解除条件综合予以判断。

一、关于文采公司解除合同的主张能否成立。

首先,本案不存在与第 1 条第 2 项解除条款约定的甲方再授权的事实。其次,尽管第 3 条第 5 项赋予乙方在报备公示期内未开机拍摄时的解除权,但该条条件尚未成就。原因有二:一是双方对第三稿交稿时间为 11 月底的约定实际已经对履行期限进行了变更;二是该条规定须在归因于甲方情况下,事实上,虽然甲方未能全部履行合同是造成未拍摄的原因之一,但另一方面乙方擅自弃用稿件导致剧本不能拍摄实为主要原因,因此条件并未成就。最后,第 4 条虽然涉及了到期不能拍摄情形下的合同解除,但该条款约定解除权在甲方而非乙方,故该条款亦不适用于本案。

在协议解除和约定解除条件均不具备的情况下,文采公司如欲解除合同,必须符合原《合同法》第 94 条①的规定,或者基于不可抗力,或者出现根本违约,或者出现其他法定情形以致合同目的不能实现。对此,本院将结合合同规定和双方履行情况,重点审查王某放、王某滨是否存在原《合同法》第 94 条规定的违约行为。

二、关于王某放、王某滨是否存在相应的违约行为。

1. 关于剧本交付及著作权许可使用。

鉴于双方合同是在交付剧本(第一稿)基础上达成的授权合意,因此,有关著作权许可使用的义务,王某放、王某滨已经履行,在剧本交付及著作权许可使用方面,王某放、王某滨不存在违约行为。

2. 关于甲方交付的稿件是否达到定稿标准。

合同第 3 条第 3 项约定:甲方创作的剧本在乙方全部认可并经主管部门审

---

① 现《民法典》第 563 条。增加第 2 款:以持续履行的债务为内容的不定期合同,当事人可以随时解除合同,但是应当在合理期限之前通知对方。

查通过，则为定稿，甲方必须按乙方提出的具体修改意见继续修改直至定稿。

法院认为，该条款包含两项内容：一是乙方提出的修改意见必须是具体意见，泛泛意向不构成修改意见。2006 年 10 月，文采公司发给王某滨的关于第三稿的修改方案，尽管编剧方仍存有自己的看法，但王某滨草拟修改方案发给文采公司的卜某月，卜某月补充后发给王某滨，王某滨、王某放未提出书面异议。这一事实应视为王某滨、王某放对该方案的认可，该方案应为乙方对剧本提出的要求。至于主管部门审查通过，双方有不同的解释。法院认为，乙方在合同履行中已邀请其他单位包括中央电视台有关部门人员参加讨论剧本，并在此基础上形成了修改方案，因此应视为主管部门意见已体现在修改方案中。二是全部认可系属主观标准，而剧本作为委托创作的标的，具有特殊性，即不同的人会产生不同的理解和标准。为避免主观上的不确定性和任意解释的危险性，需要进行限缩解释。因此，在是否完成剧本要求的标准上不应完全取决于当事人的好恶，应当采取客观标准，按照符合合同目的来解释，即符合电视剧拍摄的标准。虽然专业剧作家在剧本创作中的思路和设计应当得到尊重，但是法院仍认为，作为拍摄影视作品基础的剧本不仅是文学作品也是电影产品的一部分，多数情况下既要具备专业的文学素养亦要考虑影视剧的市场需求。因此，在修改意见已然明确的情况下，编剧有义务按照既有方案的要求进行修改。因此，甲方在第 16 集及第 18 集中未按修改方案进行修改的行为，违反了合同。但是，剧本已全部完成并进行了三稿修改，剧本已基本实现合同要求，编剧未履行部分修改要求的行为并不构成根本性违约，这种违约属于轻微的、可以补救的，并未达到不能够拍摄的程度。

对于甲方履行中的瑕疵，文采公司有权要求对方修改，行使合同赋予乙方在拍摄中有限度修改的权利，也可以依据原《合同法》采取自行修改、由他人修改以及在拍摄中修改的方式，对稿酬进行折扣，甚至在对方坚决不履行合同义务又不同意他人修改时根据合同法要求解除合同。遗憾的是，文采公司在收到第三稿后即将稿件交付第三方。法院有理由相信，在第三稿交付之前，乙方应当已经开始了与第三方的接触，即乙方在未收到甲方的全部稿件时已经失去履行合同的意愿。在这种主观状态下，不难理解对于第三稿双方何以存在如此之大的冲突了。文采公司在正式委托第三方后未以任何方式告知甲方作品不进行拍摄，有关人员称即将投拍等事实使得甲方足以认为稿件符合合同要求，直到2007年4月16日文采公司另行委托他人创作的剧本投入拍摄后,文采公司才向王某放、王某滨发出催促修改剧本的函。文采公司接收剧本4个月内未对剧本进行正式处理,应视为甲方交付的剧本已基本符合合同要求,构成定稿。

3. 关于迟延交稿。

第三稿最后三集的交稿时间确实晚于约定时间5天,但第三稿的绝大部分稿件已于约定时间内交付,仅最后三集的短时迟延未构成根本违约,仅此一节不足以成为文采公司解除合同的条件。

综上所述,甲方义务已基本履行,存在的瑕疵不影响合同目的的实现,乙方不享有合同法赋予的因重大违约而产生的法定解除权。同时,由于乙方要求对方赔偿损失,乙方的要求也不属于行使承揽合同中定作人的任意解除权。《合同法》第94条[①]规定,一方明确表示或者以行为表示不再履行合同时,合同相对方有权解除合同。根据此规定,在乙方另行委托他人创作明确表示不再履行合同后,法律赋予甲方以解除权。但甲方有选择行使与否的权利和自由,鉴于本案中甲方并未提出解除合同,剧本的电视剧拍摄权仍保留在文采公司一方。作为合同乙方的文采公司因无解除权,其有关解除合同的要求不能支持,基于解除合同而提出的退还稿酬的要求本院亦不能支持。鉴于王某放、王某滨已完成定稿义务,文采公司主张18万元违约金,无事实和法律依据,法院亦不予支持。法院判决驳回原告中国文采声像出版公司对被告王某放、王某滨的全部诉讼请求。[②]

二审法院维持了原判。

典型案例46

《大秦帝国》影视剧剧本改编权纠纷案

原告孙某晖向法院诉称:其系长篇历史小说《大秦帝国》的作者及著作权人,并为系列电视剧《大秦帝国之黑色裂变》《大秦帝国之国命纵横》《大秦帝国

① 现《民法典》第563条。增加第2款:"以持续履行的债务为内容的不定期合同,当事人可以随时解除合同,但是应当在合理期限之前通知对方。"

② 参见北京市海淀区人民法院民事判决书,(2007)海民初字第23922号。

之阳谋春秋》《大秦帝国之铁血文明》《大秦帝国之帝国烽烟》的作者。原告先与北京长河绿洲文化发展有限公司(以下简称“长河公司”)签订影视剧剧本改编合同,后长河公司经原告同意将合同权益转让给陕西国风影业投资有限公司(以下简称“国风公司”)。2013年,国风公司完成《大秦帝国之裂变》的摄制及首轮发行后缺乏资金,原告、国风公司与被告西安曲江大秦帝国影业投资有限公司(以下简称“大秦帝国公司”)共同签订《著作权再许可使用合同》,约定由被告不歪曲篡改《大秦帝国》文字作品基本精神与主要人物框架关系,使用原告作品改编、摄制影视剧,期限至2017年3月18日止。被告于2015年3月在广电总局电子政务平台以《大秦帝国之东出》为剧名申报重大历史题材立项,因其改编的第二部、第三部电视剧严重违背原著精神被广电总局责令停业整顿,导致原告2017年9月向广电总局申报《大秦帝国》重大题材立项被搁置,原告发函被告要求其撤回立项申请并赔偿损失,但被告以其立项的电视剧与原告的小说《大秦帝国》无任何关系为由拒绝。原告诉讼请求:(1)请求判令被告大秦帝国公司立即撤回2015年3月在国家广播电视总局电视剧电子政务平台(以下简称“广电总局电子政务平台”)以《大秦帝国之东出》为剧名的重大题材立项申请,并停止拍摄以“大秦帝国”为名称的影视剧作品;(2)请求判令被告大秦帝国公司赔偿原告孙某晖因侵权行为造成的经济损失100万元;(3)案件诉讼费用由被告大秦帝国公司负担。

一审法院查明,1995年5月,孙某晖取得作品名称《大秦帝国》(136集)、类别为影视文学剧本的作品登记证书,证书登记孙某晖为作者、著作权人。2017年6月,孙某晖取得作品名称《大秦帝国》小说、类别为文字作品,和作品名称《大秦帝国之黑色裂变》电视剧本、类别为文字作品的作品登记证书,证书登记孙某晖为作者和著作权人。同日,陕西文明东方影视文化传媒有限公司(以下简称“文明公司”)取得作品名称《大秦帝国之国命纵横》《大秦帝国之阳谋春秋》《大秦帝国之铁血文明》《大秦帝国之帝国烽烟》四部电视剧本、类别为文字作品,作者孙某晖,著作权人文明公司的作品登记证书。经多次质押、转让,2010年8月,孙某晖(甲方)、国风公司(乙方)、大秦帝国公司(丙方,法定代表人焦某)签订《著作权再许可使用合同》,主要内容如下。(1)甲方同意,乙方将其享有的由孙某晖创作的《大秦帝国》6部11卷、136集电视连续剧文学剧本《大秦帝国》的影视剧改编拍摄权转让给丙方,丙方有权排除包括原著作权人

(孙某晖)、乙方、焦某等在内的一切他人行使上述作品的电影、电视剧改编拍摄权,且原著作权人(孙某晖)、乙方、焦某不得对上述作品中的内容再许可任何第三方享有电影、电视剧改编拍摄权。该专有许可使用权有效期至2017年3月18日。(2)丙方行使上述作品的影视剧改编拍摄权,其所摄制的电影、电视剧《大秦帝国》著作权归丙方;丙方并享有制片者的署名权;影视剧《大秦帝国》的收益,亦归丙方所有。乙方再许可前因行使专有摄制权所享有的《大秦帝国》第一部《黑色裂变》的著作权和收益除外。(3)丙方摄制的影电视剧《大秦帝国》,得在片头以明显方式标出“根据孙某晖长篇历史小说《大秦帝国》改编”,若丙方聘请甲方担任编剧,甲方同时享有编剧署名权;若不聘请甲方担任编剧,则编剧署名权与甲方无关。(4)若在2017年3月18日之后,丙方持续经营期间仍需使用上述作品的影视剧改编拍摄权,则由丙方与甲方另行协商上述作品的许可使用事宜并协商签订相关协议。甲方同意在同等条件下,丙方可优先取得上述作品的专有许可使用权。(5)丙方承诺:在影视剧改编摄制中遵守著作权法相关规定,不歪曲篡改原作品基本精神与主要人物的框架关系;丙方根据影视剧作品之需要,对该作品进行自主改编,应力求与原作艺术品位相适应。甲方不干预丙方影电视剧产品之制作过程与操作方式。

2017年3月8日,孙某晖向大秦帝国公司发出《关于终止〈大秦帝国〉影视改编权的通知函》,主要内容为:双方影视改编权合同将于2017年3月18日到期,届时大秦帝国公司受让的该部作品影视改编权即自动终止,函请停止与此有关的一切活动。2017年3月10日,大秦帝国公司向孙某晖复函,主要内容为:通知函已收悉。大秦帝国公司在合同期满后将另行聘请编剧、历史学家根据相关史料独立进行剧本创作拍摄制作电视剧《大秦帝国之东出》《大秦帝国之帝国》,新创作关于大秦帝国题材的电视剧不再改编或取材于孙某晖的同名小说。2015年3月,大秦帝国公司在广电总局电子政务平台申报了重大历史题材立项电视剧《大秦帝国之东出》并获同意。该电视剧《大秦帝国之东出》为大秦帝国公司拍摄的《大秦帝国》系列剧的第四部,编剧为李某。该剧于2018年9月开始拍摄。

在一审庭审中,孙某晖出示了其为维权支付的律师费用21.2万元等证据。大秦帝国公司出示证据包括多部不同作者创作的名称包含“大秦帝国”的文学或影视作品,以证明“大秦帝国”四个字不是特有的名称,不具有独创性,孙某晖对“大秦帝国”四个字不享有著作权；北京菲沃德知识产权司法鉴定中心出具的《司法鉴定意见书》，鉴定结论为大秦帝国公司的电视剧《大秦帝国》第四部剧本作品与孙某晖的小说《大秦帝国》(《阳谋春秋》《铁血文明》)作品不构成相同或实质性相似。以证明大秦帝国公司立项使用的《大秦帝国之东出》电视剧剧本是自行创作完成，并非孙某晖授权使用的作品，且作品名称不同，大秦帝国公司的立项申请与孙某晖无任何关联。

一审法院认为，孙某晖系《大秦帝国》小说及《大秦帝国》(136 集)影视文学剧本的作者及著作权人，有权就涉及侵犯其著作权的行为提起诉讼。大秦帝国公司依据双方签订《合同》在合同期内对孙某晖的小说及文学剧本《大秦帝国》享有排他的电影、电视剧改编拍摄权。大秦帝国公司于 2015 年 3 月在广电总局电子政务平台立项的行为属于《合同》约定的权限的前置程序之一，其本身亦来源于《合同》约定的权限。《合同》期满后，涉案的《大秦帝国之东出》尚未开始拍摄，即《合同》期限内基于授权立项的《大秦帝国之东出》并未产生新的影视作品，故应认定大秦帝国公司在《合同》期满后未取得授权的情况下以《大秦帝国之东出》立项的行为构成了侵害孙某晖的著作权，对孙某晖请求撤回立项的诉请应予支持。我国《著作权法》(2010 年)对作品名称是否受著作权法保护并没有明文规定，但作品名称属于作品的一部分，在司法实践中应当根据实际情况区别对待。“大秦帝国”虽不具有普遍意义上的独创性，但在本案中，正是因为《大秦帝国》小说及《大秦帝国》系列电视剧的推广使得“大秦帝国”在本案中具有了一定的独立性和指向。大秦帝国公司成立于 2010 年 8 月 31 日，《合同》签订于 2010 年 8 月，其改编拍摄《大秦帝国》系列电影、电视剧具有一定的延续性，但应在《合同》授权许可的期限和范围内，现大秦帝国公司在《合同》期满后未取得授权的情况下继续以“大秦帝国”为名称拍摄电视剧的行为侵害了孙某晖的著作权，对孙某晖请求大秦帝国公司停止以“大秦帝国”为名称的电视剧的诉请应予支持。因孙某晖除律师费用外未提交其他关于侵权造成的损失的证据，结合双方的合作情况、投入的成本、过错程度、侵权的事实等，确定大秦帝国公司对孙某晖不予赔偿。

一审法院判决，大秦帝国公司于判决生效之日起立即撤回 2015 年 3 月在国家广播电视总局电视剧电子政务平台以《大秦帝国之东出》为剧名的重大题材立项申请；大秦帝国公司于本判决生效之日起立即停止拍摄以“大秦帝国”为名称的影视剧作品;驳回孙某晖的其他诉讼请求。大秦帝国公司不服一审判决,上诉请求:撤销一审判决,改判驳回孙某晖全部诉讼请求,上诉费由孙某晖承担。

二审法院认为本案争议焦点为,大秦帝国公司以《大秦帝国之东出》立项、拍摄是否侵害孙某晖的著作权,如果侵权如何承担责任。在本案中,孙某晖系《大秦帝国》小说、《大秦帝国》影视文学剧本(以下简称"小说及影视文学剧本")、《大秦帝国之黑色裂变》电视剧本作者,作品登记证书载明著作权人为孙某晖,其依法享有该作品著作权。孙某晖亦系《大秦帝国之国命纵横》《大秦帝国之金戈铁马》《大秦帝国之阳谋春秋》《大秦帝国之铁血文明》《大秦帝国之帝国烽烟》等电视剧本的作者,依法享有作者权利。大秦帝国公司依据与孙某晖签订的《合同》,在约定期限内因许可而取得行使孙某晖创作的小说及影视文学剧本的改编、摄制等权利,其改编、拍摄电视剧目是履行合同约定的正当行为。大秦帝国公司2015年3月以《大秦帝国之东出》进行立项申请,是基于行政管理规范的要求。一审法院关于该立项行为"属于《合同》约定的权限的前置程序之一,其本身亦来源于《合同》约定的权限""大秦帝国公司在《合同》期满后未取得授权的情况下以《大秦帝国之东出》立项的行为构成了侵害孙某晖的著作权"的认定不当,应当予以纠正。陕西广播电视行政部门审查"同意申报立项",国家广播电影电视总局审查"同意立项",并在广电总局电视剧电子政务平台予以公示。该立项申请已实施完毕,已经行政管理部门审核公示并产生效力,故"撤回立项申请"在事实和法律上已无法实现。一审法院"对孙某晖请求撤回立项的诉请应予支持"的认定不当,超出民事诉讼受理范围,一审法院判决"立即撤回2015年3月在国家广播电视总局电视剧电子政务平台以《大秦帝国之东出》为剧名的重大题材立项申请"的判项无法实现,应当予以纠正。孙某晖主张大秦帝国公司在《合同》期满后、未经授权的情况下拍摄《大秦帝国之东出》侵犯了其改编权、保护作品完整权,应当对该主张所依据事实提供证据加以证明,但孙某晖并未提供证明大秦帝国公司《大秦帝国之东出》侵犯其改编权和歪曲、篡改其作品的侵权事实的相关证据,且大秦帝国公司对孙某晖的该主张不予认可。据此,孙某晖关于大秦帝国公司《大秦帝国之东出》侵犯其改编权、保护作品完整权的主张没有证据证明,不予支持。根据我国《著作权法实施条例》第2条规定,作品名称能否享有著作权,取决于是否构成著作权法上的"作品",关键在于是否具有独创性。一般而言,“大”,是通用文字,通常形容面积、体积、容量、力量、强度、规模等超过一般对象;“秦”,是中国历史上第一个中央集权的朝代的惯常称谓,也引申为秦朝、秦国、秦王、秦地等;“帝国”,泛指国力强大的国家,具有鲜明特征的政治、经济、社会、军事体系和人文价值观,如罗马帝国、法兰西帝国、秦帝国(见《秦帝国疆域图》,地图出版社 1957 年)等。“大”与历史朝代、统治王朝及“帝国”组合的记载和使用,在文献、著作等文学艺术领域较为常见,如大秦、大唐、大清、蒙古帝国、大汉帝国等。涉案作品名称为“大秦帝国”,其中的“大”“秦”“帝国”均为通用文字、词汇,孙某晖采用“大秦帝国”作为其创作的小说及影视文学作品、电视剧本等系列作品名称,虽包含作者对作品素材、标题名称的研究分析和提炼加工,但“大秦帝国”这一字、词组合缺乏必要的长度和深度,无法充分、完整地表达和反映作者的思想感情或研究成果,也无法体现作者的智力创作,不符合作品独创性的要求,不能构成《著作权法》规定的作品,不是《著作权法》保护的客体。另外,单独存在的通用文字、词及词汇是社会公众自由表达思想感情的基本工具,如果将通用文字、词组及其简短组合作为“作品”予以著作权保护,就会导致该文字词组等被个人垄断,排斥他人再创作同题材的作品,思想交流和文艺创作等必然受到阻碍,无疑会给社会文明发展造成极大的障碍,有悖于著作权法的立法本意。据此,孙某晖关于作品名称“大秦帝国”享有著作权的主张,不予支持。

二审法院判决,撤销一审法院判决,驳回孙某晖诉讼请求。一审、二审案件受理费由孙某晖负担。[①]

【风险提示】

在许可使用合同期满后,是否可以继续销售以前出版的作品,如图书、音像制品等,这问题一直是有争论的。实际上,之所以引发这样的问题,还是由于许可使用合同签订的内容不够详细、操作性不强引发的。如果合同中未对此做出约定,那么只要是在许可使用期之内出版发行的图书等,都可以继续销售,但要有证据证明这些图书是在许可使用期内出版发行的。当然,也有不法商家钻这个空子,在临近使用期满时,大量印刷发行图书。为避免这种情形的发生,在合

① 陕西省高级人民法院民事判决书,(2019)陕民终 695 号。

同中如可以约定图书数量、印刷时间等。该类合同具有很强的专业性,企业不妨委托专业机构代理签订合同。

三、知识产权的质权

知识产权质权是我国《民法典》规定的权利质权的内容之一,是指为担保债权人的债权,以商标权、专利权、著作权中的财产权作为标的设定的质权形式。提供商标权、专利权、著作权的人是出质人,占有这些权利的人是质权人,而涉案的商标权、专利权、著作权中的财产权为权利质权。我国《民法典》第440条和第444条也确立了知识产权的权利质权地位。随着知识产权交易的日益活跃,知识产权质权担保进入了前所未有的发展空间。作为一种担保方式,知识产权质权与其他权利的质押有诸多不同,但正是这些不同所产生的后果也限制了其发展步伐。目前,在知识产权交易融资领域,知识产权质权的发展受到了一定限制。其主要原因在以下两点,第一,由于知识产权是无形的财产权,对其拥有、使用、处分方式与有形财产大为不同,知识产权的侵权判断和司法救济也更为复杂,这些因素都会影响质权人对其价值的判断,进而导致知识产权质权过程缓慢,在一定程度上限制了其发展;第二,知识产权质权是债权的担保方式,其价值的大小对设定质押权具有决定性的效力,因此,知识产权的评估在质押过程中是一个非常重要的环节。知识产权的时效性、市场风险、技术风险等都会使评估价值具有很大的不确定性,加之目前知识产权评估尚不规范,也在一定程度上阻碍了知识产权质权的快速发展。虽然目前我国相关法律为知识产权质权提供了法律保障,但由于上述原因和操作层面的保障措施不健全,知识产权质权还不能发挥其应有作用。就目前而言,最多的是向银行质押贷款,有些地方政府部门出台了一些知识产权质押贷款的相关规定。2008年7月,北京市科学技术委员会与北京商业银行签订了知识产权质押贷款战略合作协议。北京银行承诺在未来3年内发放知识产权质押贷款3亿元,而北京市科学技术委员会则对获得北京银行知识产权质押贷款的科技企业给予贴息支持。该协议的实施使知识产权资本价值得以体现和运用，对拥有自主知识产权的科技企业解决资金紧张、加速知识产权的市场转化、提升企业核心竞争力起到了推动作用。

知识产权质权除了具有从属性、不可分性、物上代位性和优先受偿性的质押权一般特性外，其还具有自己最主要的特点，即要式性。根据我国《民法典》第 429 条规定，动产质押的质权自出质人交付质押财产时设立。《民法典》第 441 条规定，以汇票、本票、支票、债券、存款单、仓单、提单出质的，质权自权利凭证交付质权人时设立；没有权利凭证的，质权自办理出质登记时设立。而知识产权根据《民法典》第 444 条规定，以注册商标专用权、专利权、著作权等知识产权中的财产权出质的，质权自办理出质登记时设立。

（一）专利权的质押

专利权是国家知识产权局授予专利申请人在一定时期内实施其发明创造的专有权利，这种权利是一种垄断权，也是一种财产权。出质的专利权包括发明专利权、实用新型专利权和外观设计专利权。目前，关于专利申请权可否出质存在争议。从《民法典》的规定中只能得出专利权可以出质的结论，从国家知识产权局颁布的《专利权质押登记办法》（国家知识产权局公告第 461 号，2021 年）中也仅看出只给专利权出质进行登记。笔者认为，从权利性质来看，专利申请权应该可以作为质物。首先，《专利法》规定了专利权和专利申请权都是财产权，均可以转让，质权作为担保物权的一种，其担保功能的大小取决于权利价值的大小，只要专利申请权是有价值的，应该可以作为质押的标的；其次，专利申请权和专利权其价值状态都是不稳定的，专利申请权的不稳定性在于专利申请可能被驳回或被视为撤回，专利权的不稳定性在于可能被终止、放弃或被宣告无效。因此，两者在质押方面并无本质区别。专利申请权应列入质物的范畴。

根据现有法律法规及规范性文件，专利申请权质押应注意以下方面。

1. 出质人须为专利权人

根据国家知识产权局颁布的《专利权质押登记办法》的规定，出质人必须是合法专利权人。如果一项专利有两个以上的共同专利权人，则出质人为全体专利权人。从这点看，知识产权局对专利权出质主体的要求与专利权转让是一致的。

2. 办理质押登记应提交的文件

出质人向知识产权局申请办理质押登记的,应填写《专利权质押登记申请表》,并提交专利权质押合同、双方当事人的身份证明,或当事人签署的相关承诺书、有委托人的提交委托书及代理人身份证明及其他需要提供的材料;专利权经过资产评估的,当事人还应当提交资产评估报告。国家知识产权局收到当事人提交的质押登记申请文件,应当予以受理,并自收到之日起5个工作日内进行审查,决定是否予以登记;通过互联网在线方式提交的,国家知识产权局在2个工作日内进行审查并决定是否予以登记。

3. 对质押申请的审查

当事人提交的专利权质押合同应当包括以下与质押登记相关的内容:(1)当事人的姓名或名称、地址;(2)被担保债权的种类和数额;(3)债务人履行债务的期限;(4)专利权项数以及每项专利权的名称、专利号、申请日、授权公告日;(5)质押担保的范围。除此之外,还可以在专利权质押合同中约定下列事项:(1)质押期间专利权年费的缴纳;(2)质押期间专利权的转让、实施许可;(3)质押期间专利权被宣告无效或者专利权归属发生变更时的处理;(4)实现质权时,相关技术资料的交付;(5)已办理质押登记的同一申请人的实用新型有同样的发明创造于同日申请发明专利、质押期间该发明申请被授予专利权的情形处理。

经审查发现有下列情形之一的,国家知识产权局作出不予登记的决定,并向当事人发送《专利权质押不予登记通知书》:(1)出质人不是当事人申请质押登记时专利登记簿记载的专利权人的;(2)专利权已终止或者已被宣告无效的;(3)专利申请尚未被授予专利权的;(4)专利权没有按照规定缴纳年费的;(5)因专利权的归属发生纠纷已请求国家知识产权局中止有关程序,或者人民法院裁定对专利权采取保全措施,专利权的质押手续被暂停办理的;(6)债务人履行债务的期限超过专利权有效期的;(7)质押合同不符合本办法第8条规定的;(8)以共有专利权出质但未取得全体共有人同意且无特别约定的;(9)专利权已被申请质押登记且处于质押期间的;(10)请求办理质押登记的同一申请人的实用新型有同样的发明创造已于同日申请发明专利的,但当事人被告知该情况后仍声明同意继续办理专利权质押登记的除外;(11)专利权已被启动无效宣告程序的,但当事人被告知该情况后仍声明同意继续办理专利权质押登记的除外;(12)其他不符合出质条件的情形。

如果审查出有不合格的情况,知识产权局会给申请人补正的机会。审查合格的,国家知识产权局在专利登记簿上予以登记,并向当事人发送《专利权质押登记通知书》。质权自办理出质登记时设立。审查不合格或申请人逾期不补正的,质权不予登记,国家知识产权局作出不予登记的决定,并向当事人发送《专利权质押不予登记通知书》。

4. 专利权质押合同登记的变更和注销

(1)专利权质押期间出现以下情况之一的,当事人应到知识产权局办理质押登记变更手续。

当事人的姓名或者名称、地址更改的,应当持专利权质押登记变更申请表、变更证明或当事人签署的相关承诺书,向国家知识产权局办理专利权质押登记变更手续。

专利权质押期间,被担保的主债权种类及数额或者质押担保的范围发生变更的,当事人应当自变更之日起 30 日内持专利权质押登记变更申请表以及变更协议,向国家知识产权局办理专利权质押登记变更手续。

国家知识产权局收到变更登记申请后,经审核,向当事人发出《专利权质押登记变更通知书》,审核期限按照本办法第 10 条办理登记手续的期限执行。

(2)有下列情形之一的,当事人应当持专利权质押登记注销申请表、注销证明或当事人签署的相关承诺书,向国家知识产权局办理质押登记注销手续:①债务人按期履行债务或者出质人提前清偿所担保的债务的;②质权已经实现的;③质权人放弃质权的;④因主合同无效、被撤销致使质押合同无效、被撤销的;⑤法律规定质权消灭的其他情形。

国家知识产权局收到注销登记申请后,经审核,向当事人发出《专利权质押登记注销通知书》,审核期限按照《专利权质押登记办法》第 10 条办理登记手续的期限执行。专利权质押登记的效力自注销之日起终止。

国家知识产权局专利登记簿记录专利权质押登记的以下事项,并在定期出版的专利公报上予以公告:出质人、质权人、主分类号、专利号、授权公告日、质押登记日、变更项目、注销日等。

【风险提示】

由于专利权质押有特殊性,企业在操作时应关注以下问题。

①专利权质押的效力。虽然质押不产生专利权所有人发生变化的法律后果,但对专利权人即出质人产生了担保法律关系上的义务,其所有权负担有质权,不得随意处分。《民法典》第444条第2款规定,知识产权中的财产权出质后,出质人不得转让或者许可他人使用,但是出质人与质权人协商同意的除外。出质人转让或者许可他人使用出质的知识产权中的财产权所得的价款,应当向质权人提前清偿债务或者提存。

②质权的实现。根据《民法典》第436条第2款、第3款规定,债务人不履行到期债务或者发生当事人约定的实现质权的情形,质权人可以与出质人协议以质押财产折价,也可以就拍卖、变卖质押财产所得的价款优先受偿。质押财产折价或者变卖的,应当参照市场价格。质权人可以专利权人的身份将专利权转让给他人,也可以通过将专利权许可他人使用的方式实现质权。这种转让和许可应遵照《专利法》有关专利权转让和许可的相关规定。

③专利证书的转移。《民法典》及相关司法解释和国家知识产权局颁布的《专利权质押登记办法》均未规定以专利权出质的应交付专利证书给质权人。实际上,这种交付证书的行为并无意义。首先,专利权质押与汇票、支票、本票、提单、仓单等权利质押不同,质权自办理出质登记时设立,其设立与专利证书的交付无关;其次,专利证书并不是专利权的有效凭证。专利证书只是授予专利权当时的法律状态的反映,若其后发生专利权终止、转让、无效等情况时,知识产权局并不收回专利证书,因此专利证书在实际中并无太多的意义,专利权的法律状态应以知识产权局专利登记簿记载的状态为准。因此,质押时交付专利证书亦无法律意义。

当然,质押双方可以在合同中对交付专利证书事项进行约定。

(二)商标专用权的质押

商标专用权质押是指债务人或第三人依法将其商标专用权作为财产权作价出质,将该商标专用权作为债权担保的民事法律行为。商标所有权人对其拥有的商标专用权在现代社会已愈发显现出其市场价值。商标权人通过在其注册商标上设定质押,作为其履行债务的担保,可以充分利用注册商标的交换价值,获得最大的利益。因此,以商标专用权出质进行融资是已成为很多企业的选择。商标专用权质押与专利权质押在很多方面存在相同之处,不再赘述。商标专用权质押经国家知识产权局登记设立。办理质押登记手续的主要依据是2020年国家知识产权局颁布的《注册商标专用权质押登记程序规定》。

以注册商标出质的企业,应注意以下问题。

1. 申请商标专用权质权登记的主体

根据《注册商标专用权质押登记程序规定》第2条第2款,商标专有权质权登记的主体是出质人和质权人,双方均应在《商标专用权质权登记申请书》中签字盖章。

2. 申请质权登记应提交的文件

根据《注册商标专用权质押登记程序规定》的规定,商标专用权质权登记时应提交申请人签字或者盖章的《商标专用权质权登记申请书》,主合同和注册商标专用权质权合同、申请人签署的承诺书,托商标代理机构办理的,还应当提交商标代理委托书,上述文件为外文的,应当同时提交其中文译文。中文译文应当由翻译单位和翻译人员签字盖章确认。

3. 对质权登记申请的审查

申请登记书件齐备、符合规定的,国家知识产权局予以受理并登记。质权自登记之日起设立。国家知识产权局自登记之日起2个工作日内向双方当事人发放《商标专用权质权登记证》。《商标专用权质权登记证》应当载明下列内容:出质人和质权人的名称(姓名)、出质商标注册号、被担保的债权数额、质权登记期限、质权登记日期。质权登记申请不符合本办法第2条、第3条、第4条、第5条规定的,国家知识产权局应当通知申请人,并允许其在30日内补正。申请人逾期不补正或者补正不符合要求的,视为其放弃该质权登记申请,国家知识产权局应当通知申请人。

有下列情形之一的,国家知识产权局不予登记:(1)出质人名称与国家知识产权局档案所记载的名称不一致,且不能提供相关证明证实其为注册商标权利人的;(2)合同的签订违反法律法规强制性规定的;(3)注册商标专用权已经被撤销、被注销或者有效期满未续展的;(4)注册商标专用权已被人民法院查封、冻结的;(5)其他不符合出质条件的。

不予登记的,国家知识产权局应当通知当事人,并说明理由。

4. 质权登记的变更、撤销及延期

（1）质权人或出质人的名称（姓名）更改，以及质权合同担保的主债权数额变更的，当事人可以凭下列文件申请办理变更登记：①申请人签字或者盖章的《商标专用权质权登记事项变更申请书》；②主债权数额变更的，双方签订的有关的补充或变更协议；③申请人签署的相关承诺书；④委托商标代理机构办理的，还应当提交商标代理委托书。

出质人名称（姓名）发生变更的，还应按照《商标法》及《商标法实施条例》的相关规定在国家知识产权局办理变更注册人名义申请。办理质权登记事项变更申请后，由国家知识产权局在 2 个工作日内重新核发《商标专用权质权登记证》。

（2）质权登记后，有下列情形之一的，国家知识产权局应当撤销登记：①发现有属于本办法第 8 条所列情形之一的；②质权合同无效或者被撤销；③出质的注册商标因法定程序丧失专用权的；④提交虚假证明文件或者以其他欺骗手段取得注册商标专用权质权登记的；撤销登记的，国家知识产权局应当通知当事人。

（3）因被担保的主合同履行期限延长、主债权未能按期实现等原因需要延长质权登记期限的，质权人和出质人双方应当在质权登记期限到期前，持以下文件申请办理延期登记：①申请人签字或者盖章的《商标专用权质权登记期限延期申请书》；②当事人双方签署的延期协议；③申请人签署的相关承诺书；④委托商标代理机构办理的，还应当提交商标代理委托书。

主债权未能按期实现，双方又未能达成有关延期协议的，质权人可以出具相关书面保证函，说明债权未能实现的相关情况，申请延期。国家知识产权局予以延期登记的，应当通知出质人。办理质权登记期限延期申请后，由国家知识产权局在 2 个工作日内重新核发《商标专用权质权登记证》。

【风险提示】

企业在利用商标专用权质押时，应注意以下问题。

①商标专用权质押的法律效力。商标出质后，出质人作为商标权人仍可以继续利用该商标，质权人未经出质人的同意不得利用该商标。在质押关系存续期间，质权人为了担保自己向其他第三人履行债务，有权以出质的商标权为自

己的债权人设质。此种设质应当经出质人同意或告知出质人。

②商标经营维护的义务。由于商标专用权质押自登记之日起设立，无须转移商标权的占有，所以商标权人实际掌握和控制该商标权。如商标权人消极履行义务，如长期闲置商标使其价值贬低或不使用商标达3年之久，构成法定撤销的理由等，或注册商标有效期满未办理续展，构成法定注销的，对质权人实现质权产生了障碍。因此，企业应在质押合同中明确商标所有权人有义务对出质的商标经营维护，避免因法律规定的期满未续展及违反《商标法》关于商标使用管理的相关规定而被国家知识产权局撤销或者注销的情况发生。在合同中还应约定，在出质人对商标无正当理由不进行经营维护而使债权实现受到威胁时，质权人有权请求国家知识产权局授权质权人对质押商标进行转让或许可第三人使用，以所得费用清偿债务。

（三）著作权的质押

著作权质押是指债务人或第三人依法将其著作权中的财产权出质，将该财产权作为债权的担保。债务人不履行债务时，债权人有权以该财产权折价或者以拍卖、变卖该财产权的价款优先受偿。著作权虽然与专利权、商标权都属知识产权，依法可以质押，但由于作品的种类和权利种类繁多，在实践中质押产生了诸多问题，这些问题也从不同角度制约著作权质押的发展。

著作权的载体即作品的形式众多，内容广泛，包括文字作品、口述作品、音乐、戏剧、舞蹈、美术、摄影作品、电影电视作品、工程设计、产品设计图纸、计算机软件等等，其财产权利的形式有复制权、发行权、出版权、播放权、展览权、改变权、翻译权、摄制电影电视权等，著作权人通过上述权利的使用或许可使用获得报酬。上述不同作品对应不同的权利形式，上述权利也并非对应所有作品。在设立质押时，质押权利的选择和其价值是关键的环节，应予以充分重视。

著作权中的发表权、署名权、修改权、保护作品完整权属于作者的人身权利，不具有财产价值，依法是不能转让的，不能作为质押的标的。

目前，著作权质押的法律依据主要是《著作权法》、《民法典》和国家版权局颁布的《著作权质权登记办法》（中华人民共和国国家版权局令第8号，2010年11月25日发布，2011年1月1日实施）。为了落实《著作权质权登记办法》，方便出质人和质权人办理著作权质押合同登记，国家版权局特指定中国版权保护中心为计算机软件著作权和其他作品著作权质权登记机构,具体负责著作权质权登记事宜。

企业在办理著作权质押登记时,应注意以下问题。

1. 质押登记的主体

根据《著作权质权登记办法》的规定,以著作权中的财产权出质的,出质人和质权人应当订立书面合同,并到登记机关进行登记。该登记应由出质人和质权人共同到中国版权保护中心办理,如果一方不到的,另一方应持对方的委托书才可办理登记。著作权质权的设立、变更、转让和消灭,自记载于《著作权质权登记簿》时发生效力。从以上规定可以看出,质押登记的主体是出质人和质权人。

2. 质押登记应提交的文件

办理质押登记时,首先要填写《著作权质权登记申请表》,并提交以下文件:(1)出质人和质权人的身份证明;(2)主合同和著作权质权合同;(3)委托代理人办理的,提交委托书和受托人的身份证明;(4)以共有的著作权出质的,提交共有人同意出质的书面文件;(5)出质前授权他人使用的,提交授权合同;(6)出质的著作权经过价值评估的、质权人要求价值评估的或相关法律法规要求价值评估的,提交有效的价值评估报告;(7)其他需要提供的材料。

提交的文件是外文的,需同时附送中文译本。

3. 登记机关的审查

登记机关在收到完备的申请资料后进行审查,审查内容主要为两方面:一是质押合同内容的完备、合法;二是提交的其他文件的真实、合法、完备。申请人提交材料齐全的,登记机构应当予以受理。提交的材料不齐全的,登记机构不予受理。

经审查符合要求的,登记机构应当自受理之日起 10 日内予以登记,并向出质人和质权人发放《著作权质权登记证书》。经审查不符合要求的,登记机构应当自受理之日起 10 日内通知申请人补正。补正通知书应载明补正事项和合理的补正期限。无正当理由逾期不补正的,视为撤回申请。

有以下情形之一的,登记机关不予登记:(1)出质人不是著作权人的;(2)合同违反法律法规强制性规定的;(3)出质著作权的保护期届满的;(4)债务人履行债务的期限超过著作权保护期的;(5)出质著作权存在权属争议的;

(6)其他不符合出质条件的。

登记机构应当设立《著作权质权登记簿》,记载著作权质权登记的相关信息,供社会公众查询。

4. 质押登记的变更、撤销和注销

著作权出质期间,申请人的基本信息、著作权的基本信息、担保的债权种类及数额或者担保的范围等事项发生变更的,申请人持变更协议、原《著作权质权登记证书》和其他相关材料向登记机构申请变更登记。申请变更登记的,登记机构自受理之日起10日内完成审查。经审查符合要求的,对变更事项予以登记。变更事项涉及证书内容变更的,应交回原登记证书,由登记机构发放新的证书。

(1)有下列情形之一的,申请人应当申请注销质权登记:①出质人和质权人协商一致同意注销的;②主合同履行完毕的;③质权实现的;④质权人放弃质权的;⑤其他导致质权消灭的。

(2)有下列情形之一的,登记机构应当撤销质权登记:①登记后发现有《著作权质权登记办法》第12条不予登记所列情形的;②根据司法机关、仲裁机关或行政管理机关作出的影响质权效力的生效裁决或行政处罚决定书应当撤销的;③著作权质权合同无效或者被撤销的;④申请人提供虚假文件或者以其他手段骗取著作权质权登记的;⑤其他应当撤销的。

申请注销质权登记的,应当提交注销登记申请书、注销登记证明、申请人身份证明等材料,并交回原《著作权质权登记证书》。登记机构应当自受理之日起10日内办理完毕,并发放注销登记通知书。

【风险提示】

在著作权质押实际操作中,有以下问题值得企业认真思考。

①未发表作品的质押。在现实生活中,大多数是以已经发表的作品的著作权设定质押担保的,对未发表作品的著作权质押问题是存有争议的,但大多数人的观点认为未发表作品的著作权质押是可行的,也是有法律依据的。我国《著作权法》(2020年修正)第2条第1款规定:"中国公民、法人或者非法人组织的作品,不论是否发表,依照本法享有著作权。"《民法典》第444条第1款规定:"以注册商标专用权、专利权、著作权等知识产权中的财产权出质的,质权自

办理出质登记时设立。”从上述规定可以看出,作者对未发表的作品同样享有著作权,对其中的财产权利设立质押担保符合担保法的规定。但对于未发表作品设定质押,问题在于实现质权时,会对发表权产生影响,反过来看,未发表的作品影响质权人实现质权。因为部分著作权财产权的实现是以发表为前提的。“将未发表作品的著作财产权作为设质标的,是对作者发表权的合理限制。因为如果著作权人同意以未发表的作品设质,那么他对债务不能清偿所产生的实现质权的后果与发表权的冲突是能够合理预见的,故此种情况下应推定版权人同意将作品发表”。[①] 因此,在对该类作品质押时,质押双方对此应充分了解和重视,在合同中约定该种情况的处理方式。例如,约定在出质人无法清偿债务时,债权人有权将未发表的作品发表后行使债权人的权利,从而获取利益,清偿债务。

②在著作权中,单项权利的质押由于一项著作权中的财产权包括很多具体的权利,如一部文字作品的财产权包含复制、出版发行、改编、翻译、网上传播等权利,一幅美术作品著作权中的财产权包含出版、发行、展览、网上传播等。对于著作权人来说,这些权利可以分别许可给不同的人使用以获取利益。从中可以看出,这些财产权是相互独立的,那么每一项权利都可以作为质押标的来单独质押。

③合作作品的质押。合作作品是指两人以上合作创作的作品,其著作权由合作作者共同享有。合作作品又分为两种,一种是合作作品可以分割单独使用,另一种是不可以分割使用的。因此,在对合作作品质押的处理上也有两种不同的方法。对可以单独使用的合作作品来说,作者对各自创作的部分单独享有著作权,但行使著作权时不得侵害合作作品的整体著作权。因此,在不侵害合作作品整体著作权的前提下,作者可以对其独立创作部分的著作权设定质押。对于不可以单独使用的合作作品来说,依照《著作权法》(2020 年修正)第 14 条第 2 款规定,合作作品的著作权由合作作者通过协商一致行使;不能协商一致,又无正当理由的,任何一方不得阻止他方行使除转让、许可他人专有使用、出质以外的其他权利,但是所得收益应当合理分配给所有合作作者。在债务人不能到期清偿债务,债权人实现质权时,会出现相当于转让的后果,因此,

---

① 张耕、唐弦:《我国著作权质押制度探析》,载《西南政法大学学报》2003 年第 3 期。

对不可以单独使用的合作作品来说，设定质押应有全体著作权人的同意。《著作权质权登记办法》要求以共有的著作权出质的，除另有约定外，应当取得全体共有人的同意，申请质权登记时提交共有人同意出质的书面文件即针对的这种情况。

四、知识产权出资

在知识效能越来越大的今天，知识产权所体现出的价值已渗透到经济领域各个方面。从我国《公司法》有关知识产权出资修改的过程即可以看出这一点。公司的设立及增资扩股、引进战略第三方均涉及知识产权出资的问题。本部分内容主要论述的是知识产权出资设立公司的相关问题。知识产权出资是知识产权资本化的方式之一，它是指知识产权权利人以知识产权来缴付企业资本。这种出资方式改善了企业资本的结构，使无形资产在企业股本中占一定比例，不仅使企业增加市场竞争力，也有助于发挥知识资本的作用。但由于知识产权具有的无形财产的性质决定了其出资比货币出资和实物出资程序更为复杂，法律风险也大于货币出资和实物出资。企业在以知识产权进行出资时，应注意以下问题。

（一）知识产权出资的范围

我国《公司法》（2018 年修正）第 27 条第 1 款规定："股东可以用货币出资，也可以用实物、知识产权、土地使用权等可以用货币估价并可以依法转让的非货币财产作价出资；但是，法律、行政法规规定不得作为出资的财产除外。"

1. 出资条件

上述规定可以看出，并不是所有的资产种类都可以出资，而应符合两个条件：一是该资产可以用货币估价，二是可以依法转让。

从上述两个条件也可以得出这样的结论，即知识产权出资的法律性质是一种投资性的知识产权转让行为。如果公司不解散或者不清算，出资人不得从公司中抽回该知识产权。作为出资的对价,出资人换取公司的股权,出资人的经济利益的实现是通过其股权每年带来的分红而实现。如果公司终止或解散,清算组有权将该知识产权作价变卖,其价款用于清偿公司的债务或作为剩余资产进行分配。

2. 可以出资的知识产权种类

根据我国目前法律法规的规定,可以作为出资的知识产权种类如下。

(1)专利权。发明专利权、实用新型专利权和外观设计专利权符合上述两个条件的,都可用作出资,这是知识产权出资中较为简单的一种。

(2)商标权。普通商标(包括商品商标和服务商标)的可出资性无可置疑,证明商标和集体商标是否可以出资一直是有争议的。依照《商标法》的规定,证明商标是指由对某种商品或服务具有监督能力的组织所控制,而由该组织以外的单位或者个人使用其商品或服务,用以证明该商品或服务原产地、原料、制造方法、质量或其他特定品质的标志;集体商标是指以团体、协会或者其他组织名义注册,供该组织成员在商事活动中使用,以表明使用者在该组织中的成员资格的标志。由于这两种商标有极强的主体依附性,一般来讲是不可以转让和许可的。尤其是以地理标志注册的集体商标和证明商标更是如此。现行的2003年6月颁布实施的《证明商标、集体商标注册和管理办法》第16条规定:"申请转让集体商标、证明商标的,受让人应当具备相应的主体资格,并符合商标法、实施条例和本办法的规定。"从中可以看出,证明商标和集体商标的转让不存在法律障碍,但在操作中是有障碍的,障碍来自受让方的主体资格。因此,以集体商标、证明商标出资设立的企业应该符合我国有关集体商标、证明商标权利人的主体要求,否则,集体商标、证明商标不能办理转让手续,出资人将承担出资不到位的法律责任。

(3)地理标志权。地理标志权是知识产权的重要组成部分,我国《商标法》(2019年修正)第16条第1款规定:"商标中有商品的地理标志,而该商品并非来源于该标志所标示的地区,误导公众的,不予注册并禁止使用;但是,已经善意取得注册的继续有效。"《商标法实施细则》又规定了地理标志可以作为证明商标和集体商标申请注册。从上述规定可以看出,我国对地理标志的知识产权保护是通过商标保护的途径来完成的。由于地理标志是标示某产品来源于某地区,该商品的特定质量、信誉或其他特征主要由该地区的自然因素或人文因素所决定,因此,该标志的特殊性决定了其不宜转让。但从目前的法律规定来看,并没有禁止转让的相关规定。因此,以地理标志权出资时,如果该地理标志已成为证明商标或集体商标的,是可行的,只是出资设立的企业应符我国商标法律法规关于地理标志权所有人的主体条件。而未取得证明商标或集体商标注册的地理标志权不能作为出资。

(4)著作权。《公司法》(2018 年修正)第 27 条规定,股东可以用"知识产权"等可以货币估价并可以依法转让的非货币财产作价出资,因此,著作权出资已是可行的。邻接权也属于我国《著作权法》的调整对象,具有人身权和财产权,依法可以出资。需要注意,根据 2020 年 1 月 1 日实施的《外商投资法》第 31 条规定:外商投资企业的组织形式、组织机构及其活动准则,适用《公司法》《合伙企业法》等法律的规定。

(5)植物新品种权。TRIPs 规定了世界贸易组织(World Trade Organization, WTO)各成员方对知识产权保护的最低标准。该协定第 27 条规定,WTO 成员应通过专利或某种特别制度对植物新品种提供保护。植物新品种的保护已经纳入了知识产权的保护范畴。在我国,对植物新品种的保护是通过特别法来实现的。我国《植物新品种保护条例》(2014 年修订),对植物新品种以品种权形式施以保护。根据该条例的规定,植物新品种是指经过人工培育的或者对发现的野生植物加以开发,具备新颖性、特异性、一致性和稳定性并有适当命名的植物品种。植物新品种申请获得的权利叫品种权,品种所有权人享有排他的独占权。任何单位或者个人未经品种权所有人(品种权人)许可,不得为商业目的生产或者销售该授权品种的繁殖材料,不得为商业目的将该授权品种的繁殖材料重复使用于生产另一品种的繁殖材料;条例另有规定的除外。该品种权符合上述知识产权出资的条件。首先,该权利是有价值的,可以用货币估价。其次,该权利是经国家相关主管部门审查合格后授予的,是可以转让的。在我国,植物新品种由国家林业和草原局、农业农村部两个部门主管,他们各自有不同的分工,一般来讲,林木、竹、木质藤木、木本观赏植物(包括木本花卉)、果树(干果部分)及木本油料、饮料、调料、木本药材等植物品种由林业和草原局主管,凡是以这些植物新品种申请品种权和要求提供法律保护都要向林业部申请,其他植物新品种则归农业农村部主管。国家林业和草原局和农业农村部颁发的品种权证书是权属证明依据。

(6)集成电路布图设计专有权。集成电路布图设计是TRIPs规定的知识产权保护对象之一。为适应我国入世的需要,鼓励集成电路技术的创新,促进科学技术的发展,2001年我国颁布实施了《集成电路布图设计保护条例》。集成电路布图设计是指集成电路中至少有一个是有源元件的两个以上元件和部分或者全部互连线路的三维配置,或者为制造集成电路而准备的上述三维配置。布图设计专有权的内容主要有以下几项:一是复制权,指布图设计专有权人有权复制或者许可他人复制其布图设计的全部或其中一部分,复制的形式可包括光学、电子或其他手段;二是商业利用权,指布图设计专有权人有权或者授权他人将其受保护的布图设计投入商业利用,有权禁止他人未经许可将其受保护的布图设计投入商业利用;三是转让及许可权,指布图设计专有权人有权转让权利及可以授权他人复制、制造及商业利用其受保护的布图设计。集成电路布图设计专有权也是符合知识产权出资的条件,即是可以用货币估价和可以转让的。在我国,集成电路布图设计专有权经国家知识产权局登记后即受保护,权属凭证是国家知识产权局颁发的布图设计登记证书。因此,集成电路布图设计专有权是可以出资的。

(7)非专利技术。TRIPs首次将“未披露信息”(undisclosedinfomation)作为知识产权加以保护,该未披露信息中包含了非专利技术。虽然在修改后的《公司法》知识产权出资条款中取消了这一概念,但其属于知识产权范畴是无可置疑的,并且符合出资条件。

3. 法律、行政法规规定不可以出资的知识产权财产

有些财产虽属知识产权范畴,但被法律法规禁止出资。我国2021年实施的《市场主体登记管理条例》第13条第2款规定:“公司股东、非公司企业法人出资人、农民专业合作社(联合社)成员不得以劳务、信用、自然人姓名、商誉、特许经营权或者设定担保的财产等作价出资。”因此,作为知识产权范畴的商誉、特许经营权均不得出资。

(二)知识产权出资的评估

根据《公司法》的规定,作为出资的知识产权应当进行评估作价,核实财产,不得高估或者低估作价。根据北京市市场监督管理局的有关规定,评估程序中应注意以下问题:

1. 以知识产权出资的,应由法定评估机构对知识产权进行评估,评估结果还应经法定验资机构进行验证;

2. 如果涉及国有资产的,还应经国有资产管理部门或国家授权管理国有资产的投资机构确认;

3. 对科技成果评估价值在10万元以上(含100万元)的,评估机构在评估报告中应附上有关专家签署的参考意见,或者政府科技主管部门或相关科技机构出具的鉴定意见,公司登记机构对评估报告实施部分实质内容的审查程序。

在实践中,经常出现对出资的知识产权高估的现象。《公司法》(2018年修正)第30条规定了对股东出资不实的处理办法,该条规定:"有限责任公司成立后,发现作为设立公司出资的非货币财产的实际价额显著低于公司章程所定价额的,应当由交付该出资的股东补足其差额;公司设立时的其他股东承担连带责任。""显著低于"是指知识产权的实际价额明显地、较大地少于公司章程所定价额,两者之间差额过大,使注册资本出现较大欠缺。对于这种出资不实的情况,出资人承担责任的方式是"补足其差额",同时,公司设立时的其他股东承担连带责任。依照《公司法》的相关规定,出资不实的股东除了补足差额外,还必须向其他已经足额出资的股东承担违约责任。

(三)知识产权出资的时间

根据《公司法》(2018年修正)的规定,市场主体向登记机关办理备案事项包括,有限责任公司股东或者股份有限公司发起人认缴的出资数额,合伙企业合伙人认缴或者实际缴付的出资数额、缴付期限和出资方式;股东应当按期足额缴纳公司章程中规定的各自所认缴的出资额,以非货币财产出资的,应当依法办理其财产权的转移手续。股东不按照前款规定缴纳出资的,除应当向公司足额缴纳外,还应当向已按期足额缴纳出资的股东承担违约责任。《市场主体登记管理条例实施细则》第26条规定:"涉及发起人首次出资属于非货币财产的,还应当提交已办理财产权转移手续的证明文件。"因此,知识产权出资必须设立就办理财产权转移手续。

(四)知识产权使用权的出资

知识产权的使用权出资问题一直是争议较大的。现实情况在实践中则比较混乱。有的地方工商局对知识产权使用权出资的,给予工商登记,而有的地方的工商局则不予登记,必须是知识产权的所有权出资才予以登记。也有很多学者著书立说,支持使用权出资的观点。从《公司法》对知识产权出资的规定来看,无疑确立了知识产权所有权出资的立场。从《公司法》第 27 条的规定可以看出,并不是所有的资产种类都可以出资,而是应符合两个条件:一是该资产可以用货币估价,二是可以依法转让。同时,《公司法》还规定,以非货币财产出资的,应依法办理其财产权的转移手续。从该规定可以看出,"办理财产权转移手续"是知识产权出资的必要条件。从目前我国知识产权的相关法律法规来看,办理知识产权的转移手续有其法定含义,办理完毕知识产权转移手续后,知识产权的所有人即发生了变化,知识产权所有人变更为受让人。而知识产权的使用权发生变化,没有法定的转让手续,也无须办理财产转移手续。从中可以看出,知识产权的出资专指的是其所有权的出资。各地市场监督管理局制定办法规范知识产权所有权出资行为,北京市市场监督管理局对知识产权出资进行企业登记的,有如下要求:

1. 以专利权出资的,应提交加盖知识产权局证件专用章的专利登记簿,以证明用于出资的专利权已办理财产转移手续;

2. 以计算机软件著作权出资的,应提交生效的财产转移协议和已经变更的由国家版权局颁发的《计算机软件著作权登记证书》;

3. 以取得《著作权登记证书》的作品的著作权中的财产权出资的,应提交生效的财产转移协议和已经变更的登记证书;

4. 以集成电路布图设计专有权出资的,应提交的权利转移凭证是国家知识产权局出具的布图设计登记簿;

5. 以商标专用权出资的,应提交商标局核发的转让证明;

6. 以植物新品种权出资的,其提交的权力转移凭证为国家林业和草原局或农业农村部颁发的品种权证书。

上述规定可以看出,以知识产权出资的,在进行企业登记时,必须提交的是所有权转移的证明,而不是使用权转移的证明。在大多数情况下,知识产权使用权的变化完全依靠当事人之间的合同约定,并不需要办理官方手续。因此,这也证明了知识产权使用权出资是行不通的。

【风险提示】

知识产权的特殊性决定了其出资是一个复杂的过程,既要符合公司法的相关要求,又要考虑此类出资的风险。在操作过程中,企业应对下列问题认真考虑。

①拟出资的知识产权的合法性问题。首先,应考察的是出资人的主体的合法性。出资人应是知识产权的所有权人。如果权利是继受来的,应办理完毕权属转移手续;如果是共同权利人,出资人应提供其有权处分该知识产权的证明;如果是专有技术的,应提供该技术是独立研发的相关证据,如继受来的,应提供转让合同等可以证明权属的相关文件。其次,应审查出资的知识产权有无权利瑕疵。如专利权是否处于专利复审委员会的无效审查阶段、法院的无效审理阶段及权属争议审理阶段;商标专用权是否正在商标评审委员会或法院进行商标争议审理;其他类型的知识产权是否面临纠纷诉讼等,如果处于上述阶段的,应审慎处理,不宜作为出资。

②出资后知识产权财产价值的稳定性问题。出资后知识产权价值的稳定性主要指时间性较强的专利权期限届满及知识产权权利失效。例如,专利权期限届满,专利技术即进入公有领域,任何人都可以使用该技术,那么,专利技术的价值不复存在。对此,往往是在入资时专利权所剩期限越长的,相对来说其价值越大,财产稳定性越好;反之,则财产稳定性不佳。同时,由于我国《专利法》对发明专利、实用新型专利及外观设计专利规定了不同的审查程序,也影响了其财产价值的稳定性。如《专利法》规定对发明专利申请进行实质审查,只有经审查符合专利法的新颖性、创造性和实用性的发明专利申请,才授予专利权,而对实用新型专利申请及外观设计专利申请实行的是形式审查,即符合专利法规定的形式要件,便可获得实用新型专利权及外观设计专利权。如果有人请求宣告专利权无效的,由于发明专利权经过了实质审查,其被宣告无效的可能性较小,而实用新型专利权及外观设计专利权的三性(新颖性、创造性和实用性)没有经过实质审查,在无效程序中才进行审查,因此,被宣告无敛的可能性很大,专利局的官方统计数字也证明了这点。如果入资的专利权被宣告无效的,公司资产会受到严重损失。因此,从专利权的类型,可以判断入资财产的稳定性。

③知识产权在入资后灭失的问题。知识产权入资后,由于期限届满、权属

纠纷致使该知识产权归属他人、权利被宣告无效、撤销等原因导致出资的知识产权灭失的,该财产价值已成为零,出资人是否要填补出资?有些学者认为,在发生上述情形时,根据“资本维持原则”,出资人必须用其他资产进行填补,否则要承担出资不实的责任。实际上,这种观点既不符合《公司法》的规定,也不符合《知识产权法》的相关规定,在实践中也无法操作。第一,根据我国无形资产评估的相关原则和方法,出资的知识产权在进行评估时,已充分考虑其灭失的风险,其评估价格已经减除了风险因素带来的价值损失部分,因此,入资后再以该因素为由反过来追究出资人的责任是不适宜的。第二,知识产权入资后,该财产已经转移到公司名下,属公司的财产,在公司的运营过程中出现的种种风险也应由公司来承担,而不是出资人承担,尤其对有限责任公司来说,出资人应以其出资额为限对公司承担责任,如果要求出资人填补资金,岂不成了承担无限责任?第三,根据《知识产权法》的相关规定,知识产权转让后发生的灭失,是不具有溯及力的,除非转让人是恶意的行为。例如,我国《专利法》第 47 条规定:宣告专利权无效的决定,对在宣告专利权无效前人民法院作出并已执行的专利侵权的判决、调解书,已经履行或者强制执行的专利侵权纠纷处理决定,以及已经履行的专利实施许可合同和专利权转让合同,不具有追溯力。但是因专利权人的恶意给他人造成的损失,应当给予赔偿。由于专利权出资的法律性质即为专利权转让,因此,除非是出资人的恶意,专利权在出资后被宣告无效的,出资人不再承担资金填补责任。以此来看,其他类别的知识产权均应适用该原则。

五、知识产权的平行进口

随着国际技术贸易、文化交流的日趋频繁,知识产权平行进口问题是近些年在中国出现较多的、具有极大争论性和不确定性的问题。各国法律的差异及保护本国贸易、市场利益的出发点,致使各国在处理知识产权平行进口问题时所遵循的原则是不同的,当然,由此产生的后果也不同。

知识产权平行进口是指当某一知识产权在两个国家获得了保护时，在未经知识产权权利人或独占许可的被许可人同意的前提下，第三人进口该知识产权产品的行为。例如，专利产品的平行进口行为是指，同一专利权人就同一项技术在两个国家（A国、B国）获得了专利权，专利权人或专利权独占实施许可权利人在A国制造了专利产品并出售后，其他的购买人将其购买的专利产品进口到B国，该进口行为是否合法、进口是否应征得进口国专利权人或独占实施许可的被许可人的同意、平行进口行为是否侵权，这些是讨论平行进口问题要解决的问题。在商标和版权领域的平行进口问题亦是如此。

（一）平行进口的特征

虽然平行进口行为在国际贸易中的合法性及保护程度问题极为突出，但大多数人都认可以下所述的平行进口的特征。

1. 平行进口的前提条件是知识产权产品的首次制造及销售是合法行为，即专利产品、商标标牌的产品或版权产品的首次制造、销售行为是权利人自己而为或经其许可而为。如果知识产权产品的首次制造、销售行为不是权利人自己而为或经其许可而为的，是侵权产品，那么其后对该侵权产品的销售、进口等行为无疑是侵权行为，这不是平行进口要解决的问题。

2. 平行进口商进口的知识产权产品是通过合法渠道获得的，并非假冒、走私产品，这种进口产品可以称为“水货”。水货并不是走私货，走私货是指那些通过非法手段逃避国家海关赋税，通过非正常渠道将国外产品进入国内市场的货物。而水货是指那些履行了正规的海关手续而进入国内市场的货物，只不过这些货物进入市场时并没有经过知识产权权利人或其独占许可权利人的代理商而已。

3. 在进口国同时存在两个或两个以上的同一知识产权产品的经销商，其中一个是权利人本人或经其许可的独家经销商。平行进口行为未经进口国知识产权权利人或独家经销商的许可。

4. 可以肯定的是，进口的知识产权产品具有价格优势，即进口产品的价格远低于权利人的或其独家经销商的价格。进口商在国外购买低价的知识产权产品进口到高价的国家，并以低价优势与进口国的权利人或独占许可人形成市场竞争。只有存在这样的价格优势，才使得进口商冒着被权利人或其独家经销商控告的风险从事该类商品的进口业务。这也是平行进口赖以生存的条件。

5. 进口产品的知识产权在进口国已获得保护,如已经获得专利授权、已经核准商标注册等。

(二)平行进口的形成原因

在传统的贸易方式下,平行进口引发的冲突并不明显。随着全球经济一体化的进程和各大经济区域联盟的成立,平行进口问题日渐突出,引发了一轮又一轮的争论。平行进口形成原因有以下几个。

1. 在TRIPs框架下,国际知识产权保护水平和力度加强,获取权利的渠道更加通畅。例如,《专利合作条约》《商标国际注册马德里协定》《保护文学艺术作品伯尔尼公约》《国际视听作品登记条约》等国际条约的实施,不仅在保护水平方面大大提高,而且申请他国及更多国家的权利保护的渠道更加便利,获得授权更容易。某一大企业就同一项技术企业在多个国家获得专利权的情况很多,在商标领域情况也如此。

2. 平行进口的知识产权产品的价格优势使得进口商为追逐利润而从事该贸易活动。由于在国际贸易中资源比较优势的不同,在一个原材料价格低廉、劳动力价格低廉的国家生产的知识产权产品的价格必然低于高成本国家。一般来说,对相同的知识产权产品,发展中国家的价格低于发达国家,那么,受利润的驱使,从发展中国家购买产品进口到发达国家国家销售必然会形成一种贸易方式,产生平行进口问题是不可避免的。

3. 不同国家贸易政策的差异和法律规定的不同也是平行进口存在的直接原因。平行进口是否合法、是有条件的合法、还是应该禁止,这一问题之所以争论不休,是因为知识产权领域两大原则即权利用尽原则与地域性原则的冲突。主张平行进口合法的是以权利用尽原则为依据,而反对平行进口的是以地域性原则为依据。

"权利用尽原则",是指知识产权所有人或独占许可的被许可人只能对知识产权产品行使一次权利,产品一旦投入市场后,权利人即丧失了对它的控制权,任何人均可以对该产品生产、销售、进出口等。"这相当于扩大权利用尽原则的适用范围,因此也有人允许平行进口称为专利权的国际用尽。"[①]我国《专利法》

① 参见王灿、李丽:《允许专利产品平行进口对我国的影响》,载《国际贸易》2007年第1期。

第75条规定有下列情形之一的，不视为侵犯专利权："（一）专利产品或者依照专利方法直接获得的产品，由专利权人或者经其许可的单位、个人售出后，使用、许诺销售、销售、进口该产品的"。本条即是权利用尽原则的体现，该原则的目的在于防止知识产权权利人滥用权利，过度垄断市场。根据权利用尽原则，购买者有自由处置其购买的产品的权利，专利权人无权再控制该产品的使用和销售，因此，该产品进口到另一个国家无须获得专利权人的许可。

"地域性原则"，是指知识产权是一个主权国家法律的产物，依各国法律产生的知识产权是相互独立的，其内容及法律效力仅在制定法律的国家内生效。根据该原则，是否允许进口应依进口国的法律规定。根据我国《专利法》第11条第1款的规定，发明和实用新型专利权被授予后，除本法另有规定的以外，任何单位或者个人未经专利权人许可，都不得实施其专利，即不得为生产经营目的制造、使用、许诺销售、销售、进口其专利产品，或者使用其专利方法以及使用、许诺销售、销售、进口依照该专利方法直接获得的产品。由此条可以推定出，未经许可的进口行为是侵权行为。

在商标及版权领域的平行进口冲突也是这样产生的。

（三）平行进口的利害分析

平行进口涉及的利害关系人主要有专利权人及其独占许可被许可人、平行进口商、消费者，各方均有不同的利益取向。"总体而言，允许专利产品平行进口在为国内消费者带来实惠的同时，将增加进口商、国内其他企业的生存发展空间，而减少专利权人和国内被许可企业的赢利可能。"①

一方面，对专利权人及其独占许可被许可人来说，平行进口合法化则意味着其绝对的垄断权被打破，在进口国市场上将出现一个或多个的竞争者，其市场份额会减少；另一方面，专利权人及其独占许可被许可人在进口国花费大量的精力和物力宣传产品打造的市场则被进口商搭了"便车"，无偿利用，对专利权人来说也是不公平的。

对平行进口商来说，他打破了专利权人的独家垄断，甚至是滥用知识产权的局面，无须支付知识产权许可费，又不花费商品广告等开辟市场的费用，从国

① 参见王灿、李丽：《允许专利产品平行进口对我国的影响》，载《国际贸易》2007年第1期。

外直接购买低价产品输入到进口国市场，依据价格优势在进口国获取利润，他们是平行进口合法化的始作俑者。

对消费者来说，他们是平行进口最大的受益者。在禁止平行进口情况下，消费者购买的知识产权产如果是在国外制造的，那么产品价格包含了知识产权许可费和进口许可费，使产品价格基于高位水平，降低了消费者的购买意愿。而平行进口合法化则改变了这种局面：一是平行进口产品中没有进口许可费问题；二是给消费者提供了更多的选择机会。因此，他们是平行进口合法化的支持者。

而这反映在宏观方面，平行进口问题则是国际贸易自由化和保护知识产权的冲突、个体利益和公众利益的冲突。由于各国经济发展的不平衡、经济体制及文化观念的差别，各国对待平行进口的态度也完全不同。美国作为知识产权大国，多年来在平行进口问题上一直奉行严格的禁止制度，目的是维护其垄断地位。而欧盟在建立了统一大市场后，其成员国之间的知识产权产品无论如何转卖，都不受权利人的追索，而对欧盟之外的国家，则基本采取的与美国相同的立场。在国际贸易自由化的潮流下，平行进口合法化将会受到越来越多的重视。

(四)法律规定及司法实践

在我国，目前已出现了多个平行进口的案例，但无论是知识产权方面的法律还是有关贸易方面的法律均未对平行进口作明确的规定，也致使司法实践中没有统一的标准。TRIPs也没有作出明确规定，而是交由各成员国国内法解决。

目前，主要国家针对专利产品的平行进口态度比较统一，以通过本国专利法赋予专利权人进口权的方式阻止平行进口，即未经专利权人许可的进口行为属侵权行为，我国《专利法》也有相同的规定。而目前大多数国家对于附有商标的产品的平行进口持许可态度，在版权领域，承认“权利国际用尽”原则的国家也越来越多。而我国目前商标法对此无明确规定。同时，我国对版权产品的平行进口亦是如此，没有法律规定。在司法实践中，针对每一具体案例，采取不同的原则。总体来说，平行进口是知识产权产品从低价位国家流向高价位国家，而在今后的一段时期内，我国仍应处在低价位产品国家，我国的出口商将面临更大的挑战和压力。

典型案例 47

"AN,GE"商标纠纷案

2000年10月,原告北京法华毅霖商贸有限责任公司(以下简称"法华毅霖公司")与法国安琪股份有限公司[以下简称"(法国)AN,GE股份有限公司"]签订商业许可合同,依据合同约定,原告有权以不确定的方式使用(法国)AN,GE股份有限公司专有"AN,GE"商标和有关特殊标识,并取得了在中国北京、重庆等特定地域内使用和经销"AN,GE"商标和产品的独家经营权,包括(法国)AN,GE股份有限公司在内的任何其他公司和个人均无权在上述城市经销"AN,GE"牌服装。被告北京世纪恒远科贸有限公司(以下简称"世纪恒远公司")自2001年4月起在被告重庆大都会广场太平洋百货有限公司(以下简称"太平洋公司")开设专柜销售"AN,GE"牌服装,其销售的"AN,GE"牌服装是由重庆机械设备进出口有限公司代理从香港瑞金公司进口的。香港瑞金公司为香港特别行政区销售"AN,GE"牌服装的经销商。

原告认为,被告世纪恒远公司未经授权,在被告太平洋百货公司开设"AN,GE"品牌专卖店,销售该品牌服装服饰,两被告的行为侵犯了原告的独家经营权,违反了诚实信用的商业原则,故起诉请求被告世纪恒远公司停止不正当竞争行为,赔偿经济损失;两被告公开赔礼道歉。

被告世纪恒远公司辩称,原告取得的独家经营权,不能够对抗合同以外的第三人。被告销售该品牌服装已经取得了合法授权,并未侵犯原告的任何权利,也不属于不正当竞争行为。被告太平洋百货公司辩称,此案与该公司无关,该公司只是提供了一个经营场所,且对被告世纪恒远公司进行了必要的审查,并未侵犯原告的合法权益,故不同意原告的诉讼请求。

一审法院经审理认为:法华毅霖公司通过与(法国)AN,GE股份有限公司签订合同,取得了在中国内地重庆等地区独家经营"AN,GE"牌服装的权利。但该权利并未限制从法华毅霖公司购得"AN,GE"牌服装者必须是直接用户,而法华毅霖公司享有的独家经营权,并不排斥将"AN,GE"牌服装向其他经营者销售的行为,因此,该独家经营权不能排斥其他经营者在同一市场以合法形式经营“AN,GE”牌服装。其他经营者有权在法华毅霖公司取得授权的地域内经营“AN,GE”牌服装,即世纪恒远公司有权将合法取得的“AN,GE”牌服装用于合法经营。因此,原审法院判决驳回了法华毅霖公司的诉讼请求。

法华毅霖公司不服原审法院判决,提出上诉。二审法院经审理认为:依据查明的事实,上诉人法华毅霖公司取得了在中国北京、重庆等特定地域内使用和经销“AN,GE”商标和产品独占权利,其可以在该区域内阻止包括授权人在内的不特定主体行使上述权利。因此,作为独占被许可人,法华毅霖公司取得“AN,GE”商标使用权具有相应的绝对性,法华毅霖公司在授权地域内可以独立主张其相应的权利。世纪恒远公司通过正当的交易行为从香港瑞金公司委托进口“AN,GE”牌服装,该批进口“AN,GE”牌服装确系(法国)AN,GE股份有限公司生产销售的正宗产品,且该批“AN,GE”牌服装履行了正当的进口关税手续。在此基础上,世纪恒远公司销售“AN,GE”牌服装,未使消费者对“AN,GE”品牌的来源及“AN,GE”牌服装的具体销售者产生误解和混淆,因此,不能就此认定世纪恒远公司的上述行为违反了我国《反不正当竞争法》的相关规定。上诉人法华毅霖公司依据《反不正当竞争法》主张其权利,其要求认定二被告的行为构成不正当竞争的上诉主张,缺乏事实和法律依据,故二审法院维持了原审法院的判决。①

从上述判决看出,本案一审、二审法院遵循了权利用尽原则,肯定了平行进口行为的合法性。法官在分析本案时阐述了如下观点:一是平行进口行为从根本上对广大消费者来说是有益的,消费者可以购买到物美价廉的商品,进而活跃和繁荣消费市场;二是由于我国自身的世界性知名品牌不是很多,许多企业并不具有品牌竞争的实力,相对地对我国品牌的商品平行进口不会发生很多。尤其在我国加入WTO后,更应加强商品的自由贸易,培养我国中小企业在市场中的竞争能力,使一些大品牌对我国的消费者来说有一个相对合理的能够接受的价位。在这种情况下,如果允许商标的平行进口,应该利大于弊。②

---

① 摘自 www.pekingtm.cn/article/3067.html。

② 参见《如何看待商标的平行进口——“AN,GE”牌服装案引发的商标平行进口问题初探》,载商业秘密网2015年5月14日,https://www.cnsymm.com/2015/0514/8092.html。

典型案例48

“HÄSTENS”等商标纠纷案

原告海丝腾床具有限公司(以下简称“哈斯腾公司”)诉称,其“HÄSTENS”等商标经核准注册,三被告上海市长宁区东逸家具店(以下简称“东逸家具店”)、北京欧亚骑士商贸有限公司(以下简称“欧亚骑士公司”)、刘某(欧亚骑士公司总经理)未取得原告的销售授权和许可,被告东逸家具店通过“www.silentluxe.com”网站(以下简称“涉案网站”)对商品进行公开宣传的过程中使用原告商标,在销售的《家具定作合同》以及商品宣传图使用原告商标,东逸家具店及刘某未经原告授权销售含有涉案商标的商品行为侵犯原告商标权。被告未经授权的销售和低价宣传有原告商标的商品构成不成正当竞争。以上侵权行为和不正当竞争行为造成了恶劣的市场影响和巨额经济损失。起诉请求:三被告停止在涉案网站上对含有涉案商标的商品进行宣传的行为,停止销售含有涉案商标的商品行为,三被告停止在其门店中对含有涉案商标的商品进行宣传行为,三被告在涉案网站及全国范围发行的报纸上消除影响;三被告承担连带责任,赔偿原告经济损失人民币917,220元;三被告共同承担原告为维权支付的合理开支,包括国内交通费、翻译费、诉讼费、国内律师费、后续国内律师费、国外律师费、国外查询公证认证费、国外交通费、国内公证费等,共计人民币284,037.71元。

一审法院查明,哈斯腾公司对于涉案商标已依法获得中华人民共和国原国家工商行政管理总局商标局注册或获得WIPO核准注册并在我国进行了国际领土延伸。涉案商标包括:2009年10月14日,核准注册的5768389号、5768388号、5768391号,核定使用商品为第20类,包括家具、卧室家具、床、床部件、床垫、羽绒枕头等;2011年2月至4月,经核准注册“HÄSTENS”商标,注册证号8077083号、8077084号、8088662号,核定使用商品类别为第20类、第24类、第35类。2014年9月18日,哈斯腾公司出具《确认函》确认:海丝腾公司是哈斯腾公司的全资控股子公司,海丝腾公司被授予了排他使用所有和任何哈斯腾公司的注册及未注册的商标,包括但不限于在中国的注册商标使用权。上述商标使用权涵盖了海丝腾公司在生产、制造、推销、出口、经销和销售其产品时使用商标的权利。如海丝腾公司获悉任何第三方侵犯或滥用商标,哈斯腾公司允许海丝腾公司采取行动,包括但不限于法律行动,或以其他方式阻止第三方对商标的侵权,并代为接受任何支付给哈斯腾公司的赔偿或补偿。海丝腾公司在中国内地以及香港特别行政区的授权包括 Cardio 商贸有限公司(海丝腾深圳店、海丝腾重庆店)等 11 家经销商,共开立 13 家门店,不包括被告东逸家具店。海丝腾公司称其并未在国内直接向消费者销售商品,而是通过经销商进行销售。三被告认可三被告均非原告海丝腾公司的授权经销商。2014 年 2 月 10 日,北京市长安公证处公证人员会同海丝腾公司的委托代理人在该公证处使用公证处计算机在互联网上进行了证据保全操作,操作过程显示:涉案网站名为"SlientLuxe 睡眠体验中心",该网站页面左上方均有"SlientLuxe"及中文"舍逸"字样,网页上方有"首页""床具""床品""睡眠品质""公司介绍""新闻"等栏目;点击"床具"栏目,有"SAVOIRBED"及"HASTENS"两个选项,点击"HASTENS"选项,出现"产品"及"现货特价"两个选项,网页中部有床具图样(床具表面印花局部图案与 10143503 号注册商标图案基本一致)及文字介绍"在这里,你可以找到价格最合理的瑞典床具海丝腾……";点击"产品"选项,网页中部有床具图样及系列、尺寸、颜色、价格等介绍,网页左上方有 HÄSTENS 图样,与商标相比仅文字大小写有所不同;点击"现货特价"选项,除床具参数略有不同外与点击"产品"选项后网页内容基本一致;点击网页上方的"公司介绍"栏目中的"公司简介"选项,网页中含有文字介绍:"SILENTLUXE(舍逸)通过引进欧洲顶级睡眠产品,竭力打造一个高品质睡眠体验中心……SILENTLUXE(舍逸)创始人 PeterLiu 是将瑞典床具品牌海丝腾带入中国的第一人,此后他并没有因为海丝腾在中国受到广泛关注而停下脚步。2011 年,我们又荣幸地迎来了英国奢华床具品牌 SavoirBeds……在 SILENTLUXE(舍逸)睡眠体验中心,您不但能亲身感受世界顶级床具的奢华舒适,更有来自欧洲的高端家纺产品,分别瑞士的 ChristianFischbacher 以及意大利的 Lara,供您选择。"点击网页下方"联系我们"选项,显示"SilentLuxe 总部"地址位于上海市娄山关路 75 号吉盛伟邦 B003 室;点击网页下方"门店信息"选项,显示门店包括上海市娄山关路 75 号吉盛伟邦 B003 室、北京市朝阳区建国门外大街光华东里 8 号中海广场南楼 1 ~ 3 楼及北京市东城区建国门内大街 8 号中粮广场 C 座

401室共三个门店的地址。三被告称,“舍逸”是东逸家具店的网店名称,东逸家具店销售海丝腾品牌床具,也销售来自英国等国家的其他品牌的床具,“PeterLiu”系被告刘某,涉案网站为东逸家具店经营管理。海丝腾公司表示2005年至2011年刘某曾被授权经销海丝腾品牌商品。2014年2月14日,海丝腾公司的委托代理人及夏某刚在上海市徐汇公证处公证人员的监督下来到位于上海市娄山关路75号吉盛伟邦虹桥国际家具中心内B003号名为“SAVOIRBEDS”的店铺内,以消费者的名义与店铺内销售人员就定做HÄSTENS牌床具的合同细节进行了商洽,夏某刚(甲方)与东逸家具店(乙方)签署了《家具定作合同》,夏某刚支付货款5万元并取得了收据及名片,该名片联系人为“高某”,电子邮箱地址为“eleven. gao@ silentluxe. com”。《家具定作合同》主要内容为:家具品牌HÄSTENS,品名Luxuria + BJXLuxury,数量1,定金50,000元,总价82,780元。上述《家具定作合同》所附的宣传图中左上方有“HästensLuxuria”字样,下方为商品图片及说明。2014年7月15日,在上海市徐汇公证处公证人员的监督下,海丝腾公司的委托代理人及夏某刚收取了上述定作的床具,送货人员现场将海关进口货物报关单、产品售后服务单及收据交付给夏某刚。2014年7月16日,在上海市徐汇公证处公证人员的监督下,海丝腾公司的委托代理人及夏某刚委托的张女士来到上述“SAVOIRBEDS”店铺内提取了购买上述床具. 上述海关进口货物报关单显示:进口日期2014年6月25日,经营及收货单位欧亚骑士公司,起运国瑞典,商品名称弹簧床、弹簧床垫及上层床垫。上述产品售后服务单有“SILENTLUXE 舍逸”字样,涉案网址及“高某”的签名。上述收据显示:供应商SilentLuxe中国(上海)专卖店,家具名称Luxuria底座、Luxuria中间垫、BJXLuxury及标准床腿,发货人“高某”。上述海关进口货物报关单、产品售后服务单及收据中均不含有涉案商标。公证过程中拍摄的照片显示,上述收到的床具外包装上有“Hästens”“HästensSangarAB”的标识,收到的赠品睡衣上有“HÄSTENS”的标识。在一审庭审中,海丝腾公司认可东逸家具店所销售的上述床具及赠送的睡衣为哈斯腾公司正品。三被上诉人称东逸家具店销售的上述商品均为从瑞典REDCHECKAB公司进口,海丝腾公司认可瑞典REDCHECKAB公司在2007年至2014年为海丝腾公司在瑞典的合法授权经销商。海丝腾公司及三被上诉人均认可涉案被控侵权商品在销售时并未改变商品的原包装或原有商标标识,涉案被控侵权商品与海丝腾公司授权在国内销售的同款商品在质量上没有差别。

一审法院认为,在本案中,哈斯腾公司对于涉案商标已依法获得我国原工商行政管理总局商标局注册或获得 WIPO 核准注册并在我国进行了国际领土延伸,其对涉案商标享有的注册商标专用权受我国法律保护。海丝腾公司经哈斯腾公司授权,对涉案商标获得了排他使用许可。且就侵犯涉案商标专用权的行为,哈斯腾公司允许海丝腾公司采取法律行动,以阻止他方对商标专用权的侵犯。故海丝腾公司有权提起本案诉讼。本案中未经授权进口涉案商品的主体为欧亚骑士公司,未经授权销售涉案商品的主体为东逸家具店,并无证据证明刘某以个人身份参与了涉案商品的进口或销售,故对于海丝腾公司关于刘某未经海丝腾公司授权销售涉案商品,进而构成商标侵权的主张,法院不予采信。东逸家具店未经授权进口并销售涉案哈斯腾公司正牌商品的行为,属于平行进口。平行进口,是指商品的商标是在商品出口国由商品进口国商标权人或其许可人合法贴附并投放市场,他人未经商品进口国商标权人许可进口该商品并进行销售的行为。本案东逸家具店是否应承担商标侵权的法律责任,关键在于平行进口是否构成侵害商标权的行为。侵犯商标权行为与商标的功能有直接关联。商标权的边界是由其功能设定和界定的,不损害商标功能的行为,一般不构成侵害商标权行为。涉案平行进口的商品系来源于商标权人,该平行进口行为未切断该商品和商标权人之间的联系,未损害商标的识别功能,不会使消费者对商品的来源产生混淆。同时,东逸家具店在销售涉案商品时,并未改变商品包装或商标标识,亦未使商品质量有所降低,在向消费者提供涉案商品时提供了相应的报关手续,说明了进口商品的来源,其行为亦未损害商标的质量保障功能及广告宣传功能。商标权用尽,是指经商标权人同意将带有商标的商品投放市场后,任何人使用或销售该商品,商标权人无权禁止。商标权用尽的意义在于保障商品正常流通,促进贸易的开展。如果不承认商标权用尽,商标权人则可能利用商标控制商品流通,以分割市场并保持垄断地位或维持高价,这对其他经营者以及消费者而言显然具有不利影响。商标权在一国用尽并不存在争议,但是商标权在一国用尽是否导致在其他国家用尽,即商标权人同意将带有商标的商品在一国投放市场后,他人将该商品进口到商标权人拥有权利的其他国家时,是否能够仍然适用商标权用尽,对判断平行进口是否构成侵害商标权行为存在重要影响。法院认为,商标法所保护的是商标与商品来源的对应性，而商标禁用权也是为此而设置，绝非是为商标权人垄断商品的流通环节所创设，商标权用尽原则应当是市场自由竞争所必需的基本规则之一。若被控侵权商品确实来源于商标权人或其授权主体，此时，商标权人已经从“第一次”销售中实现了商标的商业价值，而不能再阻止他人进行“二次”销售或合理的商业营销，否则将阻碍市场正常自由竞争秩序的建立，因此，一审法院认为商标权用尽原则对于平行进口仍然适用。但是如果平行进口的商品与商标权人在进口国销售的同种商品存在实质性差别，则为了保护消费者的利益和知情权，平行进口商应在销售该商品时将该差别予以注明并告知消费者。一审法院对海丝腾公司关于东逸家具店未经授权销售涉案哈斯腾公司正牌商品构成商标侵权的主张不予采信。东逸家具店使用的标识“Hästens”与原告享有权利的注册商标“HÄSTENS”构成近似，使用的标识“Hästens”与原告享有权利的注册商标亦构成近似。但是两者之间的上述差异并非东逸家具店刻意为之，从海丝腾公司提交的宣传册、涉案商品包装中可以看出原告自身或哈斯腾公司亦使用“Hästens”或“HÄSTENS”作为商标标识，因此，上述差异不能认定东逸家具店有意改变原告享有权利的涉案商标，亦不能单独依据此差异认定东逸家具店构成商标侵权。东逸家具店上述使用涉案商标的行为是否构成侵犯商标权，关键在于如何认定东逸家具店上述使用商标行为的性质。东逸家具店在涉案网站中使用部分涉案商标系为了指示其所销售商品的信息。涉案网站亦销售其他品牌的商品，同时使用了 SILENTLUXE（舍逸）作为网站名称，结合涉案网站商标的使用方式（包括商标的大小、位置）以及页面布局，相关公众通常会认为该商标传达的是在售商品的广告，即指示其所销售商品的品牌信息，而不是传达经营者的商号、商标或经营风格。该种商标指示性使用，商标直接指向的是商标权人的商品，而非指向东逸家具店，相关公众不会产生混淆，因此属于合理使用。东逸家具店向客户发送电子邮件介绍商品时，使用部分涉案商标的目的亦为说明其所销售的商品品牌，并未造成相关公众混淆，亦未造成商标权人商标利益损害，因此不构成商标侵权。故对海丝腾公司关于东逸家具店经营过程中使用涉案商标的行为构成商标侵权的主张，法院不予采信。海丝腾公司主张，欧亚骑士公司作为涉案商品的进口商，在提供的报关单及收据中使用涉案商标的行为构成侵权。但海丝腾公司自认上述报关单及收据中不含涉案商标，故一审法院认定欧亚骑士公司并未侵犯海丝腾公司的注册商标专用权。欧亚骑士公司未经许可进口涉案哈斯腾公司正牌商品的行为,属于平行进口,不构成商标侵权行为。海丝腾公司主张刘某以海丝腾公司中国总代理的身份进行宣传,但对此其亦未提交有效证据予以证明。故对海丝腾公司关于刘某实施了不正当竞争行为的主张法院不予采信。海丝腾公司虽未在中国内地直接销售哈斯腾公司商品,但其通过授权经销商销售哈斯腾公司商品已进入中国内地市场。东逸家具店亦销售哈斯腾公司商品,其与海丝腾公司的授权经销商在经营商品种类、地域范围等方面存在竞争关系,亦间接与海丝腾公司形成了竞争。故一审法院认定海丝腾公司与东逸家具店存在竞争关系。东逸家具店的平行进口行为并未利用海丝腾公司或其授权经销商的经营利益,亦未破坏海丝腾公司或其授权经销商的正当经营活动。东逸家具店进口并销售涉案商品的行为会对海丝腾公司的授权经销商带来比较大的竞争压力,并夺取一部分本应属于海丝腾公司授权经销商的市场,但造成此结果的重要原因在于海丝腾公司同款商品在不同国家或地区差异较大的定价策略。东逸家具店从何处进口、以何种价格销售,均属市场自由竞争行为,并未违反通常的商业道德和诚实信用原则,未损害海丝腾公司的商誉,未损害消费者的利益,亦未导致相关公众将东逸家具店误认为海丝腾公司之授权经销商。东逸家具店通过涉案网站进行低价宣传的行为不构成不正当竞争。东逸家具店签订的租赁协议中确有"乙方代理海丝腾(Hästens)品牌床具及床品专卖店"的字样,但该协议系东逸家具店为租赁经营场地而签订,该表述的主要目的系说明其所经营商品之品牌,该协议并未对外公开,相关公众亦无法获悉该协议之内容,不会造成相关公众的混淆,亦不会对海丝腾公司及其授权经销商造成不利影响。

一审法院判决,驳回原告海丝腾床具有限公司的全部诉讼请求。海丝腾床具有限公司不服一审判决,上诉请求撤销一审判决,并依法予以改判支持海丝腾公司的诉讼请求。

二审法院认为,本案争议焦点在于:三被上诉人是否应承担商标侵权责任,以及三被上诉人是否应承担不正当竞争的法律责任。判断三被上诉人是否应承担商标侵权责任的关键在于东逸家具店销售涉案平行进口商品的行为是否构成商标侵权。东逸家具店所销售的涉案平行进口商品系海丝腾公司生产的正品,不存在改变商品原包装或原有商标标识的情况,其销售行为无法被归类为2001年《商标法》(已被修改)第52条[①]第1项至第4项或2013年《商标法》(已被修改)第57条[②]第1项至第6项所规定的具体商标侵权行为。东逸家具店销售行为未损害涉案商标指示商品来源的作用,未割裂涉案商标与海丝腾公司之间的对应关系,故该销售行为未损害涉案商标的区分商品来源的功能。所售商品与海丝腾公司在国内授权销售的同款商品在质量上不存在差别,不会导致相关消费者对于涉案商标或海丝腾公司产生负面评价,不会影响涉案商标的质量保障功能,亦不会造成涉案商标的商誉减损。海丝腾公司主张东逸家具店未经授权销售的产品得不到海丝腾公司及其授权销售商提供质保与售后服务,并因此影响消费者的利益,也侵害涉案商标的商标权。目前,并无证据显示东逸家具店不具备提供售后服务能力,并因此导致消费者权益受到损害。东逸家具店销售涉案平行进口商品的行为未损害涉案商标专用权,不构成2001年《商标法》(已被修改)第52条第5项或2013年《商标法》第57条第7项所规定的"给他人的注册商标专用权造成其他损害的"之情形。被控涉案平行进口商品的销售行为不构成商标侵权。欧亚骑士公司系在东逸家具店的委托下从事进口行为,在东逸家具店的销售行为不构成侵权的情况下,欧亚骑士公司的进口行为当然不构成侵权。东逸家具店将以通过合法手段取得的涉案平行进口商品投入中国市场,且在销售过程中不存在对消费者隐瞒商品来源的情况。东逸家具店的销售行为并不妨碍海丝腾公司与其中国授权销售商之间建立的授权销售关系以及在中国境内的授权销售活动,故该销售行为不存在对海丝腾公司授权销售模式的干扰或破坏。不可否认,东逸家具店的销售行为必然导致海丝腾公司中国授权销售商部分的销量损失,但东逸家具店的销售行为本质上属于其与海丝腾公司的中国授权销售商之间公平市场竞争活动,恰恰是我国《反不正当竞争法》所保护的对象。正是因为海丝腾公司的同款产品在瑞典与中国的授权销售价格存在明显悬殊的情况,才促使东逸家具店产生了通过平行进口模式销售海丝腾公司产品的商业动机。在东逸家具店未隐瞒商品来源的情况下,相关消费者基于对海丝腾公司不同渠道产品的价格差异能够了解并预见到所购商品的售后服务可能存在差异。在

① 现行《商标法》第57条。

② 现行《商标法》第57条。

无证据证明东逸家具店提供的售后服务存在问题并导致相关消费者降低对海丝腾公司及其商品评价的情况下,这种差异与东逸家具店是否存在不正当竞争行为之间无因果联系。因此,东逸家具店销售涉案平行进口商品的行为不构成不正当竞争行为。

二审判决,驳回上诉,维持原判。①

【风险提示】

由于不同国家对知识产权产品平行进口的规定不同,加之我国法律对此没有规定,给我国的专利权人、独占被许可人及进出口企业带来了诸多不便。我国企业应在以下方面予以重视。

①如果企业是知识产权权利人的,应该充分重视许可协议内容的拟定。在平行进口领域,有很多情形都是在我国合法生产销往国外又进口到国内的产品,在版权领域尤为突出。因此,企业在签订许可协议时,应明确约定被许可权利的适用范围,限制国外的被许可人生产的产品的销售区域,防止知识产权产品通过国际贸易的方式又返回到国内来,最大限度地避免平行进口行为的发生。

②如果企业是被许可人的,如果在允许平行进口的情况下,企业在签订许可协议时,应了解国外的权利人在此之前的许可情况,如果权利人已有在先许可,尤其是在已经许可给其他企业的合同中没有排除中国市场的情况下,中国的被许可人将面临平行进口产品的冲击,很可能使精心打造的市场被平行进口商搭了便车,遭受巨大损失。因此,在签订该许可合同时,应谨慎为之。

③如果企业是进口商的,尤其是进口到知识产权保护严格的国家,应首先了解进口国有关平行进口的法律规定,如果进口国没有规定的,应尽量了解其审判案例,避免发生侵权诉讼。当然,该工作具有很强的专业性,企业应委托专业机构处理。

---

① 参见北京市知识产权法院民事判决书,(2017)京73民终825号。

六、特许经营

特许经营作为一种特殊的经营形态，近十几年来在我国得到了长足的发展。作为一种舶来品，它已在我国广袤的经济市场上耕耘出了新天地，呈现数量增长快、地区分布广、业态和业种多样化的特点。中国连锁经营协会"2007年度中国特许经营发展状况调查"中显示：经过10年的发展，中国的特许经营已经由高速增长进入稳步持续发展新阶段。截至2007年年底，中国的特许体系数量超过2800个，比上年增长7.7%，总店铺数近26万，其中，加盟店铺占88%，约23万个。特许企业向社会提供就业岗位超过350万个。但长期困扰特许企业经营管理的一些突出问题还没有得到有效解决。根据调查，企业现阶段面临的难题主要表现在四个方面：一是特许企业的知识产权无法得到有效保护；二是店铺选址困难，商业地产有效供应不足；三是企业人力资源短缺，缺乏专业人才；四是加盟商不履行合同义务，不严格执行经营规范的情况时有发生。

2007年5月正式实施的《商业特许经营管理条例》为该领域的法制化和规范化提供了有力的保障。根据该条例的规定，特许经营是指拥有注册商标、企业标志、专利、专有技术等经营资源的企业，以合同形式将其拥有的经营资源许可其他经营者使用，被许可人按照合同约定在同一经营模式下开展经营，并向特许人支付特许经营费用的经营活动。从该定义可以看出，特许经营的核心资产即经营资源在于特许方的知识产权，特许经营的整个经营活动实际上是围绕许可方的知识产权的利用而展开的，无论是产品分销特许、经营模式特许，还是制造商与批发商之间的特许、制造商和零售商之间的特许、批发商与零售商之间的特许及零售商之间的特许，无一不是围绕如何利用知识产权这一核心资产而展开的。但特许经营又是一个非常复杂的体系，体系管理、商业模式、财务核算、产品配送、人员培训和技术支持等构成体系的具体环节，某一环节出现问题都会导致整个特许经营体系的失败。这种案例已不少见。以下内容为值得企业注意的问题。

(一)特许经营的法律性质

从上述特许经营的定义可以看出,特许经营的核心是转让特许经营权,特许经营权是经特许人授权、被特许人利用特许人的知识产权及经营模式等无形资产从事经营活动的权利。特许经营权有以下特点。

1. 特许经营权是一种使用权,是使用包含知识产权在内的一种综合性的权利。

2. 特许经营权是一种无形财产,是以知识产权为核心的,特许人通过收取特许费作为对知识产权等投入的回报,并在此基础上获取利润。

3. 特许经营权是特许人的知识产权及经营模式等经营资源与被特许人的资本相结合的方式来扩张经营规模的商业发展模式。在这种模式下,特许人的品牌、商号、声誉等得到了广泛传播,获得了规模效应,而被特许人通过交纳一定的费用即可与特许人共享这些资源,省却了投入大量资金、时间和精力进行研发、推广的过程,也避免了投资失败的风险。

特许经营权的转让是通过合同来实现的。特许经营合同是一个综合性的合同,其中涉及的法律有知识产权各项法律、《民法典》、《反不正当竞争法》,同时还涉及一些行业特别法,如《产品质量法》《食品卫生法》等。特许经营的法律关系不能简单归结为代理、投资、许可,它是一种特殊的、独立的法律关系。最高人民法院《民事案件案由规定》中,将特许经营纠纷归类到知识产权纠纷第一级案由下,并将特许经营合同纠纷单独列为知识产权合同纠纷之一。

(二)特许经营常见的与知识产权相关的纠纷

截至目前,我国特许经营领域产生的与知识产权相关的纠纷有以下几种。

1. 合同纠纷,主要是合同条款就知识产权权利许可使用规定的过于笼统、不完善,双方对条款有不同的解读,在合同履行过程中出现争议。

2. 商标侵权纠纷,由于目前我国商标专用权管理和企业名称权管理分属于国家知识产权局和各级各地市场监督管理局,而两者之间又缺乏衔接,这很有可能造成地处不同城市、地区的某一商家所使用商标与另一商家的名称产生重合。虽是无意行为,侵权方仍需承担侵权责任。还有从事我国《商标法》明文禁止的行为,特别是假冒许可人商标的侵权行为。

3.不正当竞争纠纷，该类纠纷有几种形式，一种是假冒特许方的包装、装潢，再有就是在特许经营合同履行期间，被特许方自办实体使用与特许方相近似的标志、装潢或商号，或在特许经营合同终止、解除之后，被特许方仍继续从事与特许者相同的行业，从而形成不正当竞争；另一种是被特许方的员工在离职后，用在被特许方工作期间掌握到的一些商业秘密和专业技术，从事与特许经营企业有竞争性的行业。

此外，我国特许经营的行业组织——中国连锁经营协会经过调研总结出了除上述纠纷之外的特许经营的常见纠纷，主要如下：加盟店对于总部所提供的“行销支援与辅导”不满意、加盟店对总部所提供的“商品价格”不满意、加盟店对总部的“政策配合度与执行力”很低、加盟店与总部之间对于“商品采购限制不得自行进货”的争议、盟店与总部之间对于“商圈保障范围”的看法分歧、加盟店对每月交纳的权利金与管理费用有争议等。

（三）特许经营中的知识产权问题

知识产权是特许经营的核心问题，也是非常容易出现纠纷的领域，因此，在特许经营合同的谈判及签订过程中尤其要谨慎为之。

1.商标

商标是特许经营中的重中之重。我们目前所认识的众多品牌，尤其是国外品牌都是经特许经营进入中国而为中国百姓所熟知的，如沃尔玛、必胜客、麦当劳、万豪酒店等，这些商标经过多年打造均已成为驰名商标。在特许经营中，商标权的许可使用是重要内容。特许双方应注重以下问题。

（1）特许人应将已经使用的、具有一定知名度的商标尽快申请商标专用权。根据我国《商标法》（2019年修正）第58条的规定，非注册商标只有在构成驰名商标的前提下才获得保护。虽然法律并没有禁止利用未注册商标进行特许经营活动，但其风险是巨大的，最大的风险是商标被被特许人抢注，这样将会导致整个特许经营体系的崩溃。

（2）注册商标许可使用合同应详尽、完善，并报商标局备案。在合同中应明确约定使用商标的地域、范围、方式、期限、是否允许被特许人再许可、在特许经营期间发生他人侵犯商标权时如何行使诉讼权利、在特许经营期间发生商标被撤销时该如何处理及特许经营合同终止后商标的处理方式等。由于特许经营的特点是同一商标有多个被许可人共同使用，为保持形象的统一，一般特许人的许可使用合同是统一的格式合同，不允许被特许人进行修改。因此，特许人的格式合同条款的完善更显重要。

（3）对被特许人的产品质量、服务质量进行监督。实际上，《商标法》就规定了商标权人对被许可使用商标的商品质量、服务质量有监督的义务。这种监督表现在两个方面：一是保证质量；二是保证被特许方在商标使用、管理、产品、服务、经营模式等方面的统一。监督的方式是多样的，在特许经营合同中亦应明确约定。

2. 商号

在特许经营中，商号与商标同等重要，在多数情况下两者紧密相连、互为你我。商号是企业名称的组成部分，在市场运营中，商号与商标的功能相似，都是用来区别不同的产品或服务的提供者，即区别商品或服务的来源。商号是特许人法律人格的化身，代表着特许人的经营能力、信誉、资信状况等，具有更强的人格属性，因此也是企业重要的无形资产。

在特许经营领域经常发生的商号纠纷是在我国不同的地区不同的企业可以得到相同的商号，致使特许人的商号在被特许人的地域内已被其他企业获得，因此，被特许企业不能使用特许人的商号，那么特许经营在该地区无法开展。有的特许双方已经签订了特许经营合同，此时情况会更糟。《企业名称登记管理规定》（2020 年修订）确定我国的企业名称登记机构是国务院市场监督管理部门和县级以上人民政府市场监督管理部门；企业名称冠以中国、中华、中央、全国、国家等字词，应当按照有关规定从严审核，并报国务院批准。因此，在特许人发展加盟企业之前应对有意加盟的企业所在地进行市场调查的内容之一，就是特许企业的商号在该地区有无相同或相近似的情形。如果有这种情形发生，特许人应避免进入该地区。如果特许人的商号已成为注册商标，那么特许人可以依据最高人民法院《关于审理商标民事纠纷案件适用法律若干问题的解释》（法释〔2020〕19 号）第 1 条规定，"将与他人注册商标相同或者相近似的文字作为企业的字号在相同或者类似商品上突出使用，容易使相关公众产生误认的"，通过诉讼主张侵犯注册商标专用权，或请求地方市场监督管理部门通过行政程序来撤销该地区已登记的与商标相同或相近似的商号。上述情况再次提醒特许人应注重企业品牌战略的研究，采取商标和商号相结合、一体化保护策略,不仅有利于对商标或商号的保护、阻止其他企业搭便车的行为,而且对特许人的品牌推广效应有很好的作用。

3. 著作权

特许经营中的著作权问题主要是店面设计图案、店面装饰装潢、室内装潢、除商标之外的一些企业标志,还有一些文字作品如宣传册、操作手册,有的特许企业还有用于经营的管理软件等,在特许经营合同中应约定这些著作权的归属、使用管理及特许经营合同终止后的处理方式。

4. 专利权

目前,我国的特许经营涉及的专利技术较多,专利权许可使用的并不多。但在食品加工领域,已有不少的制作工艺取得了专利权,并许可使用。在特许经营合同中要对专利技术进行描述,同时有义务对被特许方进行技术指导。与商标一样,双方还要约定许可使用的范围、方式、期限,在特许经营期间发生他人侵犯专利权时如何行使诉讼权利、在特许经营期间发生专利权被宣告无效、终止时该如何处理及特许经营合同终止后专利的处理方式等。

5. 商业秘密

商业秘密是特许经营所涉知识产权问题中范围最广的,不仅包含产品配方、制作程序、制作工艺和方法,还包含了特许经营企业的经营理念、经营诀窍、经营模式、进货渠道、货源情报、定价体系、客户名单,等等。这些信息都是不为公众知悉的,但是特许人必须将这些信息如实披露给被特许人使用。这样,商业秘密实际上处于比较弱的保护状态,完全依靠保密约定和保密措施,因此,泄密的风险是很大的,泄密后的损失也是难以弥补的。特许人应采取以下措施来保护自己的商业秘密。

(1)在特许经营合同中特别规定保密条款。《商业特许经营管理条例》第18条规定:“被特许人不得向他人泄露或者允许他人使用其所掌握的特许人的商业秘密。”特许人在特许经营合同中应首先分门别类列明其所有的商业秘密的内容,要求被许可方未经许可不得向任何第三方披露,并约定泄密情况发生时被特许方承担的违约责任。

(2)要求被特许人与其接触到商业秘密的员工签订保密协议,被特许方员工的泄密视为被特许方的泄密。

(3)要求被特许方制定企业内部规章制度,采取保密措施。

(4)要求被特许方及其员工在特许经营期限内及特许经营合同终止后都不得利用特许方的商业秘密开展经营活动。

(5)特许方要求被特许方与其接触到特许方商业秘密的员工签订竞业限制协议,要求其在被特许人公司工作期间及离职后的一定期间内不得利用在职期间掌握的特许人的商业秘密,自己生产、经营与公司有竞争关系的同类或近似的产品或服务,不得在生产同类或近似产品或经营同类或近似业务并具有竞争关系或其他利害关系的企业任职。

(四)特许经营的备案管理

《商业特许经营管理条例》规定了特许人的备案义务。第 8 条规定:“特许人应当自首次订立特许经营合同之日起 15 日内,依照本条例的规定向商务主管部门备案。”商务部作为备案主管机构,2011 年修订了《商业特许经营备案管理办法》(2011 年修订),该办法规定在省、自治区、直辖市范围内从事商业特许经营活动的,向特许人所在地省、自治区、直辖市人民政府商务主管部门备案;跨省、自治区、直辖市范围从事特许经营活动的,向商务部备案。商业特许经营实行全国联网备案。符合《商业特许经营管理条例》规定的特许人,依据本办法规定通过商务部设立的商业特许经营信息管理系统进行备案。商务部可以根据有关规定将跨省、自治区、直辖市范围从事商业特许经营的备案工作委托有关省、自治区、直辖市人民政府商务主管部门完成。受委托的省、自治区、直辖市人民政府商务主管部门应当自行完成备案工作,不得再委托其他任何组织和个人备案。受委托的省、自治区、直辖市人民政府商务主管部门未依法行使备案职责的,商务部可以直接受理特许人的备案申请。该办法还规定了备案应提交的材料及违规处罚条款。

根据《商业特许经营管理条例》的规定,备案是特许人的强制性义务。特许经营在性质上属于合同行为,为加强对特许经营活动的规范和管理,促进特许经营健康、有序发展,又考虑充分发挥当事人合同合意原则的作用,该条例确定了事后备案的监管制度。备案制度的建立,一方面,有助于商务主管部门及时了解、掌握特许人的资源和分布等有关情况,有针对性地对特许经营活动进行规范、监督;另一方面,有助于帮助潜在的投资者了解特许人的基本信息,作出恰当的投资决策,同时形成对特许人的社会监督,最大限度地保护广大投资者的利益。但目前很多特许经营企业因没有意识到备案是一种强制的义务而没有去备案。该条例明确规定,特许人未按条例规定向商务主管部门备案的,由商务主管部门责令限期备案,逾期仍不备案的,处5万元以上10万元以下的罚款,并予以公告。同时,不依法备案对特许经营活动产生的不利影响是明显的:尽管备案从性质上说是一个事后的告知性行为,但是根据该条例的规定,这种告知包含了对于特许人资格确认的内容,同时由于备案实行网上公告制度,即根据该条例的规定,只要通过备案的企业都会通过政府网站予以公告,通过备案对被特许人的加盟决策起一定的积极引导作用。因此,准备投资加盟的企业要时刻关注备案企业的备案内容及变化情况,从中分析利弊,以作出正确选择。

(五)特许人的信息披露义务

《商业特许经营管理条例》规定了特许人负有真实、准确、完整地向被许可人披露信息的义务。商务部颁布的《商业特许经营信息披露管理办法》(2012年修订)对特许人的信息披露作了详细规定。特许人应当在订立商业特许经营合同之日前至少30日,以书面形式向被特许人披露该办法第5条规定的信息,但特许人与被特许人以原特许合同相同条件续约的情形除外。

该信息的范围很广泛,主要有以下几类:(1)特许人的名称、住所、法定代表人、注册资本额、经营范围以及从事特许经营活动的基本情况;(2)特许人的注册商标、企业标志、专利、专有技术和经营模式的基本情况;(3)特许经营费用的种类、金额和支付方式(包括是否收取保证金以及保证金的返还条件和返还方式);(4)向被特许人提供产品、服务、设备的价格和条件;(5)为被特许人持续提供经营指导、技术支持、业务培训等服务的具体内容、提供方式和实施计划;(6)对被特许人的经营活动进行指导、监督的具体办法;(7)特许经营网点投资预算;(8)在中国境内现有的被特许人的数量、分布地域以及经营状况评估;(9)最近2年的经会计师事务所审计的财务会计报告摘要和审计报告摘要;(10)最近5年内与特许经营相关的诉讼和仲裁情况;(11)特许人及其法定代表人是否有重大违法经营记录;(12)国务院商务主管部门规定的其他信息。

此外,特许人要给被特许人提供特许经营合同文本。

特许人披露的信息是被特许人进行决策的重要参考依据,因此,特许人不得隐瞒或提供不实信息,如果特许人违反规定提供虚假信息的,被特许人有权解除特许经营合同,同时,还要接受商务主管部门1万元以上、10万元以下的行政处罚。

典型案例49

"我爱我家"商标使用权纠纷案

原告周某军向法院诉称:2007年6月,被告北京居美之家灯饰有限公司(以下简称"居美之家公司")在媒体上发布广告,自称拥有"我爱我家"灯饰产品的商标使用权和专卖店视觉识别(Visual Identity,VI)体系的使用权。原告遂与被告于2007年6月12日签订加盟合同书。合同约定原告使用"我爱我家"的品牌在白山市开设儿童灯饰专卖店,由被告提供"我爱我家"灯饰产品的货源;原告向被告交纳品牌使用费8000元。合同签订后,原告按约交付了品牌使用费,并于2007年6月12日支付1万元货款,7月17日又支付货款5800元,但被告却不能向原告提供"我爱我家"灯饰产品的货源,而是用其他产品代替。原告发现后立即要求更换,被告拖延至今没有解决。另外,原告还发现被告在签约前尚未持有"我爱我家"灯饰产品的商标使用权和专卖店VI体系的使用权,存在欺诈行为,且至今没有国家商标局授予的商标专用权。故请求法院:撤销原、被告签订的加盟合同;被告双倍返还原告品牌使用费16,000元并返还房屋租赁费7500元、货款10,595元。

被告居美之家公司辩称:(1)我方不存在用其他产品来替代的事实;(2)原告称我方换货拖沓与事实不符,双方签订的合同规定,每次自进货之日起,3个月后6个月内原告可以提出换货要求,但是必须提供换货明细,把货发给我方,但到目前为止,我方没有收到原告的换货明细单和产品;(3)原告称我方没有"我爱我家"商号使用权和VI体系使用权亦与事实不符,双方签订合同后,我方已将上述材料复印件和VI光盘提供给原告在当地开店及装修使用;(4)2008年4月8日,原告来到公司,要求换货,公司表示同意并让原告把明细和货品发过来。后双方又达成不调换货的协议,我方补偿原告不调换产品费用400元。综上,我方自始至终是真诚地与原告合作,诚信地履行义务,没有任何欺诈行为。

法院经审理查明:2007年6月12日,居美之家公司(甲方)与周某军(乙方)签订加盟合同书一份,合同有效期自2007年6月12日起至2008年6月12日止。合同第2条约定:“授权内容及范围:1.甲方授权乙方在吉林省白山市开设我爱我家儿童灯饰专卖店。2.甲方持有的‘我爱我家’商号、商标的使用权。3.甲方持有的‘我爱我家’专卖店VI体系的使用权。4.经营管理制度、营销方案、规范的使用权。5.甲方持有的‘我爱我家’专卖店体系之系列产品经营权。”合同第5条约定:“品牌使用费及返利奖励:乙方于签订合同之日起向甲方一次性付清品牌使用费8000元,是乙方获得甲方经营授权许可之费用,该品牌使用费自乙方第二次进货起按累计进货量,每增加2万元,即返还1000元,逐步返还。品牌使用费返完后,累计进货达到4万元,补贴广告费2000元,累计进货达到8万元,送装修费4000元。”合同第6条第4项约定:“本合同有效期内,商品在无脏残、未使用、在每次进货之日起,三个月后、六个月内,乙方方可向甲方提出换货要求,每次换货前需提供换货明细,换货来回的运费由乙方承担。”合同附款约定;“乙方进居美之家家饰灯饰不计入返还品牌使用费。”合同还对双方的权利义务、保密条款等内容进行了约定。

合同签订后,周某军按约定交付品牌使用费8000元。2007年6月12日,周某军第一次向居美之家公司进货,支付货款1万元。同年7月17日,周某军第二次向居美之家公司进货,支付货款5800元。

另查,2007年3月6日,居美之家公司向原国家工商行政管理总局商标局(以下简称“商标局”)就在第11类商品上使用“我爱我家”商标提出注册申请。2007年7月24日,商标局依法受理。2008年4月,居美之家公司对“我爱我家”文字加图形商标及企业标识申请了著作权登记。

法院认为,周某军与居美之家公司签订的特许经营合同系双方当事人真实意思表示,且未违反国家法律及行政法规的强制性规定,为有效合同。根据有关法律规定,存在故意告知对方虚假情况,或者故意隐瞒真实情况的情形是认定欺诈的必要条件。在本案中,虽然居美之家公司于签订合同之时未拥有“我爱我家”的注册商标,但双方在签订的合同中明确约定,居美之家公司授权周某军使用的是其持有的商号、商标,居美之家公司在此并未宣称拥有“我爱我家”注册商标,不存在故意告知虚假情况,或者故意隐瞒真实情况的情形。周某军认为居美之家公司构成欺诈,证据不足。

关于周某军认为居美之家公司未能提供合同约定货源的问题。由于双方在合同附款中约定,周某军进"居美之家"家饰灯饰不计入返还品牌使用费。故居美之家公司向周某军提供"居美之家"家饰灯饰的产品,并未违反合同约定。在庭审中,周某军主张其要求居美之家公司提供"我爱我家"灯饰,而非"居美之家"家饰灯饰,但未提供相应证据予以证明,故对周某军的该项事实主张,法院不予采信。故周某军以欺诈为由,要求撤销合同的诉讼请求,法院不予支持。

品牌使用费系周某军获得居美之家公司经营授权许可之费用,该品牌使用费可随进货量逐步返还。鉴于周某军进货未达到约定数量,无权依据合同要求居美之家公司返还品牌使用费。周某军作为经营者,应该知道经营者不仅享有投资收益,还应当承担经营风险。由于居美之家公司并未存在违约行为,故周某军在经营过程中发生的经济损失,不应由居美之家公司负担。现周某军要求双倍返还品牌使用费,以及返还房屋租赁费、货款的诉讼请求,无事实和法律依据,法院不予支持。据此,法院判决驳回周某军的全部诉讼请求。①

典型案例 50

信博公司麦吉"machimachi"品牌纠纷案

原告李某敏诉称,其与被告广州市信博餐饮管理服务有限公司(以下简称"信博公司")签订《合作服务协议书》,约定信博公司进行开店管理咨询、项目技术培训、开店设备供应、运营服务指导以及店面装修设计等,并授权原告使用"麦吉奶茶"项目标识,合同期 1 年,原告在支付被告 11.26 万元后方可使用标识。原告签约缴费后,在经营过程中收到第三方声明,声称未经其允许擅自利用麦吉"machimachi"品牌名义进行招商加盟的授权行为,麦吉目前我国大陆地区仅杭州、上海和常州三个城市为正规品牌店,目前所有其他城市出现的门店均与我司无关等。李某敏诉讼请求,以信博公司通过欺诈行为与其签订特许经营合同,主张撤销合同、退还收取的费用,赔偿其因维权购买机票费用。

一审法院查明的事实:2019 年 10 月 17 日,信博公司(甲方)与李某敏(乙方)签订《合作服务协议书》约定,甲方为乙方进行开店管理咨询、项目技术培

① 参见北京市丰台区人民法院民事判决书,(2008)丰民初字第 10863 号。

训、开店设备供应、运营服务指导以及店面装修设计等事项;餐饮项目名称:麦吉奶茶;项目标识“单店使用服务”;甲方同意乙方使用项目标识的范围仅限于辽宁省沈阳市;合同期限自2019年10月17日至2020年10月16日止;乙方签约时一次性支付甲方相关费用112,600元(该费用包含:项目技术培训学习费、店面装修图纸设计费、后期运营指导等费用);从合同签订之日起,乙方每年需向甲方支付项目服务费3000元。甲方的项目标识甲方拥有合法的使用权利;甲方对乙方在经营场所的装饰、陈列、项目标识系统(CIS)的应用和规划安装有指导权。甲方应提供本协议指定的项目标识及经营管理规范给乙方使用,为乙方从业人员提供专业、规范系统的培训,培训2名技术人员,为乙方提供营运指导、咨询及技术支持服务。乙方享有在合同有效期内根据本合同约定的方式免费使用甲方商标的权利,享有甲方为其提供店面装修的平面设计图和效果图的权利。合同签订当日,李某敏向信博公司交纳合同金112,600元,信博公司出具收据予以确认。

一审庭审中,李某敏主张因信博公司虚假宣传欺诈其授权品牌为周杰伦代理的奶茶,李某敏是在信博公司欺诈、误导的情况下,产生重大误解签订涉案合同,要求撤销上述合同。李某敏为证明信博公司存在的虚假和欺诈事实,提交证据,信博公司在微信中向李某敏推销其加盟的品牌为周杰伦代言的台湾麦吉奶茶品牌,与李某敏商谈加盟;麦吉有限公司授权广州信博餐饮管理服务有限公司为台湾麦吉有限公司特约总代理商,授权范围中国大陆地区,授权产品台湾麦吉饮品及品牌周边产品,授权期限自2019年5月1日至2029年5月1日的授权证书。上海麻吉餐饮管理有限公司的声明,内容包括目前我司在微信、微博、互联网信息平台发现未经我司允许擅自利用麦吉“machimachi”品牌名义进行招商加盟的授权行为出现;我司承诺麦吉“machimachi”旗下没有任何其他品牌,除此之外所有与此类似或者添加前后缀词的品牌均与我司无关;目前,网上能搜到的加盟官网均为假冒,请大家谨防上当受骗;麦吉目前在我国大陆地区仅杭州、上海和常州三个城市为正规品牌店;目前,所有其他城市出现的门店均与我司无关等。微信名显示为“黄金 – Edward”发出的《解除合作协议书》,甲方为信博公司,内容包括:双方经友好协商一致达成解除合作协议如下:本协议签订后,乙方同意甲方分期还款10万元合作款项,甲方分三期将款项打到乙方指定账户,每期33,000元,乙方收到三笔合计作为该协议的解除金等。录音光盘:内容包括:“你看我们这个是不是麦吉的商标,是麦吉的商标啊,我们也有台湾地区总部的授权”“我们保证商标是有法律保护的,我们可以保证你做的这个品牌绝对是正品,到时候你来这边学习,我们可以跟你签一个协议,出现的任何法律问题由公司承担”,等等。信博公司除对上述录音内容表示不清楚无法确认外,对其他证据的真实性予以确认,明确当初与李某敏沟通并给李某敏提供虚假招商资料和授权书的员工公司已经开除了。信博公司同时陈述拥有麦吉奶茶品牌,已经在2019年申请商标注册,但是在第35类和第43类核定使用范围的商标是广州的一家公司授权的。一审法院查明信博公司为有限责任公司(自然人投资或控股),成立日期为2019年6月26日,注册资本为200万元,经营范围包括商品信息咨询服务、投资咨询服务、餐饮管理、企业总部管理、企业管理咨询服务等。

一审法院认为,李某敏与信博公司签订的《合作服务协议书》,信博公司授权李某敏在约定范围开设“麦吉奶茶”餐饮店,经营售卖“麦吉奶茶”品牌餐饮,并对李某敏的开店管理咨询、项目技术培训、开店设备供应、运营服务指导等提供服务,李某敏需向信博公司支付费用后才获得信博公司的指导培训服务并取得项目标识授权使用许可。根据《商业特许经营管理条例》第3条的规定,商业特许经营的基本特征是特许人许可被特许人使用其拥有的经营资源,被特许人在合同约定的经营模式下开展经营并向特许人支付特许经营费。上述合同条款符合特许经营的法律特征,故《合作服务协议书》性质上属于特许经营合同,本案为特许经营合同纠纷。李某敏主张撤销《合作服务协议书》的诉讼请求,根据《商业特许经营管理条例》第17条第2款规定:“特许人在推广、宣传活动中,不得有欺骗、误导的行为,其发布的广告中不得含有宣传被特许人从事特许经营活动收益的内容。”第23条第1款规定:“特许人向被特许人提供的信息应当真实、准确、完整,不得隐瞒有关信息,或者提供虚假信息。”在本案中,根据李某敏提交的证据可以证明信博公司在“麦吉奶茶”项目标识的宣传中,确认强调权利来源于我国台湾地区相关权利人的事实,李某敏提交的“严正声明”记载内容显示上述宣传内容与事实不符,信博公司在诉讼中亦确认其员工当初与李某敏沟通提供的是虚假招商资料和授权书。虽信博公司同时陈述其拥有“麦吉奶茶”品牌,已经申请商标注册并获得相关授权,但是并未提交相关证据证实,亦未提交证据证明其陈述的授权注册商标及授权情况有告知或明示李某敏、信博公司及其工作人员的宣传及提供的相关资料构成特许经营合同中特许经营资源的欺诈行为，根据原《合同法》第54条[①]第2款“一方以欺诈、胁迫或者乘人之危，使对方在违背真实意思的情况下订立的合同，受损害方有权请求人民法院或者仲裁机构变更或撤销”的规定，现李某敏以信博公司约定授权使用的品牌存在欺诈为由，主张撤销合同的诉讼请求合理，一审法院予以支持。关于李某敏主张信博公司返还各项费用及赔偿损失的问题。《合同法》第42条[②]规定：当事人在订立合同过程中有下列情形之一，给对方造成损失的，应当承担损害赔偿责任：(1)假借订立合同，恶意进行磋商；(2)故意隐瞒与订立合同有关的重要事实或者提供虚假情况；(3)有其他违背诚实信用原则的行为。第58条[③]规定：合同无效或被撤销后，因该合同取得的财产，应当予以返还，不能返还或没有必要返还的，应当折价补偿，有过错的一方应当赔偿对方因此所受到的损失，双方都有过错的，应当各自承担相应的责任。在本案中，信博公司对于经营品牌存在因授权品牌等经营资源的欺诈导致涉案《合作服务协议书》的撤销，应承担全部过错责任，现李某敏要求返还合同金112,600元及赔偿机票损失2840元的诉讼请求合理，法院予以支持。

一审法院判决，李某敏与信博公司于2019年10月17日签订的《合作服务协议书》予以撤销；信博公司于判决生效之日起10日内返还李某敏合同金112,600元，赔偿李某敏机票损失2840元，承担本案一审受理费2608元。信博公司不服一审判决，提起上诉撤销一审判决，驳回李某敏的全部诉讼请求。

在二审中，信博公司提交了一份《商标许可使用授权》，用以证明信博公司已取得涉案商标使用权，其缔约行为不存在欺诈故意。经查，该授权书出具时间为2019年9月20日，内容为卡莎公司授权信博公司在第35类、第43类使用“machimachi”商标。二审法院认为，该授权书不属于新证据，信博公司既未举证证明授权书所涉商标的注册情况，也未举证证明信博公司已将该授权情况告知李某敏。相反，该授权书记载的商标权利情况与信博公司订立合同时宣传的涉案标识权利来源于我国台湾地区权利人的事实明显不符，故法院对信博公司

① 现为《民法典》第147～151条。

② 现为《民法典》第500条。

③ 现为《民法典》第157条。

主张的该授权书的证明内容不予确认。

二审法院认为,本案二审争议焦点为:涉案《合作服务协议书》是否属于特许经营合同,李某敏是否有权撤销涉案《合作服务协议书》。根据《商业特许经营管理条例》第3条规定,所谓商业特许经营,是指拥有注册商标、企业标志、专利、专有技术等经营资源的企业,以合同形式将其拥有的经营资源许可其他经营者使用,被特许人按照合同约定在统一的经营模式下开展经营,并向特许人支付特许经营费用的经营活动。据此可知,特许经营合同需具备两个特征:一是特许人将其注册商标、企业标志、专利等经营资源许可被特许人在特定经营模式下使用;二是被特许人向特许人支付特许经营费用。该合同具备了特许经营合同的特征,一审认定该合同为特许经营合同正确。信博公司上诉主张涉案项目标识没有作为涉案合同中的经营资源授予给李某敏,明显与事实不符。信博公司以涉案项目标识为无偿使用为由主张涉案合同不属于特许经营合同,但是,授权李某敏使用涉案项目标识是合同的主要权利义务之一,而且信博公司是在收取李某敏的相关费用后,才授权李某敏免费使用其商标等经营资源,这完全符合特许经营合同的基本特征。信博公司关于涉案合同不属于特许经营合同,法院对此不予支持。根据原《民法总则》第148条①和原《合同法》第54条第2款进一步规定,一方以欺诈、胁迫或乘人之危,使对方在违背真实意思的情况下订立的合同,受损害方有权请求人民法院或者仲裁机构变更或撤销。李某敏以信博公司存在欺诈行为为由请求撤销涉案《合作服务协议书》。所谓欺诈行为,是指一方故意告知对方虚假情况,或者故意隐瞒真实情况,诱使对方当事人作出错误意思表示的行为。在本案中,信博公司通过授权证书、招商手册以及公司职员的宣传推广等方式,故意告知李某敏其经营资源来源于台湾地区相关权利人的虚假情况,诱使李某敏在违背真实意思的情况下签订涉案《合作服务协议书》,李某敏作为受损方,有权请求法院撤销该《合作服务协议书》。信博公司上诉主张其取得涉案标识的商标权,没有实施欺诈行为的故意,但其在二审提交的授权书中,所记载的商标权利人为广州的卡莎公司,与其订立合同时一直宣传的涉案标识权利来源于我国台湾地区权利人的事实,明显相矛盾,该事实更加印证了信博公司存在实施欺诈行为的故意。因此,信博公司该项上

① 现为《民法典》第148条。

诉理由不能成立，法院不予支持。

二审法院判决，驳回上诉，维持原判。①

【风险提示】

1. 特许经营是一个复杂的综合体系，经营的成败是由多方面原因造成的。拟投资加盟的企业应慎重为之。由于特许方已经作了多家许可，比较加盟方而言具有较为丰富的经验，在特许经营合同谈判中占有优势地位，且合同文本都是特许方起草的格式合同，使加盟方处于非常不利的地位。因此，建议加盟方应聘请专业人员进行考察、分析、谈判并签订特许经营合同。

2. 从目前发生的商业特许经营纠纷来看，特许人在特许经营推广中片面夸大经营收益，淡化经营风险进行误导性宣传的情况是普遍存在。如在宣传中臆测市场需求、夸大投资回报、虚构成功案例、编造被特许人数量及经营状况，极力迎合潜在经营者的逐利心理。但同时，特许人极力回避市场风险，有的甚至承诺无风险，对加盟方未尽必要的告知义务，亦未对被特许人的项目运营能力进行评价。因此，加盟方不应只听信特许人的宣传，以此作为判断依据，应进行去伪存真的分析，审慎为之。

3. 特许经营的特点之一就是经营模式、产品、服务、价格、宣传的统一化，但在不同的地区，加盟方会面临某些方面本土化的问题。加盟方应就此与特许方进行协商，争取得到其支持进行某些方面的改变。如果未经特许方同意而贸然进行改变，会造成违约的后果。

七、知识产权滥用

自从我国知识产权法律出台以来，我国的司法实践、各种讲座、宣传教育强调的是对知识产权的保护、再保护，之后的两次修改也是不断地提高对知识产

① 参见广州知识产权法院民事判决书，(2020)粤73民终3866号。

权保护的力度,以达到 TRIPs 对成员国的要求。从对知识产权保护的强度来看,从我国《专利法》《商标法》到《著作权法》《计算机软件保护条例》等与知识产权相关的法律法规对知识产权的保护均已达到与西方国家相同的保护水平。但在强调保护的同时,我国似乎忽略了另一个问题,即知识产权滥用。

近年来,知识产权滥用问题已经成为该领域的热点问题,主要是由国外的高科技企业与我国企业的一系列诉讼所引发的。例如,因特尔诉东进侵犯著作权案、思科诉华为侵权案,6C 对中国企业的 DVD 案等,都为我们敲响了知识产权滥用的警钟。由于我国在这方面认识的不足,使国外企业滥用其垄断地位在我国牟取了巨大的经济利益。实际上,知识产权滥用问题在国外已不是新鲜事物,TRIPs 也规定了成员国可以在国内法中规定采取适当措施防止权利所有人滥用知识产权,微软公司在欧洲市场上的 Windows 操作系统中捆绑销售 WindowsMediaPlayer 的行为就被欧盟法院裁定为知识产权滥用行为,因而是违法的。而我国 2008 年 8 月开始实施的《反垄断法》为制止知识产权滥用提供了有力的法律保障。

知识产权滥用是相对于知识产权的正当行使而言的,指知识产权权利人在行使其权利时超出了法律所允许的范围或者正当的界限,损害他人利益和社会公众利益的行为,其后果是限制或阻碍了正常的市场竞争。

(一)有关知识产权滥用的法律规定

知识产权滥用是伴随知识产权保护而来的,而滥用损害的不只是消费者的权益,更主要的是对公共利益的损害,并且严重损害了贸易,特别是技术贸易的正常发展。世界各国现在均无规制知识产权滥用的专门法律,而是根据司法案例确定的原则、反垄断法规及国际公约如 TRIPs 等,来制定本国的知识产权滥用的准用原则。由于各国从自身利益的需要出发确认规制知识产权滥用原则,因此,各国在对知识产权滥用行为的认定和处理上显示出较大的差距。而我国的知识产权保护制度刚刚走过 20 多年的历程,在制止权利滥用方面是一个弱国,目前还不可能有完备的制止知识产权滥用的专门法律,但这并不意味着我国对知识产权滥用束手无策。实际上,我国规制知识产权滥用的法律依据散见在不同的部门法和我国参加的一些国际条约中。以下所列即为法律依据。

1. TRIPs

TRIPs 第 8 条规定："在制定或修改其法律和法规时，各成员可采用对保护公共健康和营养，促进对其社会经济和技术发展至关重要部门的公共利益所必需的措施，只要此类措施与本协定的规定相一致。"同时，该协定规定成员国可以在国内法中规定采取适当措施防止权利所有人滥用知识产权以防止借助国际技术转让中的不合理限制贸易行为或有消极影响的行为。该条规定允许各国利用国内法制定规制知识产权滥用的措施，为我国规制知识产权滥用提供了基本保证。

2.《反垄断法》

我国《反垄断法》第 68 条规定："经营者依照有关知识产权的法律、行政法规规定行使知识产权的行为，不适用本法；但是，经营者滥用知识产权，排除、限制竞争的行为，适用本法。"该条非常明确地将滥用知识产权的行为纳入反垄断领域。而在其他国家的实践中，滥用知识产权与反垄断是联系最紧密的。因为知识产权本身就是一种垄断，只不过这种垄断是在法律的授权之内，是合法的。"当权利人在行使知识产权超出法定范围，与反垄断法通过保护竞争所要实现的社会整体目标（实质公平和社会整体效率）相冲突时，反垄断法应当优先适用，以对知识产权的行使行为加以必要的限制。这是符合反垄断法作为经济法的性质和宗旨的。"①

反垄断法的目的在于反对垄断，保护自由公平的市场竞争。知识产权法和反垄断法之间存在复杂微妙的关系。总的来说，如果行使知识产权的行为超越了法律规定，就是反垄断法制裁的对象了。反垄断法将垄断协议、滥用市场支配地位和经营者集中三类行为认定为垄断行为。有学者认为，知识产权滥用主要是滥用反垄断法市场支配地位中所列行为，这种认识有失偏颇。反垄断法中滥用市场支配地位的内容还不足以覆盖知识产权滥用的所有行为。实际上，在这三类垄断行为中，都存在知识产权滥用的情况。该法已成为我国规制知识产权滥用最主要的法律依据。

---

① 参见王先林：《从微软垄断案看知识产权滥用的反垄断控制》，载新浪科技，tech. sina. com. cn/it/e/2001 - 12 - 24/97156. shtml。

3.《知识产权法》

虽然知识产权权利人的垄断地位是知识产权的各项法律所赋予的,但知识产权法律划定了正确行使知识产权的界限,超出该界限必然违背了知识产权法。知识产权本身虽然是一种私权,但违反该权利损害的是公众的利益。因此,知识产权法中也规定了一些限制权力滥用的内容。如权利限制的内容、合理使用的内容、专利法中的强制许可等内容。知识产权法本身也是制裁权利滥用的依据。

4.《民法典》总则基本规定

在知识产权法和反垄断法中找不到的规制依据,可以在我国《民法典》中找到依据。《民法典》第一编总则中规定民事行为应遵循诚实信用原则,该原则针对的就是权力滥用的行为。《民法典》第 7 条规定:民事主体从事民事活动,应当遵循诚信原则,秉持诚实,恪守承诺。第 8 条规定:民事主体从事民事活动,不得违反法律,不得违背公序良俗。知识产权滥用侵害的是公众利益,是对《民法典》的违背。

5.《民法典》合同编

《民法典》合同编则从另一角度对知识产权滥用进行了制裁。《民法典》第 850 条规定:“非法垄断技术或者侵害他人技术成果的技术合同无效。”而最高人民法院《关于审理技术合同纠纷案件适用法律若干问题的解释》(法释〔2020〕19 号)对《民法典》第 850 条所称的非法垄断技术具体表现进行了解释。

以上内容构成了我国现有规制知识产权滥用的法律基础。可以说,我国虽然没有一部完整的反知识产权滥用法,但根据上述法律内容,知识产权滥用的具体行为基本可以找到制裁的措施。目前,需要是对某些行为认定的具体标准和操作步骤。

(二)知识产权滥用的具体表现及规制措施

根据上述法律的规定,结合我国及国际司法审判的案例,知识产权滥用最主要的表现为以下几类。

1. 拒绝许可

拒绝许可是知识产权权利人利用自己的垄断权,在没有正当理由情况下,拒绝授予竞争对手合理的使用许可,从而排除有效竞争以达到巩固和加强自己垄断地位的行为。在我国《反垄断法》中,拒绝许可是权利人滥用市场支配地位的行为之一,该行为在美国、欧盟、日本等国家均属严重的滥用行为,在我国也是被《专利法》所禁止的。我国《专利法》与之相对应的是规定了强制许可制度。《专利法》规定了在以下3种情况下,专利权人没有合理理由拒绝许可的,国家知识产权局可以根据请求或决定发放强制许可:(1)专利权人自专利权被授予之日起满3年,且自提出专利申请之日起满4年,无正当理由未实施或者未充分实施其专利的;(2)专利权人行使专利权的行为被依法认定为垄断行为,为消除或者减少该行为对竞争产生的不利影响的;(3)在国家出现紧急状态或者非常情况时,或者为了公共利益的目的,国务院专利行政部门可以给予实施发明专利或者实用新型专利的强制许可;(4)为了公共健康目的,对取得专利权的药品,国务院专利行政部门可以给予制造并将其出口到符合中华人民共和国参加的有关国际条约规定的国家或者地区的强制许可;(5)一项取得专利权的发明或者实用新型比前已经取得专利权的发明或者实用新型具有显著经济意义的重大技术进步,其实施又有赖于前一发明或者实用新型的实施的,国务院专利行政部门根据后一专利权人的申请,可以给予实施前一发明或者实用新型的强制许可。强制许可制度只存在于《专利法》中,在商标、著作权领域,基本上没有强制许可的问题。

2. 搭售行为

搭售,是指知识产权权利人在订立合同时要求被许可人购买从性质上或交易习惯上与许可技术无关的产品或服务。这种将两种或两种以上产品捆绑成一种产品进行销售,以致购买者为得到其所想要的产品就必须购买其他产品的行为是《反垄断法》中滥用市场支配地位最为突出的行为。《反垄断法》第22条第5项规定,没有正当理由搭售商品,或者在交易时附加其他不合理的交易条件属于滥用市场支配地位的行为,是该法所禁止的。搭售对竞争的不利影响在于企业将其市场控制力扩展到一个无关的市场,排除其他企业正常竞争的机会。这种搭售行为是以搭售企业占据市场支配地位为前提的。

根据《反垄断法》的规定,判断一个企业是否具有市场支配地位的要素有以下几个:(1)该经营者在相关市场的市场份额,以及相关市场的竞争状况;(2)该经营者控制销售市场或者原材料采购市场的能力;(3)该经营者的财力和技术条件;(4)其他经营者对该经营者在交易上的依赖程度;(5)其他经营者进入相关市场的难易程度。

有下列情形之一的,可以推定经营者具有市场支配地位:(1)一个经营者在相关市场的市场份额达到 1/2 的;(2)两个经营者在相关市场的市场份额合计达到 2/3 的;(3)三个经营者在相关市场的市场份额合计达到 3/4 的。

我国《民法典》第 850 条规定了非法垄断技术或者侵害他人技术成果的技术合同无效。最高人民法院《关于审理技术合同纠纷案件适用法律若干问题的解释》列出了"非法垄断技术"的几种情形,其中有"要求技术接受方接受并非实施技术必不可少的附带条件,包括购买非必需的技术、原材料、产品、设备、服务以及接收非必需的人员等",根据《民法典》的规定,这种知识产权滥用条款是无效的。

3. 限制技术改进

知识产权法和《反垄断法》是从不同角度促进技术的应用、推广和不断地改进,限制技术改进的协议内容与上述两个法律的宗旨相违背最高人民法院《关于审理技术合同纠纷案件适用法律若干问题的解释》中列出的"非法垄断技术"的情形之一,即"限制当事人一方在合同标的技术基础上进行新的研究开发或者限制其使用所改进的技术,或者双方交换改进技术的条件不对等,包括要求一方将其自行改进的技术无偿提供给对方、非互惠性转让给对方、无偿独占或者共享该改进技术的知识产权",这种条款内容是严重的垄断行为,构成知识产权滥用的最为昭著的行径。知识产权大国在关税壁垒无法实施时,往往从技术壁垒的角度限制发展中国家的技术发展。根据我国《民法典》的规定,该合同条款应为无效条款。

4. 垄断性协议

反垄断法所称垄断性协议,是指排除、限制竞争的协议、决定或者其他协同行为。该定义虽然简短,但包含了众多在实践中出现的现象。该行为也称为独占性交易。例如,专利权人是否有权给被许可人的产品定价、是否可以限制被许可人产品的销售地域,等等。《反垄断法》规定,固定或限定向第三人转售商品的价格,属于被禁止的垄断行为。最高人民法院《关于审理技术合同纠纷案件适用法律若干问题的解释》"非法垄断技术"部分列出的以下行为也属于垄断协议的情形,(1)限制当事人一方从其他来源获得与技术提供方类似技术或者与其竞争的技术；(2)阻碍当事人一方根据市场需求，按照合理方式充分实施合同标的技术，包括明显不合理地限制技术接受方实施合同标的技术生产产品或者提供服务的数量、品种、价格、销售渠道和出口市场；(3)不合理地限制技术接受方购买原材料、零部件、产品或者设备等的渠道或者来源；(4)禁止技术接受方对合同标的技术知识产权的有效性提出异议或者对提出异议附加条件。根据《民法典》的规定，包含上述内容的合同条款是无效的。

5. 价格歧视

价格歧视包含垄断高价、垄断低价和不同价格标准，都是知识产权权利人滥用其市场支配地位的行为。以高于在正常竞争状态下实行的价格来许可技术而获得超额垄断利润，或以低于成本价许可或销售以大范围占领市场，或对不同的客户在同等的交易条件下实行不同的价格，这些行为都限制或削弱了正常的市场竞争，理应受到《反垄断法》的制裁。《反垄断法》禁止市场支配地位的经营者从事下列滥用市场支配地位的行为：(1)以不公平的高价销售商品或者以不公平的低价购买商品；(2)没有正当理由，以低于成本的价格销售商品。在我国，价格歧视还受到《反不正当竞争法》的规制。

6. 滥用诉权

知识产权权利人有权禁止他人未经许可擅自使用自己独占性的权利，其禁止的措施之一即向法院提起侵权诉讼。但诉讼权利的行使同样也要避免落入权利滥用的范畴。如一些权利人滥发警告函、滥用诉权、恶意诉讼，不仅给竞争对手造成很大损失，对正常的市场竞争也会造成妨碍，因而，滥发警告函、滥用诉权的行为构成了知识产权滥用。我国《反垄断法》未涵盖这种滥用行为，但并不表明可以对其放任自流，通过其他法律同样可以找到规制办法。2002 年，最高人民法院《关于苏州龙宝公司与苏州朗力福公司请求确认不侵犯专利权纠纷案的批复》确立了法院可以依法受理不侵权诉讼的原则，使不侵权诉讼成为对抗恶意诉讼和滥用诉权的一种有效手段，已经在实践中发挥着重要作用。实际上，确认不侵害知识产权纠纷，是依法制裁知识产权滥用的有效的诉讼措施。目前，“确认不侵害知识产权纠纷”已经纳入最高人民法院《关于印发修改后的〈民事案件案由规定〉的通知》(法〔2020〕347 号)中，对滥诉的行为已有法定的渠道解决。

【风险提示】

知识产权滥用问题在我国是一个新兴课题,虽然有很多案例和相关规定,但被关注的视角并不是知识产权滥用,因此,中国企业在应付这方面的法律事务时存在不少盲区。律师特提出以下建议:

1. 作为知识产权的权利人,应在法律赋予的权限内行使权利,尤其是具有市场支配地位的企业应本着公平、信义的原则与被许可企业签订相关合同,避免掉入滥用权利的旋涡。

2. 企业在面对知识产权权利人的控告或侵权诉讼时,应准确地判断问题的症结,找准行为性质。目前,对知识产权的滥用行为的认识并不是统一的,有些误差,但绝大多数的行为是可以确定的。

3. 对知识产权权利人的控告或侵权诉讼抗辩时找准法律依据。如上所述,在我国规制知识产权滥用的法律有很多,但抗辩的角度不同,结果也会大相径庭。

总之,知识产权滥用是一个很复杂的法律问题,其中综合了多个法律相互制约和平衡,企业应寻求有经验的律师提供法律帮助。

第五章 知识产权的保护

为完善产权保护制度，提高我国经济竞争力，2019 年 11 月，中共中央办公厅、国务院办公厅印发《关于强化知识产权保护的意见》，2021 年 9 月，中共中央、国务院印发了《知识产权强国建设纲要（2021—2035 年）》明确要不断改革完善知识产权保护体系，综合运用法律、行政、经济、技术、社会治理手段强化保护，促进保护能力和水平整体提升。知识产权保护是一个系统工程，覆盖领域广、涉及方面多，需要综合运用法律、行政、经济、技术、社会治理等多种手段，从审查授权、行政执法、司法保护、仲裁调解、行业自律、公民诚信等环节完善保护体系，加强协同配合，构建大保护工作格局。[①] 提出建立健全公正高效、管辖科学、权界清晰、系统完备的司法保护体制。实施高水平知识产权审判机构建设工程，加强审判基础、体制机制和智慧法院建设。健全知识产权审判组织，优化审判机构布局，完善上诉审理机制，深入推进知识产权民事、刑事、行政案件“三合一”审判机制改革，构建案件审理专门化、管辖集中化和程序集约化的审判体系。

---

① 参见习近平总书记在中共中央政治局 2020 年 11 月 30 日就加强我国知识产权保护工作举行的第二十五次集体学习上的讲话。

知识产权保护是知识产权制度的核心内容。广义的知识产权体系包含立法保护、技术保护、行政保护、司法保护以及国际保护等多种方式。狭义的知识产权保护方式指当知识产权权利人受到侵害时的争议解决或权利保护方式，具体有以下几种：第一，和解，即双方在自愿互谅的基础上，按照有关法律的规定，通过直接的协商和谈判，自行达成和解协议；第二，调解，即知识产权纠纷发生后，经双方当事人申请，由相关机构从中协调，使双方当事人在自愿协商的基础上，达成调解协议，从而使纠纷得到解决的活动；第三，仲裁，即双方当事人在自愿基础上达成关于仲裁意向的一致合意，将纠纷提交仲裁机构审理，由仲裁机构做出对争议双方均有约束力的裁决；第四，行政保护，即国家行政管理机关运用法定行政权力和遵循法定行政程序，用各种行政手段对知识产权实施全面的法律保护；[①]第五，司法保护，即知识产权权利人或国家公诉人向法院对侵权人提起刑事、民事的诉讼，以追究侵权人的刑事、民事责任，以及通过不服知识产权行政机关处罚的当事人向法院提起行政诉讼，进行对行政执法的司法审查，以支持正确的行政处罚或者纠正错误的处罚，使各方当事人的合法权益都得到切实的保护。司法保护涉及民事、刑事、行政三种案件类型，其中，刑事司法保护又可以区分为自诉和公诉两种情况。司法保护在以上几种知识产权保护方式中尤为重要，是和解、调解以及行政保护的最终确认。

在知识产权大保护工作格局下，我国知识产权保护实行“双轨保护”的工作体系，即由人民法院和行政执法机关实行司法保护与行政保护。其中，司法保护具有被动性和直接性，行政保护具有主动性和间接性；司法保护具有终局性，行政机关受司法机关的审查与监督；司法保护是知识产权保护的基本途径，行政保护则是司法保护的有机补充。

本章重点介绍知识产权调解、行政保护以及刑事司法保护的相关实务。

---

① 参见方菲：《知识产权行政保护与司法保护的关系》，载《决策与信息（下旬刊）》2009 年第 5 期。

一、调　　解

(一)国家加强推进知识产权领域纠纷调解工作

2021年10月22日,国家知识产权局、司法部发布了《关于加强知识产权纠纷调解工作的意见》。该意见指出,为深入贯彻党中央、国务院关于全面加强知识产权保护工作的决策部署,完善知识产权纠纷多元化解机制,需加强知识产权纠纷调解工作,充分发挥调解在化解知识产权领域矛盾纠纷中的重要作用,有利于优化营商环境,激发全社会创新活力,推动构建新发展格局。到2025年,知识产权纠纷调解工作基本覆盖知识产权纠纷易发多发的重点区域和行业领域,建立组织健全、制度完善、规范高效的知识产权纠纷调解工作体系,形成人民调解、行政调解、行业性专业性调解、司法调解优势互补、有机衔接、协调联动的大调解工作格局。

调解作为完善纠纷多元化解机制的重要内容,对促进维护社会和谐稳定发挥着重要作用。中共中央《关于全面推进依法治国若干重大问题的决定》提出:"健全社会矛盾纠纷预防化解机制,完善调解、仲裁、行政裁决、行政复议、诉讼等有机衔接、相互协调的多元化纠纷解决机制。"深入推进矛盾纠纷多元化解机制,是实现国家治理体系和治理能力现代化的重要内容,也是国家法治化发展水平的重要标杆。健全知识产权纠纷多元化解决机制,是构建知识产权大保护工作格局、提升知识产权保护效果和社会满意度的重要举措。

(二)知识产权纠纷调解的作用

随着中国经济向创新驱动发展转型,知识产权领域纠纷日益增多,知识产权民事案件数量逐年增长,行政裁决和司法审判都面临较大压力,高效有序地处理知识产权纠纷需要更多渠道,而知识产权调解正是对行政保护以及司法保护的拾遗补阙,能起到节约司法资源、有效补充保护的作用。

知识产权纠纷当事人利益多元化、诉求多样化、市场复杂化、技术难度高,这些特征也决定了调解在化解知识产权纠纷方面的独特优势。特别是与普通民商事案件相比,知识产权纠纷表现出法律问题与技术专业问题高度融合的特征。尤其是在专利、植物新品种、集成电路布图设计、技术秘密、计算机软件等知识产权案件中,法律与技术的融合更为明显。

在民事诉讼和行政裁决之外,通过调解等非诉讼方式化解知识产权领域的矛盾纠纷,发挥专业机构的专业性优势,可以为贯彻新发展理念、构建新发展格局、推动高质量发展提供更加有力保障。

(三)知识产权纠纷调解机构

知识产权纠纷调解按照调解机构的不同,可以分为人民调解、仲裁调解、行政调解以及司法调解。人民调解的主体包括村民委员会人民调解委员会、居民委员会人民调解委员会、企业事业单位人民调解委员会以及行业性专业性人民调解委员会;仲裁调解的主体主要为仲裁机构;行政调解的主体主要为行政机关;司法调解的主体主要为人民法院。

值得明确的是,在知识产权纠纷中,行政调解是指行政主体参与主持的,以国家法律法规、政策和公序良俗为依据,以受调解双方当事人自愿为前提,通过劝说、调停、斡旋等方法促使当事人友好协商,达成协议,消除纠纷的一种调解机制。行政机构在居中调解时,并没有运用法定特定行政权力或遵循法定特定行政程序,所以行政调解不属于行政保护的范畴。同样地,人民法院在居中调解时,也并非通过完整的诉讼程序实现救济,所以笔者认为司法调解也不属于司法保护的范畴。此时,行政机构、人民法院同人民调解委员会、仲裁机构一样,依照法律、政策及社会主义道德规范居中主持,对纠纷当事人进行说服规劝,故在知识产权保护方式分类上均属于调解。

国家知识产权局已经在全国布局建设了 57 家知识产权保护中心、30 家快速维权中心以及 76 家维权援助中心,三者均可提供知识产权维权援助服务。①国家知识产权局公开表明,下一步将继续加大工作力度,完善布局。在行业性专业性人民调解方面,目前,部分保护中心已经设立了知识产权纠纷人民调解委员会,开展调解服务,为权利人维权提供便利。在知识产权保护中心运行过

---

① 《知识产权维权援助服务》,载中国知识产权维权援助网 2022 年 5 月 27 日,http://www.ipwq.cn/organization#Organ3。

程中，通过设立知识产权纠纷人民调解委员会、调解室，或者建立联合园区、协会等建立行业性调解组织，建立便捷高效低成本的维权渠道，将有助于解决知识产权保护体系中面临的链条不健全、衔接不通畅、协同保护不力等问题；并可结合地域经济特点，结合不同产业、领域、区域的需求，在互联网、展会、进出口、物流、专业市场、产业园区等关键领域率先取得突破。调解工作对于实现知识产权保护中心的"一站式"服务起到重要支撑作用。

（四）知识产权保护中心"一站式"纠纷解决机制

知识产权保护中心使得提供快速审查、快速确权、快速维权"一站式"纠纷解决成为现实。推广利用调解方式快速解决纠纷是国家当前知识产权保护的重点，能够高效对接行政执法、司法保护、仲裁等保护渠道和环节。[①]

知识产权保护中心可以高效对接行政、司法、仲裁、调解、公证、检验鉴定等保护渠道和环节，配合人民法院等，协同保护，构建"一站式"知识产权纠纷解决机制。对接产业和知识产权联盟、行业协会，建立产业（行业）知识产权快速协同保护机制，及时了解产业、行业知识产权专利预审和快速维权需求，提供产业（行业）知识产权快速协同保护服务。[②] 以上海市为例，上海市浦东新区人民法院主动与中国（浦东）知识产权保护中心、上海经贸商事调解中心合作，共同开展诉调对接工作，依托保护中心这一国家级知识产权功能性平台，扩大调解覆盖范围；上海市杨浦区人民法院采用驻院调解方式，与杨浦区知识产权调解委员会合作，在院内常驻调解员；作为全国首批三家知识产权法院之一的上海知识产权法院，自2016年起便打破传统人民调解参与诉前调解的做法，积极引入专业化的社会调解力量，先后与上海经贸商事调解中心、上海市软件行业协会、生物医药行业协会、互联网行业协会、上海市工商联民商事人民调解委员会等14家专业社会组织签订《诉讼与非诉讼相衔接多元化纠纷解决机制合作协议》，走出了一条专业化委托调解的新路子。2021年8月12日，上海市高级人民法院、上海市知识产权局联合召开知识产权调解工作推进会，共同发布《关于建立知识产权民事纠纷诉调对接工作机制的实施意见》，明确设立知识产权民

---

① 参见中共中央办公厅、国务院办公厅2019年11月24日发布的《关于强化知识产权保护的意见》。

② 参见知识产权快速协同保护服务，载中国（北京）知识产权保护中心官方网站2022年5月26日，http://www.bjippc.cn/。

事纠纷专业调解委员会，统筹全市知识产权专业调解力量，对接上海知识产权法院和浦东、徐汇、普陀、杨浦四家基层法院，开展知识产权民事纠纷跨区域调解。上海市高级人民法院将把全市法院的知识产权诉调对接工作纳入已经搭建起来的上海法院"一站式"多元解纷平台，并积极与市有关职能单位加强联动协作，在现有基础上不断完善知识产权诉调对接的各项保障机制，推动形成"大调解"工作格局、构建了知识产权大保护体系。①

（五）知识产权保护中心调解启动方式

以北京阳光知识产权调解中心为例，知识产权调解的启动方式有三种。

1. 当事人申请，即当事人可通过北京阳光知识产权调解中心官网（https://www.ssipmc.com）申请知识产权调解。

2. 法院委派（见图5－1）。

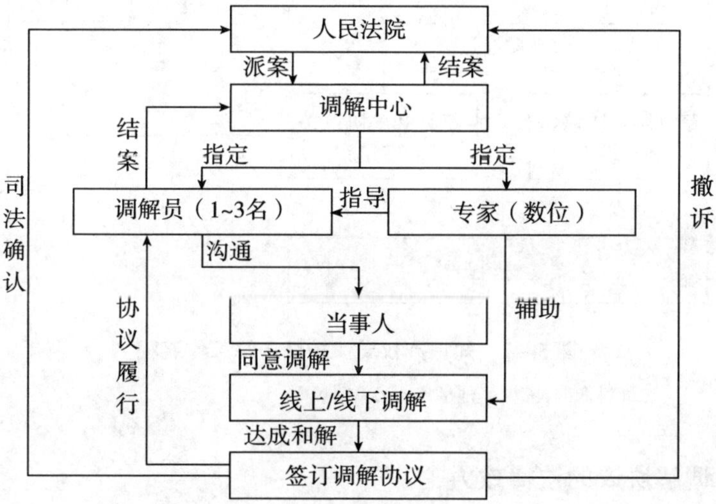

图5－1　法院委派调解工作流程

（资料来源：乾坤律师事务所）

① 参见上海全面推进知产民事纠纷跨区域专业调解，载人民法院报，http://rmfyb.chinacourt.org/paper/html/2021－08/13/content_208423.htm？div＝－1；《加强诉调对接，助力知识产权司法保护"加速度"——上海法院开展诉讼调解工作纪实》，载新浪网2022年5月30日，https://tech.sina.com.cn/roll/2020－04－23/doc-iirczymi7929756.shtml。

3. 知识产权局保护处委托(见图5-2)。

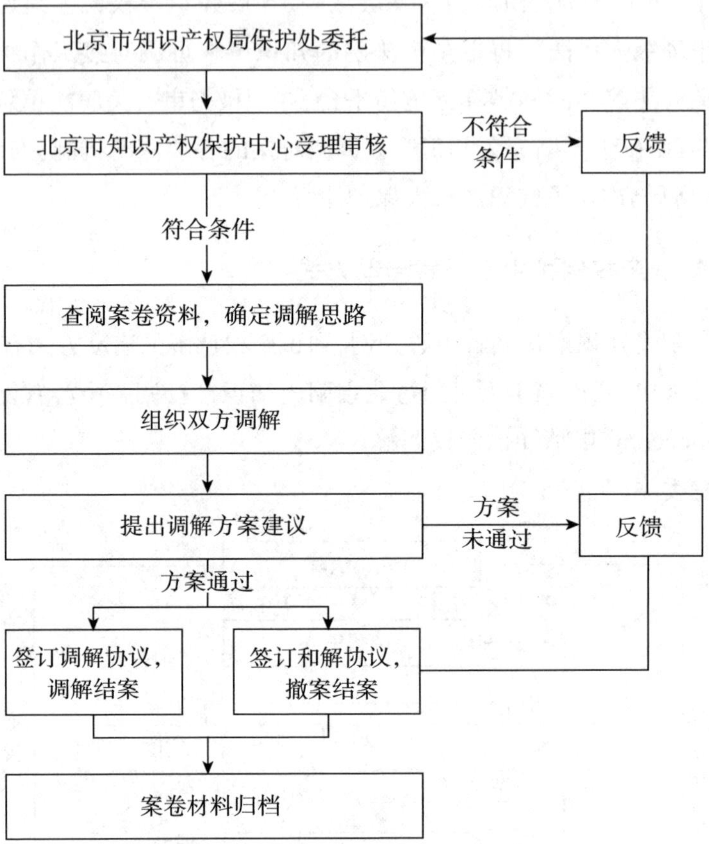

图5-2　知识产权局保护处调解工作流程

(资料来源:乾坤律师事务所公众号)

(六)调解协议的法律效力

1. 人民调解

人民调解协议的法律性质为民事合同,属于诉讼外调解,未经人民法院确认,不具有强制执行力。根据《人民调解法》第32条之规定,“经人民调解委员会调解达成调解协议后,当事人之间就调解协议的履行或者调解协议的内容发生争议的,一方当事人可以向人民法院提起诉讼”。2011年3月23日,最高人民法院《关于人民调解协议司法确认程序的若干规定》第1条规定,“当事人根据《中华人民共和国人民调解法》第三十三条的规定共同向人民法院申请确认调解协议的，人民法院应当依法受理”。该规定第8条明确，“人民法院经审查认为调解协议符合确认条件的，应当作出确认决定书；决定不予确认调解协议效力的，应当作出不予确认决定书”。该规定第9条明确，“人民法院依法作出确认决定后，一方当事人拒绝履行或者未全部履行的，对方当事人可以向作出确认决定的人民法院申请强制执行”。

2. 仲裁调解

《仲裁法》第51条规定，“调解书与裁决书具有同等法律效力”。该法第52条规定，“调解书经双方当事人签收后，即发生法律效力”。第62条规定，“当事人应当履行裁决。一方当事人不履行的，另一方当事人可以依照民事诉讼法的有关规定向人民法院申请执行。受申请的人民法院应当执行”。可见，与仲裁裁决具有同等法律效力的仲裁调解书，一经生效同样可以通过向人民法院申请获得强制执行力。

3. 行政调解

行政调解书的法律性质为民事合同。2009年7月24日，最高人民法院《关于建立健全诉讼与非诉讼相衔接的矛盾纠纷解决机制的若干意见》第8条规定：“为有效化解行政管理活动中发生的各类矛盾纠纷，人民法院鼓励和支持行政机关依当事人申请或者依职权进行调解、裁决或者依法作出其他处理。调解、裁决或者依法作出的其他处理具有法律效力。当事人不服行政机关对平等主体之间民事争议所作的调解、裁决或者其他处理，以对方当事人为被告就原争议向人民法院起诉的，由人民法院作为民事案件受理。法律或司法解释明确规定作为行政案件受理的，人民法院在对行政行为进行审查时，可对其中的民事争议一并审理，并在作出行政判决的同时，依法对当事人之间的民事争议一并作出民事判决。行政机关依法对民事纠纷进行调处后达成的有民事权利义务内容的调解协议或者作出的其他不属于可诉具体行政行为的处理，经双方当事人签字或者盖章后，具有民事合同性质，法律另有规定的除外。”

4. 司法调解

相较于其他三种调解书，人民法院作为主持调解的主体，对于其所出具的人民法院调解书无须再经人民法院自身确认，即可以申请强制执行。因此，从这个意义上，可以说司法调解方式中所形成的人民法院调解书的法律效力较其他方式下形成的调解书具有效力方面的优先性。我国《民事诉讼法》第 52 条亦规定,“当事人必须依法行使诉讼权利,遵守诉讼秩序,履行发生法律效力的判决书、裁定书和调解书”。该法第 100 条规定,“调解达成协议,人民法院应当制作调解书。调解书应当写明诉讼请求、案件的事实和调解结果。调解书由审判人员、书记员署名,加盖人民法院印章,送达双方当事人。调解书经双方当事人签收后,即具有法律效力”。

(七)调解协议的司法确认

《民事诉讼法》第十五章第 6 节对确认调解协议案件做出了明确规定。第 201 条明确:“经依法设立的调解组织调解达成调解协议,申请司法确认的,由双方当事人自调解协议生效之日起三十日内,共同向下列人民法院提出:(一)人民法院邀请调解组织开展先行调解的,向作出邀请的人民法院提出;(二)调解组织自行开展调解的,向当事人住所地、标的物所在地、调解组织所在地的基层人民法院提出;调解协议所涉纠纷应当由中级人民法院管辖的,向相应的中级人民法院提出。”该法第 202 条亦规定,“人民法院受理申请后,经审查,符合法律规定的,裁定调解协议有效,一方当事人拒绝履行或者未全部履行的,对方当事人可以向人民法院申请执行;不符合法律规定的,裁定驳回申请,当事人可以通过调解方式变更原调解协议或者达成新的调解协议,也可以向人民法院提起诉讼”。

在知识产权调解司法确认方面的各地实践包括:2021 年 4 月 14 日,上海市高级人民法院、上海市知识产权局发布《关于在本市开展知识产权纠纷行政调解协议司法确认程序试点工作的实施办法》;2022 年 4 月,天津市高级人民法院、天津市知识产权局联合印发了《关于开展知识产权纠纷行政调解协议司法确认工作的实施办法》,明确了工作机制;①2022 年 5 月,南昌市中级人民法院联合南昌市市场监督管理局印发了《关于开展知识产权纠纷行政调解协议司法确认工作的意见(试行)》,推动建立南昌市知识产权纠纷行政调解协议司法确认机制,为进一步完善知识产权纠纷多元化解机制,构建衔接顺畅、快速高效的

① 《天津出台知识产权纠纷行政调解协议司法确认工作的实施办法》,载澎湃网 2022 年 4 月 26 日,https://m.thepaper.cn/baijiahao_17819818。

协同保护格局打下坚实基础。[①]

典型案例 51

北京首例专利侵权纠纷行政调解协议司法确认案[②]

北京某科技公司与江苏某科技公司因智能清洁设备实用新型专利侵权纠纷向北京市知识产权局(以下简称“知识产权局”)请求行政裁决处理,经知识产权局调解,双方当事人达成调解协议并签署《专利侵权纠纷行政调解协议书》。此后,双方当事人向北京知识产权法院申请就上述行政调解协议进行司法确认。

法院经审查认为:申请人达成的调解协议,符合司法确认调解协议的法定条件,依照《民事诉讼法》第 195 条[③]裁定如下:(1)申请人经知识产权局主持调解达成的调解协议有效;(2)申请人应当按照调解协议的约定自觉履行义务;一方申请人拒绝履行或者未全部履行的,另一方申请人可以向法院申请执行。

上述两案最终以法院司法确认行政调解协议的方式化解当事人纠纷,既体现了行政与司法工作的有效衔接,也是法院进一步推进案件繁简分流优化司法资源配置的重要举措,对于完善知识产权纠纷多元调解机制意义重大。

【重点提示】

相较于其他知识产权纠纷解决或保护方式,调解具有明显优势。首先,调解相较于和解具有更高专业性,更少对抗性,当出现知识产权纠纷时,在未经诉讼、仲裁或调解的情况下,双方当事人处于明显对立状态,沟通难度大,自行达成和解的难度较大,且对于相关技术性问题的定性存在较大障碍;其次,调解相较于仲裁,成本较低,不具有一裁终局的风险,更适宜没有那么重大、复杂且对商业上的保密性要求没有那么高的情形;最后,相较于行政保护和司法保护,具有成本和效率方面的优势,且对于专利领域内的高技术性问题,行业性专业性调

① 《南昌中院推动建立知识产权纠纷行政调解协议司法确认机制》,载澎湃新闻 2022 年 5 月 20 日,https://www.thepaper.cn/newsDetail_forward_18194789。

② 《北京知识产权法院对北京首例专利侵权纠纷行政调解协议进行司法确认》,载澎湃新闻 2021 年 11 月 8 日,https://m.thepaper.cn/baijiahao_15293545。

③ 现行《民事诉讼法》第 206 条。

解机构更加契合双方系争事实查明之技术需要,便于各方交流。对于诸如知识产权纠纷中,具有跨地域性、批量性、重复性的商标侵权纠纷,企业选择进行知识产权调解方式维权,具有成本和效率上的双重利益。在此种情形下,外部律师可以与企业法务以及知识产权专业人员密切配合,完善知识产权保护调解战略。

二、行政保护

(一)知识产权行政保护概述

如前所述,所谓知识产权行政保护,指国家行政管理机关运用法定行政权力和遵循法定行政程序,用各种行政手段对知识产权实施全面的法律保护。也有学者提出,“知识产权行政保护体系,它是指国家行政机关、党的机关、国防知识产权主管机关以及国家行政法律规范授权组织(以下简称知识产权行政保护主体)依据知识产权法律规范引导、促进、支持、扶持和保障知识产权健康发展、维护知识产权秩序并且服务于国家建设知识产权强国战略目标的新型的整体性公共行政制度”。[①] 将研究视野放宽至党的机关[②]和国防知识产权主管机关保护知识产权职责,将知识产权行政保护体系定位于一种新型公共行政制度。

知识产权具备明显的公益性,其公权属性的发展趋势也十分突出,多数侵犯知识产权的行为不仅损害权利人的利益,而且损害国家、公众利益,这也正是知识产权行政保护之基础所在。

知识产权行政保护在实践中作用重大,具有主动性、及时性、便捷性、相对低成本以及专业化等诸多优势;同时,在实践中,知识产权行政保护通过对侵权行为实施行政处罚以及结果公示,可以起到威慑和预防的作用,促进我国知识产权保护水平整体提升。

---

① 戚建刚:《论建设知识产权强国战略背景下的行政保护体系》,载《武汉科技大学学报(社会科学版)》2020 年第 6 期。

② 2018 年 3 月,中共中央印发《深化党和国家机构改革方案》规定:中央宣传部统一管理新闻出版工作和电影工作。

(二)知识产权行政保护形式

1. 行政裁决。行政裁决是指行政主体依据法律授权,并依照法定程序,对当事人之间发生的与行政管理活动相关但与合同无关的民事纠纷进行裁决的一种行政行为。传统行政裁决理论认为,行政裁决权尽管具有司法权的属性,但由于是行政主体在行使该项权力,因此,其在本质上依然是一种行政权,而经过行政裁决的民事纠纷就已经包含了民事法律关系和行政法律关系双重法律关系,这时,如果当事人对行政裁决不服,那么应对行政裁决不服,可以申请行政复议或者提起行政诉讼。

与行政裁决有关的法律依据包括《著作权行政处罚实施办法》、《商标评审规则》、《专利法》、《专利法实施细则》、《专利行政执法办法》以及《专利侵权纠纷行政裁决办案指南》等。无论是法规设置还是实践情况,行政裁决在专利权领域的适应性是最广泛的。

2. 行政处罚。

从职权角度出发,行政执法机关负有保护知识产权权利人、消费者合法权益以及维护公平竞争的市场秩序的法定权利和义务,行政执法机关不管从何种渠道获得侵权信息,均有依法进行调查、取证和处理的法律责任,否则将构成行政不作为而应当承担相应的行政责任。

相关法律依据包括《著作权法》[①]《著作权行政处罚实施办法》《互联网著作

① 《著作权法》(2020 年)第 53 条规定:有下列侵权行为的,应当根据情况,承担本法第 52 条规定的民事责任;侵权行为同时损害公共利益的,由主管著作权的部门责令停止侵权行为,予以警告,没收违法所得,没收、无害化销毁处理侵权复制品以及主要用于制作侵权复制品的材料、工具、设备等,违法经营额 5 万元以上的,可以并处违法经营额 1 倍以上 5 倍以下的罚款;没有违法经营额、违法经营额难以计算或者不足 5 万元的,可以并处 25 万元以下的罚款;构成犯罪的,依法追究刑事责任:(1)未经著作权人许可,复制、发行、表演、放映、广播、汇编、通过信息网络向公众传播其作品的,本法另有规定的除外;(2)出版他人享有专有出版权的图书的;(3)未经表演者许可,复制、发行录有其表演的录音录像制品,或者通过信息网络向公众传播其表演的,本法另有规定的除外;(4)未经录音录像制作者许可,复制、发行、通过信息网络向公众传播其制作的录音录像制品的,本法另有规定的除外;(5)未经许可,播放、复制或者通过信息网络向公众传播广播、电视的,本法另有规定的除外;(6)未经著作权人或者与著作权有关的权利人许可,故意避开或者破坏技术措施的,故意制造、进口或者向他人提供主要用于避开、破坏技术措施的装置或者部件的,或者故意为他人避开或者破坏技术措施提供技术服务的,法律、行政法规另有规定的除外;(7)未经著作权人或者与著作权有关的权利人许可,故意删除或者改变作品、版式设计、表演、录音录像制品或者广播、电视上的权利管理信息的,知道或者应当知道作品、版式设计、表演、录音录像制品或者广播、电视上的权利管理信息未经许可被删除或者改变,仍然向公众提供的,法律、行政法规另有规定的除外;(8)制作、出售假冒他人署名的作品的。

权行政保护办法》《专利法》[①]《商标法》[②]。此外，相关法律法规还对其他知识产权类型规定了的行政保护内容，如在《计算机软件保护条例》《植物新品种保护条例》《集成电路布图设计保护条例》《反不正当竞争法》等众多法律规范中也有关于行政保护性规定的内容。

典型案例52

"能够与电脑连接的电话机或移动电话机"发明专利纠纷案

请求人王某某是名称为"能够与电脑连接的电话机或移动电话机"发明专利的专利权人，其专利号为ZL201110091092.5。涉案专利权在请求人提起侵权纠纷处理请求时合法有效。请求人称，被请求人江苏银行股份有限公司北京分行在业务上所使用的技术方案落入其发明专利权利要求的保护范围，侵犯其专利权，于2018年7月6日向北京市知识产权局提起专利侵权纠纷处理请求。后因有无效宣告请求人向国家知识产权局专利局复审和无效审理部提出对涉案专利权的无效宣告请求，并且，该无效宣告请求被国家知识产权局受理。2018年9月7日，北京市知识产权局中止对该案件的审理。2019年1月25日，国家知识产权局作出无效宣告请求审查决定，对涉案专利宣告专利权全部无效。2020年12

① 《专利法》(2020年)第65条规定：未经专利权人许可，实施其专利，即侵犯其专利权，引起纠纷的，由当事人协商解决；不愿协商或者协商不成的，专利权人或者利害关系人可以向人民法院起诉，也可以请求管理专利工作的部门处理。管理专利工作的部门处理时；认定侵权行为成立的，可以责令侵权人立即停止侵权行为，当事人不服的，可以自收到处理通知之日起15日内依照《行政诉讼法》向人民法院起诉；侵权人期满不起诉又不停止侵权行为的，管理专利工作的部门可以申请人民法院强制执行。进行处理的管理专利工作的部门应当事人的请求，可以就侵犯专利权的赔偿数额进行调解；调解不成的，当事人可以依照《民事诉讼法》向人民法院起诉。

② 《商标法》第60条规定：有本法第57条所列侵犯注册商标专用权行为之一，引起纠纷的，由当事人协商解决；不愿协商或者协商不成的，商标注册人或者利害关系人可以向人民法院起诉，也可以请求工商行政管理部门处理。工商行政管理部门处理时，认定侵权行为成立的，责令立即停止侵权行为，没收、销毁侵权商品和主要用于制造侵权商品、伪造注册商标标识的工具，违法经营额5万元以上的，可以处违法经营额5倍以下的罚款，没有违法经营额或者违法经营额不足5万元的，可以处25万元以下的罚款。对5年内实施2次以上商标侵权行为或者有其他严重情节的，应当从重处罚。销售不知道是侵犯注册商标专用权的商品，能证明该商品是自己合法取得并说明提供者的，由工商行政管理部门责令停止销售。对侵犯商标专用权的赔偿数额的争议，当事人可以请求进行处理的工商行政管理部门调解，也可以依照《民事诉讼法》向人民法院起诉。经工商行政管理部门调解，当事人未达成协议或者调解书生效后不履行的，当事人可以依照《民事诉讼法》向人民法院起诉。

月，被请求人江苏银行股份有限公司北京分行向北京市知识产权局提出申请对本案恢复审理。王某某主张，涉案专利权被国家知识产权局认定无效后，其向北京知识产权法院提起了行政诉讼，该无效决定尚未生效，不应当恢复审理。

北京市知识产权局认为：考虑行政裁决程序的效率性，涉案专利权已被国家知识产权局宣告全部无效，请求人王某某向北京市知识产权局提起行政裁决请求缺乏权利基础，其请求依法应当予以驳回。若涉案专利权依法恢复权利，则请求人王某某可以重新提起行政裁决请求。2020 年 11 月 18 日，北京市知识产权局作出行政裁决：驳回请求人王某某的行政裁决请求，撤销此案。王某某就该行政裁决提起行政诉讼，2021 年 5 月、11 月，北京知识产权法院和最高人民法院作出一审和二审判决，驳回请求人王某某的诉讼请求，维持北京市知识产权局的行政裁决。

典型案例 53

“智能清洁设备用水箱及智能清洁设备”专利侵权案

请求人北京石头世纪科技股份有限公司是名称为“智能清洁设备用水箱及智能清洁设备”的实用新型专利的专利权人，其专利号为 ZL201721278070.9。涉案专利权在请求人提起侵权纠纷处理请求时合法有效。2021 年 5 月 17 日，请求人就涉案专利与被请求人追觅科技（苏州）有限公司的专利侵权纠纷向北京市知识产权局提起系列处理请求。

北京市知识产权局受理后，于 2021 年 7 月 26 日进行了口头审理，后组织双方进行调解，双方于 2021 年 9 月 14 日在北京市知识产权局的主持下达成了调解协议，并推动当事人向北京知识产权法院申请司法确认，最终，北京知识产权法院于 2021 年 10 月 22 日对该行政调解协议作出司法确认。

典型案例 54

“含氮芳环衍生物应用”发明专利侵权纠纷案

请求人卫材 R&D 管理有限公司名称为“含氮芳环衍生物”的发明专利申请

于2007年4月4日获得授权,专利号为ZL01819710.8。该专利权在请求人提起侵权纠纷处理请求时合法有效。涉案专利权利要求9保护的是具体化合物仑伐替尼(也称乐伐替尼)。被请求人未经请求人许可,在其网站上发布广告并展出了侵犯涉案专利的甲磺酸仑伐替尼。被请求人认为,其开发甲磺酸仑伐替尼,拟在国内进行仿制药注册申报,是为了提供行政审批所进行的研究工作,从未对外销售过该产品,也无意对该原料药进行销售。原网站内容表述不够清晰,现已删除相关信息。

石家庄市知识产权局经审理认为:涉案专利权利要求9保护的具体化合物是仑伐替尼,涉案产品落入涉案专利权利要求9的保护范围。被请求人官方网站明确展示了涉案产品"甲磺酸仑伐替尼"的中英文名称、化学名称、结构式、分子式、上市剂型、规格、服用方法,以及在该网站站内检索"甲磺酸仑伐替尼"展示的中英文名、分子式、溶解性及熔点等,其中,中英文名称、化学名称、结构式均与涉案专利公告文本内容一致。并且,该网站展示"【供应】优势原料药盐酸左旋沙丁胺醇、甲磺酸仑伐替尼"以及"我公司已成功开发出原料药:盐酸左旋沙丁胺醇、甲磺酸仑伐替尼,可批量供应、接受审计,有意来询",被请求人在官网上展示涉案产品信息,并且已具有销售涉案产品的意思表示,因此,被请求人行为已构成许诺销售。综上,河北智恒医药科技股份有限公司存在许诺销售涉案产品的行为,因此,侵权行为成立。

(三)知识产权行政机构设置

我国知识产权保护机构呈现多元化特点是由知识产权客体本身多元复杂的客观情况所决定的。[①] 针对这些不同的知识产权客体,相应划归不同的行政

① 根据《民法典》第123条的规定,知识产权的客体包括:作品;发明、实用新型、外观设计;商标;地理标志;商业秘密;集成电路布图设计;植物新品种以及法律规定的其他客体。这些客体主要由《著作权法》、《商标法》、《专利法》以及《反不正当竞争法》、《集成电路布图设计保护条例》、《集成电路布图设计保护条例实施细则》、最高人民法院《关于开展涉及集成电路布图设计案件审判工作的通知》、《植物新品种保护条例》、《植物新品种保护条例实施细则(林业部分)》、《植物新品种保护条例实施细则(农业部分)》等法律法规进行保护。以上知识产权客体为四大知识产权所统御,即著作权、专利权、商标权以及现代社会重要性日益凸显的商业秘密。为履行世界贸易组织成员的义务,我国根据WTO《与贸易有关的知识产权协定》规定的8种知识产权,即著作权及其邻接权、商标权、地理标志、工业品外观设计、专利权、植物品种权、集成电路布图设计、未公开的信息。

管理机构进行管理，形成了“多元”“多层级”的行政保护体制特点：所谓“多元”，是指知识产权由不同的行政机构来保护；而“多层级”则是指各行政管理机构又分为中央和地方若干个管理层次。

我国中央级知识产权行政管理机构设置现状如下。

1. 国家知识产权局负责商标、专利、原产地地理标志、集成电路布图设计等知识产权的行政保护。

2. 国家市场监督管理总局还对商业秘密、反不正当竞争以及与技术标准有关的知识产权进行保护。在地方的市或者区层级，市场监督管理局设有综合执法大队，具体负责商标、专利等知识产权的行政执法保护。

3. 国家版权局是国务院著作权行政管理部门，主管全国的著作权管理工作，负责拟订国家版权战略纲要和著作权保护管理使用的政策措施并组织实施，承担国家享有著作权作品的管理和使用工作，对作品的著作权登记和法定许可使用进行管理；承担著作权涉外条约有关事宜，处理涉外及港澳台的著作权关系；组织查处著作权领域重大及涉外违法违规行为；组织推进软件正版化工作。

4. 中共中央宣传部。中共中央宣传部负责版权的行政保护，对外加挂国家电影局和国家新闻出版署国家版权局牌子。在地方的市或者区层级，宣传部门对本行政区域内版权进行行政保护，其中，行政执法则通过委托的方式由市级或者区级文化执法大队来实施。

5. 农业农村部。农业农村部负责植物新品种方面的知识产权行政保护。

6. 国家林业和草原局。国家林业和草原局负责林业植物新品种、生物安全、生物遗传资源等方面的知识产权行政保护。

7. 海关总署。海关总署负责对进出口环节的知识产权进行行政保护。

8. 商务部。商务部负责与国际贸易有关的知识产权行政保护。

9. 科学技术部。科学技术部负责与科技有关的知识产权行政保护。

10. 互联网信息办公室。互联网信息办公室是与互联网有关的知识产权行政保护的主责机关。

11. 公安部。公安部是知识产权行政执法与知识产权刑事司法衔接保护的主责机关。

12. 国防知识产权局。国防知识产权局负责国防和军事领域的知识产权行政保护，隶属于中央军委装备发展部。

13. 其他部门。邮政局、工业和信息化部、文化和旅游部等其他部门各自依法承担相应知识产权行政保护职能。

(四)知识产权行政保护具体方法

行政调解和行政裁决更偏重于知识产权纠纷解决，偏重双方之间利益均衡；而行政处罚更有更明显的单方保护色彩，本节主要介绍行政处罚的启动方式。

根据《商标法实施条例》第77条规定："对侵犯注册商标专用权的行为，任何人可以向工商行政管理部门投诉或者举报。"《著作权行政处罚实施办法》第11条规定："著作权行政管理部门适用一般程序查处违法行为，应当立案。"可见，在知识产权行政保护中，投诉和举报是两个不同的概念。

所谓行政投诉，是指公民、法人或者其他组织向行政机关检举控告违纪、违法和犯罪活动，请求保护个人合法权益，行使自身民主权利的行为。以国家版权局2020年11月15日发布的《关于进一步做好著作权行政执法证据审查和认定工作的通知》为例，规范性文件对投诉人权利证明、侵权证据以及侵权认定做了明确和规范。而所谓行政举报，是指公民、法人或者其他组织针对违纪、违法和犯罪行为，向行政机关检举揭发，要求得到处理的行为。[①] 此即投诉人对违法行为进行投诉的目的是维护自身的权益。举报，是指公民、法人或者其他组织为了维护公共利益，向行政部门进行举报，行政部门处理的行为。举报人不同于被侵权人和利害关系人，不要其享有知识产权。

相对举报而言，规范性文件对投诉人的证明要求更高，因此，选取典型的国家版权局著作权投诉以及海关总署在进出口环节的知识产权备案，进行具体介绍。

1. 国家知识产权局商标投诉

投诉入口在国家版权局官网[②]—办事服务—在线举报板块，具体内容如下。

(1)关于投诉人：投诉人应当是根据《著作权法》享有著作权或者与著作权

---

① 参见杨勇：《举报在著作权行政执法中的作用探讨》，载《中国版权》2014年第2期。

② 国家版权局官方网址为：https://www.ncac.gov.cn/chinacopyright/channels/12577.shtml。

有关的权利的中国公民、法人或者其他组织，或者外国人、无国籍人，或者是依法享有专有使用权的使用者，或者是利害关系人。知情人可以就侵权行为向著作权行政管理部门进行举报。

（2）关于投诉范围。投诉涉及的侵权行为应当是《著作权法》第47条或者《计算机软件保护条例》第24条列举的、同时损害公共利益的侵权行为。权利人即使不知道侵权行为是否损害公共利益，也可以向著作权行政管理部门投诉，由著作权行政管理部门进行审查判断。

（3）关于投诉时效。投诉应该自侵权行为发生之日起2年内向著作权行政管理部门提出。自侵权行为发生之日起2年后进行的投诉，著作权行政管理部门不再受理。对于有连续或者继续状态的侵权行为，两年期限自侵权行为终止之日起计算。

（4）关于投诉材料。投诉人向著作权行政管理部门投诉时，应当提交下列材料：第一，调查申请书，其中应当写明投诉人、被投诉人的姓名（或者名称）和地址，投诉日期，申请调查所根据的主要事实和理由；第二，投诉人的身份证明（如果投诉人委托代理人进行投诉，应当同时提交委托书和代理人的身份证明）；第三，权利归属的初步证据，如作品原稿，由投诉人署名发表的作品，作品登记证书，取得权利的合同，或者认证机构出具的证明等；第四，侵权证据，包括侵权复制品，涉及侵权行为的账目、合同和加工、制作单据，证明侵权行为的公证书、有关照片等。投诉材料可以直接向著作权行政管理部门提交，也可以通过邮寄方式提交。投诉人提交的投诉材料如果文字部分是外文，应当附带相应的中译文。

（5）关于处理结果。①投诉人投诉后，著作权行政管理部门将对投诉材料进行审查，并通知投诉人是否受理投诉。在通知投诉人不予受理的情况下，著作权行政管理部门应当在通知书中说明理由。②著作权行政管理部门受理投诉后，将对涉嫌侵权行为进行调查，并根据调查结果作出下列一种处理决定：a. 对侵权人予以行政处罚；b. 侵权轻微的，可以不予行政处罚；c. 侵权事实不成立的，不予行政处罚；d. 涉嫌构成犯罪的，移送司法机关处理。③著作权行政管理部门可以给予侵权人的行政处罚包括：a. 责令停止侵权行为；b. 没收违法所得；c. 没收或者销毁侵权复制品；d. 罚款；e. 情节严重的，没收主要用于制作侵权复制品的材料、工具、设备等；f. 给予法律、法规规定的其他行政处罚。④投诉人如果对著作权行政管理部门的处理决定不服,可以依法申请行政复议或者提起行政诉讼。申请行政复议或者提起行政诉讼,应当相应适用《行政复议法》或者《行政诉讼法》规定的有关程序。

(6)其他行政保护:权利人如果发现侵权复制品将从中国海关进出口,可以请求海关依照《知识产权海关保护条例》采取相应的保护措施。

2. 海关总署在进出口环节的知识产权备案[①]

所谓知识产权海关保护备案,是指知识产权权利人按照《知识产权海关保护条例》的规定,将其知识产权的法律状况、有关货物的情况、知识产权合法使用情况和侵权货物进出口情况以书面形式在海关总署进行登记,以便海关在对进出口货物的监管过程中能够主动对有关知识产权实施保护。

(1)知识产权海关备案的范围:根据国务院颁布的《知识产权海关保护条例》第2条的规定,我国海关保护的知识产权应当是与进出口货物有关并受中华人民共和国法律、行政法规保护的商标专用权、著作权和与著作权有关的权利、专利权、奥林匹克标志专有权、世界博览会标志专有权。

(2)知识产权海关备案的保护方式

①依申请保护:知识产权权利人发现侵权嫌疑货物即将进出口的,可以向货物进出境地海关提出扣留侵权嫌疑货物的申请。知识产权权利人请求海关扣留侵权嫌疑货物的,应当提交申请书及相关证明文件,并提供足以证明侵权事实明显存在的证据。

申请书应当包括下列主要内容:

A. 知识产权权利人的名称或者姓名、注册地或者国籍等;

B. 知识产权的名称、内容及其相关信息;

C. 侵权嫌疑货物收货人和发货人的名称;

D. 侵权嫌疑货物名称、规格等;

E. 侵权嫌疑货物可能进出境的口岸、时间、运输工具等。

侵权嫌疑货物涉嫌侵犯备案知识产权的,申请书还应当包括海关备案号。

相关权利证明文件:如商标注册证、著作权登记证明和作品照片、专利证

---

① 此部分内容主要法律依据为《知识产权海关保护条例》《商标法》《著作权法》《专利法》《刑法》《海关行政处罚实施条例》《关于接受知识产权海关保护总担保》。

书、实用新型和外观专利设计，还应提交国务院专利行政部门作出的专利权评价报告等；

能够证明侵权事实明显存在的证明材料：如货物照片、装载货物的运输工具情况、货物的报关信息等。

②依职权保护：海关发现进出口货物有侵犯备案知识产权嫌疑的，应当立即书面通知知识产权权利人。知识产权权利人自通知送达之日起3个工作日内提出申请，并提供担保的，海关应当扣留侵权嫌疑货物，书面通知知识产权权利人，并将海关扣留凭单送达收货人或者发货人。知识产权权利人逾期未提出申请或者未提供担保的，海关不得扣留货物。

有下列情形之一的，海关应当放行被扣留的侵权嫌疑货物：

A. 海关依照《知识产权海关保护条例》第15条的规定扣留侵权嫌疑货物，自扣留之日起20个工作日内未收到人民法院协助执行通知的。

B. 海关依照《知识产权海关保护条例》第16条的规定扣留侵权嫌疑货物，自扣留之日起50个工作日内未收到人民法院协助执行通知，并且经调查不能认定被扣留的侵权嫌疑货物侵犯知识产权的。

C. 涉嫌侵犯专利权货物的收货人或者发货人在向海关提供与货物等值的担保金后，请求海关放行其货物的。

D. 海关认为收货人或者发货人有充分的证据证明其货物未侵犯知识产权权利人的知识产权的。

E. 在海关认定被扣留的侵权嫌疑货物为侵权货物之前，知识产权权利人撤回扣留侵权嫌疑货物的申请的。

该程序的特点如下：

A. 依职权保护程序以知识产权海关保护备案为前提；

B. 权利人只需在收到海关确权通知之日起3个工作日内书面答复是否提出知识产权保护申请和担保，不必提交其他证明材料；

C. 权利人提交的担保最高不超过10万元，并且可以申请总担保，维权成本较低；

D. 海关对货物实施扣留后将进行实质性调查并依法作出行政处理决定。

(3)知识产权海关备案的申请

①备案申请的步骤：

根据《知识产权海关保护条例》第7条的规定,知识产权权利人可以将其知识产权向海关总署申请备案。具体申请流程如下:

A. 注册为系统用户。目前,知识产权海关保护备案申请都应当通过"知识产权海关保护系统"提交电子申请。备案申请人在提交备案申请前首先要注册为系统用户,系统用户应当以知识产权权利人的名义进行注册,填写用户信息并提交海关总署审核,审核通过后获取用户授权。成功后,系统会通过电子邮件通知申请人。

B. 录入并提交备案申请数据。注册用户登录保护系统后,应按照相关提示在申请新备案窗口内填写申请备案的知识产权和其他相关信息,同时上传有关附件。

C. 获得审核结果。申请人提交申请后,可随时登录系统查询海关总署审核其申请的情况。海关总署将自收到申请人提交的电子申请之日起30个工作日内做出核准或者驳回申请的决定。海关总署核准或者驳回备案申请,将通过电子邮件通知申请人。

D. 缴纳备案费,并在保护系统中录入缴纳的备案费信息。缴纳备案费金额必须是800的倍数,且在汇款备注栏内填写保护系统用户账号名称。

E. 确认备案费。海关总署财务根据银行流水确认汇款信息,汇款信息确认后,用户账户的账户余额会增加相应的汇款金额。

F. 备案生效。当审核结果为审批通过且账户余额大于等于800元时,备案自动生效。生效后,系统会通过电子邮件通知用户。

②备案申请的资料准备:

A. 权利人手续文件:权利人身份证明文件、授权委托书、代理人身份证明文件。

B. 商标类:商标注册证或者商标注册证明、商标转让证明、商标变更证明、商标续展证明、商标标识图案。

C. 著作权类:著作权登记证明和经著作权登记部门认证的作品照片等。

D. 发明专利类:发明专利证书、专利登记簿副本。

E. 实用新型专利类:实用新型专利证书、专利登记簿副本、专利检索报告、专利权评价报告。

F. 外观设计专利类:外观专利证书、专利登记簿副本、专利权评价报告、外观专利公告附图复印件。

③备案申请的提交、撤回与审核：用户登录系统后，点击备案申请就可以提交新备案申请了。用户应当根据系统提示填写有关内容，上传的附件应当符合系统要求，填写的内容应当如实、完整。用户在系统中提交成功后，系统会自动予以受理，在海关总署未进行审核前，用户可以撤回申请，撤回后可以进行修改或者删除。海关总署将会在用户提交成功后 30 个工作日内对有关申请进行审核并书面通知用户审核结果。

④备案的有效期：知识产权海关保护备案自海关总署核准备案之日起生效，有效期为 10 年。知识产权的有效期在海关总署核准备案后不足 10 年的，备案的有效期以知识产权的有效期为准；超过 10 年的，备案有效期最长为 10 年。

⑤备案的作用：

A. 是海关采取主动保护措施的前提条件。根据该条例的规定，知识产权权利人如果事先没有将其知识产权向海关备案，海关发现侵权货物即将进出境，也没有权力主动中止其进出口，也无权对侵权货物进行调查处理。

B. 有助于海关发现侵权货物。尽管根据该条例的规定，知识产权权利人在进行备案后，仍然需要在发现侵权货物即将进出境时向有关海关提出采取保护措施的申请，但是从实践看，海关能否发现侵权货物，主要依赖于海关对有关货物的查验。由于知识产权权利人在备案时，需要提供有关知识产权的法律状况、权利人的联系方式、合法使用知识产权情况、有关图片和照片等情况，使海关有可能在日常监管过程中发现侵权嫌疑货物并主动予以扣留。所以，事先进行知识产权备案，可以使权利人的合法权益得到及时的保护。

C. 知识产权权利人的经济负担较轻。根据海关总署有关《知识产权海关保护条例》的实施办法规定，在海关依职权保护模式下，知识产权权利人向海关提供的担保最高不超过人民币 10 万元，同时，还可以向海关总署申请总担保。如果知识产权权利人事先未进行知识产权备案，则不能享受上述待遇，必须提供与其要求扣留的货物等值的担保。

D. 可以对侵权人产生震慑作用。由于海关对进出口侵权货物予以没收并给予进出口企业行政处罚，尽早进行知识产权备案，可以对那些过去毫无顾忌地进出口侵权货物的企业产生警告和震慑作用，促使其自觉地尊重有关知识产权。此外，有些并非恶意出口侵权产品的企业也可能通过查询备案，了解其承揽加工和出口的货物是否可能构成侵权。

⑥备案权利的终止有以下两种方式：

A. 备案的注销：若因为权利人转让或者要求海关不再对其知识产权实施保护，权利人可以向海关总署申请注销，申请注销海关备案的，申请人应当登录保护系统申请注销，并上传注销申请书、填写注销原因。

B. 备案的撤销：知识产权备案情况发生改变的，知识产权权利人应当自发生改变之日起 30 个工作日内，向海关总署办理备案变更或者注销手续。知识产权权利人未依照前款规定办理变更或者注销手续，给他人合法进出口或者海关依法履行监管职责造成严重影响的，海关总署可以根据有关利害关系人的申请撤销有关备案，也可以主动撤销有关备案。

（4）海关总担保：在海关知识产权审查环节，为提高效率，企业可以采取海关总担保制度，即指收发货人或报关企业向海关提供担保申请办理总担保后，在总担保的有效期内，在税款缴款书已打印、尚未核注前为收发货人、报关企业自理或代理报关的所有单票税款金额不超过担保总额的应税进出口货物办理放行手续的一种通关便利措施。

①总担保的适用范围：仅适用于依职权调查模式下进出口货物涉嫌侵犯在海关总署备案商标专用权的情形，依申请扣留模式不适用总担保；涉嫌侵犯专利权、著作权以及奥林匹克标志专有权、世界博览会标志专有权的情形不适用总担保。

②申请总担保的程序：

A. 确定总担保的金额：总担保的担保金额应相当于权利人上一年度向海关申请扣留侵权嫌疑货物后发生的仓储、保管和处置等费用之和。若权利人上一年度未向海关申请扣留侵权嫌疑货物或者仓储处置费不足人民币 20 万元，则总担保的担保金额为人民币 20 万元。

B. 由银行出具担保函：确定了应当提交的总担保金额后，权利人应当向已获准在中国大陆境内开展金融业务的银行（以下简称“担保人”）提出出具总担保保函的申请并签订担保协议。银行根据担保协议，按照海关总署规定的格式出具以海关总署为受益人的总担保保函。总担保保函的有效期为担保人签发之日起至第二年 6 月 30 日。出具总担保保函的银行为知识产权权利人履行法定义务承担连带责任。

三、刑事司法保护

(一)知识产权刑事司法保护概述

1. 知识产权司法保护,是指以国家司法力量对知识产权权利进行调节和分配,根据知识产权立法的贯彻和实现,通过民事、刑事以及行政司法程序,打击破坏各种侵害知识产权的各种行为,维护知识产权权利人的合法权益,达到保护知识产权之目的。所谓知识产权刑事司法保护,是指由知识产权权利人自诉或国家公诉人向法院对侵权人提起刑事诉讼,以追究侵权人的刑事责任,以达到保护知识产权之目的。

2. 相关罪名。

我国《刑法》关于知识产权犯罪的罪名有假冒注册商标罪,销售假冒注册商标的商品罪,非法制造、销售非法制造的注册商标标识罪,侵犯著作权罪,侵犯商业秘密罪,销售侵权复制品罪以及假冒专利罪等七个罪名,具体规定如下。

(1)假冒注册商标罪:未经注册商标所有人许可,在同一种商品上使用与其注册商标相同的商标,情节严重的,处 3 年以下有期徒刑或者拘役,并处或者单处罚金;情节特别严重的,处 3 年以上 7 年以下有期徒刑,并处罚金。

(2)销售假冒注册商标的商品罪:销售明知是假冒注册商标的商品,销售金额数额较大的,处 3 年以下有期徒刑或者拘役,并处或者单处罚金;销售金额数额巨大的,处 3 年以上 7 年以下有期徒刑,并处罚金。

(3)非法制造、销售非法制造的注册商标标识罪:伪造、擅自制造他人注册商标标识或者销售伪造、擅自制造的注册商标标识,情节严重的,处 3 年以下有期徒刑、拘役或者管制,并处或者单处罚金;情节特别严重的,处 3 年以上 7 年以下有期徒刑,并处罚金。

(4)假冒专利罪:假冒他人专利,情节严重的,处 3 年以下有期徒刑或者拘役,并处或者单处罚金。

(5)侵犯著作权罪:以营利为目的,有下列侵犯著作权情形之一,违法所得数额较大或者有其他严重情节的,处3年以下有期徒刑或者拘役,并处或者单处罚金;违法所得数额巨大或者有其他特别严重情节的,处3年以上7年以下有期徒刑,并处罚金:①未经著作权人许可,复制发行其文字作品、音乐、电影、电视、录像作品、计算机软件及其他作品的;②出版他人享有专有出版权的图书的;③未经录音录像制作者许可,复制发行其制作的录音录像的;④制作、出售假冒他人署名的美术作品的。

(6)销售侵权复制品罪:以营利为目的,销售明知是《刑法》第217条规定的侵权复制品,违法所得数额巨大的,处3年以下有期徒刑或者拘役,并处或者单处罚金。

(7)侵犯商业秘密罪:有下列侵犯商业秘密行为之一,给商业秘密的权利人造成重大损失的,处3年以下有期徒刑或者拘役,并处或者单处罚金;造成特别严重后果的,处3年以上7年以下有期徒刑,并处罚金:①以盗窃、利诱、胁迫或者其他不正当手段获取权利人的商业秘密的;②披露、使用或者允许他人使用以前项手段获取权利人的商业秘密的;③违反约定或者违反权利人有关保守商业秘密的要求,披露、使用或者允许他人使用其所掌握的商业秘密的。

知识产权刑事案件存在商标案件发案率高、案件定罪率高且轻刑化现象突出、网络成为重要的犯罪手段、涉案领域多元化、团伙化、产业化、链条化趋势明显以及作案手段和区域隐蔽的特点。

在知识产权刑事司法保护方面,存在刑事附民事诉讼应用困难、刑罚适用标准模糊、刑事辩护尚未全覆盖以及案件办理难度较高的问题。[①]

企业在预防知识产权被侵犯的刑事案件中,需要关注知识产权刑事案件特征和知识产权刑事司法保护的难点,一旦出现相关风险,及时在企业内部开展知识产权方面的反舞弊调查,收集员工侵权行为线索,必要时及时向公安机关报案。

① 参见中国信息通信研究院知识产权中心:《2019—2021年中国知识产权刑事案件研究报》,载搜狐网2022年5月9日,sohu.com/a/545947854_121181007。

（二）企业内部知识产权反舞弊调查实务操作

1. 企业内部知识产权反舞弊调查整体工作机制

（1）内部调查：企业应启动内部调查程序，不仅要识别侵权行为人，还需要收集与侵权行为相关的证据材料，如有关的书证、证人证言和电子证据等，并根据具体的调查情况出具调查报告。

（2）决策处理：依据企业知识产权管理规范中规定的处理流程和汇报机制向决策机构提交调查报告，汇报相应情况，由决策机构按照企业相关处罚规定对侵权人进行处理，包括支付违约金、赔偿损失、解除合同等。若符合刑事犯罪的入罪标准，则应移送司法机关，并向司法机关提交相应的证据材料。

（3）完善内控：分析侵犯知识产权风险发生的原因，寻找目前企业知识产权管理制度中的缺漏和不足之处，完善相应的工作流程和工作环节，防止类似侵权风险再次发生。

（4）启动司法保护：企业在知识产权受到侵害后，除了民事救济外，还可以通过请求启动刑事调查的方式，寻求救济以及要求相关责任人承担刑事责任。

2. 内部调查环节的标准化工作步骤

（1）企业接到知识产权被侵权的违规线索举报；

（2）企业围绕举报线索启动核查程序；

（3）对核查对象做出暂时停职的决定，限制其在公司的权力行使和业务活动，防止出现销毁证据或损失进一步扩大的情况；

（4）采取个别谈话、查阅资料、委托同一性鉴定及其他技术手段，核实违法违规事实，找到确实充分的证据；

（5）根据调查结果，在证据确凿的情况下，根据情节轻重作出相应的劳动纪律处理，直至依法解除劳动合同；

（6）如违规事实涉嫌违法甚至犯罪，依法寻求民事赔偿或刑事报案等法律救济。

3. 调查方案内容要点

（1）调查内容：根据举报反映的情况和提供的线索，围绕还原举报事实，细化需要调查了解的情况；

(2)工作任务:个别谈话、查阅复制资料、委托鉴定;

(3)组织保障:成立调查领导小组和具体工作组,具体工作组又可以进一步分为谈话组、资料查阅组;

(4)日程安排:外围谈话、查阅资料时间、与调查对象见面时间、制作调查报告时间;

(5)调查中可能遇到的各种障碍和需要采取的预案。

4. 调查报告内容要点

(1)调查工作情况:详细描述调查工作开展的情况,及获得的证据材料;

(2)调查结果情况:围绕调查需要了解的情况,根据调查工作掌握的证据,对调查获得的证据能够证明的事实情况详细描述;

(3)分析意见:关于调查发现问题的性质及涉及的相关责任人;

(4)处理建议:对相关责任人处理的初步建议。

在形成调查报告初稿的同时,要制作给调查对象的《事实见面材料》,将调查得到的主要违规事实和调查对象进行当面核实,听取其申诉意见。如调查对象无异议的,依据该调查报告作出相应处理;如调查对象提出异议的,需要审查其异议是否合理;确有理由的,应当补充调查;异议不合理的,应向调查对象作出说明。

(三)知识产权刑事司法保护全流程方案

1. 明确民刑交叉情形下的法律定性

在实务工作中,企业知识产权受侵犯时,往往涉及民刑交叉案件的情况。此时,案件事实既有刑事案件的因素、要受刑事法律的调整,也有民事法律的因素、要受到民法的调整。由于公安机关是以国家公权力取证,其取证能力和效果通常优于企业和律师调查,因此,从侦查取证角度考虑,尽量优先争取到公安报案。涉及民刑交叉的案件,考虑公安机关运用公权力正常取证的客观效果,在专业分析的基础上,个人建议优先考虑刑事控告,但也不排除做好民事诉讼的准备方案。因为公安机关是用国家公权力来调查取证、侦查破案,而在实务操作中,公司、律师的调查权限都是私权利,是受到限制的,所以,从调查取证、惩办犯罪这些角度来看,对于民刑交叉的这类案件,建议尽量优先考虑公安机关报案,由公安机关侦查、侦破。

鉴于公安机关在立案阶段对经济犯罪和经济纠纷的区分高度谨慎，一旦企业决定进行刑事报案，需要对经济犯罪的报案材料和法律性质做好充分准备，以专业的法律分析尽可能降低公安机关以经济纠纷为由不予立案的可能性。

2. 明确揭发、报告犯罪事实的行为性质

区分行为性质是属于报案、控告，还是举报。报案，是指有关单位或个人发现犯罪事实发生而向公安机关、人民检察院、人民法院揭露和报告的行为。控告，是指被害人（包括被害单位）将其发现的犯罪事实及犯罪嫌疑人向公安机关、人民检察院或者人民法院揭发、报告的行为。举报，是指有关单位或个人将其发现的犯罪及犯罪嫌疑人向公安机关、人民检察院或者人民法院揭发、报告的行为。

3. 确定管辖的办案机关

根据2011年1月10日发布的最高人民法院、最高人民检察院、公安部《关于办理侵犯知识产权刑事案件适用法律若干问题的意见》，侵犯知识产权犯罪案件由犯罪地公安机关立案侦查。[①] 必要时，可以由犯罪嫌疑人居住地公安机关立案侦查。2020年9月1日，公安部发布了最新的《公安部刑事案件管辖分工规定》，其中，知识产权犯罪中的假冒注册商标案、销售假冒注册商标的商品案、非法制造、销售非法制造的注册商标标识案、假冒专利案、侵犯著作权案、销售侵权复制品案、侵犯商业秘密案均由食品药品犯罪侦查局管辖。另外，基于《监察法》对刑事案件报案的影响，公职人员的有关刑事案件应该向监察委进行报案。

在实践中，人们报案、控告、举报往往首先想到公安机关，虽然公安机关受理大多数的刑事案件，但其并非唯一的管辖机关。根据刑事案件的性质，其他的管辖机关有监察委员会、人民法院、人民检察院。经济犯罪案件报案的公安机关的选择，是以犯罪地为原则；而对于民营企业刑事案件的报案，首先选择单

① 侵犯知识产权犯罪案件的犯罪地，包括侵权产品制造地、储存地、运输地、销售地，传播侵权作品、销售侵权产品的网站服务器所在地、网络接入地、网站建立者或者管理者所在地，侵权作品上传者所在地，权利人受到实际侵害的犯罪结果发生地。对有多个侵犯知识产权犯罪地的，由最初受理的公安机关或者主要犯罪地公安机关管辖。多个侵犯知识产权犯罪地的公安机关对管辖有争议的，由共同的上级公安机关指定管辖，需要提请批准逮捕、移送审查起诉、提起公诉的，由该公安机关所在地的同级人民检察院、人民法院受理。

位所在地的公安机关，后者对于刑事案件报案、控告、举报的，都应当接受，如果发现不属于自己管辖的，会移送主管机关进行处理或者告知主管机关，让报案人自行前往。

4. 准备报案材料或者提供相关线索

选择报案、控告或者举报后，需要准备相关材料。以《刑事控告书》为例，需要围绕指控罪名的犯罪构成展开，合理组织列示证据材料如物证、书证、证人证言、聊天记录、录音录像等证据，留存好原件。

以公安机关报案为例，报案人前往公安机关报案，接警人员一般会制作《受案登记表》，记录一下报案人的身份信息、联系方式，简要填写一下案情。然后由办案民警对报案人进行询问，并制作《询问笔录》。报案人做完笔录之后，领取《受案回执》，该材料十分重要，虽然不是正式立案，但是属于案件被公安机关接收的凭证，上面一般会记载查询案件进展情况的方式和途径，同时记载案件受理日期，该日期为计算立案审查期限的起始时间。

5. 了解案件立案审查期限，定期跟进案件

成功报案后，建议报案人根据立案审查期限，随时跟进，适时联系办案人员了解案件侦办进展，必要的时候协助侦查或者配合完善证据材料。

根据2015年11月4日公安部发布的《关于改革完善受案立案制度的意见》的规定，刑事案件立案审查期限原则上不超过3日；涉嫌犯罪线索需要查证的，立案审查期限不超过7日；重大疑难复杂案件，经县级以上公安机关负责人批准，立案审查期限可以延长至30日。法律、法规、规章等对受案立案审查期限另有规定的，从其规定。

根据2017年12月19日发布、2018年1月1日生效的最高人民检察院、公安部《关于公安机关办理经济犯罪案件的若干规定》第15条之规定，公安机关接受涉嫌经济犯罪线索的报案、控告、举报、自动投案后，应当立即进行审查，并在7日以内决定是否立案；重大、疑难、复杂线索，经县级以上公安机关负责人批准，立案审查期限可以延长至30日；特别重大、疑难、复杂或者跨区域性的线索，经上一级公安机关负责人批准，立案审查期限可以再延长30日。

6. 掌握公安机关不予立案时的救济方式

如果公安机关经审查，认为没有犯罪事实，或者犯罪事实显著轻微不需要追究刑事责任，或者具有其他依法不追究刑事责任情形的，则会作出不予立案

决定。此时,报案人应当索要《不予立案决定书》,如果对公安机关该决定有异议,可以采取复议、复核、立案监督等救济方式。

根据2020年7月20日公安部发布的《公安机关办理刑事案件程序规定》第179条之规定,控告人对不予立案决定不服的,可以向作出决定的公安机关申请复议。控告人对不予立案的复议决定不服的,可以向上一级公安机关申请复核。

根据《刑事诉讼法》(2018年)第113条之规定,人民检察院认为公安机关对应当立案侦查的案件而不立案侦查的,或者被害人认为公安机关对应当立案侦查的案件而不立案侦查,向人民检察院提出的,人民检察院应当要求公安机关说明不立案的理由。人民检察院认为公安机关不立案理由不能成立的,应当通知公安机关立案,公安机关接到通知后应当立案。

7. 刑事自诉

根据2021年1月26日最高人民法院《关于适用〈中华人民共和国刑事诉讼法〉的解释》(2021年)第1条之规定,人民法院直接受理的自诉案件包括:……(3)被害人有证据证明对被告人侵犯自己人身、财产权利的行为应当依法追究刑事责任,且有证据证明曾经提出控告,而公安机关或者人民检察院不予追究被告人刑事责任的案件。

根据我国《刑事诉讼法》(2018年)第210条以及《关于办理侵犯知识产权刑事案件具体应用法律若干问题的解释(二)》第5条规定,为有效打击侵犯知识产权犯罪,保护知识产权的合法权益,对于侵犯知识产权犯罪除适用公诉程序外,还规定了自诉程序。对严重危害社会和国家利益的侵犯知识产权犯罪,知识产权人可以直接向人民法院起诉。被害人死亡或者丧失行为能力的,被害人的法定代理人、近亲属有权向人民法院起诉。这种自诉案件包括以下两种类型。

(1)知识产权人有证据证明的轻微刑事案件。此即侵犯知识产权的犯罪事实、情节较为轻微,未严重危害社会秩序和国家利益,可能判处3年以下有期徒刑,不需要公安机关专门进行刑事侦查的案件。

(2)当事人有证据证明被告侵犯知识产权的行为应当追究刑事责任,并向公安机关、人民检察院报案,公安机关、检察院作出不予立案、撤销案件、不予起诉的决定。对此,当事人可以直接向人民法院起诉。

法院受理案件以后，检察院应当将有关材料移送法院。法院受理自诉案件以后，在审理过程中，可以依法采取强制措施或者扣押、冻结等措施。法院审理自诉案件，可以进行调解，自诉人在法院宣告判决以前，可以与被告人自行和解或者撤回自诉。自诉案件经审理作出判决生效后，即交付执行。

典型案例 55

尹某某、张某某侵犯著作权案

北京某科技公司为制作、开发手机游戏软件的公司，因业务亏损严重停止经营，尹某某、张某某曾为该公司员工，二人在离职时以拖欠工资为由将公司用于开发游戏软件的电脑、测试用手机等私自拿回家中，经劳动仲裁和法院调解解决劳资纠纷后一直未归还公司。后来，尹某某、张某某租用阿里云服务器，将私自保管的游戏软件调试后上线运营，通过专门从事帮助联系发行渠道的董某、王某某，将游戏软件上传至手机应用的分发平台，宣传、推广游戏供用户下载、充值，非法经营额共计人民币 30 余万元。经鉴定，尹某某、张某某复制发行的游戏软件与公司的 3D 贴图模型资源、文字、音频等文件绝大部分一致。董某、王某某在明知他人以营利为目的，复制、发行侵权软件的情况下提供帮助，分别收取 2 万余元、5 万余元好处费。尹某某、张某某于 2020 年 1 月 15 日被公安机关抓获归案。

法院经审理判处被告人犯侵犯著作权罪，张某某被判处有期徒刑 3 年，并处罚金人民币 12 万元；尹某某被判处有期徒刑 2 年 6 个月，并处罚金 10 万元。尹某某、张某某分别退缴在案的 8 万元、10 万元，发还被害单位。一审判决宣告后，2 名被告人均上诉，后中级人民法院裁决驳回 2 名被告人上诉、维持原判。

典型案例 56

员工“跳槽”侵犯商业秘密罪案

恩坦华公司经关联方授权，获得涉案汽车天窗相关技术信息用于经营活动。其间，公司与员工签订保密条款对技术信息进行保密。上述技术信息中的汽车天窗机械组技术、遮阳帘驱动系统技术、后玻璃排水系统技术、汽车天窗技术图纸均属于不为公众所知悉的技术信息。于某岩在恩坦华公司担任产品工程师期间,参与天窗项目工作,曾接触上述技术信息。后来于某岩离职,同日入职万超公司,负责全景天窗的研发工作。其间,于某岩违反与恩坦华公司之间的保密约定,向万超公司提供了带有恩坦华公司标识及项目代号的技术信息资料,用于产品研发。万超公司经实际负责人贾某和同意,根据于某岩提交的英文信件、领款申请等向案外人王某个人名下账户支付25万元(王某系于某岩妻姐)。万超公司及贾某和将相关技术信息资料用于万超公司相关汽车天窗产品的研发及生产销售。后于某岩、贾某和以共同研发人身份,对部分技术申请实用新型专利。万超公司部分汽车天窗产品与涉案技术信息实质相同或具有同一性。万超公司销售上述相关天窗产品净利润为1298余万元。

法院经审理认为:于某岩入职万超公司后向万超公司提供了带有恩坦华公司标识及项目代号的技术信息资料,故认定于某岩实施了侵犯涉案商业秘密的行为。万超公司在可能存在非法披露他人商业秘密的情况下,仍未予以谨慎审查,即将相关技术信息资料用于汽车天窗产品的研发及生产销售,在于某岩入职后较短时间内即陆续研发成功天窗项目,并申请了相关专利。万超公司天窗产品实物等与涉案商业秘密具有实质同一性,万超公司亦无证据证明其是通过反向工程等方式自行研发图纸,故法院认定万超公司、贾某和实施了侵犯涉案商业秘密的行为。恩坦华公司的天窗产品与万超公司的产品之间并不直接体现为非此即彼的替代关系,再结合万超公司以专利形式公开了涉案技术信息,故以万超公司的侵权获利计算犯罪数额,具有合理性。本案的会计鉴定并非指向整车,而是已剥离出汽车天窗部分,而涉案秘点包括的技术,是由集中体现产品技术功能和效果的关键部件构成。作为整体天窗成品,并不会脱离关键部件而拆分并单独销售,因此,将天窗整体利润1298余万元予以计算具有合理性。一审法院以侵犯商业秘密罪,判处于某岩有期徒刑5年,并处罚金50万元;判处万超公司罚金400万元;判处贾某和有期徒刑3年,缓刑3年,并处罚金35万元;违法所得依法予以追缴。一审判决后,被告人及被告单位均未提起上诉,公诉机关未提出抗诉,一审判决生效。

四、民事司法保护

我国知识产权保护呈现多元化、体系化特点,包括立法保护、技术保护、行政保护、司法保护以及国际保护等多种方式。司法保护是主要通过人民法院对各类知识产权案件的司法审判来实现的,在几种保护方式中尤为重要,既是立法保护在实践中的体现和未来立法的前瞻,又是行政保护的指导和最终确认,同时,也对技术保护的手段进行法律调整。司法保护主要涉及有民事、刑事、行政案件三种,其中,平等主体之间的民事纠纷最为普遍。本部分着重介绍知识产权民事司法保护的内容,而充分完整地进行举证质证成为民事案件成败的关键。

(一)一般民事诉讼证据规则

在民事诉讼中,证据是指能够证明案件真实情况的客观事实。由于客体的不同,可以将民事案件分为若干类,而各类不同民事案件中的证据又与该类案件的自身特点紧密联系,因此,要正确把握各类案件中证据的使用方法,不仅要了解《民事诉讼法》规定的普通意义上证据的特点,也要了解该证据是在哪一类案件中应用以及该类案件的特点,并在此基础上将两者结合起来才能准确把握该类案件对证据的特殊要求。

我们所说的证据是指定案证据,凡是未经查证属实的物证、书证、证人证言等各种证据种类,统统称为证据资料,或是证据材料,这些材料未经查证之前,也可能是不真实的,理所当然不能直接作为定案的根据。根据《民事诉讼法》第66条的规定,民事诉讼证据有以下几种。

(1)当事人陈述。当事人在诉讼中向人民法院所作的关于案件事实的叙述,称为当事人陈述。

(2)书证。凡是用文字、符号、图画在某一物体上表达人的思想,其内容可以证明待证事实的一部或全部的,称为书证。

(3)物证。凡是用物品的外形、特征、质量等证明待证事实的一部或全部的,称为物证。

(4)视听资料。凡是利用录像、录音磁带反映出的图像和音响,或以电脑储存的资料来证明待证事实的证据,称为视听资料。

(5)电子数据。电子数据包括下列信息、电子文件:网页、博客、微博客等网络平台发布的信息;手机短信、电子邮件、即时通信、通讯群组等网络应用服务的通信信息;用户注册信息、身份认证信息、电子交易记录、通信记录、登录日志等信息;文档、图片、音频、视频、数字证书、计算机程序等电子文件;其他以数字化形式存储、处理、传输的能够证明案件事实的信息。①

(6)证人证言。诉讼参加人以外的其他人知道本案的有关情况,应人民法院传唤,到庭所作的陈述,或者向人民法院提交的书面陈述,称为证人证言。

(7)鉴定结论。人民法院审理民事案件,对某些专门性问题,指定具有专业知识的人或机构进行鉴定,从而作出科学分析,提出结论性的意见,称为鉴定结论。

(8)勘验笔录。人民法院审判人员为了查明案情,对与争议有关的现场或者物品,亲自进行勘查检验,进行拍照、测量,将勘验情况和结果制成笔录,称为勘验笔录。

1. 诉讼证据的证据力及证明力

诉讼证据是客观事实内容与表现形式的统一,基本特征是必须满足真实性、关联性、合法性。在实务中,诉讼证据在案件中所起的作用大小,需由法院考量其证据能力及证明力进而构建出法律事实。有时候仅凭一个关键性的证据就可以确定一个案件事实,比如,一张内容明确的欠条,就可以证明欠钱这一事实,而一件明确的还款收据,就可以证明还钱这一事实。但是在大多数情况下,因为许多证据不能单独成为定案的依据,就需要结合其他证据来衡量、比较证据之间的证明力,进而确认法律事实。

2. 证据的审核认定

人民法院一般对证据要进行三性的审核,即通常所说的真实性、合法性和关联性。真实性认定就是审核证据是否是原件、原物,复印件、复制品与原件、

① 参见最高人民法院《关于民事诉讼证据的若干规定》第14条。

原物是否相符；证据的内容是否真实。合法性认定就是审核证据的形式、来源是否符合法律规定。关联性认定就是审核证据与本案事实是否相关；证人或者提供证据的人，与当事人有无利害关系。

(1)根据最高人民法院《关于适用〈中华人民共和国民事诉讼法〉的解释》(2020 年修正)第 106 条规定，不能作为认定案件事实依据的证据：①以侵害他人合法权益的方法形成或者获取的证据；②以违反法律禁止性规定的方法形成或者获取的证据；③以严重违背公序良俗的方式形成或者获取的证据。

(2)不能单独作为认定案件事实依据的证据：①当事人的陈述；②无民事行为能力人或者限制民事行为能力人所作的与其年龄、智力状况或者精神健康状况不相当的证言；③与一方当事人或者其代理人有利害关系的证人陈述的证言；④存有疑点的视听资料、电子数据；⑤无法与原件、原物核对的复制件、复制品。

(3)可以确认证明力的证据。下列证据，虽然对方当事人提出异议但没有足以反驳的相反证据的，人民法院应当确认其证明力：①书证原件或者与书证原件核对无误的复印件、照片、副本、节录本；②物证原物或者与物证原物核对无误的复制件、照片、录像资料等；③有其他证据佐证并以合法手段取得的、无疑点的视听资料或者与视听资料核对无误的复制件；④一方当事人申请人民法院依照法定程序制作的对物证或者现场的勘验笔录；⑤人民法院委托鉴定部门作出的鉴定结论；⑥另一方当事人认可的证据或者提出的相反证据不足以反驳的；⑦在诉讼过程中，当事人在起诉状、答辩状、陈述及其委托代理人的代理词中承认的对己方不利的事实和认可的证据，人民法院应当予以确认，但当事人反悔并有相反证据足以推翻的除外；⑧由当事人提交或者保管的于己不利的电子数据；⑨由记录和保存电子数据的中立第三方平台提供或者确认的电子数据；⑩在正常业务活动中形成的电子数据；⑪以档案管理方式保管的电子数据；⑫以当事人约定的方式保存、传输、提取的电子数据；⑬电子数据的内容经公证机关公证的，人民法院应当确认其真实性，但有相反证据足以推翻的除外。

(4)证明力大小的认定和判断。

在审判实践中，双方当事人对同一事实分别举出相反的证据，但都没有足够的依据否定对方证据的，审判人员应当依照法定程序，全面、客观地予以审核，依据法律的规定，遵循法官职业道德，运用逻辑推理和日常生活经验，对证据有无证明力和证明力大小独立进行判断，判断一方提供证据的证明力是否明显大于另一方提供证据的证明力，并对证明力较大的证据予以确认：①国家机关、社会团体依职权制作的公文书证的证明力一般大于其他书证；②物证、档案、鉴定结论、勘验笔录或者经过公证、登记的书证，其证明力一般大于其他书证、视听资料和证人证言；③原始证据的证明力一般大于传来证据；④直接证据的证明力一般大于间接证据；⑤证人提供的对与其有亲属或者其他密切关系的当事人有利的证言，其证明力一般小于其他证人证言。

（5）根据最高人民法院《关于适用〈中华人民共和国民事诉讼法〉的解释》（2022 年）第 93 条规定，无须举证的事实：①自然规律以及定理、定律；②众所周知的事实；③根据法律规定推定的事实；④根据已知的事实和日常生活经验法则推定出的另一事实；⑤已为人民法院发生法律效力的裁判所确认的事实；⑥已为仲裁机构生效裁决所确认的事实；⑦已为有效公证文书所证明的事实。上述第②条至第④条的事实，当事人有相反证据足以反驳的除外；第⑤条至第⑦条的事实，当事人有相反证据足以推翻的除外。

3. 举证责任原则

证明责任制度最早产生于古代罗马法时代。古罗马法上关于证明责任制度的规定主要体现在学者们概括的五句话中："为主张之人负有证明责任，为否定之人则无之"，"事务之性质上，否定之人无须证明"，"原告不能举证证明，被告即获胜诉"，"原告对于其诉，以及以其诉请求之权利，须举证证明之"，"若提出抗辩，则就其抗辩有举证之必要"。后人总结为两条原则，一条是原告有举证的义务，另一条是提出主张的人有证明的义务，否定的人没有证明的义务。前者是基础，后者是补充。后者便是"谁主张、谁举证"这一公式的渊源。①

我国民事诉讼中采取的"谁主张，谁举证"的原则，是分担举证责任的一般原则，即谁提出权利主张，谁就有义务就此提出证据，提出权利主张的当事人如果不举证或不能举证，就要承担败诉的不利后果。具体内容：原告对自己提出的诉讼请求所根据的事实和理由应提出证据加以证明；被告对自己提出的答辩所根据的事实和理由也应提出证据加以证明；有独立请求权的第三人在诉讼中处于原告地位，承担原告的举证责任；无独立请求权的第三人为了维护自己的

① 参见樊崇义主编：《证据法学》，法律出版社 2001 年版，第 201、209 页。

利益参加诉讼，在诉讼中对自己的主张也负有举证责任。

所谓举证责任倒置，指基于法律规定，将通常情形下本应由提出主张的一方当事人（一般是原告）就某种事由不负担举证责任，而由他方当事人（一般是被告）就某种事实存在或不存在承担举证责任，如果该方当事人不能就此举证证明，则推定原告的事实主张成立的一种举证责任分配制度。在一般证据规则中，“谁主张，谁举证”是举证责任分配的一般原则，而举证责任的倒置则是这一原则的例外。

我国《民事诉讼法》等相关规定对举证责任倒置的法定情形规定有8种：

（1）因新产品制造方法发明专利引起的专利侵权诉讼，由制造同样产品的单位或者个人对其产品制造方法不同于专利方法承担举证责任；

（2）高度危险作业致人损害的侵权诉讼，由加害人就受害人故意造成损害的事实承担举证责任；

（3）因环境污染引起的损害赔偿诉讼，由加害人就法律规定的免责事由及其行为与损害结果之间不存在因果关系承担举证责任；

（4）建筑物或者其他设施以及建筑物上的搁置物、悬挂物发生倒塌、脱落、坠落致人损害的侵权诉讼，由所有人或者管理人对其无过错承担举证责任；

（5）饲养动物致人损害的侵权诉讼，由动物饲养人或者管理人就受害人有过错或者第三人有过错承担举证责任；

（6）因缺陷产品致人损害的侵权诉讼，由产品的生产者就法律规定的免责事由承担举证责任；

（7）因共同危险行为致人损害的侵权诉讼，由实施危险行为的人就其行为与损害结果之间不存在因果关系承担举证责任；

（8）因医疗行为引起的侵权诉讼，由医疗机构就医疗行为与损害结果之间不存在因果关系及不存在医疗过错承担举证责任。

【风险提示】

举证责任的倒置与举证责任的转移是不同的，不能混为一谈。

1.举证责任的倒置，是指原告对自己提出的主张从一开始就可以不提供全部证据加以证明，而由被告举证证明原告的主张不成立，否则即由被告承担举证不能的法律后果。一般来说，适用举证责任倒置，必须符合以下两个条件：

(1)适用举证责任倒置的必须是法律或法规明确规定的特殊类型的侵权纠纷案件,适用范围是确定的;

(2)需要举证证明的对象必须是特定的责任对象,不能超越被告正当的责任范围。

2. 民事诉讼中的举证责任不是固定不变的,而是随着对案件事实证明程度的逐渐清晰而转移的,这就是举证责任的转移。在一般情况下,当事人对自己的主张提出了证据加以证明之后,就可以不再举证。另一方当事人如果否认这种主张或者提出了新的主张,就负有对否认或者对新主张的举证责任,如果举出了足够的证据加以证明,也可以不再举证,而应由反驳其主张的当事人再举证。举证责任的转移同样不是任意的,应具备以下两个条件:

(1)当事人对其主张所提供的证据能够全面地证明待证事实、确实充分;

(2)法院认定负有举证责任的当事人提供的证据已经能够充分证明待证事实,这时,举证责任才能转移给另一方当事人。在法院作出认定之前,当事人的举证责任并不发生转移,负有举证责任的当事人仍然有举证不能的风险。随着法院认定举证责任转移,举证不足的风险随之转移,如果另一方当事人举不出证据进行反证,就要承担举证不能的法律后果。

在民事诉讼中,举证责任随着当事人主张的事实与权利,不断地从原告转移到被告,再从被告转移到原告,这种转移的结果,将使待证的案件事实逐渐暴露清晰,越来越明朗化,这样有利于法院查清事实。

4. 法院调查取证

诉讼证据除了要证明法律事实,还必须要满足证据取得的过程符合法定程序。收集证据的主体必须是公安司法机关的工作人员、当事人及其诉讼代理人。我国《民事诉讼法》规定的法院调查取证分为依职权取证和依当事人申请调查取证。现阶段,我国民事审判改革的方向要求强化当事人举证,弱化和规范法院调查收集证据,人民法院主动收集调查证据与当事人承担的诉讼证明责任有本质的区别,其目的是保护国家、社会和第三人的合法权益以及解决程序中存在的问题。

人民法院一般不得依职权而只能依当事人的申请调查收集证据。人民法院调查取证依当事人申请为之。法院依当事人申请调查取证,当事人及其诉讼代理人可以申请法院调查取证的条件:(1)申请调查收集的证据属于国家有关部门保存并必须由人民法院依职权调取的档案材料;(2)涉及国家秘密、商业秘密、个人隐私的材料;(3)当事人及其诉讼代理人确因客观原因不能自行收集的其他材料,如有关证据控制在第三人手中而其拒不提供。

值得注意的是,并非只要属于当事人无法获得的证据就可以获得人民法院调查收集的批准,而且,对于上述依当事人申请调查取证的情形并不能免除当事人一方的举证责任,法院如果依申请调查证据失败,仍然要由申请方承担举证不利的法律后果。

5. 证据保全

证据保全,是指为了防止特定证据的自然泯灭、人为的毁损或者以后难以取得,因而在收集时、诉讼前或诉讼中通过有权机关运用一定的形式将证据固定下来,加以妥善保管,以便在分析、认定案件事实时使用。《民事诉讼法》规定,在证据可能灭失或者以后难以取得的情况下,当事人可以申请人民法院进行证据保全,人民法院也可以主动采取保全措施。

《民事诉讼法》第 84 条和《公证法》第 11 条第 9 项明确规定,在我国只有人民法院和公证机构才有证据保全的权力,除此之外法律未赋予其他任何机关、组织和个人以证据保全的权力。《民事诉讼法》规定:“经过法定程序公证证明的法律事实和文书,人民法院应当作为认定事实的根据,但有相反证据足以推翻公证证明的除外。”

最高人民法院《关于知识产权民事诉讼证据的若干规定》(法释〔2020〕12号)中规定,人民法院对于当事人或者利害关系人的证据保全申请,应当结合下列因素进行审查:(1)申请人是否已就其主张提供初步证据;(2)证据是否可以由申请人自行收集;(3)证据灭失或者以后难以取得的可能性及其对证明待证事实的影响;(4)可能采取的保全措施对证据持有人的影响。

人民法院进行证据保全,应当以有效固定证据为限,尽量减少对保全标的物价值的损害和对证据持有人正常生产经营的影响。证据保全涉及技术方案的,可以采取制作现场勘验笔录、绘图、拍照、录音、录像、复制设计和生产图纸等保全措施。当事人无正当理由拒不配合或者妨害证据保全,致使无法保全证据的,人民法院可以确定由其承担不利后果。构成《民事诉讼法》第 114 条规定情形的,人民法院依法处理。

对于人民法院已经采取保全措施的证据，当事人擅自拆装证据实物、篡改证据材料或者实施其他破坏证据的行为，致使证据不能使用的，人民法院可以确定由其承担不利后果。构成《民事诉讼法》第 114 条规定情形的，人民法院依法处理。

人民法院进行证据保全，可以要求当事人或者诉讼代理人到场，必要时可以根据当事人的申请通知有专门知识的人到场，也可以指派技术调查官参与证据保全。

证据为案外人持有的，人民法院可以对其持有的证据采取保全措施。

人民法院进行证据保全，应当制作笔录、保全证据清单，记录保全时间、地点、实施人、在场人、保全经过、保全标的物状态，由实施人、在场人签名或者盖章。有关人员拒绝签名或者盖章的，不影响保全的效力，人民法院可以在笔录上记明并拍照、录像。

被申请人对证据保全的范围、措施、必要性等提出异议并提供相关证据，人民法院经审查认为异议理由成立的，可以变更、终止、解除证据保全。

申请人放弃使用被保全证据，但被保全证据涉及案件基本事实查明或者其他当事人主张使用的，人民法院可以对该证据进行审查认定。

【风 险 提 示】

人民法院在诉前一般不轻易采取证据保全措施，如果当事人事后不提起诉讼，法院可能会陷入被动局面。即使是在诉讼阶段，由于申请证据保全需要提供相应担保，法院将审查证据保全的必要性等因素，人民法院也不一定能及时有效地进行证据保全。这样，通过公证机关进行证据保全公证就能更有效、更快捷地为当事人固定有效的证据、保留提起诉讼的权利提供保障。所以，证据保全公证在诉讼中的作用越来越突出。

6. 鉴定结论

鉴定结论是指鉴定人根据公安、司法机关的指派或者当事人的申请，运用自己的专门知识和技能对案件中需要解决的专门性问题进行鉴定后所作出的结论性判断。可见，鉴定结论是鉴定人运用自己的专门知识和技能，凭借科学的设备和仪器，经过分析、检测、研究所涉及专业性问题做出的结论，该结论应当是技术性的而非确定事实性的。所以在证明力上，鉴定结论一般都具有客观性和科学性的特点,但是由于鉴材本身、技术水平、设备条件等原因,对于存疑的鉴定结论不能作为定案的唯一依据。

申请鉴定是当事人的一项权利,从举证责任的角度讲,也是当事人履行举证责任的一项诉讼义务。最高人民法院《关于民事诉讼证据的若干规定》第31条规定,当事人申请鉴定,应当在人民法院指定期间内提出,并预交鉴定费用。人民法院也可以依职权决定对专门事项的鉴定。对需要鉴定的事项负有举证责任的当事人,在人民法院指定的期限内无正当理由不提出鉴定申请或者不预交鉴定费用或者拒不提供相关材料,致使对案件争议的事实无法通过鉴定结论予以认定的,应当对该事实承担举证不能的法律后果。

根据最高人民法院《关于知识产权民事诉讼证据的若干规定》,人民法院可以对下列待证事实的专门性问题委托鉴定:(1)被诉侵权技术方案与专利技术方案、现有技术的对应技术特征在手段、功能、效果等方面的异同;(2)被诉侵权作品与主张权利的作品的异同;(3)当事人主张的商业秘密与所属领域已为公众所知悉的信息的异同、被诉侵权的信息与商业秘密的异同;(4)被诉侵权物与授权品种在特征、特性方面的异同,其不同是否因非遗传变异所致;(5)被诉侵权集成电路布图设计与请求保护的集成电路布图设计的异同;(6)合同涉及的技术是否存在缺陷;(7)电子数据的真实性、完整性;(8)其他需要委托鉴定的专门性问题。

经人民法院准许或者双方当事人同意,鉴定人可以将鉴定所涉部分检测事项委托其他检测机构进行检测,鉴定人对根据检测结果出具的鉴定意见承担法律责任。

鉴定业务领域未实行鉴定人和鉴定机构统一登记管理制度的,人民法院可以依照最高人民法院《关于民事诉讼证据的若干规定》第32条规定的鉴定人选任程序,确定具有相应技术水平的专业机构、专业人员鉴定。人民法院应当听取各方当事人意见,并结合当事人提出的证据确定鉴定范围。在鉴定过程中,一方当事人申请变更鉴定范围,对方当事人无异议的,人民法院可以准许。

人民法院应当结合下列因素对鉴定意见进行审查:(1)鉴定人是否具备相应资格;(2)鉴定人是否具备解决相关专门性问题应有的知识、经验及技能;(3)鉴定方法和鉴定程序是否规范,技术手段是否可靠;(4)送检材料是否经过当事人质证且符合鉴定条件;(5)鉴定意见的依据是否充分;(6)鉴定人有无应当回避的法定事由；(7)鉴定人在鉴定过程中有无徇私舞弊或者其他影响公正鉴定的情形。

7. 举证期限

我国《民事诉讼法》第68条规定："当事人对自己提出的主张应当及时提供证据。人民法院根据当事人的主张和案件审理情况，确定当事人应当提供的证据及其期限。当事人在该期限内提供证据确有困难的，可以向人民法院申请延长期限，人民法院根据当事人的申请适当延长。当事人逾期提供证据的，人民法院应当责令其说明理由；拒不说明理由或者理由不成立的，人民法院根据不同情形可以不予采纳该证据，或者采纳该证据但予以训诫、罚款。"当事人发现新的证据时向法庭提出的权利，而不是允许当事人的任何证据都可以随时向法庭提出。在这个基础上，司法解释进一步明确了"新的证据"的范畴，进而使规定举证期限具备了非常重要的法律意义。

根据最高人民法院《关于民事诉讼证据的若干规定》第50条的规定，人民法院应当在审理前的准备阶段向当事人送达举证通知书。举证通知书应当载明举证责任的分配原则和要求、可以向人民法院申请调查收集证据的情形、人民法院根据案件情况指定的举证期限以及逾期提供证据的法律后果等内容。人民法院指定举证期限的，适用第一审普通程序审理的案件不得少于15日，当事人提供新的证据的第二审案件不得少于10日。适用简易程序审理的案件不得超过15日，小额诉讼案件的举证期限一般不得超过7日。当然，当事人之间可以协商举证期限，经人民法院认可就可以。当事人在举证期限内提交证据材料确有困难的，应当在举证期限内向人民法院申请延期举证，经人民法院准许，可以适当延长举证期限。当事人在延长的举证期限内提交证据材料仍有困难的，可以再次提出延期申请，是否准许由人民法院决定。

8. 新的证据

司法解释明确了超过举证期限后提出的"新的证据"的范畴，它指的是以下的情形。

(1)一审程序中的新的证据包括：当事人在一审举证期限届满后新发现的证据；当事人确因客观原因无法在举证期限内提供，经人民法院准许，在延长的期限内仍无法提供的证据。

(2)二审程序中的新的证据包括：一审庭审结束后新发现的证据；当事人在

一审举证期限届满前申请人民法院调查取证未获准许,二审法院经审查认为应当准许并依当事人申请调取的证据。

(3)再审程序中的新的证据是指原审庭审结束后新发现的证据,如果足以推翻原判决、裁定的,应当再审。

为了保障《民事诉讼法》第85条第1款“人民法院指定的期间”的法律效果得到落实,避免举证期限的规定流于形式,防止恶意的当事人利用证据搞突然袭击,保障举证期限内因客观原因无法提供证据的当事人的诉讼权利,司法解释将一审程序和二审程序中的新证据予以明确,有利于维护裁判的稳定性和权威性。同时,司法解释也限制了“新的证据”的提出时间,具体如下:①一审程序中提供新的证据应当在一审开庭前或者开庭审理时提出;②二审程序中提供新的证据应当在二审开庭前或者开庭审理时提出,不需要开庭审理的,应当在人民法院指定的期限内提出;③再审程序中提供新的证据的,应当在申请再审时提出。

如果当事人举证期限届满后提供的证据不是新的证据的,人民法院不予采纳。但是当事人经人民法院准许延期举证,因客观原因仍然无法在期限内提供的,且不审理该证据可能导致裁判明显不公的,其提交的证据可以视为新的证据。

9. 中华人民共和国领域外形成的下列证据

最高人民法院《关于知识产权民事诉讼证据的若干规定》第8条规定,中华人民共和国领域外形成的下列证据,当事人仅以该证据未办理公证、认证等证明手续为由提出异议的,人民法院不予支持:(1)已为发生法律效力的人民法院裁判所确认的;(2)已为仲裁机构生效裁决所确认的;(3)能够从官方或者公开渠道获得的公开出版物、专利文献等;(4)有其他证据能够证明真实性的。

中华人民共和国领域外形成的证据,存在下列情形之一的,当事人仅以该证据未办理认证手续为由提出异议的,人民法院不予支持:(1)提出异议的当事人对证据的真实性明确认可的;(2)对方当事人提供证人证言对证据的真实性予以确认,且证人明确表示如作伪证愿意接受处罚的。

上述第2项所称证人作伪证,构成《民事诉讼法》第114条规定情形的,人民法院依法处理。

(二)知识产权案件民事诉讼证据原则

知识产权诉讼中的证据往往数量多、种类繁杂、专业技术性强,较一般民事诉讼更为复杂。因此,在实践中,除了要遵循关于民事诉讼的证据规则外,还要适用好相关知识产权法律、法规以及司法解释规定的关于知识产权证据制度的特殊规定。

首先,知识产权具有以下五个特点。

1. 大多数知识产权具有人身权和财产权的双重属性。其中,人身权主要指署名权、名誉权,而财产权主要体现在所有权人自己使用或许可他人使用从而获得经济利益的权利。

2. 由特定机构依法律程序授权或确认。如经审查后专利局授予申请人专利权,商标局核准申请人申请注册的商标,以及人民法院依法确认的著作权等。

3. 独占性或排他性。大多数知识产权是由法律赋予的一种独占性权利,未经权利人的许可,他人不得擅自使用,否则将构成对权利人的侵害。

4. 地域性。知识产权是国内法,在一国获得的知识产权只有在该国范围内受到法律保护,除本国加入的国际条约另有规定外,任何国家都不承认其他国家或国际机构授予的知识产权。

5. 时间性。知识产权都有法定的保护期限,一旦保护期限届满,权利就将终止。

其次,鉴于知识产权的特殊性,当事人在提交有关知识产权案件证据时应注意遵循以下几点原则。

1. 载体有形原则

在一般情况下,无形的权利客体需要以有形的载体体现出来,这样,才能使法官切实了解该权利的内容和适用范围。如侵犯专利权、商标权、著作权案件中当事人须提交专利授权文本、商标注册证、原创作品文本或计算机软件的源程序等。

所以,当事人就技术问题进行举证时应当尽量避免提交证人证言类证据。证人证言因受主客观因素影响,可变性较大,尤其在使用证人证言对技术性问题进行描述时,就难以达到准确、专业、全面的要求,因此,在对这类问题进行认定时,证人证言一般不宜单独采用,但双方当事人均予以认可的证人证言除外。

与证人证言相比，我国《民事诉讼法》规定的书证、物证、视听资料、鉴定结论、勘验笔录则具有内容明确、具体，证明对象与证据内容之间的逻辑关系清楚，当事人双方在证据的真实性方面争议较少，易于认定和把握的特点。因此，在知识产权纠纷，尤其是在侵犯知识产权案件中，对被告实施侵权行为进行举证时应提交符合法律规定的书证、物证、视听资料等，以便于法庭将侵权物与权利保护范围进行对比。

2. 权利有效原则

在侵犯知识产权案件中，当事人不仅需要提交自己享有何种权利的证据，还应提交该权利现处于何种状态即是否还在保护期内的证据。对于外国民事主体作为原告向中国法院要求保护其知识产权的，还应当提交其在中国可以获得该知识产权保护的证据。

3. 直接证据原则

在侵犯知识产权案件中，原告在起诉时应当提交被告有侵犯其知识产权行为的直接证据，至少是间接证据，否则将承担败诉的风险。所谓直接证据，一般是指被控侵权的物证。所谓间接证据，是指原告在不能获取侵权的直接证据即被控侵权物的情况下，至少应当提交可以使法官认为被告确有侵权行为的间接证据。根据“谁主张，谁举证”的原则，结合举证倒置的法律规定，原告应当完成基本的举证责任。①

结合知识产权案件的审判实践和上述举证原则，下面专门就知识产权侵权案件中比较常见的原被告举证责任及侵权判定规则分别阐述。

（三）原告举证及侵权判定

知识产权作为一种权利，主张他人侵犯自己的权利主要需要提供三方面的证据：原告享有的权利合法有效、被告实施了侵权行为、侵权行为导致的损害结果。

1. 原告享有的权利合法有效的证据

（1）原告享有的著作权合法有效的证据

主张他方侵害了自己的权利，首先就要证明所主张的著作权切实合法有

① 参见仪军：《关于侵犯知识产权案件中原告的举证问题研究》，载新高度论文网2003年3月26日，http://WWW. newtop5. cn/Law/show - 3564 - 1. html。

效,并且原告自己是合法的权利人。提交该类证据的目的即在于证明著作权利的归属、该作品是否仍然受法律保护、该作品的外在表现形式、权利的性质和范围等。这主要包括如下内容。

①证明权利归属的直接证据,如著作权登记证书。尽管我国《著作权法》并不要求必须以著作权登记证书作为权利证明的依据,但提交著作权登记证书是一种最简洁、最有效的证明权利方式。在涉及计算机软件保护的著作权案件中,如原告的软件是经过登记的,应当提供计算机软件登记管理部门颁发的软件登记证书,《计算机软件保护条例》明确规定:“软件著作权人可以向国务院著作权行政管理部门认定的软件登记机构办理登记。软件登记机构发放的登记证明文件是登记事项的初步证明。”如果软件未经登记的,则应提交该软件的源程序、文档、开发记录等以及其他的能证明权利人享有权利的证据。

②根据《著作权法》的相关规定(第12条),在作品上署名的自然人、法人或者非法人组织为作者,且该作品上存在相应权利,但有相反证明的除外。所以,如果没有直接的权属登记证明,可以提供署名为原告的作品。如果是原创作品,应当提供原创作品的证明,包括涉及著作权的底稿、原件、摄影作品的底片、计算机软件的源程序等,因为在一般情形下,这些创作的原始文件应当为作者本人持有。作品如果已经作为合法出版物获得公开出版发行,则提供合法出版物就具有较强的证据效力。合法出版物的含义就是符合国家新闻出版的相关规定、有书号、是国家新闻出版署承认的。一般地说,人们对作品底稿、原件作为证据比较熟悉,司法解释的规定增加了合法出版物可以作为证据,在一些情况下,就不需要再找作品底稿、原件来证明待证事实了,既方便了法官,也减轻了当事人的举证责任。当然,合法出版的作品中也可能有侵权、剽窃、抄袭的问题,但这是另一个问题。

典型案例57

《忏》著作权纠纷案

在刘某诉王某侵犯《忏》书著作权一案中,刘某主张他在原创了22万字后将稿件交给王某审看,而王某未经其同意擅自修改出版发行侵犯了刘某的著作权。刘某提供了往来电子邮件及证人证言，王某提供了部分手稿和打印稿。法院判决认为，根据我国《著作权法》的相关规定，如无相反证明，在作品上署名的公民、法人或其他组织为作者。涉案作品《忏》的署名作者为王某，因此，王某应为该作品的作者，且王某提交了涉案作品的部分手稿及打印稿(手稿不具备鉴定创作时间的条件)；其主张刘某作为其助手从事了书稿打字录入等辅助工作，出版涉案作品的出版社也认可刘某系王某的助手。因此，根据本案现有证据应认定王某系涉案作品的作者。另外，由于无法判断刘某电子邮件附件中的相关内容系刘某创作的，其证人证言亦不能证明刘某的创作行为，所以刘某主张其为涉案作品中22万字的创作者并认为《忏》构成剽窃，证据不足，故法院不予支持。

在这起诉松中，权利人本身既然主张合法出版物存在剽窃、抄袭的问题，就不应再以合法出版物的署名来确认作者、进而确认著作权的归属。当原告和被告都无法出示确凿无疑的原创证据时，法院应当通过其他方式判定是否存在抄袭的事实，而非简单以一方具有合法出版物的署名可以确认为作者身份，另一方无法证明作者身份的就没有著作权，所以判定不构成抄袭。在当下越来越普遍的电脑创作环境下，如此简易的判定无疑将鼓励抄袭者尽快出版合法出版物，不利于保护作者实际的创作行为。①

典型案例58

桂林伟文公司著作权权属、侵权纠纷案

赵某青诉桂林伟文纳米材料有限公司(以下简称“桂林伟文公司”)著作权权属、侵权纠纷一案中，桂林伟文公司未经许可在其新浪微博“迪能纳米润滑油”平台上2013年10月31日17点31分发布赵某青名为“7051利用十一长假保养爱车”的美术作品。其性质和目的为品牌营销，并作为热门话题宣传使用，将赵某青作品与其商业活动贴切、形象地结合在一起，引起客户的关注，获取广大“粉丝”浏览量和转发量，以此获取品牌宣传和巨大的商业利益。侵权微博使用赵某青作品，未署名、未支付费用，严重侵犯了赵某青依法享有的署名权和信

① 参见北京市第二中级人民法院民事判决书，(2007)二中民终字第06385号。

息网络传播权。

一审法院认为，如无相反证明，在作品上署名的自然人、法人或者其他组织为作者。当事人提供的涉及著作权的底稿、原件、合法出版物、取得权利的合同等，可以作为证明著作权的证据。在本案中，赵某青提交了涉案作品发表及署名情况的网页截图，并当庭出示了原图信息及网络发表情况，在无相反证据的情况下，一审法院确认赵某青为涉案作品的著作权人，享有包括署名权、信息网络传播权在内的相应著作权，有权对侵害其著作权的行为提起诉讼。

桂林伟文公司在未经许可、未予署名的情况下，在其名为“迪能纳米润滑油”的微博账号中使用了涉案作品作为微博配图，使公众可以在其个人选定的时间和地点获得涉案作品，侵害了赵某青享有的署名权和信息网络传播权，应当承担相应的侵权责任。桂林伟文公司辩称其行为属于2020年《著作权法》第24条第1款第1项、第2项规定的合理使用。对此，一审法院认为，首先，我国《著作权法》规定的合理使用具有前提条件，即“应当指明作者姓名、作品名称，并且不得侵犯著作权人依照本法享有的其他权利”，桂林伟文公司在使用涉案作品时未指明原作者，已不满足构成合理使用的前提条件；其次，为个人学习、研究或者欣赏须是局限于一定范围内的、不面向社会公众的内部使用，而不应将所使用的作品公之于众予以传播，桂林伟文公司系商业主体，其在官方微博中使用涉案作品，显然不属于为个人学习、研究或者欣赏；最后，授权他人使用作品是著作权人对作品加以利用的常规方式，桂林伟文公司未经许可通过网络直观展现涉案作品，必然会对著作权人授权他人以类似方式使用涉案作品产生影响，可能会损害由此带来的利益。因此，桂林伟文公司对涉案作品的使用不构成合理使用。对于桂林伟文公司辩称其未作商业用途使用，一审法院认为，涉案微博内容及配图虽与桂林伟文公司的营业内容无关，但其发布使用行为亦可吸引公众、增加关注，故对其该项抗辩意见一审法院不予采纳。

二审法院认为，一审法院根据赵某青提交的涉案作品发表及署名情况的网页截图，以及当庭出示的原图信息和网络发表情况，在无相反证据的情况下，确认赵某青为涉案作品的著作权人，享有包括署名权、信息网络传播权在内的相应著作权，有权对侵害其著作权的行为提起诉讼，此认定正确，法院予以确认。①

---

① 参见北京知识产权法院民事判决书，(2021)京73民终4704号。

③权利人的权利如为获得许可取得,则应当提供授权合同以及其他能够初步证明其享有著作权的证据。例如,在侵犯专有出版权案件中,原告应提交专有出版权涉及作品的作者给予原告的授权或专有出版权许可协议。原告如果主张录音制作者权利,应当提供原词曲作者授权原告对歌曲进行录音制作的许可。对图书出版者、录音录像制作者等提供合法出版物作为享有与著作权有关权利的证据的,法院一般不应当以当事人未提供其取得著作权人授权的证据而直接否定其权利人身份。

典型案例59

侵犯张爱玲著作权纠纷案

在皇冠文化公司诉经济日报出版社侵犯张爱玲作品著作权案件中,原告提交了张爱玲的遗嘱、宋某和宋某某美的授权书、宋某的遗嘱及宋某某美的单方授权书,上述法律文件均履行了必要的公证认证手续。法院认定,宋某、宋某某美依据张爱玲的遗嘱,取得了张爱玲作品著作权中的财产权,皇冠文化公司依据其与宋某、宋某某美的授权书,取得了张爱玲作品的专有出版权。经济日报出版社未经皇冠文化公司许可,擅自出版、发行了张爱玲作品的图书,其行为侵犯了皇冠文化公司对张爱玲作品的专有出版权,应当承担停止侵权、赔偿经济损失的民事责任。该案二审判决生效之后,皇冠文化公司以该生效判决为权利依据继续在中国大陆对张爱玲的作品进行维权诉讼活动。被诉出版社对皇冠文化公司的权利来源提出疑义,并要求重新审核质证遗嘱原件等证据,对此,北京市高级人民法院认为:根据最高人民法院《关于民事诉讼证据的若干规定》第9条[①]的规定,已为人民法院发生法律效力的裁判所确认的事实,当事人无须举证证明,但有相反证据足以推翻的除外。本院已经生效的民事判决书中,对皇冠文化公司依据宋某、宋某某美的授权取得了张爱玲作品的专有出版权这一事实已经做出终审认定。被诉出版社虽然对该生效判决认定的这一事实提出异议,并提交了相关证据,但是其证据均不足以推翻已经生效判决所认定的事实,

① 现行《关于民事诉讼证据的若干规定》第10条。

故法院认定皇冠文化公司享有张爱玲作品的专有出版权依法成立，判决侵权出版社承担损害赔偿责任。①

典型案例 60

江苏文艺出版社侵犯齐白石著作权案

在原告齐某芷、齐某末、齐某颐、齐某平、邓某生、尹某山、齐某欢、齐某仪、齐某憐因与被告江苏文艺出版社发生侵犯著作权纠纷中，原告齐某芷等诉称：原告系著名画家齐白石的合法继承人，被告江苏文艺出版社在没有合法授权的情况下，以营利为目的，将齐白石的作品汇编成《煮画多年》一书进行出版发行，侵犯了其著作权。被告江苏文艺出版社辩称：我社在《煮画多年》一书出版前曾与湖南湘潭齐白石纪念馆（以下简称"齐白石纪念馆"）签订过《图书出版合同》，并得到了齐白石后人齐某平与齐某根的授权，且已支付了稿酬，故我社并未侵犯原告的著作权，请求驳回原告齐某芷等的诉讼请求。南京市鼓楼区人民法院一审认为，被告江苏文艺出版社在出版前与齐白石纪念馆签订了出版合同，在审理中又提交了齐某平和齐某根共同出具的《证明》和《授权委托书》证明其出版行为已获得许可，原告齐某芷等对《证明》和《授权委托书》不予认可，但并未提交相反证据，法院对《证明》和《授权委托书》予以采信。两份证据证明齐白石纪念馆委托被告出版《煮画多年》，并取得了齐某平和齐某根的许可，虽然此二人不能代表所有齐白石继承人，但因齐白石的继承人人数众多，难以确定，且分散于各地，齐白石作品的出版如需取得全体继承人的同意，几无可能，如此将会导致齐白石的所有作品在保护期内难以出版。事实上，在本案中原告起诉也未能获得全体继承人的授权。《著作权法》以保护著作权为宗旨，通过赋予著作权人有限的权利以鼓励有益于社会主义精神文明、物质文明建设的作品得以产生和传播，从而促进社会主义文化和科学事业的发展与繁荣，但并非使著作权人对作品的传播和使用享有绝对的垄断权。《著作权法实施条例》第 9 条规定也体现了这一原则，该条规定合作作品不可以分割使用的，其著作

① 参见北京市高级人民法院民事判决书，(2005)高民终字第 1267 号。

权由各合作作者共同享有,通过协商一致行使;不能协商一致,又无正当理由的,任何一方不得阻止他方行使除转让以外的其他权利,但是所得收益应当合理分配给所有合作作者。齐白石作为享誉世界的艺术大师,其作品如果由于未取得所有继承人同意而无法在保护期内出版,则不仅不符合原告方自身的利益,也不符合著作权法促进文化传承和发展的精神。在本案中,被告出版《煮画多年》一书是为了配合齐白石去世50周年的纪念活动,其出版行为具有一定的公益性质,并在出版前与齐白石纪念馆签订了书面合同,得到了齐白石部分继承人的许可,被告的出版行为并不会妨碍齐白石继承人对作品的正常使用也不会损害其合法利益。综合这些因素,法院认为被告取得齐某平、齐某根的许可即应视为已获得了合法授权,其出版《煮画多年》不构成侵权。①

④合作的作品应当提供合作创作的协议等证据。影视作品一般由于投资较大,多数由不同的合作方投资创作。影视作品的著作权人一般为作品片头和片尾署名的出品人和联合摄制者,如果没有出品人的署名,则只以联合摄制者为影视作品的著作权人。所以确认影视作品著作权人的方式有两种:一种为其本身即为影视作品的联合摄制者之一,并且取得了其他联合摄制者的相关授权,独家取得影视作品的著作权;另一种为从全部联合摄制者处取得授权,获得影视作品的独家著作权。

如果作为联合摄制者之一的原告并没有取得其他摄制方的授权即提起侵权之诉,就属于不适格的原告。在北京A影视公司起诉某网站侵犯其对电视剧作品《大宋提刑官》享有的信息网络传播权案件中,该剧片尾显示联合摄制者为A影视公司、甲公司和乙公司共三家单位,原告为证明其为该案适格原告,向法院提交了甲公司、乙公司出具的转让著作权声明,两单位分别将享有的著作权转让给原告。法院认为,影视公司、甲公司、乙公司是电视连续剧《大宋提刑官》的著作权人,根据甲公司和乙公司出具的版权转让声明,影视公司自授权之日起独家享有电视剧《大宋提刑官》的信息网络传播权,故其为该案的适格原告,

① 齐某芷、齐某末等诉江苏文艺出版社侵犯著作权纠纷案,《最高人民法院公报》2019年第9期(总191期)。

有权对被告提起诉讼。[①]

⑤著作权系受让取得的,应当提供著作权转让协议。根据《著作权法》相关规定,著作权的财产权利可以全部或者部分转让,人身权利即发表权、署名权、修改权和保护作品完整权不得转让,转让财产性权利的应当订立书面合同。值得注意的是,未订立书面合同的转让是否无效?依据最高人民法院的司法解释,著作权转让合同未采取书面形式的,人民法院依据《民法典》第490条、第491条的规定审查合同是否成立。

⑥原告主张权利的作品在著作权保护期内,如作品首次发表时,登载该作品的书证、视听资料等,如报纸杂志、录音、录像制品。作品完成后,如以表演、播放、出版、展览、摄制电影等方式使作品在不特定人范围内公开的,即将作品公之于众的,应视为作品已经发表。所谓公之于众应理解为是一种状态,即作品处于不特定人能够通过正当途径得知的状态,并不要求必须有人已经知晓的事实。证明作品是否发表、何时发表的意义在于确定作品的保护期始端,并且对于侵权作品的接触可能性具有初步证明功能。

(2)原告享有的商标权合法有效的证据

①商标注册人起诉的,应当提交证明其商标权真实有效的文件,包括商标注册证书、商标公告、商标续展注册证书、商标权人变更名称文件以及其他证明商标权属的证据。

②利害关系人起诉的,应提交注册商标使用许可合同、在商标局备案的材料及商标注册证复印件。未经备案的应当提交商标注册人的证明,或者证明其享有权利的其他证据。利害关系人包括注册商标使用许可合同的被许可人、注册商标财产权利的合法继承人等。独占使用许可合同的被许可人可以单独向人民法院起诉;排他使用许可合同的被许可人与商标注册人可以共同起诉,在商标注册人不起诉的情况下,可以自行提起诉讼,但应当提交商标注册人已知有侵权行为发生而明示放弃起诉或不起诉的证明材料;普通使用许可合同的被许可人经商标注册人的明确授权,可以提起诉讼。

---

① 刁云芸:《影视作品网络侵权案件中维权应注意的相关问题》,载北京法院网2008年7月14日,https://bjgy.bjcourt.gov.cn/article/detail/2008/07/id/863774.shtml。

【风险提示】

商标权属证据只需要提交与案件有关的《商标证》等，利害关系人商标权属证据应包括证明是商标注册人和证明是商标注册人的利害关系人两个方面的证据。权利人在提交商标注册证书的时候，应当明确自己的商标权保护范围，包括文字、图形、核准注册的产品或者服务类别、是否驰名商标，等等。

典型案例61

“YA-HOO”商标纠纷案

美国雅虎公司是世界著名的网络搜索引擎站点，1996年在中国申请注册“YA-HOO”商标，1998年提出中文商标“雅虎”的注册申请，并向国家工商局就苏州易龙的“雅虎”提出异议。雅虎公司的理由如下：“YA-HOO”商标是该公司的著名注册商标，且在中国也已经注册，享有专有权。中文“雅虎”完全是对该英文商标的音译，根据中国的商标法，对已经为公众所熟知的商标进行音译而注册的应认定为不当注册。苏州易龙公司答辩称：苏州“雅虎”乃取义于明代苏州人唐伯虎，“因其儒雅风流，时人谓之雅虎”，同时，苏州公司申请在先，《商标法》保护申请注册在先的商标。

商标局经过审理认为，雅虎公司的异议不能成立，核准苏州公司注册中文“雅虎”商标。根据我国《商标法》的规定，以对已为公众所熟知的商标进行音译而注册的应认定为不当注册。那么“雅虎”是否就是对“YA-HOO”的音译呢？考量这个问题取决于中文中是否确有“雅虎”这个固定搭配。虽然唐伯虎的“雅虎”称号并非妇孺皆知，但是答辩人提供了相关文献用以证明确有其称谓，而且以此称谓唐伯虎确是精到，并非牵强附会。所以，苏州公司的答辩并非空穴来风，也不是后人附会，而是以文献和文化传统为依据的，即便属于恶意竞合，法律也无从禁止。雅虎公司注册了英文商标并不意味着其商标的保护范围就必然会扩大到中文音译部分，享有英文的商标不等于同时享有中文的音译商标，这是该案给雅虎公司带来的教训。当然，恶意抢注他人已有一定知名度的商标是为我国法律所禁止的。《商标法》规定，就相同或者类似商品申请注册的商标是复制、摹仿或者翻译他人未在中国注册的驰名商标，容易导致混淆的，不予注册并禁止使用。就不相同或者不相类似商品申请注册的商标是复制、摹仿或者翻译他人已经在中国注册的驰名商标,误导公众,致使该驰名商标注册人的利益可能受到损害的,不予注册并禁止使用。但在本案中,两公司的两种商标具有不同功能、消费渠道和使用方式,不会引起消费者混淆和误会,因此苏州易龙公司可以依法获得中文雅虎的注册。①

典型案例62

“爱慕”商标纠纷案

爱慕股份有限公司(以下简称“爱慕股份公司”)自1994年开始使用“爱慕”企业字号,申请注册了第627055号“爱慕AIMER”、第3641595号“爱慕”、第6446516号“Aimer”商标(统称涉案商标),上述品牌的服装、内衣产品广销全国各地,公司所获荣誉及宣传报道众多。广东艾慕内衣有限公司(以下简称“广东艾慕公司”)成立于2015年10月12日,自成立以来一直将“艾慕”作为其企业字号,该公司法定代表人周某于2016年5月27日申请注册第20108717号“AiMU艾慕”商标、于2015年5月27日受让第3862068号“Aimu艾慕”商标,核定使用在“服装、婴儿全套衣、游泳衣”等商品上。爱慕股份公司诉至法院,要求广东艾慕公司停止使用“AiMU艾慕”“AIMU艾慕”等标志、赔偿经济损失及合理开支100余万元及消除影响。

一审法院认为,广东艾慕公司在其网站宣传中使用的“AiMU艾慕”“AIMU艾慕”标志构成对爱慕股份公司已达驰名程度的第3641595号“爱慕”商标、第6446516号“Aimer”商标的摹仿和翻译,侵害了爱慕股份公司对上述驰名商标享有的专利权。广东艾慕公司使用“艾慕”作为企业字号进行注册登记并使用系具有恶意并足以误导公众的不正当竞争行为,据此,一审法院判决广东艾慕公司停止侵权、变更企业名称、消除影响并赔偿损失及合理开支共计34.6万元。广东艾慕公司不服,提起上诉。二审法院认为,判断法院是否有权审理爱慕股份公司针对广东艾慕公司使用被诉“AiMU艾慕”“AIMU艾慕”标志提出

① 参见李永明主编:《知识产权法案例研究》,浙江大学出版社2002年版,第166页。

的诉讼主张，需要对爱慕股份公司涉案商标在第 20108717 号“AiMU 艾慕”商标申请时是否驰名，以及爱慕股份公司提出上述主张的时间是否超过第 20108717 号“AiMU 艾慕”商标核准注册日的 5 年进行审查。在案证据足以证明第 3641595 号“爱慕”商标和第 6446516 号“Aimer”商标在第 20108717 号“AiMU 艾慕”商标申请注册前，已经构成使用在内衣商品上的驰名商标。因此，法院有权就爱慕股份公司针对广东艾慕公司使用“AiMU 艾慕”“AIMU 艾慕”标志提出的诉讼主张进行审理。广东艾慕公司使用“AiMU 艾慕”“AIMU 艾慕”的行为侵害了爱慕股份公司对上述驰名商标享有的权利，广东艾慕公司对于“艾慕”字号的使用构成《反不正当竞争法》第 6 条第 2 项规定的不正当竞争行为。据此，二审法院判决驳回上诉，维持原判。[①]

(3)原告享有的专利权合法有效的证据

①专利权人起诉的，应当提交证明其专利权真实有效的文件，包括专利证书、权利要求书、说明书和最新专利年费交纳凭证。提起侵犯实用新型专利权诉讼的原告，应当提交由国务院专利行政部门出具的检索报告。发明或者实用新型专利权的保护范围以其权利要求的内容为准，说明书及附图可以用于解释权利要求。但说明书及附图的内容不能引入权利要求。

②利害关系人起诉的，应当提交专利实施许可合同在国务院专利行政部门备案的证明材料；未经备案的，应当提交专利权人的证明，或者证明其享有权利的其他证据。

③独占实施许可合同的被许可人可以单独向人民法院起诉；排他实施许可合同的被许可人可以和专利权人共同起诉，也可以在专利权人不起诉的情况下，自行提起诉讼，但自行提起诉讼的应当提交专利权人已知有侵权行为发生而明示放弃起诉或不起诉的证明材料。

④受让获得专利权或者专利申请权的，应当提交相关专利权登记和公告文件。

⑤涉及新产品的制造方法专利诉讼的，原告应当初步举证证明“新产品”。《专利法》(2020 年)第 66 条第 1 款规定：“专利侵权纠纷涉及新产品制造方法

① 参见 2020 年度北京法院知识产权司法保护十大案例，(2020)京民终 194 号、(2017)京 73 民初 1741 号。

的发明专利的，制造同样产品的单位或者个人应当提供其产品制造方法不同于专利方法的证明。”新专利法只在“产品”的前面加了一个“新”字。一字之差使关于方法专利举证责任倒置的范围大为缩小。原告应当举证证明原告有一项产品制造方法的有效发明专利、该方法专利使用的结果是产生一项新产品、被告制造了与其新产品相同的产品。原告只有在完成了上述举证的情况下，才由被告承担证明未经原告许可而制造出的新产品不是依原告方法专利所制造出来的举证责任。根据最高人民法院《关于知识产权民事诉讼证据的若干规定》规定，专利方法制造的产品不属于新产品的，侵害专利权纠纷的原告应当举证证明下列事实：被告制造的产品与使用专利方法制造的产品属于相同产品；被告制造的产品经由专利方法制造的可能性较大；原告为证明被告使用了专利方法尽到合理努力。原告完成前款举证后，人民法院可以要求被告举证证明其产品制造方法不同于专利方法。提起确认不侵害知识产权之诉的原告应当举证证明下列事实：被告向原告发出侵权警告或者对原告进行侵权投诉；原告向被告发出诉权行使催告及催告时间、送达时间；被告未在合理期限内提起诉讼。

【风险提示】

如果原告要适用举证责任倒置，就必须举证证明方法专利使用的结果是产生一项新产品。所谓“新产品”，是指与市场中已经存在的产品不同的产品。据一般理解，判别是否“新”产品的标准不是专利法授予专利权时所要求的“新颖性”标准，只要某种产品在专利申请日前是本国市场上所从未见过的，就可以认为是新产品。确认是否新产品，对专利权人的举证不宜太苛刻，一种新产品上市有时可以举出证据证明，如在税收方面的优惠政策、为新产品上市举办的一些专门宣传活动等。但在多数情况下，证明一个产品是第一次上市并非易事，原告人只要在专利文件中提到是一种新产品的制造方法，或者在诉讼时称是一种在申请专利前市场上未曾见过的新产品即可。认定是否属于“新产品”反而要靠被告提出反证，证明在专利权人的新产品上市之前，市场上已有相同产品，专利权人上市的新产品已不是新产品。如果被告不能证明，法院就应当支持原告“新产品”的主张。在审判实践中，原告仍然应当尽量举证证明被告使用的方法侵犯其专利权，不能够仅仅依靠是否构成“新产品”的定性上。

典型案例 63

BASF 诉南通发明专利权纠纷案

在 BASF 公司诉南通施壮公司因侵犯发明专利权纠纷一案中,法院经过审理认为:根据我国《专利法》的相关规定,专利侵权纠纷涉及新产品制造方法的发明专利的,制造同样产品的单位或者个人应当提供其产品制造方法不同于专利方法的证明,但是 BASF 公司首先应当举证证明按照涉案专利方法生产的产品为新产品。所谓“新产品”,应当是指在我国国内第一次生产出的产品,该产品与专利申请日之前已有的同类产品相比,在产品的组份、结构或者其质量、性能、功能方面有明显区别。涉案专利涉及的是一种制备基本无粉尘的四氢 -3,5 - 二甲基 -1,3,5 - 嚓二嗪 -2 硫酮颗粒的方法,而涉案专利说明书中也说明该专利的发明目的是提供一种更为简便的棉隆产品的制备方法,在涉案专利申请日前,农药检定所发布的农药登记公告中包括 BASF 公司涉案专利涉及的产品,即“3,5 - 二甲基 - 四氢 -2H -1,3,5 - <二嗪 -2 硫酮”,因此,依据涉案专利所生产的产品与专利申请日之前已有的同类产品相比,在产品的组份、结构或者其质量、性能、功能方面没有明显区别,不属于新产品。由于使用涉案专利方法制造的产品不属于新产品,故应当由 BASF 公司承担举证责任,证明南通施壮公司生产的被控侵权产品是使用了涉案专利方法制造的。BASF 公司提交了两份检验报告,一份是 BASF 公司自行做出的,另一份是由 BASF 公司单方委托上海市农药研究所检测中心做出的,两份报告结论是一致的。由于上海市农药研统所检测中心与本案当事人并无利害关系,南通施壮公司如对其做出的检测结论持有异议,应当提交相反证据加以证明。虽然南通施壮公司提出其在生产涉案产品时并未加入涉案专利方法中使用的亚烷基二胺,而是通过使用十二烷基磺酸钠等其他助剂和改变反应器内部结构来制备棉隆颗粒剂,但其并未举证证明加入十二烷基磺酸钠等助剂会形成检验报告中涉及的三种特征杂质。南通施壮公司还提出储存容器存在残留物、设备未彻底清洗等原因都可能导致杂质的残存的抗辩理由,但均没有证据予以支持。因此,BASF 公司提交的证据足以证明南通施壮公司生产、销售的涉案“垄鑫综合土壤消毒剂”产品使用了与

涉案专利方法基本相同的方法，侵犯了涉案专利权，南通施壮公司应就此承担停止侵权、赔偿损失及诉讼合理支出的法律责任。①

典型案例 64

华为公司“用于执行电信系统中的随机访问的方法和设备”发明专利纠纷案

涉案专利（专利号 200880129948. X）名称为“用于执行电信系统中的随机访问的方法和设备”的发明专利（以下简称“本专利”），其申请日为 2008 年 12 月 15 日，优先权日为 2008 年 6 月 19 日，授权公告日为 2014 年 5 月 7 日，专利权人为爱立信电话股份有限公司（以下简称爱立信公司）。本专利的权利要求 1 –4 如下。

1. 一种在无线电基站（120, 400）中使用户设备（110, 500）能够执行基于争用的随机访问的方法，向所述无线电基站（120, 400）指配形成非专用随机访问前同步码池的第一集合以及形成专用随机访问前同步码池的第二集合，所述方法的特征在于它包括下列步骤：确定（201）随机访问前同步码标识符 RAPID；向所述用户设备（110, 500）传送（202）消息，所述消息包含所确定 RAPID；以及从所述用户设备（110, 500）接收（203）由所述用户设备（110, 500）根据所述所传送消息中包含的所述 RAPID 所选择的非专用随机访问前同步码。

2. 如权利要求 1 所述的方法，其中，确定（201）所述 RAPID 的所述步骤包括：选择与所述第一集合的非专用随机访问前同步码关联的预先配置的 RAPID。

3. 如权利要求 1 所述的方法，其中，确定（201）所述 RAPID 的所述步骤包括：随机选择与所述第一集合的非专用随机访问前同步码关联的 RAPID。

4. 如权利要求 1 –3 中的任一项所述的方法，其中，所述传送步骤（202）包括：在物理下行链路控制信道 PDCCH 上传送包含所述 RAPID 的所述消息。

针对本专利，华为技术有限公司（以下简称“华为公司”）于 2014 年 11 月

① 参见北京市高级人民法院民事判决书，（2008）高民终字第 164 号。

14日向原国家知识产权局专利复审委员会(以下简称“专利复审委员会”)提出无效宣告请求,同时提交了证据1(CN101682870A中国发明专利申请公布说明书,申请日为2008年5月16日,优先权日为2007年5月24日,公开日为2010年3月24日)。专利复审委员会经审查,于2015年5月21日作出第26030号无效宣告请求审查决定(以下简称“被诉决定”),宣告本专利的权利要求1-7、12、14-20、25无效,在权利要求8-11、13、21-24、26的基础上继续维持本专利有效。

爱立信公司不服被诉决定,向一审法院提起诉讼。一审法院认为,证据1满足构成抵触申请的形式要件。本专利权利要求1相对于证据1不具备新颖性。同理,权利要求14亦不具备新颖性。证据1已经公开了本专利权利要求2的附加技术特征,本专利权利要求2相对于证据1不具备新颖性。证据1已经公开了通过切换消息传送包含特征码ID编号的消息,本专利权利要求4将通过切换消息传送消息改换为在物理下行链路控制信道PDCCH上传送消息,是本领域的惯用手段的直接置换,因此,本专利权利要求4相对于证据1不具备新颖性。同理,本专利权利要求15、17相对于证据1亦均不具备新颖性。据此,一审法院判决驳回爱立信公司的诉讼请求。爱立信公司不服一审判决,提起上诉。二审法院认为,本专利权利要求4进一步限定了“在物理下行链路控制信道PDCCH上传送包含所述RAPID的所述消息”,而证据1是通过切换消息的方式传送消息,二者不属于惯用手段的直接置换。据此,二审法院判决撤销一审判决与被诉决定,由国家知识产权局重新作出决定。

本案涉及5G技术的基础专利,争议焦点在于新颖性判断过程中的“惯用手段的直接置换”的认定。在专利授权确权案件中,新颖性及创造性的评判过程中均存在“惯用手段”的概念。二审判决明确了虽新颖性下本领域惯用手段为创造性下本领域公知常识的下位概念,但二者存在显著的区别,即新颖性判断过程中要求惯用手段的替换必须为“直接置换”。所谓“直接置换”,不但要求相关的技术手段可以替换,同时要求将涉案发明与对比文件中的不同技术手段替换后,不会影响该技术手段与其他技术特征之间的配合、协作关系。对于本领域技术人员而言,即便相关技术手段的替换是容易想到的,但若相关技术手段替换后,同时要求与该技术手段配合的其他技术特征需要作出适应性调整,此时,虽然涉案发明可能不具备创造性,但不宜认定其不具备新颖性。本案二审法院通过在审理中严格适用新颖性的裁判标准，认定涉案专利部分权利要求具备新颖性，充分体现了平等保护中外当事人合法权益的司法政策，展现了为营造公平透明营商环境积极提供司法保障的态度，同时，也为今后此类案件的裁判提供了指引。①

(4)原告享有的商业秘密合法有效的证据

《反不正当竞争法》规定，商业秘密通常是指不为公众所知悉、具有商业价值并经权利人采取相应保密措施的技术信息、经营信息等商业信息。技术信息主要包括与技术有关的结构、原料、组分、配方、材料、样品、样式、植物新品种繁殖材料、工艺、方法或其步骤、算法、数据、计算机程序及其有关文档等信息。经营信息主要包括与经营活动有关的创意、管理、销售、财务、计划、样本、招投标材料、客户信息、数据等信息。客户信息，包括客户的名称、地址、联系方式以及交易习惯、意向、内容等信息。

对于侵犯商业秘密行为，北京知识产权法院《侵犯商业秘密民事案件诉讼举证参考》规定，可以依法起诉的主体为原告能够举证证明其为商业秘密的权利人或者利害关系人，可以依法提起侵犯商业秘密诉讼。商业秘密独占使用许可合同的被许可人可以单独提起侵犯商业秘密诉讼；商业秘密排他使用许可合同的被许可人可以和权利人共同提起侵犯商业秘密诉讼，或者在权利人不起诉的情况下自行提起诉讼；商业秘密普通使用许可合同的被许可人可以和权利人共同提起侵犯商业秘密诉讼，或者经权利人书面授权单独提起诉讼。

权利人，指称他人侵犯其商业秘密的，应当对其拥有的商业秘密符合法定条件、被告方的信息与其商业秘密相同或者实质相同以及被告方采取不正当手段获取的事实负举证责任。其中，商业秘密符合法定条件的证据，包括商业秘密的载体、具体内容、商业价值和对该项商业秘密所采取的具体保密措施等。

①原告是商业秘密权利人的证据，对于技术信息可以提交有关立项、成果的文件，原告董事会决议开发技术等；如果是商业信息如客户名单，可以提交商业信息所指向的合同、原告搜集客户信息所花费的人力物力证据等。原告主张的商业秘密应当是具体的、固定在一定载体上的，不能笼统一把抓。在有的案

① 2020年度北京法院知识产权司法保护十大案例，(2019)京行终513号、(2015)京知行初字第6121号。

件中,原告都不能说清楚自己商业秘密的具体内容,无从让法院来判断和保护。商业秘密“不为公众所知悉”是一个消极事实,被告方否认或以公众知晓抗辩的,由被告方对该信息属于公众知晓信息承担举证责任。最高人民法院《关于审理侵犯商业秘密民事案件适用法律若干问题的规定》及北京知识产权法院《侵犯商业秘密民事案件诉讼举证参考》规定,原告能够举证证明将为公众所知悉的信息进行整理、改进、加工后形成的新信息在被诉侵权行为发生时不为所属领域的相关人员普遍知悉和容易获得的,可以主张该新信息构成商业秘密。为证明该新信息非公众所知悉,原告可以将整理、改进、加工的过程和记录等作为证据提交。原告能够举证证明商业秘密在被诉侵权行为发生时不为所属领域的相关人员普遍知悉和容易获得的,可以主张该商业秘密不为公众所知悉。

②原告的商业秘密是为其带来经济价值或者有关信息对其竞争对手具有的商业价值。原告必须证明其主张的商业秘密能够给权利人带来现实的或者潜在的经济利益。该项证据的实质是表明技术信息或经营信息具有确定性,是完整的可应用的方案,而不是大概的原理或抽象的概念。商业秘密立足于经济利益,这是其与政治秘密、个人隐私的根本区别。有的原告主张其董事长、总经理的姓名、电话、家庭地址等构成商业秘密,比较牵强,如果不能合理地与经济利益挂钩则无法获得法院支持。最高人民法院《关于审理侵犯商业秘密民事案件适用法律若干问题的规定》及北京知识产权法院《侵犯商业秘密民事案件诉讼举证参考》规定,原告主张商业秘密具有商业价值的,可以根据商业秘密的研究开发成本、实施该项商业秘密的收益、可得利益、可保持竞争优势的时间等因素,举证证明商业秘密因不为公众所知悉而具有现实的或者潜在的商业价值。生产经营活动中形成的阶段性成果符合上述规定的,原告可以主张该阶段性成果具有商业价值。

③原告主张对商业秘密采取了相应保密措施,原告对商业秘密采取了必要的保护措施。权利人为防止信息泄漏所采取的与其商业价值等具体情况相适应的合理保护措施,应当认定为采取了必要的“保密措施”。最高人民法院《关于审理侵犯商业秘密民事案件适用法律若干问题的规定》及北京知识产权法院《侵犯商业秘密民事案件诉讼举证参考》规定,人民法院可以根据商业秘密及其载体的性质、商业秘密的商业价值、保密措施的可识别程度、保密措施与商业秘密的对应程度以及原告保密意愿等因素,举证证明其为防止商业秘密泄露,在

被诉侵权行为发生以前采取了与商业秘密相适应的合理保密措施,认定权利人是否采取了保密措施。

最高人民法院《关于审理侵犯商业秘密民事案件适用法律若干问题的规定》及北京知识产权法院《侵犯商业秘密民事案件诉讼举证参考》规定,具有下列情形之一,在正常情况下足以防止涉密信息泄漏的,应当认定权利人采取了保密措施:

A. 签订保密协议或者在合同中约定保密义务的;

B. 通过章程、培训、规章制度、书面告知等方式,对能够接触、获取商业秘密的员工、前员工、供应商、客户、来访者等提出保密要求的;

C. 对涉密的厂房、车间等生产经营场所限制来访者或者进行区分管理的;

D. 以标记、分类、隔离、加密、封存、限制能够接触或者获取的人员范围和权限等方式,对商业秘密及其载体进行区分和管理的;

E. 对能够接触、获取商业秘密的计算机设备、电子设备、网络设备、存储设备、软件等,采取禁止或者限制使用、访问、存储、复制等措施的;

F. 要求离职员工登记、返还、清除、销毁其接触或者获取的商业秘密及其载体,继续承担保密义务的;

G. 采取其他合理保密措施的。

但应注意的是,制定保密规章制度都应该是针对具体的秘密,对具体的人员做出的,不能笼统含糊。另外,保密措施还包括权利人采取的物质手段,比如,将源代码或核心机密材料锁进保险柜里,加密码、控制接触权限,等等。通过采取这些防范措施,使第三人除非通过不正当手段,否则不能轻易获得该信息。法律并不限定保密措施的种类,也不要求保密措施万无一失,只要权利人对商业秘密采取的保密措施客观上能为相对人识别出来即可。

(5)最高人民法院《关于知识产权民事诉讼证据的若干规定》规定,证据涉及商业秘密或者其他需要保密的商业信息的,人民法院应当在相关诉讼参与人接触该证据前,要求其签订保密协议、作出保密承诺,或者以裁定等法律文书责令其不得出于本案诉讼之外的任何目的披露、使用、允许他人使用在诉讼程序中接触到的秘密信息。当事人申请对接触前款所称证据的人员范围作出限制,人民法院经审查认为确有必要的,应当准许。

典型案例 65

利玛公司商业秘密侵权案

原告利玛公司诉称:我公司是开发、销售系统集成计算机软件产品的单位,以“计算机辅助生产管理信息系统”软件(ERP)为主要研发项目,该项目是我公司商业秘密。被告乔某华、蒋某炜、戴某纯、吴某,均在我公司担任过要职,乔某华任市场销售总监,蒋某炜任副总经理(全面负责技术和销售工作),戴某纯任技术总监,吴某任研发部经理,也是主持新一代(ERP)CAPMS9 开发项目的负责人。他们均与我公司签订了有保密条款的“聘用合同”和“职工保守公司商业秘密承诺书”。2002 年 4 月 2 日,被告乔某华率先从我公司辞职,随后被告蒋某炜、戴某纯、吴某辞职,同时还带走几十名骨干员工。这些辞职人员由被告自动化所全部接纳。被告自动化所利用乔某华等人在我公司任职期间掌握的经营信息和客户信息,掠走我公司的客户,获取巨大商业利益,严重冲击了我公司的市场。五被告的行为给我公司的生产经营带来极大损失,信誉受到了极大损害,原来是我公司的客户,现纷纷中止和原告的合作协议,使原告丧失发展机会。原告请求法院判令五被告停止侵权、赔礼道歉并赔偿损失。

法院经过审理认为,根据其诉讼请求,本案原告应承担如下事项的举证责任:明确自己主张商业秘密的详细内容、划定明确周界并具体表述该秘密由何信息组成,其内容、数量范围及秘密点;证明自己主张的商业秘密符合法律规定;证明自己是该技术秘密的权利人。其中,原告明确其要求保护的商业秘密的详细内容是本案审理的基点。依据《反不正当竞争法》(1993 年)第 10 条第 3 款①的规定,受到法律保护的商业秘密是指不为公众所知悉、能为权利人带来经济效益、具有实用性并经权利人采取保密措施的技术信息和经营信息。原告在本案中主张商业秘密的内容依据的是《聘用合同》第 1 条、第 2 条中规定的“商业秘密”,即“系承诺人在公司任职期间由于工作关系所创作、开发、取得或获知的资讯或物品,包括(但不限于):1. 生产方法、行销技巧、采购、价格、财务、合

① 现行《反不正当竞争法》第 10 条第 4 款。

约、顾客、供应商等资料，及其他与公司业务有关的资料；2. 各发展阶段及完成后的电脑软件产品及所有相关文件，包括(但不限于)初步设计、详细设计、实施指南、使用手册等；3. 发明、发现、概念、构图、产品规格、流程图、制程、专门技术；4. 公司依约或依法令对第三者的商业秘密负有保密责任的资料或物品"。本院认为，《聘用合同》仅约定了原告商业秘密的基本范围。虽然，原告在庭审中明确其主张的商业秘密内容具体为：技术信息包括 CAPMS 系统的软件产品设计、设计说明书、流程图、编程、生产工艺、源程序、编译后可执行的程序、文档、相关概念及其发明等；经营信息包括 CAPMS 系统软件产品在销售环节中的客户名单、产销策略、价格及与开发生产、经营活动有关的资料、与客户签订的合同及其内容(包括合同约定的技术和服务的内容、范围、实施进度、培训计划、技术升级或更新换代的条件以及价格、报价方式、结算方法等)。但是，因被告对原告提交的证据 16 即源程序光盘的真实性提出异议，原告已当庭表示放弃该证据，故原告在诉讼中并未提供有效的可证明其主张商业秘密中技术信息的具体载体，因此，原告主张商业秘密保护的上述技术信息并无直接证据支持。为此，原告应承担由此产生的不利后果。关于原告主张的经营信息中的客户名单问题，因客户单位名称、地址、电话等并非原告所独有，且被告的证据 1 即公证书也证明属于原告的典型客户名称已由原告自己在网站上公开，故已进入公有领域，已不具备商业秘密的秘密性，故原告主张的经营信息中的 8 个客户名单已不能作为商业秘密予以法律保护。虽然，原告在与客户签订的合同中约定了保密条款，无特殊情况，合同的具体内容除签约双方当事人外并不为公众所知悉。但由被告与这 8 个客户签订的合同所涉及的技术内容来看，其中，3 个涉及 RS10 软件、2 个涉及 ERP、2 个涉及《系统平台升级服务》、1 个涉及 EIP，与原告在先与这 8 个客户签订的合同内容上并无明显的承继关系。在原告无证据证明 RS10 软件与 CAPMS8、CAPMS9 软件实质相同或属于《合资经营合同》约定的衍生产品的情况下，原告仅凭现有证据并不能证明被告在签订及履行与客户的合同过程中必然使用了 CAPMS8、CAPMS9 软件的技术信息及其经营信息。综上所述，原告指控被告侵犯其商业秘密的主张，因无证据支持，不能成立。[①]

① 参见北京市高级人民法院民事判决书，(2004)高民终字第 800 号。

典型案例66

晓程公司商业秘密侵权案

许某曾系北京福星晓程电子科技股份有限公司(以下简称“晓程公司”)外贸部主管,徐某原系晓程公司生产采购部采购员。2012年至2014年,许某违反晓程公司相关保密要求,将其所掌握的含有四个核心程序源代码技术信息提供给他人,并伙同徐某等人使用上述核心程序源代码制作电表,通过其所实际控制的北京海马兴旺科贸有限公司(以下简称“海马公司”)向平壤合营公司出口销售相关电表,非法获利。其中,许某负责出口及销售电表,徐某负责采购电表元器件、加工及后续焊接等。经查,根据立项、研发等材料、非公知性鉴定、劳动合同、保密协议及相关证人证言等在案证据,足以证实晓程公司享有涉案四个核心程序源代码的电表程序技术秘密,且采取了严格保密措施。另查,晓程公司主张其涉案技术研发成本为263万余元;徐某自认海马公司向其进货单价是155元,出口单价26美元;在最初与许某向朝鲜制售的2万套电表中其个人获利10万元,之后其与许某合作制造了三四十万个电表。2017年6月,徐某、许某先后被抓获归案。公诉机关于2018年1月25日向一审法院提起公诉,认为许某、徐某的行为触犯了《刑法》第219条第1款第3项等相关规定,构成侵犯商业秘密罪,且后果特别严重,提请依法惩处。晓程公司当庭诉称二被告人非法获利巨大,仅出口退税就获利700余万元,给晓程公司造成巨额经济损失。一审法院认为,许某、徐某违反晓程公司的保密要求,披露、使用或允许他人使用其所掌握的商业秘密,造成特别严重的后果,已构成侵犯商业秘密罪,应予惩处。公诉机关指控二被告人犯有侵犯商业秘密罪的事实清楚,证据确实充分,指控罪名成立。据此,一审法院判决:许某犯侵犯商业秘密罪,判处有期徒刑4年,罚金300万元;徐某犯侵犯商业秘密罪,判处有期徒刑4年,罚金200万元。一审宣判后,二被告人均提出上诉。二审法院审理后驳回上诉,维持原判。

本案系侵犯商业秘密罪的典型案例。随着市场竞争日益激烈,竞争对手、内部员工内外勾结获取、使用、披露权利人核心技术信息,侵犯商业秘密的情况屡见不鲜。因适用侵犯商业秘密罪的入罪要件非常严格,且受限于传统的刑事办案思维,在一定程度上影响了打击此类犯罪行为的成效。而针对侵犯商业秘密行为提起民事诉讼亦有诸多局限。本案裁判适当借鉴了民事审判规则和理论,综合考虑与“秘密性”特点相关的证据认定商业秘密;在判断技术秘密权属时,不仅局限于权利证书等传统刑事认定依据,而是结合立项、研发材料、成本投入及市场开发等相关证据,排除了存在权属争议的合理怀疑后作出认定,增强了裁判说服力。本案适当借鉴民事审判规则,充分论证被告人行为满足侵犯商业秘密罪的各项构成要件,既体现了知识产权“三合一”审判机制的优势,对严重侵犯商业秘密的行为给予有力打击,也加大了对商业秘密的保护力度。①

2. 被告实施侵权行为的证据

最高人民法院《关于审理著作权民事纠纷案件适用法律若干问题的解释》规定,当事人自行或者委托他人以定购、现场交易等方式购买侵权复制品而取得的实物、发票等,可以作为证据。公证人员在未向涉嫌侵权的一方当事人表明身份的情况下,如实对另一方当事人按照前款规定的方式取得的证据和取证过程出具的公证书,应当作为证据使用,但有相反证据的除外。

最高人民法院《关于知识产权民事诉讼证据的若干规定》规定,被告依法主张合法来源抗辩的,应当举证证明合法取得被诉侵权产品、复制品的事实,包括合法的购货渠道、合理的价格和直接的供货方等。被告提供的被诉侵权产品、复制品来源证据与其合理注意义务程度相当的,可以认定其完成前款所称举证,并推定其不知道被诉侵权产品、复制品侵害知识产权。被告的经营规模、专业程度、市场交易习惯等,可以作为确定其合理注意义务的证据。权利人为发现或者证明知识产权侵权行为,自行或者委托他人以普通购买者的名义向被诉侵权人购买侵权物品所取得的实物、票据等可以作为起诉被诉侵权人侵权的证据。被诉侵权人基于他人行为而实施侵害知识产权行为所形成的证据,可以作为权利人起诉其侵权的证据,但被诉侵权人仅基于权利人的取证行为而实施侵害知识产权行为的除外。

(1)被告侵犯著作权的证据

仅仅固定实施侵权行为的证据仍然不够充分,原告应当从著作权侵权判定

① 爱慕股份有限公司诉广东艾慕内衣有限公司商标侵权纠纷案,北京市高级人民法院2019年度北京市法院知识产权司法保护十大案例(2019)。

规则的角度来进一步组织和运用证据。

“接触加实质性相似”是通过多年著作权保护实践总结出来的认定被控侵权作品复制了或来源于享有著作权的作品、被告构成著作权侵权的一个规则,为司法实务所普遍运用。根据这一规则,原告只要举证证明被告接触了原告的作品,被控侵权作品与原告的作品相同或者实质性相似,原告即完成了指控侵权的举证责任。被告否认的,应当举出反证。

①如何判断“实质性相似”

在司法实践中,当原、被告作品完全相同或者基本相同、相似的时候,对于是否构成抄袭的认定是化较容易的。这对于文字作品和美术作品都容易理解,将两部作品进行直观比较就可以得出是否相同或者近似的结论。但当被指控抄袭之处仅涉及作品的构思、语言风格、人物特征及关系、主要情节、个别语句等且散落在作品的各个部分、文字等最终表达不尽相同时,对是否抄袭的认定就要复杂得多。值得注意的是,在文字作品比对过程中,如何判断构成“实质相似”成为案件定性的关键。下述三个案例值得借鉴。

典型案例67

《荒原人》著作权纠纷案

原告黄某文称其创作了《荒原人》一书,被告冯某飞所著《美丽的田野》一书大量抄袭、剽窃了《荒原人》的主题思想、人物性格命运、人物关系、故事框架、故事情节和文字,甚至直接剽用了老红军八老爷子和主人公的寡母六娘的称呼,经过细节变动,文字改换,拼合成书,已构成对原告著作权的侵犯。北京市第一中级人民法院对原告指控的上述几个方面进行了对比,认为:提纲和结构是对作品整体高度概括的一般性的描述,不是作品的表达。原告对涉案两部作品的概括不准确,存在一定的主观色彩。两部作品的故事脉络及情节发展并不相同,提纲和结构不相同。两部作品的环境和背景相似之处主要表现为地域、自然村的组成、故事场景以及季节等,上述内容并非著作权法意义上思想的表达,也不属于作者的独创。剧本格式是文学作品的一种常见文体,不应由某个作者垄断。两部作品的语言,有的表述差异明显,有的虽然相同或者近似,但不具有独创性，不能为某个作者专有。在情节方面，有的原告的概括与原作不符，有的情节不同，即使有相同或者相似之处，但或者表达方式完全不同，或者为生活中常见的情节，或者不应为作者专有，或者缺乏独创性。在人物关系方面，涉案两作品有的人物之间有唯一对应关系，但人物刻画及与相关人物关系的表述并不相同。两部作品为不同的作品，被告不构成对原告著作权的侵犯。

在本案中，原告据以主张被告抄袭的事实基本不在于双方作品的文字等最终符号的相同或者相似，而主要在于作品的构思、语言风格、人物特征及关系、主要情节、散落在作品不同部分的个别语句等的相同或者相似。因此，如何划分思想与表达，处于主题和细节之间的内容，包括情节、结构、主要事件、事件之间的顺序、人物关系究竟属于思想还是表达，如何划分公有领域、事实和个人创作，什么属于必要场景或者唯一表达，独创性如何把握，主题和思想在判断抄袭中是否应绝对排除，据以判断抄袭的原则和方法是什么，本案具有典型意义。①

典型案例68

《圈里圈外》著作权纠纷案

作家庄某著有《圈里圈外》（以下简称《圈》），作家郭某明著有《梦里花落知多少》（以下简称《梦》），均是描写青年男女之间感情纠葛的小说。庄某以《梦》一书在故事情节、人物特征、语言风格等方面抄袭《圈》为由，将郭某明、春风文艺出版社及北京图书大厦诉至法庭。法院终审判决认为：

小说是典型的叙事性文学体裁，长篇小说又是小说中叙事性最强、叙事最复杂的一种类型。同时，文学创作是一种独立的智力创造过程，更离不开作者独特的生命体验。因此，即使以同一时代为背景，甚至以相同的题材、事件为创作对象，尽管两部作品中也可能出现个别情节和一些语句上的巧合，不同的作者创作的作品也不可能雷同。在本案中，涉案两部作品都是以现实生活中青年人的感情纠葛为题材的长篇小说，从以上本院认定的构成相似的主要情节和一般情节、语句的数量来看，已经远远超出了可以用"巧合"来解释的程度，结合郭

① 参见北京市高级人民法院民事判决书，(2004)高民终字第800号。

某明在创作《梦》之前已经接触过《圈》的事实,应当可以推定《梦》中的这些情节和语句并非郭某明独立创作的结果,其来源于庄某的作品《圈》。

同时,对被控侵权的上述情节和语句是否构成抄袭,应进行整体认定和综合判断。对于一些不是明显相似或者来源于生活中的一些素材,如果分别独立进行对比很难直接得出准确结论,但将这些情节和语句作为整体进行对比就会发现,具体情节和语句的相同或近似是整体抄袭的体现,具体情节和语句的抄袭可以相互之间得到印证。例如,《圈》中有主人公初晓的一段心理活动:"(高源)一共就那一套一万多块钱的好衣服还想穿出来显摆,有本事你吃饭别往裤子上掉啊(见原作第79页)。"这一情节取自生活中常见的往衣服上掉菜汤的素材,同时加上了往高档服装上掉菜汤的元素,因此使其原创性有所提高。而相应的,在《梦》中,也有主人公林岚的一段心理活动:"我看见他那套几万块的Armani心里在笑,有种你等会儿别往上滴菜汤(见原作第38页)。"显然,如果单独对这一情节和语句进行对比就认为构成剽窃,对被控侵权人是不公平的。但如果在两部作品中相似的情节和语句普遍存在,则应当可以认定被控侵权的情节构成了抄袭。故本院认定《梦》中多处主要情节和数十处一般情节、语句系郭某明抄袭庄某《圈》中的相应内容。在小说创作中,人物需要通过叙事来刻画,叙事又要以人物为中心。无论是人物的特征,还是人物关系,都是通过相关联的故事情节塑造和体现的。单纯的人物特征,如人物的相貌、个性、品质等,或者单纯的人物关系,如恋人关系、母女关系等,都属于公有领域的素材,不属于《著作权法》保护的对象。但是一部具有独创性的作品,以其相应的故事情节及语句,赋予了这些"人物"以独特的内涵,则这些人物与故事情节和语句一起成了著作权法保护的对象。因此,所谓的人物特征、人物关系,以及与之相应的故事情节都不能简单割裂开来,人物和叙事应为有机融合的整体,在判断抄袭时亦应综合进行考虑。在本案中,庄某在《圈》中塑造了初晓、高源、张小北等众多人物形象,围绕这些人物描写了一个个具体的故事情节,通过这些故事情节表现出了人物的特征和人物关系。例如,在《圈》中,男主人公高源出车祸受伤昏迷,住进医院,女主人公初晓来看望,高源苏醒,两人开玩笑,初晓推了高源脑袋一下,导致高源昏迷。这一情节既将人物的个性表现出来,同时也将二人的恋人关系以独特的方式表现出来。而在《梦》中,在男女主人公之间也有几乎相同的情节,只是结果稍有不同。将两部作品整体上进行对比,《梦》中主要人物及其情节与《圈》中的主要人物及情节存在众多雷同之处,这进一步证明了郭某明创作的《梦》对庄某的作品《圈》进行了抄袭。故本院对郭某明和春风出版社关于《梦》系郭某明完全独立创作的作品的主张,不予支持。①

典型案例69

《锦绣未央》文学作品侵权案

2012~2013年,周某(笔名秦简)创作并在"潇湘书院"网站上连载了小说《庶女有毒》。后周某将该小说改名为《锦绣未央》,并于2013年出版发行。全书共六册、1530千字。小说《锦绣未央》与温某安等12位知名作者在先发表的《温柔一刀》《身历六帝宠不衰》等16部权利作品相比,就语句而言,或者均使用了独特的比喻或形容,或者均采用了相同或类似的细节描写来刻画人物或事物,或者均采用大量常用语言的相似组合;就情节而言,小说《锦绣未央》采用了上述16部权利作品中具有独创性的背景设置、出场安排、矛盾冲突和具体的情节设计,共存在763处语句、21处情节相同或实质性近似,共计114千字。温某安等12位知名作者分别提起诉讼,请求周某停止侵权、赔礼道歉,赔偿经济损失等。一审法院认为,周某侵害了温某安等12位作者对相应作品享有的署名权、复制权、发行权、信息网络传播权。据此,一审法院判令周某停止侵权、公开赔礼道歉并赔偿经济损失共计74万余元。一审宣判后,双方均服判,未提起上诉。

本系列案件是典型的文学作品侵权案例,涉及一部作品抄袭温某安等12位知名作者的16部在先作品,抄袭作品数量、规模之大实属罕见。本案侵权行为反映了当前新技术条件运用下抄袭的便利性和隐蔽性,与以往的照搬照抄不同,此类侵权行为呈现新的特点:抄袭内容既包括语句抄袭又包括情节抄袭,且二者相互掺杂,一部作品分散抄袭众多其他作品。上述特点为本案审理中查明纠纷事实提出了巨大挑战。法院在完成大量作品比对工作的基础上,结合文学作品表达及创作特点,从法律规定和基本法理出发,对文学作品语句与情节的

① 参见北京市高级人民法院民事判决书,(2005)高民终字第539号。

关系、语句抄袭和情节抄袭的判定方法作了充分论证分析,对此类案件的审理具有借鉴意义。本系列案件判决的作出不仅对新技术条件下的恶意抄袭行为给予了严厉打击,而且向社会明确传递了尊重鼓励原创、抵制抄袭的声音,有利于促进文化市场的健康良性发展。[①]

②如何判断“接触”

被告接触了原告的作品,包括以直接证据证明被告已实际接触原告作品的情况,也包括原告举证证明被告有“合理的可能”接触过原告的作品。对“接触”的证明不只局限于以直接证据证明被告已实际接触原告作品的情况,原告举证证明被告有“合理的可能”接触过原告的作品的,也可以认定被告接触了原告的作品。

对于被告“接触”了原告的作品,可以直接证据来证明,比如,证明被告曾以阅读过、见到过、购买过、收到过、被告曾在原告处工作等方式接触过原告的作品;也可以间接证据予以证明,比如,原告作品在被告作品之前已通过发行、展览、表演、放映、广播等方式公之于众,原告之前已对其作品办理注册或者登记,而注册或者登记档案可供公众查阅。另外,被告不具有对被控侵权作品自行创作能力、被告以不平常速度完成作品创作等事实也可以作为证明被告接触原告作品的间接证据。在下列情形下,也可以推定被告接触了原告的作品:被告的作品与原告的作品明显近似,足可合理排除被告独立创造的可能性;被告的作品中包含有与原告作品中相同的错误,而这些错误对作品毫无意义,或者被告无法对这些错误给予合理的解释;被告的作品中包含与原告作品中相同的特点、相同的风格或者相同的技巧,而这些相同之处很难用偶然的巧合来解释。

原告已举出直接证据或者间接证据证明被告实际接触或者有“合理的机会”或“合理的可能性”接触过原告的作品,即完成证明责任;被告否认的,举证责任转由被告承担。

【风险提示】

计算机软件作为作品,不同于著作权法中的文字作品、美术作品,属于高新

① “锦绣未央”温某安诉周某著作权侵权纠纷案,北京市高级人民法院发布北京市法院知识产权司法保护十大案例(2019年)。

技术领域,原告应举证证明双方软件的源程序、文档等文件相同或者相近似;在原告难以取得被告的源程序等文件或者被告拒绝提供其源程序等文件的情况下,原告应举证证明双方软件的目标程序相同或者相近似,或者虽不相同或者相近似,但是在被告的软件的目标程序中存在原告软件中的特有内容;或者双方软件的运行界面相同的,也可以认定原告就双方软件相同或者相近似的主张完成了相应的举证责任。被告否认的,举证责任转由被告承担。在通常情况下,鉴定结论是最为直观直接的证据,原告可以委托具有鉴定资质的专业机构对两款软件是否构成实质性相似进行鉴定,因为法官并不是专业人员,对软件源程序或者目标程序是否实质性相似并不能做出专业性的判断,必然会依据于相关专业机构的鉴定结论。确凿的鉴定结论将有利于法官了解案情,甚至对案件定性。

(2)被告侵犯商标权的证据

根据《商标法》(第57条)及其实施条例以及最高人民法院《关于审理商标民事纠纷案件适用法律若干问题的解释》(2020年修正)(第1条),侵犯注册商标专用权包括如下几种情形:①未经商标注册人的许可,在同一种商品或者类似商品上使用与其注册商标相同或者近似的商标的;②销售侵犯注册商标专用权的商品的;③伪造、擅自制造他人注册商标标识或者销售伪造、擅自制造的注册商标标识的;④未经商标注册人同意,更换其注册商标并将该更换商标的商品又投入市场的;⑤将与他人注册商标相同或者相近似的文字作为企业的字号在相同或者类似商品上突出使用,容易使相关公众产生误认的;⑥复制、摹仿、翻译他人注册的驰名商标或其主要部分在不相同或者不相类似商品上作为商标使用,误导公众,致使该驰名商标注册人的利益可能受到损害的;⑦将与他人注册商标相同或者相近似的文字注册为域名,并且通过该域名进行相关商品交易的电子商务,容易使相关公众产生误认的。

值得注意的是,“注册商标专用权的范围”和“注册商标专用权的保护范围”是两个概念。“注册商标专用权”的范围,是指商标注册人对其注册商标所享有的独占使用权的范围,即以核准注册的商标和核定使用的商品或服务为限,超出该范围就无权以注册商标的形式使用,因此这个范围是明确的、具体的。“注册商标专用权的保护范围”,是指商标注册人依法请求行政或者司法机关制止他人以一定形式使用注册商标的行为,以保护其注册商标专用权的范围,这个范围就是商标权人有权禁止他人为上述7项行为的权利,并要求法律的强制性保护。这个范围是宽泛和不确定的。所以,原告应当结合上述侵权行为来收集被告侵犯商标权的证据,主要有以下几类。①证明侵权主体的证据,主要包括侵权产品的生产商和销售商的主体身份,因为商标侵权的主体一般是公司企业法人,所以证明侵权主体确实存在的工商档案成为必要。②证明商品商标侵权的证据,主要包括:侵权商品;侵权商品完整的外包装、说明书、标牌等;侵权商品展览、展览及广告宣传的物品、宣传网页和销售侵权产品的发票等。③证明服务商标侵权的证据,主要包括:在服务场所使用注册商标的证据,例如在服务招牌上、服务工具上、服务人员的服装、名片、打折卡上;服务广告、宣传物品上等。④证明侵权期间的证据,主要包括开始侵权和停止侵权时间的证据。⑤侵权损害后果的证据,主要包括:侵权产品销售区域的证据;侵权产品质量的证据;消费者对侵权产品评价证据。⑥证明侵权行为地的证据,主要包括:销售发票、发货单、提货单、仓储单、工商、海关执法部门的查封扣押清单。⑦证明实际混淆的证据,主要包括:消费者或客户要求商标权人对侵权人产品提供售后服务的证据;向商标权人咨询侵权产品的证据等。

【风险提示】

在商标权侵权判定过程中,还要注意相关概念的含义和界定。

商标法所称相关公众,是指与商标所标示的某类商品或者服务有关的消费者和与前述商品或者服务的营销有密切关系的其他经营者。

商标相同,是指被控侵权的商标与原告的注册商标相比较,二者在视觉上基本无差别。商标近似,是指被控侵权的商标与原告的注册商标相比较,其文字的字形、读音、含义或者图形的构图及颜色,或者其各要素组合后的整体结构相似,或者其立体形状、颜色组合近似,易使相关公众对商品的来源产生误认或者认为其来源与原告注册商标的商品有特定的联系。认定商标相同或者近似按照以下原则进行:①以相关公众的一般注意力为标准;②既要进行对商标的整体比对,又要进行对商标主要部分的比对,比对应当在比对对象隔离的状态下分别进行;③判断商标是否近似,应当考虑请求保护注册商标的显著性和知名度。

典型案例 70

“长城”葡萄酒商标侵权纠纷案

在2006年北京法院知识产权十大典型案例之一的“长城”葡萄酒商标侵权纠纷案中，“长城及图”是原告中粮集团使用在其葡萄酒产品上的注册商标并被国家工商局认定为驰名商标。原告认为，被告北京嘉裕东方葡萄酒有限公司在其产品上的使用“嘉裕长城”商标制造和销售各种葡萄酒，侵犯其商标权，给其造成极大的经济损失，故向法院提起诉讼，索赔1亿元人民币。法院经审理认为，原告“长城”商标中的文字具有识别原告葡萄酒产品的显著性，构成其主要部分。被告“嘉裕长城”虽由文字和图形组合而成，但足以使相关公众将含有“长城”文字的“嘉裕长城”商标的葡萄酒产品与原告产品相混淆，或认为两者在来源上具有特定联系。被告的“嘉裕长城”商标使用了原告“长城”商标最具显著性的文字构成要素，侵犯了原告“长城”商标专用权。据此判决被告立即停止侵权，赔偿原告经济损失1000余万元。①

典型案例 71

“FILA”注册商标纠纷案

2008年，斐乐体育有限公司（以下简称“斐乐公司”）经授权取得了“FILA”系列注册商标在中国地区的唯一合法使用权。通过持续的商业推广活动和宣传，“FILA”系列注册商标在国内外具有较高市场知名度。2016年6月，斐乐公司发现浙江中远鞋业有限公司（以下简称“中远鞋业公司”）在网络及线下实体店、瑞安市中远电子商务有限公司（以下简称“中远商务公司”）在京东等线上网络销售平台，宣传展示、销售的鞋类商品使用的商标标志与斐乐公司所持有的“FILA”系列注册商标相近似。刘某作为中远鞋业公司原法定代表人、中远商务公司法定代表人、“GFLA 杰飞乐”等商标的注册人，参与了上述生产、销售

① 参见最高人民法院民事判决书，(2005)民三终字第5号。

和宣传的侵权行为，其应对上述行为承担连带责任。经斐乐公司统计，三被告侵权商品的销售总额已达到数千万元。为此，斐乐公司诉至法院，要求判令三被告停止侵权、赔偿经济损失900万元及合理开支费用41万元。一审法院认为，中远鞋业公司、中远商务公司在被诉商品上使用标志、标注“飛樂（中國）”以及在网站上使用、标志，侵犯了斐乐公司对相应的“FILA”系列注册商标享有的注册商标专用权。中远鞋业公司、中远商务公司作为同类商品的经营者，理应知晓斐乐公司注册商标的知名度，其在生产的商品上突出使用与涉案商标近似的标志，且在多个网络销售平台上进行销售，销售金额巨大；同时，商标局早在2010年7月19日就以第7682295号“gfla”商标与斐乐公司享有商标专用权的第G691003A号商标近似为由，驳回了该商标在“服装、帽、鞋”上的注册申请，三被告此时显然已经充分知晓斐乐公司在先注册的“FILA”系列商标。三被告在明知其使用涉案被诉标志可能会给消费者造成严重误导，导致商品来源混淆误认的情况下，仍然继续生产和销售侵权商品，其主观恶意明显，侵权情节严重，应按照中远鞋业公司因侵权获利的三倍确定赔偿数额。据此，一审法院判决：三被告停止侵权，赔偿斐乐公司经济损失791万元及合理开支41万元。三被告不服，提起上诉。二审法院判决：驳回上诉，维持原判。

2013年修订的《商标法》（已被修改）第63条第1款首次在知识产权法领域规定了侵害商标权的惩罚性赔偿责任，体现了加大知识产权侵权违法行为惩治力度的立法导向。（与2019年修订版内容相同）由于《商标法》对“恶意”“情节严重”的内涵未予明确，实践中对此意见不统一，导致适用惩罚性赔偿的案例较少。本案是一起适用惩罚性赔偿条款的典型案例，其典型意义在于：对《商标法》第63条惩罚性赔偿条款中的“恶意”和“情节严重”进行了详细分析，明确指出：被诉侵权商品的生产者、销售者作为权利商标核定使用商品的同行业经营者，在其先前申请的商标因与他人在先注册商标构成近似商标被驳回后，仍然在所生产、销售的相同商品上使用与权利商标近似的商标，且进行广泛销售、获利数额巨大，则属于主观恶意明显、侵权情节严重的情形，应按照其侵权获利数额的3倍赔偿损失。此外，法院在本案中根据当事人申请依法向有关电商平台调取了被告涉案网店经营情况的证据，并结合被告自己提交的财务数据，对侵权人因侵权所获得的利益进行了精确的计算。本案对于恶意侵犯知名品牌的行为加大惩罚力度，充分体现了适用惩罚性赔偿条款“显著提高违法成本”的导向,将为类似案件的审理提供参考和借鉴。①

(3)被告侵犯专利权的证据

原告应当提交下列侵权证据,证明被告已经实施或者即将实施侵犯专利权的行为:①侵权人生产的被控侵权产品,即侵权行为的直接证据;②如因客观原因不能取得被控侵权产品,则可以先提供诸如侵权人在报刊上刊登的销售其产品的广告、与他人签订的买卖合同等间接证据;③被控侵权产品的销售和使用者明知该产品是侵权产品而仍然进行销售和使用的证据;④就被控侵权产品与权利人专利权利要求书进行对比,说明其技术征如何落入了权利人专利的保护范围,即证明侵权成立。

进行侵权判定,应当以专利权利要求中记载的技术方案的全部必要技术特征与被控侵权物(产品或方法)的全部技术特征逐一进行对应比较。一般不以专利产品与侵权物品直接进行侵权对比,专利产品可以用于帮助理解有关技术特征与技术方案。当原被告双方当事人均有专利权时,一般不能用双方专利产品或者双方专利的权利要求进行侵权对比。对产品发明或者实用新型进行专利侵权判定比较,一般不考虑侵权物与专利技术是否为相同应用领域。

在专利侵权判定中,根据人民法院多年的司法审判经验,总结出一套完备的判定原则,原告在收集侵权证据和进行判定比对过程中应当充分利用,方能最大限度地获得法律保护。

A. 全面覆盖原则:全面覆盖,是指被控侵权物(产品或方法)将专利权利要求中记载的技术方案的必要技术特征全部再现,被控侵权物(产品或方法)与专利独立权利要求中记载的全部必要技术特征一一对应并且相同。全面覆盖原则,即全部技术特征覆盖原则或字面侵权原则。此即如果被控侵权物(产品或方法)的技术特征包含了专利权利要求中记载的全部必要技术特征,则落入专利权的保护范围。

例如,一项专利,其权利要求为,一种新型机器人行走机构,其特征在于:(A)电机接传动机构,(B)传动机构的输出轴上装有驱动轮。被控物的结构也为:(A)电机接传动机构,(B)传动机构的输出轴上装有驱动轮。由此可知,则

① 参见"斐乐"商标侵权纠纷案,2018 年度北京法院知识产权司法保护十大案例,(2017)京 0102 民初 2431 号、(2017)京 73 民终 1991 号。

被控侵权物的技术特征完全落入专利权利范围之内。

当专利独立权利要求中记载的必要技术特征采用的是上位概念特征,而被控侵权物(产品或方法)采用的是相应的下位概念特征时,则被控侵权物(产品或方法)落入专利权的保护范围。

例如,一项专利,其权利要求为,一种新型机器人行走机构,其特征在于:(A)电机接传动机构,(B)传动机构的输出轴上装有驱动轮。被控物的结构为:(A)电机经齿轮传动,(B)输出轴上装有驱动轮。被控物采用齿轮传动,因为齿轮传动的结构属于"传动机构"的具体概念,所以被控物使用下位概念仍然落入专利权利保护范围。

被控侵权物(产品或方法)在利用专利权利要求中的全部必要技术特征的基础上,又增加了新的技术特征,仍落入专利权的保护范围。此时,不考虑被控侵权物(产品或方法)的技术效果与专利技术是否相同。被控侵权物(产品或方法)对在先专利技术而言是改进的技术方案,并且获得了专利权,则属于从属专利。未经在先专利权人许可,实施从属专利也覆盖了在先专利权的保护范围。

例如,一项专利,其权利要求为,一种新型机器人行走机构,其特征在于:(A)电机接传动机构,(B)传动机构的输出轴上装有驱动轮。被控物的结构在上述两项之外又增加了(C)某电机加速装置。尽管被控侵权物也可以获得专利,但是其依赖于在先专利的实施,属于从属专利,落入专利权保护范围。

B. 等同原则:等同,是指被控侵权物(产品或方法)中有一个或者一个以上技术特征经与专利独立权利要求保护的技术特征相比,从字面上看不相同,但经过分析可以认定两者是相等同的技术特征。在这种情况下,应当认定被控侵权物(产品或方法)落入了专利权的保护范围。同时满足以下两个条件的技术特征,是专利权利要求中相应技术特征的等同物。

第一,被控侵权物中的技术特征与专利权利要求中的相应技术特征相比,以基本相同的手段,实现基本相同的功能,产生了基本相同的效果。

第二,对该专利所属领域普通技术人员来说,通过阅读专利权利要求和说明书,无须经过创造性劳动就能够联想到的技术特征。适用等同原则判定侵权,仅适用于被控侵权物(产品或方法)中的具体技术特征与专利独立权利要求中相应的必要技术特征是否等同,而不适用于被控侵权物(产品或方法)的整体技术方案与独立权利要求所限定的技术方案是否等同。

典型案例72

“颅内血肿粉碎穿刺针”专利侵权案

北京市高级人民法院2004年发布的十件典型知识产权侵权案例“颅内血肿粉碎穿刺针”专利侵权一案，确定了变劣技术可适用等同原则判定侵权。法院经过审理认为，原告是“颅内血肿粉碎穿刺针”实用新型专利权的受让人，在其取得专利权后，任何单位和个人未经其许可，都不得实施其专利，包括不得销售其专利产品。被告认可有销售被控侵权产品的行为。

原告专利的权利要求1包含5项必要技术特征：①中空管状针体；②装在针体后端的带顶孔螺帽；③针管状血肿粉碎器的前端封闭；④血肿粉碎器靠近端部沿内壁切线方向有一个以上的微孔；⑤血肿粉碎器尾部的固定片。权利要求2则在上述4项必要技术特征基础上增加了1项附加技术特征；针体上有侧管。被告销售的被控侵权产品包括以下技术特征：①中空管状针体；②装在针体后端的带顶孔螺帽；③针体上装有侧管，缺少了3个与血肿粉碎器相关的技术特征。被告承认，在实际使用时，必须同时使用普通注射器，才是一套完整的医疗器械。由于使用该产品的用户均为医疗单位，普通注射器可以随时取得，故该产品中无须配置。

在判断是否存在侵权行为时，不仅要考虑制造、销售时产品的状态，有时还要考虑该产品使用时的状态。对销售时不是完整的产品，使用时必须加入其他部件才能实现该产品的功能的被控侵权物，在进行技术特征对比时，就应当把使用状态下包含的全部技术特征一并考虑。在本案中，在被告销售的被控侵权物中缺少了“血肿粉碎器”这一部件，同时也就缺少了血肿粉碎器特有的三项子特征。但仅就被控侵权物本身而言，在临床上并不能使用。只有用普通注射器代替“血肿粉碎器”的情况下，才能使用。也只有在临床应用中，被控侵权物的完整形态才能表现出来。经过分析比较，根据专利说明书的描述，在专利技术方案中，冲洗液经血肿粉碎器针尖微孔喷出形成高压漩涡液流，即可对血肿进行粉碎冲洗；而被控侵权物在使用中，冲洗液经注射器针尖注入起到对血肿进行浸泡溶化的目的，需要时间比较长。由此可以认定，被控侵权产品相对于本案专利技术而言,在技术效果上,基本上能够实现本案专利所提出的通过微创穿刺术来清除颅内固态血肿这一发明目的,但属于变劣技术方案。鉴于被控侵权物"微创硬通道颅内穿刺针"与"颅内血肿粉碎穿刺针"实用新型专利基于相同的技术构思,根据已为公知的专利技术方案,做出将其中"血肿粉碎器"省略的技术方案,并在使用中用普通注射器代替血肿粉碎器,是不需要付出创造性劳动的,且被控侵权物经省略"血肿粉碎器"这一必要技术特征后,用普通注射器加以替代之后,虽然优于"颅内血肿粉碎穿刺针"专利申请前的已有技术,但其技术效果明显低于专利技术。因此,应当适用等同原则,认定被告销售"微创硬通道颅内穿刺针"产品的行为侵犯了万特福科技公司的专利权。①

典型案例 73

"布塑热水袋的加工方法"发明专利权纠纷案

2010 年 9 月 17 日,陈某弟以乐雪儿公司生产、销售,何某华销售和许某销售的布塑热水袋侵犯了其"布塑热水袋的加工方法"发明专利权为由,向辽宁省沈阳市中级人民法院(以下简称"一审法院")提起诉讼。

一审法院经审理查明:陈某弟于 2006 年 2 月 24 日向国家知识产权局申请了一项名称为"布塑热水袋的加工方法"发明专利,2010 年 2 月 17 日获得专利权,专利号为 200610049700.5,该专利权至今有效。该专利权利要求为:布塑热水袋的加工方法,布塑热水袋由袋体、袋口和袋塞所组成,所述的袋体有内层、外层和保温层,在袋体的边缘有粘合边,所述的袋塞是螺纹塞座和螺纹塞盖,螺纹塞座的外壁有复合层,螺纹塞盖有密封垫片,袋塞中的螺纹塞座是聚丙烯材料,复合层是聚氯乙烯材料,密封垫片是硅胶材料所制成,其特征在于:第一步:首先取内层、保温层以及外层材料;第二步:将内层、保温层、外层依次层叠,成为组合层;第三步:将两层组合层对应重叠,采用高频热合机按照热水袋的形状对两层组合层边缘进行高频热粘合;第四步:对高频热粘合的热水袋进行分只裁剪;第五步:取聚丙烯材料注塑螺纹塞座,再把螺纹塞座作为嵌件放入模具,

① 参见北京市高级人民法院民事判决书,(2003)高民终字第 242 号。

另外取聚氯乙烯材料在螺纹塞座外二次注塑复合层;第六步:将有复合层的螺纹塞座安入袋口内,与内层接触,采用高频热合机对热水袋口部与螺纹塞座复合层进行热粘合;第七步:对热水袋袋体进行修边;第八步:取塑料材料注制螺纹塞盖;第九步:取硅胶材料注制密封垫片;第十步:将密封垫片和螺纹塞盖互相装配后旋入螺纹塞座中;第十一步:充气试压检验,向热水袋充入压缩空气进行耐压试验;第十二步:包装。(为表述方便,以下对上述步骤用对应的阿拉伯数字表示)

一审法院认为:1. 关于乐雪儿公司是否侵犯了陈某弟的涉案专利权问题。乐雪儿公司主张涉案专利权利要求中的保温层是功能性描述,被诉侵权方法中在内层和外层之间夹放的是半片空心薄棉,不具备保温层的技术特征。一审法院认为,涉案专利权利要求并未对保温层的材质、大小进行限定,故对乐雪儿公司的上述抗辩不予支持。乐雪儿公司自认被诉侵权方法前4步及最后一步与涉案专利权利要求1中的前4步及最后一步相同,一审法院对此予以确认。乐雪儿公司主张被诉侵权方法第6步、第7步、第8步、第10步分别与涉案专利权利要求1的第7步、第6步、第11步、第10步的内容相同,但顺序不同,因而未落入涉案专利权保护范围。一审法院认为,对于上述四个步骤,按照被诉侵权方法的顺序与按照涉案专利权利要求的顺序进行加工,其技术特征及技术效果并无实质区别,故对乐雪儿公司的上述抗辩不予支持。乐雪儿公司主张被诉侵权方法不包括涉案专利权利要求1的第5步、第8步、第9步。经审查,涉案专利权利要求1的第5步、第8步、第9步分别是螺纹塞座、螺纹塞盖及密封垫片的加工方法。被诉侵权产品的上述三个部件与依照涉案专利方法直接获得的产品对应部件结构及材质相同。乐雪儿公司虽主张与上述三个部件相对应的产品组件系从外部购买,但对于购买的细节,乐雪儿公司自述是由其提供样品,由供货方按照样品的材质、结构生产,按照订货数量供货,至于样品来源及供货方的生产工艺方法乐雪儿公司拒绝说明和举证。一审法院认为,乐雪儿公司提交的购销合同签订时间晚于被诉侵权产品出厂时间,且乐雪儿公司未能证明其真实性及履行情况,对上述三个部件的加工方法亦未进行说明及举证,故对其关于被诉侵权方法缺少涉案专利权利要求1第5步、第8步、第9步的抗辩主张不予支持。乐雪儿公司主张被诉侵权方法来源于ZL200520015446. 8号实用新型专利说明书中公布的具体实施方式,因此属于现有技术,但未能举证证明被诉侵权方法与该实用新型专利的相应技术特征相同或者无实质性差异,故对其现有技术抗辩的主张不予支持。综上,被诉侵权方法所具备的技术特征完全覆盖了涉案专利权利要求的全部必要技术特征。乐雪儿公司明知陈某弟拥有涉案专利权,仍使用涉案专利方法进行生产,并销售依照涉案专利方法直接获得的产品,侵犯了涉案专利权,应承担停止侵权、赔偿损失的法律责任。2. 关于何某华是否侵犯了涉案专利权问题。何某华是4044号摊位的经营者,应对其业务员任国良购进和销售被诉侵权产品的行为承担法律责任。因何某华未能举证证明被诉侵权产品的合法来源,故不能免除赔偿责任。陈某弟主张何某华实施了许诺销售被诉侵权产品的行为,因未提供证据证明,一审法院不予支持。

二审法院经审理查明:一审法院除认定乐雪儿公司自述被诉侵权方法第1步、第2步与涉案专利权利要求的第1步、第2步相同不正确以外,认定的其他事实属实,二审法院予以确认。另查明,2010年4月28日,乐雪儿公司与案外人任某岩签订了《购销合同》,约定乐雪儿公司向任某岩采购热水袋盖子(含垫片)20,000套、热水袋螺纹座20,000套,交货时必须配套交,2010年5月10日之前交3000套(大小各1500套),2010年8月30日之前结清。该合同已实际履行完毕。又查明,2010年9月7日,陈某弟的委托代理人张某在沈阳市小商品大世界四楼购买"乐雪儿"牌热水袋的摊位为4107号。在二审法院审理期间,陈某弟申请放弃对何某华的诉讼请求。

二审法院认为:一审法院要求乐雪儿公司对螺纹塞座、螺纹塞盖、垫片三个部件的加工方法承担举证责任不妥。乐雪儿公司自认被诉侵权产品中的螺纹塞座系由聚丙烯材料注塑而成,其复合层(聚氯乙烯材料)通过注塑成型在螺纹塞座的表面;螺纹塞盖、垫片分别为塑料材料、硅胶材料注制而成。因此,上述三个部件的加工方法与涉案专利权利要求1第5步、第8步、第9步相同。即使上述部件是由乐雪儿公司提供样品委托其他加工方进行加工,其亦应对该加工行为承担法律责任。因此,二审法院对乐雪儿公司提出的被诉侵权方法缺少涉案专利权利要求1第5步、第8步、第9步的上诉主张,不予支持。被诉侵权方法的第6步、第7步和第8步、第10步虽然分别与涉案专利权利要求1第6步、第7步和第10步、第11步步骤顺序不同,但其技术特征和技术效果无实质区别。涉案专利权利要求未对保温层的材质、大小进行限定,被诉侵权方法中的空心棉起到一定的保温作用,相当于涉案专利权利要求中1中的保温层。因此,对乐雪儿公司提出的被诉侵权方法与涉案专利权利要求1的第6步、第7步及第10步、第11步的顺序相反,缺少涉案专利权利要求1记载的保温层的上诉主张,二审法院不予支持。乐雪儿公司提供的证明被诉侵权方法为现有技术的证明文件仅公布了被诉侵权方法的部分技术特征,而被诉侵权方法与涉案专利构成等同。因此,乐雪儿公司的现有技术抗辩不能成立。综上,被诉侵权方法所具备的技术特征完全覆盖了涉案专利的全部必要技术特征,乐雪儿公司的行为侵犯了涉案专利权。陈某弟请求乐雪儿公司赔偿的数额中包括专利临时保护期使用费和侵权赔偿。陈某弟并未提供证据证明其损失的数额或乐雪儿公司因侵权所获得的利益,一审法院根据涉案专利的类别、乐雪儿公司侵权的性质、情节、范围、时间及陈某弟为调查、制止侵权行为所支付的实际费用的合理性等因素,确定乐雪儿公司赔偿陈某弟经济损失及合理费用30万元,并无不当。

乐雪儿公司不服二审判决,向本院申请再审称再审法院查明:原一审、二审判决认定的事实基本属实。另查明,涉案专利说明书第2页记载:“本热水袋的袋体由3层材料所构成,因为有了保温层,使袋中热量缓慢下降,开始时避免过热,保温时间长,提高了使用效果。”在该页具体实施方式部分记载:“而内层4与外层3之间安装保温层5,如人造保温棉等各种有关材料,提高热水袋保温性能,慢慢散热降温,延长使用时间,又克服灌入热水开始过烫现象。”第3页记载:“第十步:将密封垫片10和螺纹塞盖9互相装配后旋入螺纹塞座8中;但也可以试压后旋入塞盖。第十一步:充气试压检验,向热水袋中充入压缩空气进行耐压试验;耐压试验的压力一般为0.5kg/cm,或者略大于该压力。”

乐雪儿公司承认被诉侵权产品中的螺纹塞座、螺纹塞盖、垫片的材质与涉案专利相应部件的材质相同,也是注塑成型;其中,螺纹塞座虽是二次成型,但与涉案专利的加工方式不同,涉案专利是在两台机器上进行的二次注塑,但现在绝大多数是在同一台机器上完成的。乐雪儿公司提交的专利号为ZL200520015446.8的“一种新型热水袋”的实用新型专利说明书载明,该专利的授权公告日为2006年12月27日。

再审法院认为:本案争议问题是,乐雪儿公司的现有技术抗辩是否成立;被诉侵权产品的加工方法是否落入涉案专利权的保护范围;原二审判决对于临时保护期使用费的赔偿认定是否超出了陈某弟的诉讼请求;原一审、二审判决对于赔偿数额的认定是否显失公平。

一、关于乐雪儿公司的现有技术抗辩是否成立问题

2008年《专利法》(已被修改)第62条规定:“在专利侵权纠纷中,被控侵权人有证据证明其实施的技术或者设计属于现有技术或者现有设计的,不构成侵犯专利权。”①《专利法》第22条第5款规定:“本法所称现有技术,是指申请日以前在国内外为公众所知的技术。”乐雪儿公司用于主张现有技术抗辩的ZL200520015446.8号实用新型专利的申请日虽早于涉案专利申请日,但授权公告日晚于涉案专利申请日,故不构成现有技术,但依法构成抵触申请。由于抵触申请能够破坏对比专利技术方案的新颖性,故在被诉侵权人以实施抵触申请中的技术方案主张其不构成专利侵权时,应该被允许,并可以参照现有技术抗辩的审查判断标准予以评判。ZL200520015446.8号实用新型专利是“一种新型热水袋”产品专利,从其权利要求书、说明书及附图来看,该专利仅公开了一种热水袋产品,并未公开这种热水袋产品的具体生产步骤。虽然热水袋加工过程中有一些步骤是常规步骤,但依照该专利公开的产品仅能确定大概的加工流程,并不能准确确定具体完整的加工步骤;且该专利也未公开塞座的材料组成和塞盖处有密封垫片等技术特征。乐雪儿公司虽主张未公开的技术特征是本领域的公知常识和惯用手段,但并未举证证明。因此,ZL200520015446.8号实用新型专利并未完全公开被诉侵权产品的加工方法,乐雪儿公司以此来主张现有技术抗辩不能成立,本院不予支持。

二、关于被诉侵权产品的加工方法是否落入涉案专利权的保护范围问题

乐雪儿公司与陈某弟对于被诉侵权方法和涉案专利方法的争议主要集中在权利要求1第5步、第8步、第9步,第6步、第7步,第10步、第11步和保温层技术特征问题。

1. 关于第5步、第8步、第9步争议问题。乐雪儿公司主张被诉侵权产品的螺纹塞座、螺纹塞盖及垫片均是其提供样品委托案外人加工订购取得,乐雪儿公司没有义务对外购部件的加工方法承担举证责任,被诉侵权方法缺少涉案专利权利要求1的第5步、第8步、第9步。本院认为,乐雪儿公司认可外购部件的材质、结构与依照涉案专利权利要求1第5步、第8步、第9步的加工方法所

① 现行《专利法》第67条。

直接获得的部件的材质、结构相同，并认可外购部件的加工工艺是注塑，且螺纹塞座也是二次注塑成型。由此，能够判定上述部件的加工方法与涉案专利权利要求1第5步、第8步、第9步的加工方法相同。虽然乐雪儿公司主张螺纹塞座绝大多数是在同一台机器上完成的，与涉案专利的加工方式不同，但涉案专利权利要求1的第5步并未限定二次注塑的加工方式，二次注塑是否在同一台机器上完成不构成对该步骤的限定条件，故乐雪儿公司的上述主张不能成立。据此，本争议的关键转为乐雪儿公司是否实施了第5步、第8步、第9步，即被诉侵权方法是否缺少第5步、第8步、第9步问题。本院认为，按照乐雪儿公司的陈述，上述部件虽不是其自行加工，但系其提供样品在案外人处定作的，也即这些部件是案外人按照乐雪儿公司的要求进行加工制作的，故乐雪儿公司对由此产生的法律后果应当承担相应的法律责任。因此，乐雪儿公司主张被诉侵权方法缺少第5步、第8步、第9步，没有事实和法律依据，本院不予支持。

2. 关于步骤互换是否构成等同侵权问题。方法发明专利的权利要求是包括有时间过程的活动，如制造方法、使用方法、通讯方法、处理方法等权利要求。涉及产品制造方法的发明专利通常是通过方法步骤的组合以及一定的步骤顺序来实现的。方法专利的步骤顺序是否对专利权的保护范围起到限定作用，从而导致在步骤互换中限制等同原则的适用，关键要看这些步骤是否必须以特定的顺序实施以及这种互换是否会带来技术功能或者技术效果上的实质性差异。具体到本案中，涉案专利权利要求1的第6步是对热水袋口部与螺纹塞座复合层进行热粘合的步骤；第7步是对热水袋袋体进行修边的步骤。被诉侵权方法采取的步骤是先对热水袋袋体进行修边，而后对热水袋口部与螺纹塞座复合层进行热粘合。乐雪儿公司主张按此步骤加工可以节省后续步骤中被加工产品所占用的空间，利于快速加工和提高加工精度，并能够使产品直接进入检测工序。本院认为，从被诉侵权方法此前的加工步骤来看，其已在第4步中对高频热粘合后的热水袋进行了裁剪，此时，修边的主要目的是使热水袋好看，接近成品，其减少空间的作用非常有限，而且多余边角料的存在不会干扰塞座的粘合，对塞座粘合不会产生实质性影响，因而这两个步骤的实施不具有先后顺序的唯一对应性，先修边还是先进行热粘合对于整个技术方案的实现没有实质性影响，且这两个步骤的互换在技术功能和技术效果上也没有产生实质性的差异，故被诉侵权方法调换后的步骤与涉案专利权利要求1的第6步、第7步属于相等同的技术特征。

涉案专利权利要求1的第10步是将密封垫片和螺纹塞盖互相装配后旋入螺纹塞座中;第11步是充气试压检验。被诉侵权方法采用的是先充气试压检验,后将密封垫片和螺纹塞盖互相装配后旋入螺纹塞座的步骤。乐雪儿公司主张这种步骤互换所带来的效果是,不需要将螺纹塞座安装好后再取下来进行充气检测,因而可以节省时间,保证检测质量。本院认为,对热水袋进行充气试压检验,需要通过热水袋的口部进行。按照涉案专利权利要求1的第10步、第11步的步骤进行操作,在进行充气试压检验前,必须要从螺纹塞座中旋下螺纹塞盖后方能进行,与被诉侵权方法所采取的先试压检验后再装配螺纹塞盖的步骤相比,这种操作步骤实质上是增加了充气试压检验的操作环节,导致操作时间延长,效率降低。故将第10步、第11步的步骤调换后,确实产生了如乐雪儿公司主张的减少操作环节、节约时间、提高效率的技术效果,因此,这种步骤互换所产生的技术效果上的差异是实质性的,调换后的步骤与涉案专利权利要求1的第10步、第11步不构成等同技术特征。

陈某弟主张,涉案专利说明书已经记载了第10步、第11步的顺序可以调换,权利要求1并未排除说明书中记载的这一技术方案,因此,调换步骤的技术方案应当纳入涉案专利权的保护范围,对本案不应适用捐献原则。本院认为,准确确定专利权的保护范围不仅是为专利权人提供有效法律保护的需要,也是尊重权利要求的公示和划界作用,维护社会公众信赖利益的需要。在权利要求解释中确立捐献原则,就是对专利的保护功能和公示功能进行利益衡量的产物。该规则的含义是,对于在专利说明书中记载而未反映在权利要求中的技术方案,不能包括在权利要求的保护范围之内。对于在说明书中披露而未写入权利要求的技术方案,如果不适用捐献原则,虽然对专利权人的保护是较为充分的,但这一方面会给专利申请人规避对较宽范围的权利要求的审查提供便利;另一方面会降低权利要求的划界作用,使专利权保护范围的确定成为一件过于灵活和不确定的事情,增加了公众预测专利权保护范围的难度,不利于专利公示作用的发挥以及公众利益的维护。因此,最高人民法院《关于审理侵犯专利权纠纷案件应用法律若干问题的解释》在第5条中规定:“对于仅在说明书或者附图中描述而在权利要求中未记载的技术方案,权利人在侵犯专利权纠纷案件中将其纳入专利权保护范围的,人民法院不予支持。”该司法解释从2010年1

月1日起施行,本案被诉侵权行为发生在2010年9月,故该解释的上述规定能够适用于本案。按照上述条文的规定,如果本领域技术人员通过阅读说明书可以理解披露但未要求保护的技术方案是被专利权人作为权利要求中技术特征的另一种选择而被特定化,则这种技术方案就视为捐献给社会。本案中的情形正是如此。涉案专利说明书在第3页中明确记载了第10步、第11步的步骤可以调换,而这一调换后的步骤并未体现在权利要求中,因此,调换后的步骤不能纳入涉案专利权的保护范围,乐雪儿公司关于第10步、第11步的步骤调换方案应适用捐献原则的主张依法有据,本院予以支持。

关于“空心棉软垫”与“保温层”是否构成等同问题。根据涉案专利权利要求1的记载,保温层属于功能性限定的技术特征。最高人民法院《关于审理侵犯专利权纠纷案件应用法律若干问题的解释》第4条规定:“对于权利要求中以功能或者效果表述的技术特征,人民法院应当结合说明书和附图描述的该功能或者效果的具体实施方式及其等同的实施方式,确定该技术特征的内容。”依照涉案专利方法所生产的热水袋共计有三层,即内层、外层和保温层。根据涉案专利说明书中关于保温层的描述及附图中公开的内容来看,该保温层由人造保温棉等各种有关材料制作,位于内层和外层之间,将内层、外层完全覆盖并隔离开,可以达到如下技术效果:提高保温性能,慢慢散热降温,延长使用时间;克服灌入热水开始过烫现象。被诉侵权产品中的空心棉软垫,在宽度上与内层、外层同宽,并与内层、外层左右两侧边缘相连接;在长度上相当于内层、外层的一半。乐雪儿公司主张半块空心棉软垫的设置是为了增强手持热水袋的手感,不具有涉案专利保温层的功能和效果。本院认为,保温的主要原理是物理隔离减弱热对流和热传导。涉案专利设置保温层的目的就是通过控制内外层之间空气的热对流,阻断内外层之间因物理接触而产生的热传导来实现保温和防烫的效果。被诉侵权产品所设置的半块空心棉软垫在材质上与涉案专利保温层相同,在结构上也设置于内层和外层之间,在大小上虽然没有完全覆盖内层和外层,但其设置方式实质上起到减弱热对流和热传导的作用,也能够实现保温和防烫的技术效果。虽然半块空心棉的保温和防烫效果与整块空心棉的效果会稍有差异,但本领域技术人员基于对保温原理的认识,能够判断二者的差异是非实质性的,因此,“空心棉软垫”与“保温层”构成等同。此外,乐雪儿公司用于主张现有技术抗辩的ZL200520015446.8号实用新型专利的区别技术特征之一,就是在内层和外层之间设置有保温层。乐雪儿公司一方面主张现有技术抗辩;另一方面,又主张空心棉软垫不是保温层,这在逻辑上也是自相矛盾的。且从上述实用新型专利说明书的记载来看,该实用新型专利由三层组成,内层采用塑料制成,外层采用涤纶布制成,所以手感好,保温时间长,提高了使用效果。由此可见,热水袋产品的手感与其外层材质的使用是密切相关的,乐雪儿公司关于半块空心棉软垫的设置仅是用来增强手感的主张,缺乏事实依据,本院不予支持。综上,被诉侵权产品的加工方法与涉案专利方法既不相同也不等同,没有落入涉案专利权的保护范围。

关于原一审、二审判决对于本案侵权赔偿的认定问题,乐雪儿公司主张二审判决对于临时保护期使用费的赔偿认定超出了陈某弟的诉讼请求。对此,本院认为,《专利法》第 13 条规定:“发明专利申请公布后,申请人可以要求实施其发明的单位或者个人支付适当的费用。”因此,临时保护期使用费是在发明专利申请公布后至专利权被授予前,实施该发明的单位或者个人应支付给专利权人的一种适当的经济补偿,其与未经专利权人许可实施其专利的侵权损害赔偿性质不同,故专利权人不能基于侵权损害赔偿的诉因来主张临时保护期使用费,而只能单独就此项费用提出主张。陈某弟提起本案诉讼的案由是侵害发明专利权纠纷,在一审审理中陈某弟主张侵权损害赔偿数额中包括临时保护期使用费,对此,一审法院已在开庭审理中告知其不能在本案中主张该项费用,可另行起诉予以主张。由此可见,原一审判决所认定的赔偿数额中并不包括临时保护期使用费。二审法院在二审审理中认定一审法院判决的赔偿数额中包括临时保护期使用费,确有不妥,本院予以纠正。鉴于乐雪儿公司生产被诉侵权产品的方法没有侵犯涉案专利权,无须承担侵权责任,故对其提出的原一审、二审判决对于赔偿数额的认定显失公平的申请再审理由,本院不再予以评述。

综上,乐雪儿公司生产被诉侵权产品的方法没有侵犯涉案专利权,原一审、二审判决适用法律不当,判决结果错误,应予纠正。乐雪儿公司申请再审的主要理由成立,本院予以支持。依照《专利法》第 11 条第 1 款、第 59 条第 1 款、《民事诉讼法》第 207 条第 1 款、第 170 条第 1 款第 2 项的规定[①],判决如下:

---

① 现行《专利法》第 11 条第 1 款、第 64 条第 1 款,《民事诉讼法》第 218 条第 1 款、第 177 条第 1 款第 2 项。

一、撤销辽宁省高级人民法院(2011)辽民三终字第27号民事判决和沈阳市中级人民法院(2010)沈中民四初字第389号民事判决；

二、驳回陈某弟的诉讼请求。①

C. 禁止反悔原则：禁止反悔，是指在专利审批、撤销或无效程序中，专利权人为确定其专利具备新颖性和创造性，通过书面声明或者修改专利文件的方式，对专利权利要求的保护范围作了限制承诺或者部分地放弃了保护，并因此获得了专利权，而在专利侵权诉讼中，法院适用等同原则确定专利权的保护范围时，应当禁止专利权人将已被限制、排除或者已经放弃的内容重新纳入专利权保护范围。当等同原则与禁止反悔原则在适用上发生冲突时，即原告主张适用等同原则判定被告侵犯其专利权，而被告主张适用禁止反悔原则判定自己不构成侵犯专利权的情况下，应当优先适用禁止反悔原则。适用禁止反悔原则应当符合以下条件。

第一，专利权人对有关技术特征所作的限制承诺或者放弃必须是明示的，而且已经被记录在专利文档中。

第二，限制承诺或者放弃保护的技术内容，必须对专利权的授予或者维持专利权有效产生了实质性作用。

典型案例 74

“手机自动隐形拨号报失的实现方法”发明专利纠纷案

原告是名称为“手机自动隐形拨号报失的实现方法”发明专利的专利权人。海尔信鸽3100手机(海尔彩智星Z3100手机)具有“智能防盗”功能。原告经过实际操作，认为该功能不仅是对其发明专利的仿制，而且在功能实现上存在难以防盗报失的技术障碍。原告遂向法院提起专利侵权诉讼，请求判令青岛海尔通信有限公司生产的海尔信鸽手机的“智能防盗”技术特征落入了原告专利权保护范围。

法院经审理查明：原告在其专利审批阶段，为获取专利，通过书面声明的方

① 参见最高人民法院民事判决书，(2013)民提字第225号。

式,对其专利权利要求的保护范围作了限制承诺,明确将非法用户不能正常使用的情形排除在其专利保护的范围之外,并因此获得了专利权。

在案件审理过程中,法庭曾当庭组织各方当事人对被控侵权的海尔彩智星Z3100智能防盗方法进行勘验,结果表明被控侵权的海尔彩智星Z3100手机的智能防盗方法与原告的发明专利在技术特征上存在非法用户不能正常使用及隐形拨号与显形拨号的本质区别。此即原告专利在检测数据或电话号码不一致时,则正常使用同时按照设定的功能参数自动隐形拨号,而海尔彩智星Z3100手机的智能防盗方法在插入非法用户卡后,则不能正常使用,并且在预定的时间内,显形拨号。原告认为,非法用户不能正常使用的情形是对其发明专利的变劣,故应认定海尔彩智星Z3100手机中的智能防盗方法与其发明专利的技术特征是等同的,应适用等同原则。而海尔通信公司认为,由于原告在专利审批阶段对其权利要求进行了部分限定和放弃,在侵权诉讼中,应禁止反悔。

法院认为,在专利侵权诉讼中,当等同原则与禁止反悔原则在适用上发生冲突时,应当优先适用禁止反悔原则。根据原告在专利审批阶段的书面陈述,专利权人系在明确将非法用户不能正常使用的情形排除在专利保护的范围之外的情形下才获得了专利权。而在侵权诉讼中,专利权人的主张是对其在专利审批阶段陈述的反悔,法庭不应允许。因此,由于原告主张的专利与被控侵权产品海尔彩智星Z3100手机的智能防盗方法在技术特征上存在本质区别,被控侵权产品海尔彩智星Z3100手机的智能防盗方法并未落入原告享有的发明专利权的保护范围。法院据此驳回了原告的诉讼请求。①

典型案例75

“一种舵机”获得国家知识产权局实用新型专利纠纷案

禁止反悔原则适用于导致专利权保护范围缩小的修改或者陈述。此亦即由此所放弃的技术方案不应再被纳入专利权的保护范围。该放弃,通常是专利权人通过修改或意见陈述进行的自我放弃。但是,若独立权利要求被宣告无效

① 参见郭京霞:《法院适用禁止反悔原则　海尔“智能防盗”手机被诉侵权一审胜诉》,载中国法院网2005年8月9日,https://www.chinacourt.org/article/detail/2005/08/id/173705.shtml。

而在其从属权利要求的基础上维持专利权有效，且专利权人未曾作上述自我放弃，则应充分注意专利权人未自我放弃的情形，严格把握放弃的认定条件。若该从属权利要求中的附加技术特征未被该独立权利要求所概括，则因该附加技术特征没有原始的参照，故不能推定该附加技术特征之外的技术方案已被全部放弃。

2009年8月，中誉公司向上海市第二中级人民法院提起诉讼称：专利权人田某、江某彦于2008年2月13日就“一种舵机”获得国家知识产权局实用新型专利的授权，专利号为ZL200720069025.2。2009年2月10日，中誉公司与专利权人签订《专利实施许可合同》，合同约定，中誉公司经专利权人授权享有独占使用该实用新型专利的权利，独占许可有效期至2017年4月17日止。2009年2月，中誉公司在德国纽伦堡国际春季玩具展览会上发现九鹰公司正在该展会上宣传一种型号为“FreeSpiritMicroNER/C210A”的航模，该航模中所用舵机落入专利权保护范围。中誉公司委托律师发函给九鹰公司要求其立即停止侵权行为，九鹰公司置之不理。2009年6月，中誉公司发现九鹰公司在第六届上海航模展会上展出专利侵权产品，并以远低于专利产品成本的价格批量销售该产品。此外，九鹰公司还通过其公司网站、产品目录等多种途径对侵权产品进行宣传推广。九鹰公司未经权利人许可，擅自使用该实用新型专利并低价销售侵权产品，对侵权产品长时间的持续宣传，严重损害了中誉公司的合法利益。

上海市第二中级人民法院一审认为，本案的争议焦点是九鹰公司的现有技术抗辩是否成立。首先，确定九鹰公司提供的现有技术是否属于相对于涉案专利的现有技术，即涉案专利申请日以前在国内外出版物上公开发表、在国内公开使用过或者以其他方式为公众所知的技术。九鹰公司提供的德国WES－Technik生产的LS系列比例控制舵机在2005年第4期《航空模型》上已公开发表，早于涉案专利申请日期2007年4月17日，故九鹰公司可以据此进行现有技术抗辩。其次，对被诉侵权产品的技术特征与现有技术进行比较，应限于一项现有技术方案，可以结合所属领域技术人员公知的技术常识。根据知产事务中心《司法鉴定意见书》，被诉侵权产品的技术特征a、d、e分别与现有技术方案的技术特征A′、D′、E′相同，被诉侵权产品的技术特征b、c、f分别与现有技术方案的技术特征B′、C′、F′无实质性差异，被诉侵权产品的技术特征g与公知常识无实质性差异。一审法院认为，中誉公司关于知产事务中心鉴定程序违法、鉴定方法错误和鉴定结论含混的主张没有事实和法律依据,不予认可,对该《司法鉴定意见书》依法予以确认。被诉侵权产品的技术方案是一项现有技术与公知常识的简单组合,九鹰公司的现有技术抗辩成立,被诉侵权产品不构成对涉案专利权的侵权。

中誉公司不服该一审判决,向上海市高级人民法院提起上诉。上海市高级人民法院二审认为,涉案专利权利要求1、要求2被宣告无效,在权利要求3的基础上专利权被维持有效。从属权利要求3的保护范围由权利要求3附加的技术特征“在所述舵机驱动电路板上,印制有一条形的碳膜和银膜,所述支架通过其上的固定孔固定到所述舵机驱动电路板上,且所述滑块底面上的电刷与该碳膜和银膜相接触”、权利要求3所从属的权利要求2附加的技术特征“在所述支架上,设置有固定到一舵机驱动电路板上的固定孔”以及权利要求2所从属的权利要求1记载的全部技术特征共同限定。从属权利要求3被维持有效的原因在于在权利要求1中增加了从属权利要求2以及从属权利要求3记载的附加技术特征,这实质上是修改权利要求1,在权利要求1记载的技术方案中增加了从属权利要求2和要求3记载的附加技术特征。因此,在界定权利要求3保护范围的技术特征中,“在所述支架上,设置有固定到一舵机驱动电路板上的固定孔”与“在所述舵机驱动电路板上,印制有一条形的碳膜和银膜,所述支架通过其上的固定孔固定到所述舵机驱动电路板上,且所述滑块底面上的电刷与该碳膜和银膜相接触”,属于为维持专利权有效限制性修改权利要求而增加的技术特征。由此,可以认定权利要求3中技术特征G(在所述舵机驱动电路板上,印制有一条形的碳膜和银膜,且所述滑块底面上的电刷与该碳膜和银膜相接触)属于为维持专利权有效限制性修改权利要求而增加的技术特征。根据最高人民法院《关于审理侵犯专利权纠纷案件应用法律若干问题的解释》第6条的规定,专利权人在无效宣告程序中,通过对权利要求的修改而放弃的技术方案,权利人在侵犯专利权纠纷案件中又将其纳入专利权保护范围的,人民法院不予支持。在本案中,涉案专利的技术特征G将舵机驱动电路板上作为直线型电位器的导流条明确限定为“银膜”,该具体的限定应视为专利权人放弃了除“银膜”外以其他导电材料作为导流条的技术方案。被诉侵权产品的技术特征g为“在所述含有舵机驱动电路的电路板上,印制有一条形碳膜和镀金铜条,且所述滑块底面上的电刷与该碳膜和镀金铜条相接触”,根据知产事务中心的鉴定意见,被诉侵权产品的技术特征 g 与涉案专利的技术特征 G 等同,知产事务中心的该项认定双方当事人均予认可,且无足以推翻该项认定的事实与理由,应予采信。尽管技术特征 g 与技术特征 G 等同,但依据禁止反悔原则,由于除“银膜”外以其他导电材料作为导流条的技术方案被视为是专利权人放弃了的技术方案,因此,以技术特征 g 与技术特征 G 等同为由,认为被诉侵权产品构成等同侵权的结论不能成立。一审法院关于本案等同侵权成立的结论有误,应予纠正。

现有技术抗辩是比较被诉侵权产品技术方案与现有技术方案。是否能够确定 2005 年第 4 期《航空模型》杂志所刊载的“LS 系列舵机”与涉案专利结构的一致性,并不是现有技术抗辩所要关注的问题,九鹰公司在一审提供的舵机样机也并非本案一审认定现有技术抗辩成立所依据的现有技术,故中誉公司的此点上诉理由不能成立。

一份现有技术文件所披露的技术内容应以所属技术领域的技术人员从相应技术文件中能够获知的技术内容为准,该技术内容不仅包括技术文件明确记载的技术内容,而且包括可以从该技术文件中直接地、毫无疑问地确定的技术内容,这也就是知产事务中心《司法鉴定意见书》所说的现有技术文件“隐含”公开的技术内容。尽管从 2005 年第 4 期《航空模型》公开舵机的照片及相应文字描述中不能直接看到舵机滑块底面设置有一电刷,但知产事务中心的鉴定专家依据所属领域技术人员的知识与经验(包括所属领域技术人员的公知常识),认为所属领域技术人员依据《航空模型》公开舵机的照片及相应文字描述,可以获知《航空模型》公开了舵机中舵机滑块底面设置有一电刷,亦即《航空模型》公开的技术方案隐含有“在所述滑块底面设置有一电刷”的技术特征,从而进一步认定被诉侵权产品技术特征 f 与现有技术特征 F′无实质性差异,并无不当。同样,尽管从《航空模型》公开舵机的照片及相应文字描述中不能直接看到舵机驱动电路板上构成直线型电位器所需的导流条与电阻条,但知产事务中心的鉴定专家依据所属领域技术人员的知识与经验(包括所属领域技术人员的公知常识),认为所属领域技术人员依据《航空模型》公开舵机的照片及相应文字描述,可以获知《航空模型》公开的舵机中有一个直线型电位器,从而在事实上认定《航空模型》公开的舵机中,其驱动电路板上存在作为构成直线型电位器所需的导流条与电阻条,且滑块底面上的电刷与该电阻条和导流条相接触,亦即《航空模型》公开的技术方案隐含有“在所述含有舵机驱动电路的电路板上,印制有一条形电阻条和导流条,且所述滑块底面上的电刷与该电阻条和导流条相接触”的技术特征,并进一步认定被诉侵权产品的技术特征 g 与现有技术特征 G′无实质性差异,并无不当。中誉公司关于知产事务中心鉴定方法不尊重事实,不能以“隐含”推论为依据的相应上诉理由不能成立。

在知产事务中心《司法鉴定意见书》中,鉴定专家从所属领域技术人员的角度,依据 2005 年第 4 期《航空模型》公开舵机的照片及相应文字描述所披露的技术方案(包括不能直接看到,但所属领域技术人员根据其包括公知常识在内的知识与经验可以从照片及相应文字描述中直接地、毫无疑问地确定的技术内容),认定本案现有技术抗辩成立,但一审法院认为该《司法鉴定意见书》依据 2005 年第 4 期《航空模型》公开舵机的照片及相应文字描述所披露的技术方案与所属领域公知常识的简单组合,认定现有技术抗辩成立,这与《司法鉴定意见书》的实际认定理由不一致,应予纠正。

中誉公司不服该二审判决,申请再审。最高人民法院再审认为,本案当事人争议的焦点问题有:(1)专利复审委员会决定在权利要求 3 的基础上维持涉案专利权有效,是否导致禁止反悔原则的适用。(2)九鹰公司的现有技术抗辩是否成立。

关于第一个焦点问题。首先,禁止反悔原则的法理基础。诚实信用原则作为民法基本原则之一,要求民事主体信守承诺,不得损害善意第三人对其的合理信赖或正当期待,以衡平权利自由行使所可能带来的失衡。在专利授权实践中,专利申请人往往通过对权利要求或说明书的限缩以便快速获得授权,但在侵权诉讼中又试图通过等同侵权将已放弃的技术方案重新纳入专利权的保护范围。为确保专利权保护范围的安定性,维护社会公众的信赖利益,专利制度通过禁止反悔原则防止专利权人上述“两头得利”情形的发生。故此,专利权人在专利授权或者无效宣告程序中,通过对权利要求、说明书的修改或者意见陈述而放弃的技术方案,权利人在侵犯专利权纠纷案件中又将其纳入专利权保护范围的,人民法院不应支持。

其次,禁止反悔原则的适用条件。在一般情况下,只有权利要求、说明书修改或者意见陈述两种形式,才有可能产生技术方案的放弃,进而导致禁止反悔原则的适用。在本案中,独立权利要求 1 及其从属权利要求 2 均被宣告无效,在权利要求2的从属权利要求3的基础上维持涉案专利有效。问题是,权利要求3是否仅仅因此构成对其所从属的权利要求1—2的限制性修改。独立权利要求被宣告无效,在其从属权利要求的基础上维持专利权有效,该从属权利要求即实际取代了原独立权利要求的地位。但是,该从属权利要求的内容或者所确定的保护范围并没有因为原独立权利要求的无效而改变。因为,每一项权利要求都是单独的、完整的技术方案,每一项权利要求都应准确、完整地概括申请人在原始申请中各自要求的保护范围,而不论其是否以独立权利要求的形式出现。正基于此,每一项权利要求可以被单独地维持有效或宣告无效。每一项权利要求的效力应当被推定为独立于其他权利要求项的效力。即使从属权利要求所从属的权利要求被宣告无效,该从属权利要求并不能因此被认为无效。所以,不应当以从属权利要求所从属的权利要求被无效而简单地认为该从属权利要求所确定的保护范围即受到限制。本案原二审判决认为,从属权利要求3被维持有效的原因在于,在权利要求1中增加了从属权利要求2以及从属权利要求3记载的附加技术特征,这实质上就是修改权利要求1,该认定有所不当。

最后,放弃的认定标准。专利权保护范围是由权利要求包含的技术特征所限定的,故专利权保护范围的变化,亦体现为权利要求中技术特征的变化。在专利授权或无效宣告程序中,专利权人主动或应审查员的要求,可以通过增加技术特征对某权利要求所确定的保护范围进行限制,也可以通过意见陈述对某权利要求进行限缩性解释。禁止反悔原则适用于导致专利权保护范围缩小的修改或者陈述。亦即,由此所放弃的技术方案。该放弃,通常是专利权人通过修改或意见陈述进行的自我放弃。但是,若专利复审委员会认定独立权利要求无效、在其从属权利要求的基础上维持专利权有效,且专利权人未曾作上述自我放弃,则在判断是否构成禁止反悔原则中的"放弃"时,应充分注意专利权人未自我放弃的情形,严格把握放弃的认定条件。如果该从属权利要求中的附加技术特征未被该独立权利要求所概括,则因该附加技术特征没有原始的参照,故不能推定该附加技术特征之外的技术方案已被全部放弃。在本案中,九鹰公司称,因为权利要求1—2被宣告无效,而权利要求3是对其进一步限定,故权利要求1—2与权利要求3之间的"领地"被推定已放弃。本院认为,权利要求3中的"银膜"并没有被权利要求1—2所提及,而且,中誉公司在专利授权和无效宣告程序中没有修改权利要求和说明书,在意见陈述中也没有放弃除"银膜"外其他导电材料作为导流条的技术方案。因此，不应当基于权利要求1—2被宣告无效，而认为权利要求3的附加技术特征“银膜”不能再适用等同原则。

综上，专利复审委员会宣告涉案专利权利要求1—2、要求4—6无效，在权利要求3的基础上维持专利权有效，二审法院认为涉案专利权利要求3中的技术特征G实质是修改权利要求而增加的技术特征，该技术特征将导流条明确限定为银膜，应视为专利权人放弃了除“银膜”外其他导电材料作为导流条的技术方案，从而认定被诉侵权产品不构成等同侵权，存在错误，应予纠正。

关于第二个焦点问题。将被诉侵权技术方案与2005年第4期《航空模型》杂志所刊载的“LS系列比例控制舵机”技术方案相比对，其区别在于：(1)所述支架包括电机座；(2)所述电机设置于所述电机座内；(3)所述滑块底面设置有一电刷；(4)在所述含有舵机驱动电路的电路板上，印制有一条形碳膜和镀金铜条，且所述滑块底面上的电刷与该碳膜和镀金铜条相接触。对于区别技术特征(1)和特征(2)，虽然从现有技术中未看出电机座，但使用电机座来固定电机是本领域的惯用手段，该两项技术特征与被诉侵权技术没有实质性差异。对于区别技术特征(3)，现有技术虽然没有披露该技术特征，但是在舵机的结构中，一般在滑块底部安装一个电刷作为电位器的滑动触点是本领域的惯用手段，且在《电位器基础及其应用》一书中也记载了一种具有电刷的电位器。因此，该项技术特征与被诉侵权技术没有实质性差异。对于区别技术特征(4)，现有技术没有公开这一具体电路板结构，虽然《电位器基础及其应用》一书的图2-7(a)公开了一种电位器结构，包括导流条、条形电阻元件、陶瓷基体，但从图片来看，导流条不能对应被诉侵权技术方案中的镀金铜条，且其电阻元件和导流条是固定在陶瓷基体上的。然而，被诉侵权产品没有独立的电位器，而是将碳膜和镀金铜条直接印制在驱动电路板上，其作用是提高舵机的集成度，简化舵机结构，从而减轻舵机重量，实现模型飞机的小型化。由此可见，该技术特征没有被对比技术公开，也不是本领域的普通技术人员基于公知常识能够从现有技术中直接或者毫无疑义得出的技术特征。因此，被诉侵权技术方案与现有技术方案具有实质性的不同，原二审判决依据知产事务中心的鉴定意见认定九鹰公司的现有技术抗辩成立，存在错误，应予纠正。

由于对被诉侵权技术方案与涉案专利的区别技术特征g与G，双方当事人均认可属于等同的技术特征，且本案不适用禁止反悔原则，故被诉侵权技术方案已落入专利权的保护范围。又因九鹰公司的现有技术抗辩不能成立,故九鹰公司构成对涉案专利的侵犯,依法应当承担停止侵权的民事责任。因中誉公司未举证证明其所受损失以及九鹰公司因侵权所获利益,亦无专利许可费可以参照,故本院在综合考虑涉案专利系实用新型专利权、侵权行为持续时间有限、涉案专利在产品中的作用以及中誉公司为调查、制止侵权所支付的合理费用等因素的基础上,酌定本案的赔偿数额为20万元。因中誉公司未举证证明被诉侵权产品的库存、生产专用模具以及书面、网站宣传材料等情况,故对其相关诉讼请求,不予支持。

综上所述,原二审判决认定九鹰公司不构成对涉案专利权的侵犯,适用法律错误,应予纠正。

依照2000年修正的《专利法》第11条第1款、最高人民法院《关于审理专利纠纷案件适用法律问题的若干规定》第21条、第22条以及《民事诉讼法》第186条第1款、第153条第1款第2项的规定①,判决如下:

一、撤销上海市高级人民法院(2010)沪高民三(知)终字第53号民事判决和上海市第二中级人民法院(2009)沪二中民五(知)初字第167号民事判决;

二、上海九鹰电子科技有限公司于本判决送达之日起15日内赔偿中誉电子(上海)有限公司经济损失20万元;

三、驳回中誉电子(上海)有限公司的其他诉讼请求。②

D. 多余指定原则:多余指定,是指在专利侵权判定中,在解释专利独立权利要求和确定专利权保护范围时,将记载在专利独立权利要求中的明显附加技术特征(多余特征)略去,仅以专利独立权利要求中的必要技术特征来确定专利权保护范围,判定被控侵权物(产品或方法)是否覆盖专利权保护范围的原则。认定记载在专利独立权利要求中的某个技术特征是否属于附加技术特征,应当结合专利说明书及附图中记载的该技术特征在实现发明目的、解决技术问题的功能、效果,以及专利权人在专利审批、撤销或者无效审查程序中向中国专利局或者专利复审委员会所作出的涉及该技术特征的陈述,进行综合分析判定。适用

① 现行《专利法》第11条第1款、最高人民法院《关于审理专利纠纷案件适用法律问题的若干规定》第15条、第16条以及《民事诉讼法》第218条第1款、第177条第1款第2项。

② 参见最高人民法院民事判决书,(2011)民提字第306号。

多余指定原则认定附加技术特征,应当考虑以下因素。

第一,该技术特征是否属于区别专利技术方案与专利申请日前的已有技术方案所必需的,是否属于体现专利新颖性、创造性的技术特征,即专利权利要求中略去该技术特征,该专利是否还具有新颖性、创造性。

第二,该技术特征是否属于实现专利发明目的、解决发明技术问题、获得发明技术效果所必需的,即专利独立权利要求所描述的技术方案略去该技术特征,该专利是否仍然能够实现或基本实现发明目的、达到发明效果。

第三,该技术特征不得存在专利权人反悔的情形。

典型案例 76

“人体频谱匹配效应场治疗装置及生产方法”发明专利纠纷案

在北京市高级人民法院发布的北京法院十年知识产权大案回顾中,周某频谱仪专利权案属于典型的适用多于指定原则的案例。周某是“人体频谱匹配效应场治疗装置及生产方法”发明的专利权人。北京奥美光机电联合开发公司和北京华奥电子医疗仪器有限公司与周某曾有过合作关系。后奥美公司开始制造、销售 WSPA 波谱治疗仪,并与香港特别行政区某公司合资设立了华奥公司。周某以奥美公司和华奥公司侵犯其专利权为由,将其诉至法院。法院经审理查明,“频谱治疗仪”发明专利的独立权利要求包括 7 项技术特征,与专利技术方案相比,被控侵权产品“波谱治疗仪”含有技术特征(1)至特征(6),不含技术特征(7),即立体声放音系统和音乐电流穴位刺激器及其控制电路。“频谱治疗仪”专利说明书指出:“为了增加本发明装置的治疗功能,在本装置中加入了音乐治疗装置,使治疗者在接受频谱匹配治疗的同时,接受音乐治疗,有助于恢复大脑神经系统机能,推迟脑的衰老,消除紧张、疲劳感,使精神和躯体状态获得改善,还可以对某些身心疾病具有疗效……”法院认为,结合该专利说明书对本发明目的的阐述,并结合该专利整体技术方案似的实质来看,“立体声放音系统”这一技术特征对于专利总的发明目的而言,并不产生实质性的必不可少的功能和作用。专利技术方案中缺少第 7 项技术特征,并不影响“频谱治疗仪”的治疗效果,该特征是否存在也不影响整个专利技术方案的完整性,“由此看来,显然是专利申请人缺乏专利撰写的经验,将不必要的特征写进了独立权利要求中”,因此,该特征应视为“非必要技术特征”,被控侵权技术缺少该技术特征仍应认为构成侵权。法院判决两被告停止侵权、赔礼道歉并赔偿周某经济损失200万元。①

典型案例77

“脑瘫综合运动训练、康复器”发明专利纠纷案

原告于2006年5月12日向国家知识产权局申请名称为“脑瘫综合运动训练、康复器”发明专利,2009年9月30日获授权并公告,专利号为:ZL200610013655.8。该专利的独立权利要求表述为:“1.一种脑瘫综合运动训练、康复器,其特征是由主体支撑架(30)和若干个附属训练器械(31)组成,……固定升降柱(3)一端部的中空柱体内固定设置缓冲簧……。”该专利现处于有效期内。

在本案中,被诉侵权产品与涉案专利权利要求对比,缺少“在固定升降柱的柱体内设置缓冲簧”这一技术特征。根据“全面覆盖原则”的要求,被诉侵权产品缺少专利权利要求的一项技术特征,没有落入专利权利的保护范围,应认定不构成专利侵权。但是,原告杜某强提出缓冲簧为“多余特征”,主张适用“多余指定”原则认定被告侵权成立。那么在本案中,是否应当适用“多余指定”原则呢?

“多余指定”原则一直是理论与实践中一个颇具争议的问题。“多余指定”原则,是指如果所属领域中的技术人员在理解权利要求所限定的技术方案时认为该权利要求中记载的某一技术特征对于解决发明要解决的技术问题来说是多余的,则可以依据“多余指定”原则忽略该技术特征。在司法实践中,承认这一原则的出发点是为了防止由于专利权人在撰写专利文件时形式上的失误,掩盖侵权行为人实质上的侵权,使专利权人的权利无法得到充分、有效的保护。但是授予专利权,一方面是保护发明人的利益鼓励发明创造;另一方面则是促

① 参见北京市高级人民法院民事判决书,(1995)北高知终字第22号。

进技术信息的交流和利用。《专利法》明确规定,发明或者实用新型专利权的保护范围以其权利要求的内容为准,权利要求具有向社会公众公示的作用,如果一味地考虑权利人的利益,将威胁社会公众对法律的正常预期,使社会公众因担心卷入诉讼而放弃使用本来可以自由使用的技术,最终阻碍了技术的利用与创新。最高人民法院《关于审理侵犯专利权纠纷案件应用法律若干问题的解释》第7条通过进一步明确专利侵权判定的"全面覆盖原则",明确地排除了"多余指定"原则。规定人民法院判定被诉侵权技术方案是否落入专利权的保护范围,应当审查权利人主张的权利要求所记载的全部技术特征。否定"多余指定"原则,对权利要求书所记载的全部技术特征给予全面、充分的尊重,社会公众才不会因权利要求内容不可预见的变动而无所适从,从而保障法律权利的确定性。

在本案中,被诉侵权产品与涉案专利权利要求对比,缺少"在固定升降柱的柱体内设置缓冲簧"这一技术特征。虽然杜某强主张适用"多余指定"原则,认为缓冲簧的有无与涉案专利的康复功能没有任何关系。但是,从专利权利要求的内容看,该专利保护的是产品的结构,技术方案中的各个部件都是产品结构的组成部分,在技术方案中具有相对独立功能的部件都是技术方案的技术特征。因此,固定升降柱中空体内设置的缓冲簧,具有防止夹手误伤的功能,既是产品结构的组成部分,也是专利技术方案的一项技术特征,并非杜某强主张的"多余特征"。因此,杜某强关于技术方案中缓冲簧为"多余特征"的主张是不成立的。最终判定被诉侵权技术方案的技术特征与权利要求记载的全部技术特征相比,缺少权利要求记载的一项技术特征,故认定被诉侵权产品没有落入涉案专利权的保护范围。①

(4)被告侵犯商业秘密的证据

原国家工商行政管理局《关于禁止侵犯商业秘密行为的若干规定》(1998年)第5条第3款,对商业秘密的举证责任做出了规定,"权利人能证明被申请人所使用的信息与自己的商业秘密具有一致性或者相同性,同时能证明被申请人有获取其商业秘密的条件,而被申请人不能提供或者拒不提供其所使用的信

① 天津市第一中级人民法院民事判决书,(2012)一中民五初字第30号;天津市高级人民法院民事判决书,(2012)津高民三终字第38号。

息是合法获得或者使用的证据的,工商行政管理机关可以根据有关证据,认定被申请人有侵权行为"。根据这一规定,关于商业秘密侵权行为是否确定,权利人负有初步举证责任,即权利人只需证明侵权人所使用的信息与其商业秘密相同,以及侵权人具有获取其商业秘密的条件,就转由侵权人承担自己没有侵权的举证责任,倘若侵权人不能证明其使用信息的合法来源,就可以推定其侵权成立。这就是司法审判实践中所经常提及的商业秘密侵权判定"接触加相似"原则。原告应举证证明以下内容。

①被告方获取、使用、披露的信息。在涉嫌侵犯商业秘密的案件中,原告是商业秘密的权利人,被告也说自己被控的技术方案或者其他信息属于商业秘密,在被告是否使用原告的商业秘密上,不能适用举证责任倒置,而还应当适用谁主张谁举证的原则,原告的举证责任就重于被告:不但要证明自己享有权利,还要证明被告通过不正当的手段获取了或者使用了自己的商业秘密。这样,对权利人最强有力的支持就是申请法院进行证据保全,证据保全成功等于整个案件成功了一半。但是法院在证据保全之前应当审查权利人提供的初步证据并责令权利人提供担保,标准是权利人有"合理的怀疑",这种怀疑就包括被告信息与原告商业秘密一致性和被告行为的违法性。

②被告的信息与权利人的商业秘密"相似",或者说"实质相同"。权利人应将被告方的信息与自己的商业秘密进行比较,判断其是否具有一致性。这种一致性不一定是完全相同,但至少达到"实质相同"的程度。原则上判断尺度应当是,如果本专业或本行业的"普通人员"认为两者属于显而易见的相似,则可以认为具有实质上的一致性。在实践中,法院往往会就具体的技术问题请求或委托有关专业部门进行技术鉴定,专家在对双方的技术作充分比对后会做出一个鉴定结论。专家在鉴定结论中仅指出哪些技术特征相同,哪些不同。另外,在确证被告使用了不正当手段的情况下,应当注意鉴别两种信息的差异性是否属于被告的刻意所为。

③被告方实施了侵犯商业秘密的行为。《反不正当竞争法》第 9 条第 1 款规定:"经营者不得实施下列侵犯商业秘密的行为:(一)以盗窃、贿赂、欺诈、胁迫、电子侵入或者其他不正当手段获取权利人的商业秘密;(二)披露、使用或者允许他人使用以前项手段获取的权利人的商业秘密;(三)违反保密义务或者违反权利人有关保守商业秘密的要求,披露、使用或者允许他人使用其所掌握的

商业秘密;(四)教唆、引诱、帮助他人违反保密义务或者违反权利人有关保守商业秘密的要求,获取、披露、使用或者允许他人使用权利人的商业秘密。”第 3 款规定:“第三人明知或者应知商业秘密权利人的员工、前员工或者其他单位、个人实施本条第一款所列违法行为,仍获取、披露、使用或者允许他人使用该商业秘密的,视为侵犯商业秘密。”

原国家工商行政管理局《关于禁止侵犯商业秘密行为的若干规定》第 3 条第 1 款规定:“禁止下列侵犯商业秘密行为:(一)以盗窃、利诱、胁迫或者其他不正当手段获取的权利人的商业秘密;(二)披露、使用或者允许他人使用以前项手段获取的权利人的商业秘密;(三)与权利人有业务关系的单位和个人违反合同约定或者违反权利人保守商业秘密的要求,披露、使用或者允许他人使用其所掌握的权利人的商业秘密;(四)权利人的职工违反合同约定或者违反权利人保守商业秘密的要求,披露、使用或者允许他人使用其所掌握的权利人的商业秘密。”第 2 款规定:“第三人明知或者应知前款所列违法行为,获取、使用或者披露他人的商业秘密,视为侵犯商业秘密。”

上述法定的侵犯商业秘密的行为类型可以概括为四类。

A. 获得商业秘密的来源即不正当,如以盗窃、利诱、胁迫或者其他不正当手段获取商业秘密。

B. 对来源不正当的商业秘密进行使用,如对用不正当手段获取的商业秘密进行披露、使用或者允许他人使用。

C. 获得商业秘密的来源虽然正当但是不正当使用,如通过签订保密协议获得商业秘密的合同相对方,违反协议约定或者违反权利人有关保守商业秘密的要求或者超出约定的商业秘密的使用要求范围,披露、使用或者允许他人使用其所掌握的商业秘密;企业员工通过职务行为获取企业商业秘密,违反劳动合同约定或者违反企业有关保密的规章制度,披露、使用或者允许他人使用其所掌握的商业秘密。

D. 明知商业秘密获取的来源不正当而仍然使用,即第三人明知或者应知商业秘密的来源具有上述违法行为,仍然获取、使用或者披露他人的商业秘密,视为侵犯商业秘密。

我国的规定不但禁止以不正当手段获取后的使用、披露或允许他人使用,而且规定以不正当手段获取本身即违反法律,这种表述反映出商业秘密本身具有的财产属性。商业秘密的传播可以是无形的,一旦被他人不正当获取,其扩散是无法挽回的,在某种情况下,仅仅掌握他人的商业秘密成果,就可以使侵权人的科研、生产、经营少走大量弯路,获取巨大的竞争优势。①

【风险提示】

与著作权法侵权判定的“接触加实质性相似”原则相比,商业秘密案件中所要求的接触条件更加严格。因为相同的商业秘密也可能被不同的权利主体所掌握,而且作为商业秘密存在的信息,不可能公开在先,侵权人一般通过公开或正当的途径无法获得(否则也就不成其为商业秘密了)。在一般情况下,类似案件都是与员工跳槽有关。

典型案例 78

纺星公司商业秘密侵权案

原告纺星公司诉被告佳润公司、叶某和王某强侵犯商业秘密纠纷一案。纺星公司诉称:我公司主要从事毛纺油剂和长丝油剂的生产和销售,于 1991 年 4 月从纺科院受让了“FX 系列多功能和毛油”的技术配方,其中包括 FX－K902 和 FX－R701 等多个产品配方。此后,我公司还在受让配方的基础上自行研制了 FX－K903、FX－AS20 和 FX－AS30 等产品配方。叶某自 1991 年 3 月在我公司任生产质检部经理,后历任技术应用部经理、董事长兼任技术部经理,2007 年 1 月被免去董事资格。王某强自 1998 年开始在我公司担任销售部经理,后历任董事、副总经理兼任销售部经理,2007 年 1 月被免去职务。2006 年 7 月,叶某、王某强出资设立了佳润公司,叶某担任法定代表人。佳润公司主要从事纺织助剂和纺织原料的生产和销售。我公司发现佳润公司销售的五个产品分别使用了我公司的技术配方。此外,我公司发现佳润公司还利用我公司的客户名单进行交易。技术配方和客户名单均是我公司的商业秘密,对此我公司有保密措施,叶某和王某强违反保密约定,使用我公司的上述商业秘密经营佳润公司,

① 参见郑成思:《知识产权研究》,中国方正出版社 1996 年版,第 116 页。

构成侵权,诉至法院要求其承担损害赔偿责任。

一审法院经过审理认为:纺星公司主张权利的前提是其对涉案配方享有权利,纺星公司依据其于1991年与纺科院签订的《技术转让合同书》主张型号为FX-K902和FX-R701和毛油产品配方的权利,该合同虽然名为技术转让合同,但因合同明确约定了5年有效期限,因此,该合同实际是一份5年期的独占使用合同。纺星公司在合同有效期限内,独家获得合同所涉技术的使用权,有效期限届满后,如无其他证据,合同所涉技术的所有权仍属转让方所有,故纺星公司不能再依据该合同拥有独家使用权。此外,本案纺星公司起诉佳润公司、叶某的行为发生在2006年之后,远超过纺星公司享有独占使用权的截止期限1996年4月。因此,本院认为根据现有证据不能认定纺星公司拥有上述两个产品配方的所有权,其基于该两个产品配方提起的诉讼请求,不应予以支持。对于其他三个和毛油产品的配方,纺星公司依据其技术人员的工作笔记主张权利。载有该配方的笔记本由纺星公司的技术人员持有,纺星公司虽提出在该技术人员出国期间曾将该笔记本交给过叶某,即叶某曾经接触过该三个配方,但其并未就此举证。因此,即便鉴定结论认定佳润公司生产的相应产品配方与该三个配方相同或实质相似,在没有证据证明佳润公司或者叶某、王某强接触过该三个配方的情况下,也不能认定佳润公司、叶某和王某强侵犯了纺星公司该三个配方的技术秘密。纺星公司就该三个配方提出的诉讼请求,本院同样不予支持。因纺星公司没有举证证明涉案客户名单是其通过劳动或金钱投入获得,系区别于公知信息的特殊客户信息,因此,对纺星公司基于客户名单提出的诉讼请求,本院不予支持,全部驳回纺星公司的诉求。

原告不服一审判决提起上诉,二审法院经审理认为:在本案中,上诉人纺星公司主张受保护的商业秘密是FX-K902等五种产品的配方。其中,FX-K902、FX-R701系纺星公司以受让形式取得的。根据纺星公司与纺科院签订的技术转让合同的约定,合同有效期至1996年4月24日,即此后纺星公司不应再享有独家使用权。但是,根据本院查明的事实,纺星公司在此之后仍以独家形式使用该受让技术。从2003年5月22日纺星公司股东大会决议第3条中"一致确认新的合资公司将对原有的全部转让技术仍具独家使用权"的决议内容看,纺科院作为纺星公司的股东和技术转让方,它虽然没有与纺星公司签订再次转让或续展原合同的协议,但是,却明确表达出再次授予纺星公司对原受让技术具有独家使用权的意思表示,该授权形式合法有效。按照法律规定,纺星公司获得的独家使用权是一项独占性的专有权利,有权以自己的名义对他人实施的侵权行为提起诉讼。

对于双方使用相同的产品配方,诉讼双方虽然对技术研发人是谁存有争议,但是,无论是姚某还是叶某,从研发时间上看,可以认定此时二人均系纺星公司的工作人员,且该产品配方的研发,系建立在原产品配方之上的,其研发行为应属于职务行为,该项非专利技术秘密的所有权依法归属纺星公司所有。对于纺星公司主张的涉案五项技术信息,该公司已举证证明该信息能够为其带来经济利益,并为之采取了相关的保密措施,构成了法律规定的商业秘密,他人不得侵犯。叶某作为纺星公司的前任高级管理人员、技术人员,应知悉涉案的商业秘密。根据鉴定结论,佳润公司在其产品中使用了与纺星公司相同或近似的配方,在其不能举证配方合理来源的情况下,应认定叶某作为佳润公司的法定代表人向本公司披露了其掌握的纺星公司的商业秘密。叶某的上述行为违反了其与纺星公司的保密约定,其行为侵犯了纺星公司的商业秘密,应依法承担相应的民事责任。佳润公司使用了叶某披露的商业秘密,亦应承担相应的侵权责任。纺星公司主张被上诉人叶某、佳润公司停止侵权行为,并赔偿损失的请求,本院予以支持。此外,纺星公司未证明王某强实施了涉案侵权行为,故对纺星公司要求王某强承担连带责任的请求,本院不予支持。综上,纺星公司提出的上诉理由部分成立,本院予以支持。原审判决认定的相关事实有误,适用法律错误。本院予以纠正。①

典型案例 79

华阳公司、麦达可尔公司商业秘密侵权案

华阳公司是从事工业清洗维护产品研发、生产和销售的企业,产品主要包括清洗剂、润滑剂等工业化学品。1996 年,王某某入职华阳公司,曾任华阳公司董事、销售副总经理、总经理、副总裁,自 2012 年至 2016 年任华阳公司法定代

① 参见北京市第二中级人民法院民事判决书,(2008)二中民终字第 11174 号。

表人。其间,王某某于2015年10月30日创立了主要经营清洗剂生产销售的麦达可尔公司,现任法定代表人。2001年,张某某入职华阳公司,曾任技术部、技术服务部经理,2016年1月入职麦达可尔公司,任技术部经理。刘某于2010年入职华阳公司,曾任销售服务部经理,2015年10月底入职麦达可尔公司,负责人事行政工作。华阳公司与张某某、刘某签订了保密协议,保密范围含与客户业务、产品、服务有关的信息。

华阳公司对客户信息采用ERP系统进行管理并对部分信息进行公证,存储的客户信息包括:客户名称、品名、货品规格、销售订单数量、单价、联系人、电话、地址等。华阳公司在诉讼中选择有奉化斯丽特厨卫用具厂等43家客户名单作为被侵犯的商业秘密,其主张的秘密点为:与上述43家客户交易中所掌握的客户名称、品名、货品规格、销售订单数量、单价、联系人、电话、地址。43家客户与华阳公司在2014年、2015年的交易次数均在5次以上。华阳公司称其与客户在上述年间的销售额为2,611,162.14元,麦达可尔公司成立后与上述客户均有交易且销售额为1,298,163.3元。

在庭审中,麦达可尔公司提交的与客户《合作说明客户满意度调查》载明:麦达可尔公司是一家生产、销售清洗剂的公司。通过联系其公司提供样品试用并确认其品质较好后,达成合作至今,希望麦达可尔公司在保持产品质量稳定的同时继续提升产品品质和服务,降低产品价格,以保证双方的长期合作。

天津市第一中级人民法院于2017年12月12日作出(2017)津01民初50号民事判决:麦达可尔公司、王某某、张某某、刘某立即停止侵犯华阳公司涉案客户名单商业秘密,即在涉案商业秘密不为公众知悉期间,不得披露、使用、允许他人使用该商业秘密;麦达可尔公司赔偿华阳公司60万元;王某某、张某某、刘某对上述第二项判决内容承担连带赔偿责任;驳回华阳公司的其他诉讼请求。

华阳公司、麦达可尔公司均不服原审判决,提起上诉。天津市高级人民法院于2018年6月14日作出(2018)津民终143号民事判决:驳回上诉,维持原判。麦达可尔公司不服二审判决,申请再审。最高人民法院于2019年12月16日作出(2019)最高法民再268号民事判决:撤销天津市第一中级人民法院(2017)津01民初50号民事判决;撤销天津市高级人民法院(2018)津民终143

号民事判决;驳回华阳新兴科技(天津)集团有限公司诉讼请求。

法院生效裁判认为:职工在工作中掌握积累的知识、经验和技能,除属于单位的商业秘密外,构成人格的组成部分,是其生存和劳动能力的基础,离职后有自主利用的自由。受商业秘密保护的客户名单,除由客户的名称地址、联系方式及交易习惯、意向、内容等信息构成外,还应是区别于公知信息的特殊客户信息。华阳公司对其客户名单采取了保密措施,进行了交易,但是否属于反不正当竞争法保护的商业秘密,应根据法律和司法解释判断。在网络环境下,信息易获得、易知悉,订单日期、单号、品名等信息均为一般性罗列,并非反映某客户的交易习惯、意向及区别于一般交易记录的深度信息,难以认定属于《反不正当竞争法》保护的商业秘密;结合华阳公司未与王某某、张某某、刘某签订竞业限制协议,麦达可尔公司并不承担相关竞业禁止义务。因此,难以认定麦达可尔公司、王某某等人之行为构成侵犯华阳公司商业秘密。王某某、张某某、刘某用其在原单位学习的知识、经验与技能,无论是从市场渠道知悉相关市场信息还是根据从业经验知悉或判断某一市场主体需求相关产品和服务,可以在此基础上进行市场开发并与包括原单位在内的其他同行业市场交易者进行市场竞争。如果在没有竞业限制义务亦不存在商业秘密的情况下,仅因为某一企业曾经与另一市场主体有过多次交易或稳定交易即禁止前员工与其进行市场竞争,实质上等于限制了该市场主体选择其他交易主体的机会,不仅禁锢交易双方的交易活动,限制了市场竞争,也不利于维护劳动者正当就业、创业的合法权益,有悖《反不正当竞争法》维护社会主义市场经济健康发展,鼓励和保护公平竞争,制止不正当竞争行为,保护经营者和消费者的合法权益之立法本意。①

3. 知识产权赔偿规则

在知识产权侵权案件中,如何确定赔偿金额及惩罚性赔偿的运用有着至关重要的作用,特别是最高5倍惩罚性赔偿是在保护知识产权、打击侵犯和惩罚知识产权侵权的行为的一把利器。对通过《民法典》、《著作权法》、《专利法》、《商标法》、北京市高级人民法院《关于侵害知识产权民事案件适用惩罚性赔偿

① 天津市第一中级人民法院民事判决书,(2017)津01民初50号;天津市高级人民法院民事判决书,(2018)津民终143号;最高人民法院民事判决书,(2019)最高法民再268号。

审理指南》、北京市高级人民法院《关于侵害知识产权及不正当竞争案件确定损害赔偿的指导意见及法定赔偿的裁判标准》相关规定,梳理得出以下知识产权侵权案件的赔偿规则。

(1)赔偿原则

确定损害赔偿坚持知识产权市场价值导向,遵循填平原则,体现补偿为主、惩罚为辅的损害赔偿司法认定机制。

侵权人因过错侵害他人知识产权或实施不正当竞争行为,且造成损害的,应当承担损害赔偿责任。侵权人存在故意侵犯知识产权权利人相关权利的,情节严重的,可适用惩罚性赔偿。惩罚性赔偿对惩治故意严重侵权行为、提高侵权成本的社会需求、充分尊重和体现知识产权市场价值。

(2)赔偿顺序及计算方式

赔偿顺序应当按照权利人的实际损失、侵权人的获利、许可使用费、法定赔偿的顺序。在知识产权侵权案件中,当事人应当提出具体的赔偿计算方法。当事人选择后序赔偿计算方法的,可以推定前序赔偿计算方法难以确定赔偿数额,但有相反证据的除外。当事人还可以依据协商一致的其他合理方式提出具体的赔偿计算方法。赔偿数额应当包括权利人为制止侵权行为所支付的合理开支。

①权利人的实际损失。计算权利人因侵权行为所受到的实际损失,可以根据案件具体情况,综合考虑以下因素:

A. 权利人商品销售减少情况;

B. 权利人商品价格下降情况;

C. 权利人商品利润下降情况;

D. 权利人客户或者用户减少情况;

E. 权利人广告收益减少情况;

F. 权利人为恢复商誉所支付的合理费用;

G. 权利人为其权利客体支出的创作、研发成本情况;

H. 权利人网站中相关内容的点击、下载、浏览量情况;

I. 权利许可使用合同或者转让合同因侵权导致不能履行或者难以正常履行产生的预期利益损失。

②侵权人的获利。计算侵权人因侵权行为所获得的利益,可以根据案件具

体情况，综合考虑以下因素：

A. 侵权商品销售数量及单位利润情况；

B. 侵权商品利润占侵权人整体利润的比重；

C. 侵权人自认的侵权商品销售数量、价格、利润等情况；

D. 网络平台显示的侵权商品销售数量、价格、评价及收益等情况；

E. 被行政执法机关查处或者司法机关查封、扣押的侵权商品数量及价格情况；

F. 侵权人相关账户资金流动或者纳税情况；

G. 侵权人网站、宣传资料、财务报告等公开披露的相关数据；

H. 侵权内容在相关网站的点击、下载、浏览量情况；

I. 侵权人因实施侵权行为而减少支出的许可使用费情况；

G. 侵权人主要因实施侵权行为获取的投融资、技术转移、政府资金或者土地支持、高新资质等收益情况；

K. 计算权利人商品或者侵权商品的单位利润，可以根据案件具体情况，综合考虑以下因素：

L. 当事人公开宣传、披露的利润情况；

M. 主管部门、行业协会、第三方平台等发布的统计报告或者行业报告显示的利润情况；

N. 相同或者可替代商品的利润情况；

O. 当事人自认的商品单位利润情况；

P. 当事人在行政审批、投融资过程中披露的利润情况。

③许可使用费。参照许可使用费的合理倍数或者权利使用费确定惩罚性赔偿的基数时，可以根据案件具体情况，综合考虑以下因素：

A. 许可使用合同的实际履行及相应证据情况；

B. 许可使用与侵权使用的可比性；

C. 许可使用费是否受到诉讼、并购、破产、清算等因素的影响；

D. 许可人与被许可人之间是否存在亲属关系、投资关系或者实际控制关系等关联关系；

E. 同行业或者相关行业通常的许可使用费或者权利使用费标准；

F. 许可使用合同的备案情况。

④法定赔偿。侵犯著作权的案件,权利人的实际损失、侵权人的违法所得、权利使用费难以计算的,由人民法院根据侵权行为的情节,判决给予500元以上500万元以下的赔偿。

侵犯专利权的案件权利人的损失、侵权人获得的利益和专利许可使用费均难以确定的,人民法院可以根据专利权的类型、侵权行为的性质和情节等因素,确定给予3万元以上500万元以下的赔偿。

侵犯商标专用权的案件,权利人因被侵权所受到的实际损失、侵权人因侵权所获得的利益、注册商标许可使用费难以确定的,由人民法院根据侵权行为的情节判决给予500万元以下的赔偿。

权利人明确请求适用法定赔偿,侵权人对此不予认可且提供一定证据证明权利人的实际损失、侵权人的获利、许可使用费等,被告提供的证据可以作为确定赔偿数额的参考。权利人直接依据法定赔偿方法请求损害赔偿的,应当说明适用法定赔偿的理由及主张赔偿数额的相关因素。法定赔偿数额的确定,应当遵循裁判标准一致性原则,综合考虑权利、行为、过错、后果、因果关系等因素,体现案件之间的相同点和不同点,合理确定赔偿数额。

⑤合理开支。权利人为制止侵权或诉讼支付的其他合理开支一般如下。

A. 律师费:当事人与其代理律师依法协议确定的律师费,对于案情简单,诉讼标的不大,权利义务清楚的案件,原告主张较高数额律师费的,法院不宜全额支持。对于专业性强、案情复杂、工作量大的案件,原告以计时收费方式主张律师费的,法院可以予以支持。对于尚未实际支出但根据合同约定必然发生的律师费,且律师确已付出相应劳动并符合付款条件的,法院可以予以支持。

B. 公证费及其他调查取证费:公证人员在未向涉嫌侵权的一方当事人表明身份的情况下,如实对另一方当事人按照前款规定的方式取得的证据和取证过程出具的公证书,应当作为证据使用,但有相反证据的除外。这只有在判定侵权基本成立,公证证明被作为认定案件事实的证据时才能被法庭支持,一般都能够全额支持。

C. 审计费:按照判决确定的赔偿数额占诉讼请求数额比例予以支持。

D. 交通食宿费:应明确提交确定的票据,法庭将审查该票据与案件是否有关以及发生的合理性和必要性。

E. 在关联案件中，对于原告为制止被诉行为而共同支付的合理开支，已在其他案件中获得赔偿的，不再重复计算。

F. 诉讼材料印制费。

⑥精神损失费。侵害著作人身权及表演者人身权情节严重，且适用停止侵权、消除影响、赔礼道歉仍不足以抚慰原告所受精神损害的，应当判令支付精神损害抚慰金。精神损害抚慰金一般不低于5000元，不高于10万元。

(3)惩罚性赔偿

对故意侵犯知识产权的案件，情节严重的，可以在按照上述计算赔偿的方法确定数额的1倍以上5倍以下赔偿。权利人请求惩罚性赔偿，应明确惩罚性赔偿的基数、基数确定方法及计算方式、倍数及赔偿总额，并提供相应证据。权利人请求惩罚性赔偿，但无正当理由拒不明确请求惩罚性赔偿的基数、基数确定方法、倍数或者赔偿总额导致惩罚性赔偿无法适用的，一般不予支持。

当事人就侵害知识产权损害赔偿纠纷的解决达成仲裁协议并经仲裁机关作出仲裁裁决后，权利人一般不宜就同一侵权行为再行提起惩罚性赔偿诉讼，但该仲裁裁决被依法撤销或者裁定不予执行的除外。侵权人因同一侵权行为被判决承担惩罚性赔偿的民事责任，并被处以行政罚款或者刑事罚金，应优先承担惩罚性赔偿的民事责任。

①法定适用要件。惩罚性赔偿适用于故意侵权且情节严重的侵害知识产权案件。恶意侵权属于故意侵权的情形。

②侵权故意的认定。综合考虑案件具体情况，下列情形一般可以认定故意侵害知识产权：

A. 恶意抢注并使用他人驰名商标；

B. 在同一种或者类似商品上使用他人已注册驰名商标；

C. 在宣传或者提供侵权商品或者服务时遮挡、清除权利标识；

D. 在商标授权程序中知悉他人商标权，仍然实施侵害该商标权的行为；

E. 不当取得的知识产权被依法撤销、宣告无效后，仍然实施或者使用该知识产权且被认定构成侵权；

F. 知识产权行政主管部门发出侵权通知后，仍然继续实施侵权行为。

③情节严重的考量因素及认定。判断侵权情节是否严重，可以综合考虑侵

权手段、次数、规模,侵权持续时间、地域范围,以及侵权人在侵权诉讼或者行政查处过程中的行为表现等因素。侵权行为造成严重后果的,可以推定为情节严重。

综合考虑案件具体情况,下列情形一般可以认定为侵害知识产权情节严重:

A. 侵害知名度较高的体育赛事节目、展会知识产权;

B. 同一侵权人多渠道传播侵权视频;

C. 针对同一权利人或者同一知识产权多次实施侵权行为;

D. 侵权规模较大且侵权行为持续时间较长;

E. 权利人商业信誉遭受重大损失;

F. 无正当理由拒不履行行为保全裁定;

G. 侵权人采取暴力、胁迫等违法或者不当手段阻碍国家工作人员依法调查取证。

④侵权故意且情节严重的认定。综合考虑案件具体情况,下列情形一般可以认定为故意侵害知识产权且情节严重:

A. 主要以侵害知识产权为业;

B. 在电影、电视剧、综艺节目、体育赛事节目或者网络游戏公开传播前或者公开传播初期擅自传播侵权作品;

C. 经合法授权提供权利商品或者服务的同时,擅自提供侵害同一知识产权的商品或者服务;

D. 在广告宣传、合作磋商、签订合同、样品展示及体验服务等过程中提供权利商品或者服务,但实际交易时仅提供或者主要提供侵害同一知识产权的商品或者服务;

E. 行政处罚或者行政裁决认定侵权后,同一侵权人再次或者继续实施同样的侵权行为;

F. 当事人在自愿达成的和解协议中确认侵权后,同一侵权人再次或者继续实施同样的侵权行为;

G. 生效判决、调解书、仲裁裁决认定侵权后,同一侵权人再次或者继续实施同样的侵权行为;

H. 采取增设企业、变更企业名称、变更法定代表人、利用关联企业等方式再次或者继续实施同样的侵权行为。

⑤惩罚性赔偿的计算。惩罚性赔偿的“基数”包括权利人的实际损失、侵权人的获利以及许可使用费，关于“基数”如何计算，前文已进行介绍，故不再赘述。适用惩罚性赔偿确定的赔偿总额为基数及基数与倍数乘积之和。权利人为制止侵权行为所支付的合理开支另行计算。

法定赔偿数额不得作为计算惩罚性赔偿的基数。

权利人已经尽了必要举证责任，但侵权获利的证据主要由侵权人掌握，且侵权人无正当理由拒不提供相关证据、仅提供明显少于其实际获利的部分证据，或者故意提供虚假证据，妨碍惩罚性赔偿基数认定的，可以根据案件具体情况，参考权利人的主张及相关证据确定惩罚性赔偿的基数。

⑥惩罚性赔偿倍数的考量因素。惩罚性赔偿的倍数应与侵权人的侵权故意及情节严重程度相适应。惩罚性赔偿的倍数应在法定范围内酌情确定，但当事人另有约定的除外。

A. 综合考虑以下因素：a. 侵权故意程度；b. 侵权持续时间；c. 侵害知识产权的数量；d. 侵权行为对行业造成的危害；e. 侵权人是否多次侵害知识产权；f. 侵权人是否如实提交侵权获利证据。

B. 在侵害专利权案件中确定惩罚性赔偿的倍数，除考虑上述因素外，还可以根据案件具体情况，综合考虑以下因素：a. 专利类型；b. 专利创新高度；c. 专利是否属于国务院专利行政部门认定的高价值发明专利；d. 专利技术是否属于关键核心技术、重点领域或者新兴产业的技术、国家重点支持的高新技术；e. 专利权剩余有效期；f. 侵权产品中侵害专利权的数量；g. 侵权人是否因侵害同一专利权承担过损害赔偿责任及承担损害赔偿责任的具体情况。

C. 在侵害商标权案件中确定惩罚性赔偿的倍数，综合考虑以下因素：a. 权利人的商誉和市场地位；b. 权利商标的知名度情况；c. 权利商标与侵权标识相同或者近似程度；d. 侵权人抢注、攀附商标的情况；e. 侵权人与权利人的同业竞争情况；f. 侵权人是否在伪劣商品上使用侵权标识；g. 侵权人对权利商标提出异议、撤销或者无效宣告请求及其审查情况。

D. 侵害著作权倍数的考量因素，综合考虑以下因素：a. 权利人或者权利客体的知名度和影响力；b. 权利客体涉及的商业模式、收费标准等；c. 侵害同一著作权或者与著作权有关的权利的权项数量；d. 侵权人实施侵权行为的手段、方式；e. 侵权人从侵权内容中的获利情况；f. 侵权行为是否发生在权利客体的热播期、热映期或者集中宣传推广期间；g. 侵权平台的规模，侵权持续传播时间，侵权内容的数量及点击、下载、浏览量情况；h. 侵权人被其他权利人追究侵权的情况。

E. 侵犯商业秘密倍数的考量因素，在侵犯商业秘密案件中确定惩罚性赔偿的倍数，综合考虑以下因素：a. 商业秘密的类型及市场价值；b. 技术信息的创新程度；c. 商业秘密的成本投入情况；d. 权利人采取保密措施的情况；e. 商业秘密可保持竞争优势的时间；f. 侵权获取商业秘密手段的恶劣程度；g. 侵权行为是否导致商业秘密被公开。

F. 以许可使用费的合理倍数计算惩罚性赔偿基数的，可以根据案件具体情况，综合考虑权利客体的性质，商业价值，研发成本，创新高度，可能带来的竞争优势，侵权行为与被许可行为所涉及的权利性质、许可期限、范围的异同等因素确定该倍数。

G. 知识产权的贡献度。按照侵权获利方法确定惩罚性赔偿基数时，应根据案件具体情况，适当考量权利人知识产权对于商业价值的贡献程度或者比例，合理确定知识产权贡献度。

H. 约定惩罚性赔偿的适用。权利人请求适用其与侵权人约定的惩罚性赔偿的，一般予以支持。权利人请求适用的惩罚性赔偿不同于其与侵权人约定的，侵权人主张应在该约定范围内适用惩罚性赔偿的，可以支持侵权人的主张，但权利人提出异议并提供有效证据证明该约定明显不合理的除外。

当事人可以约定适用惩罚性赔偿的基数、基数确定方法、倍数及赔偿总额。当事人约定惩罚性赔偿的倍数不在法定范围内，并请求适用约定的惩罚性赔偿倍数的，一般予以支持，但对方当事人提出异议并提供有效证据证明该约定明显不合理的除外。当事人可以约定以许可使用费或者其合理倍数确定惩罚性赔偿基数，但对方当事人提出异议并提供有效证据证明该约定明显不合理的除外。对于故意侵权且情节严重的侵害知识产权案件，权利人请求适用惩罚性赔偿，但赔偿基数难以确定需要适用法定赔偿的，酌情从高确定赔偿数额。

总之，加大惩罚力度，提高侵权者的侵权成本，调动权利人依法保护知识产权的积极性，通过依法保护取得合理收益的法律安排，有着极其重要的意义。

(四)被告举证责任及抗辩理由

1. 著作权侵权案件的抗辩理由

根据《民事诉讼法》“谁主张,谁举证”的原则,原告对被告的侵权行为完成初步举证后,被告否认的,举证责任将转移给被告,被告反驳原告所提出的主张也要提供相应的证据。被告可以根据所侵犯的知识产权实际情况,从以下几点来进行抗辩并提供相关证据。

(1)原告不是涉案作品的著作权人

作为侵犯著作权案件的被告方,如要抗辩权利人的权利主张,那么否定权利人所享有的著作权是最直接最有效的方式。被告可以根据原告所主张的作品类型和权利类型,明确著作权的归属,进而提出对原告诉讼主体的抗辩。

例如,影视作品侵权案件通常涉及的权利人较多,如果从部分联合摄制者中取得授权,但并没有获得全部联合摄制者的授权即提起侵权之诉,也属于不适格的原告。在广东 B 公司起诉北京某网站侵犯其对电视剧《贞观长歌》享有的信息网络传播权案件中,该剧出品单位署名为甲制片厂、乙中心和丙公司,甲制片厂将其享有的著作权转让给丙公司,丙公司又将其享有的该剧信息网络传播权转让给广东 B 公司,广东 B 公司认为其已取得电视剧《贞观长歌》的信息网络传播权,故主张被告承担侵权责任。法院认为电视剧《贞观长歌》的包括信息网络传播权在内的著作权应由甲制片厂、乙中心和丙公司共同享有,广东 B 公司通过丙公司授权获得的该剧的信息网络传播权自始至终未得到乙中心的认可,故其无权在本案中就电视剧《贞观长歌》的信息网络传播权主张权利,作出驳回广东 B 公司起诉的裁定。①

虽然《著作权法》规定在作品上署名的是作者,但有时候作品上的署名是笔名,原告有义务证明所署笔名系原告本人,例如,提交签署作品的相关协议或者有关单位出具的证明等。只要原告初步证明了本名与笔名属于同一人,被告方仅仅否认而不能提出相反证据的,法院一般可以确认原告的权利人身份。在韩

① 参见刁云芸:《影视作品网络侵权案件中维权应注意的相关问题》,载北京法院网2008 年7 月14 日,https://bjgy.bjcourt.gov.cn/article/detail/2008/07/id/863774.shtml。

某诉某网络公司侵犯照片著作权的案件中,报刊上登载的照片作者署名为原告的笔名,但是原告没有出具本名与笔名系同一人的相关证据,当被告方否认原告权利人身份时,原告也没有在举证期限之内出具相关证据。法院认为,著作权的权属证据是原告在举证期限内可以取得的证据,原告在举证期内既未提交相应证据,也未提出延期举证的申请,且其当庭提交的相应证据也不属于新的证据,被告对其拒绝质证,故法院视为原告放弃相应举证权利,应承担相应的不利后果,结果原告败诉。①

(2)相同或者近似具有合法理由

著作权法保护的是作品的表达形式,不同的两个作者完全有可能创作出表达形式相同或者类似的作品,特别是在摄影作品中,由于所拍摄的自然风景的特定性,相同的角度很可能产生类似的摄影作品。与专利权和商标权所不同的是,《著作权法》允许不同的作者创作出相同的作品,并且各自享有著作权。被告能够举证证明存在下列事实之一的,可以认定其已就反驳侵权的主张完成了举证责任。

①与原告作品相同或相近似的部分源于被告自行创作;由不同作者就同一题材创作的作品,作品的表达系独立完成并且有创作性的,应当认定作者各自享有独立著作权。

②与原告作品相同或相近似的部分属于公有领域或者源于第三方。

③与原告作品相同或相近似的原因在于执行共同的标准或者表达形式有限。

④其他造成相同或相近似的合理理由,例如,合理使用(请详见本书"知识产权的限制"一章)。

在实践中,不同作者就同一题材特别是重大历史或者社会题材创作的作品,常常会发生作品的某些内容和表达雷同的情形,当事人为构成抄袭剽窃还是合法独立创作发生争议。一般地说,对于体现重大社会、历史题材的作品都要使用一些客观历史史实,任何人都不可能凭空杜撰。因此,一些作品在记述人物、时间、事件等内容时所反映的客观史实和所利用的史料部分相同,不能作为构成剽窃的根据。而不同作品在创作风格、文学处理等表达形式上体现作者

① 参见北京市海淀区人民法院民事判决书,(2007)海民初字第10356号。

的创作特点,则突出地表现了作品的独创性。如果原告不能证明这些表达形式属其作品所独有,则起诉他人抄袭剽窃自己作品的请求就不能成立。①

(3)被告已经尽到合理注意义务,没有侵权故意

这主要是针对出版者、制作者、发行者、出租者的举证责任。《著作权法》第52条规定,复制品的出版者、制作者不能证明其出版、制作有合法授权的,复制品的发行者或者电影作品或者以类似摄制电影的方法创作的作品、计算机软件、录音录像制品的复制品的出租者不能证明其发行、出租的复制品有合法来源的,应当承担法律责任。出版、制作、出租等行为人对自己所经营的业务应当负有不侵犯他人著作权的比一般人更强的注意义务,应当保证经营中所涉及的复制品等的合法授权或者来源合法。如果在经营中出现了侵权行为、侵权复制品,他们应当对其所尽的注意义务如涉及的复制品有合法授权、合法来源等进行举证,举证不能的推定未尽到注意义务。虽然原始的侵权复制品并不是最初来源于这些行为人,他们仍应承担侵权的法律责任。

根据《著作权法》的这一规定,最高人民法院《关于审理著作权民事纠纷案件适用法律若干问题的解释》第19条规定,出版者、制作者应当对其出版、制作有合法授权承担举证责任,发行者、出租者应当对其发行或者出租的复制品有合法来源承担举证责任。举证不能的,依据《著作权法》第52条、第53条的相应规定承担法律责任。出版者对其出版行为的授权、稿件来源和署名、所编辑出版物的内容等未尽到合理注意义务的,依据《著作权法》第54条的规定,承担赔偿责任。

出版者尽了合理注意义务,著作权人也无证据证明出版者应当知道其出版涉及侵权的,依据民法通则"侵占国家的、集体的财产或者他人财产的,应当返还财产,不能返还财产的,应当折价赔偿"的规定,出版者承担停止侵权、返还其侵权所得利润的民事责任。

(4)信息网络传播权的"避风港"规则

著作权领域的"避风港"条款最早出现在美国1998年制订的《数字千年版权法案》(Digital Millennium Copyright Act,DMCA),是指在发生著作权侵权案

① 参见蒋志培:《如何理解和适用〈关于审理著作权民事纠纷案件适用法律若干问题的解释〉》,载《人民司法》2002年第12期。

件时,如果网络服务提供商(Internet Service Provider,ISP)只提供空间服务,并不制作网页内容,当其被告知侵权时,有删除涉嫌侵权内容的义务,否则就被视为侵权。如果侵权内容既不在ISP的服务器上存储,又没有被告知哪些内容应该删除,则ISP不承担侵权责任。①

我国《信息网络传播权保护条例》(以下简称《信息条例》)也明确规定了信息网络传播权领域的"避风港"原则。其中,《信息条例》第14条和第23条,参考国际通行做法,建立了处理侵权纠纷的"通知与删除"简便程序,大大降低了搜索引擎公司承担法律责任的风险。第14条规定:"对提供信息存储空间或者提供搜索、链接服务的网络服务提供者,权利人认为其服务所涉及的作品、表演、录音录像制品,侵犯自己的信息网络传播权或者被删除、改变了自己的权利管理电子信息的,可以向该网络服务提供者提交书面通知,要求网络服务提供者删除该作品、表演、录音录像制品,或者断开与该作品、表演、录音录像制品的链接。"通知书应当包含下列内容:(1)权利人的姓名(名称)、联系方式和地址;(2)要求删除或者断开链接的侵权作品、表演、录音录像制品的名称和网络地址;(3)构成侵权的初步证明材料。权利人应当对通知书的真实性负责。第23条规定:"网络服务提供者为服务对象提供搜索或者链接服务,在接到权利人的通知书后,根据本条例规定断开与侵权的作品、表演、录音录像制品的链接的,不承担赔偿责任;但是,明知或者应知所链接的作品、表演、录音录像制品侵权的,应当承担共同侵权责任。"

《信息条例》第22条还明确了网络服务提供者为服务对象提供信息存储空间,供服务对象通过信息网络向公众提供作品、表演、录音录像制品,并具备下列条件的,不承担赔偿责任:①明确标示该信息存储空间是为服务对象所提供,并公开网络服务提供者的名称、联系人、网络地址;②未改变服务对象所提供的作品、表演、录音录像制品;③不知道也没有合理的理由应当知道服务对象提供的作品、表演、录音录像制品侵权;④未从服务对象提供作品、表演、录音录像制品中直接获得经济利益;⑤在接到权利人的通知书后,根据本条例规定删除权利人认为侵权的作品、表演、录音录像制品。

---

① 参见王占波:《网络版权保护边界在哪里》,载新浪网,http://tech.sina.com.cn/i/2006-07-12/14171033626.shtml。

典型案例 80

华纳唱片诉阿里巴巴侵犯著作邻接权纠纷案

（1）怠于尽到注意义务、放任侵权结果发生，网络服务提供者具备过错。

原告华纳唱片公司诉阿里巴巴公司侵犯著作邻接权纠纷一案。原告华纳唱片公司起诉称：该公司对 FAITHHILL 演唱的专辑《CRY》等享有录音制作者权，被告阿里巴巴公司通过其经营的雅虎中文网站，向公众提供上述 6 张专辑中共计 37 首歌曲的试听及下载服务。其中，包括《CRY》专辑中的歌曲《ONE》等 3 首。同时，通过对涉案等歌曲信息进行人为的收集、整理、分类和编排，按照歌曲风格、流行程度、歌手性别等标准制作诸如“歌曲排行榜”“最佳男歌手”“最佳女歌手”等不同的分类链接，便于网络用户搜索；提供涉案歌曲的音乐盒服务，存储用户的歌曲链接，并可以实现共享等功能，方便其他网络用户通过“音乐盒”直接试听和下载。原告认为被告的上述行为使网络用户无须离开被告网站网页即可实现歌曲的试听及下载，已经超出了普通搜索引擎的服务范围。被告把第三方网站的资源变成自己的资源加以控制和利用，属于直接复制并通过网络传播原告享有录音制作者权的涉案歌曲的侵权行为；即使不构成上述侵权行为，被告亦未尽到合理注意义务，构成诱使、参与、帮助他人实施侵权的行为，侵犯了其对涉案歌曲所享有的录音制作者权中的复制权、信息网络传播权以及相应的获得报酬权。

法院经过审理认为：网络传播是以数字化形式复制作品并在互联网上向不特定公众提供作品的行为。在雅虎中文网站音乐搜索网页上，无论通过在搜索框中输入关键字的方式或者通过该网页提供的分类信息的方式对涉案歌曲进行搜索，得到的搜索结果均仅为涉案歌曲不同 URL 地址的链接，且在音乐盒服务中所存储的亦为涉案歌曲的链接，而非涉案歌曲本身。用户点击相关链接进行试听和下载，是通过将客户端链接到第三方网站，在第三方网站实现的。涉案歌曲能够实现试听和下载的基础是被链接的第三方网站上载了涉案歌曲，通过试听和下载向互联网用户提供歌曲本身的是第三方网站，而非被告网站。

被告网站通过其音乐搜索服务，只是提供了试听和下载过程的便利，相关音乐盒服务，亦仅为存储相关网络链接地址提供了便利，并不能推导出其提供了涉案歌曲的内容本身；而且，涉案歌曲的下载页面中显示了涉案歌曲的来源，不会使网络用户产生涉案歌曲来源于雅虎中文网站的误认。因此，被告的涉案行为不构成复制或者通过网络传播涉案歌曲的行为。原告主张被告经营的雅虎中文网站对涉案歌曲的试听和下载实施了控制，把其他网站的资源作为自己的资源控制和使用，属于复制或者网络传播原告享有录音制作者权的涉案歌曲，依据不足，本院不予支持。

依据相关法律规定，网络服务提供者为服务对象提供搜索或者链接服务，在接到权利人的通知书后，断开与侵权的作品、表演、录音录像制品的链接的，不承担赔偿责任；但是，明知或者应知所链接的作品、表演、录音录像制品侵权的，应当承担共同侵权责任。经比对，经公证下载的被告网站链接的《ONE》等36首涉案歌曲与原告主张权利的涉案歌曲相同。涉案相关第三方网站上载并传播上述36首涉案歌曲并未经原告许可，亦未支付相关报酬，其行为构成了对原告对涉案36首歌曲所享有的信息网络传播权和相应的获得报酬权的侵犯。在本案中，被告阿里巴巴公司作为搜索引擎服务提供商，设置专门的音乐网页提供“雅虎音乐搜索”服务，通过在搜索框输入关键字等方式提供涉案歌曲的搜索链接；并根据歌手性别、歌曲流行程度等，制作了不同种类的分类信息；被告还提供“音乐盒”服务，为网络用户提供存储相关链接地址的网络空间。原告曾于2006年4月10日和7月4日分别向被告发函，告知其侵权事实的存在，提供了有关权利人录音制品信息的网址、含有涉案37首歌曲的音乐专辑及演唱者的名称，同时提供了《ONE》等24首涉案歌曲的具体URL地址各一个作为示例，要求被告删除与涉案专辑有关的所有侵权链接。被告收到上述函件后，即可以获取原告享有录音制作者权的相关信息及被控侵权的相关歌曲的信息，应知其网站音乐搜索服务产生的搜索链接结果含有侵犯原告录音制作者权的内容。但被告仅删除了原告提供了具体URL地址的24个侵权搜索链接，怠于行使删除与涉案歌曲有关的其他侵权搜索链接的义务，放任涉案侵权结果的发生，其在主观上具有过错，属于通过网络帮助他人实施侵权的行为，应当承担相应的侵权责任。①

(2)权利人未尽到通知义务，网络服务提供者进入“避风港”。

原告华纳公司诉被告百度公司侵犯信息网络传播权纠纷一案。原告华纳公司诉称，该公司于2005年6月6日发现被告百度公司在其经营的网站上(www. baidu. com)从事该公司录制的郑秀文、郭富城、薛凯琪演唱的49首歌曲的在线播放和下载服务。被告的行为严重侵犯了原告录音制作者的信息网络传播权，并给原告造成重大经济损失。

法院经过审理认为：被告提供MP3搜索引擎服务的行为，是否侵犯了原告的信息网络传播权，需要解决以下几个基本问题。

①对涉嫌侵权行为，被告是否存在主观过错。

首先，搜索引擎技术服务是近年来互联网发展中出现的一项新技术，其服务宗旨是帮助互联网用户在浩如烟海的信息中迅速地定位并显示其所需要的信息。伴随搜索引擎服务技术的发展，针对不同类型的数据格式文件提供专业性的搜索服务亦应运而生。被告提供的MP3搜索引擎服务是以互联网中的音频数据格式文件为搜索对象的，其搜索范围遍及整个互联网空间中未被禁链的每个网络站点。

其次，从搜索引擎服务网站与上载作品网站之间的关系看，搜索引擎服务与上载作品网站之间能否建立链接关系，取决于网站是否上载了音频数据格式文件及该网站是否未被禁链这两个主要因素。第一，从搜索的内容看，其来源于上载音频数据格式文件的网站，并受控于上载作品的网站。搜索引擎对搜索内容的合法性不具有预见性、识别性、控制性。第二，如果被链接网站没有建立禁链的协议，对搜索引擎服务系统而言，意味着对该网站可以互联互通、信息共享。因此，被告提供MP3搜索引擎服务并没有侵犯他人信息网络传播权的主观过错。

②在被告提供的搜索引擎服务系统中设置“试听”和“下载”的功能，是否侵犯了原告的信息网络传播权。

被告的搜索引擎服务是针对音频数据格式文件，该格式的文件不同于一般

① 参见北京市第二中级人民法院民事判决书，(2007)二中民初字第02630号。

的通过人的视觉即能够感知的文字作品,其只有通过人的听觉才能感知到搜索的结果。搜索引擎服务系统应当提供其让人感知搜索结果的功能。如果搜索结果不能被感知,查询者无法对搜索结果进行判断,则将失去对该类型格式文件搜索的意义。“试听”功能即是被告展现其音频数据格式文件搜索结果一种方式。从该角度讲,被告搜索引擎服务的“试听”功能是为感知音频数据格式文件而设计的,该功能应当视为搜索引擎服务的组成部分。该类型格式文件的搜索引擎服务与其他类型的搜索引擎服务相比,“试听”功能应属于对搜索结果的显示或展现,其目的在于使查询者能够作出识别和判断。

关于“下载”一节,“下载”是发生在用户与上载作品网站之间的一种交互行为。虽然在“下载”的提示框中显示了“来自 baidu. com”的内容,但该显示内容是否构成对原告信息网络传播权的侵犯,应当审查显示内容的本质所在。该显示内容是重定向技术导致的显示结果,下载的涉案歌曲并非来自百度的网站。仅由“下载”提示框中的显示即认定涉案歌曲来自百度网站,从而认定被告侵犯了原告信息网络传播权,与事实不符。

从本质看,“试听”和“下载”的作品并非来自被告网站,而是来自未被禁链的开放的第三方网络服务器,“试听”和“下载”再现第三方网站上载的作品,其传播行为发生在用户与上载作品网站二者之间。目前,在对搜索引擎的商业模式和功能设置没有明确规范和限定并且原告不能证明被告对其链接的作品可能侵犯他人权利系明知或应知的情况下,将可能构成侵犯原告信息网络传播权的被链接网站的上载行为和网络用户下载复制行为的法律责任由没有识别和判断能力的搜索引擎服务商承担,缺乏法律依据。

③目前,对搜索引擎服务可能发生的侵权行为的处理。第一,告知网站禁止被搜索引擎收录的方法,如网站可以通过创建“robots”“txt”文件,声明该网站中不想被访问的部分,可以不被搜索引擎收录,或收录指定的内容。第二,如果权利人认为搜索引擎服务所涉及的录音制品侵犯了其信息网络传播权,可以向搜索引擎服务提供商提交书面通知,要求其断开与该制品的链接,通知中应当明确告知侵权网站的网址。搜索引擎服务提供商接到权利人的通知后,应当立即断开与该制品的链接。虽然,在网络环境下权利人维权的难度加大、成本提高,但是,原告仍应采取积极有效的措施,维护其合法的权利,不仅可以通过搜索引擎服务及时发现侵权,同时还可以依据法律规定及时制止侵权。在本案

诉讼中,原告未尽到通知义务。

④在通常情况下,搜索引擎只能针对未被禁链的网站。由于互联网具有资源共享、互联互通的基本特征,权利人为了保护信息网络传播权,可以采取相应的技术措施。在搜索引擎对其搜索结果无法预见和控制的情况下,法律在鼓励和保护技术发展的同时,亦要求权利人采取技术措施,以保护其信息网络传播权。从客观上讲,在搜索引擎技术发展的同时,保护信息网络传播权的技术措施亦得到了相应的发展和完善。由于科学技术的进步和发展及社会文化的需求,与传统的作品传播方式相比较,网络环境下作品传播与权利人保护之间,形成了一对新的矛盾和新的利益关系。对此,我国《著作权法》及司法解释对破坏技术措施的行为作出了明确的规定。权利人为了保护信息网络传播权,可以采取保护著作权或者与著作权有关权利的技术措施。故意避开或者破坏权利人为保护作品采取的技术措施,应当承担停止侵权、消除影响、赔礼道歉、赔偿损失等民事责任。

综上,法院认为:搜索引擎的出现和发展是互联网发展的必然,搜索引擎服务商与权利人之间关系是互联网环境下形成的一种新的利益关系。在本案纠纷中,虽然存在诸多需要进一步研究和探讨的问题,其中,亦包括被告现有的搜索引擎服务系统也存在诸多需要调整和完善的地方,但是,原告指控被告侵犯其信息网络传播权的主张,缺乏法律依据,本院不予支持。①

典型案例81

《三生三世十里桃花》网络传播权纠纷案

网络服务提供者怠于应对用户的侵权行为采取的必要措施,具备过错。

优酷网络技术(北京)有限公司(以下简称“优酷公司”)主张,其经授权依法享有电视剧《三生三世十里桃花》(以下简称“涉案作品”)信息网络传播权的专有使用权。自涉案作品在卫视台首轮开播后,虽经优酷公司发送预警函及78封权利通知邮件,但仍取证到11,000余条百度网盘用户利用网盘服务侵权分

① 参见北京市第一中级人民法院民事判决书,(2005)一中民初字第8995号。

享涉案作品视频文件的链接。北京百度网讯科技有限公司(以下简称“百度公司”)未及时断开侵权链接并删除视频文件、未对反复侵权用户及时采取封禁等措施,亦未采取技术手段屏蔽用户上传、存储、分享涉案作品视频文件,应承担侵权责任,故诉至法院要求百度公司停止侵权并赔偿经济损失2900万元和合理开支3万元。

一审法院认为,百度公司在收到通知后并未及时对全部涉案链接采取断开措施,放任部分涉案链接持续、大量传播涉案作品,致使侵权范围和规模进一步扩大。百度公司在具备相应的信息管理能力,且采取屏蔽措施具有可行性和合理性,对实现有效制止侵权具有必要性,亦不会对百度网盘用户的利益造成不合理损害的情况下,怠于采取屏蔽措施制止用户分享涉案链接,导致了相应损害后果的发生。百度公司未对重复侵权的用户采取必要措施,造成了优酷公司损失的扩大,故百度公司应对损害扩大部分与用户承担连带责任。据此,一审法院结合涉案作品的知名度、市场价值,侵权行为导致的损害后果、百度公司的主观过错程度、百度公司已采取的必要措施等因素,判决百度公司赔偿优酷公司经济损失100万元及合理开支3万元。优酷公司与百度公司均不服提起上诉,二审法院判决驳回上诉,维持原判。

本案是全国首例判令网盘服务商因怠于采取屏蔽措施制止用户侵权分享热播电视剧而承担赔偿责任的案例。本案明确了网络服务提供者应对用户的侵权行为采取的必要措施,不仅包括及时断开侵权链接,还应包括采取预防侵权的合理措施(如屏蔽),以及对重复侵权用户采取限制措施。其中,断开链接是否“及时”应根据最终的实际效果进行判断,关于是否应当采取屏蔽措施,应在个案中综合考虑网盘服务提供者具备的信息管理能力、采取屏蔽措施的可行性和合理性、对实现有效制止侵权的必要性,以及用户与著作权人之间的利益平衡等因素予以认定。本案的裁判不仅彰显了加大知识产权司法保护力度的决心,也为建立权利人、网盘服务提供者与用户之间利益平衡,从而实现共存、共赢、共同发展的行业规则提供了有效的指引。①

① “电视剧《三生三世十里桃花》”侵害作品信息网络传播权纠纷案,北京法院知识产权司法保护十大案例(2020年)。

典型案例 82

江苏现代快报传媒有限公司侵害信息网络传播权案

网络服务提供者未尽到审查义务，其主观上存在过错，不受“避风港”的保护。

江苏现代快报传媒有限公司、江苏现代快报传媒有限公司无锡分公司诉北京字节跳动科技有限公司等侵害信息网络传播权案，未经权利人许可而将其作品上传至互联网，上传者的行为构成对权利人信息网络传播权的直接侵权，而对被上传作品设链或保持链接的行为，则为这种未经许可的传播提供了便利。如果设链者对此明知或应知，其设链行为属于间接侵权。互联网平台以“避风港”规则主张不承担赔偿责任，需满足以下条件：一是有充分证据证明其仅进行设链行为；二是对链接对象尽到了必要的审查义务，主观上不存在对被控侵权作品的“明知或应知”。互联网平台仅要求合作方提供知识产权权利瑕疵担保不能认定为尽到了必要审查义务。

现代快报公司、现代快报无锡分公司（以下简称“两原告”）依法享有《现代快报》无锡地区新闻的著作权。字节跳动科技公司、字节跳动网络公司（以下简称“两被告”）未经许可，擅自在“今日头条”手机新闻客户端中大量使用两原告享有著作权的6篇新闻作品，超出了著作权合理使用的范围，侵害了两原告的著作权，要求两被告停止侵权、赔礼道歉、赔偿经济损失10万元及合理费用。两原告提供报纸原件、职务作品创作合同证明其为适格原告，提供公证书证明两被告的侵权行为，提供相应票据证明为制止侵权支付的合理费用。

被告字节跳动科技公司请求法院驳回两原告的诉讼请求。其主张（1）涉案文章非著作权法意义上的作品，不受保护；（2）涉案6篇被控侵权作品中，2篇是用户上传，其余4篇系字节跳动科技公司从其他合作方获得授权而链接，依据“避风港”规则，其行为不构成侵权；（3）两原告请求赔偿数额没有依据。字节跳动科技公司提供今日头条客户端涉案6篇文章后台信息公证书及其与第三方网站签订的协议，证明其主张。

被告字节跳动网络公司以其非本案适格被告为由，请求法院驳回两原告的诉讼请求。

无锡市中级人民法院经审理认为：

1. 涉案6篇文章属于《著作权法》意义上的作品。涉案的6篇文章文字表达中不仅包含单纯事实情况，还含有以文艺创作手法创作的新闻评论，该表达属于作者的独创性智力劳动，故并非时事新闻。

2. 对于被控侵权作品而言，网络服务提供者能够证明其仅提供网络服务且无过错的，不认定为侵权；在接到权利人通知后及时删除侵权作品，不承担赔偿责任。本案证据可以证明涉案2篇作品系第三方头条号上传，字节跳动科技公司仅提供信息存储空间服务；也没有证据证明字节跳动科技公司明知或应知涉案作品侵权，故在字节跳动科技公司及时删除涉案作品的情况下，其不构成侵权也无须承担赔偿责任。

对于其余4篇文章，字节跳动科技公司现有举证只能证明其与第三方网站存在以链接方式进行作品传播的协议，不能证明其确实仅提供链接服务，也无证据证明用户阅读今日头条客户端中的涉案作品时存在跳转或链接到第三方网站的情形，故不能认定其仅提供链接服务，因此，其侵害了该4篇文章的信息网络传播权。

退一步说，即使字节跳动科技公司确实仅提供链接服务，其也不能完全免责。字节跳动科技公司在与第三方网站签订的设链协议中要求第三方网站对可设链的内容拥有合法的信息网络传播权，但并未要求网站提供此类合法信息网络传播权所涉权利人的清单列表，而仅在合同中要求网站承担知识产权权利瑕疵担保责任，应认定字节跳动科技公司未尽到相应审查义务。涉案文章在首部标明的作者单位与第三方网站不一致，基于今日头条的信息管理能力，这种明显差异应引起其注意从而通过诸如设置关键词等方式将此类作品进行筛选甄别，现字节跳动科技公司并无证据证明其进行相应操作，故其主观上存在过错，构成应知。对于另外2篇文章，字节跳动科技公司主张系通过新浪网合法授权而链接。但因其提供的授权协议已过期，故不予采纳。

关于赔偿金额，两原告主张法定赔偿，综合考虑今日头条的影响力、传播范围及其主观过错等因素，支持赔偿金额10万元。相应律师费和公证费系为制止侵权所支出的合理费用，予以支持。

本案原被告双方分别代表了传统纸质媒体与互联网服务提供"大佬"，这两种行业就内容产出使用问题的争议在本案之前即“积怨已久”。传统媒体以侵权为由起诉互联网平台的案件多以调撤告结，所获补偿在千余元左右，多不过万元。对于以内容生产为工作主旨的传统媒体而言，此类补偿仅为杯水车薪。在自媒体成为传播中坚的今日，互联网平台的服务为信息传播提供便利的同时，也极大收割了传统媒体的影响力及其他营利，导致双方在内容侵权问题上势同水火。本案的处理，一方面，依法支持传统媒体合法维权，厘清互联网平台设链行为的边界；另一方面，也是为双方实现良性互动、合作共赢提供一个可能的选项。

本案涉及新闻评论的作品性质认定、著作权权属判断、“避风港”规则的适用条件、侵害信息网络传播权案件赔偿金额的裁量等多个争议焦点。其中，“避风港”规则是当前互联网络服务提供商最普遍使用的免责抗辩方式，也是本案争议的核心问题。适用“避风港”规则的前提是准确认定被控侵权行为的性质，只有当网络服务提供者存在主观上无过错时，其才可因“避风港”规则而免于赔偿责任。①

2. 商标权侵权案件的抗辩理由

(1)原告商标具有瑕疵，提出中止审理

商标注册证已经明确了注册商标的权利人，一般很难以对权利人的主体身份提出质疑，但是根据《商标法》的相关规定，被告可以首先对原告商标进行瑕疵性审查，审查的主要内容包括：①是否违反了商标注册的绝对和相对禁用条款；②是否已经成为通用名称；③是否为不当注册；④是否为恶意抢注被告的商标；⑤被告是否在先使用该商标并有一定影响；⑥是否侵犯了被告的外观设计专利、企业名称、域名等在先权；⑦是否与被告的商标构成在类似商品上的近似商标；⑧是否连续3年未使用；⑨是否侵犯了驰名商标权利人的权益。

如果原告的商标符合上述任何一条，被告均可以向商标局或者商评委提出撤销或争议申请，以否定原告的商标专用权。一旦向商标局或商评委发出受理通知书，被告可以据此向法院提出中止审理的申请并附撤销或者争议申请的副本及证据。法院将根据撤销或争议申请的理由和证据是否充分，来决定是否中

---

① 江苏省无锡市中级人民法院民事判决书，(2015)锡知民初字第00219号；江苏省高级人民法院民事判决书，(2018)苏民终588号。

止审理。

（2）被控侵权产品不是被告生产的

如果原告证明被告侵权的证据并未经过公证，不排除发票上的商品与原告提交的商品不一致，或者虽然对购买过程进行了公证保全，但是销售商并没有从被告处直接进货的证据，不排除是他人的假冒商品。

（3）被告使用的商标与原告主张权利的商标不相同或不相近似

被告可以根据商标近似的判定原则、方法以及注册商标显著性不强、知名度不高等方面组织被告商标与原告商标不构成近似的各种证据，两商标不近似不会使消费者产生误认。

典型案例83

"丰田""TOYOTA"商标纠纷案

丰田株式会社起诉称，其发现亚辰伟业中心在北京市亚运村汽车交易市场销售由吉利公司制造的带有美日图形商标和"丰田""TOYOTA"商标的汽车产品。吉利公司在其制造的汽车前脸、轮胎、方向盘、后备箱等显著位置使用的美日图形商标已经构成了对其注册商标的侵犯，同时构成了不正当竞争行为；被告吉利公司在销售涉案美日汽车时使用"美日汽车丰田动力""丰田8A发动机""技术参数：TOYOTA8A"等宣传用语误导消费者，违背了诚实信用原则，也同时构成了侵犯商标权和不正当竞争。原告要求认定丰田图形商标、"丰田""TOYOTA"注册商标为驰名商标；判令二被告停止侵权行为；赔偿经济损失。

吉利公司认为，美日图形商标与丰田图形注册商标客观上不近似，不会造成混淆与误认，自己使用美日图形商标不构成侵犯丰田株式会社的商标权；不存在不正当竞争行为，没有实施任何虚假宣传，对美日汽车所使用的8A发动机的宣传是真实、准确和符合商业惯例的，丰田株式会社的文字及图形商标本应被认定为驰名商标。

法院经审理认为，商标的基本功能在于使消费者能够识别商品及其来源。根据法律规定，判断商标近似要以相关公众的一般注意力为标准。相关公众，应指汽车的购买者或使用者以及经销或提供汽车维修和其他服务的经营者。

相对而言,汽车应属高价位商品,相关公众对于所购买或所使用的汽车的品牌、性能、价格、制造厂商,一般都要进行较为仔细的了解,深思熟虑后才会购买,购买后通过对汽车的使用、保养、维修等,能够进一步加深对该汽车品牌和制造厂商的认识和了解。上述经营者往往对所经营的汽车品牌有一定的熟知程度和较高水平的认识,并能够对不同品牌的汽车产品和制造厂商加以区别,具有较强的识别能力。

将原告的丰田图形注册商标与吉利公司所使用的美日图形商标进行隔离观察比对,凭借上述相关公众的一般注意力,能够判断出二者在整体视觉上存在着较大的差异,该两个图形商标主要部分的线条结构也明显不同,相关公众不会将二者混淆或误认。

丰田商标

吉利美日商标

图5-3 丰田与吉利商标

结合汽车产品的特点、汽车产品的相关公众在市场中的感知规律和注意力程度、丰田图形商标的显著性和知名度、比对丰田图形商标和美日图形商标所存在的差异以及上述图形商标所标识的汽车产品的差别程度等因素,可以综合判断出被告吉利公司的美日图形商标与原告的丰田图形注册商标不近似,相关公众不会产生混淆或对其来源产生误认,也不会产生对原告注册商标专用权不利的联想。吉利公司在其制造的美日汽车上使用美日图形商标的行为不构成对原告注册商标专用权的侵犯。

吉利公司在宣传时使用"丰田"及"TOYOTA"文字,是对汽车发动机所具有的性能、来源进行说明,是向消费者介绍汽车产品配置的主要部件的技术、制造等来源情况。并未将"丰田"及"TOYOTA"文字作为汽车的商品标识予以使用,不属我国法律规定的侵犯注册商标专用权的行为。吉利公司制造的美日汽车所使用的发动机系天津丰田公司制造的8A型汽油机,该汽油机为丰田株式会社提供技术,由天津丰田公司制造。吉利公司在对涉案美日汽车进行宣传时使用"丰田""TOYOTA"文字及"丰田动力动心价格""搭载日本TOYOTA8A-FE四缸电喷发动机"字样,并在产品使用说明书中使用"丰田汽车公司生产"字样,带有一定的夸大成分,但尚未达到我国法律所规定的对产品的性能、用途等作引人误解的虚假宣传的程度,相关公众不会误认美日汽车发动机系日本本土制造,且8A发动机的技术实际来源于丰田株式会社,该行为不会对丰田汽车的品牌声誉产生不利影响,吉利公司的上述行为不构成不正当竞争。丰田株式会社的涉案注册商标不需要适用驰名商标的特殊保护,在本案中没有必要作是否驰名判断和认定。①

典型案例84

江小白商标权无效宣告纠纷案

重庆江小白酒业有限公司(以下简称"江小白公司")与国家知识产权局、重庆市江津酒厂(集团)有限公司(以下简称"江津酒厂")商标权无效宣告行政纠纷案中,诉争商标系第10325554号"江小白"商标,于2011年12月19日由成都格尚广告有限责任公司申请注册,核定使用在第33类酒类商品上,经核准,权利人先后变更为四川新蓝图商贸有限公司(以下简称"新蓝图公司")、江小白公司。

重庆市江津区糖酒有限责任公司(包括江津酒厂等关联单位)与新蓝图公司(包括下属各地子公司、办事处等关联单位)于2012年2月20日签订销售合同和定制产品销售合同。定制产品销售合同明确约定授权新蓝图公司销售的产品为"几江"牌系列酒定制产品,其中并未涉及"江小白"商标,而且定制产品销售合同第一条约定,"甲方(江津酒厂)授权乙方(新蓝图公司)为'几江牌'江津老白干'清香一、二、三号'系列超清纯系列、年份陈酿系列酒定制产品经销

① 参见北京市第二中级人民法院民事判决书,(2003)二中民初字第06286号。

商”。第6条之2明确约定,“乙方负责产品概念的创意、产品的包装设计、广告宣传的策划和实施、产品的二级经销渠道招商和维护,甲方给予全力配合。乙方的产品概念、包装设计、广告图案、广告用语、市场推广策划方案,甲方应予以尊重,未经乙方授权,不得用于甲方直接销售或者甲方其他客户销售的产品上使用”。

2016年5月,江津酒厂针对诉争商标向原国家工商行政管理总局商标评审委员会(以下简称“商标评审委员会”)提出无效宣告请求。商标评审委员会认为,在诉争商标申请日之前,江小白公司对江津酒厂的“江小白”商标理应知晓,诉争商标的注册已构成2001年修正的《商标法》(以下简称“2001年《商标法》”)第15条所指的不予注册并禁止使用之情形。故裁定对诉争商标予以宣告无效。江小白公司不服,提起行政诉讼。

最高人民法院认为,本案的主要争议焦点在于,诉争商标的申请注册是否违反2001年《商标法》第15条的规定。2001年《商标法》第15条规定:“未经授权,代理人或者代表人以自己的名义将被代理人或者被代表人的商标进行注册,被代理人或者被代表人提出异议的,不予注册并禁止使用。”代理人或者代表人不得申请注册的商标标志,不仅包括与被代理人或者被代表人商标相同的标志,也包括相近似的标志;不得申请注册的商品既包括与被代理人或者被代表人商标所使用的商品相同的商品,也包括类似的商品。在本案中,江津酒厂主张,新蓝图公司是其经销商,新蓝图公司是为其设计诉争商标,其在先使用诉争商标,因此,诉争商标的申请注册违反了2001年《商标法》第15条规定。

首先,江津酒厂提供的证据不足以证明其在先使用诉争商标。江津酒厂主张其在先使用诉争商标的证据绝大多数为诉争商标申请日之后形成的证据,涉及诉争商标申请日之前相关行为的证据有江津酒厂与重庆森欧酒类销售有限公司(以下简称“森欧公司”)的销售合同、产品送货单、审计报告。江津酒厂与森欧公司的销售合同已经在诉争商标异议复审程序中提交,因未体现森欧公司的签章、缺乏发票等其他证据佐证而未被商标评审委员会采信。江津酒厂在本案中提交的销售合同虽然有森欧公司的公章,但该合同显示的签订时间早于工商档案显示的森欧公司的成立时间,而且江津酒厂也认可该合同签订时间系倒签。根据江小白公司提交的再审证据即北京盛唐司法鉴定所出具的笔迹鉴定意见,江津酒厂给森欧公司送货单上的制单人笔迹真实性存在疑点,且没有发票等其他证据佐证，故上述证据无法证明江津酒厂在先使用诉争商标。江津酒厂在一审法院开庭后提交了审计报告作为在先使用证据。但在缺少原始会计凭证的情况下，仅凭在后受江津酒厂委托制作的审计报告中提到“江小白”白酒，不足以证明江津酒厂在诉争商标申请日前使用了“江小白”。此外，江津酒厂提交的其于2012年2月15日与重庆宝兴玻璃制品有限公司签订的购买“我是江小白”瓶的合同金额为69万元，远高于审计报告统计的销售额和销售毛利，也进一步表明无法认定审计报告的真实性。

其次，虽然江津酒厂与新蓝图公司存在经销关系，但双方的定制产品销售合同也同时约定定制产品的产品概念、广告用语等权利归新蓝图公司所有。在商标无效宣告和一审、二审阶段，江津酒厂提供的证明其与新蓝图公司为经销关系的主要证据是双方于2012年2月20日签订的销售合同和定制产品销售合同。定制产品销售合同明确约定授权新蓝图公司销售的产品为“几江”牌系列酒定制产品，其中并未涉及“江小白”商标，而且定制产品销售合同明确约定，乙方(新蓝图公司)的产品概念、包装设计、广告图案、广告用语、市场推广策划方案，甲方(江津酒厂)应予以尊重，未经乙方授权，不得用于甲方直接销售或者甲方其他客户销售的产品上使用。综上，应当认为，江津酒厂对新蓝图公司定制产品上除“几江”外的产品概念、广告用语等内容不享有知识产权，亦说明新蓝图公司申请注册“江小白”商标未损害江津酒厂的权利。本案证据不足以证明诉争商标是江津酒厂的商标，因此，仅根据上述证据尚不能认定诉争商标的申请注册违反了2001年《商标法》第15条规定。

最后，江津酒厂与新蓝图公司合作期间的往来邮件等证据证明，“江小白”的名称及相关产品设计系由时任新蓝图公司的法定代表人陶某泉在先提出。根据江小白公司向法院提交的相关证据能够证明“江小白”及其相关产品设计是由陶某泉一方在先提出并提供给江津酒厂，而根据双方定制产品销售合同，产品概念及设计等权利属于新蓝图公司所有。现有证据不足以证明新蓝图公司是为江津酒厂设计商标。

综上，在诉争商标申请日前，“江小白”商标并非江津酒厂的商标，根据定制产品销售合同，江津酒厂对定制产品除其注册商标“几江”外的产品概念、广告用语等并不享有知识产权，新蓝图公司对诉争商标的申请注册并未侵害江津酒厂的合法权益,未违反2001年《商标法》第15条规定。[①]

(4)侵权商品与注册商标核准的商品不类似

被告可以从功能、用途、主要原料、销售渠道、消费对象、价格等方面将自己的商品与原告注册商标核定使用的商品进行对比,寻找不同之处,提出商品不类似,所以不会使相关公众产生混淆。

(5)被告的行为属于正当使用或者未将标志作为商标使用

被告在使用注册商标时,是为了向消费者表明被告产品的质量、主要原料、功能、用途、重量、数量等特点,或者是对商品通用名称、通用属性的正当使用,不构成侵权。详见商标权的限制一章。

典型案例85

"兔子小跑图"商标纠纷案

"兔子小跑图"是英国著名童话作家毕翠克丝·波特绘制的童话故事插图中的一幅,存在于她创作的《彼得兔的故事》等一系列童话书中。1943年,毕翠克丝·波特去世。1994年10月,英国沃恩公司在中国注册了该商标。

2003年4月,中国社会科学出版社出版发行了《彼得兔系列》丛书——《彼得兔的故事》《汤姆小猫的传说》《点点鼠太太的故事》《平小猪的故事》。出版社在这四本书的封面、封底、书脊、页码上均使用了"兔子小跑图"。

2003年5月,英国费德里克·沃恩有限公司向北京市工商行政管理局西城分局投诉社会出版社出版了侵犯其注册商标权的图书。8月27日,西城分局做出决定,认定社会科学出版社构成商标侵权,决定没收社会科学出版社侵权图书并处以高达35万元的罚款。社会科学出版社向北京市工商局申请行政复议,北京市工商局辅以决定维持了原处理决定。社会科学出版社不服行政处罚决定,遂向北京市第一中级人民法院提起行政诉讼,本案的利害关系人英国费德里克·沃恩有限公司作为第三人参加了诉讼。

① 重庆江小白酒业有限公司诉国家知识产权局、第三人重庆市江津酒厂(集团)有限公司商标权无效宣告行政纠纷案,最高人民法院指导案例162号(2019年)。

法院经审理认为,本案的关键是社会科学出版社是否将“兔子小跑图”作为商标使用。因为根据《商标法》的规定,未经商标注册人许可,他人在相同商品上使用与注册商标相同商标的行为属于商标侵权行为,工商行政管理部门有权进行处理。“兔子小跑图”虽是一幅属于公有版权的艺术作品,任何人均可使用,但将进入公有领域的作品申请注册商标并不违反法律规定。英国费德里克·沃恩有限公司经批准已经取得“兔子小跑图”的商标专用权,应受到法律保护。

在本案中,社会科学出版社在其出版发行的《彼得兔系列》丛书中均使用了“兔子小跑图”,从使用位置分析,封面和书脊是一般消费者首先看到的部位,原告在书脊的最上侧标注该图形,实际上产生了标识的效果;书的页玛不可避免地会成为一般消费者关注的部位,原告在图书每页的页码处均标有“兔子小跑图”,已产生使一般消费者对该图形认知的作用;原告还在图书封底鲜明位置标有“兔子小跑图”,该标注足以引起一般消费者的注意。因此,原告在《彼得兔系列》丛书的显著位置反复、多次标注第三人注册的“兔子小跑图”商标,已经起到区别于他人商品的识别作用,显然作为商标使用。据此,法院否定了社会科学出版社正当使用“兔子小跑图”商标的主张,判决其行为构成侵权。①

典型案例 86

“洁水”商标纠纷案

开德阜公司系洁水文字商标的商标权人,2013 年 7 月 1 日之前,开德阜公司享有案外人德国阿垮瑟姆公司水管类产品的在华独家经销权,并注册了洁水商标用于推广销售产品。2013 年 7 月 1 日后,开德阜公司与阿垮瑟姆公司终止合作协议,阔盛公司成为阿垮瑟姆公司产品在华新代理商,其授权欧苏公司在上海区域独家销售阿垮瑟姆公司产品。阔盛公司和欧苏公司在宣传文章及宣传单上使用了,原德国洁水、现德国阔盛,德国阔盛(原德国洁水)——不变的品质等类似宣传用语,同时还有原代理商曾以德国“洁水”在华推广,从 7 月 1 日

① 参见北京市高级人民法院行政判决书,(2005)高行终字第 85 号。

起德国厂方正式启用中文标识“阔盛”，用于中国市场推广，原在华使用的中文标识“洁水”系原代理商所持有，现已和德国阔盛、阿垮瑟姆公司及其产品无任何关联等表述。开德阜公司认为阔盛公司、欧苏公司使用上述宣传用语的行为构成商标侵权和虚假宣传，诉至法院请求判令两被告停止侵犯商标权行为和虚假宣传行为，赔偿经济损失及合理费用共计500万元。

一审法院认为，阔盛公司、欧苏公司为使相关公众明确知晓阿垮瑟姆公司产品的新旧代理商更替、原代理商用于推广产品的商标不再使用等重要事项进行的相关宣传不会导致相关公众误解，开德阜公司亦未能证明阔盛公司、欧苏公司侵害其享有的，洁水注册商标专用权以及构成虚假宣传，故判决驳回开德阜公司的全部诉讼请求。开德阜公司不服一审判决，提起上诉。

上海知识产权法院经审理认为，基于洁水商标曾被用于推广阿垮瑟姆公司产品的事实，阔盛公司、欧苏公司在宣传活动中有必要向消费者告知，洁水商标所指向的产品已经发生变化，两公司使用，洁水商标在主观上是善意的，且使用方式没有超出合理的限度，不会造成消费者对产品的来源产生混淆，属于商标的正当使用。阔盛公司、欧苏公司所使用的宣传用语在文字表述上确有不准确之处，但并未产生引人误解的效果，不构成反不正当竞争法意义上的虚假宣传，遂驳回上诉，维持一审判决。本案涉及商标正当使用以及虚假宣传行为的认定标准。法院从被告使用商标的主观意图、使用方式及混淆可能性等角度，认为被诉行为属于商标的正当使用。在被诉虚假宣传行为的认定上，强调了对广告宣传语应整体解读，并结合相关公众的一般注意力、已有的认知经验等因素综合认定。本案判决对于同类案件的审理具有一定参考意义。①

3. 专利权侵权案件的抗辩理由

(1)原告的专利权无效

在专利侵权诉讼中，为了赢得诉讼的胜利，被告最直接的方式就是请求专利复审委员会宣告专利的权利要求全部无效。即便不能宣告权利要求全部无效，通过无效程序缩小专利的独立权利要求的保护范围也将对侵权诉讼提供重要帮助。被告向专利复审委员会提出宣告专利无效请求的目的主要有：①争取

① 上海知识产权法院典型案例(2015—2019)，第4页、第5页。

使专利的所有权利要求无效;②争取使专利的独立权利要求无效或者部分无效;③力求缩小专利权的保护范围;④争取得到在法院诉讼程序中利用禁止反悔原则进行抗辩的机会;⑤通过无效程序对专利权利要求的内容做出有利于己的解释。

侵犯实用新型、外观设计专利权纠纷案件的被告请求中止诉讼的,应当在答辩期内对原告的专利权提出宣告无效的请求。在一般情况下,人民法院应当中止诉讼,但具备下列情形之一的,可以不中止诉讼:①原告出具的检索报告未发现导致实用新型专利丧失新颖性、创造性的技术文献的;②被告提供的证据足以证明其使用的技术已经公知的;③被告请求宣告该项专利权无效所提供的证据或者依据的理由明显不充分的;④人民法院认为不应当中止诉讼的其他情形。

侵犯发明专利权纠纷案件或者经专利复审委员会审查维持专利权的侵犯实用新型、外观设计专利权纠纷案件,被告在答辩期间内请求宣告该项专利权无效的,法院可以不中止诉讼。但是这并不意味着法院肯定不会中止审理,所以,在申请中止阶段,被告应当积极提供充实的说明涉案专利应当被无效的证据,并积极向法院说明,力争获得法院的支持。

(2)原告滥用专利权

被告应当提供相应的证据证明原告的专利权已经超过保护期、已经被权利人放弃、已经被中国专利局撤销或者已经被专利复审委员会宣告无效。被告以原告恶意取得专利权,并滥用专利权进行侵权诉讼的,应当提供相关的证据。恶意取得专利权,是指将明知不应当获得专利保护的发明创造,故意采取规避法律或者不正当手段获得了专利权,其目的在于获得不正当利益或制止他人的正当实施行为。

被告证明自己也获得与原告相同的有效的发明或者实用新型专利权的,经过审理,当法院可以认定两个专利的技术内容相同时,应当根据保护在先权利的原则作出判决。对于相同或者类似产品,不同的人都拥有专利权的有以下三种情形:一是不同的发明人对该产品所作出的发明创造的发明点不同,他们的技术方案之间有本质区别,故被告不构成侵权;二是在后的专利技术是对在先的专利技术的改进或者改良,它比在先的专利技术更先进,但实施该技术有赖于实施前一项专利技术,因而它属于从属专利,构成对原告专利权的侵犯;三是因实用新型专利未经实质审查，前后两项实用新型专利的技术方案相同或者等同，后一项实用新型专利属于重复授权，也构成对原告专利权的侵犯。

(3)被告不侵权

①被控侵权物(产品或方法)缺少原告的发明或者实用新型专利权利要求中记载的必要技术特征，不构成侵犯专利权。

②被控侵权物(产品或方法)的技术特征与原告专利权利要求中对应必要技术特征相比，有一项或者一项以上的技术特征有了本质区别，不构成侵犯专利权。这里的本质区别是指：a. 构成了一项新的技术方案的区别技术特征；或者 b. 使被控侵权物(产品或方法)采用的技术特征在功能、效果上明显优于专利独立权利要求中对应的必要技术特征，并且，相同技术领域的普通技术人员认为这种变化具有实质性的改进，而不是显而易见的。

③个人非经营目的的制造、使用行为，不构成侵犯专利权。

但是，单位未经许可制造、使用他人的专利产品，则不能以"非经营目的"进行侵权抗辩，而应当承担侵权责任。

(4)被控侵权物依法不应视为侵权

①专利权用尽

专利权人制造或者经专利权人许可制造的专利产品售出后，使用或者再销售该产品的行为，不视为侵犯专利权，包括：a. 专利权人制造或者经专利权人许可制造的专利产品部件售出后，使用并销售该部件的行为，应当认为是得到了专利权人的默许；b. 制造方法专利的专利权人制造或者允许他人制造了专门用于实施其专利方法的设备售出后，使用该设备实施该制造方法专利的行为。

②先用权

在专利申请日前已经制造相同产品、使用相同方法或者已经做好制造、使用的必要准备，并且仅在原有范围内继续制造、使用的行为，不视为侵犯专利权。

被告应当围绕享有先用权的几点条件来组织收集证据。

A. 做好了制造、使用的必要准备。必要准备，是指已经完成了产品图纸设计和工艺文件，已准备好专用设备和模具，或者完成了样品试制等项准备工作。

B. 仅在原有范围内继续制造、使用。原有范围，是指专利申请日前所准备的专用生产设备的实际生产产量或者生产能力的范围。超出原有范围的制造、使用行为,构成侵犯专利权。

C. 在先制造产品或者使用的方法,应是先用权人自己独立研究完成或者以合法手段取得的,而不是在专利申请日前抄袭、窃取或者以其他不正当手段从专利权人那里获取的。

需要注意的是,先用权人对于自己在先实施的技术不能转让,除非连同所属企业一并转让。对依据先用权产生的产品的销售行为,也不视为侵犯专利权。

③临时过境

临时通过中国领土、领水、领空的外国运输工具,依照其所属国同中国签订的协议,或者共同参加的国际条约,或者依照互惠原则,为运输工具自身需要而在其装置和设备中使用有关专利的行为,不视为侵犯专利权。但不包括用交通运输工具对专利产品的"转运",即从一个交通运输工具转到另一个交通运输工具上的行为。

④科学研究与实验性使用

专为科学研究和实验而使用有关专利的行为,不视为侵犯专利权,这里要分清对专利产品进行实验和在实验中使用专利产品。应当注意以下三点问题。

A. 专为科学研究和实验而使用有关专利中的使用,应当包括专为科学研究和实验而制造有关专利产品的行为。

B. 专为科学研究和实验而使用,是指以研究、验证、改进他人专利技术为目的,使用的结果是在已有专利技术的基础上产生新的技术成果。

C. 在科学研究和实验过程中制造、使用他人专利技术,其目的不是为研究、改进他人专利技术,其结果与专利技术没有直接关系,则构成侵犯专利权。

⑤非故意行为

为生产经营目的,使用或者销售不知道是未经专利权人许可而制造并售出的专利产品,或者依照专利方法直接获得的产品的行为,属于侵犯专利权行为。但是,使用者或者销售者能证明其产品合法来源的,不承担赔偿责任,但应当承担停止侵权行为的法律责任。这里的"合法来源"是指,使用者或者销售者通过合法的进货渠道、正常的买卖合同和合理的价格从他人处购买的。

⑥2009 年 10 月 1 日施行的《专利法》增加了一种不视为侵权的情形[1],即

① 现行《专利法》第 75 条第 5 项。

为提供行政审批所需要的信息,制造、使用、进口专利药品或者专利医疗器械的,以及专门为其制造进口专利药品或者专利医疗器械的。

(5)被控侵权物使用的是已有公知技术

被告利用已有技术抗辩,是指在专利侵权诉讼中,被控侵权物(产品或方法)与专利权利要求所记载的专利技术方案等同的情况下,如果被告答辩并提供相应证据,证明被控侵权物(产品或方法)与一项已有技术等同,则被告的行为不构成侵犯原告的专利权。应当注意以下几点。①用已有技术进行侵权抗辩时,该已有技术应当是一项在专利申请日前已有的、单独的技术方案,或者该领域普通技术人员认为是已有技术的显而易见的简单组合成的技术方案。②已有技术抗辩仅适用于等同专利侵权,不适用于相同专利侵权的情况。③当专利技术方案、被控侵权物(产品或方法)、被引证的已有技术方案三者明显相同时,被告不得依已有技术进行抗辩,而可以向专利复审委请求宣告该专利权无效。

典型案例 87

"军用车卷帘"实用新型专利权纠纷案

在李某与北京金象同创汽车配件有限公司及丹阳市第四灯具厂侵犯专利权纠纷一案中,李某系"军用车卷帘"实用新型专利的权利人,该专利的申请日为 2001 年 2 月 14 日,公告授权日为 2001 年 12 月 12 日。北京金象同创汽车配件有限公司销售了由丹阳市第四灯具厂生产的被控侵权产品军用卷帘。丹阳市第四灯具厂主张其系使用已有技术制造被控侵权产品,并提交了授权公告日为 1993 年 4 月 14 日、专利号为 92230316. 9、名称为"可自由定位的自动上卷式纱窗"的实用新型专利的权利要求书和说明书,作为已有技术的证据。

一审法院认为:原告就涉案实用新型专利所享有的专利权受法律保护。涉案原告实用新型专利的权利要求 1 所记载的该专利的必要技术特征为:一种卷帘机构,由遮光布上壳、下壳拉伸锁紧机构,滑道、上壳塑料堵头组成,其特征在于遮光布一端弯卷在上壳内,另一端固定在拉伸锁紧机构上,拉伸锁紧机构两头嵌在滑道内,可以上、下移动。

经本院对比，涉案被控侵权产品与涉案实用新型专利技术必要技术特征相同。

在本案中，被告提交了在原告涉案实用新型专利申请前已被授权的第ZL9223O316.9号实用新型专利的权利要求书，并主张其是按照该专利的技术方案制造的涉案被控侵权产品，属使用已有技术进行制造。本院经对比，该ZL92230316.9号实用新型专利权利要求书已公开了原告涉案实用新型专利的全部必要技术特征，而且，由于比原告涉案实用新型专利还多出了自由定位功能及相应机构因而更加进步。因此，本院认定被告以该ZL92230316.9号实用新型专利提出的已有技术抗辩成立，该厂不构成侵犯原告专利权。

北京市高级人民法院认为，在专利侵权诉讼中，被告主张公知技术抗辩时，应当将被控侵权产品与被告主张的公知技术进行比对，而不宜将原告专利与被告主张的公知技术进行比对，否则将造成越权审查专利权效力的后果。本案被告主张的公知技术与被控侵权产品的区别仅在于被控侵权产品用滑道取代已有技术中的导轨轴，使水平拉杆沿导轨轴上下移动变成拉伸锁紧机构两头嵌在滑道内上下移动。由于这两个技术特征均为常用的结构特征，无须付出创造性劳动就能够想到两者可相互替代，因此，被控侵权产品落入了公知技术的范围，丹阳市第四灯具厂的已有技术抗辩成立。虽然原审判决将本专利与已有技术进行对比的方法欠妥，但其结论是正确的，并予支持。①

典型案例88

“一种软硬结合手机套及其加工方法”的发明专利纠纷案

在佛山市基米智能科技有限公司(以下简称“基米公司”)因与广州艾米悠科技有限公司(以下简称“艾米悠公司”)、广州市白云区良田宏德塑胶加工厂(以下简称“宏德加工厂”)侵害发明专利权纠纷一案中，基米公司持有专利号为ZL20161071××××.3、名称为“一种软硬结合手机套及其加工方法”的发明专利(以下简称“涉案专利”)，基米公司认为涉案专利要求保护的是一种软

① 参见北京市高级人民法院民事判决书，(2007)高民终字第1041号。

硬结合手机套,说明书[0002]段的背景技术提到:“金属材料、硬塑料的手机套耐用,但太重且手感不好,又容易刮花手机,而软塑料的手机套又不耐用,容易损坏。”[0021]段记载:“所述底壳部分11的上、下两侧分别设置有抗拉层2。其中底壳部分11和侧框部分12一体成形作为手机套的主体,而抗拉层2则提高手机套主体的底壳部分11的抗拉扯能力。”“所述抗拉层2采用PET、PC或亚克力材料制成。”因此,专利限定的底壳部分并不包括PC材料。涉案专利不使用PET、PC或亚克力材料作为底壳部分的主要材料,主要是为了减少重量、改善手感、便于加工制造,但由于软层材料较为柔软,易损坏,且抗拉能力较差,因此,在软层材料的两侧均设置硬层材料以提高抗拉性能,形成软硬结合的手机套,达到减少重量、改善手感、便于加工制造,并且提高产品的耐用度的技术效果。现有技术证据1:专利号为ZL20132061××××.2、名称为“一种手机保护壳”的实用新型专利,公开了一种手机保护壳,其主体层采用的材料为PC塑料,侧框2采用的材料为TPU软胶。可见,其主体层为硬层,侧框为软层。被诉侵权产品的主体层,即底壳部分和侧框部分为一体成型,均为软层,与现有技术方案完全不同。因此,被诉侵权产品并非使用现有技术。艾米悠公司、宏德加工厂辩称:原审认定事实清楚,适用法律正确,请求驳回上诉,维持原判。现有技术方案的说明书记载“[0011]优选地,所述透明主体层采用的材料为PC塑料(聚碳酸酯塑料)”,并非限定主体层只能是PC,并且PC也属于软塑料。只要属于软塑料,适合用于手机底壳的生产,都是同行业的普通技术人员容易想到的材料,实质上是相同的。被诉侵权产品落入涉案专利权利要求1保护范围的全部技术特征均已在现有技术证据1中公开。涉案专利在手机壳生产行业俗称为“双面覆膜IMD手机壳”,是行业内早已公开的非常简单的生产技术。基米公司自身也生产手机壳,其对该项技术早已是公知技术应当很清楚。

一审法院认为,关于现有技术抗辩,艾米悠公司、宏德加工厂提交的证据1中实用新型专利授权公告日早于涉案专利申请日,可以将之作为现有技术方案用于对比。涉案现有技术方案公开了一种手机保护壳的改进结构,包括底壳和设置在底壳四周的侧框,底壳包括依次自上而下连接的上硬化透明层、上印刷层、透明主体层、下印刷层和下硬化透明层。上硬化透明层与下硬化透明层采用的材料为PET。涉案现有技术方案说明书附图1显示该手机壳具有底壳、侧框、摄像头孔、侧框开有功能孔。故涉案现有技术方案已经公开了被诉侵权产品具备“底壳部分、侧框部分,底壳部分上开有摄像头孔,侧框部分开有功能孔,底壳部分的上、下两侧分别设置有抗拉层”的技术特征。双方当事人唯一分歧点在于涉案现有技术方案是否披露被诉侵权产品底壳部分为软塑料层。

基米公司主张涉案现有技术方案未公开被诉侵权产品底壳部分由软塑料制成,而艾米悠公司、宏德加工厂认为涉案现有技术方案中透明主体层为中间层,相当于被诉侵权产品底壳部分,涉案现有技术方案已经明确记载透明主体层采用的材料为PC,PC属于一种软塑料,因此,涉案现有技术方案已经披露被诉侵权产品底壳部分为软塑料层。

对此,本领域普通技术人员均知晓,软塑料是指热塑性塑料,用注塑方法加工,成型后可以再次加工使用的塑料,通常包括聚乙烯(PE)、聚丙烯(PP)、聚氯乙烯(PVC)、聚碳酸酯(PC)、聚氨酯(PU)等,具有不易折断的特点。相对地,硬塑料是指热固性塑料,用热压法加工,成型后不可再次加工使用的塑料,通常包括酚醛塑料、环氧塑料、聚氨酯塑料、丙烯基树脂为机体制成的相关塑料。涉案现有技术方案明确记载透明主体层采用的材料为PC,而PC属于一种软塑料,故现有技术方案已经披露被诉侵权产品底壳部分为软塑料层。

综上,被诉侵权产品落入涉案专利权保护范围的全部技术特征属于现有技术方案与所属领域公知技术常识的简单组合,涉案现有技术结合本领域的公知常识能够得到被诉侵权产品的技术方案,艾米悠公司、宏德加工厂的现有技术抗辩成立,两者的行为不构成侵犯涉案专利权。基于此,原审法院认为,本案其他争议焦点再无评判必要,基米公司本案全部诉请事实和法律依据不足,予以驳回。

二审法院认为,根据当事人的诉辩意见以及案件事实,本案二审阶段的争议焦点为:艾米悠公司、宏德加工厂主张的现有技术抗辩是否成立。

本案为侵害发明专利权纠纷,因被诉侵权行为发生在2009年10月1日之后、2021年6月1日之前,故本案应适用《专利法》(2008年修正)(以下简称2008年《专利法》)。

2008年《专利法》第62条[①]规定,“在专利侵权纠纷中,被控侵权人有证据证明其实施的技术或者设计属于现有技术或者现有设计的,不构成侵犯专利

① 现行《专利法》第67条。

权”。最高人民法院《关于审理侵犯专利权纠纷案件应用法律若干问题的解释》第14条规定,“被诉落入专利权保护范围的全部技术特征,与一项现有技术方案中的相应技术特征相同或者无实质性差异的,人民法院应当认定被诉侵权人实施的技术属于专利法第六十二条规定的现有技术。”

在本案中,双方当事人在一审、二审中均确认被诉侵权产品落入涉案专利权利要求1的保护范围,并均确认现有技术证据1中已经公开了被诉侵权产品落入涉案专利权保护范围的技术特征包括有“底壳部分”“侧框部分”“底壳部分上开有摄像头孔”“侧框部分开有功能孔”。在二审中,关于现有技术抗辩主张能否成立,重点考察和分析:证据1现有技术中是否已经公开被诉侵权产品落入涉案专利权保护范围的技术特征“软塑料制成的底壳部分、侧框部分”和“底壳部分的上、下两侧分别设置有抗拉层”。

对此,二审法院认为:在审查现有技术抗辩时,是以专利权利要求为参照,确定被诉侵权技术方案中被指控落入专利权保护范围的技术特征,并判断现有技术中是否公开了相同或者等同的技术特征。现有技术抗辩的成立,并不要求被诉侵权技术方案与现有技术完全相同,毫无区别,对于被诉侵权产品中与专利权保护范围无关的技术特征,在判断现有技术抗辩能否成立时应不予考虑。

在本案中,双方当事人已确认被诉侵权产品落入涉案专利权利要求1的保护范围,参照涉案专利权利要求1,被诉侵权产品是一种软硬结合的手机套,包括底壳部分、侧框部分,其底壳部分和侧框由TPU制成,底壳部分的上、两侧设置的抗拉层由PET制成。

首先,现有技术证据1公开了一种手机保护壳,根据证据1说明书[0005]、[0009]、[0010]和[0011]段的记载,底壳包括依次自上而下连接的上硬化透明层、上印刷层、透明主体层、下印刷层和下硬化透明层,其中上、下印刷层为油墨层,分别印刷于上、下硬化透明层上,透明主体层采用的材料为PC。由此可知,被诉侵权产品的底壳部分对应为现有技术证据1中透明主体层。现有技术证据1中明确记载透明主体层可以采用PC,还可以采用其他透明材料。TPU即为透明材料。根据本领域普通技术人员的通常理解,软塑料是指热塑性塑料,是用注塑法加工、成型后可以再次加工使用的塑料。PC与TPU,均为常见的软塑料类型,也是软性透明手机壳的常用材质。因此,结合所属技术领域的公知常识,被诉侵权产品的底壳部分采用TPU已为现有技术所公开,即现有技术已经公开了被诉侵权产品技术方案中底壳部分为软塑料这一技术特征。

关于侧框部分,根据证据1说明书[0007]段的记载,侧框采用的材料为TPU。双方当事人已确认被诉侵权产品落入涉案专利权利要求1的保护范围,且对于TPU为软塑料无异议,被诉侵权产品的侧框部分采用TPU,现有技术证据1也明确记载侧框部分采用的材料为TPU,因此,现有技术公开了侧框部分为软塑料这一技术特征。原审判决忽略了软塑料制成的侧框部分这一技术特征,法院依法予以纠正。

其次,根据涉案专利权利要求1,其中限定了抗拉层位于底壳部分的上、下两侧,但并未限定抗拉层的具体材质。结合涉案专利说明书[0002]段记载的背景技术,底壳两侧设置抗拉层主要解决底壳部分软塑料不耐用、容易损坏的问题;在说明书[0021]段记载的具体实施方式中,抗拉层采用PET、PC或亚克力材料制成。如上文所述,现有技术证据1手机保护壳的底壳部分在透明主体层的上下两侧分别设置有上硬化透明层和下硬化透明层,根据证据1说明书[0008]段的记载,上、下硬化透明层采用的材料为PET。结合证据1专利说明书[0012]段记载的发明目的,设置上、下硬化透明层的目的在于使得手机壳耐摩擦、更加耐用。由此可知,现有技术证据1中的设置于手机底壳中透明主体层两侧的上、下透明硬化层与被诉侵权产品技术方案中抗拉层的功能相同,且材质选择亦相同。因此,被诉侵权产品底壳两侧抗拉层已为现有技术所公开,即现有技术已经公开了被诉侵权产品技术方案中底壳部分的上、下两侧分别设置有抗拉层这一技术特征。

至于基米公司主张,被诉侵权产品的底壳与侧框均采用TPU,现有技术的侧框和底壳则采用二次注塑成型,两者存在明显差异。二审法院认为,上述技术特征与涉案专利权保护范围无关,因此,在判断现有技术抗辩能否成立时不予考虑。

综上所述,结合所属技术领域的公知常识,现有技术中已经公开了被诉侵权技术方案中被指控落入专利权保护范围的全部技术特征,艾米悠公司、宏德加工厂主张的现有技术抗辩成立,基米公司的上诉请求不能成立,应予驳回。原审判决虽有瑕疵,但裁判结果正确,法院在纠正的基础上予以维持。①

---

① 参见最高人民法院民事判决书,(2021)最高法知民终815号。

(6)被控侵权技术来源于第三方

被告可以其实施的技术是通过技术转让合同从第三人处合法取得的为理由进行侵权抗辩,但此抗辩理由不属于对抗侵犯专利权的理由,只是承担侵权责任的抗辩理由。

技术转让合同的受让方按照合同的约定实施受让技术,侵犯他人专利权的,合同的转让方与受让方构成共同侵权。在合同双方作为专利侵权诉讼的共同被告时,除合同另有约定外,在确定责任时,应当由转让方首先承担侵权责任,受让方承担一般连带责任。

(7)原告的主张超过诉讼时效

侵犯专利权的诉讼时效为3年,自专利权人或者利害关系人得知或者应当得知侵权行为之日起计算。被告可以提出专利权人主张的专利权超过诉讼时效的抗辩。自侵权人实施侵权行为终了之日起过3年的,专利权人将失去胜诉权。

(8)要求严格适用举证责任倒置

虽然在民事诉讼举证责任中明确规定,"因新产品制造方法发明专利引起的专利侵权诉讼,由制造同样产品的单位或者个人对其产品制造方法不同于专利方法承担举证责任",但是应当将被告提供的证明其产品制造方法的证据限定在必要的范围内,即以足以证明其产品制造方法与原告的专利方法不同为必要,而不是要求被告提供其产品的全部制造方法。例如,被告只要证明其产品制造方法的个别工艺步骤、化合物的个别成分等,与方法专利的某一必要技术特征不同也不等同,即完成了举证责任。这样就可以在很大程度上起到保护被告商业秘密的作用。

典型案例89

"一种工业输送管道用球阀"实用新型专利权纠纷案

浙江长城公司申请获准"一种工业输送管道用球阀"实用新型专利,其后,温州环球公司申请获准"摆动式球阀"实用新型专利,两者均是一种密封性能好、磨损小、开关灵活的球阀。浙江长城公司认为温州环球公司侵犯其专利权,诉至法院。原告诉称:被告的"摆动式球阀"实用新型专利与原告在先申请的实用新型专利实质相同,属于重复授权,已构成对原告专利权的侵害。故请求法院判令停止侵权行为,赔偿损失。

杭州市中级人民法院经过审理认为:(1)原告具备诉讼主体资格。(2)原告的专利号为ZL95215906.6的专利合法有效,受法律保护。(3)被告专利号为ZL96230131.0的"摆动式球阀"专利申请日为1996年6月24日,与原告的"一种工业输送管道用球阀"专利相比,属在后专利。前后两次专利的技术方案等同,属重复授权。(4)原告请求判令被告赔偿损失20万元,以自己的销售及利润损失为依据,该请求可以成立。(5)根据最高人民法院(93)经他字第20号《关于在专利侵权诉讼中当事人均拥有专利权应如何处理问题的批复》规定,前后两项实用新型专利的技术方案相同或者等同,被告对后一项重复授权专利技术的实施,构成对原告专利权的侵犯。

一审判决后,温州环球公司不服,向浙江省高级人民法院提起上诉。

浙江省高级人民法院经过审理认为,由于被告温州环球公司提供了1970年美国3515371号专利,且温州环球公司产品的结构与美国3515371号专利的技术特征相一致,所以被告使用原告专利申请日前的已有公知技术,不构成侵权。被告提出的使用已知自由技术不构成侵权的上诉理由成立,应予支持。一审期间,被告未能提供美国专利的有效证据,一审判决并无不当。二审期间被告提供了美国专利的新证据并经原告质证无异议,故对一审判决应作纠正,驳回浙江长城公司的诉讼请求。①

典型案例90

"制备一种噻吩并苯二氮杂化合物的方法"发明专利纠纷案

2013年7月25日,礼来公司(又称伊莱利利公司)向江苏省高级人民法院(以下简称"江苏高院")诉称,礼来公司拥有涉案91103346.7号方法发明专利权,涉案专利方法制备的药物奥氮平为新产品。常州华生制药有限公司(以下简称"华生公司")使用落入涉案专利权保护范围的制备方法生产药物奥氮平并

① 参见浙江省高级人民法院民事判决书,(2000)浙经终字第376号。

面向市场销售,侵害了礼来公司的涉案方法发明专利权。为此,礼来公司提起本案诉讼,请求法院判令:(1)华生公司赔偿礼来公司经济损失人民币151,060,000元、礼来公司为制止侵权所支付的调查取证费和其他合理开支人民币28,800元;(2)华生公司在其网站及《医药经济报》刊登声明,消除因其侵权行为给礼来公司造成的不良影响;(3)华生公司承担礼来公司因本案发生的律师费人民币1,500,000元;(4)华生公司承担本案的全部诉讼费用。

江苏高院一审查明:

涉案专利为英国利利工业公司1991年4月24日申请的名称为"制备一种噻吩并苯二氮杂化合物的方法"的第91103346.7号中国发明专利申请,授权公告日为1995年2月19日。2011年4月24日涉案专利权期满终止。1998年3月17日,涉案专利的专利权人变更为英国伊莱利利有限公司;2002年2月28日专利权人变更为伊莱利利公司。

涉案专利授权公告的权利要求为:

1. 一种制备2－甲基－10－(4－甲基－1－哌嗪基)－4H－噻吩并【2,3,－b】【1,5】苯并二氮杂,或其酸加成盐的方法;

所述方法包括:

(a)使N－甲基哌嗪与下式化合物(略)反应,

式中Q是一个可以脱落的基团,或

(b)使下式的化合物(略)进行闭环反应

……

2001年7月,中国医学科学院药物研究所(以下简称"医科院药物所")和华生公司向原国家药品监督管理局(以下简称"国家药监局")申请奥氮平及其片剂的新药证书。2003年5月9日,医科院药物所和华生公司获得国家药监局颁发的奥氮平原料药和奥氮平片《新药证书》,华生公司获得奥氮平和奥氮平片《药品注册批件》。新药申请资料中《原料药生产工艺的研究资料及文献资料》记载了制备工艺,即加入4－氨基－2－甲基－10－苄基－噻吩并苯并二氮杂,盐酸盐,甲基哌嗪及二甲基甲酰胺搅拌,得粗品,收率94.5%;加入2－甲基－10－苄基－(4－甲基－1－哌嗪基)－4H－噻吩并苯并二氮杂、冰醋酸、盐酸搅拌,然后用氢氧化钠中和后得粗品,收率73.2%;再经过两次精制,总收率为39.1%。从反应式分析,该过程就是以式四化合物与甲基哌嗪反应生成式五化合物,再对式五化合物脱苄基,得式一化合物。2003 年 8 月,华生公司向青岛市第七人民医院推销其生产的“华生 – 奥氮平”5mg – 新型抗精神病药,其产品宣传资料记载,奥氮平片主要成分为奥氮平,其化学名称为 2 – 甲基 – 10 – (4 – 甲基 – 1 – 哌嗪) – 4H – 噻吩并苯并二氮杂。

在另案审理中,根据江苏高院的委托,2011 年 8 月 25 日,上海市科技咨询服务中心出具(2010)鉴字第 19 号《技术鉴定报告书》。该鉴定报告称,按华生公司备案的“原料药生产工艺的研究资料及文献资料”中记载的工艺进行实验操作,不能获得原料药奥氮平。鉴定结论为:华生公司备案资料中记载的生产原料药奥氮平的关键反应步骤缺乏真实性,该备案的生产工艺不可行。

经质证,伊莱利利公司认可该鉴定报告,华生公司对该鉴定报告亦不持异议,但是其坚持认为采取两步法是可以生产出奥氮平的,只是因为有些内容涉及商业秘密没有写入备案资料中,故专家依据备案资料生产不出来。

华生公司认为其未侵害涉案专利权,理由是,2003 年至今,华生公司一直使用 2008 年补充报批的奥氮平备案生产工艺,该备案文件已于 2010 年 9 月 8 日获国家药监局批准,具备可行性。在礼来公司未提供任何证据证明华生公司的生产工艺的情况下,应以华生公司 2008 年奥氮平备案工艺作为认定侵权与否的比对工艺。

华生公司提交的 2010 年 9 月 8 日国家药监局《药品补充申请批件》中“申请内容”栏为:“(1)改变影响药品质量的生产工艺;(2)修改药品注册标准。”“审批结论”栏为:“经审查,同意本品变更生产工艺并修订质量标准。变更后的生产工艺在不改变原合成路线的基础上,仅对其制备工艺中所用溶剂和试剂进行调整。质量标准所附执行,有效期 24 个月。”

上述 2010 年《药品补充申请批件》所附《奥氮平药品补充申请注册资料》中 5.1 原料药生产工艺的研究资料及文献资料章节中 5.1.1 说明内容为:“根据我公司奥氮平原料药的实际生产情况,在不改变原来申报生产工艺路线的基础上,对奥氮平的制备工艺过程做了部分调整变更,对工艺进行优化,使奥氮平各中间体的质量得到进一步的提高和保证,其制备过程中的相关杂质得到有效控制。……由于工艺路线没有变更,并且最后一步的结晶溶剂亦没有变更,故化合物的结构及晶型不会改变。”

江苏高院于 2014 年 10 月 14 日作出(2013)苏民初字第 0002 号民事判决:

(1)常州华生制药有限公司赔偿礼来公司经济损失及为制止侵权支出的合理费用人民币计350万元;(2)驳回礼来公司的其他诉讼请求。案件受理费人民币809,744元,由礼来公司负担161,950元,常州华生制药有限公司负担647,794元。礼来公司、常州华生制药有限公司均不服,提起上诉。最高人民法院2016年5月31日作出(2015)民三终字第1号民事判决:(1)撤销江苏省高级人民法院(2013)苏民初字第0002号民事判决;(2)驳回礼来公司的诉讼请求。一审、二审案件受理费各人民币809,744元,由礼来公司负担323,897元,常州华生制药有限公司负担1,295,591元。最高人民法院的理由如下:

最高人民法院在二审审理过程中,为准确查明本案所涉技术事实,根据《民事诉讼法》第79条①、最高人民法院《关于适用〈中华人民共和国民事诉讼法〉的解释》(以下简称《民事诉讼法解释》)第122条之规定,对礼来公司的专家辅助人出庭申请予以准许;根据《民事诉讼法解释》第117条之规定,对华生公司的证人出庭申请予以准许;根据《民事诉讼法》第78条②、《民事诉讼法解释》第227条之规定,通知出具(2014)司鉴定第02号《技术鉴定报告》的江苏省科技咨询中心工作人员出庭;根据最高人民法院《关于知识产权法院技术调查官参与诉讼活动若干问题的暂行规定》第2条、第10条之规定,首次指派技术调查官出庭,就相关技术问题与各方当事人分别询问了专家辅助人、证人及鉴定人。

最高人民法院二审另查明:

1999年10月28日,华生公司与医科院药物所签订《技术合同书》,约定医科院药物所将其研制开发的抗精神分裂药奥氮平及其制剂转让给华生公司,医科院药物所负责完成临床前报批资料并在北京申报临床;验收标准和方法按照新药审批标准,采用领取临床批件和新药证书方式验收;在其他条款中双方对新药证书和生产的报批作出了约定。

在医科院药物所1999年10月填报的(京99)药申临字第82号《新药临床研究申请表》中,“制备工艺”栏绘制的反应路线如下。

1999年11月9日,原北京市卫生局针对医科院药物所的新药临床研究申请作出《新药研制现场考核报告表》,“现场考核结论”栏记载:“该所具备研制

① 现行《民事诉讼法》第82条。

② 现行《民事诉讼法》第81条。

此原料的条件,原始记录、实验资料基本完整,内容真实。”

2001年6月,医科院药物所和华生公司共同向国家药监局提交《新药证书、生产申请表》[(2001)京申产字第019号]。针对该申请,江苏省药监局2001年10月22日作出《新药研制现场考核报告表》,“现场考核结论”栏记载:“经现场考核,样品制备及检验原始记录基本完整,检验仪器条件基本具备,研制单位暂无原料药生产车间,现申请本品的新药证书。”

根据华生公司申请,原江苏食品药品监督管理局(以下简称“江苏药监局”)2009年5月21日发函委托江苏省常州市原食品药品监督管理局药品安全监管处对华生公司奥氮平生产现场进行检查和产品抽样,江苏药监局针对该检查和抽样出具了《药品注册生产现场检查报告》(受理号CXHB0800159),其中,“检查结果”栏记载:“按照药品注册现场检查的有关要求,2009年7月7日对该品种的生产现场进行了第一次检查,该公司的机构和人员、生产和检验设施能满足该品种的生产要求,原辅材料等可溯源,主要原料均按规定量投料,生产过程按申报的工艺进行。2009年8月25日,按药品注册现场核查的有关要求,检查了70309001、70309002、70309003三批产品的批生产记录、检验记录、原料领用使用、库存情况记录等,已按抽样要求进行了抽样。”“综合评定结论”栏记载:“根据综合评定,现场检查结论为:通过。”

在原国家药监局2010年9月8日颁发给华生公司的《药品补充申请批件》所附《奥氮平药品补充申请注册资料》中,5.1“原料药生产工艺的研究资料及文献资料”之5.1.2“工艺路线”中绘制的反应路线如下。

2015年3月5日,江苏省科技咨询中心受上海市方达(北京)律师事务所委托出具(2014)司鉴字第02号《技术鉴定报告》,其“鉴定结论”部分记载:“1.华生公司2008年向国家药监局备案的奥氮平制备工艺是可行的。2.对比华生公司2008年向国家药监局备案的奥氮平制备工艺与礼来公司第91103346.7号方法专利,两者起始原料均为仲胺化物,但制备工艺路径不同,具体表现在:(1)反应中产生的关键中间体不同;(2)反应步骤不同:华生公司的是四步法,礼来公司是二步法;(3)反应条件不同:取代反应中,华生公司采用二甲基甲酰胺为溶媒,礼来公司采用二甲基亚砜和甲苯的混合溶剂为溶媒。”

在二审庭审中,礼来公司明确其在本案中要求保护涉案专利权利要求1中的方法(a)。

法院生效裁判认为，最高人民法院《关于审理侵犯专利权纠纷案件应用法律若干问题的解释》第7条规定："人民法院判定被诉侵权技术方案是否落入专利权的保护范围，应当审查权利人主张的权利要求所记载的全部技术特征。被诉侵权技术方案包含与权利要求记载的全部技术特征相同或者等同的技术特征的，人民法院应当认定其落入专利权的保护范围；被诉侵权技术方案的技术特征与权利要求记载的全部技术特征相比，缺少权利要求记载的一个以上的技术特征，或者有一个以上技术特征不相同也不等同的，人民法院应当认定其没有落入专利权的保护范围。"在本案中，华生公司被诉生产销售的药品与涉案专利方法制备的产品相同，均为奥氮平，判定华生公司奥氮平制备工艺是否落入涉案专利权保护范围，涉及以下三个问题。

（一）关于涉案专利权的保护范围

2000年《专利法》（已被修改）第56条第1款规定："发明或者实用新型专利权的保护范围以其权利要求的内容为准，说明书及附图可以用于解释权利要求。"在本案中，礼来公司要求保护涉案专利权利要求1中的方法(a)，该权利要求采取开放式的撰写方式，其中仅限定了参加取代反应的三环还原物及N－甲基哌嗪以及发生取代的基团，其保护范围涵盖了所有采用所述三环还原物与N－甲基哌嗪在Q基团处发生取代反应而生成奥氮平的制备方法，无论采用何种反应起始物、溶剂、反应条件，均在其保护范围之内。基于此，判定华生公司奥氮平制备工艺是否落入涉案专利权保护范围，关键在于两个技术方案反应路线的比对，而具体的反应起始物、溶剂、反应条件等均不纳入侵权比对范围，否则，会不当限缩涉案专利权的保护范围，损害礼来公司的合法权益。

（二）关于华生公司实际使用的奥氮平制备工艺

2000年《专利法》第57条第2款①规定："专利侵权纠纷涉及新产品制造方法的发明专利的，制造同样产品的单位或者个人应当提供其产品制造方法不同于专利方法的证明。"在本案中，双方当事人对奥氮平为专利法中所称的新产品不持异议，华生公司应就其奥氮平制备工艺不同于涉案专利方法承担举证责任。具体而言，华生公司应当提供证据证明其实际使用的奥氮平制备工艺反应路线未落入涉案专利权保护范围，否则，将因其举证不能而承担推定礼来公司

① 现行《专利法》第66条第1款。

侵权指控成立的法律后果。

在本案中,华生公司主张其自2003年至今一直使用2008年向国家药监局补充备案工艺生产奥氮平,并提交了其2003年和2008年奥氮平批量生产记录(一审补充证据6)、2003年、2007年和2013年生产规程(一审补充证据7)、《药品补充申请批件》(一审补充证据12)等证据证明其实际使用的奥氮平制备工艺。如前所述,本案的侵权判定关键在于两个技术方案反应路线的比对,华生公司2008年补充备案工艺的反应路线可见于其向国家药监局提交的《奥氮平药品补充申请注册资料》,其中,5.1“原料药生产工艺的研究资料及文献资料”之5.1.2“工艺路线”图显示该反应路线为:先将“仲胺化物”中的仲氨基用苄基保护起来,制得“苄基化物”(苄基化),再进行闭环反应,生成“苄基取代的噻吩并苯并二氮杂”三环化合物(还原化物)。“还原化物”中的氨基被N-甲基哌嗪取代,生成“缩合物”,然后脱去苄基,制得奥氮平。本院认为,现有在案证据能够形成完整证据链,证明华生公司2003年至涉案专利权到期日期间一直使用其2008年补充备案工艺的反应路线生产奥氮平,主要理由如下。

首先,华生公司2008年向国家药监局提出奥氮平药品补充申请注册,在其提交的《奥氮平药品补充申请注册资料》中,明确记载了其奥氮平制备工艺的反应路线。针对该补充申请,江苏省药监部门于2009年7月7日和8月25日对华生公司进行了生产现场检查和产品抽样,并出具了《药品注册生产现场检查报告》(受理号CXHB0800159),该报告显示华生公司的“生产过程按申报的工艺进行”,三批样品“已按抽样要求进行了抽样”,现场检查结论为“通过”。也就是说,华生公司2008年补充备案工艺经过药监部门的现场检查,具备可行性。基于此,2010年9月8日,国家药监局向华生公司颁发了《药品补充申请批件》,同意华生公司奥氮平“变更生产工艺并修订质量标准”。对于华生公司2008年补充备案工艺的可行性,礼来公司专家辅助人在二审庭审中予以认可,江苏省科技咨询中心出具的(2014)司鉴字第02号《技术鉴定报告》在其鉴定结论部分也认为“华生公司2008年向国家药监局备案的奥氮平制备工艺是可行的”。因此,在无其他相反证据的情形下,应当推定华生公司2008年补充备案工艺即为其取得《药品补充申请批件》后实际使用的奥氮平制备工艺。

其次,一般而言,适用于大规模工业化生产的药品制备工艺步骤烦琐,操作复杂,其形成不可能是一蹴而就的。从研发阶段到实际生产阶段,其长期的技术积累过程通常是在保持基本反应路线稳定的情况下,针对实际生产中发现的缺陷不断优化调整反应条件和操作细节。华生公司的奥氮平制备工艺受让于医科院药物所,双方于1999年10月28日签订了《技术转让合同》。按照合同约定,医科院药物所负责完成临床前报批资料并在北京申报临床。在医科院药物所1999年10月填报的(京99)药申临字第82号《新药临床研究申请表》中,"制备工艺"栏绘制的反应路线显示,其采用了与华生公司2008年补充备案工艺相同的反应路线。针对该新药临床研究申请,北京市卫生局1999年11月9日作出《新药研制现场考核报告表》,确认"原始记录、实验资料基本完整,内容真实"。在此基础上,医科院药物所和华生公司按照《技术转让合同》的约定,共同向国家药监局提交新药证书、生产申请表[(2001)京申产字第019号]。针对该申请,江苏省药监局2001年10月22日作出《新药研制现场考核报告表》,确认"样品制备及检验原始记录基本完整"。通过包括前述考核在内的一系列审查后,2003年5月9日,医科院药物所和华生公司获得国家药监局颁发的奥氮平原料药和奥氮平片《新药证书》。由此可见,华生公司自1999年即拥有了与其2008年补充备案工艺反应路线相同的奥氮平制备工艺,并以此申报新药注册,取得新药证书。因此,华生公司在2008年补充备案工艺之前使用反应路线完全不同的其他制备工艺生产奥氮平的可能性不大。

最后,国家药监局2010年9月8日向华生公司颁发的《药品补充申请批件》"审批结论"栏记载:"变更后的生产工艺在不改变原合成路线的基础上,仅对其制备工艺中所用溶剂和试剂进行调整",即国家药监局确认华生公司2008年补充备案工艺与其之前的制备工艺反应路线相同。华生公司在一审中提交了其2003年、2007年和2013年的生产规程,2003年、2008年的奥氮平批量生产记录,华生公司主张上述证据涉及其商业秘密,一审法院组织双方当事人进行了不公开质证,确认其真实性和关联性。本院经审查,华生公司2003年、2008年的奥氮平批量生产记录是分别依据2003年、2007年的生产规程进行实际生产所作的记录,上述生产规程和批量生产记录均表明华生公司奥氮平制备工艺的基本反应路线与其2008年补充备案工艺的反应路线相同,只是在保持该基本反应路线不变的基础上对反应条件、溶剂等生产细节进行调整,不断优化,这样的技术积累过程是符合实际生产规律的。

综上,二审法院认为,华生公司2008年补充备案工艺真实可行,2003年至涉案专利权到期日期间,华生公司一直使用2008年补充备案工艺的反应路线生产奥氮平。

(三)关于礼来公司的侵权指控是否成立

对比华生公司奥氮平制备工艺的反应路线和涉案方法专利,二者的区别在于反应步骤不同,关键中间体不同。具体而言,华生公司奥氮平制备工艺使用的三环还原物的胺基是被苄基保护的,由此在取代反应之前必然存在苄基化反应步骤以生成苄基化的三环还原物,相应地,在取代反应后也必然存在脱苄基反应步骤以获得奥氮平。而涉案专利的反应路线中并未对三环还原物中的胺基进行苄基保护,从而不存在相应的苄基化反应步骤和脱除苄基的反应步骤。

最高人民法院《关于审理专利纠纷案件适用法律问题的若干规定》第17条第2款规定:“等同特征,是指与所记载的技术特征以基本相同的手段,实现基本相同的功能,达到基本相同的效果,并且本领域普通技术人员在被诉侵权行为发生时无须经过创造性劳动就能够联想到的特征。”在本案中,就华生公司奥氮平制备工艺的反应路线和涉案方法专利的区别而言,首先,苄基保护的三环还原物中间体与未加苄基保护的三环还原物中间体为不同的化合物,两者在化学反应特性上存在差异,即在未加苄基保护的三环还原物中间体上,可脱落的Q基团和胺基均可与N-甲基哌嗪发生反应,而苄基保护的三环还原物中间体由于其中的胺基被苄基保护,无法与N-甲基哌嗪发生不期望的取代反应,取代反应只能发生在Q基团处;相应地,涉案专利的方法中不存在取代反应前后的加苄基和脱苄基反应步骤。因此,两个技术方案在反应中间物和反应步骤上的差异较大。其次,由于增加了加苄基和脱苄基步骤,华生公司的奥氮平制备工艺在终产物收率方面会有所减损,而涉案专利由于不存在加苄基保护步骤和脱苄基步骤,收率不会因此而下降。故两个技术方案的技术效果如收率高低等方面存在较大差异。最后,尽管对所述三环还原物中的胺基进行苄基保护以减少副反应是化学合成领域的公知常识,但是这种改变是实质性的,加苄基保护的三环还原物中间体的反应特性发生了改变,增加反应步骤也使收率下降。而且,加苄基保护为公知常识仅说明华生公司的奥氮平制备工艺相对于涉案专利方法改进有限,但并不意味着两者所采用的技术手段是基本相同的。

综上,华生公司的奥氮平制备工艺在三环还原物中间体是否为苄基化中间体以及由此增加的苄基化反应步骤和脱苄基步骤方面,与涉案专利方法是不同的,相应的技术特征也不属于基本相同的技术手段,达到的技术效果存在较大差异,未构成等同特征。因此,华生公司奥氮平制备工艺未落入涉案专利权保护范围。

综上所述,华生公司奥氮平制备工艺未落入礼来公司所有的涉案专利权的保护范围,一审判决认定事实和适用法律存在错误,依法予以纠正。①

4. 商业秘密侵权案件的抗辩理由

(1)原告的商业秘密不成立

商业秘密,是指不为公众所知悉、能为权利人带来经济利益、具有实用性并经权利人采取保密措施的技术信息和经营信息。原告应当从这三个方面举证证明自己享有合法有效的商业秘密,而被告同样应当从这三个方面入手,搜集调查证据证明原告的商业秘密权属不能成立。例如,根据最高人民法院《关于审理侵犯商业秘密民事案件应用法律若干问题的规定》第 3 条:权利人请求保护的信息在被诉侵权行为发生时不为所属领域的相关人员普遍知悉和容易获得的,人民法院应当认定为反不正当竞争法第九条第四款所称的不为公众所知悉。第 4 条:具有下列情形之一的,人民法院可以认定有关信息为公众所知悉:①该信息在所属领域属于一般常识或者行业惯例的;②该信息仅涉及产品的尺寸、结构、材料、部件的简单组合等内容,所属领域的相关人员通过观察上市产品即可直接获得的;③该信息已经在公开出版物或者其他媒体上公开披露的;④该信息已通过公开的报告会、展览等方式公开的;⑤所属领域的相关人员从其他公开渠道可以获得该信息的。将为公众所知悉的信息进行整理、改进、加工后形成的新信息,符合本规定第 3 条规定的,应当认定该新信息不为公众所知悉。

北京知识产权法院《侵犯商业秘密民事案件诉讼举证参考》规定,被告主张原告商业秘密不符合商业秘密法定条件的,可以举证证明存在以下事实:①商业秘密在被诉侵权行为发生时已为公众所知悉;②原告未采取相应保密措施;③商业秘密不具有商业价值;④商业秘密不符合法定条件的其他情形。

被告主张原告商业秘密已为公众所知悉的,可以举证证明存在以下事实:①原告商业秘密在所属领域属于一般常识或者行业惯例的;②原告商业秘密仅

① 参见礼来公司诉常州华生制药有限公司侵害发明专利权纠纷案,最高人民法院 2017 年指导案例 84 号(2017 年)。

涉及产品的尺寸、结构、材料、部件的简单组合等内容,所属领域的相关人员通过观察上市产品即可直接获得的;③原告商业秘密已经在公开出版物或者其他媒体上公开披露的,包括文献资料、宣传材料、网页等;④原告商业秘密已通过公开的报告会、展览等方式公开的;⑤所属领域的相关人员从其他公开渠道可以获得原告商业秘密的。

被告主张原告商业秘密未采取相应保密措施的,可以通过保密措施的可识别程度、保密措施与商业秘密价值相对应程度、所涉信息载体的特性、他人通过正当方式获得的难易程度等方面进行举证。

(2)没有不正当获取原告商业秘密

北京知识产权法院《侵犯商业秘密民事案件诉讼举证参考》规定,被告否认侵犯商业秘密的,可以提供以下证据:有资质的鉴定机关、评估机构出具的被诉侵权信息与原告商业秘密不同的鉴定意见、评估报告、勘验结论;被告获取、披露、使用或者允许他人使用的商业秘密经过合法授权的授权书、合同;被告自行开发研制或者反向工程等的开发文件、研发记录、音视频文件;客户基于对离职员工个人的信赖而自愿与该个人或者其新单位进行市场交易的说明、证人证言;其他证据。

①客户选择

北京知识产权法院《侵犯商业秘密民事案件诉讼举证参考》规定,被告主张被诉侵权信息系基于个人信赖获取的,可以提供以下证据:所涉行业领域强调个人技能的行业特点说明;客户明确其系基于对员工个人的信赖自愿选择交易的声明、说明或者聊天记录、往来邮件;与相关客户的交易未利用原告所提供的物质条件、交易平台的文件、沟通记录;能够证明被诉侵权信息系基于个人信赖获取的其他证据。客户基于对职工个人的信赖而与职工所在单位进行市场交易,该职工离职后,能够证明客户自愿选择与自己或者其新单位进行市场交易的,应当认定没有采用不正当手段,但职工与原单位另有约定的除外。

②记忆抗辩

记忆抗辩大多出现在客户名单侵权案中,双方当事人诉争的焦点即雇员与前雇主客户之间的交情能否成为雇员的一般知识和经验。美国《代理法》第二次重述曾经有这样的阐述:“雇员对其正常工作中所获客户信息如已经形成记忆,则通常有权在雇佣关系结束后使用此信息,并与原雇主展开竞争。”美国实务界倾向于认为，雇主如果将客户名单的信息作为商业秘密进行管理，而雇员只是通过记忆记住了一些客户，那么该记忆便构成其“一般知识、技术和经验”，是可以为自己或者新雇主的利益而使用的；如果雇员以书面形式记载了该客户名单，则构成商业秘密侵权。

③自主开发

被告独立开发研究取得商业秘密。商业秘密可以由多个权利主体分别独立拥有，不排斥其他人独立开发研究相同的商业秘密。被告需要证明自己自主开发的商业秘密的证据，以及为之付出的人力物力，并且应切断与原告商业秘密的“接触”条件。

④通过反向工程获取商业秘密

北京知识产权法院《侵犯商业秘密民事案件诉讼举证参考》规定，被告主张被诉侵权信息系通过反向工程获取的，可以提供以下证据：通过公开渠道取得产品的购买合同、接受赠与的凭证、票据；通过拆卸、测绘、分析等相关技术手段从公开渠道取得的产品中获得有关技术信息的工作记录、视频、文档数据；委托他人通过拆卸、测绘、分析等技术手段从公开渠道取得的产品中获得有关技术信息的合同、往来邮件；能够证明被诉侵权信息系通过反向工程获取的其他证据。

“反向工程”，是指通过技术手段对从公开渠道取得的产品进行拆卸、测绘、分析等而获得该产品的有关技术信息。这种研究是由产品到方法的逆向行动，其实质也是一种独立开发研究获取商业秘密的行为，只不过是使用了公开的产品而已。合法的反向工程是获取商业秘密的正当方法，通过该方式取得的商业秘密，不构成侵权。但如果当事人以不正当手段知悉了他人的商业秘密之后，又以反向工程为由主张获取行为合法的，不能得到法院支持。

从司法实践来看，被控方在诉讼时往往很难提供充分有力的证据，能否完成对这些抗辩事实的证明取决于平时是否重视对资料的收集、整理和保存。例如，反向工程往往涉及的是敏感的技术秘密，在实施反向工程时应妥善保管各种单据，如购买产品的发票、货物提单、供货合同以及当时未有“黑箱封闭”条款的证据。同时，保存好反向工程实施过程中的详细数据资料和有关说明，以及研制进展情况的原始记录，甚至可以对较关键的证据进行公证。

⑤合法受让与被许可取得商业秘密

被控侵权的信息来源于第三方的转让或者许可，自己没有侵权的故意。此抗辩理由不属于对抗侵犯商业秘密的理由,只是承担侵权责任的抗辩理由。

典型案例91

北京合纵公司诉被告昆泽公司侵犯商业秘密纠纷案

原告北京合纵公司诉被告昆泽公司、被告郭某等四人侵犯商业秘密一案,原告诉称:我公司是一家经营输配电设备等机电产品的企业,在市场中占有很大份额,形成了较为稳定的客户群体,在全国建立起华北、华东、东北、华中、华南、浙江、西北和福建8个销售区域。我公司建立了保密制度并与员工订立有保密合同。郭某等四人在我公司工作,任区域销售经理,四人具体工作为业务联系、客户维持、订立合同等。我公司与四人均订有劳动合同,约定了保守商业秘密条款。2003年3月底,郭某四人共同出资成立了昆泽公司,利用知悉和掌握的我公司客户名单,以不正当手段与我公司客户进行业务联系,争夺我公司客户,侵犯我公司商业秘密,请求法院依法判决侵权成立。

被告昆泽公司辩称,合纵公司没有证据证明其客户名单符合法律保护的条件,亦未提出具体的保护范围,更没有事实证明我公司的客户唯一来源于合纵公司。所谓的客户名单事实上属于该行业的公知信息,无秘密可言。我公司自成立以来的业务往来客户是企业员工通过公开渠道获知、发展和通过正当市场竞争行为获得的,无不正当竞争行为,因此,合纵公司有关损失赔偿等诉讼请求没有法律依据和事实基础,请求法院予以驳回。

法院经过审理认为:

作为经营输配电产品的企业,合纵公司必然有一定数量的客户,受设备本身的限制其客户亦主要为各地电业局,因此,有关各电业局的名称、地址、法定代表人的姓名、电话等信息均不构成秘密。但是与特定客户间在交易中形成并固定下来具有特定性的商业信息,包括客户需求信息如在用设备、可能使用的设备、具体要求、设备报价以及某些客户之间的特定联系,却可能因为劳动付出的逐渐积累形成有价值的秘密信息。具有上述特定秘密信息的客户将构成合纵公司值得保护的对象。合纵公司未就系统完整的客户信息提供证据,其证据分散于具体的客户中。在具体客户中:

部分客户信息有关保质保量、保证供货等信息并无特定性，不属于秘密信息。

部分客户信息若非交易关系不易获知，对企业具有实用价值，有关联系人的信息亦具有同样特性。合纵公司对客户信息的采集和固定建立了制度，上述信息的记载同时反映出了有关信息的价值性，结合上述合同约定可以断定合纵公司对有关客户的信息，尤其是交易中的联系信息、产品需求信息等采取了保密措施。

对于有价值的联系人、产品需求情况、价格定位如折让信息以及交易中的合同履行情况，均属特定信息，在企业采取了合同等保密措施情况下应已构成商业秘密。

因此，郭某等四人负有保密义务，不得擅自泄露。

从表面上看，昆泽公司的客户中亦有部分与合纵公司的客户相同，但是不能因此断定昆泽公司建立上述公司属于不正当。流动与竞争系属正当行为，因此，辞职、成立新公司、赢得客户均属正当竞争行为，关键在于新公司赢得客户的手段是否正当。昆泽公司的多份合同中与客户的报价单所涉产品的价格均低于合纵公司的产品，这表明昆泽公司所达成的交易与所掌握的有关特殊信息不无关联。

因客户信息并非一成不变，且具有一定的时效性，因此，保密义务并非永久的，以当事人认可的期限两年为宜。昆泽公司利用秘密信息订立合同的收益部分应赔偿给合纵公司，按该类产品的一般利润率予以计算。因本案中并无损害企业声誉的情节，合纵公司有关致歉的请求不予支持。

综上，法院确认了原告部分客户信息属于商业秘密，判定被告侵权成立。①

典型案例 92

马格内梯克有限公司等侵害商业秘密纠纷案

原告马格内梯克公司授权案外人达实公司参与某市地铁项目的投标。被告李某某、张某某、施某某为原告的员工，在劳动合同中约定了保密义务。被告李某某利用担任原告销售经理的便利向 D 公司称被告 MA 香港公司是原告的关联公司，最终达实公司与 MA 香港公司签约。经查，MA 香港公司系李某某

① 参见北京市海淀区人民法院民事判决书，(2003)海民初字第 11034 号。

前妻被告朱某某担任唯一股东的公司。被告李某某、张某某、施某某从原告处辞职后到被告懋拓公司工作,懋拓公司协助 MA 香港公司履行合同。被告懋拓公司的股东和法定代表人为被告李某某父亲被告潘某某。原告向法院起诉称,李某某、张某某、施某某违法将原告的商业秘密泄露给朱某某及 MA 香港公司并允许其使用,懋拓公司、潘某某提供配合与协助,七被告的行为已严重侵害原告的商业秘密,且违反诚实信用原则和商业道德,构成不正当竞争,请求法院判令七被告停止侵权,共同赔偿原告经济损失 1,840,453.34 元及合理费用 2041.92 元。

一审法院认为,原告实际掌握的经营信息即达实公司在某市地铁项目中向原告采购德国公司生产的行人通道扇门模块产品,符合《反不正当竞争法》(1993 年)第 10 条第 3 款[①]的规定,属于原告的商业秘密。李某某、张某某在原告工作期间掌握了原告的涉案商业秘密,MA 香港公司提供的产品与原告的涉案商业秘密的内容实质相同且无合法来源,懋拓公司明知所获知的涉案商业秘密归原告所有却使用上述信息协助履行合同,被告李某某、张某某、MA 香港公司、懋拓公司的行为共同侵害了原告的商业秘密,遂判决被告李某某、张某某、MA 香港公司、懋拓公司共同赔偿原告经济损失 1,400,000 元及合理费用 1641.92 元并刊登声明、消除影响;被告朱某某、潘某某分别对被告 MA 香港公司、懋拓公司的付款义务承担连带责任。双方当事人不服一审判决,提起上诉。

上海知识产权法院经审理认为,马格内梯克公司所主张的经营信息具有秘密性、价值性和保密性的特点,构成商业秘密。本案各被告未能提供充分证据证明其通过合法方式取得涉案商业秘密,且各被告共同侵害了马格内梯克公司的涉案商业秘密,其应就此向马格内梯克公司承担连带赔偿责任,遂判决驳回上诉,维持原判。

本案对于单一潜在客户的采购意向是否构成侵害商业秘密的行为进行了深入分析,准确把握了商业秘密构成的实质要件,认定此类信息可为权利人带来一定的价值或竞争优势,若符合秘密性、价值性和保密性的特征,可以认定构成商业秘密。同时,本案各被告共同实施侵害商业秘密的行为具有一定复杂性和隐蔽性,本案判决厘清了各被告间所具体实施的行为,准确界定了主体间的法律关系,并以此确定相应的法律责任。

---

① 现行《反不正当竞争法》第 9 条第 3 款。

在司法实践中，有关客户名单类信息是商业秘密案件审理的难点，本案判决对于加强此类商业秘密保护，保障市场交易公平有序具有积极意义。深圳市乔安科技有限公司诉张某、上海凯聪电子科技有限公司因恶意提起知识产权诉讼损害责任纠纷及因申请诉中财产保全损害责任纠纷案。①

（五）知识产权案件管辖的特殊规定

最高人民法院2022年4月20日印发了《最高人民法院关于第一审知识产权民事、行政案件管辖的若干规定》（法释〔2022〕13号），该规定于2022年5月1日起施行。

最高人民法院《关于第一审知识产权民事、行政案件管辖的若干规定》规定如下内容。

1. 发明专利、实用新型专利、植物新品种、集成电路布图设计、技术秘密、计算机软件的权属、侵权纠纷以及垄断纠纷第一审民事、行政案件由知识产权法院，省、自治区、直辖市人民政府所在地的中级人民法院和最高人民法院确定的中级人民法院管辖。法律对知识产权法院的管辖有规定的，依照其规定。

2. 外观设计专利的权属、侵权纠纷以及涉驰名商标认定第一审民事、行政案件由知识产权法院和中级人民法院管辖；经最高人民法院批准，也可以由基层人民法院管辖，但外观设计专利行政案件除外。法律对知识产权法院的管辖有规定的，依照其规定。

3. 第1点和第2点之外的第一审知识产权案件诉讼标的额在最高人民法院确定的数额以上的，由中级人民法院管辖。

4. 上述规定之外的第一审知识产权民事、行政案件，由最高人民法院确定的基层人民法院管辖。

5. 对新类型、疑难复杂或者具有法律适用指导意义等知识产权民事、行政案件，上级人民法院可以依照诉讼法有关规定，根据下级人民法院报请或者自行决定提级审理。

确有必要将本院管辖的第一审知识产权民事案件交下级人民法院审理的，

---

① 马格内梯克控制系统（上海）有限公司与李某某等侵害商业秘密、不正当竞争纠纷案，上海知识产权法院典型案例（2015—2019）之十七。

应当依照《民事诉讼法》第 39 条第 1 款的规定,逐案报请其上级人民法院批准。

确有必要将本院管辖的第一审知识产权民事案件交下级人民法院审理的,应当依照《民事诉讼法》第 39 条第 1 款的规定,逐案报请其上级人民法院批准。

基层人民法院管辖第一审知识产权民事、行政案件标准见表 5 – 1。

表 5 – 1　基层人民法院管辖第一审知识产权民事、行政案件标准

地区	民事案件诉讼标的额(不含本数)	基层人民法院	管辖区域
北京市	不受诉讼标的额限制	北京市东城区人民法院	东城区、通州区、顺义区、怀柔区、平谷区、密云区
		北京市西城区人民法院	西城区、大兴区
		北京市朝阳区人民法院	朝阳区
		北京市海淀区人民法院	海淀区
		北京市丰台区人民法院	丰台区、房山区
		北京市石景山区人民法院	石景山区、门头沟区、昌平区、延庆区
天津市	500 万元以下	天津市滨海新区人民法院	滨海新区、东丽区、宁河区
		天津市和平区人民法院	和平区、南开区、红桥区、西青区、武清区、宝坻区、蓟州区
		天津市河西区人民法院	河东区、河西区、河北区、津南区、北辰区、静海区
河北省	100 万元以下	石家庄高新技术产业开发区人民法院	石家庄高新技术产业开发区、长安区、裕华区、栾城区、藁城区、新乐市、晋州市、深泽县、灵寿县、行唐县、赵县、辛集市
		石家庄铁路运输法院	新华区、桥西区、鹿泉区、正定县、井陉县、井陉矿区、赞皇县、平山县、高邑县、元氏县、无极县
		唐山高新技术产业开发区人民法院	唐山市
		秦皇岛市山海关区人民法院	秦皇岛市
		邯郸市永年区人民法院	永年区、复兴区、丛台区、涉县、武安市、广平县、曲周县、鸡泽县、邱县、馆陶县

续表

地区	民事案件诉讼标的额(不含本数)	基层人民法院	管辖区域
河北省	100万元以下	邯郸经济技术开发区人民法院	邯郸经济技术开发区、冀南新区、峰峰矿区、邯山区、肥乡区、磁县、成安县、临漳县、魏县、大名县
		邢台经济开发区人民法院	邢台市
		保定高新技术产业开发区人民法院	保定市及定州市
		张家口市桥东区人民法院	张家口市
		承德市双滦区人民法院	承德市
		沧州市新华区人民法院	沧州市
		廊坊市安次区人民法院	廊坊市
		衡水市桃城区人民法院	衡水市
		容城县人民法院	雄安新区
山西省	100万元以下	山西转型综合改革示范区人民法院	山西转型综合改革示范区
		太原市杏花岭区人民法院	太原市
		大同市云冈区人民法院	大同市
		阳泉市郊区人民法院	阳泉市
		长治市潞州区人民法院	长治市
		晋中市太谷区人民法院	晋中市
		晋城市城区人民法院	晋城市
		朔州市朔城区人民法院	朔州市
		忻州市忻府区人民法院	忻州市
		汾阳市人民法院	吕梁市
		临汾市尧都区人民法院	临汾市
		运城市盐湖区人民法院	运城市
内蒙古自治区	100万元以下	呼和浩特市新城区人民法院	呼和浩特市
		包头市石拐区人民法院	包头市
		乌海市乌达区人民法院	乌海市
		赤峰市红山区人民法院	赤峰市

续表

地区	民事案件诉讼标的额（不含本数）	基层人民法院	管辖区域
内蒙古自治区	100万元以下	通辽市科尔沁区人民法院	通辽市
		鄂尔多斯市康巴什区人民法院	鄂尔多斯市
		呼伦贝尔市海拉尔区人民法院	呼伦贝尔市
		巴彦淖尔市临河区人民法院	巴彦淖尔市
		乌兰察布市集宁区人民法院	乌兰察布市
		乌兰浩特市人民法院	兴安盟
		锡林浩特市人民法院	锡林郭勒盟
		阿拉善左旗人民法院	阿拉善盟
辽宁省	100万元以下	沈阳高新技术产业开发区人民法院	沈阳市
		大连市西岗区人民法院	大连市［中国（辽宁）自由贸易试验区大连片区除外］
		大连经济技术开发区人民法院	中国（辽宁）自由贸易试验区大连片区
		鞍山市千山区人民法院	鞍山市
		抚顺市东洲区人民法院	抚顺市
		本溪市平山区人民法院	本溪市
		丹东市振安区人民法院	丹东市
		锦州市古塔区人民法院	锦州市
		营口市西市区人民法院	营口市
		阜新市海州区人民法院	阜新市
		辽阳市太子河区人民法院	辽阳市
		铁岭市银州区人民法院	铁岭市
		朝阳市龙城区人民法院	朝阳市
		盘山县人民法院	盘锦市
		兴城市人民法院	葫芦岛市
吉林省	100万元以下	长春新区人民法院	长春市
		吉林市船营区人民法院	吉林市

续表

地区	民事案件诉讼标的额(不含本数)	基层人民法院	管辖区域
吉林省	100万元以下	四平市铁西区人民法院	四平市
		辽源市龙山区人民法院	辽源市
		梅河口市人民法院	通化市
		白山市浑江区人民法院	白山市
		松原市宁江区人民法院	松原市
		白城市洮北区人民法院	白城市
		珲春市人民法院	延边朝鲜族自治州
		珲春林区基层法院	延边林区中级法院辖区
		临江林区基层法院	长春林区中级法院辖区
黑龙江省	100万元以下	哈尔滨市南岗区人民法院	南岗区、香坊区、阿城区、呼兰区、五常市、巴彦县、木兰县、通河县
		哈尔滨市道里区人民法院	道里区、道外区、双城区、尚志市、宾县、依兰县、延寿县、方正县
		哈尔滨市松北区人民法院	松北区、平房区
		齐齐哈尔市铁锋区人民法院	齐齐哈尔市
		牡丹江市东安区人民法院	牡丹江市
		佳木斯市向阳区人民法院	佳木斯市
		大庆高新技术产业开发区人民法院	大庆市
		鸡西市鸡冠区人民法院	鸡西市
		鹤岗市南山区人民法院	鹤岗市
		双鸭山市岭东区人民法院	双鸭山市
		伊春市伊美区人民法院	伊春市
		七台河市桃山区人民法院	七台河市
		黑河市爱辉区人民法院	黑河市
		海伦市人民法院	绥化市
		大兴安岭地区加格达奇区人民法院	大兴安岭地区
		绥北人民法院	农垦中级法院辖区

续表

地区	民事案件诉讼标的额(不含本数)	基层人民法院	管辖区域
上海市	不受诉讼标的额限制	上海市浦东新区人民法院	各自辖区
		上海市徐汇区人民法院	
		上海市长宁区人民法院	
		上海市闵行区人民法院	
		上海市金山区人民法院	
		上海市松江区人民法院	
		上海市奉贤区人民法院	
		上海市黄浦区人民法院	
		上海市杨浦区人民法院	
		上海市虹口区人民法院	
		上海市静安区人民法院	
		上海市普陀区人民法院	
		上海市宝山区人民法院	
		上海市嘉定区人民法院	
		上海市青浦区人民法院	
		上海市崇明区人民法院	
江苏省	500万元以下	南京市玄武区人民法院	玄武区、栖霞区
		南京市秦淮区人民法院	秦淮区
		南京市建邺区人民法院	建邺区
		南京市雨花台区人民法院	雨花台区
		南京市江宁区人民法院	江宁区(秣陵街道及禄口街道除外)
		江宁经济技术开发区人民法院	江宁区秣陵街道及禄口街道、溧水区、高淳区
		南京江北新区人民法院	南京江北新区、鼓楼区、浦口区、六合区
		江阴市人民法院	江阴市
		宜兴市人民法院	宜兴市

续表

地区	民事案件诉讼标的额(不含本数)	基层人民法院	管辖区域
江苏省	500万元以下	无锡市惠山区人民法院	惠山区
		无锡市滨湖区人民法院	滨湖区、梁溪区
		无锡市新吴区人民法院	新吴区、锡山区
		徐州市鼓楼区人民法院	鼓楼区、丰县、沛县
		徐州市铜山区人民法院	铜山区、泉山区
		睢宁县人民法院	睢宁县、邳州市
		新沂市人民法院	新沂市
		徐州经济技术开发区人民法院	云龙区、贾汪区、徐州经济技术开发区
		常州市天宁区人民法院	天宁区
		常州市钟楼区人民法院	钟楼区
		常州高新技术产业开发区人民法院	新北区
		常州市武进区人民法院	武进区
		常州市金坛区人民法院	金坛区
		溧阳市人民法院	溧阳市
		常州经济开发区人民法院	常州经济开发区
		张家港市人民法院	张家港市
		常熟市人民法院	常熟市
		太仓市人民法院	太仓市
		昆山市人民法院	昆山市
		苏州市吴江区人民法院	吴江区
		苏州市相城区人民法院	相城区
		苏州工业园区人民法院	苏州工业园区、吴中区
		苏州市虎丘区人民法院	虎丘区、姑苏区
		南通通州湾江海联动开发示范区人民法院	崇川区、通州区、海门区、海安市、如东县、启东市、如皋市、南通经济技术开发区、通州湾江海联动开发示范区

续表

地区	民事案件诉讼标的额(不含本数)	基层人民法院	管辖区域
江苏省	500万元以下	连云港市连云区人民法院	连云区、海州区、赣榆区
		连云港经济技术开发区人民法院	东海县、灌云县、灌南县、连云港经济技术开发区
		淮安市淮安区人民法院	淮安区、洪泽区、盱眙县、金湖县
		淮安市淮阴区人民法院	淮阴区、清江浦区、涟水县、淮安经济技术开发区
		盐城市亭湖区人民法院	亭湖区、建湖县、盐城经济技术开发区
		射阳县人民法院	响水县、滨海县、阜宁县、射阳县
		盐城市大丰区人民法院	盐都区、大丰区、东台市
		扬州市广陵区人民法院	广陵区、江都区、扬州经济技术开发区、扬州市生态科技新城、扬州市蜀冈－瘦西湖风景名胜区
		仪征市人民法院	邗江区、仪征市
		高邮市人民法院	宝应县、高邮市
		镇江市京口区人民法院	京口区、润州区
		丹阳市人民法院	丹阳市、句容市
		镇江经济开发区人民法院	丹徒区、扬中市、镇江经济技术开发区
		靖江市人民法院	姜堰区、靖江市、泰兴市
		泰州医药高新技术产业开发区人民法院	海陵区、泰州医药高新技术产业开发区(高港区)、兴化市
		沭阳县人民法院	沭阳县、泗阳县
		宿迁市宿城区人民法院	宿城区、宿豫区、泗洪县
浙江省	500万元以下	杭州市拱墅区人民法院	拱墅区
		杭州市西湖区人民法院	西湖区
		杭州市滨江区人民法院	滨江区
		杭州市萧山区人民法院	萧山区
		杭州市余杭区人民法院	余杭区

续表

地区	民事案件诉讼标的额(不含本数)	基层人民法院	管辖区域
浙江省	500万元以下	杭州市临平区人民法院	临平区
		杭州市钱塘区人民法院	钱塘区
		杭州铁路运输法院	上城区、富阳区、临安区、建德市、桐庐县、淳安县
		宁波市海曙区人民法院	海曙区、江北区
		宁波市北仑区人民法院	北仑区
		宁波市镇海区人民法院	镇海区
		宁波市鄞州区人民法院	鄞州区、象山县、宁波高新技术产业开发区
		宁波市奉化区人民法院	奉化区、宁海县
		余姚市人民法院	余姚市
		慈溪市人民法院	慈溪市
		温州市鹿城区人民法院	鹿城区
		温州市瓯海区人民法院	龙湾区、瓯海区
		瑞安市人民法院	瑞安市、龙港市、平阳县、苍南县、文成县、泰顺县
		乐清市人民法院	洞头区、乐清市、永嘉县
		湖州市吴兴区人民法院	吴兴区、南浔区
		德清县人民法院	德清县
		长兴县人民法院	长兴县
		安吉县人民法院	安吉县
		嘉兴市南湖区人民法院	南湖区、平湖市、嘉善县、海盐县
		嘉兴市秀洲区人民法院	秀洲区
		海宁市人民法院	海宁市
		桐乡市人民法院	桐乡市
		绍兴市柯桥区人民法院	越城区、柯桥区
		绍兴市上虞区人民法院	上虞区
		诸暨市人民法院	诸暨市

续表

地区	民事案件诉讼标的额(不含本数)	基层人民法院	管辖区域
浙江省	500万元以下	嵊州市人民法院	嵊州市
		新昌县人民法院	新昌县
		金华市婺城区人民法院	婺城区、武义县
		金华市金东区人民法院	金东区、兰溪市、浦江县
		义乌市人民法院	义乌市
		东阳市人民法院	东阳市、磐安县
		永康市人民法院	永康市
		衢州市衢江区人民法院	柯城区、衢江区、龙游县
		江山市人民法院	江山市、常山县、开化县
		舟山市普陀区人民法院	定海区、普陀区、岱山县、嵊泗县
		台州市椒江区人民法院	椒江区、黄岩区、路桥区
		温岭市人民法院	温岭市
		临海市人民法院	临海市
		玉环市人民法院	玉环市
		天台县人民法院	三门县、天台县、仙居县
		丽水市莲都区人民法院	莲都区、青田县、缙云县
		云和县人民法院	龙泉市、遂昌县、松阳县、云和县、庆元县、景宁畲族自治县
安徽省	100万元以下	合肥高新技术开发区人民法院	合肥市
		濉溪县人民法院	淮北市
		利辛县人民法院	亳州市
		灵璧县人民法院	宿州市
		蚌埠市禹会区人民法院	蚌埠市
		阜阳市颍东区人民法院	阜阳市
		淮南市大通区人民法院	淮南市
		滁州市南谯区人民法院	滁州市
		六安市裕安区人民法院	六安市

续表

地区	民事案件诉讼标的额(不含本数)	基层人民法院	管辖区域
安徽省	100万元以下	马鞍山市花山区人民法院	马鞍山市
		芜湖经济技术开发区人民法院	芜湖市
		宁国市人民法院	宣城市
		铜陵市义安区人民法院	铜陵市
		池州市贵池区人民法院	池州市
		安庆市迎江区人民法院	安庆市
		黄山市徽州区人民法院	黄山市
福建省	100万元以下	福州市鼓楼区人民法院	鼓楼区、台江区、仓山区、晋安区
		福州市马尾区人民法院	马尾区、长乐区、连江县、罗源县
		福清市人民法院	福清市、闽侯县、闽清县、永泰县
		平潭综合实验区人民法院	平潭综合实验区
		厦门市思明区人民法院	思明区
		厦门市湖里区人民法院	湖里区、中国(福建)自由贸易试验区厦门片区
		厦门市集美区人民法院	集美区、同安区、翔安区
		厦门市海沧区人民法院	海沧区[中国(福建)自由贸易试验区厦门片区除外]
		漳州市长泰区人民法院	芗城区、龙文区、龙海区、长泰区、南靖县、华安县
		漳浦县人民法院	漳浦县、云霄县、诏安县、东山县、平和县
		泉州市洛江区人民法院	鲤城区、丰泽区、洛江区、泉州经济技术开发区
		泉州市泉港区人民法院	泉港区、惠安县、泉州台商投资区
		晋江市人民法院	晋江市
		石狮市人民法院	石狮市
		南安市人民法院	南安市
		德化县人民法院	安溪县、永春县、德化县
		三明市沙县区人民法院	三元区、沙县区、建宁县、泰宁县、将乐县、尤溪县

续表

地区	民事案件诉讼标的额（不含本数）	基层人民法院	管辖区域
福建省	100万元以下	明溪县人民法院	永安市、明溪县、清流县、宁化县、大田县
		莆田市城厢区人民法院	城厢区、秀屿区
		莆田市涵江区人民法院	荔城区、涵江区
		仙游县人民法院	仙游县
		南平市延平区人民法院	延平区、建瓯市、顺昌县、政和县
		武夷山市人民法院	建阳区、邵武市、武夷山市、浦城县、光泽县、松溪县
		龙岩市新罗区人民法院	新罗区、永定区、漳平市
		连城县人民法院	上杭县、武平县、长汀县、连城县
		宁德市蕉城区人民法院	蕉城区、东侨经济技术开发区、古田县、屏南县、周宁县、寿宁县
		福鼎市人民法院	福安市、柘荣县、福鼎市、霞浦县
江西省	100万元以下	南昌高新技术产业开发区人民法院	东湖区、青云谱区、青山湖区、红谷滩区、南昌高新技术产业开发区
		南昌经济技术开发区人民法院	南昌县、进贤县、安义县、西湖区、新建区、南昌经济技术开发区
		九江市濂溪区人民法院	九江市
		景德镇市珠山区人民法院	景德镇市
		芦溪县人民法院	萍乡市
		新余市渝水区人民法院	新余市
		鹰潭市月湖区人民法院	鹰潭市
		赣州市章贡区人民法院	赣州市
		万载县人民法院	宜春市
		上饶市广信区人民法院	上饶市
		吉安市吉州区人民法院	吉安市
		宜黄县人民法院	抚州市
山东省	100万元以下	济南市历下区人民法院	历下区、槐荫区
		济南市市中区人民法院	市中区、历城区

续表

地区	民事案件诉讼标的额(不含本数)	基层人民法院	管辖区域
山东省	100 万元以下	济南市天桥区人民法院	天桥区、济阳区、商河县
		济南市长清区人民法院	长清区、平阴县
		济南市章丘区人民法院	章丘区、济南高新技术产业开发区
		济南市莱芜区人民法院	莱芜区、钢城区
		青岛市市南区人民法院	市南区、市北区
		青岛市黄岛区人民法院	黄岛区
		青岛市崂山区人民法院	崂山区
		青岛市李沧区人民法院	李沧区、城阳区
		青岛市即墨区人民法院	即墨区、莱西市
		胶州市人民法院	胶州市、平度市
		淄博市周村区人民法院	张店区、周村区、淄博高新技术产业开发区
		沂源县人民法院	淄川区、博山区、临淄区、桓台县、高青县、沂源县
		枣庄市市中区人民法院	市中区、峄城区、台儿庄区
		滕州市人民法院	薛城区、山亭区、滕州市
		东营市垦利区人民法院	东营市
		烟台市芝罘区人民法院	芝罘区
		招远市人民法院	龙口市、莱州市、招远市、栖霞市
		烟台经济技术开发区人民法院	蓬莱区、烟台经济技术开发区
		烟台高新技术产业开发区人民法院	福山区、牟平区、莱山区、莱阳市、海阳市、烟台高新技术产业开发区
		潍坊市潍城区人民法院	潍城区、坊子区、诸城市、安丘市
		潍坊市奎文区人民法院	寒亭区、奎文区、高密市、昌邑市、潍坊高新技术产业开发区、潍坊滨海经济技术开发区
		寿光市人民法院	青州市、寿光市、临朐县、昌乐县
		曲阜市人民法院	曲阜市、邹城市、微山县、泗水县
		嘉祥县人民法院	鱼台县、金乡县、嘉祥县、汶上县、梁山县

续表

地区	民事案件诉讼标的额(不含本数)	基层人民法院	管辖区域
山东省	100万元以下	济宁高新技术产业开发区人民法院	任城区、兖州区、济宁高新技术产业开发区
		泰安高新技术产业开发区人民法院	泰安市
		威海市环翠区人民法院	威海市
		日照市东港区人民法院	日照市
		临沂市兰山区人民法院	兰山区
		临沂市罗庄区人民法院	罗庄区、兰陵县、临沂高新技术产业开发区
		临沂市河东区人民法院	河东区、郯城县、沂水县、莒南县、临沭县、临沂经济技术开发区
		费县人民法院	沂南县、费县、平邑县、蒙阴县
		德州市德城区人民法院	德州市
		聊城市茌平区人民法院	东昌府区、茌平区
		临清市人民法院	临清市、阳谷县、莘县、东阿县、冠县、高唐县
		滨州经济技术开发区人民法院	滨州市
		成武县人民法院	定陶区、曹县、单县、成武县
		东明县人民法院	牡丹区、东明县
		菏泽经济开发区人民法院	巨野县、郓城县、鄄城县、菏泽经济开发区
河南省	500万元以下	郑州市管城回族区人民法院	管城回族区、金水区、中原区、惠济区、上街区、巩义市、荥阳市
		郑州航空港经济综合实验区人民法院	二七区、郑州高新技术产业开发区、郑州经济技术开发区、郑州航空港经济综合实验区、中牟县、新郑市、新密市、登封市
		开封市龙亭区人民法院	开封市
		洛阳市老城区人民法院	洛阳市
		平顶山市湛河区人民法院	平顶山市
		安阳市龙安区人民法院	安阳市
		鹤壁市山城区人民法院	鹤壁市

续表

地区	民事案件诉讼标的额(不含本数)	基层人民法院	管辖区域
河南省	500万元以下	新乡市卫滨区人民法院	新乡市
		修武县人民法院	焦作市
		清丰县人民法院	濮阳市
		许昌市魏都区人民法院	许昌市
		漯河市召陵区人民法院	漯河市
		三门峡市湖滨区人民法院	三门峡市
		南阳高新技术产业开发区人民法院	南阳市
		商丘市睢阳区人民法院	商丘市
		罗山县人民法院	信阳市
		扶沟县人民法院	周口市
		遂平县人民法院	驻马店市
		济源市人民法院	济源市
湖北省	500万元以下	武汉市江岸区人民法院	江岸区、黄陂区、新洲区
		武汉市江汉区人民法院	江汉区、硚口区、东西湖区
		武汉市洪山区人民法院	武昌区、青山区、洪山区
		武汉经济技术开发区人民法院	汉阳区、蔡甸区、汉南区、武汉经济技术开发区
		武汉东湖新技术开发区人民法院	江夏区、武汉东湖新技术开发区
		南漳县人民法院	枣阳市、宜城市、南漳县、保康县、谷城县、老河口市
		襄阳高新技术产业开发区人民法院	襄州区、襄城区、樊城区、襄阳高新技术产业开发区
		宜昌市三峡坝区人民法院	宜昌市、神农架林区
		大冶市人民法院	黄石市
		十堰市张湾区人民法院	十堰市
		荆州市荆州区人民法院	荆州区、沙市区、江陵县、监利市、洪湖市
		石首市人民法院	松滋市、公安县、石首市

续表

地区	民事案件诉讼标的额(不含本数)	基层人民法院	管辖区域
湖北省	500万元以下	荆门市东宝区人民法院	荆门市
		鄂州市华容区人民法院	鄂州市
		孝感市孝南区人民法院	孝南区、汉川市、孝昌县
		安陆市人民法院	应城市、云梦县、安陆市、大悟县
		黄冈市黄州区人民法院	黄州区、浠水县、蕲春县、武穴市、黄梅县、龙感湖管理区
		麻城市人民法院	团风县、红安县、麻城市、罗田县、英山县
		通城县人民法院	咸宁市
		随县人民法院	随州市
		宣恩县人民法院	恩施土家族苗族自治州
		天门市人民法院	仙桃市、天门市、潜江市
湖南省	100万元以下	长沙市天心区人民法院	天心区、雨花区
		长沙市岳麓区人民法院	岳麓区、望城区
		长沙市开福区人民法院	开福区、芙蓉区
		长沙县人民法院	长沙县
		浏阳市人民法院	浏阳市
		宁乡市人民法院	宁乡市
		株洲市天元区人民法院	株洲市
		湘潭市岳塘区人民法院	湘潭市
		衡阳市雁峰区人民法院	衡阳市
		邵东市人民法院	邵阳市
		岳阳市岳阳楼区人民法院	岳阳市
		津市市人民法院	常德市
		张家界市永定区人民法院	张家界市
		益阳市资阳区人民法院	益阳市
		娄底市娄星区人民法院	娄底市
		郴州市苏仙区人民法院	郴州市

续表

地区	民事案件诉讼标的额（不含本数）	基层人民法院	管辖区域
湖南省	100 万元以下	祁阳市人民法院	永州市
		怀化市鹤城区人民法院	怀化市
		吉首市人民法院	湘西土家族苗族自治州
广东省	广州市、深圳市、佛山市、东莞市、中山市、珠海市、惠州市、肇庆市、江门市：1000 万元以下；其他区域：500 万元以下	广州市越秀区人民法院	各自辖区
		广州市海珠区人民法院	
		广州市荔湾区人民法院	
		广州市天河区人民法院	
		广州市白云区人民法院	
		广州市黄埔区人民法院	
		广州市花都区人民法院	
		广州市番禺区人民法院	
		广州市南沙区人民法院	
		广州市从化区人民法院	
		广州市增城区人民法院	
		深圳市福田区人民法院	各自辖区
		深圳市罗湖区人民法院	
		深圳市盐田区人民法院	
		深圳市南山区人民法院	
		深圳市宝安区人民法院	
		深圳市龙岗区人民法院	
		深圳前海合作区人民法院	
		深圳市龙华区人民法院	
		深圳市坪山区人民法院	
		深圳市光明区人民法院	
		深圳深汕特别合作区人民法院	
		佛山市禅城区人民法院	佛山市

续表

地区	民事案件诉讼标的额(不含本数)	基层人民法院	管辖区域
广东省	广州市、深圳市、佛山市、东莞市、中山市、珠海市、惠州市、肇庆市、江门市：1000万元以下；其他区域：500万元以下	东莞市第一人民法院	各自辖区
		东莞市第二人民法院	
		东莞市第三人民法院	
		中山市第一人民法院	
		中山市第二人民法院	
		珠海市香洲区人民法院	珠海市(横琴粤澳深度合作区除外)
		横琴粤澳深度合作区人民法院	横琴粤澳深度合作区
		惠州市惠城区人民法院	惠州市
		肇庆市端州区人民法院	肇庆市
		江门市江海区人民法院	江门市
		汕头市金平区人民法院	金平区、潮阳区、潮南区
		汕头市龙湖区人民法院	龙湖区、澄海区、濠江区、南澳县
		阳江市江城区人民法院	阳江市
		清远市清城区人民法院	清远市
		揭阳市榕城区人民法院	揭阳市
		湛江市麻章区人民法院	湛江市
		茂名市电白区人民法院	茂名市
		梅州市梅县区人民法院	梅州市
		翁源县人民法院	韶关市
		潮州市潮安区人民法院	潮州市
		汕尾市城区人民法院	汕尾市
		东源县人民法院	河源市
		云浮市云安区人民法院	云浮市
广西壮族自治区	100万元以下	南宁市良庆区人民法院	南宁市
		柳州市柳江区人民法院	柳州市
		桂林市叠彩区人民法院	桂林市
		梧州市万秀区人民法院	梧州市

续表

地区	民事案件诉讼标的额(不含本数)	基层人民法院	管辖区域
广西壮族自治区	100万元以下	北海市海城区人民法院	北海市
		防城港市防城区人民法院	防城港市
		钦州市钦北区人民法院	钦州市
		贵港市覃塘区人民法院	贵港市
		玉林市福绵区人民法院	玉林市
		百色市田阳区人民法院	百色市
		贺州市平桂区人民法院	贺州市
		河池市宜州区人民法院	河池市
		来宾市兴宾区人民法院	来宾市
		崇左市江州区人民法院	崇左市
海南省	500万元以下	海口市琼山区人民法院	海口市、三沙市
		琼海市人民法院	海南省第一中级人民法院辖区
		儋州市人民法院	海南省第二中级人民法院辖区
		三亚市城郊人民法院	三亚市
重庆市	500万元以下	重庆两江新区人民法院(重庆自由贸易试验区人民法院)	重庆市第一中级人民法院辖区
		重庆市渝中区人民法院	重庆市第二中级人民法院、第三中级人民法院、第四中级人民法院、第五中级人民法院辖区
四川省	100万元以下	四川天府新区成都片区人民法院(四川自由贸易试验区人民法院)	四川天府新区成都直管区、中国(四川)自由贸易试验区成都天府新区片区及成都青白江铁路港片区、龙泉驿区、双流区、简阳市、蒲江县
		成都高新技术产业开发区人民法院	成都高新技术产业开发区、成华区、新津区、邛崃市
		成都市锦江区人民法院	锦江区、青羊区、青白江区、金堂县
		成都市武侯区人民法院	金牛区、武侯区、温江区、崇州市
		成都市郫都区人民法院	新都区、郫都区、都江堰市、彭州市、大邑县

续表

地区	民事案件诉讼标的额（不含本数）	基层人民法院	管辖区域
四川省	100万元以下	自贡市自流井区人民法院	自贡市
		攀枝花市东区人民法院	攀枝花市
		泸州市江阳区人民法院	泸州市
		广汉市人民法院	德阳市
		绵阳高新技术产业开发区人民法院	绵阳市
		广元市利州区人民法院	广元市
		遂宁市船山区人民法院	遂宁市
		内江市市中区人民法院	内江市
		乐山市市中区人民法院	乐山市
		南充市顺庆区人民法院	南充市
		宜宾市翠屏区人民法院	宜宾市
		华蓥市人民法院	广安市
		达州市通川区人民法院	达州市
		巴中市巴州区人民法院	巴中市
		雅安市雨城区人民法院	雅安市
		仁寿县人民法院	眉山市
		资阳市雁江区人民法院	资阳市
		马尔康市人民法院	阿坝藏族羌族自治州
		康定市人民法院	甘孜藏族自治州
		西昌市人民法院	凉山彝族自治州
贵州省	100万元以下	修文县人民法院	贵阳市
		六盘水市钟山区人民法院	六盘水市
		遵义市播州区人民法院	遵义市
		铜仁市碧江区人民法院	铜仁市
		兴义市人民法院	黔西南布依族苗族自治州
		毕节市七星关区人民法院	毕节市

续表

地区	民事案件诉讼标的额(不含本数)	基层人民法院	管辖区域
贵州省	100 万元以下	安顺市平坝区人民法院	安顺市
		凯里市人民法院	黔东南苗族侗族自治州
		都匀市人民法院	黔南布依族苗族自治州
云南省	100 万元以下	昆明市盘龙区人民法院	盘龙区、东川区、嵩明县、寻甸回族彝族自治县
		昆明市官渡区人民法院	呈贡区、官渡区、宜良县、石林彝族自治县
		安宁市人民法院	五华区、西山区、晋宁区、安宁市、富民县、禄劝彝族苗族自治县
		盐津县人民法院	昭通市
		曲靖市麒麟区人民法院	曲靖市
		玉溪市红塔区人民法院	玉溪市
		腾冲市人民法院	保山市
		禄丰市人民法院	楚雄彝族自治州
		开远市人民法院	红河哈尼族彝族自治州
		砚山县人民法院	文山壮族苗族自治州
		宁洱哈尼族彝族自治县人民法院	普洱市
		勐海县人民法院	西双版纳傣族自治州
		漾濞彝族自治县人民法院	大理白族自治州
		瑞丽市人民法院	德宏傣族景颇族自治州
		玉龙纳西族自治县人民法院	丽江市
		泸水市人民法院	怒江傈僳族自治州
		香格里拉市人民法院	迪庆藏族自治州
		双江拉祜族佤族布朗族傣族自治县人民法院	临沧市
西藏自治区	100 万元以下	拉萨市城关区人民法院	拉萨市
		日喀则市桑珠孜区人民法院	日喀则市
		山南市乃东区人民法院	山南市
		林芝市巴宜区人民法院	林芝市

续表

地区	民事案件诉讼标的额(不含本数)	基层人民法院	管辖区域
西藏自治区	100万元以下	昌都市卡若区人民法院	昌都市
		那曲市色尼区人民法院	那曲市
		噶尔县人民法院	阿里地区
陕西省	100万元以下	西安市新城区人民法院	新城区
		西安市碑林区人民法院	碑林区
		西安市莲湖区人民法院	莲湖区
		西安市雁塔区人民法院	雁塔区
		西安市未央区人民法院	未央区
		西安市灞桥区人民法院	灞桥区、阎良区、临潼区、高陵区
		西安市长安区人民法院	长安区、鄠邑区、周至县、蓝田县
		宝鸡市陈仓区人民法院	宝鸡市
		兴平市人民法院	咸阳市
		铜川市印台区人民法院	铜川市
		大荔县人民法院	渭南市
		延安市宝塔区人民法院	延安市
		榆林市榆阳区人民法院	榆林市
		汉中市南郑区人民法院	汉中市
		安康市汉滨区人民法院	安康市
		商洛市商州区人民法院	商洛市
甘肃省	100万元以下	兰州市城关区人民法院	城关区、七里河区、西固区、安宁区、红古区、榆中县
		兰州新区人民法院	兰州新区、永登县、皋兰县
		嘉峪关市城区人民法院	嘉峪关市
		永昌县人民法院	金昌市
		白银市白银区人民法院	白银市
		天水市秦州区人民法院	天水市
		玉门市人民法院	酒泉市

续表

地区	民事案件诉讼标的额(不含本数)	基层人民法院	管辖区域
甘肃省	100万元以下	张掖市甘州区人民法院	张掖市
		武威市凉州区人民法院	武威市
		定西市安定区人民法院	定西市
		两当县人民法院	陇南市
		平凉市崆峒区人民法院	平凉市
		庆阳市西峰区人民法院	庆阳市
		临夏县人民法院	临夏回族自治州
		夏河县人民法院	甘南藏族自治州
青海省	100万元以下	西宁市城东区人民法院	西宁市
		互助土族自治县人民法院	海东市
		德令哈市人民法院	海西蒙古族藏族自治州
		共和县人民法院	海南藏族自治州
		门源回族自治县人民法院	海北藏族自治州
		玉树市人民法院	玉树藏族自治州
		玛沁县人民法院	果洛藏族自治州
		尖扎县人民法院	黄南藏族自治州
宁夏回族自治区	100万元以下	银川市西夏区人民法院	金凤区、西夏区、贺兰县
		灵武市人民法院	兴庆区、永宁县、灵武市
		石嘴山市大武口区人民法院	石嘴山市
		吴忠市利通区人民法院	吴忠市
		固原市原州区人民法院	固原市
		中卫市沙坡头区人民法院	中卫市
新疆维吾尔自治区	100万元以下	乌鲁木齐市天山区人民法院	天山区、沙依巴克区、达坂城区、乌鲁木齐县
		乌鲁木齐市新市区人民法院	乌鲁木齐高新技术产业开发区(新市区)、水磨沟区、乌鲁木齐经济技术开发区(头屯河区)、米东区
		克拉玛依市克拉玛依区人民法院	克拉玛依市

续表

地区	民事案件诉讼标的额（不含本数）	基层人民法院	管辖区域
新疆维吾尔自治区	100万元以下	吐鲁番市高昌区人民法院	吐鲁番市
		哈密市伊州区人民法院	哈密市
		昌吉市人民法院	昌吉回族自治州
		博乐市人民法院	博尔塔拉蒙古自治州
		库尔勒市人民法院	巴音郭楞蒙古自治州
		阿克苏市人民法院	阿克苏地区
		阿图什市人民法院	克孜勒苏柯尔克孜自治州
		喀什市人民法院	喀什地区
		和田市人民法院	和田地区
		伊宁市人民法院	伊犁哈萨克自治州直辖奎屯市、伊宁市、霍尔果斯市、伊宁县、霍城县、巩留县、新源县、昭苏县、特克斯县、尼勒克县、察布查尔锡伯自治县
		塔城市人民法院	塔城地区
		阿勒泰市人民法院	阿勒泰地区
新疆生产建设兵团	100万元以下	阿拉尔市人民法院（阿拉尔垦区人民法院）	各自所属中级人民法院辖区
		铁门关市人民法院（库尔勒垦区人民法院）	
		图木舒克市人民法院（图木休克垦区人民法院）	
		可克达拉市人民法院（霍城垦区人民法院）	
		双河市人民法院（塔斯海垦区人民法院）	
		五家渠市人民法院（五家渠垦区人民法院）	
		车排子垦区人民法院	
		石河子市人民法院	
		额敏垦区人民法院	

续表

<table>
<tr><th>地区</th><th>民事案件诉讼标的额(不含本数)</th><th>基层人民法院</th><th>管辖区域</th></tr>
<tr><td rowspan="4">新疆生产建设兵团</td><td rowspan="4">100万元以下</td><td>北屯市人民法院(北屯垦区人民法院)</td><td rowspan="4">各自所属中级人民法院辖区</td></tr>
<tr><td>乌鲁木齐垦区人民法院</td></tr>
<tr><td>哈密垦区人民法院</td></tr>
<tr><td>和田垦区人民法院</td></tr>
</table>

资料来源:最高人民法院关于印发《基层人民法院管辖第一审知识产权民事、行政案件标准的通知》(法〔2022〕109号),2022年5月1日起施行。

五、知识产权保护前瞻

(一)虚拟角色知识产权保护

科技在不断进步和发展,数字基础设施越来越完善,社会进入数据化发展时代,虚拟偶像、虚拟主播、虚拟品牌形象等数量呈现井喷式增长,对传统知识产权保护的一些法律法规都带来了较大的挑战,如何在现有的知识产权保护体系中保障自身权益并使其在经营和发展中发挥重要作用是我们应当重点关注的内容。尽管我国没有针对虚拟角色保护的法律,但毫无疑问,虚拟角色掺杂了创作者的智力劳动,是一种可以为创作者或者其他使用者带来经济利益的客体。

1. 虚拟角色概述

(1)虚拟角色的含义

在美国的维基百科网络版百科全书上查找虚拟角色的含义,该百科全书认为:"虚拟角色是指出现在虚构作品中的任何形象。更准确地说,虚拟角色是指这样一种形象:我们想象它存在于一部虚拟作品的世界里。除了人之外,虚拟角色还包括动物、神,有时也包括没有生命的实体。虚拟角色一般较集中地出现在虚构作品中，尤其是小说和戏剧。”该定义强调“虚拟角色”的“虚拟”特征，但是随着网络、科技的不断发展，该定义已经无法涵盖当今社会中所指的“虚拟角色”。笔者认为，虚拟角色是被人为创造的基于文学、影视作品、神话传说或以现实中人物、动物为基础，创作的没有生命体征的形象，可以通过文字、语言、图片、影像、三维立体等多种可视的形式表现出来。

(2)虚拟角色的分类

随着网络及科技的不断发展，虚拟角色的表现形式在不断地丰富，按照虚拟角色表现形式的不同，虚拟角色可分为：文学作品中的虚拟角色、影视作品中的虚拟角色、现实世界中无生命体征实体形象和基于数字技术形成的虚拟角色。

①文学作品中的虚拟角色

任何文学作品中都至少拥有一个“主角”和相应的配角，作者或多或少会对角色进行一定的形象描述，读者在阅读作者的文字时，会依据作者的描述勾勒出对人物的理解，但每个人都有每个人的见解，具体勾勒出怎样的形象是无法测知的，但可以确定的是人物的形象离不开作者对其的塑造，比如，金庸在《神雕侠侣》中对小龙女的出场是这样描写的：“只见一只白玉般的纤手掀开帷幕，一个少女走了进来。那少女披着一袭薄薄的白色布衣，犹似身在烟中雾里，看来约莫十六七岁年纪，除一头黑发之外，全身雪白，面容秀美绝俗，只肌肤间少了血色，显得苍白异常。”文字间透露出小龙女的“出尘绝世，不食人间烟火”，奠定了小龙女的仙女形象。还有一段是这样描写的“杨过抬起头来，与她目光相对，只觉这少女清丽秀雅，莫可逼视，神色间却冰冷淡漠，当真洁若冰雪，却也是冷若冰雪，实不知她是喜是怒，是愁是乐，竟不自禁地感到恐怖：‘这姑娘是水晶做的，还是个雪人儿？到底是人是鬼，还是菩萨仙女？’虽听她语音娇柔婉转，但语气中似乎也没丝毫暖意，一时呆住了竟不敢回答”。这段描写侧面表现出小龙女是一个性情清冷之人，冷若冰霜。再经过对人物经历的描写，以及人物内心的描写等，最终展现在人们面前的就是金庸笔下貌若天仙，冰清玉洁，单纯质朴，外冷内热，与世无争，率性而为的小龙女。

②影视作品中的虚拟角色

与文学作品相近，影视作品中也至少会有一个“主角”，故事情节主要围绕其展开，详细地描写其成长经历，刻画一个鲜活的形象，与文学作品不同的是，影视作品的虚拟角色不需要观众自行想象,而是给出具体的形象,动漫、动画的形象是由著作权人直接创作,如迪士尼动画《猫和老鼠》中汤姆猫的形象;电视剧、电影中的形象则由真实人物或者动物去扮演,抑或是运用技术手段呈现,由人扮演的角色是一般的表现形式,有的影视作品中主角是一只狗,如《忠犬八公》中八公的扮演者,而技术手段呈现的如电影《银河护卫队》中的浣熊"火箭",其形象是由计算机图形学(Computer Graphics,CG)特效呈现、西恩·古恩的动作捕捉,和布莱德利·库珀的配音共同构成。

③现实世界中无生命体征实体角色

虚拟角色的形态是多样的,还包括无生命体征的实体形象,如玲娜贝儿(LinaBell),玲娜贝儿是上海迪士尼在2021年9月29日发布的IP形象,玲娜贝儿这一角色和米奇这些动画里的角色不一样,它是迪士尼原创的玩偶角色,并不是动画片里的人物,以一段简短的漫画形式呈现剧情简介。在迪士尼讲述的故事里,达菲在森林里迷路后,是玲娜贝儿通过达菲身上的痕迹为线索,最终帮达菲找到了回家的路,在这个设定里,玲娜贝儿是个小小冒险家,她热爱大自然,日常拿着放大镜在森林里东看西看,又有着大大咧咧的个性,非常喜欢交朋友。古灵精怪、幽默有趣的玲娜贝儿深受大家喜爱,有的人甚至不远千里专门飞来上海,只为了不到1分钟的互动。玲娜贝儿自亮相以来,火爆全网,在玩偶刚上线时,就被一抢而空,有卖家介绍,玲娜贝儿玩偶常规款加价1800元/只,圣诞款加价3100元/只,甚至连挂件都要加价1500元/只才能买到。

④基于数字技术形成的虚拟角色

基于数字技术形成的虚拟角色又叫作"虚拟数字形象"。虚拟数字形象包括虚拟数字人以及人以外的其他虚拟数字形象。目前,发展较为迅猛的为虚拟数字人。2021年3月,中国人工智能产业发展联盟总体组和中关村数智人工智能产业联盟数字人工作委员会首次发布《2020年虚拟数字人发展白皮书》,白皮书指出虚拟数字人宜具备以下三方面特征:一是拥有人的外观,具有特定的相貌、性别和性格等人物特征;二是拥有人的行为,具有用语言、面部表情和肢体动作表达的能力;三是拥有人的思想,具有识别外界环境并能与人交流互动的能力。虚拟数字人又细分为虚拟分身、虚拟偶像、虚拟主播、虚拟品牌形象,随着应用领域的不断拓展,虚拟数字人的分类会越来越丰富。虚拟分身在网络游戏、网络社交领域较为常见,"元宇宙"中基础生命形态的虚拟数字人就是"虚拟分身”;广义的虚拟偶像包括真人偶像虚拟型以及完全虚拟型偶像(狭义的虚拟偶像),黄子韬的虚拟角色“韬斯曼”便是典型的真人偶像虚拟型,“KDA 女团”“洛天依”便是完全虚拟型偶像;虚拟主播是服务型数字人的代表,它能够降低主播行业成本,包括各大媒体的虚拟主持人、虚拟记者、视频平台上活跃的网络主播,虚拟主持人有央视网小 C、新华社小诤、人民日报果等;虚拟品牌形象对于大多数品牌来说,为满足品牌营销推广或者为展现品牌人格化而生,是品牌与消费者情感沟通的重要桥梁,如肯德基的银发上校、花西子的东方古典美人“花西子”。

2. 我国对于“虚拟角色”的知识产权保护权属识别

关于“虚拟角色”我国并未设立专门法律予以保护和规制,在市场经济下,商事竞争日趋激烈,出现大量的虚拟角色衍生品,而我国目前还未引入虚拟角色商品化权,许多侵权行为发生后,权利人通常采用《著作权法》《商标法》《反不正当竞争法》予以规制,但学界大多认为上述三种法律对虚拟角色的保护均有瑕疵。本节第二部分主要针对第一部分中提到的虚拟角色类别进行探讨。

(1) 对于文学作品中“虚拟角色”的保护

文学作品中的虚拟角色自身具有一定的商业价值,但由于其完全依赖于文学作品,难以直观表现,且互联网为民众提供了极大便利,角色侵权现象屡见不鲜,虽然文学作品虚拟角色有正当的理论基础,著作权法主要将文学作品作为保护对象,文学作品中的虚拟形象是否受著作权保护这一争议由来已久,但目前我国法律尚未制定明确的保护标准,对于文学作品中虚拟角色的保护还有待进一步明确。

典型案例 93

金庸诉江南著作权纠纷案

2015 年,金庸发现在中国大陆地区出版发行的小说《此间的少年》所描写人物的名称均来源于原告作品《射雕英雄传》《天龙八部》《笑傲江湖》《神雕侠侣》等,且人物间的相互关系、人物的性格特征及故事情节与原告上述作品实质性相似。该小说由杨某署名“江南”发表,由某 A 出版公司出版统筹、某 B 公司出版发行,在中国大陆地区大量销售,该小说中对于出版发行的数量自称"迄今历5个版本,110万册"。金庸认为:江南未经其本人许可,照搬其作品中的经典人物,包括人物名称、人物关系、性格特征等,在不同环境下量身定做与原告作品相似的情节,对其作品进行改编后不标明改编来源,擅自篡改其作品人物形象,严重侵害了其改编权、署名权、保护作品完整权及应当由著作权人享有的其他权利(角色商业化使用权)。同时,上述作品拥有很高的知名度,作品中人物名称、人物关系等独创性元素为广大读者耳熟能详,江南通过盗用上述独创性元素吸引读者、谋取竞争优势,获利巨大,违背了诚实信用原则,严重妨害了金庸对原创作品的利用,构成不正当竞争。广州天河区人民法院对"金庸诉江南案"进行一审宣判,法院认为被告不构成侵犯著作权,但构成不正当竞争,判决江南等三被告立即停止不正当竞争行为,停止出版发行《此间的少年》并销毁库存书籍,向查良镛公开赔礼道歉,并消除不正当竞争行为所造成的不良影响;江南应赔偿查良镛经济损失人民币168万元以及为制止侵权所支付的合理开支人民币20万元,北京联合出版公司、北京精典博维公司就其中33万元承担连带责任。

二审法院依法改判,对该"同人作品案"作出终审判决,认定被诉侵权行为分别构成著作权侵权和不正当竞争,判令被诉侵权作品《此间的少年》作者立即停止不正当竞争行为,并登报声明消除影响,赔偿经济损失168万元及为制止侵权行为的合理开支20万元,北京联合出版公司、北京精典博维公司就其中33万元承担连带赔偿责任。

二审法院认为,读者只有在对小说进行完整的阅读,并结合各章节的故事情节中对人物角色形象的具体描写加以综合分析后才能在意识中形成一个完整的文学角色形象。故通常来讲,文字作品中的单个人物形象往往被认为难以构成表达本身而得不到著作权法的保护。只有当人物形象的各要素在作品情节展开过程中获得充分而独特的描述,并由此成为作品故事内容本身时,或者说当人物形象的刻画、描述包括了容貌、性格、能力、背景经历等外部形象特征和内在个性特征,且刻画足够充分、清晰具体时,才有可能获得著作权法保护。《此间的少年》中出现的绝大多数人物名称来自查良镛涉案四部小说,且主要人物的性格特征、人物关系、人物背景都有较多相似之处。虽然就单个人物形象来说,难以都认定获得了充分而独特的描述,但整体而言,郭靖、黄蓉、乔峰、令狐冲等60多个人物组成的人物群像,无论是在角色的名称、性格特征、人物关系、人物背景都体现了查良镛的选择、安排,可以认定为已经充分描述、足够具体到形成一个内部各元素存在强烈逻辑联系的结构,属于著作权法保护的"表达"。故《此间的少年》抄袭人物名称、性格特征、人物关系的行为属于著作权法所禁止的剽窃行为,杨某侵害了涉案四部作品的著作权。

另,《此间的少年》小说本身因构成著作权侵权而不再对不正当竞争问题进行审查。关于人物名称、性格特征、人物关系等元素的部分,依照最高人民法院《关于充分发挥知识产权审判职能作用推动社会主义文化大发展大繁荣和促进经济自主协调发展若干问题的意见》的规定,如果权利人的诉讼主张能够依据著作权法得到支持,则不再适用反不正当竞争法第二条进行处理,依前所述,原告关于《此间的少年》抄袭人物名称、性格特征人物关系等独创性元素的诉讼主张依据著作权法已经得到支持,故对该被诉侵权行为是否构成不正当竞争不再进行审查。再者,宣传行为构成不正当竞争。《此间的少年》2002年首次出版时将书名副标题定为"射雕英雄的大学生涯",蓄意将《此间的少年》与《射雕英雄传》进行关联,引人误认为两者存在特定联系,其借助《射雕英雄传》的影响力吸引读者获取利益的意图明显,杨某等被告的该行为构成不正当竞争。停止侵害与其他责任形式一样并非当然适用,而是法院根据具体情况选择适用。从《著作权法》立法目的看,保护作品的创作者和传播者的利益是著作权法的直接目的,但促进科学和文化事业的发展与繁荣则是著作权法的最终目的。当直接目的和最终目的产生冲突的时候,对直接目的的强调就应当适度让位于最终目的的实现。《此间的少年》与案涉四部作品情节并不相同,且分属不同文学作品类别,二者读者群有所区分,为满足读者的多元需求,有利于文化事业的发展与繁荣,在采取充分切实的全面赔偿或者支付经济补偿等替代性措施的前提下,本案可不判决停止侵权行为。但《此间的少年》如需再版,则应向《射雕英雄传》《天龙八部》《笑傲江湖》《神雕侠侣》四部作品的权利人支付经济补偿。考虑《此间的少年》所利用的元素在全书中的比重,法院酌情将经济补偿确定为按照其再版版税收入的30%支付。①

① 参见广州知识产权法院民事判决书,(2018)粤73民终3169号判决。

典型案例 94

张某平遗孀诉某三毛集团侵犯著作权纠纷案

张某平先生是我国著名的漫画家,自 20 世纪 30 年代起,即创作了大脑袋、圆鼻子、头上仅有三根毛的“三毛”漫画形象。张某平于 1993 年去世,1996 年 2 月 16 日,上海市版权处对张某平创作的美术作品“漫画三毛形象系列”予以登记。1996 年年初,张某平妻子发现某三毛集团销售的产品上的商标中有“三毛”漫画形象,还将“三毛”漫画形象作为其企业形象在户外广告、职员名片、报刊、企业内部铭牌上使用。1996 年 4 月 15 日,张某平妻子等以侵犯著作权为由,向上海市第一中级人民法院状告某三毛集团公司。

上海市第一中级人民法院认为:大脑袋、圆鼻子、头上长着三根毛的“三毛”漫画形象系已故作家张某平生前创作,该作品著作权为张某平所有。张某平去世后,本案原告作为已故著作权人的继承人,享有在著作权保护期内该作品的使用权和获得报酬的权利,其合法权益应依法保护。

上海市高级人民法院认为:张某平先生去世以后,其著作权由其合法继承人享有,某三毛集团擅自将该美术作品作为商标在其产品上使用时侵犯他人著作权的行为。

上述案例可以看出,我国《著作权法》保护作品的重要特征是独创性,张某平先生创作的“三毛”形象为大脑袋、圆鼻子、头上长着三根毛,这一形象凝聚了张某平先生在美学方面的智力劳动,具有独特的个性和创造力,因此,这一角色形象受到了著作权法的保护。

但是对于著作权的保护,不是绝对的,为了激励大家创作,是存在一个合理使用的空间的,上述案例某三毛集团在为自己辩护时提到:因为其“三毛”商标已经注册,所以其使用“三毛”的商标是合理使用,被上海市高级人民法院不予采纳,其注册“三毛”商标的行为已经损害了“三毛”著作权人的在先权。

在上述案件中,商标评审委员会做出裁定,把江苏省三毛集团公司注册的一件“三毛”文字商标以及六件“三毛及图形”商标予以撤销。并认为被申请人,也就是江苏省三毛集团公司,在未征的著作权所有人同意的情况下,在印刷品及布匹等6个类别的商品上申请注册"三毛及图形"商标的行为侵犯了他人的著作权。对于"三毛"文字商标，商标评审委员会也认为被申请人的行为违反了《商标法》(1993年)第27条①之规定，属于违法行为。因为江苏省三毛集团公司在实际使用中和注册商标时都将三毛图形结合使用，显然是对"三毛"艺术形象的声誉的借用，是对诚实信用原则的违背，已构成以欺骗手段或者其他不正当手段取得商标注册的行为之规定。但是，如果江苏省三毛集团公司仅以"三毛"这两个字来注册商标，就很难根据《商标法》及其他法律法规将其撤销。因此，商标评审委员会之所以做出将其撤销的裁定，主要是因为在客观上被申请人注册并使用了多件"三毛及图形"商标，在主观上又存在不正当的目的，因此才做出了上述裁定。②

典型案例95

北京完美创意科技公司侵害作品信息网络传播权纠纷案

北京完美创意科技公司在其官方微信公众号"更美"(微信号：×××)中分别发表了题为《各国整形奇葩大比拼，你们到底是怎么想的?!》《【毁童年】从小，我们就被教育这是个看脸的世界啊》《80年代的时尚啊～我已一脸懵》《哆啦A梦做填充、葫芦娃爷爷去鱼尾纹，动漫人物都整容了你还怕啥呢》的文章，文章中未经许可使用了原版及新版"葫芦娃兄弟"、原版"蛇精"及新版"葫芦娃爷爷"动画人物形象。上海某电影制片厂认为北京某科技公司侵害了其信息网络传播权，应承担侵权责任。

法院认为，结合到本案中，四篇被诉侵权文章均未进行署名，未指明作者名称，北京某科技公司的使用行为未完全符合对著作权限制的构成要件。且从影响著作权人市场利益的角度分析，北京某科技公司在其官方微信公众号上的使用涉案作品行为并非日常的网络交流，其官方微信公众号不仅是自媒体信息交流平台，同时承担着利用互联网将产品、服务与消费者进行关联的新型商业运营行为，使用涉案虚拟角色形象所呈现的图文并茂方式能够为其文章增加阅读

① 现行《商标法》第44条。
② 上海市第一中级人民法院民事判决书，(1996)沪一中民初(知)字94号。

流量之机会，吸引潜在的消费者关注其企业主体，这种间接性的商业性使用行为，虽不会对影片原作的市场造成影响，但影响了影片中可单独使用的衍生品在信息网络许可授权市场上的获利，给著作权人带来了利益损害。北京某科技公司的行为构成对上海某电影制片厂信息网络传播权的侵权。

合理使用对于侵权指控只是一个范围狭小的例外抗辩。著作权合理使用时是有一定限制性条件的：一是使用作品的目的在于说明某一问题；二是引用他人已经发表的作品时必须适当；三是指明作者姓名、作品名称；四是使用既未影响著作权人对作品的正常使用亦没有不合理地损害著作权人的合法权利。是否符合则必须依据个别案件的具体事实分别认定，不能一概而论。

对于影视作品中的虚拟角色，若为真实演员出演，且其出演角色是演员自身形象的客观再现，对演员可以主张肖像权，若不能分辨演员自身形象，一般认为演员不能主张肖像权。①

典型案例 96

章某莱诉蓝港在线科技有限公司人格权纠纷案（孙悟空形象）

章某莱在电视连续剧《西游记》所塑造的“孙悟空”形象家喻户晓。2009 年 7 月，该公司推出的网络游戏“西游记”的网站及游戏中，使用了章某莱塑造的“孙悟空”形象，章某莱认为该行为侵犯了自身的肖像权，遂将该公司起诉至法院，两审法院均予以驳回。

二审法院认为，法律之所以保护肖像权，是因为肖像中所体现的精神和财产的利益与人格密不可分。而当某一形象能够充分反映出个人的体貌特征，公众通过该形象直接能够与该个人建立一一对应的关系时，该形象所体现的尊严以及价值，就是该自然人肖像权所蕴含的人格利益。章某莱所饰演的“孙悟空”形象，虽然是基于古典文学作品所创作，并进行了艺术化处理，但是该形象与章某莱个人的五官特征、轮廓、面部表情密不可分。章某莱饰演的“孙悟空”完全与其个人具有一一对应的关系，即该形象与章某莱之间具有可识别性。但是由

① 北京市朝阳区人民法院一审民事判决书，(2019)京 0105 民初 11904 号；北京知识产权法院二审民事判决书，(2020)京 73 民终 573 号（维持原判）。

于该公司所塑造的"孙悟空"形象与章某莱塑造的"孙悟空"形象存在较大差异,因此,二审法院驳回了章某莱的上诉请求。[①]

从上述案例可看出:当某一角色形象与自然人之间具有一一对应的关系时,对该形象的保护应该属于肖像权保护的射程。

(2)现实世界中无生命体征实角色保护

酷MA萌(英文名"KUMAMONN"),因为诞生于日本·熊本县,所以常常被称作"熊本熊"。原是2010年日本的熊本县为庆祝该地接入九州新干线而推出的吉祥物,并没有传统卡通形象如漫画、电影、动画甚至故事书等文化产品实体作为承载。在角色IP泛滥的日本,"熊本熊"的独特之处在于高度的拟人化,使得熊本熊脱离了"角色形象"这一范畴,成为一个有血有肉的"人"。参加竞赛活动时摔倒、美滋滋地吃火锅、追着柴犬满公园转圈、泡温泉通过这些贴近生活又逗趣的行为,熊本熊向所有人传达出了一个信号:我是活的,我是有性格有喜好的,我不仅仅是一个吉祥物。由于人气高涨,它被任命为熊本县营业部部长兼幸福部长,每天还要履行作为部长的职责,时不时出差,县政府为了增加熊本熊的真实性还策划了熊本熊失踪,熊本熊腮红丢失而召开新闻发布会,等等。对于熊本熊的营销是非常成功的,短短7年时间,熊本熊风靡日本全国直到后来走出国门火遍全球,成为熊本县闻名于世界的第一推动者。

据日本经济新闻报道,2016年,熊本熊相关的市场营收1280亿日元,约合人民币74亿元,同比增长27%。其中,番茄、肉类等农副产品占比50%以上。然后是腌菜、糖果等加工类食品。再然后是小徽章、文具等杂货类小商品。海外出口方面,收入17亿日元,约9860万元。而这一切,还是构筑在IP角色不收授权费的基础上。在IP经济当道的现如今,不收授权费的熊本熊每年能带来超1000亿日元(约58亿元)的营收。在新规中,海外企业有权独立申请IP授权申请。申请成功后,支出5%~7%的版权费即可使用。

(3)基于数字技术形成的虚拟角色保护

2017年7月8日,国务院发布实施《新一代人工智能发展规划》。其中表明:要促进社会交往共享互信。充分发挥人工智能技术在增强社会互动、促进

① 北京市第一中级人民法院二审民事判决书,(2013)一中民终字第05303号。

可信交流中的作用。加强下一代社交网络研发,加快增强现实、虚拟现实等技术推广应用,促进虚拟环境和实体环境协同融合,满足个人感知、分析、判断与决策等实时信息需求,实现在工作、学习、生活、娱乐等不同场景下的流畅切换。针对改善人际沟通障碍的需求,开发具有情感交互功能、能准确理解人的需求的智能助理产品,实现情感交流和需求满足的良性循环。促进区块链技术与人工智能的融合,建立新型社会信用体系,最大限度降低人际交往成本和风险。在这一背景下,基于数字技术的虚拟角色发展迅猛,与文学、影视作品中的虚拟角色不同,其虚拟角色的形成不需要基于一定的故事情节,且存在形式突破了以往虚拟角色的存在形式,如智能聊天机器人,其可能并未有固定的形象。

①对于虚拟分身的保护。虚拟分身是目前虚拟数字人发展中最为前沿的一类,这一类型通过元宇宙社交 App 开始获得产业方、资本和用户的认可。2022 年 2 月 11 日,我国元宇宙社交软件"啫喱"正式上线还不到一个月时间里,排名就超过微信、QQ,登顶应用商城免费榜,同时产品经理、运营从业者圈子里开始讨论,网红开始在各类平台上秀 ID[①],秀穿搭,秀房屋,秀捏脸,人们可以根据自己的喜好在 App 中提供的预设元素进行选在,将房屋进行装饰装潢,对自己的外貌进行改变,虽然元素是由用户自己搭配而成,但由于其具体形象是依靠预设元素而来,并不具有独创性,因此,用户个人并不对自己"创作的"虚拟分身形象享有著作权,著作权由软件方享有。

②对虚拟偶像的法律保护。虚拟偶像属于偶像的范畴,是人工智能时代,在互联网等虚拟场景或现实场景中进行偶像活动的脱离"人"实体的形象,运用计算机图形、语音合成等技术手段和相关演绎活动、形象展示等运营模式,集原画、人声、数字技术为一体。目前,《著作权法》关于作品的分类中没有直接能与虚拟偶像匹配的类型,根据虚拟偶像具备的特征来看,难以以统一的作品类型来进行分类。

广义的虚拟偶像分为真人偶像虚拟型以及完全虚拟型偶像。真人偶像虚拟型是指在偶像本人同意的情况下,利用技术将偶像本人形象制作成虚拟形象,且该虚拟形象具有偶像本人显著特征,能够与偶像本人产生一一对应的关系。该虚拟形象的法律保护一般依托于虚拟形象制作的偶像本人或者偶像所

① 账号之意,ID 全称 Identity document,是身份证标识号、唯一编码、专属号码之意。

属经纪公司,具有较强的人身属性,偶像可以通过对肖像权以及名誉权等人格权对该形象予以保护。完全虚拟型偶像也是狭义的虚拟偶像,由学界和业界共制的《中国互联网营销发展报告(2020)》所给出的定义:虚拟偶像是通过电脑图形化等手段人工制作的虚拟人物,依托现代影像和语音技术,融合创作者对现代人物性格、大众心理的把握,创造出来的二次元影像形象,是一种利用数字复制技术和互联网思维构建的偶像形象。他和真实客观存在的人物实体不同,也区别于小说、漫画中构建出的具有故事叙述色彩的虚拟偶像。这种类型的虚拟偶像不具有法律主体地位,不论是其形象抑或是声音,均需要其背后的权利人作为事实上的法律主体出现,如虚拟偶像的设计者、平台经营者或配音演员,这就需要创作者与委托者做好权利约定。

典型案例 97

阿里巴巴(杭州)文化创意有限公司与北京海蝶音乐有限公司侵害录音录像制作者权纠纷案

一审法院查明:2017 年 6 月,九洲音像出版公司出版发行了音像制品编码为 ISBN978 - 7 - 7985 - 0935 - 9 的洛天依音乐专辑《虚拟游乐场》,该专辑彩封封底显示"出品人:钱实穆海蝶(天津)文化传播有限公司"。该音乐专辑中收录有洛天依演唱的涉案歌曲《追光使者》。海蝶(天津)文化传播有限公司是涉案歌曲的录音制作者,对涉案歌曲享有录音制作者权。

2015 年 7 月 1 日,海蝶(天津)文化传播有限公司(授权方)给海蝶公司(被授权方)出具《版权授权书》,载明:授权方将其拥有的所有作品/制品的全部信息网络传播权(包括但不限于词曲著作权、表演者权、录音录像制作者权、以类似摄制电影方式创作音乐短片之著作权项下的信息网络传播权)授权给被授权方行使:授权期内,被授权方于全球范围内以独占性方式享有授权方已有或任何新增(授权方保证一旦新增拥有时,即从新增拥有当时立即同步独占性授权给被授权方依本授权书所载内容享有)作品/制品的全部信息网络传播权(包括现行及将来法律认可之权利的信息网络传播权),以及转授权的权利;同时,如上述作品/制品的信息网络传播权遭受任何不法侵害时(包括但不限于在传统互联网、移动互联网、广电网、电信网等信息网络中在线播放和下载,及运用信息网络技术将来可能发展出来的新媒体形式提供、传播上述作品/制品),被授权方有权作为独家被授权方,以自己的名义或授权其他第三方独立采取打击侵权的维权措施(包括但不限于证据保全、提前民事诉讼、行政投诉、刑事报案等)。

海蝶公司发现并通过公证的方式固定证据,证明阿里巴巴公司在其开发并经营的名为"虾米音乐"的平台中,通过信息网络的方式向其平台用户大量提供海蝶公司享有著作权利的录音制品的在线播放及下载服务,例如,洛天依在《虚拟游乐场》音乐专辑中收录的1首歌曲《追光使者》。上述曲目的信息网络传播权等相关著作权权利均归属于原告依法享有并行使,而海蝶公司从未许可被告自行通过互联网向公众提供前述歌曲的在线播放及下载。被告的行为严重侵犯了原告的信息网络传播权,并给原告造成了重大的经济损失。

一审法院认为:根据涉案专辑《虚拟游乐场》上的署名,在无相反证据的情况下,可以确认海蝶(天津)文化传播有限公司是涉案歌曲的录音制作者,对涉案歌曲享有录音制作者权。根据《版权授权书》,海蝶公司取得了海蝶(天津)文化传播有限公司授权的涉案歌曲的信息网络传播权。

阿里巴巴公司未经海蝶公司允许,在其经营管理的虾米音乐网上提供涉案歌曲的在线播放服务,侵害了海蝶公司对涉案歌曲录音制品的信息网络传播权,应当为此承担停止侵权、赔偿经济损失的法律责任。

对于赔偿经济损失的具体数额,一审法院将综合考虑涉案歌曲的知名度、时长、市场影响力、涉案侵权行为的性质和情节、阿里巴巴公司的主观过错程度等因素酌情确定。

该案阿里巴巴公司上诉,但北京知识产权法院认为一审判决认定事实清楚,适用法律正确,驳回了阿里巴巴公司的上诉请求。①

由上述案例可看出,虚拟偶像所产生的权利系由其背后的权利人所享有。

③对虚拟主播的法律保护。国家广播电视总局于2021年10月20日发布实施的《广播电视和网络视听"十四五"科技发展规划》中提到了智慧制播,而

① 北京知识产权法院二审判决书,(2019)京73民终3219号。

智慧制播中提出了虚拟主播的发展方向：面向新闻、综艺、体育、财经、气象等电视节目研究虚拟形象合成技术，包括2D虚拟形象的合成、3D虚拟形象的驱动、虚拟引擎构建、语音驱动、动作捕捉、面部表情捕捉等技术，提升节目制作效率及质量；同时，探索短视频主播、数字网红、直播带货等虚拟形象在节目互动环节中的应用，增加个性化和趣味性。虚拟主播在目前处于高速增长的阶段，据哔哩哔哩首席执行官陈睿透露，截至2021年6月26日的一年内，一共有32,412名虚拟主播在哔哩哔哩开播，同比增长40%；直播弹幕互动量达5.6亿，同增100%。虚拟主播是虚拟偶像的一个亚种，比起虚拟偶像，虚拟主播更具有个性化和人性化，且互动性更为真实。

从虚拟主播的模型制作到实际运营中，有模型制作者、中之人、运营公司等，每个主体在虚拟主播的运营中都发挥了重要的作用，其拥有的权利应当得到明晰。

模型制作者分为两种：一种是利用faceig[①]等软件制作生成，以上述软件制作的虚拟形象著作权属于软件商；另一种是委托画师设计的人物模型，《著作权法》第19条规定：受委托创作的作品，著作权的归属由委托人和受托人通过合同约定。合同未作明确约定或者没有订立合同的，著作权人属于受托人。

中之人是虚拟主播动作形态以及声音的提供者，他们利用动作捕捉技术参与直播，根据运营模式的不同分为个人势和企业势，个人势的中之人自己负责运营等一系列活动，收益也归自己所有，虚拟模型的著作权归属依赖于与模型提供者的协议；而企业势的中之人往往只负责直播，其他运营等一系列活动由其背后公司负责，收益也由企业享有，该类虚拟模型的著作权一般由公司享有，《著作权法》第18条对该项予以了明确规定。

目前，从虚拟主播的商业现状来看，中之人基本处于保密状态。在虚拟主播的运营上会设立一个在“形象”及“人设”方面较为完美的形象，为了保护“粉丝”的幻象，往往不会公布中之人的真实身份。乐华娱乐旗下的虚拟主播A-SOUL在大火后，由于部分成员被爆“中之人”，与男友约会、已婚等消息致使部分粉丝幻象破灭脱粉。上述情形下，中之人并没有享有表演权的现实条件。

---

① “faceig”是一款软件，是款集照片识别整理和趣味社交于一体的App，该App系广州炒米信息科技有限公司旗下。

④对虚拟品牌形象的法律保护。当下,虚拟品牌形象大热,又被称为虚拟代言人,究其本质原因是营销数字化转型的举措,虚拟品牌形象是虚拟偶像的一个分支。品牌的虚拟形象代言是企业根据自身的品牌或产品特性设计的具有虚拟形象,花西子、屈臣氏、肯德基、华硕等各行各业都争先发布了企业定制型专属虚拟形象,形象的创作是否为公司本身创作的,是否为职务作品抑或委托作品,其一般为《著作权法》所保护,也可以申请商标进行保护。

3. 我国对于“虚拟角色”的商品化权的知识产权保护现状

目前,我国法律并没有明确规定虚拟角色商品化权,虽然早在20世纪90年代便已有学者引入“商品化权”的概念,提出对虚拟角色商品化权益的保护,但至今未形成统一观点。WIPO认为商品化权是“将角色的重要人物特征在产品或服务中进行使用或开发,意图激发相应顾客的购买欲望,使消费者因喜爱该角色而购买相关产品或服务”。法律虽然没有明确规定虚拟角色商品化权,但虚拟角色商品化这一现象早已普遍发生,在发生侵权案件时,一般以我国现行的知识产权体系为参考。

(1)《著作权法》

从案例一可看出,目前,对于文学作品,我国《著作权法》保护的是文学作品而非作品中的虚拟角色,但对于动漫角色、游戏角色、虚拟数字形象具有独创性的,应当认定为独立于动漫、游戏作品之外的美术作品而受《著作权法》保护。这一认定方式是存在 定局限性的,在文学作品中,作者往往会倾注大量的心血,投入大量笔墨来塑造主要角色,某些角色不乏因此成为经典,即便侵权者只是利用了角色,并创设了新的故事情节,其对于原作品的角色塑造也是有侵权嫌疑的。美国联邦第七巡回上诉法院在2014年一宗涉及神探“夏洛克·福尔摩斯”与其助手“约翰·华森”的特征与呈现作了分析,结果判认这两个人物角色已经具备了足够清晰的特征,从而可以在相关的小说故事之外获得单独的著作权保护。

(2)《商标法》

最高人民法院《关于审理商标授权确权行政案件若干问题的规定》第19条规定:“当事人主张诉争商标损害其在先著作权的,人民法院应当依照著作权法等相关规定,对所主张的客体是否构成作品、当事人是否为著作权人或者其他有权主张著作权的利害关系人以及诉争商标是否构成对著作权的侵害等进行审查。商标标志构成受著作权法保护的作品的,当事人提供的涉及商标标志的设计底稿、原件、取得权利的合同、诉争商标申请日之前的著作权登记证书等,均可以作为证明著作权归属的初步证据。商标公告、商标注册证等可以作为确定商标申请人为有权主张商标标志著作权的利害关系人的初步证据。"

第22条规定:"当事人主张诉争商标损害角色形象著作权的,人民法院按照本规定第十九条进行审查。对于著作权保护期限内的作品,如果作品名称、作品中的角色名称等具有较高知名度,将其作为商标使用在相关商品上容易导致相关公众误认为其经过权利人的许可或者与权利人存在特定联系,当事人以此主张构成在先权益的,人民法院予以支持。"

第23条规定:"在先使用人主张商标申请人以不正当手段抢先注册其在先使用并有一定影响的商标的,如果在先使用商标已经有一定影响,而商标申请人明知或者应知该商标,即可推定其构成'以不正当手段抢先注册'。但商标申请人举证证明其没有利用在先使用商标商誉的恶意的除外。在先使用人举证证明其在先商标有一定的持续使用时间、区域、销售量或者广告宣传的,人民法院可以认定为有一定影响。在先使用人主张商标申请人在与其不相类似的商品上申请注册其在先使用并有一定影响的商标,违反商标法第三十二条规定的,人民法院不予支持。"

《商标法》第32条规定:"申请商标注册不得损害他人现有的在先权利,也不得以不正当手段抢先注册他人已经使用并有一定影响的商标。"

只要虚拟形象具有显著特征、便于识别,并且不违反商标法中的禁止性规定,即可注册为商标。从商标法以及其司法解释中可总结出:商标法主要针对"具有较高知名度的""在先使用并有一定影响的""容易导致相关公众误认为其经过权利人许可或者需权利人存在特定联系"这几个要素对权利人是否进行保护作出判断。腾讯公司"企鹅"标志已被注册为商标,"冰墩墩"的商标权由北京奥林匹克运动会组织委员会享有。但《商标法》的保护也存在一定的缺陷,我国商标权的取得采取申请注册制,商标注册时的确权期间可能会对实效性较强的网络虚拟形象的上商业价值产生影响;而且,注册商标有效期仅有10年,一旦商标权期限届满而不申请续展便会由商标局注销;还需注意的是,《商标法》第49条规定,注册商标成为其核定使用的商品的通用名称或者没有正当理由连续3年不使用的,任何单位或者个人可以向商标局申请撤销该注册商标,并且商标的注册人必须严格按照注册商标的图样使用,不得自行改变,在一定程度上限制了虚拟角色的发展空间。

(3)反不正当竞争法

近些年,知识产权领域的纠纷以《反不正当竞争法》第2条第1款的一般规则进行裁判的案件越来越多,如案例一,法院最终判决以江南的行为具有不正当性,与文化产业公认的商业道德相背离,应为《反不正当竞争法》所禁止。用《反不正当竞争法》对虚拟角色的商品化权进行保护具有被动性和消极性,即侵权行为已经发生,市场经营者已经混淆了公众对商品和服务来源的认识,侵权方已经获取了巨大的经济利益。还有一个局限性在于,《反不正当竞争法》所保护的主体为直接存在竞争关系的经营者,而文学、动漫、影视作品中的虚拟角色权利人往往与市场经营者并不属于同一市场经营主体,侵权人往往主张不构成不正当竞争。

(4)域外对虚拟角色商品化权的保护模式及启示

美国对于虚拟角色的商品化权的保护是从20世纪30年代开始的,源于迪士尼公司诉空中盗贼图书公司侵犯其著作权一案。在该案件中被告在其出版的书籍中将迪士尼公司的米老鼠、唐老鸭等经典角色形象赋予完全相反的特征,并设置了新的故事情节编撰成书。法院判决使用原动漫形象中某些外形特征将其放置在新的故事情节构成侵权。该司法判例确定了动漫形象独立表达受版权法的保护,并随着司法实践的发展,通过创设判例,将虚拟角色的保护扩大到了商标、专利领域。无论是文学作品中的虚拟角色形象,还是美术作品中创造出来的虚拟角色,只要侵权人的复制行为达到对原作品形象外形特征的高度相似性就构成侵权。因此,美国对于虚拟角色商品化权的保护是以版权法保护为主,虚拟角色具有脱离作品的独立性,在其具备商标授予条件时也可以获得商标法的保护,而在适用反不正当竞争法规制时也采取广义的市场经营主体。

日本从20世纪60年代开始逐步确立了对商品化权的保护。1976"SAZAE夫人"虚拟角色商品化侵权案确定了以著作权法对虚拟角色的商品化使用法律救济依据。此后,日本最高法院通过"大力水手"案确认了未经著作权人的同意在商品上使用"大力水手"这一具有较高知名度的动漫角色名称也构成侵权。这相比美国的虚拟角色可作为独立作品受到版权法的保护而言,日本将虚拟角色的名称纳入保护范围，且虚拟角色不能脱离原作中的外形和性格特征，能使消费者将侵权商品与原虚拟角色作品产生相关联想才受著作权法的保护。日本对于虚拟角色商品化权的商标法领域的保护要受到著作权法在先权利的限制，若设计者已获得著作权的保护，其他人再次申请商标注册时就要驳回申请。

对于虚拟角色的商品化权，许多国家都已经表示承认并采取保护，但尚无国家和地区为其赋予独立的法律地位。美国和日本对于虚拟角色商品化权的保护模式都是以著作权法保护为主，兼采商标法和反不正当竞争法的保护为辅，这种保护模式自然值得我国借鉴。当然，在借鉴的同时我们也应看到这种交叉保护的不足。在这种保护模式下，反不正当竞争法作为兜底性的法律救济依据，一方面，会扩大虚拟角色的保护范围；另一方面，这种交叉保护往往会有法律适用的重合，各种法律制度之间也往往难以调和。且虚拟角色的商品化权直接与经济利益挂钩，对于一些无法以金钱衡量的艺术作品，采取这种交叉保护模式往往无法使设计者的权益获得充分的保障，从而打击其文学创作的积极性。因此，在我国现行法律基础上采取完善法律的建议，承认虚拟角色的商品化权这一法律权利，并给予法律保护是目前的合理措施。

4. 数字虚拟人知产保护争议

（1）数字虚拟人是否具有法律主体地位

厘清虚拟数字人的法律性质认定，有助于解决其所带来的法律关系变动，关于这个问题，目前，学界还未进行大规模的讨论，但在实务中已经出现虚拟数字人被当作人的事例，如日本男子宣布与“初音未来”结婚；虚拟数字人“荷兹HeZ”报名参加腾讯视频推出《明日之子》；我国首个原创虚拟学生“华智冰”入学清华大学计算机系，等等。虚拟数字人的法律性质认定，应当以保证人类自身秩序发展为前提。

探讨虚拟数字人是否具有法律主体地位，应当综合看待，以“初音未来”为例就相关问题进行探讨，“初音未来”最早是由日本的克理普效未来媒体（Crypton）公司以雅马哈（Yamaha）的VOCALOID系列语音合成程序为基础开发的音源库，且其诞生之初就具有浓厚的“工具”色彩，其核心价值并非葱绿色双马尾二次元形象，而是“让业余创作者也能方便地创作出更完整音乐的工具”，为了把音源库更好地销售出去，才添加了其二次元形象。如此看来，将“初音未来”定义为“计算机软件作品”较为合适。但是，由于其清亮的歌声和出色的人物设定,使其成为著名的人格化歌手和“虚拟偶像”。不仅“演唱”了多首原创歌手,还参与各类商业活动,代言汽车、手机、洗发水广告,担任日本首位谷歌浏览器形象代言人,还在世界各地开演唱会。种种行为表明,以计算机软件单一定义“初音未来”是不严谨的。“华智冰”是国内首个原创虚拟大学生,拥有作诗、作曲、绘画等技能,还具有一定的推理和情感交互能力,但其本质是由北京智源研究院、智谱 AI 和小冰 AI 团队联合创建的,其形象、声音、动作是由超大规模智能模型“悟道 2.0”完成,“华智冰”的核心是深度学习和创造能力,为了让大众更好接受其形象才设计成了人的模型,“华智冰”似乎更符合“计算机软件”的定义。不同类型的虚拟数字人要根据其生成方式以及核心作用来区分,应当通过要素拆解的方式进行组合式保护。

(2)虚拟数字人的声音权保护

虚拟歌姬、虚拟主播、虚拟偶像团体等虚拟数字人,其声音和形象一样应当受到保护和重视。虚拟偶像形象是虚构的,但其声音来于自然人,这就使得虚拟数字人存在自然人的声音被侵害的风险。

在国内,忽视声音权益主体正当利益的现象早已普遍存在,随着技术的革新,侵权手段从较为常见的盗录、篡改、盗用演化为技术水平更高的“深度伪造”,对于声音权的保护限度也较为模糊,在直播时不少人模仿明星的声音以此博取流量赚取礼物,是否适用《民法典》中对声音权的规定,如果被判定因此侵权,是否会影响创作自由,限制人的表达意愿。经研究认为,声音虽还不足以构成一种具体的人格权,但若对声音一概不予保护,任由他人随意复制、模仿、伪造特定自然人的声音,确有可能对该自然人的人格尊严造成较大的损害,特别是随着人工智能技术和大数据技术的发展,利用信息技术手段“深度伪造”他人声音的情形不但会严重损害该自然人的人格尊严,而且具有极大的社会危害性。基于此,《民法典》第 1023 条第 2 款规定,对自然人声音的保护,参照适用肖像权保护的有关规定。根据该规定,对自然人的声音应当加以保护,但受到保护的声音应当具有可辨识度,如播音员赵忠祥、评书表演艺术家单田芳的声音,足以识别到特定自然人,且考虑声音毕竟还不能构成一种具体人格权,所以只能参照适用肖像保护的规则,不能完全适用肖像保护的规则。单纯模仿他人的声音并不构成侵权。例如,现在不少电视节目举办的声音“模仿秀”原则上就不构成侵权,不宜适用肖像保护的规则,否则会给一般人的行为自由和表达意愿带来严重的限制。但是若以侮辱性或者其他违背公序良俗的方式模仿或者伪造他人的声音的,则可以适用肖像权保护的相关规定,予以禁止。

(3)对于“中之人”的权益保护和行为规制。

“中之人”作为虚拟数字人背后的自然人,其应当予以保护和规制,5 月 10 日,国内虚拟偶像团体 A - SOUL 官方账号宣布,成员之一的珈乐因为身体和学业问题,将从本周开始中止日常直播和大部分偶像活动,进入“直播休眠”。声明发布后,不断有人爆料 A - soul 成员背后的中之人“工作强度过高安全没有保障”“工资只有 1W1 底薪 + 1% 直播收入”“中之人遭到职场霸凌”等传言。一波又一波的信息,在 A - SOUL 粉丝内部迅速发酵成愤怒的情绪。他们开始在官方账号的评论区质问团队,在社交媒体上批判公司,甚至猛烈抨击字节跳动。日本虚拟主播团体 hololive 的两名主播曾在直播时发表过与我国台湾地区有关的不当言论,遭到国内网友的抵制,由于“中之人”一般处于保密状态,这类由真人扮演型虚拟主播的言论,粉丝大多会将其言论归结于其所运营的团队及公司。

在娱乐圈明星“塌房”频繁的如今,不少人说虚拟数字人是不会“塌房”的偶像,但就上述两个案例都给其所属公司带来了不小的负面影响,在保护“中之人”权益的同时,应当就“中之人”进行相关职业培训,避免出现重大错误。

5. 虚拟角色的知识产权发展战略

(1)企业虚拟数字人发展应用现状

国务院 2021 年 12 月 12 日发布实施的《“十四五”数字经济发展规划》中提及:“创新发展‘云生活’服务,深化人工智能、虚拟现实、8K 高清视频等技术的融合,拓展社交、购物、娱乐、展览等领域的应用,促进生活消费品质升级。鼓励建设智慧社区和智慧服务生活圈,推动公共服务资源整合,提升专业化、市场化服务水平。支持实体消费场所建设数字化消费新场景,推广智慧导览、智能导流、虚实交互体验、非接触式服务等应用,提升场景消费体验。”

国务院于 2022 年 3 月 5 日发布《政府工作报告》其中提及:“促进数字经济发展。加强数字中国建设整体布局。建设数字信息基础设施,逐步构建全国一体化大数据中心体系,推进 5G 规模化应用,促进产业数字化转型,发展智慧城市、数字乡村。加快发展工业互联网,培育壮大集成电路、人工智能等数字产业,提升关键软硬件技术创新和供给能力。完善数字经济治理,培育数据要素市场，释放数据要素潜力，提高应用能力，更好赋能经济发展、丰富人民生活。”

在国家政策的大力支持下，虚拟人产业生态将逐渐完善，艾媒咨询数据显示：虚拟人产业保持稳定增长态势，2021 年，中国虚拟人带动产业市场规模和核心市场规模分别为 1074.9 亿元和 62.2 亿元，预计 2025 年分别达到 6402.7 亿元和 480.6 亿元。就虚拟主播而言，新华社等国家级媒体，湖南卫视等地方级媒体以及腾讯、京东等互联网大厂都深度参与。此外，得益于哔哩哔哩、抖音等平台，以企业或个人直播运营为主的虚拟主播数量庞大。

随着技术的不断成熟，部分虚拟数字人将越来越人工智能化，具备理解、反应等人类具有的基本能力，虚拟数字人的热度将不断增加，“虚拟人 + 虚拟场景”的模式也将迎来很大的发展空间。

①对于文学、动漫、影视作品中虚拟角色的运用

不少动漫、影视作品中知名人物具有极高的商业价值，如《全职高手》中的“叶修”；《魔道祖师》中的“魏无羡”“蓝忘机”；电影《捉妖记》中的“胡巴”；电视剧《花千骨》中的特效角色“糖宝”等，不仅可以接代言广告，还可以授权其他商家被制成手办、玩偶、挂件等。“叶修”被称为 IP 全链开发中划时代的标杆之一，是“国漫第一 IP”，其 IP 的成功离不开阅文集团的营销手段。阅文集团负责 IP 运营开发的罗立曾对媒体透露，“叶修”已为阅文集团带来可观的营收，“如果把目前开发的‘叶修’的相关产品，以及他代言的产品、品牌价值放到一起来看，叶修的商业价值超过十亿规模”。随着《全职高手》从小说到动漫再到影视作品、游戏的开发，全职高手形成了较为完整的生态链，“叶修”这一 IP 的影响力也越来越大，商业价值越来越高。如今，数据显示“叶修”微博阅读量已经达到 7.1 亿，讨论次高达 119.8 万。曾连续 3 年当选麦当劳代言人、担任腾讯 99 公益日 IP 好事官、先后拥有中国银行、麦当劳、美年达、旁氏、伊利、美特斯邦威等多个实体品牌代言。以阅文集团与麦当劳的合作来看，基于《全职高手》IP，阅文为麦当劳设计了形式非常丰富的营销套路。以 Co – Branding（联合品牌）常见的形象授权为例，《全职高手》为麦当劳定制了“一拖三”的形象授权套餐：首先是基本的玩偶合作，阅文严格遵循《全职高手》的动画形象，设计了一套 3D 版玩具套装，几乎囊括了原著中的所有主要角色；其次，以虚拟偶像的操作方式，安排男主“叶修”出任麦当劳“脆薯格”的代言人；最后，将集卡概念与麦当劳销售整合，推出“叶修”形象的专属卡，通过麦当劳的麦乐送平台订餐即可获

得。这三套物料,完整覆盖麦当劳从餐厅店头、到线上推广,再到订餐平台,全面触达麦当劳的消费群体。除了形象授权,在营销信息植入方面,阅文也玩出了正反对立的花样。阅文先在动画剧情里,选择关键桥段(男主“叶修”被迫退役)巧妙植入了麦当劳的品牌;然后又在麦当劳的广告里,按原故事线反向植入动画情节,实现了零违和的跨界营销。不仅如此,在主题餐厅的部署上,《全职高手》主题餐厅的布局引入了地域多元的模式,2017 年完成沪杭布局、2018 年完成南京部署,在长三角完成了宁沪杭三地布局,再结合上文提及的一拖三形象授权、正反双向 IP 植入,实现了丰富多彩的营销组合,最大限度地开发了《全职高手》动画 IP 的营销资源,也让这部人气动画 IP 成为超人气的商业带货王。

如今,发展势头较好的虚拟偶像的商业价值丝毫不亚于真人偶像,且其运营的模式和真人偶像也有很大相似性,甚至拥有便于控制,可突破时间、空间等优势。

②对于虚拟数字人的发展运用

艾媒咨询分析师认为,随着二次元文化的泛化发展,用户规模将持续增长。与此同时,其主力用户群体 Z 世代(Z 世代是美国及欧洲的流行用语,指在 1995 ~ 2009 年出生,受到即时通讯、短讯、MP3、智能手机、平板电脑等科技产品影响很大的一代人)经济逐渐独立,消费能力随之增加,二次元产业的商业价值不断被抬升。

中国传媒大学《2021 中国虚拟数字人影响力指数报告》[①]显示:虚拟偶像、虚拟主播、虚拟员工(服务类虚拟数人)是当前虚拟数字人产业中应用最多、商业化价值最高的三个类型。用户最关注的特征调研中:60% 以上的用户最关注虚拟偶像的是“外形好”“作品好”;66% 的用户关注虚拟主播的“主持有特点”,69% 的用户在意主播的“特色性格、人设”;虚拟员工最被在意的是服务性,50% 的用户认为“技术强”“跨界合作与服务”很重要。

“洛天依”作为目前虚拟偶像的头部“一姐”,登上中国主流电视媒体顶级晚会、献唱多档卫视跨年演唱会,助阵大电影,代言多个品牌……其成功之路我

① 中国传媒大学媒体融合与传播国家重点实验室:《2021 中国虚拟数字人影响力指数报告》,载先导研报 2022 年 8 月 11 日,https://www.xdyanbao.com/doc/djoa28aiev? bd_vid = 6390450012751015968。

们应当重点学习，“洛天依”由中国禾念信息科技有限公司打造推广，与“初音未来”相似，是以VOCALOID3语音合成引擎为基础制作的全世界第一款VOCALOID（语音合成系统）中文声库和虚拟形象。自2012年7月12日正式出道以来，在二次元和大众人群中拥有大量粉丝和极高人气。数据显示，2017年，“出道”5年的“洛天依”在上海举办第一场线下演唱会，演唱会首批500张超级会员的内场票在3分钟内售罄。

真正使得该类虚拟偶像成功的关键因素则是数字复制技术。“洛天依”背后的技术复制手段VOCALOID编辑软件拥有语音合成技术，它是一种对人的声音进行复制，并加以反复利用的技术。目前的复制已进入数字复制时代。以往的机械复制时代以唱片、磁带、CD等带有实体物质形态的产品为主，复制技术主要掌握在生产复制品的厂家手中。在数字复制时代，人们借用数字录音设备进行复制品生产，以二进制数字的形式将想要复制的音乐歌曲录进设备当中。而使用VOCALOID软件进行歌曲创作时，用户直接利用声源库中的声音便可以制成歌曲。

“洛天依”的歌声和视频体现了数字媒体技术下粉丝参与的平民化创造。VOCALOID编辑平台开放化，粉丝的主体创造性被激发。以往偶像的作品及周边产品都由公司制作经营，粉丝群体只能消费、复制或者传播，难以进行创作。数字内容产业实现了信息数字化并提供了即兴开放参与的可能性。进入“互联网+”时代，以及社交媒体的浸润，原本传统偶像产业中经纪公司“闭门造车”式打造偶像的方式被颠覆，偶像制造的权利也逐渐转移到了粉丝手中，粉丝在整个过程中参与决策，从被动接受到主动参与，粉丝地位得以提升。

一般而言，拟社会互动中参与双方更可能是媒介人物和观众之间的谈话、访谈等。在这样的情况下，至少双方人物是真实的，而在面对虚拟偶像进行的互动之中，尽管减少了主体间拟社会互动的频率，但是借由技术实现了对虚拟偶像的“改造与调试”“创新与复制”，也就是说通过调动声音库中的元素，让偶像更加符合“人设”，增加了人物的魅力。对于“初音未来”“洛天依”等人物形象和歌曲的欣赏者及消费者来说，这些歌曲的演唱者是自己崇拜和追求的偶像人物，尽管其实质仅仅是语音加合成技术构建的形象而已。

“洛天依”和“初音未来”的成功也证明：同时具备二次元属性、偶像属性的虚拟艺人，能够有效连接二次元与粉丝经济相关的产业，因此，其拥有相当可观的商业价值。不同类型的虚拟数字人发展方向也不尽相同,但不可否认的是,对于虚拟数字人来说,运营重要的同时技术是核心竞争力。

(2)如何利用知识产权进行商业布局

量子位2021年发布的《虚拟数字人深度产业报告》中显示,预计到2030年我国虚拟人整体市场规模将达到2700亿元。其中,身份型虚拟人将在未来发展中占据主导地位达到约1750亿元,服务型虚拟数字人则相对稳定发展,总规模也将超过950亿元。如此巨大的市场规模,企业应当建立知识产权发展战略。知识产权是企业和个人重要的隐性资产,在企业价值中所占比重越来越大,目前,越来越多的企业认识到知识产权的重要性,高新技术企业和文化类企业对知识产权的重视程度较高,大多已经可以较好地将知识产权保护融入企业研发、生产、行销等各个环节,但对于知识产权的战略发展还较为保守。虚拟角色的保护与经营离不开知识产权的维护,如今虚拟角色更多地运用到商业领域,具有较高的经济效益,成功的知识产权战略保护既可以支撑企业自身的科技发展战略、营销战略等,也可以帮助企业在外部竞争中建立优势。

①虚拟角色知识产权保护的防守型战略

防守型保护战略主要注重于避免自身侵权。在项目立项时,首先,要通过搜索识别可能存在的侵犯他人知识产权的情况,避免自身侵权。其次,在采购环节,一定要注重供货商提供产品是否合法生产、是否有专利授权等;在可能产生委托作品或者职务作品时,与受托人与职工进行权属的明确约定,避免发生知识产权纠纷;在对方发送律师函或者起诉以后,对对方享有的知识产权予以确认,并进行调查,其知识产权是否存在无效的可能性,如对方知识产权无效,则可避免我方侵权,如不存在无效情形则可与权利人进行协商,主动就对方损失进行赔偿,或者采取交叉许可战略,彼此使用对方的知识产权;公开我方不希望申请专利的自身技术,避免竞争对手申请专利。

②虚拟角色知识产权保护的进攻型战略

进攻型战略,主要指能给企业带来竞争优势的知识产权获取和保护。在互联网背景下,侵犯知识产权的方式越来越多样,内容更易被复制和盗取,在这种情况下,对知识产权的保护需要投入更大的精力。可以通过设置关键字,定期对我方知识产权进行搜索,制止侵权人的侵权行为,向侵权人积极主张赔偿;积极搜索竞争对手可能存在的侵权行为,在商业竞争中获取优势地位;根据我方战略需要,通过投资、并购等活动,获得相应知识产权权利,增强我方自有知识产权储备。

在数字基础设施快速发展的如今,侵犯知识产权的形式向多样化发展,对知识产权保护的需求越来越大,虚拟角色这一跨越多领域的产物需要的知识产权保护要求更高,且应当随着技术的发展不断进行调整,权利人应当在现行法框架下,建立知识产权保护战略,对虚拟角色进行多方位保护。①

(二)知识产权案件移交、"三合一"审理等相关问题

1. 知识产权案件移送与衔接的专门规定

2020年8月7日国务院公布《关于修改〈行政执法机关移送涉嫌犯罪案件的规定〉的决定》。本次修改内容之一即为在第3条增加1款,作为第2款:"知识产权领域的违法案件,行政执法机关根据调查收集的证据和查明的案件事实,认为存在犯罪的合理嫌疑,需要公安机关采取措施进一步获取证据以判断是否达到刑事案件立案追诉标准的,应当向公安机关移送。"上述规定进一步明确了知识产权领域行政执法机关向刑事司法机关移送涉嫌犯罪案件的标准和程序。

2022年4月25日,最高人民检察院、国家知识产权局联合发布了《关于强化知识产权协同保护的意见》,明确知识产权保护工作中的协作配合,由国家知识产权局知识产权保护司和最高人民检察院知识产权检察办公室归口负责,分别作为国家知识产权局和最高人民检察院之间的日常联络机构。优化协作配合机制,强化协同保护力度,整合知识产权行政和司法资源,深化知识产权管理部门与检察机关在知识产权保护工作中的合作,共同推动构建知识产权"严保护、大保护、快保护、同保护"工作格局。

(1)在信息共享机制方面

建立关联案件双向通报制度。国家知识产权局和最高人民检察院对于行政授权确权和检察监督中的关联案件,保持密切沟通并互相通报案件办理进展

---

① 参见顾珂舟:《网络虚拟形象及其知识产权保护》,载《计算机与数字工程》2006年第4期;李富民:《作品中虚拟角色的法律保护》,载《社会科学家》2012年第5期;张岚霄:《论网络环境下虚拟角色形象商品化的版权规制》,载《传播与版权》2021年第11期;林小惠:《虚拟角色商品化权探析》,载《经贸实践》2017年第18期。

情况,维护当事人合法权益。

健全信息通报制度。各级知识产权管理部门、检察机关对不涉及国家秘密的工作情况、监督案件分析、工作简报等信息及时向对方进行通报,共同做好知识产权领域案件数据动态分析、案件规律研判等工作,并适时就知识产权行政执法和司法保护中出现的新情况、新问题进行沟通。

推动建立信息共享平台。各级知识产权管理部门、检察机关要推进专利、商标行政执法与刑事司法衔接工作信息共享平台建设纳入电子政务建设规划,依托知识产权保护信息平台,推动跨部门跨区域信息共享,实现有关案件行政、司法信息互联互通。

(2)在办案协作方面

建立线索双向移送机制:各级知识产权管理部门在工作中发现涉嫌犯罪的案件线索,在向公安机关移送案件线索的同时抄送同级检察机关。对于公安机关应当立案侦查而不立案侦查的,可建议检察机关依法进行刑事立案监督。检察机关对知识产权管理部门提出的立案监督建议,应当依法受理和审查并及时反馈案件处理情况。各级检察机关对于作出不起诉决定但应予行政处罚的案件,应当移送同级负责专利商标执法的部门,相关部门及时将处理结果反馈同级检察机关。各级知识产权管理部门对人民法院生效的行政判决、裁定、调解书不服的,可依据《行政诉讼法》等有关法律规定向检察机关申请监督或提供线索,检察机关应依法审查并及时反馈。对于确有错误的,应当依法进行监督。

建立重大案件共同挂牌督办制度:最高人民检察院对办理的重大敏感、疑难复杂案件或涉及重点领域重要行业的案件,应及时与国家知识产权局沟通,必要时双方可共同挂牌督办,加强业务指导,共同做好案件办理和舆情管控工作。

推进跨区域协作共建:国家知识产权局、最高人民检察院加强对各地知识产权管理部门、检察机关的指导和督促,围绕国家制定的区域发展战略规划,共同推进重点地区(环渤海、长三角、珠三角/泛珠三角、成渝、海西、粤港澳大湾区等)知识产权管理部门与检察机关建立联席会议、信息共享、案件移送、协作办案、人才培养等机制,完善知识产权综合保护体系。

2. 检察机关一案三查、刑事附带民事诉讼探索实践

2020 年 11 月,最高人民检察院组建知识产权检察办公室,集中统一行使知

识产权刑事、民事、行政检察职能，统筹推进知识产权检察工作。此后，各地检察机关不断进行实践探索。

所谓"一案三查"，即指同步审查是否涉刑事追诉、行政违法、民事追责等情形，突出对案件的全面审查打破刑事、民事、行政壁垒，对知识产权案件"一案三查"，形成工作合力。上海、重庆检察机关在此方面对知识产权案件实行了有益探索。

山东、四川检察机关探索开展知识产权案件刑事附带民事诉讼，促进刑民裁判标准统一，减少当事人诉累，降低维权成本，提高诉讼效率。知识产权权利人依法提起刑事附带民事诉讼，有利于一体解决刑事责任追究和民事责任承担问题，减少权利人另行提起民事诉讼的诉累。

典型案例98

马某构成侵害商业秘密犯罪案

马某是山东某能源股份有限公司（以下简称"能源公司"）的员工。2017年10月，马某从能源公司离职，并借用他人身份成立了山东某环保工程有限公司（以下简称"环保公司"）。环保公司成立之初，马某请来了自己的老同事郭某担任技术总监。2017年10月至2018年8月，郭某违反保密协议和保密规定，在环保公司使用能源公司的技术信息生产经营流化床干燥装置，造成能源公司损失480余万元。2019年4月，公安机关将此案移送山东省济南高新技术产业开发区人民检察院（以下简称"高新区检察院"）审查起诉。受理此案后，高新区检察院依法向能源公司告知诉讼权利义务，听取其意见。能源公司表示希望提起刑事附带民事诉讼，挽回经济损失。2019年10月，高新区检察院以涉嫌侵犯商业秘密罪对被告单位环保公司以及被告人马某、郭某提起公诉。2020年6月，能源公司提起刑事附带民事诉讼。一审判决后，被告单位和马某、郭某均提出上诉。二审期间，检察机关加强释法说理，马某、郭某自愿认罪认罚，环保公司表示主动赔偿权利人经济损失，并与能源公司在开庭前签订了谅解协议书。

法院经审理判决：将达成民事调解作为量刑上的酌定从轻情节予以考虑，以侵犯商业秘密罪判处被告单位环保公司罚金30万元；分别判处被告人马某、郭某有期徒刑3年,缓刑4年和有期徒刑3年,缓刑3年,各并处罚金6万元、5万元。①

3. 人民法院三合一改革②

2016年7月5日,最高人民法院发布《关于在全国法院推进知识产权民事、行政和刑事案件审判"三合一"工作的意见》。

该意见明确,知识产权民事、行政和刑事案件审判"三合一"是指由知识产权审判庭统一审理知识产权民事、行政和刑事案件。统一思想,深刻认识推进知识产权民事、行政和刑事案件审判"三合一"工作的重大意义在于:有利于增强司法机关和行政机关执法合力,实现知识产权的全方位救济和司法公正;有利于统一司法标准,提高审判质量,完善知识产权司法保护制度;有利于合理调配审判力量,优化审判资源配置,提高知识产权司法保护的效益和效率;有利于知识产权专门审判队伍建设,提高知识产权审判队伍素质。推进"三合一"工作,是人民法院贯彻落实党的十八届四中全会关于司法体制改革任务的重要举措,是落实国家知识产权战略和创新驱动发展战略的重要措施。也是基于这份文件,各级人民法院的知识产权审判部门,不再称为民事审判第×庭,而是更名为知识产权审判庭。

与此同时,该意见明确了两个重要问题。

第一,明确了与知识产权相关的几个概念的定义。知识产权民事案件是指涉及著作权、商标权、专利权、技术合同、商业秘密、植物新品种和集成电路布图设计等知识产权以及不正当竞争、垄断、特许经营合同的民事纠纷案件。一般知识产权民事纠纷案件是指除专利、植物新品种、集成电路布图设计、技术秘密、计算机软件、驰名商标认定以及垄断纠纷案件之外的知识产权民事纠纷案件。知识产权行政案件,是指当事人对行政机关就著作权、商标权、专利权等知识产权以及不正当竞争等所作出的行政行为不服,向人民法院提起的行政纠纷案件。知识产权刑事案件是指《刑法》分则第三章"破坏社会主义市场经济秩序

① 2021年6月最高人民检察院发布四起检察机关知识产权综合性司法保护典型案例之二:山东福某达环保工程有限公司、马某、郭某侵犯商业秘密案。

② 参见袁定波:《江苏法院:知识产权审判"三合一"改革全省一盘棋》,载《中国审判》2016年第18期。

罪”第七节规定的侵犯知识产权犯罪案件等。

第二,明确了管辖方面的一些规则,如对于知识产权刑事自诉案件,人民法院仍然可以按照《刑事诉讼法》所确定的地域管辖原则管辖。知识产权民事案件的受理继续依照人民法院有关地域管辖、级别管辖和指定管辖的规定和批复进行。当然,已经有新的司法解释对相关内容做了完善和更新,分别是最高人民法院审判委员会已于2021年12月27日通过、2022年5月1日起施行的最高人民法院《关于第一审知识产权民事、行政案件管辖的若干规定》,以及2022年4月20日最高人民法院发布、2022年5月1日起施行的《基层人民法院管辖第一审知识产权民事、行政案件标准的通知》。

典型案例索引